① 岸边段结构
② 盾构厂内安装调试
③ 口字形构件预制
④ 管片试验
⑤ 泥水处理场地

①

②

③

④

⑤

镌造上海长江隧道精品工程 开创中国越
热烈庆贺世界最大最长最深隧道—上海长江隧道双线
上海城建 隧道股份
长江隧桥 上海城建 隧道股份 长江隧桥
上海城建 隧道股份 长江隧桥 上海城建 隧道股份 长江隧桥 上海
隧道股份建造
上海长江隧道

①

②

③

① 隧道贯通
② 盾构始发
③ 盾构水中进入接收井
④ 施工中的圆隧道

④

① 口字形构件安装
② 负环管片
③ 双头运输车
④ 管片储运机构
⑤ 同步施工

①

②

③

④

⑤

① 盾构车架与同步施工
② 连接通道冻结施工
③ 连接通道钢管片
④ 完成后的连接通道
⑤ 下层轨道交通预留空间

①

②

③

④

⑤

① 管控中心
② 喷雾试验
③ 管线桥架安装
④ 沥青摊铺
⑤ 灯具安装

①

② ③ ④ ⑤

① 隧道内部装饰

② 完成后的隧道

①

②

① 通车一年后的隧道洞口
② 通车一年后的隧道内部

①

②

SHIJIE ZUIDA GONGGUI HEJIAN SUIQIAO GONGCHENG

世界最大公轨合建隧桥工程

——上海长江隧道关键技术与创新

SHANGHAI CHANGJIANG SUIDAO GUANJIAN JISHU YU CHUANGXIN

黄　融　主编

人民交通出版社
China Communications Press

内 容 提 要

本书对上海长江隧桥工程中的隧道工程设计与施工等进行了全面总结与梳理，共分13章，内容包括：概况、隧道建设规模与总体布置、工程总体筹划、两岸段结构、圆隧道衬砌结构、泥水气压平衡盾构机及信息化控制系统、泥水处理系统、超大直径泥水平衡盾构施工关键技术研究、盾构长距离掘进施工、圆隧道内部平行施工、隧道连接通道、工程施工测量、工程应用及技术前瞻。

本书可供隧道设计、施工、监理及建设管理人员参考，也可供高等院校隧道及地下工程相关专业师生教学参考。

图书在版编目（CIP）数据

世界最大公轨合建隧桥工程：上海长江隧道关键技术与创新/黄融主编. —北京：人民交通出版社. 2011.11
ISBN 978-7-114-09411-8

Ⅰ.①世…　Ⅱ.①黄…　Ⅲ.①长江—隧道工程—工程技术—上海市　Ⅳ.①U45

中国版本图书馆CIP数据核字（2011）第194664号

书　　名： 世界最大公轨合建隧桥工程——上海长江隧道关键技术与创新
著 作 者： 黄　融
责任编辑： 沈鸿雁　曲　乐　刘永超　郑蕉林
出版发行： 人民交通出版社
地　　址：（100011）北京市朝阳区安定门外外馆斜街 3 号
网　　址： http://www.ccpress.com.cn
销售电话：（010）59757969、59757973
总 经 销： 人民交通出版社发行部
经　　销： 各地新华书店
印　　刷： 北京盛通印刷股份有限公司
开　　本： 880×1230　1/16
印　　张： 24.5
字　　数： 652 千
版　　次： 2011 年 11 月　第 1 版
印　　次： 2011 年 11 月　第 1 次印刷
书　　号： ISBN 978-7-114-09411-8
定　　价： 110.00 元

编写委员会

序 一

Foreword1

上海崇明越江通道（长江隧桥）工程是国家高速公路G40沪陕高速公路的重要组成部分，工程起于浦东五号沟与上海郊区环线相连，跨越长江南港，经长兴岛到达崇明陈家镇，全长25.5km，项目投资132亿元。工程项目的建成，将形成国家沿海大通道，充分发挥上海区位优势，实现国务院对上海提出的“一个龙头，三个中心”的战略目标，并对增强浦东国际机场和洋山深水港的辐射功能具有十分重要的意义。

长江隧桥工程采用“南隧北桥”的建设方案，即采用隧道的方式穿越航运繁忙的南港水域，以桥梁的方式跨越长江北港，是目前世界上建成的最大规模的隧桥结合工程，其中隧道15m的断面直径，一次性推进7.5km的距离创造了当时的世界纪录；大桥工程采用公轨共面合建、全飘浮分离式钢箱梁结构以及整孔预制安装105m钢－混凝土组合梁等许多工艺均在行业内首次使用。长江隧桥是上海市继东海大桥之后又一项具有里程碑意义的特大型基础设施项目，建设过程中，在吸取其他重大项目建设管理经验的基础上，开展了一系列技术创新，追求工程建设的规范化，始终将目光瞄准国际前沿技术，以我为主，博采众长，建立起具有自主知识产权的大型越江跨海隧桥工程的核心技术群及其相关技术标准；始终将目标定位于国际领先标准，精细管理，科技引领，建造起具有当前世界先进水平的精品工程；始终将管理纳入依法规范的轨道，严格程序，构建起符合国家法律、法规的依法办事的管理体系。

在工程建设的五年期间内，全体建设者始终坚持“安全第一、质量创优、稳步推进、好上加好”的建设方针。通过管理创新，工程建设形成了在管理体制上构建政府为主导、市场化运作模式；在管理机制上体现制度化、规范化和信息化；在管理内容上强调分类化和专业化；在管理决策上突出科学化和动态化；在管理文化上注重人文意识和人性关怀等特点。强化安全、质量、投资控制，未发生一起重大安全责任事故和质量事故，工程总造价控制在概算之内，并提前九个月建成通车。工程多项课题获得了省部级及行业协会科技奖项；项目建设先后获得了上海市优质工程白玉兰奖、上海市优质结构工程、上海市市政金奖等奖项。

2009年10月31日，上海长江隧桥工程建成通车。作为世界上最大规模的隧桥结合工程，在运营管理上具有集约化程度高、科技含量高、运行标准高和社会期望值高等特点。运营养护的过程，体现“一流设施、一流管理、一流服务”的要求和“设施完好、制度完善、应急完备、服务完美、档案完整”的精细化目标。工程通车以来，经受住了大风、大雾、雷暴、冰雪等灾害性天气的考验，高效处置了交通事故等突发事件，并全面、顺利完成了服务上海世博会任务。

上海长江隧桥工程建设和运营过程，是党和政府建设社会主义新农村和全面贯彻科学发展观的具体实践；是全体建设和管理者智慧的体现。巨变源于创新，及时总结工程建设和运营管理的创新实践和经验，可以更好地服务上海、服务长三角、服务全国。

是为序。

上海市人民政府副市长
上海长江隧桥工程建设指挥部总指挥 沈骏

2011年10月1日

序 二
Foreword2

“上天、入地”是现代人类探索和需征服的领域，地下隧道工程虽然没有航天工程的雄姿和气魄，但都体现了一个国家的综合国力和科技水平。

上海越江隧道起步于1965年开始建设的上海打浦路隧道。这条隧道打破外国专家关于在上海地层建造隧道就是“宇宙里找支点翻转地球”的断言，实现我国盾构法施工“零的突破”。然而，几十年来中国的越江公路隧道断面直径均在11m左右，而随着城市基础设施建设的迅速发展，伴随城市规模的扩张，城市公路隧道超大直径、超长距离，隧道结构功能多样化的发展趋势日益显现，断面直径14~16m成为公路隧道建设的发展需要。

上海长江隧桥工程是我国在长江入海口的重要越江交通通道，面对工程的超大规模以及艰巨性和复杂性，尤其是上海长江隧道直径15m，一次性掘进7.5km，最大江底埋深55m，各项指标均为世界之最，隧道施工过程中面临前所未遇的诸多难题：超大直径盾构掘进稳定控制，7.5km一次性超长距离的掘进技术，超长距离贯通测量技术和盾构装备的可靠性、耐久性等等。广大工程技术人员和建设者始终坚持科技创新为主线，针对前沿技术的攻关、系统技术方案的形成、信息化控制技术和工程风险防范技术等方面进行了系统的研究和分析，通过合理规划、精心设计、精心施工、精心组织、严格管理，成功解决了工程建设中超大断面盾构机对地层的适应、超长距离掘进过程中多工序同步施工、高精度与耐久性隧道管片制作、深覆土与高水压条件下开挖面的稳定、长江口软土层中的连接通道施工以及环保型模块化大流量泥水处理等一系列的工程技术与管理难题。

本书详细叙述了长江隧道施工过程中所采用的技术方案和措施，并对隧道盾构施工的经验和教训进行了认真的总结和分析，可供隧道工程建设的广大科技人员、技术人员和工程管理人员参考。

中国工程院院士：刘建航

2011年9月

前言
Preface

上海长江隧道工程采用 ϕ15.43m 超大直径盾构，进行一次性 7.5km 长距离的掘进，施工给建设者带来了世界第一的荣耀，随之而来的也是一个个前所未有的难点和风险点。诸如开挖面稳定控制、结构抗浮、长距离施工效率和设备保障等问题随之出现。为此，作者依托上海长江隧道工程，在总结和归纳超大直径隧道施工前的准备、施工关键技术的研究和施工过程中的实践基础上编写此书。

本书共分为十三章。第一章介绍了工程概况、建设面临的挑战和关键技术的决策及方案选择；第二章介绍了工程总体设计，包含了各系统的设计情况；第三章介绍了工程总体规划和资源配置；第四章介绍了两岸段结构及盾构始发、到达工作井的配套情况；第五章介绍了圆隧道衬砌结构试验、钢模设计加工、高强耐久性混凝土设计和管片大规模工厂化生产；第六章介绍了泥水气压平衡盾构机及信息化控制系统，其中包含了盾构机的选型参数要求、设计加工、安装运输和调试；第七章介绍了集成化泥水处理系统；第八章介绍了超大直径泥水平衡盾构施工关键技术研究；第九章介绍了盾构长距离掘进施工，包含了盾构进出洞、长距离掘进、开挖面稳定控制、同步注浆及检测、设备维护和保养等；第十章介绍了圆隧道内部平行施工，包含了道路结构，装饰及机电系统和沥青铺装；第十一章介绍了隧道连接通道施工；第十二章介绍了隧道工程测量；第十三章介绍了关键技术的成果应用和同类技术的发展方向。

本书各章节均由参与工程施工的一线技术人员编写，在编写过程中参考了国内外大量的技术文献。在隧道施工过程中，借助于产、学、研相结合的方式，完成了许多国家级重大科研课题的分析和研究，应用于隧道施工过程中，解决了超大直径隧道施工过程中的难题，为隧道施工提供了安全保障。

本书参编单位主要有上海隧道工程股份有限公司、上海长江隧桥建设发展有限公司等，同时，隧道的施工和科研工作，得到了上海市隧道工程轨道交通设计研究院、同济大学、上海交通大学和上海大学的大力协助。在此作者一并表示最诚挚的谢意，并向支持本书出版的各位领导和专家表示衷心的感谢。由于时间仓促，水平有限，书中难免有差错、遗漏，恳请专家和读者不吝指正。

编　者

2011 年 8 月

目录
Contents

第1章　概　况

GAIKUANG

1.1 背景及功能定位

上海市位于我国沿海和沿江 T 形轴线地带的交汇点上，集黄金水道和黄金海岸优势于一身，对内对外交通联系便利，区位优势得天独厚，在全国乃至东亚地区的社会经济地位十分突出。上海作为我国最重要的工业基地之一和最大的工商城市，对国民经济的发展起到了重要作用。改革开放以来，上海发展成为我国具有强大经济实力和辐射能力的、对外资吸引能力较强的经济中心城市。经过改革开放三十多年的发展，上海社会经济取得了长足的进步，区际经济联系日益紧密，从而对交通运输的要求也越来越高。目前，全国特别是长江三角洲地区正掀起以高速公路、高速铁路为代表的交通现代化建设热潮。这将进一步增强上海对外辐射能力，同时也对此提出了更高的要求。

上海长江隧桥工程是交通运输部确定的国家重点公路建设规划中上海至西安高速公路的重要组成部分，工程直接影响地区共有 11 个城市，土地面积约 9 万 km^2，占全国土地总面积的 0.97%。其大陆海岸线长度约占我国东部海岸线总长的四分之一，长江优良岸线约有 600km，在对外沟通上，具有十分重要的作用和战略意义。本工程将连接沪杭、沪宁高速公路网。在向北走向上，将加快沟通南通、盐城、连云港等城市群，并可由江苏省的赣太高速公路（赣榆—太仓）至山东省和京津塘地区；向南可与杭州湾大桥相连，沟通浙江省和福建省。在交通功能上，本工程不但能起到对江阴长江大桥和苏通大桥的分流作用，而且在路线走向的分布与发展上，对优化长江三角洲地区的交通网络布局，完善上海市区域交通系统结构和布局，特别是对改变上海浦东和崇明的交通现状，均会起到重要作用。上海长江隧桥工程、苏通大桥、江阴大桥等长江越江通道的规划与建设，最终将构筑起沿海高速公路大通道，不仅可以加强长江南北地区的经济联系，缩小上海、苏南与苏北及上海崇明岛之间经济差距，拓展上海市国际大都市的辐射强度和范围，加快长三角经济一体化，还对推动中西部地区发展具有重要战略意义。

图 1–1　上海长江隧桥工程地理位置示意图

上海长江隧桥工程位于上海市东部，跨越长江口的南、北港，连接上海市陆域、长兴岛和崇明岛，最终通过崇明岛内高速公路及崇启大桥与江苏启东市相连，见图 1–1。

上海长江隧桥是国家公路网络的枢纽之一，从一开始就被纳入严谨的规划研究体系。本工程打通了浦东到长兴岛、崇明岛之间的天堑，为长兴岛造船基地建设、崇明岛绿色生态岛开发开辟了捷径。工程完成后，上海市中心的车辆可以通过上海 153060 公路网，从贯穿整个上海郊区的 A30 公路进入浦东五洲大道，在浦东五号沟驶入长江隧道到达长兴岛，长兴岛上的潘园公路立交可以分流，让一部分车辆直达造船基地，继续向北的车辆经过长江大桥到达崇明岛，通过陈海公路立交分流至崇明岛各处。

1.2 初步方案确定

1993 年 5 月，由原国家科学技术委员会（现更名为科学技术部）主持召开“长江口越江工程重大技术经济问题前期软课题工程会议”。会议对课题开展的战略和背景进行了研讨，对越江方式，专家们则提出了可供选择的三种方案，即全桥方案、全隧方案和桥隧结合方案。最终研究报告中提出，“拟待预可行性研究和工可研究阶段再进一步作出确定性优先结论。”但在专家的方案研究中，多有趋向于桥隧结合方案的意见。这与长江入海口特殊的环境条件密切相关。

长江口属典型的江心沙多岛型潮汐河口，被崇明岛分叉后形成南支和北支两条航道，南支航道被长兴、横沙等岛屿分叉后形成南港和北港两条航道，南港航道再被九段沙分叉后形成南槽航道和北槽航道，整体呈三级分叉，四口入海格局。北支航道弯曲，最浅处水深仅 0.8m，1950 年后已无通航价值，北港目前主要通航小型船只，在南、北槽航道，1 万吨以上船只走北槽，其他船只走南槽。因此形成了现在南支—南港—北槽的主航道走向，见图 1-2。

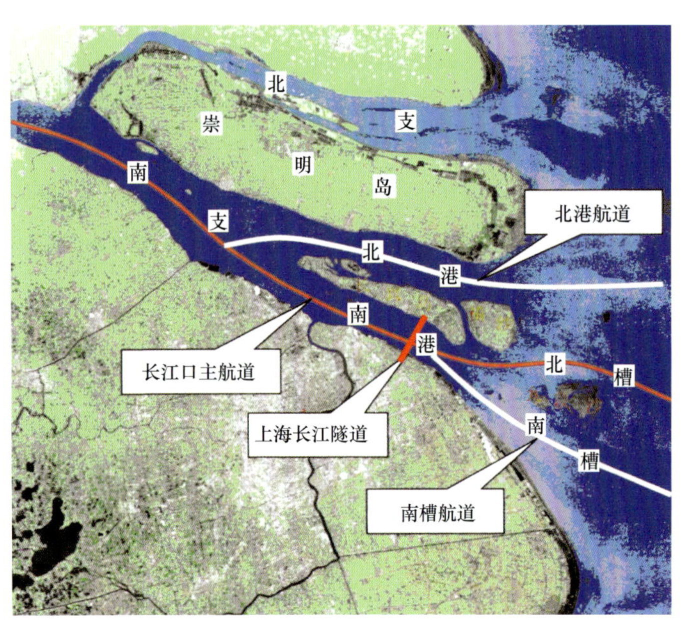

图 1-2　长江口河势条件示意图

本工程位于长江口三级分叉、四口入海格局中的南、北港河段。

南港河段西起吴淞口，东至横沙东滩码头附近，全长 30km。20 世纪初取代北港成为通海主航道。南港河段作为通行主航道，距下游南北槽分流口仅 6.5km，线位最大水深约 -15m，预测最大可能冲刷深度为 -20m，见图 1-3。河势航道条件较复杂，由于该处为通行主航道，若在南港河段上建桥，不仅主桥跨度和高度要求极高，施工成本大幅提升，而且对周边影响巨大，所以采用隧道方案为宜。

北港河段西起南北港交汇点，经堡镇港，至佘山岛南部入海，全长约 65km。19 世纪中叶至 20 世纪初为长江口主航道，其后因上口逐渐淤塞，为南港航道所取代。北港河段作为非通行主航道，在该处以采用大桥方案为宜。

研究表明，采用桥隧结合的建设方式，对南、北港分流比，潮位，流场，河势和长江口深水航道及长江泄洪不会有明显的影响，南、北港河势仍按工程实施前自身的演变规律发展。

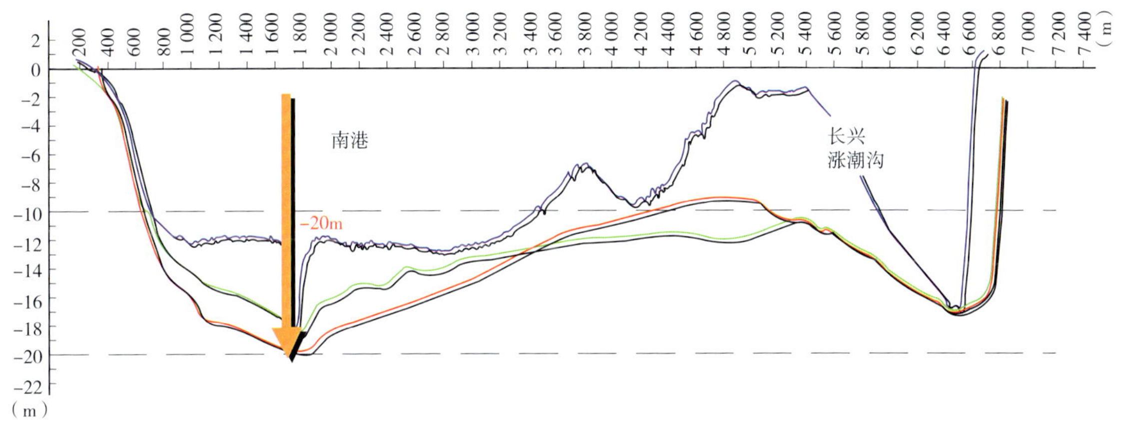

图 1-3 南港线位示意图

上海长江隧桥工程最终采用“南隧北桥”的建设方案。该方案起自浦东五号沟，与郊区环线相接，过长江南港水域，经长兴岛，再过长江北港水域，止于崇明陈家镇，接陈海公路，路线全长约25.5km。以隧道方式穿越长江南港水域，长约8.9km，以桥梁方式跨越长江北港水域，长约10.3km，长兴岛和崇明岛接线道路长约6.3km。整个越江工程按照“三来三去”六车道高速公路设计，桥梁设计行车速度为100km/h，隧道设计速度为80km/h。浦东五号沟郊区环线、长兴岛潘园公路和崇明岛陈海公路都将建造大型互通式立交桥，长兴岛上还将设服务区，见图1-4。

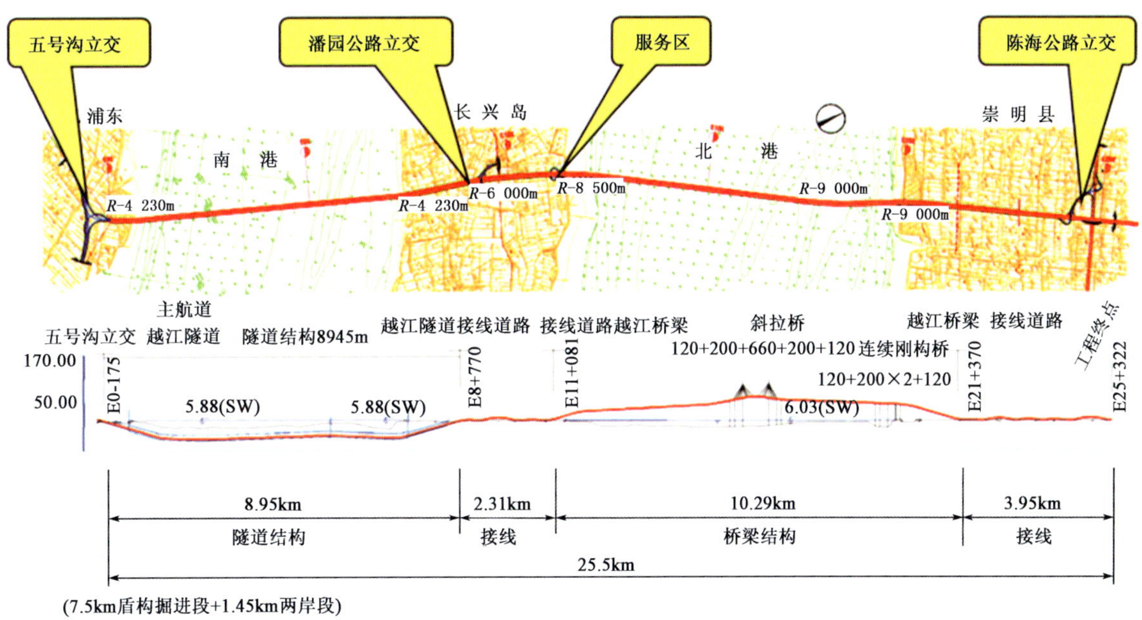

图 1-4 上海长江隧桥工程线路示意图

“北桥”共154跨，按照3万吨级集装箱及5万吨级散货船的主通航孔及满足3 000吨级船舶通行的辅通航孔进行设计。主通航孔的结构形式：主跨为730m双人字形塔柱，采用分离式钢箱斜拉桥；辅通航孔采用跨径为80m+140m+140m+80m的预应力钢筋混凝土连续箱梁，其余桥跨分别为30m、50m、60m、70m的预应力钢筋混凝土连续箱梁及105m钢—混凝土组合箱梁。

“南隧”是当时世界上最大直径的盾构隧道之一，采用盾构隧道方式穿越长江水域，圆隧道内径为13.7m，外径为15.0m。用于隧道掘进的盾构机直径达到15.43m。

在南港水域距长兴岛约1.5km处，分布有一片较大沙体，其走向与长江径流方向一致，长约2 000m，宽约250m，呈椭圆形，中央最浅处实测高程为-4.35m。最初拟在此沙滩上设置一个中间井，使整条隧道分两次掘进。随后综合通风、河势、运营、施工等因素对此作了进一步全面、深入的论证，在确认满足相关标准、技术可行的情况下，考虑到长江河势存在的不确定因素，最终决定取消中间井，改为一次性超长距离掘进7.5km的隧道推进方案。

1.3 工程建设条件

1.3.1 地形、地貌及场地地震效应

本工程所在场地陆域部分地貌属上海四大地貌单元中的“河口、砂嘴、砂岛”地貌类型，主要以农田、苗圃和鱼塘等为主，地面略有起伏，实测浦东地面高程为3.23~5.56m，长兴岛地面高程为2.68~4.05m。长江水域部分则属河床、江心暗沙、潮滩地貌类型。崇明岛面积为1 160km^2，东西长76km，南北宽13~18km，是我国第三大岛，沿海滩涂面积广阔，拥有丰富的海盐和生物资源。该地区处于亚热带的中北部，受东亚季风气候的影响，天气温和、湿润，雨量适中，年平均降水量为1 000~1 400mm。但是，由于季风气候的不稳定性，该地区也常受一些低温霜冻、春季湿害、台风、雨涝等气候灾害的影响。地貌类型以滨海冲积平原为主，地势平坦。

本工程穿越处长江宽约为6.8km。由于受径流和潮流等作用，水下地形较复杂，两侧江堤外均分布有潮滩，宽度不等，距长兴岛江堤外约200m处有一水下陡坡，陡坡高差约为16m。

根据中国地震分区，上海地区处于华南地震区长江中下游地震亚区的上海~上饶地震带之内。与邻近地震带相比，本地震带活动水平较低，最大地震震级只有5.0级，仅在崇明岛东端和定海、慈溪一带有少量有感地震发生。本工程邻近长江口小地震多发区，中小地震不少，但记载到的历史地震影响强度不高。总体而言，上海长江隧桥工程场地地震环境具有如下特点：

（1）根据地震活动性趋势分析，该区未来仍将保持较高的活动性。

（2）地震活动多以中小地震为主，发生强震的可能性较小。

本工程近场区存在东西向—北东东向、北东向、北西向等多条断裂。由于本工程近场区断裂距工程场址均在2 km以上，且在10 km范围内的断裂大多为前第四纪断裂，个别断裂的最新活动也仅止于早更新世早期，因此，在近场区范围内不存在发生6级以上地震的构造条件，而且在场址内也没有区域性的大断裂通过，故可不考虑断层的影响。

1.3.2 工程地质条件

本工程沿线75.5m深度（高程约为-80.0m以上）范围内所揭示的土层均属第四纪松散沉积物，主要以饱和黏性土、粉性土及砂土为主，地层多呈水平层状分布，地基土沉积与上海市区正常分布地层有所不同。按地层成因类型、土层结构及性状特征可划分为8层，其中⑥层缺失，①、②、③、④、⑤、⑦、⑨层土根据土性和工程性质的差异又可细分为若干亚层。

本工程圆隧道采用盾构法施工，盾构主要穿越的地质为：②$_3$灰色砂质粉土、④灰色淤泥质黏土、⑤$_1$灰色黏土、⑤$_2$灰色黏质粉土、⑤$_3$灰色粉质黏土、⑤$_{3t}$灰色黏质粉土、⑦$_{1-1}$灰色黏质粉土；部分地段遇③$_1$灰色淤泥质粉质黏土、③$_2$灰色砂质粉土、⑦$_{1-2}$灰色砂质粉土。工程线路土层中有液化土、流沙和管涌、浅层气、透镜体、承压水等不良地质现象。沿线分为A、B、C、D四个工程地质区，各工程地质区地层组合特点和隧道穿越土层情况如图1-5和表1-1所示。各土层的土层特性指标参数和主要物理力学性质分别见表1-2和表1-3。

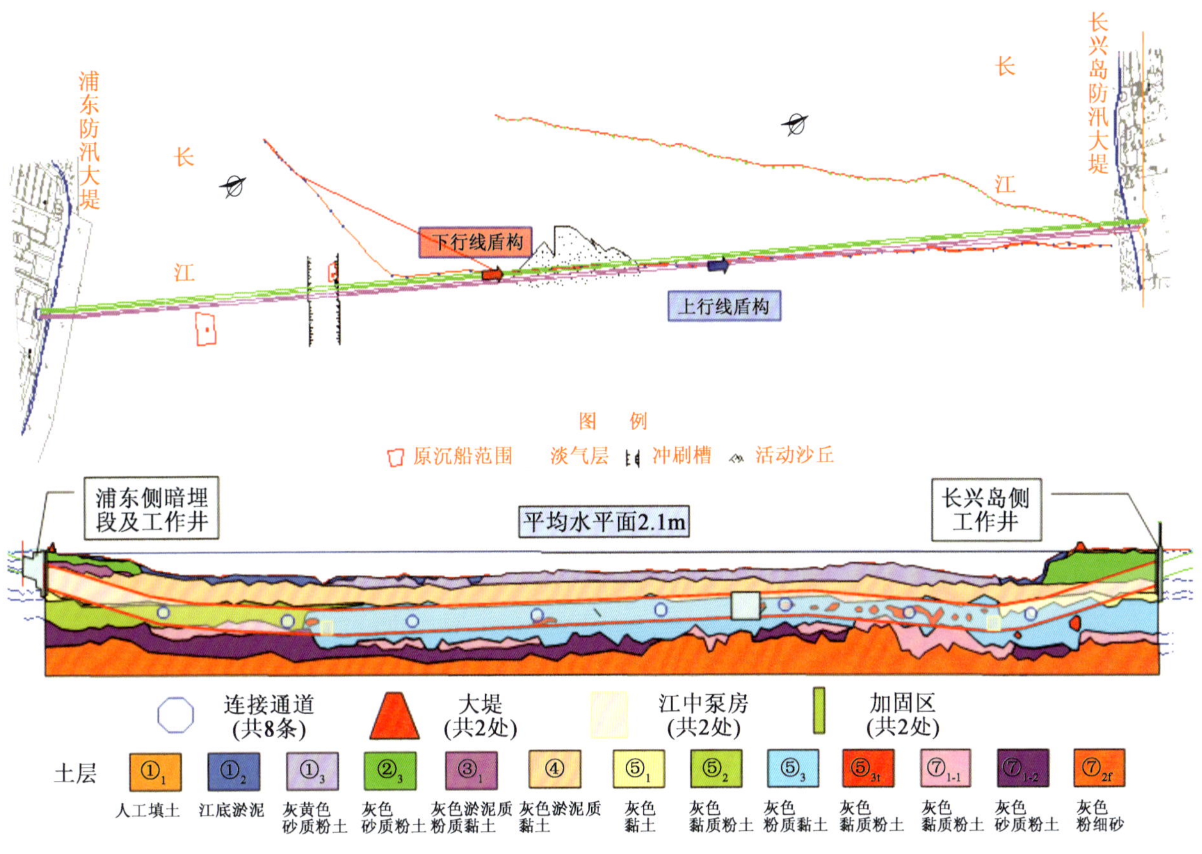

图1-5 隧道平纵断面图

工程沿线各地质分区地层组合特征及隧道主要穿越土层　　表1-1

编号	盾构段里程	盾构掘进范围内土层	盾构影响范围内土层
A区	K0+482.50~K1+450	主要为④、⑤$_1$、⑤$_2$层，局部遇③$_1$、③$_2$、⑦$_{1-1}$、⑦$_{1-2}$层	①$_1$、①$_2$、②$_1$、②$_3$、⑦$_2$、⑧
B区	K1+450~K2+200	主要为⑤$_2$、⑦$_{1-1}$层，局部遇⑦$_{1-2}$层	①$_2$、④、⑦$_{1-2}$、⑦$_2$
C区	K2+200~K6+860	主要为④、⑤$_3$、⑤$_{3t}$层，局部遇⑦$_{1-1}$层	①$_3$、⑦$_{1-2}$、⑦$_2$
D区	K6+860~K7+953.00	②$_3$、④、⑤$_1$、⑤$_3$	①$_1$、①$_2$、⑦$_{1-1}$、⑦$_{1-2}$、⑦$_2$

长江隧道段各土层特性指标参数表

表 1–2

土层层号	土层名称	颗粒组成					含水率 w (%)	重度 γ (kN/m³)	相对密度 G	孔隙比 e_0	液限 W_L (%)	塑限 W_P (%)	塑性指数 I_P	液性指数 I_L	渗透系数温度 20℃		直剪固快（峰值）	
		2~0.5mm (%)	0.5~0.25mm (%)	0.25~0.074 mm (%)	0.074~0.005 mm (%)	<0.005mm (%)									K_V (cm/s)	K_B (cm/s)	黏聚力 c (kPa)	内摩擦角 φ (°)
①₁	人工填土																	
①₂	江底淤泥						44.1 29 64.8 7.66 32.2 0.18	17.3 29 18.3 0.69 15.6 0.04	2.73 29 2.75 0.03 2.72 0.01	1.23 29 1.85 0.22 0.92 0.18	39.1 29 51.4 5.41 33.0 0.14	22.1 29 27.7 2.18 20.2 0.10	17.0 29 23.7 3.28 12.8 0.20	1.29 29 1.90 0.21 0.93 0.17			12 22 15 1.83 9 0.15	14.5 22 21.0 3.62 7.5 0.26
①₃	褐黄~灰黄色砂质粉土			33.4 79 70.7 0.0	58.8 79 87.7 26.5	7.8 79 22.3 2.6	29.9 41 33.3 1.86 25.5 0.06	18.6 41 19.0 0.19 18.1 0.01	2.70 41 2.73 0.03 2.69 0.01	0.85 41 0.95 0.05 0.74 0.06					9.11×10^{-4} 12 2.06×10^{-3} 3.16×10^{-5}	1.51×10^{-3} 12 3.77×10^{-3} 4.85×10^{-5}	6 24 12 1.80 2 0.30	31.5 24 34.0 2.01 25.5 0.07
②₃	灰色砂质粉土			19.6 80 64.7 0.0	70.9 80 88.7 30.0	9.5 80 14.8 4.0	31.3 22 33.1 1.21 28.9 0.04	18.4 22 18.8 0.18 18.1 0.01	2.70 22 2.71 0.03 2.69 0.01	0.89 22 0.95 0.04 0.82 0.04					1.12×10^{-4} 5 2.58×10^{-4} 2.03×10^{-5}	1.79×10^{-4} 5 3.96×10^{-4} 4.42×10^{-5}	10 12 13 1.59 8 0.16	28.0 12 30.5 1.57 26.0 0.06
③₁	灰色淤泥质粉质黏土						40.1 11 48.2 3.48 37.3 0.09	17.7 11 18.0 0.35 17.0 0.02	2.73 11 2.75 0.03 2.72 0.01	1.11 11 1.36 0.11 1.04 0.10	37.0 11 46.4 3.02 33.2 0.08	21.3 11 24.8 1.18 19.8 0.06	15.7 11 21.6 1.87 13.4 0.12	1.18 11 1.45 0.11 1.08 0.10	2.09×10^{-6} 1	3.57×10^{-6} 1	13 4 13 12	16.0 4 18.5 11.5
③₂	灰色砂质粉土			18.7 3 36.3 5.0	71.4 3 81.8 58.8	9.9 3 13.2 4.9	31.1 3 33.2 29.4	18.5 3 18.6 18.3	2.71 3 2.71 2.70	0.88 3 0.93 0.84							9 2 10 8	28.5 2 29.0 27.5
④	灰色淤泥质黏土						50.0 449 60.8 3.23 33.7 0.06	16.8 449 18.1 0.33 16.0 0.02	2.75 449 2.75 0.03 2.72 0.01	1.40 449 1.70 0.09 0.98 0.07	46.2 449 51.4 2.88 32.4 0.06	24.9 449 27.8 1.19 19.2 0.05	21.2 449 23.8 1.93 13.1 0.09	1.19 449 1.79 0.12 0.91 0.11	3.05×10^{-7} 54 3.08×10^{-6} 3.58×10^{-8}	5.42×10^{-3} 54 4.14×10^{-3} 1.34×10^{-7}	11 179 18 1.43 8 0.13	11.0 179 19.0 1.76 7.0 0.16
⑤₁	灰色黏土						37.5 15 42.7 3.74 32.4 0.10	17.8 15 18.4 0.36 17.3 0.02	2.73 15 2.74 0.03 2.72 0.01	1.07 15 1.21 0.10 0.92 0.09	38.7 15 43.4 3.88 33.5 0.10	22.2 15 24.7 1.62 20.1 0.08	17.1 15 19.5 2.30 13.1 0.14	0.91 15 0.98 0.04 0.83 0.05			16 6 18 1.53 14 0.10	17.5 5 21.5 2.73 14.0 0.17
⑤₂	灰色黏质粉土			9.3 325 66.0 0.0	78.5 325 88.0 26.1	12.2 325 22.3 2.4	33.3 176 37.1 1.82 25.8 0.05	18.1 176 19.3 0.18 17.7 0.01	2.71 176 2.73 0.03 2.69 0.01	0.94 176 1.07 0.05 0.72 0.06					8.55×10^{-5} 45 3.73×10^{-4} 1.40×10^{-6}	1.55×10^{-4} 45 6.84×10^{-4} 2.06×10^{-6}	11 70 18 2.77 6 0.26	25.0 70 32.0 3.50 16.5 0.14
⑤₃	灰色粉质黏土						35.1 455 42.2 2.12 30.7 0.06	18.0 455 18.6 0.18 17.2 0.01	2.73 455 2.74 0.00 2.70 0.00	1.01 455 1.21 0.06 0.86 0.05	36.5 447 43.7 2.01 32.4 0.06	21.2 447 24.6 0.97 19.4 0.05	15.3 447 19.5 1.14 12.4 0.07	0.91 447 1.28 0.04 0.72 0.05	1.99×10^{-6} 24 2.86×10^{-6} 1.20×10^{-7}	3.21×10^{-6} 24 5.55×10^{-6} 4.95×10^{-7}	17 220 23 2.14 9 0.12	18.5 220 31.0 2.54 14.0 0.14
⑤$_{3t}$	灰色黏质粉土			3.0 10 7.0 0.0	83.6 10 86.2 79.7	13.4 10 14.8 11.6	32.9 7 34.2 0.77 32.0 0.03	18.2 7 18.3 0.18 18.0 0.01	2.71 7 2.73 0.03 2.71 0.01	0.94 7 0.98 0.02 0.91 0.03					3.87×10^{-5} 7 1.45×10^{-4} 9.04×10^{-6}	1.02×10^{-4} 8 2.46×10^{-4} 1.84×10^{-5}	11 2 11 10	26.5 2 27.0 25.5
⑦$_{1-1}$	灰色黏质粉土	0.2 144 18.2 0.0	0.3 144 20.1 0.0	26.4 144 87.0 2.0	63.0 144 86.8 3.0	10.1 144 25.0 0.0	30.1 85 35.6 3.01 21.0 0.10	18.6 85 19.3 0.37 17.9 0.02	2.70 85 2.73 0.03 2.68 0.01	0.85 85 1.02 0.08 0.65 0.10					7.90×10^{-4} 18 2.69×10^{-3} 3.58×10^{-5}	1.19×10^{-3} 18 3.29×10^{-3} 4.60×10^{-5}	9 38 18 3.39 2 0.40	28.5 39 34.5 4.39 13.0 0.16
⑦$_{1-2}$	灰色砂质粉土			20.2 261 82.0 0.0	70.6 261 89.9 15.7	9.2 261 21.5 1.9	29.2 134 35.2 3.35 19.3 0.12	18.6 134 19.8 0.37 17.9 0.02	2.70 134 2.73 0.03 2.69 0.01	0.84 134 1.02 0.09 0.60 0.11					2.60×10^{-4} 30 2.77×10^{-3} 2.09×10^{-6}	4.59×10^{-4} 30 5.00×10^{-6} 3.59×10^{-6}	8 59 13 2.74 2 0.34	30.5 59 35.0 2.43 24.0 0.08
⑦₂	灰色粉砂	2.1 177 47.7 0.0	3.8 177 44.2 0.0	63.0 177 89.3 3.3	27.4 177 82.8 2.1	3.7 177 16.9 0.0	23.2 84 32.2 4.67 10.8 0.20	19.1 84 21.2 0.57 18.4 0.03	2.69 84 2.71 0.03 2.68 0.01	0.70 84 0.89 0.10 0.39 0.15					2.11×10^{-3} 17 3.65×10^{-3} 3.81×10^{-4}	3.20×10^{-3} 17 4.95×10^{-3} 5.61×10^{-4}	4 40 9 2.31 1 0.61	33.5 40 36.5 1.33 30.5 0.04
⑧	灰色粉质黏土						35.6 47 41.4 2.98 28.4 0.08	17.9 47 18.5 0.18 17.4 0.01	2.73 47 2.74 0.03 2.71 0.01	1.04 47 1.18 0.08 0.84 0.08	38.8 46 43.6 2.93 34.2 0.08	22.2 46 24.9 1.38 19.8 0.06	16.6 46 19.1 1.63 14.3 0.10	0.83 46 0.94 0.06 0.66 0.08	1.30×10^{-6} 7 2.52×10^{-6} 4.42×10^{-8}	2.23×10^{-6} 7 3.84×10^{-6} 1.31×10^{-7}	18 21 21 1.70 15 0.10	18.0 21 22.0 2.60 14.0 0.15
⑨	灰色含砾粉砂	0.8 135 53.0 0.0	2.1 135 31.9 0.0	71.3 135 88.7 11.9	22.4 135 72.8 1.6	3.4 135 18.7 0.0	22.0 71 28.1 3.49 10.3 0.16	19.1 71 20.6 0.38 18.5 0.02	2.69 71 2.71 0.03 2.68 0.01	0.69 71 0.82 0.07 0.41 0.10					2.62×10^{-3} 11 3.96×10^{-3} 1.70×10^{-3}	3.65×10^{-3} 11 7.48×10^{-3} 2.19×10^{-3}	3 46 5 1.17 1 0.46	34.5 46 36.0 0.74 33.0 0.02

说明：上表各土工试验项目中每组单元格数值的说明见右表。

平均值	子样数
最大值	均方差
最小值	变异系数

长江隧道段各土层主要物理力学性质表

表 1-3

土层层号	土层名称	压缩系数 $a_{0.1\sim0.2}$（MPa^{-1}）	压缩模量 $E_{S0.1\sim0.2}$（MPa）	无侧限抗压强度 q_u（kPa）	静止侧压力系数 K_0	三轴固结不排水 黏聚力 c_{cu}（kPa）	三轴固结不排水 内摩擦角 φ_{cu}（°）	三轴固结不排水 黏聚力 c'（kPa）	三轴固结不排水 内摩擦角 φ'（°）	三轴不固结不排水 黏聚力 c_u（kPa）	三轴不固结不排水 内摩擦角 φ_u（°）	高压固结 先期固结压力 P_c（kPa）	高压固结 压缩指数 C_e	高压固结 回弹指数 C_s	标准贯入 N（击）	地基土承载力设计值 f_d（kPa）	地基土承载力特征值 f_{ak}（kPa）
①$_1$	人工填土																
①$_2$	江底淤泥	0.77 24 1.67 0.31 0.41 0.30	2.89 24 4.74 0.76 1.60 0.27	52 3 57 47		13 1	18.0 1	9 1	30.0 1			56 2 65 47	0.455 2 0.456 0.454	0.037 2 0.038 0.036		75	65
①$_3$	褐黄～灰黄色砂质粉土	0.22 32 0.35 0.04 0.15 0.20	8.47 32 11.90 1.38 5.51 0.17		0.34 11 0.39 0.03 0.30 0.09	7 9 12 2.10 1 0.30	31.7 9 61.0 10.57 26.0 0.30	4 9 9 3.03 0 0.30	32.8 9 35.0 1.93 30.0 0.06			51 1	0.254 1	0.021 1	5.3 38 12.0 2.0	125	105
②$_3$	灰色砂质粉土	0.27 15 0.35 0.04 0.22 0.13	6.97 15 8.23 0.82 5.49 0.12		0.37 6 0.40 0.04 0.32 0.11	10 1	25.0 1	4 1	31.0 1			56 3 58 52	0.282 3 0.296 0.265	0.026 3 0.027 0.025	10.1 58 18.0 5.0	75	105
③$_1$	灰色淤泥质粉质黏土	0.55 5 0.71 0.08 0.50 0.16	3.87 5 4.12 0.29 3.30 0.09	54 1	0.60 1	17 1	20.0 1	12 1	27.0 1	25 4 28 21	0.5 4 1.0 0.0	88 1	0.484 1	0.039 1		75	65
③$_2$	灰色砂质粉土	0.25 2 0.28 0.21	7.79 2 8.77 6.80		0.33 1					40 1	6.0 1					125	105
④	灰色淤泥质黏土	1.08 222 1.67 0.16 0.45 0.15	2.22 222 4.42 0.34 1.60 0.16	44 50 58 5.24 34 0.12	0.66 51 0.70 0.02 0.60 0.04	14 43 22 2.88 10 0.21	18.1 43 22.0 11.49 15.0 0.08	10 43 15 2.76 3 0.29	27.4 43 34.0 2.35 23.0 0.09	23 41 28 2.27 19 0.10	0.1 41 1.0 0.03 0.0 0.30	115 50 220 34.50 45 0.30	0.521 50 0.600 0.03 0.432 0.06	0.040 50 0.045 0.00 0.032 0.08		75	65
⑤$_1$	灰色黏土	0.60 8 0.81 0.15 0.42 0.25	3.45 8 4.62 0.71 2.70 0.22	55 2 56 53	0.51 2 0.51 0.50	21 5 24 1.50 20 0.08	20.4 5 22.0 1.62 18.0 0.09	15 5 17 2.32 12 0.17	27.8 5 31.0 2.14 25.0 0.09			250 1	0.476 1	0.044 1		85	70
⑤$_2$	灰色黏质粉土	0.32 99 0.62 0.08 0.12 0.26	6.10 99 14.93 1.95 3.32 0.30		0.40 31 0.44 0.03 0.30 0.09	12 47 27 3.60 7 0.30	25.9 47 29.0 2.51 19.0 0.10	8 47 19 2.40 0 0.30	31.0 47 33.0 1.34 27.0 0.04	42 7 49 5.20 34 0.13	6.9 7 12.0 2.07 1.0 0.30				12.2 162 28.0 6.0		
⑤$_3$	灰色粉质黏土	0.48 237 0.80 0.08 0.23 0.16	4.24 237 8.03 0.61 2.71 0.14		0.48 24 0.55 0.03 0.40 0.07	22 21 32 3.55 15 0.17	21.0 21 23.0 1.50 17.0 0.07	15 21 22 3.33 10 0.22	27.4 21 30.0 2.89 18.0 0.11	41 1	0.0 1						
⑤$_{3t}$	灰色黏质粉土	0.33 5 0.37 0.04 0.28 0.13	5.94 5 6.92 0.66 5.36 0.12												11.5 4 14.0 9.0		
⑦$_{1-1}$	灰色黏质粉土	0.20 48 0.38 0.07 0.11 0.30	9.40 48 15.63 2.94 5.18 0.30		0.37 17 0.43 0.04 0.30 0.10	9 22 17 2.70 2 0.30	28.0 22 30.0 1.43 25.0 0.05	4 22 11 1.20 0 0.30	31.3 22 33.0 1.14 29.0 0.04						23.2 60 44.0 9.5		
⑦$_{1-2}$	灰色砂质粉土	0.19 87 0.42 0.07 0.09 0.30	9.90 87 18.87 3.40 4.67 0.30		0.38 27 0.44 0.04 0.31 0.10	9 36 23 2.70 2 0.30	27.9 36 32.0 2.24 20.0 0.08	4 36 18 1.20 0 0.30	31.2 36 34.0 1.46 29.0 0.05	47 2 55 39	8.0 2 9.0 7.0				21.2 133 31.0 9.0		
⑦$_2$	灰色粉砂	0.11 58 0.24 0.04 0.05 0.30	15.73 58 25.64 3.90 7.84 0.25		0.33 23 0.39 0.03 0.29 0.09	4 20 9 1.20 0 0.30	31.8 20 36.0 2.45 28.0 0.08	1 20 6 0.30 0 0.30	34.3 20 38.0 2.36 31.0 0.07						41.4 92 75.0 22.0		
⑧	灰色粉质黏土	0.50 29 0.77 0.11 0.38 0.22	4.10 29 5.19 0.65 2.79 0.16		0.52 8 0.61 0.05 0.46 0.11	22 7 27 6.60 2 0.30	22.9 7 31.0 3.60 19.0 0.17	11 7 20 3.30 0 0.30	28.0 7 33.0 2.73 24.0 0.11	75 8 91 17.40 45 0.25	1.3 8 4.0 0.39 0.0 0.30						
⑨	灰色含砾粉砂	0.10 54 0.16 0.02 0.07 0.18	16.88 54 22.47 2.20 10.93 0.13		0.32 10 0.34 0.01 0.30 0.04	4 11 8 1.20 0 0.30	32.5 11 36.0 2.87 27.0 0.09	0 11 2 0.00 0 0.30	35.0 11 38.0 2.63 30.0 0.08						49.7 67 75.0 27.0		

说明：上表各土工试验项目中每组单元格数值的说明见右表。

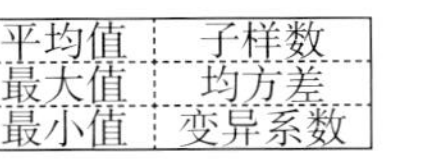
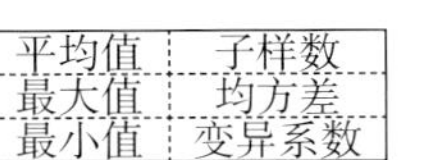

平均值	子样数
最大值	均方差
最小值	变异系数

1.3.3 工程水文条件

1.3.3.1 地表水

长江口系感潮河段，为中等强度的潮汐河口。河口外为正规半日潮，河口内受潮波变形影响，为非正规半日浅海潮。本工程附近有吴淞、外高桥、长兴岛、堡镇、青龙港等水文观测站。根据已有水文资料成果分析，长江口潮位沿程分布并不一致。按本工程地理位置，外高桥、长兴岛两处水文观测站水位可分别代表浦东南岸和长兴岛北岸处的潮位特征。该两处水文观测站 1960~1999 年潮位资料摘录如表 1–4 所示。

外高桥、长兴岛水文观测站 1960~1999 年潮位资料　　表 1–4

特征潮位	外高桥水文观测站	长兴岛水文观测站
历年最高潮位（m）	5.99（1997.8.18）	5.88（1997.8.18）
历年最低潮位（m）	–0.43（1969.4.5）	–0.29（1969.4.5）
平均高潮位（m）	3.27	3.30
平均低潮位（m）	0.88	0.84
平均潮差（m）	2.34	2.47
平均涨潮历时	4h45min	4h54min
平均落潮历时	7h40min	7h31min

长江口属大径流、中潮差的河段，受径流和潮流的双重作用，在柯氏力的作用下，长江径流与外海潮流流路分歧，涨潮主流偏南走。退潮持续时间约为 7h，涨潮持续时间约为 5h，平均一涨一落为 12h25min。长江口洪季大潮涨潮的平均流速为 1.05m/s，落潮的平均流速为 1.12m/s，涨潮的最大流速为 1.98m/s，落潮的最大流速为 2.35m/s。

1.3.3.2 潜水

本工程中，浅部土层中的地下水类型为潜水，与江水有密切水力联系，基本上与江水相沟通。潜水水位主要受长江潮汐的影响，浦东新区外高桥、长兴岛地区多年平均水位分别为 2.8m、2.4m。

1.3.3.3 承压水

本工程中，埋藏于⑦层、⑨层中的地下水为承压水，本区⑦、⑨层中承压水水量丰富。除近五号沟约 1km 区段内（约 K1+500 以南）⑦、⑨层间有⑧层作为隔水层外，大部分地段为⑦、⑨直接相通。承压水水头高程为 –4.15~–6.76m。另据上海浦东新区和长兴岛承压水水位资料，该区承压水水位呈周期性变化，水头高程一般为 0.00~–8.00m，浦东新区、长兴岛多年平均水位分别为 –4.20m、–0.60m。

1.3.4 地质水文评价

针对本区间内隧道施工的特点，除土层液化外，尚有以下不良地质现象：

（1）第①$_3$、②$_3$、③、⑤、⑦层或为粉土或夹较多薄层粉砂，渗透性强，在一定的动水条件下易产生流沙、管涌等不良地质现象。

（2）第④层为灰色淤泥质黏性土，呈流塑状，且厚度较大，属高灵敏度软土，该层土易产生触变及蠕变。

（3）由于第⑤$_2$层与第⑦层有一定的水力联系，故亦具微承压水性质，第⑦层、第⑨层中含承压水，且部分隧道直接埋藏于第⑤$_2$层和部分位于第⑦$_1$层中，易产生涌沙、冒水及承压水头不稳定性等不利影响。

（4）在长期的水流作用下，水下沙体会缓慢移动（如瑞丰沙），以及水流冲刷和人工采砂也会使河床发生变化。

（5）本工程沿线浅层气主要分布于④层淤泥质黏土层中下部。根据邻近工程及有关专题调研、取样分析，长江口地层中浅层气的主要成分为甲烷（CH_4），占 87.03%~98.70%；其次为二氧化碳和氮气，占 1.43%~12.97%，其他各种烷类缺失。

（6）南港航道区域范围内存在冲刷槽。冲刷槽深度为 6~7m，呈 V 形，冲刷槽是不稳定水槽，周期性的潮流强弱变化使槽的形态和深度发生变化，横向和纵向发生迁移，极易诱发冲刷槽内侧壁的崩塌、滑坡。在冲刷槽坡侧上有滑塌体存在。

（7）隧道轴线与河床中心线相交部位存在宽度约为 150m、高度 2m 左右的活动沙丘。沙丘沙洲（沙脊）可在水动力作用下迁移。

1.4 工程建设面临的挑战

早在 1818 年，英国人布鲁涅尔（M.I.Brunel）率先取得了盾构工法的专利，并于 1825~1843 年期间采用盾构工法开挖了第一条穿越泰晤士河的隧道。而后近 200 年来，随着科学技术的进步，盾构隧道工法得到了多次的变革和发展，目前已在全世界范围内尤其在城市隧道建设中得到了广泛运用。20 世纪 80 年代以后，盾构隧道的建设迎来了向大断面、大深度、长距离、高效率、多样化发展的新时代。

1.4.1 盾构隧道施工现状

1.4.1.1 国外同类工程现状

20 世纪以来，世界各国隧道工程技术取得突飞猛进的进步，大直径、长距离跨海越江隧道已经越来越多地出现在国家间、地区间和城市间的公路、铁路交通工程中，并已取得了显著成就。已建成的英吉利海峡隧道，日本东京湾道路隧道，荷兰“绿心隧道”、荷兰西斯凯尔特隧道，德国易北河隧道，代表了当前世界长大隧道的先进技术水平。

1）英吉利海峡隧道

英吉利海峡隧道工程全长 48.5km，海底段 37.5km，隧道最大埋深 100m，于 1994 年 5 月建成通车，是目前世界上最长的海底隧道，见图 1–6。

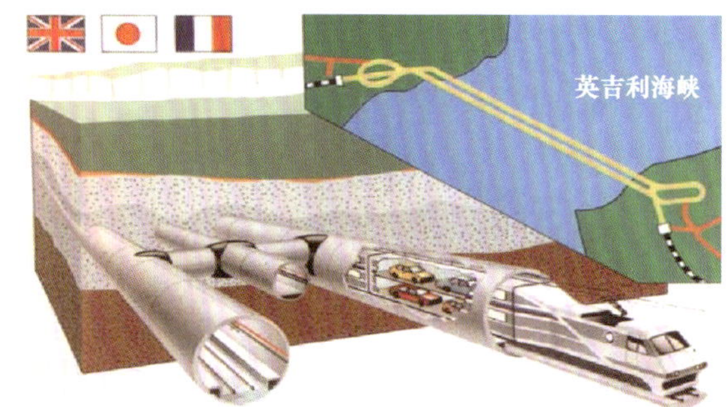

图 1-6　英吉利海峡隧道工程

该隧道由两条外径为 8.6m 的铁路隧道和一条外径为 5.6m 的服务隧道组成，铁路运行隧道每隔 375m 设置一条与服务隧道相连接的横向通道，每隔 250m 设置连接两条铁路隧道的横向活塞泄压风道。在遇到不利的地质条件时，可通过从服务隧道向两边主隧道注浆加固。利用服务隧道，克服了英法两侧盾构在海底对接、深层高水压下的密封防水及长距离掘进等系列技术难题。

2）日本东京湾隧道

日本东京湾隧道（图 1-7）长度为 9.1km，于 1997 年建成通车。考虑到长距离盾构推进过程中可能会产生刀具磨损需不断更替或设备故障需要检修等问题，该隧道是通过使用多台盾构机以减少每台盾构机推进距离的方法，来解决刀具更替和设备故障检修更换的问题，亦即采用了 8 台直径为 14.14m 泥水加压平衡盾构机，分别从浮岛、川崎人工岛和木更津人工岛始发推出，每台盾构机推进距离为 2~2.5km，并在海底地层中实施对接。

图 1-7　日本东京湾海峡隧道

3）荷兰“绿心隧道”

荷兰“绿心隧道”采用直径为 14.87m 的盾构机进行建造，长为 7 176m，整条隧道分成三个区段进行掘进施工，见图 1-8。隧道内两条铁路线由钢筋混凝土隔板分开，隔一段距离设置一扇逃生门。整条隧道内共有三个逃生竖井，设置间隔为 2km，以便隧道发生火灾时启用。隧道于 2004 年 1 月 17 日贯通。作为欧洲高速铁道网的一部分，“绿心隧道”建成后，将连接比利时、荷兰和法国，使其之间的行程时间缩短到 2h。

图 1-8　荷兰“绿心隧道”

4）荷兰西斯凯尔特隧道

荷兰的西斯凯尔特隧道长为 6.6km，使用德国海瑞克公司直径为 11.3m 的混合式盾构掘进机施工，于 2002 年 2 月贯通，见图 1–9。隧道最大深处在海平面以下约 65m，为同类工程埋深之最。在隧道施工过程中曾经历多次设备更换维修：在推进到 1.1km 时更换超挖刀头，在推进到 3.9km 时进行主轴承维修，在推进到 4.3~5.1km 时更换刀头，在推进到 5.3km 时又进行了盾尾的修复。

图 1–9　荷兰西斯凯尔特公路隧道

5）德国易北河隧道

德国易北河隧道直径为 13.75m，长为 2.56km，于 2000 年 3 月贯通，使用海瑞克设计的直径为 14.2m 的泥水加压平衡盾构施工。盾构机设计可以在常压条件下更换部分刀具，即可直接进入切土刀盘的 5 个主要轮辐中，在常压条件下更换特定位置的刀具。图 1–10 为德国易北河隧道及盾构机。

图 1–10　德国易北河隧道

1.4.1.2　国内盾构法施工技术发展状况

我国应用盾构法施工技术始于 20 世纪 50 年代末，但系统的开发、研究、设计、制造和施工，是从 1963 年在上海塘桥进行的 ϕ4.2m 的盾构隧道推进开始正式起步的，主要应用于上海地区软土地层中建造隧道。20 世纪 80 年代以来，随着我国改革开放和经济发展，盾构隧道在地铁、水底道路隧道、市政公用隧道中得到了广泛的应用。

1970 年 9 月建成通车的上海打浦路隧道，是国内第一条水底道路隧道，也是第一条采用盾构法施工的隧道，其采用自行研制的 ϕ10.2m 网格挤压盾构机，在黄浦江底掘进了 1 322m。1987 年，采用直径 11.3m 网格型水力机械化出土盾构，建成了延安东路水底道路隧道。1988 年研制成功的我国第一台土压平衡盾构，使我国的盾构技术接近了当时的国际先进水平。1990~1994 年，上海地铁 1 号线采用 7 台 ϕ6.34m 土压平衡盾构（系引进法国 FCB 公司制造），在市区建筑群下建成 18km 的地铁区间隧道，接着又修筑了地铁 2 号线的地铁区间隧道。1992 年，采用 ϕ3.8m 土压平衡盾构应用于大统路 3.4 标段合流污水隧道施工，并顺利穿越上海新客站17条火车轨道，轨道基础隆起仅7mm。1992~1994年，采用引进的 ϕ 11.22m泥水平衡式盾构掘进机，建成了延安东路复线水底道路隧道工程等。

进入21世纪，我国城市建设步伐将进一步加快。在上海使用大直径盾构先后在黄浦江底下修建了大连路隧道、翔殷路隧道和上中路隧道。其中，大连路隧道全长为2.5km，设双管双向四车道，通行净高为4.5m，隧道外径为11m，内径为10.040m，采用直径为11.22m大型盾构掘进施工；翔殷路隧道全长约为2.6km，设两条单向两车道，通行净高为4.5m，隧道外径为11.36m，内径为10.4m，采用直径为11.58m的大型泥水平衡盾构掘进；上中路隧道全长为2.8km，设上下两层双向四车道，隧道外径为14.5m，内径为13.3m，采用原应用于荷兰"绿心隧道"工程的直径为14.87m超大型盾构掘进施工。

1.4.2 上海长江隧道施工的技术挑战

从国内外同类型工程中可以总结得出，目前超大直径、长距离盾构应用的范围越来越广泛，同时业主对工程的建造速度有更高的期待。上海长江隧道盾构法施工的关键词为：超大断面、长距离、大深度（高水压）、高速施工。针对每个关键词的技术环节，在表1-5中均能找到分散的成功应用实例，但目前世界上还没有这些关键技术环节全部综合得以应用的施工实例，（荷兰"绿心隧道"与此比较接近，但其通过沿途设井，可降低超大直径盾构掘进的风险）。本工程穿越的长江南港为通行主航道，为不影响航道必须一次完成长距离穿越。因此，从这个意义上来看，本项目可以说是世界上前所未有的对盾构法隧道施工技术的挑战。

上海长江隧道和以往施工实例的对比表　　表1-5

隧道名称	盾构机直径（m）	隧道长度（km）	最大单次掘进距离（km）	完成日期	备　注
英吉利海峡隧道	8.6 5.6	48.5	多次分段掘进	1994年5月	克服了盾构在海底对接、深层高水压下的密封防水及长距离掘进等系列技术难题
东京湾隧道	14.14	9.1	2.5	1996年8月	8台盾构双向推进，江中对接
荷兰"绿心隧道"	14.87	7.2	2	2004年3月	全长7.2km，每2km设置一个接收井
荷兰西斯凯尔特隧道	11.3	6.6	6.6	2002年2月	隧道最大深处在海平面以下约65m
德国易北河隧道	14.2	2.56	2.56	2000年3月	盾构可以在常压条件下更换刀具
上海上中路隧道	14.87	1.25	1.25	2009年4月	世界上第一条双层双向四车道隧道
上海长江隧道	15.43	7.5	7.5	2009年11月	世界最大直径，单次掘进距离最长的隧道

因此，对于上海长江隧道工程来说，必须根据以往成功的实例，运用超大直径盾构，完成大深度（高水压）、长距离、大断面、高速度的施工。所有关键技术环节全部综合得到应用的施工实例，也就是说，上海长江隧道是首次，也就是说，在上海长江隧道工程中使用的盾构机，不仅要最大限度地发挥到目前为止所积累的实际施工经验外，同时要面临以下多项技术挑战和施工难点：

（1）盾构机的选型及关键部件的维修保养；

（2）高精度耐久性隧道衬砌管片制作；

（3）高水压软土地层长距离盾构隧道的施工控制；

（4）环保型模块化大流量泥水处理系统的应用；

（5）长距离隧道多工序同步施工；

（6）长江口软土层中的连接通道施工。

1.5 关键技术的决策和解决方案

1.5.1 盾构机的选型及关键部件的维护保养

1.5.1.1 盾构机选型

为解决超大直径盾构垂直方向的压力差，确保土体稳定，同时结合上海长江隧道的工程特点，针对超大直径、超长距离隧道施工的技术方案，本工程对盾构机的配置提出如下要求。

1）盾构机主要功能选择依据

盾构开挖面采用加压泥水平衡，提高开挖面泥水平衡的精度，能有效保证开挖面的稳定。泥水平衡盾构掘进机采用管道输送开挖面土体，输送速度快而连续，使施工进度加快。

考虑到隧道内道路结构与盾构掘进施工实现同步，盾构机必须满足在盾构掘进的同时，就安装道路结构预制件，将盾构掘进和道路施工两者的相互影响降到最低程度。

基于以上考虑，选用的盾构掘进机采用两辆设备台车，在两辆设备台车之间进行道路预制构件的安装，安装时不影响盾构的正常掘进施工；开挖面泥水压力控制采用气泡舱方式，比传统方法控制精度更高、更及时，可有效保证开挖面的稳定；采用两辆设备台车以及在其间即时安放道路预制构件，加大了相关重量，可有效解决隧道的抗浮问题。

2）快速施工

考虑到盾构机掘进距离长，为有效提高施工进度，采用道路结构同步施工方式。随盾构掘进在两辆台车之间同步安装中间“口”形道路预制构件，作为运输通道，隧道内水平运输是使用专用双头卡车来完成，以提高运输能力；在盾构 2 号台车后道路结构完成条件下，可形成三条车道，进一步确保了工程运输的安全性和高效性（见图 1-11）。

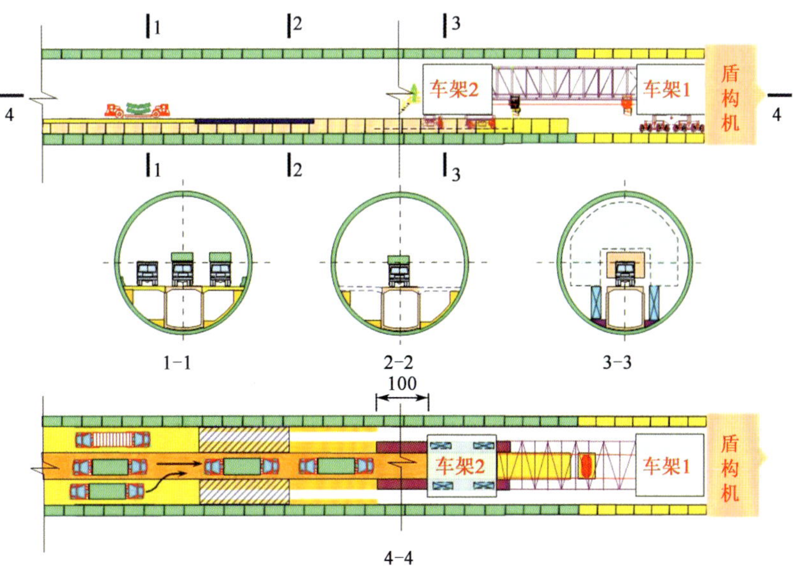

图 1-11　快速施工运输示意图

3）盾构机安全性能

（1）刀具更换

在盾构机长距离掘进施工过程中，由于刀盘直径大，刀盘上刀具的线速度（尤其周边）较大，部分刀具可能会产生严重磨损。为满足长距离掘进施工需要，必须考虑异常情况下刀具的更换。

根据盾构掘进机配置要求，盾构掘进过程中，可以根据磨损检测装置或刀盘扭矩、推力等施工参数来判断刀具磨损情况。一旦发现刀具磨损严重，即暂停掘进施工，更换相关刀具。刀具更换可通过盾构机刀盘上的安全通道在常压下实施。

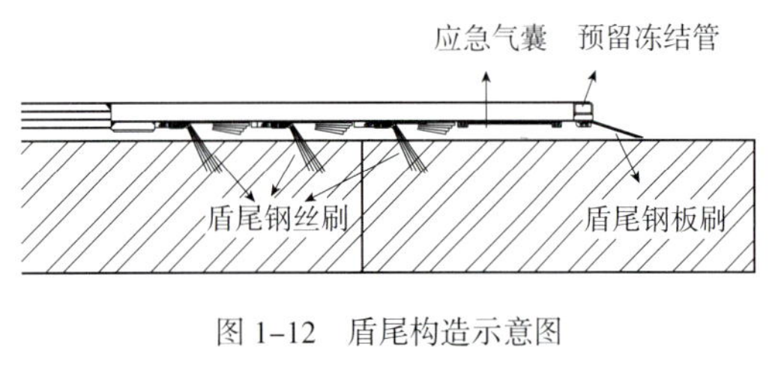

图 1-12　盾尾构造示意图

（2）盾尾装置

本工程选用的盾构设置了三道钢丝刷和一道钢板刷的盾尾装置，中间预留着应急气囊，尾部设置冻结环管，见图 1-12。

根据经验，在盾构正常运作状态下，盾尾钢丝刷的寿命一般为 2.5km 左右，本次盾构一次连续掘进达 7.5km，预计需更换两次盾尾钢丝刷。

1.5.1.2　关键部件的维护保养

盾构机日常维护主要包括以下三个方面：

（1）定时维护。根据盾构设备特点和隧道施工情况，针对易损构件的磨损情况、重要设备的运行使用情况和盾构机正常运行的主要技术参数，制订出每日和每周例行保养制度。

（2）随时巡查。盾构机维护保养工作还包括随时巡查。要求盾构机推进班组负责人及当班班长在盾构机推进过程中，随时进行巡视和检查，及时发现问题，及时解决问题。

（3）特种设备维护保养。除日常设备维护外，针对盾构机上部分关键设备，使用特定的仪器进行检查保养。

1.5.2　高精度耐久性隧道衬砌管片制作

上海长江隧道工程管片衬砌环设计参数为：外径 15 000mm，内径 13 700mm，环宽 2 000mm，壁厚 650mm。衬砌圆环分为 10 块：即标准块（B）7 块，邻接块（L）2 块和封顶块（F）1 块，是建设时世界上生产的最大管片，标准块重量达 16t。同时考虑隧道结构百年以上寿命要求，混凝土强度等级为 C60，氯离子扩散系数≤ $1.2 \times 10^{-12}m^2/s$。

1.5.2.1　高精度钢模

高精度钢模由底座、侧板、端板及辅助零部件组成，形成的内腔即为管片几何形状，是保证管片高精度的前提。钢模设计适应管片制作工艺，使开模、合模操作简便、可靠，管片膜模顺利，成品质量高。

1.5.2.2　耐久性管片混凝土

为确保管片本体自防水和百年设计寿命的要求，结合生产情况展开高性能配合比研究，管片达到了高强度和抗氯离子渗透的要求。由于管片混凝土是在蒸养工艺条件下生产，而蒸养工艺会导致常规混凝土体积膨胀，密实度降低，降低了混凝土的耐久性，故高性能管片混凝土研究的技术难题一方面表现为混凝土配合比的设计，另一方面也存在着蒸养工艺与配合比的匹配性研究。

本工程通过水胶比、复合矿物掺和料数量、浆体体积三大主要因素的研究，确定了高性能管片混凝土的基本配方。采用减少用水量以提高蒸养热处理的正效应，运用综合措施来抑制蒸养热处理的负效应，使用复合矿物掺和料来降低混凝土内 Cl^- 渗透性等措施，解决了蒸养工艺与配合比的匹配性。

根据已生产的管片混凝土数值统计分析，计数项为 478，均值为 68.5MPa，最大值达到 77.8MPa，最小值为 62.9MPa，标准偏差为 2.32MPa。按照标准偏差计算混凝土的强度保证率为 96.6%，表明该管片混凝土稳定在一个较高的质量水平上。

1.5.2.3 管片工厂化生产

根据管片混凝土浇筑、振捣、蒸汽养护、自然养护工艺以及起吊等工序，研究生产车间布置（如图 1-13），以确保管片生产的高效性。针对管片单片在 15~16t 超常规重量，研究设计新型吊运装置，确保管片运输的安全高效。

图 1-13 超大直径管片

管片成品要求表面密实、光洁、平整，边棱完整无缺损，采用 2 环混凝土管片进行试拼装，拼装后管片相邻环环面间隙 ≤ 0.8mm，纵缝相邻块间间隙 ≤ 1mm，螺栓孔与对应的预埋螺母的定位轴线的不同轴度 ≤ 1mm，在同类型产品中居世界领先水平。

1.5.3 高水压软土地层长距离盾构隧道的施工控制

1.5.3.1 掘进施工参数控制

1）气泡仓压力设置

泥水平衡盾构是通过在支撑环前面的密封泥水仓中，注入适当压力的泥水来平衡开挖面的水土压力。本工程使用的加压泥水平衡盾构机各大系统与一般的泥水平衡盾构机基本相似，但增加了一套压缩空气控制系统，可通过调整压缩空气的压力来即时调整开挖面泥水压力。在推进过程中，根据盾构机上部覆土厚度、上部建筑物结构形式以及盾构所处水深等条件，不断调整气泡仓压力值，确保正面土体稳定。

2）掘进参数设置

掘进参数一般指泥水密度及流量、当前切口水压、送泥流量、排泥流量、掘进速度、刀盘扭矩、千斤顶顶力、注浆压力、注浆量及盾构平面、高程、方位角、转角等相关参数。

掘进管理系统由自动量测子系统、输送管理子系统、同步注浆管理子系统和泥水管理子系统组成，各系统主要是通过设置在地面的中央控制室进行管理的。

从力学机理上讲，高水压作用下的超大直径泥水平衡盾构开挖面平衡机理和稳定性与通常的盾构开挖面差异很大。因此，在正式掘进前，可通过相似模拟试验，对高水压条件下超大直径施工进行研究，得到了合理的施工参数，从而保证超大直径盾构的顺利推进，以确保施工的安全。

3）同步注浆量设置

本工程盾构的同步注浆，是通过位于盾尾的 6 点注浆孔注入土体。及时地充填建筑空隙，防止地面沉陷。6 个注浆孔均布在盾尾圆环上。由于受到盾尾泥水压力的影响，并且考虑到不同土层条件及不同深度下隧道上浮等因素，注浆量需要进行调节，注浆压力亦需随之调整。

1.5.3.2 长距离物流管理

在超长距离盾构推进施工中，材料运输的不及时会成为提高隧道施工效率的一大障碍。因此，隧道物流系统的优化设计，能大大加快施工进度。

通常的隧道施工中，工程设备及施工材料均堆放于地面，然后采用水平运输及垂直运输相结合的方式运至隧道施工工作面。

上海长江隧道是目前世界上单次掘进距离最长、断面最大的隧道，且采用道路同步施工工序。因此，这一切都为采用大中型运输车辆进行运输奠定了基础，创造了条件。

暗埋段和敞开段的提前完工，可省去了隧道施工中垂直运输这个环节，使得运输车辆能从地面材料堆场装车直接运输至盾构施工工作面。因此，在充分调研目前隧道施工运输设备的基础上，改革传统运输工艺，为盾构快速掘进奠定基础。

考虑到运输材料中主要有管片、同步注浆移动浆桶、“口”字形构件等大型块件，为了保证这些材料全部能够顺利输送，施工中运输机械首选的便是大型的双头平板车，后来随着施工距离的增长又引入了经改装的斯太尔货车进行辅助运输。

通过对双头平板车及斯太尔货车各自不同特性的合理利用，加上地面相关材料的科学调度，从而上海长江隧道顺利地克服了长距离隧道施工高效运输的难题。

1.5.4 环保型模块化大流量泥水处理

伴随泥水盾构应用而来的是对泥水的处理，亦即如何充分循环地利用泥水，以减少废弃泥浆的排放。

国内施工单位主要是以沉淀池来替代振动筛一级处理，较大颗粒可以通过沉淀池去除，二级处理的旋流器呈分散状分布在沉淀池的不同部位。这种处理方式的优点是配置变动较为随意，在设备出现故障时，可直接使用沉淀池内的泥水，具有随时的应急能力，缺点是施工场地要求较大，浆液回收利用率差，且在工程结束后，设备易散失，不利于设备的保养。

图 1-14　集成式泥水处理系统

考虑到超大直径泥水盾构掘进所需的泥水配套系统，本工程中采用集成式泥水处理系统（图 1-14），处理能力可达 $2 \times 3\ 000m^3/h$（每组设备处理能力为 $500m^3/h$，共 12 组）。其优点是减少了占地面积，处理系统可灵活组合，以满足不同直径盾构推进的使用。

本工程充分考虑了隧道穿越黏土层的特性，首次在上海地区采用滚动筛和漩流器相结合的三级处理模式，能最大限度地利用循环浆、减少废浆的排放量。

1.5.5 长距离盾构隧道的多工序同步施工

1.5.5.1 道路同步施工

为解决长距离盾构隧道内的道路同步施工问题，结合今后的隧道内部结构施工，本工程对传统设计作了优化，采用预制和现浇相结合的方式，如图 1–15 所示，将中间“口”字形结构优化预制构件，两侧为现浇道路面板。

a)

b)

图 1–15 即时同步施工

a）“口”字形构件安装压重块浇筑；b）两侧路面板制作

考虑到为轨道交通预留空间的需要，在隧道施工期间，将“口”字形构件安装作为运输通道，待隧道建成后，“口”字形构件两侧压重块浇筑完毕确保受力安全后，凿除下部弧形部分结构，以确保通行限界的要求。

结合内部结构设计，采用了同步的施工方式，中间预制构件采用盾构机的吊机进行安装，与管片拼装保持同步。两侧分别利用不同的施工平台，进行凿毛、植筋、绑扎钢筋、立模、混凝土浇筑等不同作业，组成纵向流水形式，以确保内部交通运输的畅通。

1.5.5.2 上部烟道板施工

考虑到隧道日常运营时通风及火灾排烟的综合需要，在隧道顶部设置一道如天花板一样的烟道层，用弧形烟道板隔开。弧形烟道板架设在上部牛腿上，在每条隧道中的 26 个风机吊装位置处为现浇结构，其余烟道板均为经场外预制后通过特殊型号的桁车吊装施工。

由于工程量较大，同时考虑到快速施工的要求，采取定制移动式脚手架（包括植筋架与结构施工架）来施工烟道牛腿，提供人员作业平台及施工通道，见图 1–16 及图 1–17。

图 1–16 定制移动式框架

图 1–17 预制烟道板吊装

1.5.6 长江口软土地层中的连接通道施工

根据设计提供的各个连接通道的中心线深度高程来看，其连接通道施工范围内的土层主要有⑤$_1$、⑤$_2$、⑤$_3$、⑤$_{3t}$等地层。连接通道一以及连接通道二完全在⑤$_2$层中掘进，且直接与第⑦层承压含水层相连。其余连接通道虽在⑤$_3$层粉质黏土层中掘进，但与⑦层承压含水层顶板距离较近，如连接通道七附近只有5m左右，本项目又是在长江中施工，因此，为防止承压水突涌现象的发生乃是工程成败的关键。除地质条件复杂外，上海长江隧道地处长江入海口，存在海水倒灌现象，导致江水含盐量高，需考虑这些因素对工程的影响。此外，还考虑到整体工程安排需在盾构推进的同时进行连接通道开挖，需考虑两者相互之间的影响，特别是冻土的特殊性能对成环隧道结构的影响。

基于本工程的特殊性，考虑隧道动态施工情况下连接通道的开挖、长江口盐水环境下冻结的影响、冻土特殊性能对隧道结构的影响等，宜采用双排管冻结设计。

在地铁隧道中，连接通道一般采用直拱墙结构形式，排水泵房设在连接通道中间位置的下方。该结构形式受力性能比圆形断面差，且连接通道和泵房均为施工风险点，而在同一位置进行施工，风险更高。因此，在长江隧道大尺寸断面的条件下，决定采用泵房和连接通道分离设置，结构形式采用受力性能较好的圆形断面。在优化设计方案的基础上，施工过程中规范冻结施工作业流程，应用专用冻结监控系统指导作业，并采用积极的强制解冻措施，才能顺利地完成连接通道的施工。

1.6 结语

上海长江隧桥工程于1993年正式提出工程设想，通过历时10年的研究与论证，综合考虑环境条件、技术、政治与经济等因素，最终确定了南港隧道、北港大桥的集约化穿越方案。2004年12月28日工程正式启动，2009年10月31日建成通车，结束了上海崇明岛千年不通陆域的状况。

整个隧道建设过程中，贯彻科技创新、合理规划、精心组织、严格管理的要求，成功解决了工程建设中超大断面盾构机对地层适应性与选型、超长距离掘进过程中多工序同步施工、高精度与耐久性隧道管片制作、深覆土与高水压条件下开挖面的稳定性以及环保型模块化大流量泥水处理等一系列的工程技术与管理难题，成功创造了采用当时世界最大直径的泥水加压盾构机（直径为15.43m）一次连续掘进最长距离达7.5km的世界纪录。把上海长江隧道建设成为中国乃至世界的地标性建筑，标志着我国盾构隧道建设已经跃居世界领先水平。

第2章　隧道建设规模与总体布置

SUIDAO JIANSHE GUIMO YU ZONGTI BUZHI

2.1 隧道建设规模与总体布置

2.1.1 隧道建设规模

上海长江隧道按双向六车道高速公路标准设计，采用双管盾构隧道。隧道外径 15.0m，内径 13.7m，是目前世界上最大直径的盾构法隧道。隧道上层顶部为专用排烟道，中部为三车道高速道路层，建筑限界为 12.75m × 5.2m（通行车辆限高 5.0m），能满足远期 2028 年预测单向高峰小时交通流量 3 055pcu/h 要求，并有良好服务水平（二级）。车行道下部中间为预留轨道交通空间，内净尺寸为 3.7m × 4.2m，车行方向左侧空间为安全疏散通道，局部布设地埋式变压器。右侧空间为电缆管廊，包括 220kV 的电缆布设位置，见图 2-1。隧道工程总长：上行线为 8 894.48m、下行线为 8 892.19m，隧道主线分段构成，参见表 2-1。隧道线路平面见图 2-2。最小平曲线半径 R=4 000m。双线隧道之间设有八条 1.8m × 2.1m 的横向连接通道，其间隔约 830m，供发生事故时人员疏散用。隧道江中段纵剖面顺应复式河槽形态呈“W”形，最大纵坡为 2.90%，最小竖曲线半径 R=12 000m。

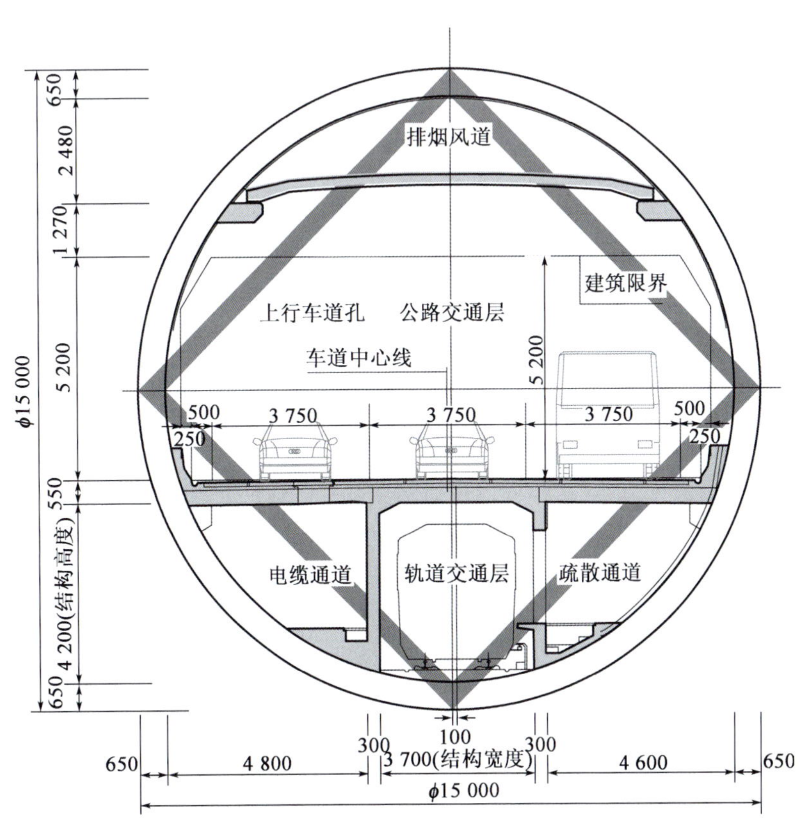

图 2-1　隧道断面图（尺寸单位：mm）

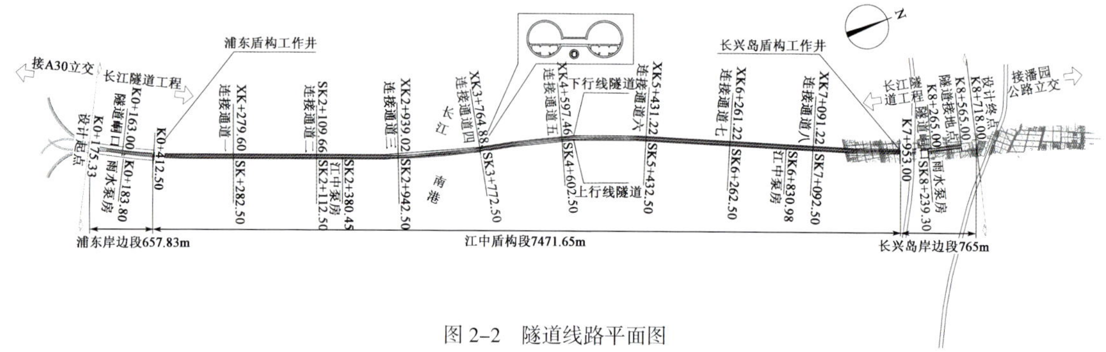

图 2-2　隧道线路平面图

上海长江隧道主线分段构成表

表 2-1

分段名称	敞开段	暗埋段	浦东工作井	江中盾构段	长兴岛工作井	暗埋段	引道段	接线、道路
分段长度（m）	339.33	296.50	22.00	东线 7 471.65 西线 7 469.36	22.40	288.60	300.00	154.00
施工方法	放坡开挖	围护结构内明挖施工	地下墙围护内明挖顺筑	盾构法	地下墙围护内明挖顺筑	围护结构内明挖施工	放坡开挖	
工程长度（m）	浦东岸边段长 657.83 （里程：K0+175.33~K0+482.50）			东线 7 471.65 （里程：SK0+483.14~SK7+ 954.79） 西线 7 469.36 （里程：XK0+481.87~XK7+ 951.23）	长兴岛岸边段长 765.00 （里程：K7+953.00~K8+718.00）			
工程总长（m）	东线 8 894.48 西线 8 892.19							

注：表中 K0+482.50 与 SK0+483.14、XK0+481.87 为同一里程；K7+953.00 与 SK7+954.79、XK7+951.23 为同一里程。

2.1.2　工程总体布置

隧道工程总体布置，统筹考虑了盾构法隧道长距离（约 7.5km）掘进施工、正常使用阶段多系统运营以及发生事故时防灾体系的控制要求，工程设计中，对浦东、长兴岛分别设有浦东工作井和长兴岛工作井，施工阶段分别作为盾构始发井和接收井。在浦东暗埋段洞口、长兴岛暗埋段洞口分别设有雨水泵房；浦东暗埋段上设有通风排烟机房和变电所，地面设排风井、新风井和疏散出口及消防泵房；长兴岛工作井内设接入通风井的风道、电缆转换层、废水泵房、疏散出口等，工作井后暗埋段的地面设置 1 号楼、2 号楼，布置长兴岛变电所、通风机房等；江中段最低点分设东线、西线双层式江中泵房各两处。长兴岛设隧桥一体化管理控制中心，负责隧道综合监控，包括交通监控、设备监控、闭路电视监控、通信、火灾自动报警、中央计算机管理等，浦东设管控分中心和养护用房。

2.1.3　总体设计技术标准与要求

采用全封闭、全立交双向六车道高速公路标准。

隧道设计速度：80km/h。

隧道建筑限界：（除防撞侧石外，所有设备、装修或设施均不得侵入）。

宽度：12.75m（0.75m+3 × 3.75m+0.75m）。

高度：5.20m。

车辆荷载：公路Ⅰ级。

隧道最大纵坡≤3%，最小平曲线半径2 500m。

隧道防灾设计以防火灾为主，道路交通层内火灾热释放功率50MW，双管隧道按同一时间内发生一次火警且相邻隧道孔关闭交通进行控制设计。

隧道设计起点（里程K0+175.33）与A30立交相接，设计终点（里程K8+718.00）与长江大桥接线道路相连。

2.2 线路、道路设计

2.2.1 隧道线路平面设计

隧道的线路平面设计首先必须与城市总体规划意图相合拍，在控制好隧道起讫点、设计规模的同时，要充分考虑施工方法、施工筹划的可行性；避让已有建（构）筑物及沿线障碍物，力求线形顺畅，有利于行车安全、舒适等。

上海长江隧道的线路平面设计在总体方案设计的研究中，围绕江中瑞丰沙滩面是否设江中工作井已做了综合论证比选。在确定不设江中工作井的前提下，根据推荐的方案，在线路平面设计中充分考虑避让江中沉船、光缆和对岸线建（构）筑物的影响。灵活采用直线与大半径平曲线的组合，既满足东、西线线间距的一般要求，又考虑了两岸工作井处缩小间距要求的渐变线形。力求平面线形的顺畅，避免长时间直线行驶带来视觉疲劳的安全隐患，保障长距离隧道内行驶的舒适性和安全性。

2.2.1.1 主要障碍物

影响线路设计的客观因素主要是江中沉船和光缆。

1）江中沉船

根据地下障碍物探测揭示隧道线路沿线存在两处异物，均系1998年的沉船。沉船1中心点位置为X=10 455.00，Y=20 923.00，长60m左右，宽12~15m，高出江底面6m左右，底部埋深15~20m（以长江水面起算）。沉船2中心点位置为X=9 652.00，Y=20 764.00，长35m，宽7m，最高处高出江底泥面5m左右。受水动力条件的影响，沉船有继续下沉的可能。

2）光缆

在江中拟建隧道轴线周边埋设有两条通信光缆，分别于1997年和2003年敷设，埋深基本上为现今自然河床下3m。一条通信光缆在浦东侧距隧道线位以西约1 300m入江处，入江后光缆先为东北向，至隧道浦东侧离岸约2 200m处光缆改为北向，与隧道走向基本一致，并由隧道的西侧逐渐至隧道的东侧，走向与隧道的走向一致，在距长兴岛侧新开港以西约300m处登陆。另一条通信光缆在浦东侧距隧道约1 500m入江，向北逐渐靠拢隧道，在距长兴岛约760m处从隧道上方穿越至隧道东侧，在距长兴岛侧新开港以西约350m处登陆。受长兴岛侧接线和岸线建筑等控制，隧道的线路平面介于两条光缆之间布设，在瑞丰沙处两条光缆相距约300m。

2.2.1.2 东、西隧道线间距控制

两条平行的单线隧道的线间距，在不考虑互相影响的前提下，在上海松散地层中，需要（3~4）

D（D 为圆隧道的外径）。但为节省地下、水下空间，方便两条隧道间连接通道的施工，根据国内外多年的施工经验，当两个圆隧道之间的净距有 1.0D 时，可避免两条隧道盾构掘进施工及运营时较大的相互影响，所以江中圆隧道的东、西线隧道中心线间距初定为 2.0D，在近工作井处采用平曲线过渡，将两条圆隧道中心线线间距平顺过渡到 1.5D，以减少工作井和明挖段的规模，降低工程造价和节约土地资源。

2.2.1.3 线路平面方案的比较及推荐

1）方案一

隧道线路起自浦东五号沟，起点处与 A30 采用全互通立交连接。线路向北进入隧道，在浦东陆域设置浦东工作井，由此线路向北以 R=4 230m 的平曲线穿越浦东大堤后进入长江南港，采用 R=4 000m 和 R=6 000m 的一组反向平曲线绕避两处沉船后，再以直线于二根光缆间穿越长兴岛大堤，进入陆域的长兴岛工作井，并以 R=6 000m 的平曲线接入工程终点，通过接线道路连接长江大桥。路线全长 8 952.48m，线形顺直。

2）方案二

线路直接从两个已被打捞的沉船之间穿越，在江中与光缆位置重叠长度约 2 700m，盾构掘进与河床浅层障碍物（光缆）干扰不大，这样线路平面的线形顺直，线形指标合理。

上述两方案的线路平面相对关系详见图 2–3，线形指标比较详见表 2–2。

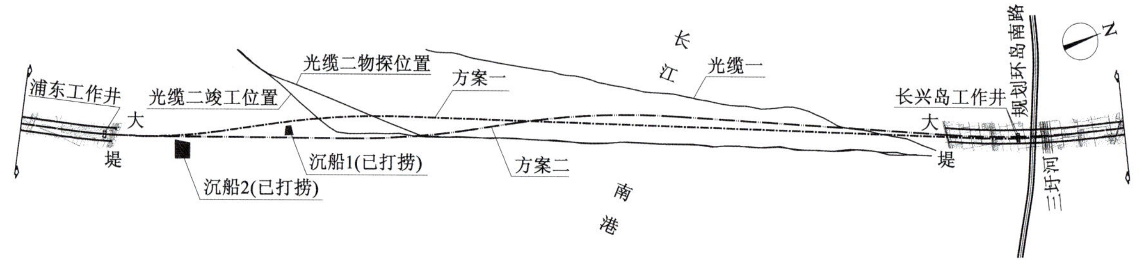

图 2–3　线路平面方案关系图

路线平面设计指标比较表

表 2–2

序号	比选项 \ 设计指标 \ 方案	方　案　一	方　案　二
1	平曲线个数（个）	4	4
2	平曲线偏角（°）	α_1=7.06；α_2=8.47；α_3=9.80；α_4=8.39；	α_1=7.06；α_2=9.00；α_3=11.94；α_4=10.00
3	平曲线半径（m）	R_1=4 230；R_2=4 000；R_3=6 000；R_4=4 000	R_1=4 230；R_2=6 000；R_3=6 000；R_4=6 000
4	平曲线总长度（m）	2 723.55	3 761.39
5	直线段总长度（m）	6 228.93	5 193.87
6	线路总长度（m）	8 952.48	8 955.26
7	平曲线长度占线路总长度百分比（%）	30.42	42.00
8	直线段长度占线路总长度百分比（%）	69.58	58.00
9	最大长直线长度（m）	4 418.21	2 101.29
10	对沉船 1 和沉船 2 的影响	早期打捞	早期打捞

3）方案比选

以上两个方案中，方案二线形技术指标满足规范要求，应用合理，平曲线半径更大，隧道内的直线段长度也大大减小，有利于减小因长时间直线行驶的视觉疲劳而引起的交通安全隐患，故采用了方案二。

2.2.2 隧道线路纵断面设计

线路纵断面设计的控制因素主要有：预计河床最大冲刷深度、浦东侧与长兴岛侧大堤、两岸接线道路的衔接和隧道最大纵坡的取用值等。

2.2.2.1 预计河床冲刷深度

南港主槽为顺直河槽，落潮主流一直傍靠南岸下泄，仅出现一定幅度的淤积和恢复性冲刷的交替变化，淤积幅度比相邻河段小。长兴岛涨潮沟较为稳定，变化幅度不大。根据隧道轴线处历年河床断面的变化；对长江口、南港河势的分析，得出长江南港大幅度冲刷的可能性很小，考虑通过每年的监测，及时掌握水深地形的动态及采取必要的防范措施，将隧道位置的历年最大水深包络图下限加上 1m 作为隧道设计时的预计最深冲刷线，见图 2-4。

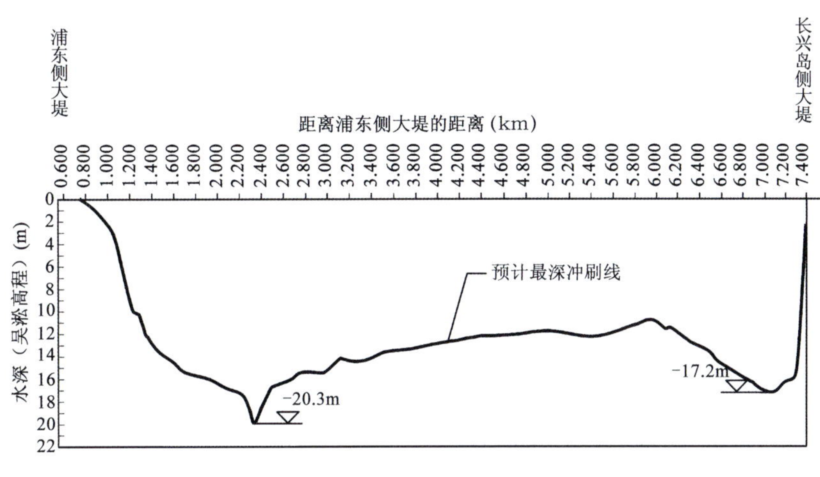

图 2-4 预计最深冲刷线

2.2.2.2 浦东侧与长兴岛侧大堤

浦东与长兴岛大堤均采用二级放坡的 L 形重力式挡墙结构。其中浦东大堤不设桩基，大堤结构基底面高程稍高于吴淞高程 0m 线。长兴岛大堤在河滩上设置了二排桩基（均为短桩）混凝土底坎，大堤结构基底面高程为 0.96m。隧道施工应采取相应措施确保大堤结构安全。

2.2.2.3 最大纵坡的取用值

根据《公路工程技术标准》（JTG B01—2003）和《公路隧道设计规范》（JTG D70—2004）有关规定，当设计速度为 80km/h 时，隧道最大纵坡取 3.0% 时的限制坡长为 1 100m。参照汽车动力性能，当汽车行驶在 3.0% 以上的坡度时，排出的 CO 等有害气体将明显增加。为改善隧道通风条件，保持车速的稳定、行驶安全和减少有害气体的释放，本工程在两岸陆域采用 2.9% 纵坡，坡长不受限制。既满足规范要求，也尽可能缩短了隧道的长度，且便于与两岸接线道路和立交的衔接。

2.2.2.4 线路纵断面设计

隧道起于浦东五号沟，南接 A30 全互通立交，向北分别以 2.0% 和 2.9% 下坡进入长江南港，江中河床总体较为平坦。由于长江南港主航道偏向南侧，北侧靠近长兴岛有涨潮沟，且还有规划航道，而中间瑞丰沙河床较高，河床地形基本呈不规则的“W”形，故隧道江中段纵断面契合河床地形也采用“W”形。纵坡按 -0.59%、+0.36% 和 -0.83% 组合布置，并以江中预测最大冲刷线下 9m（约 0.6D）深覆土进行控制。在接近长兴岛岸堤时，穿越涨潮沟后采用 2.9% 的上坡接至地面，并采用 0.6% 的反向坡以形成“驼峰”与接线道路顺接。隧道线路纵断面线形技术指标均满足公路规范的要求。隧道线路纵断面详见图 2-5。

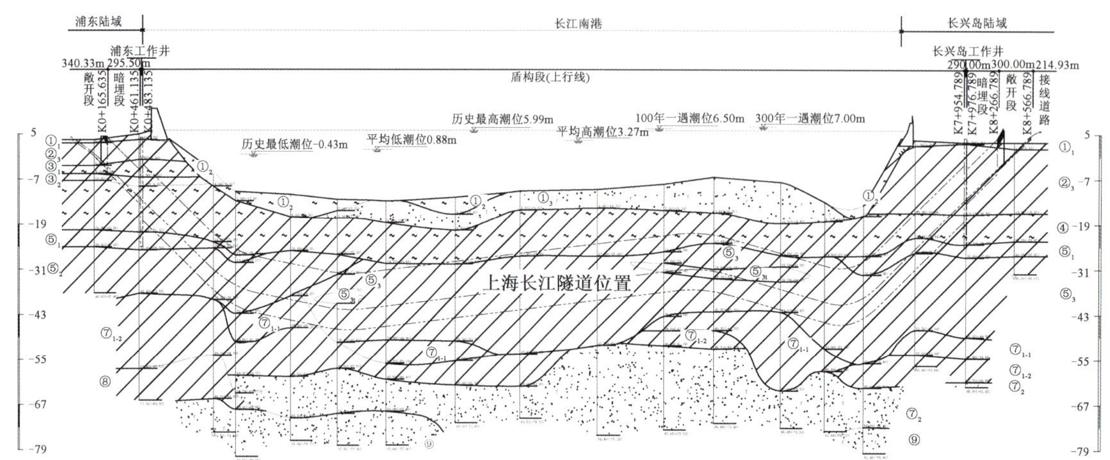

①$_1$-人工填土；①$_3$-褐灰色砂质粉土；③$_1$-灰色淤泥质粉质黏土；④-灰色淤泥质黏土；⑤$_2$-灰色粉质黏土；⑤$_{3t}$-灰色黏质粉土；⑦$_{1-2}$-灰色砂质粉土；⑧-灰色粉质黏土；①$_2$-江底淤泥或浜填土；②$_3$-灰色砂质粉土；③$_2$-灰色砂质粉土；⑤$_1$-灰色黏土；⑤$_3$-灰色粉质黏土；⑦$_{1-1}$-灰色黏质粉土；⑦$_2$-灰色粉细砂；⑨-灰色含砾粉细砂

图 2-5　隧道线路纵断面图

2.3 建筑设计

2.3.1 建筑总平面设计

隧道工程建筑总平面布置主要由隧道工程特点所决定。在设计、施工阶段，需与工程设计要求、施工工艺相配合；在运营阶段需要满足车辆正常通行、设备运营、日常维护和环境保护等多项服务要求；在发生事故情况下需要符合疏散、救援的要求。故建筑设计必须针对这些特点和要求，进行工程的总体布置。上海长江隧道浦东岸边段、长兴岛岸边段总平面布置见图 2-6、图 2-7。

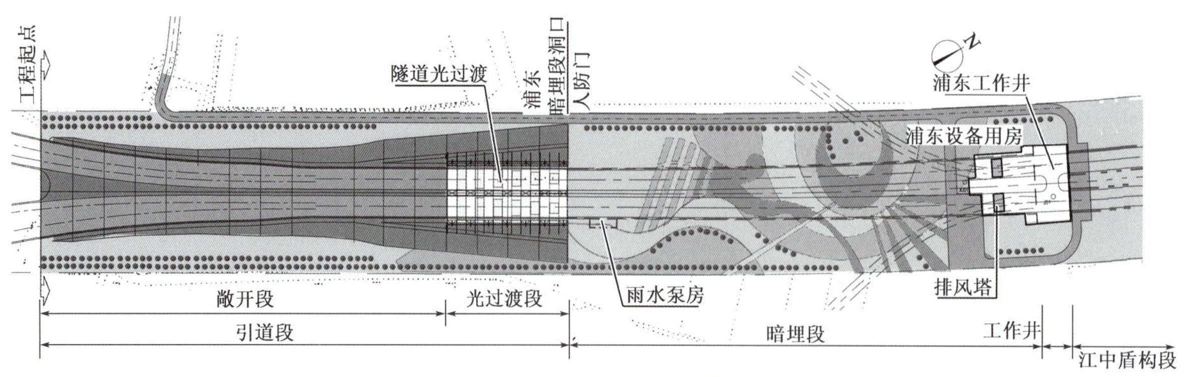

图 2-6　浦东岸边段总平面布置图

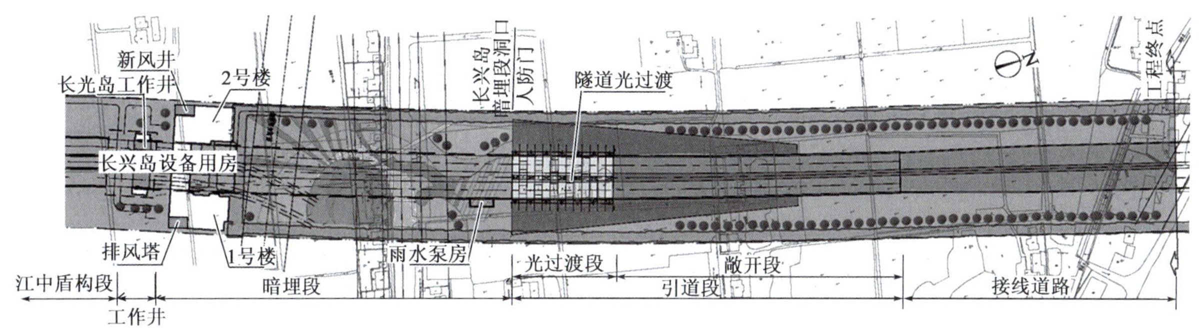

图 2-7　长兴岛岸边段总平面布置图

2.3.1.1　工程分段布置

隧道根据结构形式和施工工艺分为岸边段、工作井和盾构隧道段。在浦东、长兴岛岸边、盾构段起终点处分别设置工作井，作为盾构的始发井和接收井。其中浦东工作井结构内净尺寸为 43.6m × 18.0m，埋深约为 25.6m；长兴岛工作井结构内净尺寸为 44.6m × 18.0m，埋深约为 25.7m；分别满足盾构机由浦东工作井始发、长兴岛工作井接收的功能。根据线路纵断面深度的不同，岸边段分为暗埋段和引道段。引道段包括敞开段和光过渡段（图 2-6、图 2-7）。

2.3.1.2　设备用房布置

隧道设备用房主要包括隧道供电、通风、消防和监控等系统功能用房。综合考虑设备服务范围限制、日常管养方便的要求，这些用房一般集中设置在圆隧道的两端，多利用工作井和相邻暗埋段的结构空箱布置，既节约土建造价，也方便管线从圆隧道到设备用房的转换。

隧道集中设备用房一处设置在浦东，利用浦东工作井与相邻暗埋段地下一层的空间，地面为二层建筑；另一处位于长兴岛工作井邻江边，为两座地面二层建筑。浦东、长兴岛设备用房内分别设置了隧道变电所、车道层通风排烟机房、电缆通道及疏散通道通风机房、照明配电间、消防泵房和弱电设备室等，同时还预留了轨道交通所需使用的设备用房空间。设备用房基地内设置了隧道及地下设备用房的出入口，并根据通风排烟功能、环保要求设置地面排风塔、新风亭。基地内设置环道和停车场，对外设置连接养护工区及管理中心的辅道，方便运营养护车辆进出。

隧道浦东与长兴岛暗埋段洞口处分别设置雨水泵房，用来收集敞开段的雨水。江中段线路纵剖面为“W”形，东、西线最低点共设置 4 组废水泵房，上、下层分别设置泵房。

根据隧道建筑的重要性及功能要求，隧道及地下附属用房防火等级为一级，地面出入口、风亭防火等级为一级，其他地面附属建筑防火等级为二级，地面建筑防水等级为二级。

2.3.1.3　疏散救援设施布置

根据事故疏散和救援要求，江中盾构隧道段东、西线之间共设有 8 条横向连接通道，间距约 830m。工作井与相邻暗埋段设置至地面的楼梯、消防电梯。工程在长兴岛地面设置管理中心，上海长江隧道与长江大桥实行一体化管理，在浦东设置分控中心，通过地面辅道与隧道、隧道设备用房、消防出口等连接，以便迅速救援。

2.3.2　隧道横断面设计

隧道横断面设计综合考虑了道路与轨道交通层建筑限界、设备管线安装空间、安全疏散设施设置等，并包含了施工误差等因素。

2.3.2.1 圆隧道横断面设计

1）道路交通层建筑限界

道路交通层根据 80km/h 车速条件下的高速公路标准设计建筑限界。道路交通层建筑限界为 12.75m × 5.20m（图 2–8），任何其他设备、设施都不得进入此限界内，其中：

（1）车道宽度：3.75m × 3。

（2）车道净高：5.20m，允许通行车辆最大高度为 5.00m。

（3）侧向净宽为 0.75m（路缘带 0.50m，安全距离 0.25m）。

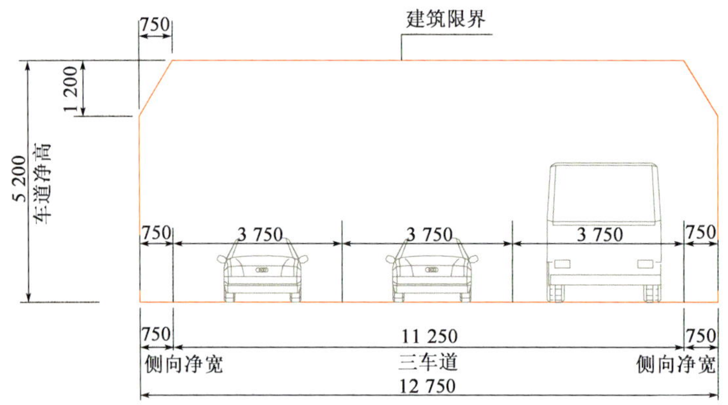

图 2–8 道路交通层建筑限界（尺寸单位：mm）

2）预留轨道交通空间及建筑限界

经过专题研究，确定上海长江隧道工程中预留出轨道交通空间净空高度为 4.20m，净宽为 3.70m。建筑限界高度为 3.93m、宽度 3.40m。限界上部 0.16m、下部 0.11m，作为预留结构施工误差与沉降变形的安全量。

通行限界宽度为 2.90m，电缆支架（宽度为 0.23m）设于列车运行方向的右侧；疏散平台设于列车运行方向左侧，檐口宽度为 0.23m，通行限界与设备之间的最小安全间隙为 20mm。

盾构隧道直线段轨道交通建筑限界见图 2–9。

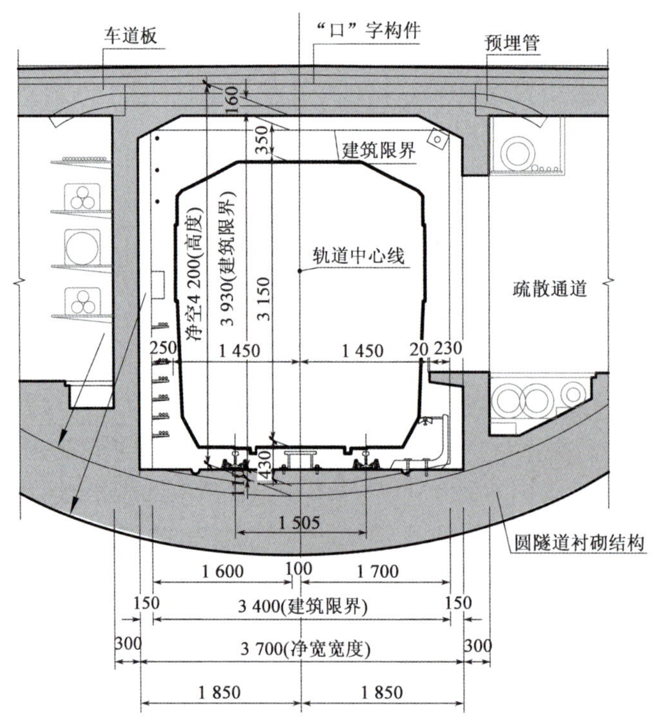

图 2–9 区间直线段盾构隧道中轨道交通建筑限界图（尺寸单位：mm）

3）设备布置

车道层在进行设备、管线布置时需遵循以下原则：满足各设备的工艺要求；不得侵入建筑限界；维修保养方便。

各类设备布置概况：

（1）射流风机、信号灯、可变情报板、扬声器、基本照明和应急照明灯具、漏泄电缆等设备均安装于车道建筑限界上部的设备安装空间内。

（2）隧道电缆、水管等设置独立的集中管线通道。

（3）各类设备箱均布置于车道两侧，便于运营、养护。

4）安全疏散设施

上海长江隧道属于一类长大隧道。除隧道横向连接通道外，横断面设计中还必须考虑设置纵向疏散、救援通道。

5）圆隧道横断面布置

根据以上功能要求，对圆隧道进行功能分区，综合利用空间，形成合理的圆隧道横断面布置（图 2-10）。

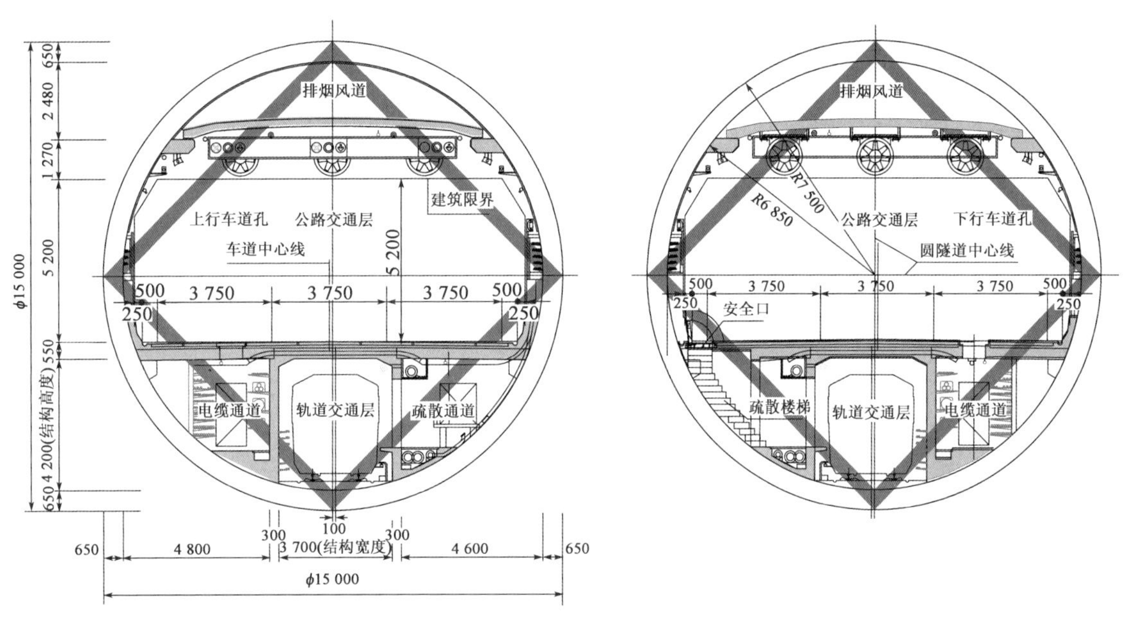

图 2-10　圆隧道横断面图（尺寸单位：mm）

圆隧道断面分为上、中、下三层。上层为排烟风道，中间层为道路交通层，下层分为三个功能区。

下层的外侧为隧道电缆与 220kV 电缆共用通道。隧道电缆及 220kV 电缆分别设置于通道的两侧，中间设有 1m 宽的检修通道。下层的中间部分为预留轨道交通空间。内侧为纵向的疏散通道，兼顾疏散和救援的要求，通道的最小净宽度 1m，通道下部为水管沟。

圆隧道东、西线之间共设置了 8 条横向连接通道，间距约为 830m。同时，道路层与下层之间每隔约 280m 设置疏散楼梯，东、西线共设有 54 座。从而构成圆隧道段纵横、上下立体的疏散救援体系。当一孔隧道内发生火灾时，驾乘人员可由就近的横向连接通道疏散至另一孔隧道；或由疏散楼梯至下层纵向疏散通道，向两侧疏散。

综合考虑隧道轴线的施工误差和不均匀沉降等，确定隧道的内直径为 13.7m，加上衬砌结构厚度后，圆隧道外直径为 15.0m。

2.3.2.2　暗埋段横断面设计

隧道暗埋段采用两孔一管廊的箱形结构（图 2–11），两侧为车道孔，中间管廊分为三层。上层为电缆通道；中间为疏散通道；下层为水管沟。车道孔内的建筑限界同圆隧道一致。

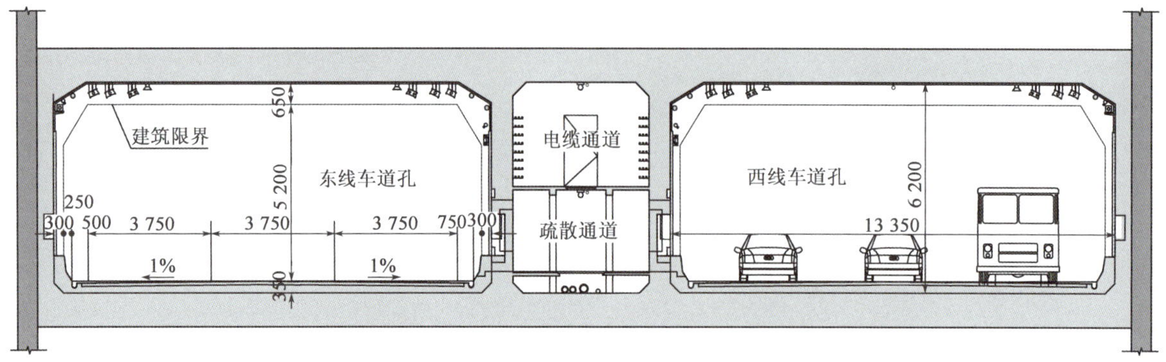

图 2–11　暗埋段横断面图（尺寸单位：mm）

暗埋段每隔 100m 在中间管廊的两侧隔墙上设置安全门。当一孔隧道内发生火灾时，驾乘人员可由就近的安全门疏散至另一孔隧道；或进入疏散通道向隧道洞口疏散。

2.3.2.3　引道段横断面设计

隧道引道段分为两种形式：隧道光过渡段和敞开段（图 2–12）。

由于上海长江隧道入口位于较为空旷的地区，且规划道路红线为 100m，故引道段两侧采用 1∶3 放坡，斜坡上种植绿化，来营造敞开大气的景观效果。光过渡棚架采用钢结构建造，造型新颖、轻巧。

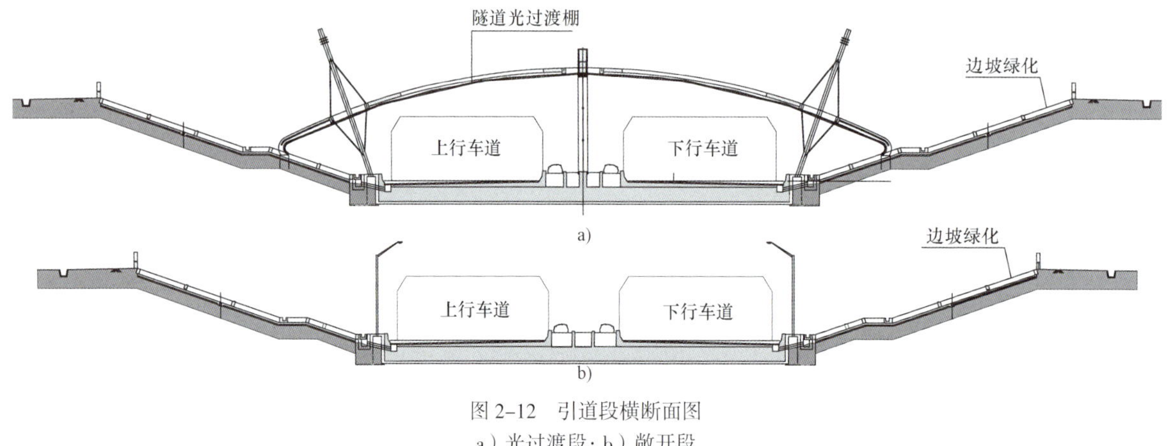

图 2–12　引道段横断面图

a）光过渡段；b）敞开段

2.4　结构设计

2.4.1　圆隧道衬砌结构设计

用盾构法建造隧道已有 200 多年历史，上海从 1964 年建成打浦路越江隧道以来，已先后建成了较大直径（直径≥ 10.0m）隧道共 14 条，但要建造长达 7.5km、直径为 15m 的世界最大直径的盾构法隧道，本工程的超大直径、长距离、深埋、高水压、多功能、内部车辆和轨道车荷载同时作用以及快速施工配合需求等特点，都要求圆隧道衬砌结构设计能在原有的基础上跃上一个新台阶。面对由“量变”到“质变”所带来的一系列新的设计问题，进行深入细致的设计计算，采用先进的优化设计，选择适当的最优化方法，应用计算机技术，从满足各种设计要求的全部可行方案中，寻求最优化的设计方案，以确保隧道工程施工安全、质量可靠、进度可控、投资合理。

2.4.1.1 单、双层衬砌比较

上海长江隧道所穿越的土层与上海已建成的打浦路隧道、延安东路隧道、大连路隧道等一样，均为松软含水地层。打浦路隧道、延安东路隧道、大连路隧道经试验、施工、运行检验后，充分证明了采用有一定接头刚度的单层钢筋混凝土柔性衬砌是合理、成功的。隧道衬砌圆环的变形、接缝张开及混凝土裂缝开展等，均控制在预期的要求内，完全满足了道路隧道的设计要求；且采用单层衬砌，施工工艺单一、工程实施周期短、投资省，可确保隧道土建工程如期贯通的目标。鉴于上述情况，经综合的技术、经济比较论证，决定了本工程圆隧道采用钢筋混凝土单层衬砌方案。

2.4.1.2 衬砌环分块

衬砌环的分块、封顶块的大小与管片的制作、运输能力、盾构机内起吊、拼装方式、千斤顶行程的选择等都有一定关系。经计算分析，同时总结国内外大直径盾构隧道的设计经验，结合本工程的实际情况，以及管片预制、运输及盾构机拼装能力，衬砌圆环分为 10 块，有 7 块标准块、2 块邻接块和 1 块封顶块。封顶块 F 的分块角度是 18.519°，邻接块 L1、L2 的分块角度是 38.108°，按左右对称，标准块 B1、B7 的分块角度是 37.378°，标准块 B2、B6 的分块角度是 38.929°，标准块 B3、B5 的分块角度是 36.344°，B4 的分块角度是 39.963°。这样在采用通用衬砌环，按需进行错缝拼装时，相邻环间的通缝条数不大于 3 条，有利于结构的受力和变形控制；同时衬砌接缝的位置也避开了千斤顶的位置。采用的小封顶，管片端面的斜度取 1∶8，满足拼装时先纵向搭接 1 200mm、径向推上再行纵向插入的要求，减小盾构千斤顶的行程，减小盾构机的长度。

考虑隧道最小平曲线半径和盾构施工纠偏的需要，通用衬砌环设计时按纠偏曲线半径 750m 来设置楔形量，衬砌环双面设置楔形，楔形量为 40mm，见图 2-13。

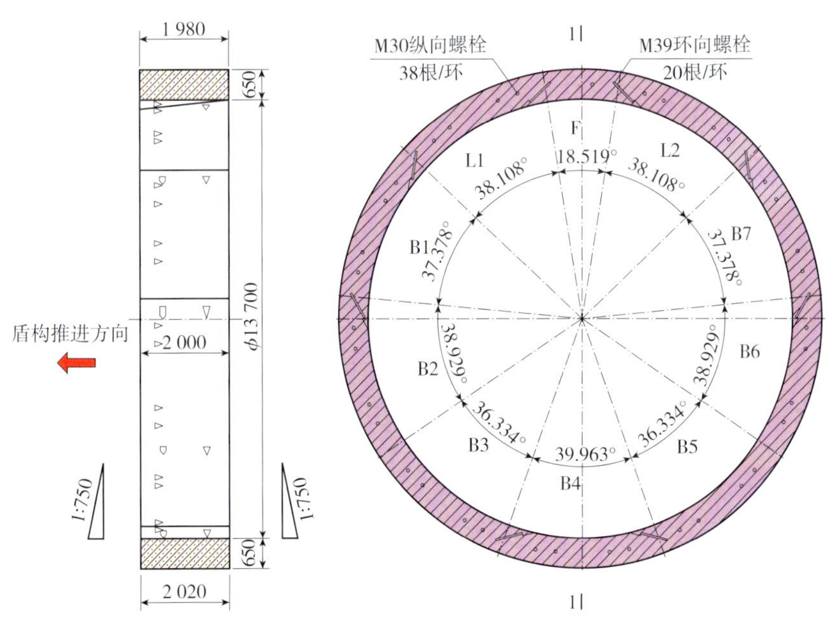

图 2-13 隧道衬砌圆环构造图

全环共设 19 组纵向螺栓（每两个纵向螺栓为 1 组，夹角为 5°），等分角度为 18.9474°，通过衬砌环的旋转满足衬砌环轴线拟合和纠偏的需要。

2.4.1.3 接缝环面、纵面构造

借鉴国外隧道衬砌的设计经验，同时吸收上海地区成功的工程实例，在 650mm 厚管片环面迎千斤顶处设一高出 4mm 的凸面，提高管片的局部抗压能力。纵缝内双侧设一高出 2mm 的凸面（图 2-14），以提高接头的抗压能力。

2.4.1.4 连接方式

鉴于本工程衬砌环外径 15.0m，穿越河段的河势变化较大，预计最大冲刷线可比现状河床低 8m，穿越的地层较多，计有③$_{1}$、③$_{2}$、④$_{1}$、⑤$_{1-1}$、⑤$_{1-2}$、⑤$_{2}$、⑦$_{1-1}$、⑦$_{1-2}$8 种土层，覆土厚度为 8~29m 不等，同时考虑 7 度抗震设防的要求，故衬砌环、纵向均设置螺栓接头。

目前，国内外隧道工程界常用的螺栓连接有弯螺栓、直螺栓和斜螺栓三种形式。

这三种螺栓连接形式国内均有工程实例，而且使用的效果都比较好。但考虑到斜螺栓手孔较小，对管片断面的削弱较小，而且满足自动化拼装的程度较高，因此推荐斜螺栓连接方式。

环与环之间以 38 根 M30 的纵向螺栓相连，既能适应一定的纵向变形，又能将隧道纵向变形控制在防水要求的范围内。块与块间以 2 根 M39 的环向螺栓紧密相连（图 2-14），能有效减少纵缝张开及结构变形。为方便管片拼装时的定位，每条纵缝内设两根长度为 300mm 的橡胶定位棒。

环、纵向连接件均采用锌基铬酸盐涂层作为防腐蚀处理。

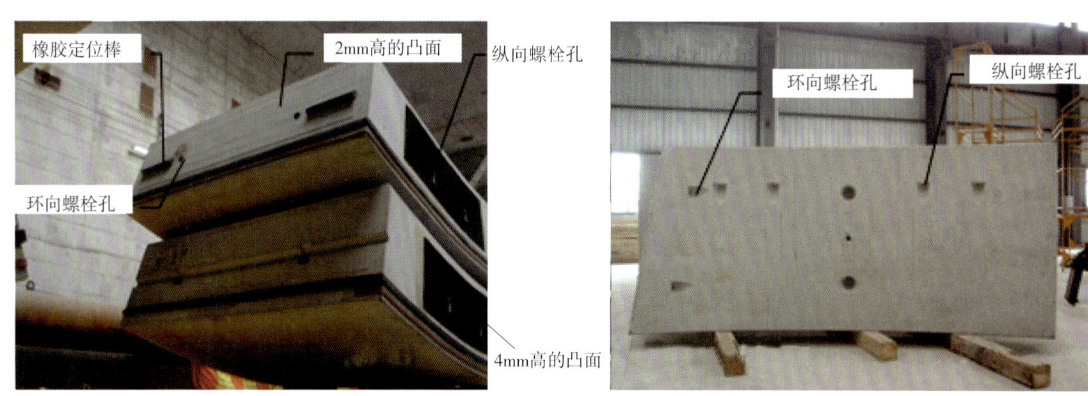

图 2-14 管片环、纵缝及手孔布置

2.4.1.5 环宽的确定

衬砌环环宽越大，即管片宽度越宽，在相同长度内衬砌环接缝就越少，因而漏水环节、螺栓数量就越少，施工速度就越快，费用就越省。根据本工程的平、纵剖面曲线标准，以及国内外大直径隧道衬砌的设计趋势，标准环宽度定为 2m。

2.4.1.6 结构保护层厚度、混凝土强度等级

根据《混凝土结构设计规范》（GB 50010—2010）的规定，对于一类环境、设计使用年限为 100 年的结构混凝土保护层厚度规定按一般值增加 40% 取用。对于二、三类环境、设计使用年限为 100 年的混凝土结构应采取专门有效措施。根据规范的这一要求，考虑到本工程为二类环境，因此混凝土保护层的厚度也按一般值增加 40% 以上取用。对于圆隧道衬砌结构，主筋的净保护层取 50mm（图 2-15）。

图 2-15　管片钢筋及保护层预留

鉴于本工程的设计使用年限为 100 年，因此推荐采用高性能混凝土，强度等级为 C60，既能满足结构受力要求，又增强了结构的耐久性。

2.4.1.7　拼装预埋件

根据管片自动拼装系统的组成，管片的夹持机械为真空吸盘（图 2-16），因此在管片内弧面需预留两个锥形凹槽，尺寸为 ϕ175mm × 200mm。

同时在每块管片的中部预埋一个 ϕ70mm 的注浆孔，以便对衬砌与土体之间的空隙作二次注浆，以控制隧道变形和地面沉降。

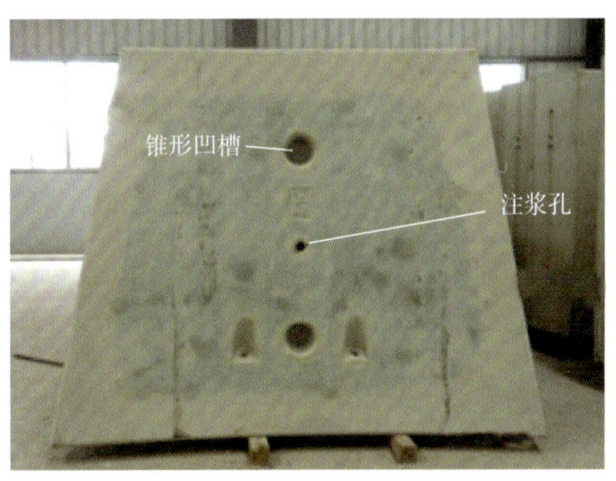

图 2-16　盾构真空吸盘拼装机和管片预留凹槽

2.4.1.8　钢筋混凝土衬砌制作精度要求

（1）单块管片制作的允许误差：宽度 ±0.4mm；弧、弦长 ±1.0mm；外半径 +3~0mm；内半径 ±2mm；螺栓孔直径与孔位 ±1.0mm。

（2）整环拼装检验的允许误差：相邻环环面间隙 ≤ 0.8mm；纵缝相邻块块间间隙 ≤ 2mm；环、纵向螺栓孔与对应的预埋件的定位轴线的不同轴度 ≤ 1mm。

（3）抽检频率：每生产 200 环应抽查 2 环作水平拼装检验，如图 2-17 所示。

图 2-17　管片整环拼装检验

2.4.1.9 衬砌形式、种类

在满足线路线形及施工需要的前提下，工程设计采用以通用楔形环的形式来满足全线直线段、曲线段及施工纠偏之需。其中，按其功能用途、材质不同又可分为钢筋混凝土标准环、钢筋混凝土进洞和出洞环、江中泵房特殊环、剪力销环、连接通道特殊环和更换盾尾特殊环六大类，详见表 2-3。

衬 砌 环 类 型　　表 2-3

衬砌环类型		用　途	设计说明
通用楔形环	钢筋混凝土标准环	用于直线、平曲线段、竖曲线段及施工纠偏，根据覆土的厚度变化等，分为浅、中、深三种配筋类型	通过采用施工轴线拟合计算程序，调整通用楔形环的旋转角度进行线路的最佳拟合
	钢筋混凝土进、出洞环	分别用于盾构进、出工作井洞门	为适应盾构进出洞的防水及连接构造需要，管片环面设置预埋钢环
	剪力销环	布置在工作井外侧、连接通道两侧以及穿越长江大堤处	防止隧道较大的不均匀纵向沉降
	江中泵房特殊环	布置在下层废水泵房处，以便放置废水泵	泵坑处采用铸铁管片
	连接通道特殊环	布置在连接通道设计里程处，以备修建连接通道用	连接通道开口范围采用钢管片
	更换盾尾用特殊环	用在准备更换盾尾处	在混凝土管片里预埋矩形冻结管以及可以随拆随装的特殊环

2.4.1.10 圆隧道内部结构设计

1）车道板结构设计

（1）同步施工的工艺配合要求

按照以往的隧道施工流程，考虑盾构掘进过程中管片运输、必要的施工操作空间以及路面调坡等方面的需要，一般先进行盾构掘进施工，待隧道贯通、结构整体纵向变形趋于稳定后，再进行隧道内部结构整体现浇，但上海长江隧道是一条超大截面和特长的隧道，如仍采用传统施工工艺，不但会增加施工周期，而且还会增加不必要的施工风险。为满足总体施工进度、结构稳定性要求，结合盾构掘进过程中管片运输与道路结构施工的需要，借鉴国内及荷兰“绿色心脏”隧道的成功实施经验，工程设计中考虑了同步施工工艺，即将隧道内部道路结构分为两阶段实施（图 2-18）。第一阶段，在盾构机推进（管片拼装）的同时，安装车道板预制构件，预制构件专用吊具布置在二号车架上。第二阶段，相隔掘进面一定距离后，现浇隧道下部内衬及车道板其余结构（图 2-18）。待隧道纵向变形稳定后施工路面层和防撞侧石。从设计的角度讲，该工艺就是要求将原整体现浇的道路结构分为预制构件与现浇结构相结合的方案，预制构件配合盾构同步施工，在满足了管片和注浆材料等运输需求的基础上，进行车道板和其他内部结构的施工。采用此项设计具有以下极大的优点：

①盾构推进中，可即时铺设“口”形预制构件，实现同步施工工艺，提高施工效率。

②车架以及材料运输车辆可在安装完毕的预制构件上行走，优化了施工工艺，避免以往翻车架轨枕，直接以卡车替代电机车将材料运输至工作面，为加快工程进度提供了有利条件。

③由于本工程圆隧道直径大（15.0m）、最小覆土厚度小（最小覆土只有 7.0m）、衬砌环脱出盾尾后环形空隙体积大，采用同步施工工艺、预制构件的加载可增强圆隧道在施工阶段的抗浮能力。

④与盾构掘进同步作业，车道板等现浇结构仅滞后于盾构车架 200m 左右，并实施左右分段分幅施工，可保证运输线路畅通。与以往施工方案相比总体施工周期可缩短近 12 个月。

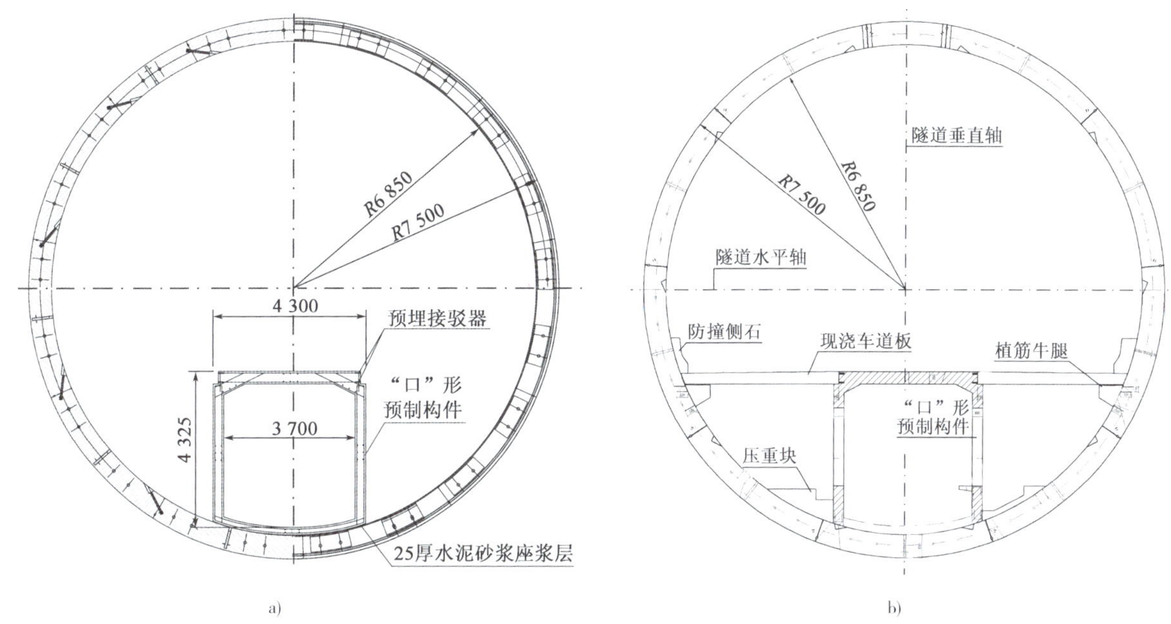

图 2-18　隧道道路结构分阶段实施断面

a）道路结构第一阶段实施断面；b）道路结构第二阶段实施断面

（2）车道板结构设计方案

根据同步施工要求，为同时考虑预留轨道交通空间之需，将车道板结构分为："口"形预制件、植筋牛腿和现浇车道板三个部分。分阶段实施：第一阶段：在盾构机推进的同时，安装预制"口"形预制件（图 2-19），满足盾构管片运输要求。第二阶段：相隔掘进面一定距离后，在两侧管片上进行牛腿部位植筋、浇筑牛腿、施工隧道底部的压重块，现浇"口"形预制件两侧的车道板，最后现浇路面层和防撞侧石。

图 2-19　预制"口"形构件

隧道建筑限界设计中，考虑了盾构推进的施工误差竖向为 ±135mm，平面为 ±150mm，为线路拟合需要，车道板上层设置了 120mm 厚的混凝土找平层（考虑道路 1% 的横坡，最薄处为 8cm），找平层内设置钢筋网片。

考虑车道板温度变化的影响，沿其纵向每隔约 30m 各设一条变形缝，变形缝与预制"口"形构件的环缝同缝。

①"口"形构件设计

根据车道层下部预留轨道交通的建筑空间要求，同时考虑管片运输车辆的通行，本工程车道板中间预制件为"口"形构件（图 2-19），预制件外包尺寸为 4.5m×4.3m。吊装就位后可先作为施工阶段材料运输车辆的临时道路。

②牛腿设计

车道板通过牛腿支承于隧道管片上，并垫有氯丁橡胶板，水平向可滑动。牛腿与管片采用植筋的形式刚接，植筋处管片内弧面须进行凿毛处理。根据盾构车架布置，在"口"形构件吊装完成的 2 号车架即可进行此项工作。

③两侧现浇车道板设计

圆隧道内车行道总宽 12.25m，按 3 车道布置。设计中按施工阶段和运行阶段分别进行分析计算。

施工阶段主要对预制“口”形构件进行分析。运行阶段，与预制“口”形构件相连的两侧车道板施工完成，车道板按三跨连续板计算（按预制“口”形构件下部联系梁凿除的不利工况考虑）。

2）烟道板结构设计

上海长江隧道采用纵向通风与重点排烟相结合的通风方式。考虑到同步施工工艺，烟道板施工时不能影响车道板上衬砌管片的运输要求。设计采用在管片上设置植筋牛腿，通过搁置在牛腿上的轻型梁板结构形成与平行空间隔开的排烟道，见图 2–20。

烟道板采用厚 250mm 钢筋混凝土现浇烟道板与预制烟道板两种。在排烟风口设置现浇钢筋混凝土梁，在风机位置设置箱形钢梁。梁、板两端搁置在现浇钢筋混凝土牛腿上，牛腿通过植筋方式固定在隧道管片结构上。待隧道变形趋于稳定后进行施工，先植筋浇筑牛腿，再安装预制梁板（图 2–21）。为满足烟道板防火防爆裂需要，混凝土板内掺入分散状单丝聚丙烯纤维；钢梁进行除锈处理、涂刷防锈漆后表面再用轻质防火厚板（或防火涂料）包覆。

图 2–20　烟道板结构

图 2–21　吊装预制烟道板

2.4.2　工作井结构设计

为满足施工阶段超大盾构的进出洞要求以及使用阶段通车运行、安全设施、通风、设备布置等的要求，隧道分别在浦东和长兴岛设置两座大型工作井。

2.4.2.1　工作井概况及地质条件

1）浦东工作井

浦东工作井位于浦东长江大堤南侧，平面尺寸为 48m × 22m，原地面高程约 +2.50m（吴淞高程，以下同），底板底埋深 23.663m。施工阶段作为盾构机始发井，满足盾构出洞功能要求；使用阶段井内分层设置了通风机房（下一层）、车道层（下二层）、轨道交通层（下三层）、电缆管线层（下四层）。

根据详勘资料，工作井处土层自上而下依次为：人工填土；灰色砂质粉土②$_3$，层厚 4.4m；灰色淤泥质粉质黏土③$_1$，层厚 4.7m；灰色砂质粉土③$_2$，层厚 2.4m；灰色淤泥质黏土④$_1$，层厚 14.5m；灰色黏土⑤$_{1-1}$，层厚 2.5m；灰色黏质粉土⑤$_{1-2}$，层厚 15.1m；灰色砂质粉土⑦$_{1-2}$。工作井底板高程 –21.163m，位于④$_1$层土。

其中②$_3$、③$_2$层渗透性强，在一定的动水条件下易产生流沙、管涌等不良地质现象。③$_1$、④$_1$层流塑状，且厚度较大，属高灵敏度软土，该层土易产生触变及蠕变现象。⑦$_{1-2}$层为承压含水层，经水压水头测试，承压水头埋深为 10.33m（高程 –5.45m），对坑底有突涌影响。地下水对混凝土中的钢筋无腐蚀性，对钢结构具有弱腐蚀性。

2）长兴岛工作井

长兴岛工作井位于长兴岛南岸大堤内，平面尺寸为 49m × 22.4m，原地面高程约 +2.64m，底板埋深

25.7m。施工阶段作为接收井，使用阶段井内设置了通风机房，车道层，轨道交通层，电缆管线层。

长兴岛工作井处土层自上而下依次为：①$_1$人工填土，层厚约0.5m；②$_3$层灰色砂质粉土，层厚约17.5m；④$_1$层灰色淤泥质黏土，层厚约8.0m；⑤$_{1-1}$层灰色黏土，层厚约4.1m；⑤$_{1-2}$层灰色粉质黏土，层厚约20.9m；⑤$_2$层灰色黏质粉土：层厚约4.1m；⑦$_{1-2}$层灰色砂质粉土，层厚约7.4m；⑦$_2$层灰色粉砂。工作井底板底高程为–20.626m，处于④$_1$层中。

场区内②$_3$层为粉性土，渗透性强，且厚度较大，在一定动水条件下易产生流沙、管涌现象，在7度地震作用下有局部轻微液化的可能。

工作井位置潜水水位埋深为0.5~0.8m，⑦$_{1-2}$层为承压含水层，水头埋深9.56m；⑤$_2$层渗透性较好，层中地下水与承压水之间存在一定水力联系，具有微承压性质。

2.4.2.2 围护结构设计

1）基坑安全等级及环境保护要求

浦东工作井、长兴岛工作井均位于长江大堤内，工作井周围主要为农田及鱼塘，地域空旷，无需要保护的建筑及管线。根据两工作井所处的周围环境以及开挖深度，基坑安全等级均定为二级（《地基基础设计规范》（DGJ 08-11—2010）)，围护墙及地面变形控制指标为：坑外地面最大沉降量≤0.2%H_0，围护墙最大水平位移量≤0.3%H_0（H_0为基坑开挖深度），变形速率均为3mm/d。

2）围护支撑体系的形式

工作井的平面布置采用矩形，矩形结构具有空间受力条件好、结构整体稳定性好、空间使用率高、特别是盾构进出洞构造易于处理等优点。

由于工作井平面尺寸大、深度深，且工作井基坑施工范围内土层易产生塌方、管涌、流沙、流变等不良地质现象，根据工作井超大基坑的特点并参照上海地区较多的越江隧道盾构工作井的成功设计经验，工作井基坑围护结构选用整体性好、刚度大、防水效果好的地下连续墙围护，并根据土层条件适当优化地下连续墙入土深度的设计，确保基坑的安全并方便施工。

支撑体系采用空间作用明显、整体稳定性强的水平框形混凝土支撑。工作井中采用五道钢筋混凝土支撑和一道钢支撑（图2–22、图2–23），其中第二道、第三道混凝土支撑与主体结构的顶框架和中框架巧妙结合，既增加了开挖阶段支撑系统的整体刚度，控制开挖阶段地下墙的变形，又便于内部结构的施工及减少支撑的拆除工作量。

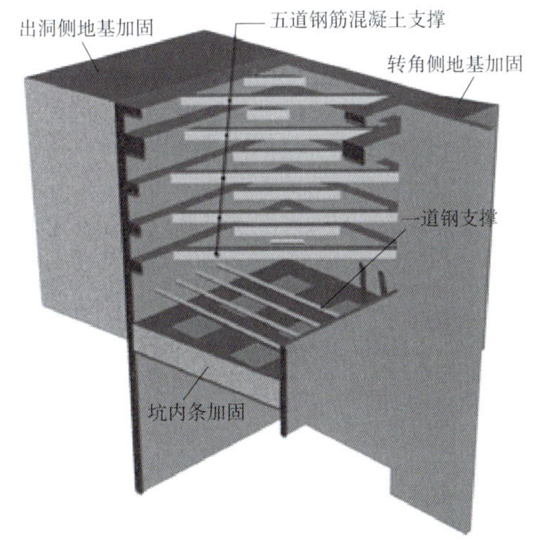

图2–22　地下墙、支撑体系布置示意图

图2–23　工作井基坑开挖及支撑体系

工作井采用明挖法施工，并考虑邻近暗埋段同步施工以满足盾构施工及总体筹划要求。

工作井围护井共采用23幅1m厚、45m深的地下连续墙，地下连续墙之间的接头采用锁口管接头。浦东工作井墙趾插入⑦$_2$层砂质粉土中，长兴岛井墙趾插入⑤$_3$层粉质黏土中。

长兴岛工作井根据盾构水下直接切削进洞的要求，进洞处8幅地下墙采用特殊设计，即在盾构机切割范围采用玻璃纤维筋（GFRP）代替普通钢筋，玻璃纤维筋和普通钢筋间采用特殊的连接接头。

3）地基加固及降水

工作井底板处于软弱淤泥质土层，为控制变形和防止坑底土体的隆起，基坑内侧坑底下3m范围内土体采用旋喷抽条加固，加固后土体无侧限抗压强度≥1.2MPa。

为增强工作井后靠土体的抗压强度，防止转角幅地下连续墙发生过大的扭转变形，在工作井与暗埋段交接位置基坑外侧采用旋喷加固，加固范围是地面至工作井坑底下3m，要求加固后土体无侧限抗压强度≥1.0MPa。

工作井正面盾构进出洞侧，根据盾构进出洞时对土体稳定、防泥水流入井内的要求，对正面土体进行整体加固，以保证地下墙洞圈凿除后洞外土体的稳定和防水要求。

工作井基坑采用明挖顺筑法施工，基坑开挖前20d即进行坑内先期降水，降至开挖面下2m，及时疏干坑内土体提高被动侧土体的抗力，减少基坑的变形。

工作井基坑底距承压含水层⑦顶较近，施工阶段坑底不能满足承压水稳定要求，需设深井点抽承压水。另盾构施工期间工作井结构的抗浮也不能满足安全稳定的要求，结构底板上留设泄水孔，待全部内部结构完成后封闭。

2.4.2.3　内部结构设计

工作井的结构形式为地下矩形空间箱形结构。工作井的平面尺寸大，盾构进出洞处井壁开孔，进出洞直径15.8m。考虑工作井盾构施工阶段和使用阶段的功能要求，并结合工作井围护支撑体系的布置，沿工作井深度方向布置了两道水平框架：中框架和顶框架，沿工作井纵向设置中隔墙（图2-24），将工作井分隔成两个接近正方形的空间，减小了工作井侧墙的横向跨度，改善了工作井的空间受力性能。在盾构施工阶段，顶框架、中框架、侧墙、底板、中隔墙这些主要的结构构件形成稳定的箱形空间受力体系，地下墙作为主体结构的一部分与内衬墙形成复合墙结构。

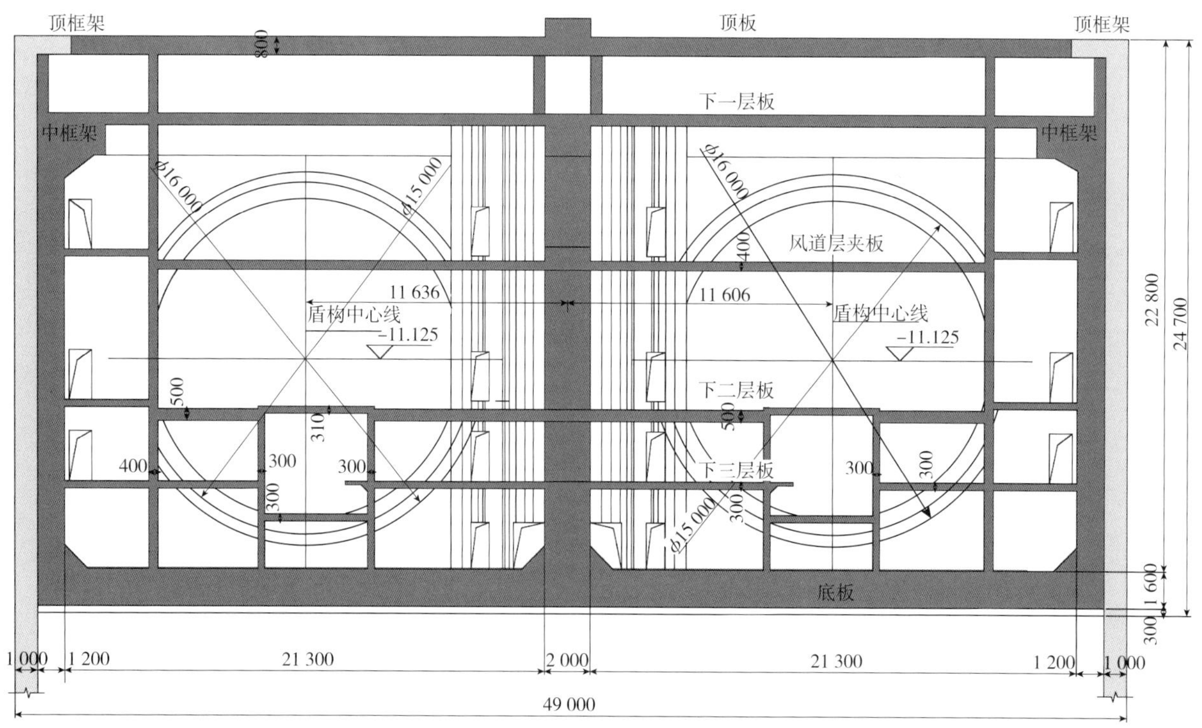

图2-24　工作井内部结构布置剖面图（尺寸单位：mm）

使用阶段工作井内除布置有车道层、风机设备层、安全疏散通道、楼梯、电梯井等外，根据功能布置要求，还需预留轨道交通层。内部结构根据空间要求整体设置薄墙、薄板体系，车道板板厚结合路面找坡变厚设计，尽量减小结构尺寸，为充分利用下部空间提供了条件。

2.5 圆隧道防水设计

2.5.1 圆隧道衬砌防水设计原则

根据超大直径深埋水底盾构隧道的工程特点，确立了“以混凝土结构自防水为根本，以接缝防水为重点，多道设防，确保高水压下接缝张开时的长久防水性能”的设计原则。

2.5.2 圆隧道段防水标准和要求

2.5.2.1 防水等级

上海长江隧道按《地下工程防水技术规范》（GB 50108—2008）可取为二级防水标准，但本工程为大型、重要的道路交通隧道，故江中盾构段（包括连接通道）取稍高于二级的防水标准，即：

（1）整条隧道平均渗漏量≤ 0.05L/（m^2·d）、隧道内任意 100m^2 渗漏量≤ 0.1L/（m^2·d）。

（2）隧道内表面湿渍≤总内表面积的 4‰、任意 100m^2 内的湿渍≤ 4 点，单一湿渍的最大面积≤ 0.15m^2。

2.5.2.2 衬砌结构自防水要求

（1）管片混凝土抗渗等级≥ P12。

（2）管片随机检漏标准：渗水高度≤ 5cm（0.8MPa 水压下，恒压 2h）。

2.5.2.3 接缝防水要求

根据圆隧道的最大埋深与衬砌构造形式，确定本工程的接缝防水要求为：接缝张开 8mm，错台（内弧面高差）6mm 情况下，能抵抗 1.04MPa 水压。

2.5.2.4 变形缝防水要求

由于变形缝衬砌环面设置了衬垫板，故环缝防水能力有所提高，即增加了衬垫板所能承担的压缩量与错位量。

以上提出的标准对隧道的整体和局部防水制订了定量的达标要求，并以此作为隧道验收的依据。

2.5.3 预制混凝土管片结构自防水设计

随着隧道本体耐久性要求的提高，为保证混凝土结构的密实性与耐久性，预制混凝土管片材料配比要求如下：

（1）选用强度等级≥ 42.5MPa 的 PO、PⅠ或 PⅡ型水泥。

（2）限制胶凝材料用量（混凝土胶凝材料用量 410~500kg/m³）、混凝土中的含碱量（总碱量≤ 3kg/m³）、水胶比（≤ 0.35）、混凝土中最大氯离子含量（为胶凝材料质量的 0.1%）。

（3）选用坚固耐久、级配合格、粒形良好的洁净骨料为原料。

（4）添加优质粉煤灰（≥Ⅱ级灰）等超细矿物掺和料、高效减水剂（减水率≥ 18%）配制成以耐久性为重点的高性能混凝土。

（5）管片检测达标要求：

①混凝土抗渗等级≥ P12。

由于圆隧道最大埋深为 52m，且大部分管片为深埋和超深埋管片，混凝土抗渗等级按埋深较大的取值原则，本工程管片混凝土抗渗等级取值≥ P12。

②混凝土管片氯离子扩散系数≤ $1.2\times10^{-12}m^2/s$。

氯离子扩散系数为混凝土中氯离子扩散性的一个参数，是溶于混凝土孔隙水中的氯离子从高浓度区向低浓度区的传输，可用于对混凝土使用寿命的预测。上海长江隧道主要采用自然扩散法测定氯离子扩散系数，此方法过程较慢，但扩散系数比较接近实际情况，数据的稳定性较高。

③单块管片检漏标准：渗水高度≤ 5cm（0.8MPa 水压下，恒压 2h）。

由于超大直径盾构隧道的管片体积较大，检漏设备无法一次完全罩住管片，故按管片的弧长方向将单块管片均分成三个区域。在实际操作时，任选一个区域进行随机检漏测试，达到上述检漏要求即为合格。

2.5.4 衬砌接缝防水设计方案

通过方案比选，确定接缝设置单道弹性橡胶密封垫。弹性橡胶密封垫以三元乙丙橡胶为主。沿管片密封垫沟槽外侧的空隙设置遇水膨胀挡水条。类似方案国外已有成功实例，如荷兰绿心隧道。

2.5.4.1 弹性橡胶密封垫

以三元乙丙橡胶或三元乙丙橡胶与遇水膨胀橡胶的复合体构成的弹性橡胶密封垫，其材质具有压缩永久变形量小、应力松弛变化率低、耐老化性能佳的特点，两类材质的性能指标见表 2–4、表 2–5。其多孔断面见图 2–25。

三元乙丙橡胶性能指标 表 2–4

项目	硬度（邵尔 A）（°）	拉伸强度（MPa）	扯断伸长率（%）	防霉等级	耐老化性（变化率）（70℃，96h）		
					拉伸强度变化率（%）	扯断伸长率变化率（%）	硬度变化（°）
指标	62° ±5°	≥ 10.5	≥ 350	不低于 1 级	≥ –15	≥ –30	≤ +6

遇水膨胀橡胶性能指标 表 2–5

项目	硬度（邵尔 A）（°）	拉伸强度（MPa）	扯断伸长率（%）	体积膨胀倍率（%）	反复浸水试验		
					拉伸强度（MPa）	扯断伸长率（%）	体积膨胀倍率（%）
指标	45° ±7°	≥ 3	≥ 400	≥ 400	≥ 2	≥ 250	≥ 300

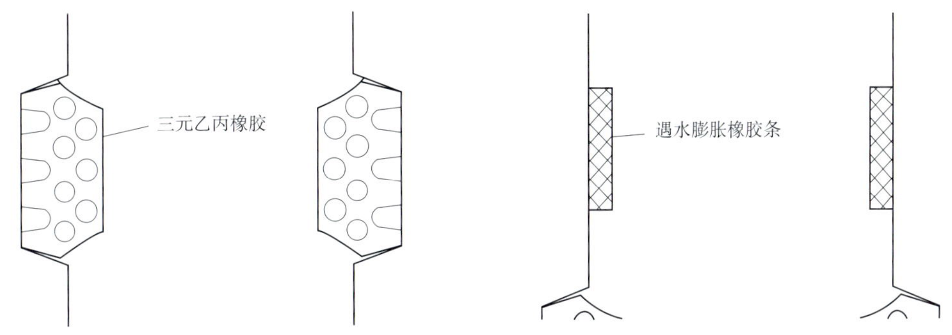

图 2-25　弹性橡胶密封垫、遇水膨胀挡水条剖面构造图

2.5.4.2　遇水膨胀挡水条

挡水条设于弹性橡胶密封垫的外侧，可阻挡泥沙作用于密封垫本体，确保密封垫的耐久性使用要求，同时兼起辅助防水的功效，以加强防水。挡水条材质可选用遇水膨胀橡胶或聚氨酯弹性体，聚氨酯弹性体的性能指标见表 2-6。

聚氨酯弹性体性能指标　　表 2-6

项目	硬度（°）	拉伸强度（MPa）	扯断伸长率（%）	体积膨胀倍率（%）	质量变化率（%）
指标	43° ±7°	≥ 0.4	≥ 800	≥ 360	≤ -2.5

遇水膨胀橡胶是大家所熟知的防水材料，聚氨酯弹性体为由日本引进的最新防水材料，其材质为聚氨酯，突出的优点在于:（1）遇水膨胀后，材料主要性能指标之一的拉伸强度不会下降反而显著提高，而其他主要性能指标基本保持不变。（2）材料质量变化率较小，耐久性有可靠保证。聚氨酯弹性体的缺点在于造价较高。

2.5.4.3　弹性橡胶密封垫设计

弹性橡胶密封垫的设计是接缝防水的关键。为此，在设计过程中，设计人员联合同济大学路基与土工技术研究所及相关生产厂家组成了科研课题组，采取了室内试验与有限元计算相结合的方法，经过多层次的不断比选优化，最终确定了密封垫的断面构造形式。

通过水密性试验与压缩变形试验，选定了 A 型、B 型圆孔直径减小，且橡胶硬度降低的密封垫构造形式。接着进行此断面的蠕变试验与应力松弛试验，根据试验结果，确定该断面形式、材质硬度的弹性橡胶密封垫安全储备更高（图 2-26）：均可达到接缝张开 8mm、错台 6mm、抗 1.04MPa 水压的要求；其闭合压缩力为 55kN/m；应力松弛 58d 后基本达到稳定（应力松弛为 20%）。

工程中采用的 A 型断面，三元乙丙橡胶硬度为 62°；B 型断面，三元乙丙橡胶硬度为 57°。

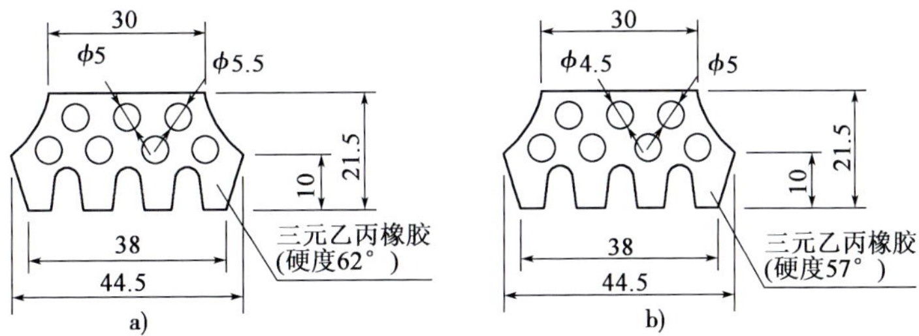

图 2-26　工程采用的密封垫断面构造形式图（尺寸单位：cm）
a）A 型密封垫断面构造形式一；b）B 型密封垫断面构造形式二

2.6 通风、防排烟和降温系统设计

2.6.1 隧道封闭段通风系统设计

通风方案论证过程中对隧道可能采取的7种方案——射流风机诱导型纵向通风+重点排烟（方案一）、射流风机诱导型全纵向通风方式（方案二）、送风型半横向通风方式（方案三）、排风型半横向通风方式（方案四）、排风型+送风型半横向通风方式（方案五）、送风型+排风型半横向通风方式（方案六）和全横向通风方式（方案七）进行了分析计算和论证。从通风方案、工程可行性、设备配置、经济性、运行模式和方案特点等多方面进行比选，并借助于SES 4.1对各通风方案的气流、温度及典型污染物浓度分布进行仿真预测，最终确定采用射流风机诱导型纵向通风+重点排烟方案。

1）通风原理、主要设备

在江中盾构段，利用圆形隧道顶部富余的拱形空间作为排烟风道，排烟风道面积约12.8m²，每隔60m设置专用排烟风阀，隧道纵向通风面积约87m²。在隧道车行道顶部、排烟风道下方悬挂射流风机，辅助正常及阻塞交通时的诱导通风。

在浦东、长兴岛利用盾构工作井作为两座风塔，风塔内设置大型排风机和专用排烟轴流风机。风机通过风口、风道与隧道封闭段相连。正常及阻滞工况时，排风机运行将洞内污染空气集中排放，降低洞口排风对环境的污染。当区间发生火灾时，开启排烟风机，通过拱顶风道排除和控制洞内烟气。

尽管隧道通风区段长、交通量大，常规的隧道通风概念可能会受隧道断面风速标准10m/s的限制而使纵向通风方案受到局限，但是采用国内和国际两种计算体系对隧道需风量进行详细论证表明，得益于车辆尾气污染物排放量的降低，使隧道稀释污染物浓度达卫生标准的需风量大大降低，拓展了纵向通风可适应的隧道通风区段长度。在上海长江隧道中，真正稀释污染物浓度的风量仅509.2m³/s，全程采用纵向通风时，纵向风速约为6.20m/s，小于限制标准10m/s的标准。上海长江隧道设计最后采用的风量为650m³/s，适当兼顾了舒适性要求，此时断面风速不足8.0m/s。因此，本隧道采用纵向通风是可行的。

该通风方案通风原理见图2–27，通风系统主要设备配置见表2–7。

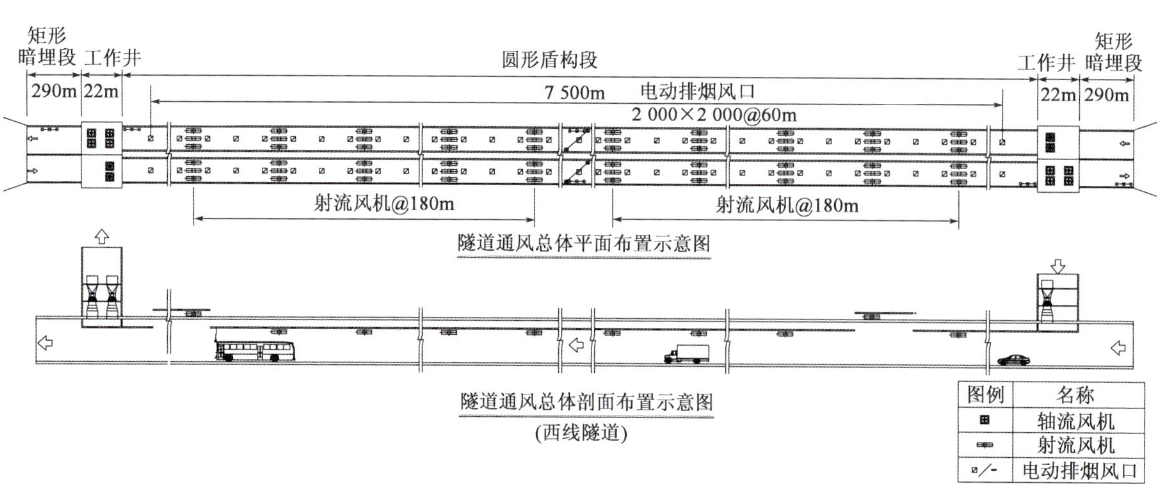

图2–27　射流风机诱导型纵向通风+重点排烟系统布置示意图

主要通风设备表　　表 2-7

序号	设备名称	型号及规格	单位	数量	备注
1	轴流排风机	流量：150m³/s；风压：1 200Pa；功率：250kW	台	4	耐高温 250℃ 2h
2	专用卧式轴流排烟风机	流量：80~130m³/s；风压：2 800~1 400Pa；功率：400kW	台	4	耐高温 250℃ 2h
3	轴流排风机（可逆）	流量：150m³/s；风压：1 200Pa；功率：315kW	台	4	耐高温 250℃ 2h
4	射流风机	ϕ1 000；流量：24.2m³/s；轴向推力：875N；功率：26kW	台	156	耐高温 250℃ 2h 可逆转
5	电动排烟口	2 000mm × 2 000mm；功率：0.15kW	只	246	耐高温
6	电动风阀	5 000mm × 6 000mm	台	12	
7	大型片式消声器	5 000mm × 6 000mm × 3 500mm	台	24	

2）需风量、洞内空气温度

正常运行工况时，汽车以 60~80km/h 的速度同向行驶时，形成的活塞风量约为 490~610m³/s，隧道纵向风速不超过 7.5m/s，可满足稀释 CO 浓度的要求，达到允许标准所需通风量。80km/h 车速时，洞口 CO 排放浓度约 66.1ppm（1ppm=1 000μg/L）；60km/h 车速时，洞口 CO 排放浓度约 90ppm。此时洞内无需开启射流风机，但需开启隧道出洞口段风井内大型排风机集中排放污染空气，保护洞外环境。用 SES 程序进行隧道内温度模拟计算得知，正常运行时洞末空气温度达 54.9℃。

当隧道内发生阻滞时，滞留在隧道内车辆数量会比正常交通时多，容易形成较大的隧道风阻，加上缓慢车速下活塞效应亦相对减小，故要维持所需的通风量须开启一定数量的射流风机，利用其推力形成诱导气流进行通风。隧道阻滞工况的交通场景按全线 40km/h 计算，此时浦东洞口至长兴岛洞口每管通风区段需设置 74 台 ϕ1 000mm 射流风机。

3）排烟、逃生条件

当隧道发生火灾时，计算火灾规模为 50MW，对应隧道临界风速是 3.2m/s。若火灾时交通场景是正常行车，此时采用全纵向通风，既可有效控制烟气流向，使火灾点后方人员在通风系统控制下的无烟环境中安全撤离。发生火灾时交通场景是阻滞工况、车辆通行缓慢，火灾点发生在队列中部，此时火灾前方和后方车辆均不能快速撤离。这种情况下，利用洞顶的专用排烟风道，开启火灾区域附近 120m 范围内的 3 组排烟风阀，将烟气由风机经专用排烟道、风塔就近迅速排离行车道。此时，通风系统具有 150~200m³/s 的排烟能力，可有效控制烟气和热量扩散，为火灾点前后的车辆和司乘人员创造疏散条件。

2.6.2　隧道封闭段降温系统设计

按照隧道预测车流量、车种构成及典型车辆耗油情况，汽车在隧道内的总产热量约 19 600kW/ 管。当隧道内没有采取降温措施时，汽车排放的热量用于加热空气和通过围护结构传至土壤。隧道周围深层土壤温度约 17℃，作为巨大的吸热体，土壤可以吸收一部分热量，抑制空气温度的快速上升。采用 SES 4.1 计算机程序对隧道温度及传热量进行远期模拟，计算表明，围护结构的传热量介于 15%~20% 之间，若不采取有效的降温措施，隧道出洞口的空气温度将会超过 50℃。图 2-28 为计算机模拟计算隧道的全程温升曲线。

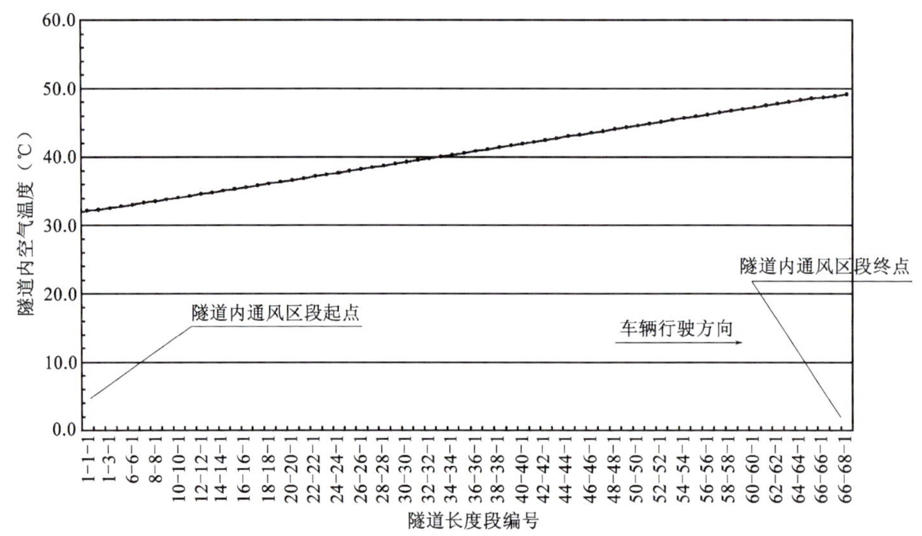

图 2-28　隧道全程温度曲线

通常情况下，人体在环境温度高于 42℃时，允许停留时间不超过 5min；42~45℃时不超过 1min；高于 45℃不允许人员停留，此时汽车空调也不能正常运作。因此，隧道内温度过高，尤其在热季高温天气隧道遭遇交通拥堵时，汽车通过隧道的时间长，会给隧道乘用人员造成极大的不便，影响隧道的正常使用。因此，隧道内必须采取有效的降温措施。按照控制隧道洞口出口温度不超过 42℃的标准计算，每管隧道内约有 9 760kW 的余热需通过其他措施排除。

2.6.2.1　隧道降温方案

公路隧道内温度高、相对湿度低的空气环境具备良好的喷水降温条件。水的汽化潜热巨大，约 2.40kJ/g，其热量相当于同等质量的水从 1℃加热至 100℃所需热量的 5 倍多。这意味着，在隧道内喷淋不多的水，若能在一定时间内完全蒸发，则降温效果将非常明显。但是采用常规的喷淋洒水的方式，蒸发效率低，对正常隧道通行量有干扰。

上海长江隧道设计过程中，特别针对隧道内空气具有相对湿度低、具备蒸发降温条件的特点，在隧道中采用喷雾技术，将水雾化后直接喷射在隧道空气中，通过水的蒸发吸收巨大的汽化潜热降低隧道空气温度，这在隧道工程界尚属首例。喷雾降温的空气变化过程见图 2-29。

设计过程中，针对喷雾降温技术进行了技术攻关，进行了全比例的喷雾降温试验，确定了喷雾的关键技术指标，对喷嘴型号和安装方式进行了筛选。图 2-29 为上海长江隧道选用的喷雾设备进行喷雾试验的情景。

a)

b)

图 2-29　喷雾试验图

a）喷雾试验全景；b）正在喷雾的喷嘴

2.6.2.2 喷雾降温断面布置

按照需排除的余热量计算可得，隧道单管总计算喷水量为 267L/min，可控制出洞口的风温不超过 42℃。选用喷雾粒径为 60μm 的高压细水雾喷头，单只喷头喷雾量约为 1.75L/min。

在上海空调室外气象参数、隧道正常行车、预测交通流量情况下，采用单只喷雾量为 1.75L/min 喷头，每断面设置 5 个并列喷嘴则每断面喷雾 8.75L/min。每管隧道共需设置 30 个喷雾断面，并以隧道干湿球温差大于 7℃为起喷条件。

综合考虑降温效果和隧道内水管长度等因素，将每管隧道内的 30 组喷头分成 3 个喷雾段（Ⅰ段、Ⅱ段、Ⅲ段），一段靠近浦东工作井，一段位于隧道中部，第三段靠近长兴岛工作井。再考虑水滴蒸发寿命和隧道内情报板、射流风机及排烟口等设施的布置情况，取每组喷头间距为 90m。以从浦东至长兴岛方向为例，距进洞口约 2 174m 处，设第Ⅰ段喷雾段，喷雾段长度约 1 260m。经 1 666m 长度后空气继续升温，干湿球差再次加大，则设第Ⅱ组喷雾，喷雾区段长约 720m。再经 1 123m 后空气继续升温，干湿球差再次加大，则设第Ⅲ组喷雾段，喷雾区段长约 450m。最后一组喷头距出洞口约 1 067m。全程约在 2 430m 范围内设置了喷雾头。设计工况下隧道内计算温度见表 2-8。

上海长江隧道高温段分布概况　　表 2-8

温度范围（℃）	长度（m）	占隧道总长比例（%）	通行时间（min）	
			60km/h	80km/h
未　喷　雾				
>45	4 113	50.8	4.1	3.1
>42	5 201	64.9	5.3	3.9
>40	5 926	73.2	5.9	4.4
喷　雾				
>45	0	0	0	0
>42	0	0	0	0
>40	365	4.5	0.37	0.27

计算表明：喷雾后，设计工况下，全程无一区段温度超过 42℃，超过 40℃的长度仅占总长的 4.5%。正常行驶条件下，驾乘人员通行时间约 0.27~0.37min，远小于短期允许的 5min 限值。

按照设计取用的温度标准，在高峰小时车流量前提下，洞内温度超过表 2-8 的计算温度的时间每年为 50h。实际上，受车流因素的影响，洞内实际超过计算温度的时间没有如此长，如考虑车流量的变化及车流高峰与室外气温的错峰等，预计超出表 2-8 中计算温度的持续时间还将更少一些。

设计计算中考虑到其他室外气象参数情况下隧道温升的变动情况，每管又备用 6 个喷雾断面。从而将每管隧道内的 36 组喷头分成 3 个喷雾段，分别为 15 组、12 组和 9 组喷头。

2.6.2.3 细水雾管路系统设计

细水雾系统管道布置中，每 3 个喷雾断面为一组，汇总后接入总管，连接处设置区域控制阀组，系统原理图见图 2-30。

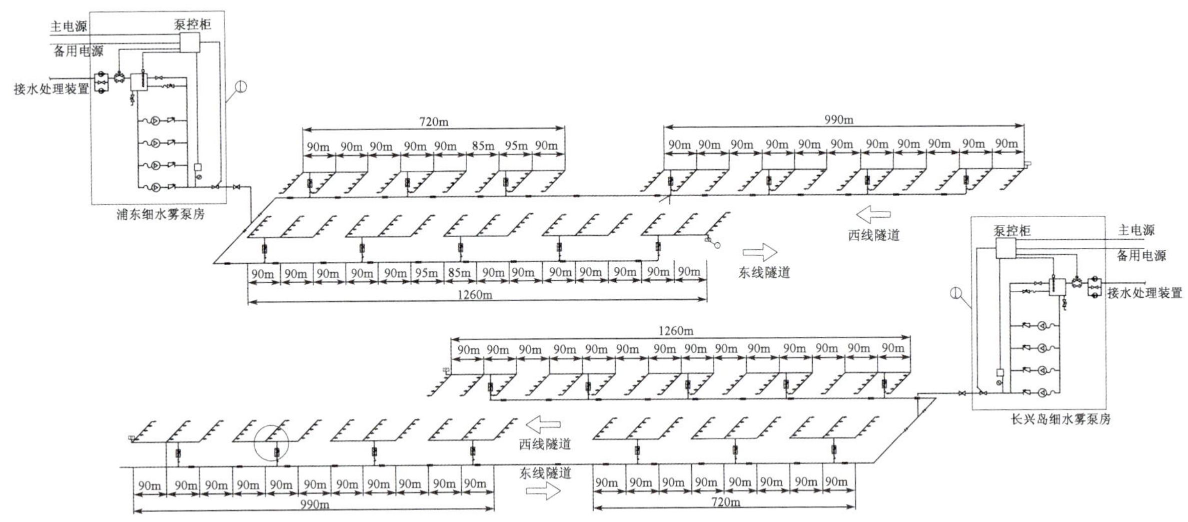

图 2-30　高压细水雾降温系统原理图

2.7　给排水、消防设计

隧道给排水、消防系统设计包括隧道内外生产、生活给水系统、隧道内污废水排水系统、隧道内雨水排水系统、隧道内消防给水系统、隧道外地面消防设施、灭火器等系统的设计。

2.7.1　生产给水系统

隧道内不设生产、生活给水系统，仅在隧道两端进出口处设置加水栓，供冲洗车加水，冲洗水量按 12.0m^3/d 计。

2.7.2　排水系统

隧道内无生活给水设施，故无生活污水排出。

隧道内消防废水、冲洗废水、结构渗入水等废水，沿线路纵向排水沟及分段设置的横截沟，汇至隧道盾构段浦东、长兴岛工作井及每条隧道的两个江中最低点处设置的废水泵房。

由于隧道长度长，埋设深，故设计中采用接力输送的方式，即两处江中废水泵房分别出水至浦东工作井、长兴岛工作井，而工作井内的废水泵房既可单独工作，又负责接力输送江中段废水。这可降低江中废水泵房的占地、用电负荷等，且经济合理。

在确保上层道路隧道废水不进入下层轨道交通内的前提下，上下层分别设置废水泵房，下层废水由上层泵房接力排出隧道。

上层道路隧道的每座废水泵房的排水量按公路隧道消防水量计，排水量为 88L/s。其中 68L/s 为泡沫 – 水喷雾联用系统用水量，20L/s 为消火栓系统用水量。

下层轨道交通的每座废水泵房的排水量按轨道交通区间消防水量计，排水量为 10L/s。

2.7.3 消防系统

2.7.3.1 消防系统组成及作用

工程设计中，消防系统由消火栓系统、自动灭火系统、灭火器和地面消防设施等组成。其各自的功能为：

消火栓系统——成熟可靠的消防系统，可扑灭多种类型火灾，由专业消防人员操作，能大大降低火灾损失。隧道内，公路交通层、圆隧道预留轨道交通空间和疏散通道、设备用房设置该系统。

自动灭火系统——隧道公路交通层、圆隧道与220kV共用电缆通道和隧道两端变电所内分别设置自动灭火系统，设置目标根据各自的功能确定。公路交通层自动灭火系统与火灾探测报警系统协同工作，及时发现初期火灾，对火场区域先期进行灭火，后期防护冷却，可及时扑灭火灾，为消防救灾创造了必要的前提条件。

灭火器设置——使用方便、性能可靠，通过正确使用能及时扑灭隧道内各类火灾。

地面消防设施——在隧道洞口及消防泵房附近配置了完善的水消防设施，为消防队员提供充足的水量和水压。

2.7.3.2 消防系统设计

1）消防水源

隧道两端消防给水皆取自规划市政给水管，分别从不同的两路市政给水管上引入DN250的给水管，接至消防泵房，不设消防水池。消防时直接从城市给水管网抽水。

2）消防泵房布置

在浦东工作井及长兴岛工作井内分别设置消防泵房。泵房内设一套消火栓泵组，包括两台主泵，互为备用；一套水喷雾泵组，包括两台主泵，互为备用；一套泡沫原液泵组，包括两台主泵互为备用；另设一套水喷雾系统的稳压泵组，包括两台稳压泵及气压罐一只。泵房接入两根DN250的进水管，形成环网供水。泵房出水管由工作井接入隧道暗埋段及圆形隧道段。此外在隧道两端的浦东、长兴岛消防泵房内还各设置一套高压细水雾泵组。每套泵组由3台高压柱塞泵（二用一备）、2台稳压泵（互为备用）、2台空压机（互为备用）和水泵控制柜等组成。

3）消火栓系统

由两端泵房内消火栓泵组各引出两根DN150的出水管，在疏散通道下管廊内全线贯通，并在每条连接通道内与整个消防环网贯通，形成安全可靠的消火栓总管环网。在每条隧道内单侧的车道上下层分别每隔50m设置一组消火栓箱，每只箱内设单头单阀消火栓一只、ϕ65mm×25m水带一盘、ϕ19mm多功能水枪一把、消火栓泵启动按钮一只、自救式消防软管卷盘一盘。全线共设消火栓箱700组。

在消火栓总管上每隔5组消火栓设一只阀门，在总管每个高点设放气阀，每处低洼点设放水阀。

隧道两端消火栓泵的供水范围以隧道中点为界。经计算，消火栓泵的供水最不利点为隧道中点。部分消火栓动压超过0.5MPa，采用稳压消火栓。

消火栓泵的水泵性能为：Q=20 L/s，H=57m，P=22kW。

4）泡沫－水喷雾联用灭火系统

在每条隧道的暗埋段及盾构段公路交通层内，设置泡沫－水喷雾联用灭火系统。自浦东、长兴岛端的消防泵房内水喷雾泵组和泡沫原液泵组的出水管上分别引出两根DN300的水喷雾系统供水总管和DN70的泡沫原液总管，并经信号蝶阀、水流指示器后敷设在两条隧道下层管廊内，全线贯通。隧道内以25m为一个泡沫－水喷雾区间，消防时任意相邻两组系统同时作用，每组水喷雾系统由一只雨淋阀控制，并与消防报警系统一一对应。每组系统在隧道的车道一侧上方设置5只三组合远近射程的泡沫－水雾喷头，每只喷头间距5.0m，整条隧道共设650组水喷雾系统。

水喷雾强度≥6.5L/（m^2·min），最不利点喷头压力为0.35MPa。在每个系统的最高点处设一放气阀，在水喷雾泵及泡沫原液泵的出水管上设置过滤器，以保证水流和泡沫液体的畅通并防止水垢及杂物影响雨淋阀的严密性，防止堵塞电磁阀、喷头内部的水流通道。

水喷雾泵的水泵性能为：Q=67L/s、H=86m、P=110kW。

稳压泵的水泵性能为：Q=2.5L/s、H=93m、P=4kW。

泡沫原液泵性能为：Q=2.5L/s、H=93m、P=4kW。

系统布置见图2-31。

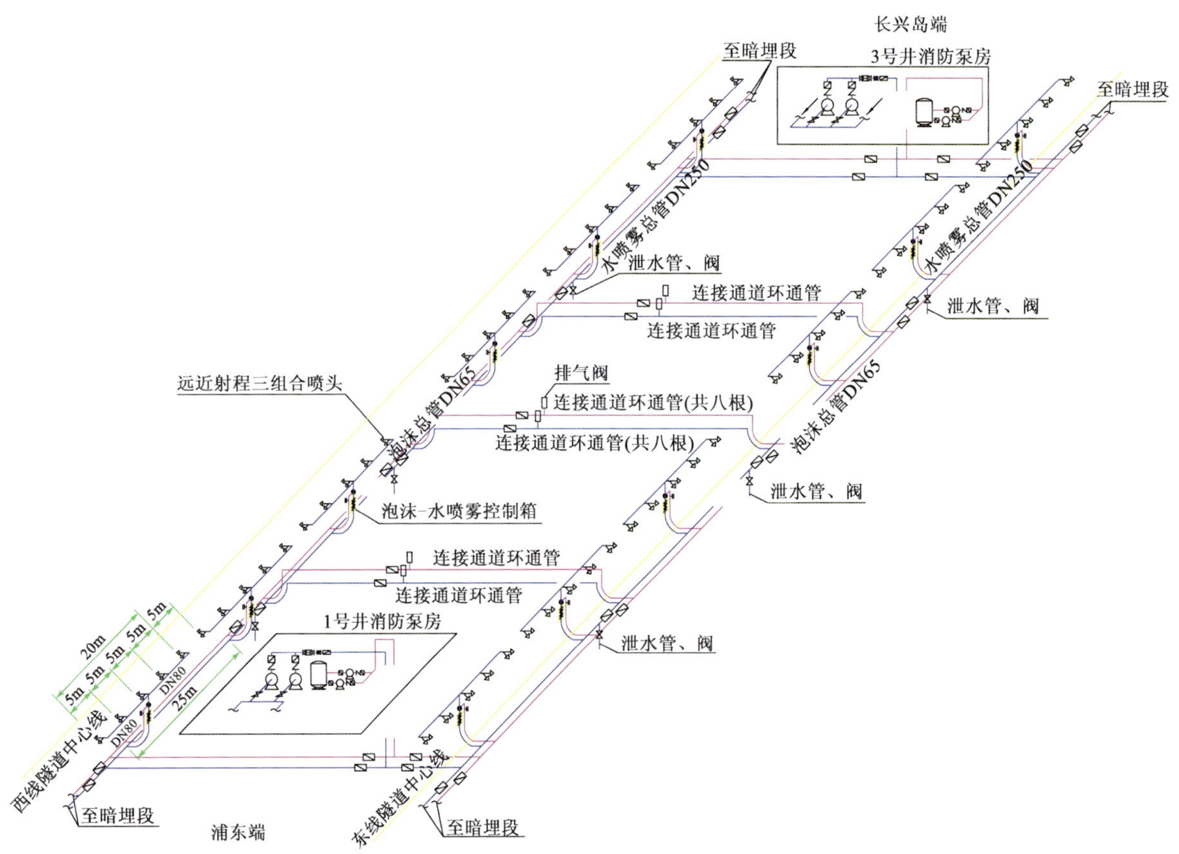

图2-31　泡沫－水喷雾联用灭火系统布置图

泡沫－水喷雾联用灭火系统的作用为扑灭初期火灾及防护冷却，以保护隧道的主体结构，为消防队员的进攻扑救创造条件。

5）高压细水雾系统

在上海长江隧道工程的车道下层的电缆通道内设有220kV的高压电缆和隧道自用电缆，电缆通道起止于两端盾构工作井，长度约7 500m，每200m为一个防火分区。电缆通道宽3.2m，高2.93m，双侧设置电缆托架，隧道本身的照明、动力电缆等敷设在同一封闭的空间内，断面布置详见图2-32。

在7 500m长的220kV电缆通道及隧道浦东暗埋段下一层的11个设备用房内设置高压细水雾灭火系统。高压细水雾系统由高压细水雾泵组（包括主泵、稳压泵、调节水箱、补水装置、泵控制箱)、细水雾开式喷头、过滤器、区域控制阀组、不锈钢管道等组成。

电缆通道约每33m左右设一个保护区,双侧电缆通道共分为450个保护区。浦东暗埋段下一层设备用房共11个灭火分区,系统共设461个灭火分区。在准工作状态时分区控制阀至喷头之间管网为干式,高压泵组至分区控制阀间有1.8MPa的压力水。

火灾时,探测器发出火警信号,相应区域控制阀组打开(三组),隧道两端主泵同时启动,喷头压力达到设计喷雾压力(10MPa)。

电缆通道内采用的喷头流量系数K=0.696,设计最低工作压力为10MPa,对应流量为6.96L/min。灭火时最多同时开启3个保护区域阀组,经计算得最大流量Q=238.2L/min。

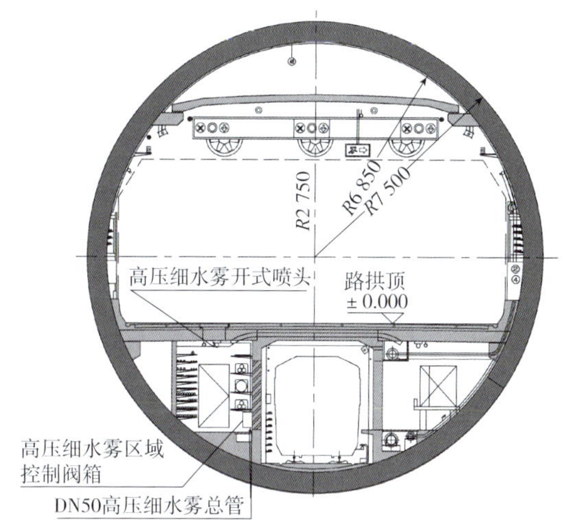

图 2-32　电缆通道内消防系统布置图

整个高压细水雾灭火系统在电缆通道内的总管为环形布置,电缆通道内高压细水雾系统的喷雾时间30min。高压细水雾灭火系统从灭火系统启动至管网中最不利喷头出水的时间不大于45s。

6)灭火器配置

鉴于隧道内可能发生的火灾多为A、B、E类火灾,灭火器选用磷酸铵盐干粉灭火器和水成膜泡沫灭火器。

在每孔隧道的一侧,相距50m设置灭火器箱一组,全线共350组。另在隧道下层的纵向疏散通道内也相距25m设置挂壁式灭火器一组,共设675组。每组内设4kg装磷酸铵盐灭火器2具和6L装水成膜泡沫灭火器两具。在电缆通道内每隔25m设置2具4kg装磷酸氨盐灭火器。

7)地面消防设施布置

在浦东与长兴岛端消防泵房附近各设置7套水泵接合器,分别与消防泵房内的消火栓泵出水管及水喷雾泵出水管接通。在两端的水泵接合器附近15~40m范围内设置相应的室外消火栓,并在隧道两端道口处各设2只室外消火栓,供敞开段消防用水。

2.8 照明系统设计

本工程照明系统设计以确保交通安全、合理节约能源为原则,并根据照明方式、工况要求等确定相应的照明供配电及控制方案。

2.8.1 设计范围和标准

(1)设计范围:工程设计范围内的所有照明,含隧道车道照明、通道照明、引道照明及附属用房照明等的照明供电控制设计。

(2)隧道内分段长度及路面亮度标准:

主线洞外亮度L_{20}(S):南洞口(浦东侧)4 000cd/m²、北洞口(长兴岛侧)5 000cd/m²。隧道内分断长度及路面亮度标准见表 2-9。

隧道内分段长度及路面亮度标准 表 2-9

照明区段	长度（m）	平均亮度（cd/m^2）
入口段（浦东侧）	101	105
过渡一段（浦东侧）	72	31.5
过渡二段（浦东侧）	89	10.5
过渡三段（浦东侧）	133	3.7
入口段（长兴岛侧）	101	131.3
过渡一段（长兴岛侧）	72	39.4
过渡二段（长兴岛侧）	89	13.1
过渡三段（长兴岛侧）	133	4.6
中间段	8 100	4.5
出口段	60	22.5
应急照明	8 100	≥ 0.45
引道段	463	2

2.8.2 光源选用

为响应和贯彻国家节能减排的要求，成立了由上海市隧道工程轨道交通设计研究院、复旦大学电光源研究所及上海长江隧桥公司组成的 LED 照明专项课题小组，深入研究 LED 光源在隧道基本照明中应用的可行性。

通过课题的研究，本工程中率先将 LED 应用于长大隧道功能照明。隧道内照明效果优良，照度 160.36LX，路面总均匀度达到了 0.94；照明节电达到了 30.3%（与 T5 荧光灯比）；视觉评估受访对象普遍认为本隧道的照明质量良好，提供的安全性和舒适性较好。

2.8.3 照明布置

经各系统设备布置综合平衡后，照明设备的总体布置如下：

（1）隧道基本照明沿隧道两侧顶部纵向布置，应急照明均匀布置于基本照明内，与基本照明采用同一布置形式。

（2）隧道出入口加强照明灯具布置于隧道两侧上方（基本照明旁）及车道中心线。

（3）隧道疏散指示标志沿隧道双侧对称布置，布置间距应小于等于 50m。安全门指示标志布置于安全门正上方。

（4）隧道内的基本照明配电箱兼作维修电源箱之用，沿隧道车道单侧布置，基本照明箱之间布置专用维修电源箱，维修电源箱为双侧布置。

（5）江中照明配电柜设置于安全通道内，并采取防护措施。

照明横断面布置图详见图 2-33 和图 2-34。

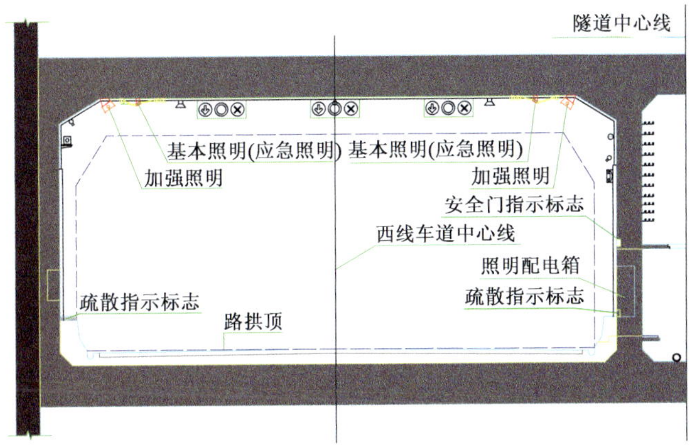

图 2-33　矩形隧道段照明横断面布置图（东线与西线镜像对称）

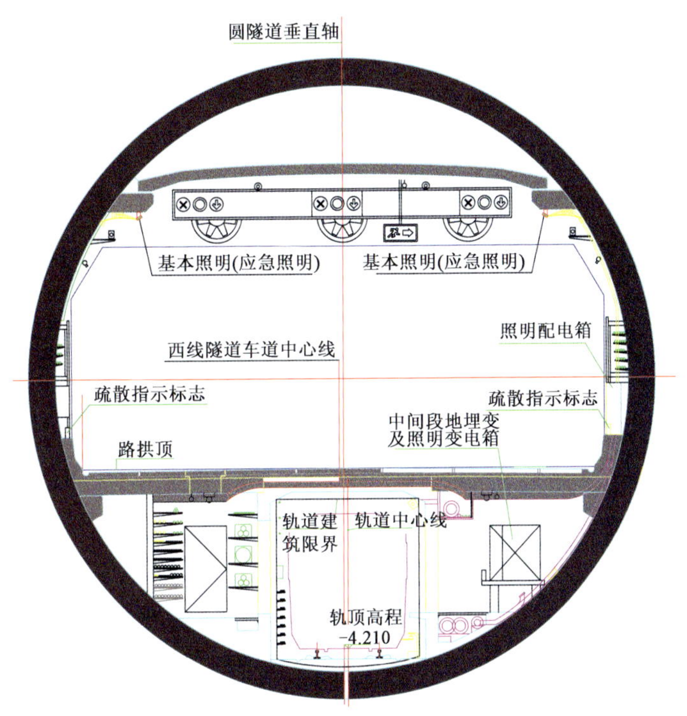

图 2-34　圆形隧道照明横断面布置图（东线与西线镜像对称）

2.9　综合监控系统设计

为实现上海长江隧道与长江大桥一体化监控管理，需要构建一个功能完善、性能可靠、操作便捷的综合监控系统。该系统集计算机分析、图像处理、综合传输等高新技术于一体，旨在提供一套全面、快捷、现代化的监控管理工具，以确保隧道和大桥安全畅通、运营节能高效。

2.9.1　系统总体框架

综合监控系统包含交通监控、设备监控、视频监控、通信、火灾报警、中央计算机等 6 个分系统。监控中心设置在长兴岛潘园收费站附近，负责全线道路的运营管理；另在浦东五号沟养护工区内设置监控管理站，负责隧道浦东入口端的救援和交通管理。紧急情况下，管理站可在监控中心的协调指挥下对突发事件进行应急处置。

同时，本系统为隧道 / 大桥结构健康监测系统提供数据传输通道和综合管理平台；预留与 220kV 电力监控系统、轨道交通监控网络互联的通信接口；与公路处、交警、消防等相关单位和部门进行信息交换、实现信息资源共享，提高系统资源的社会利用率。

综合监控系统总体架构见图 2-35。

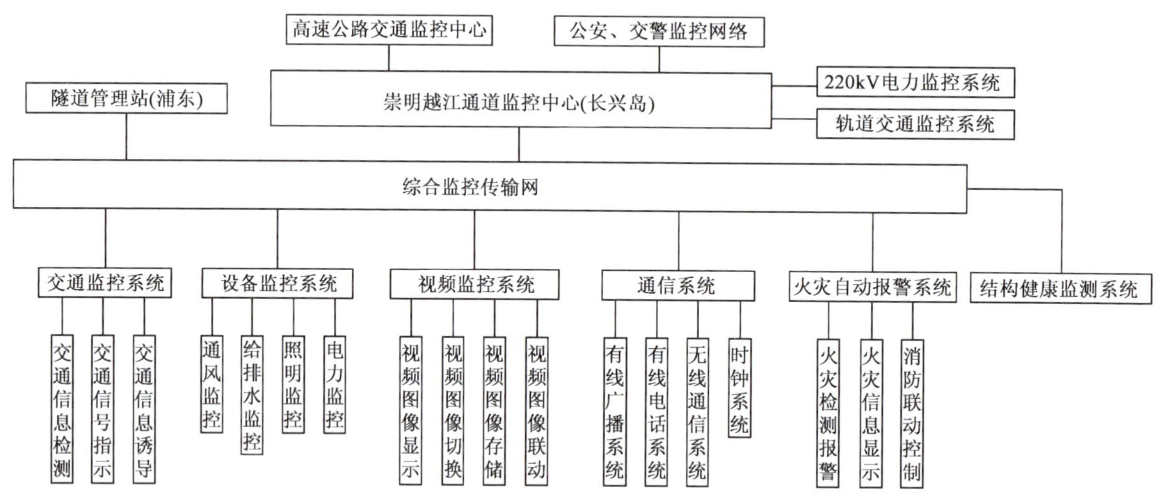

图 2-35　综合监控系统总体架构图

2.9.2　中央计算机系统

综合监控系统采用三级网络构架，第一级为中央计算机集中控制层，主要实现预案制定、预案发布、多系统协同控制等功能；第二级为区域控制器分布控制层，主要实现预案执行、设备闭环控制、设备运行状态采集等现场控制功能；第三层为现场设备层，主要由各分系统设备控制柜、智能仪表、硬件执行机构组成，主要用于执行系统发出的命令，实现硬件级自动控制、硬件自保护以及现场手动操作功能。

2.9.3　综合监控传输网络

监控中心的骨干网交换机通过双光纤与节点骨干网交换机形成双光纤自愈环网，监控中心的两台骨干网交换机形成冗余热备。千兆接入网络交换机接入其中一个节点骨干网交换机。百兆接入网采用百兆工业级交换机通过光纤接口形成自愈环网结构，并与骨干节点连接。

综合监控传输网络用于监控中心、管理站、各通信站间的信息传送。采用千兆光纤冗余自愈环网的组网方式，并通过端口聚合技术（Port aggregation）对传输带宽进行扩展，确保网络传输的实时可靠。采用开放式网络结构，数据可在沿线各站点灵活插入、分出。

隧道全线设置多个通信站，分布在监控中心、管理站、浦东弱电设备室、长兴岛弱电设备室以及安全通道设备平台。各通信站设置三层千兆以太网交换机，通过光纤互联构成主干传输网络。

2.9.4 综合监控系统功能

2.9.4.1 交通监控系统

该系统是上海市高速公路网监控系统的一个重要组成部分，日常情况下独立对全线道路实施交通管理和控制。突发事件情况下，在路网监控中心的统一指挥和协调下，行使监控管理职能。交通监控系统的功能主要包括交通信息检测、交通信号指示和交通信息发布。

2.9.4.2 设备监控系统

设备监控系统的设置目的在于监测隧道机电设备运行状态，根据隧道运营管理需求对设备实施远程遥控和自动控制，联动各系统设备协同运作，实现设备智能化、节能化运行。

通过该系统的设置，实现监控中心对隧道通风、给排水、消防、照明、供配电设备运行状态的采集和监控；通过综合监控软件平台的集成，实现对隧道通风降温系统、LED 照明调光系统、隧道景观照明系统的智能操控，如图 2–36 所示。

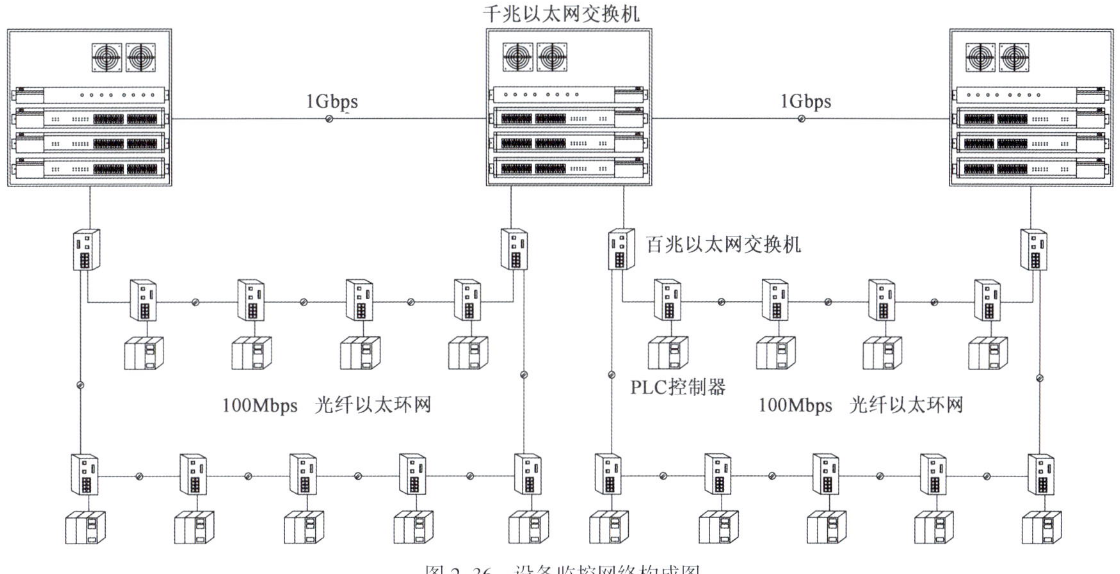

图 2–36 设备监控网络构成图

2.9.4.3 视频监控系统

视频监控系统是隧道运营管理的重要手段之一，设置范围涵盖车行隧道、电缆通道、安全通道和主要设备用房，基本实现了视频图像全覆盖。

2.9.4.4 通信系统

通信系统由有线广播、有线电话、无线通信、时钟等子系统构成。

1）有线广播系统

有线广播系统主要服务于突发事件情况下的紧急疏散、救援，同时也兼顾日常运营管理广播的功能。

2）有线电话系统

有线电话系统为隧道运管人员和驾乘人员提供了便捷的联络工具。隧道配置紧急电话、调度电话和公务电话。紧急电话直通控制中心，用于隧道内告警、抢险救灾及各种特殊情况下的通信联络；调度电话用于隧道防灾、电力以及交通管理方面的调度通信服务；公务电话则用于隧道内部日常通信，同时也满足与外界的数字通信的要求。

3）无线通信系统

无线通信系统按功能可划分为隧道专用集群调度通信系统，公安无线信号引入系统、消防无线本地转发系统、调频广播系统及公安集群无线通信系统。

2.9.4.5 火灾自动报警系统

考虑到隧道线路长、结构形式多样以及产品性价比等因素，火灾报警系统设计中选用光纤光栅感温探测器作为火灾探测报警设备。

火灾探测报警的范围包括车行通道、电缆通道、安全通道及主要设备用房。

1）火灾报警设备布置

车行通道每管顶部敷设两路光纤光栅探测器，火灾探测分区为25m，与水消防灭火分区对应；每分区布置5个光纤光栅探头，探头间距为5m。消防模块箱间隔50m设置，手动报警按钮安装于消防模块箱外的设备箱门上。

电缆通道、安全通道顶部各敷设一路光纤光栅探测器。其中，电缆通道火灾探测分区为33m，与高压细水雾灭火分区相对应，每分区布置6~7个光纤光栅探头，探头间距为5m；安全通道火灾探测分区为100m，每分区布置20个光纤光栅探头，探头间距为5m。

浦东、长兴岛主要设备用房如10kV开关柜室、变压器室、低压配电室、照明配电间、隧道弱电设备室等区域设置及早期空气采样报警系统，通过信号模块接入火灾报警总线回路，可输出预警、报警、故障信号。

2）火灾报警信息显示

系统共设置4台火灾报警主机，分别位于浦东、长兴岛弱电设备室，安全通道设备平台及监控中心，主机间通过光纤连接构成环网。监控中心火灾报警主机可对隧道全线报警信息进行集中显示。

监控中心设置一台FA工作站，提供火灾报警图形监控界面，可对各区域火灾探测设备设置位置及状态进行模拟显示，如光纤光栅探测系统监控界面，及早期火灾报警系统监控界面，设备用房温烟感探测器状态监控界面。

3）消防联动控制

隧道段全线按一次火警且相邻隧管交通停运进行控制。

平时与消防兼用设备，如射流风机、轴流风机及组合风阀、混流风机等，火灾时由BAS系统接收火灾报警信号，按照火灾控制模式实施相关联动控制。专用消防设备，如泡沫水喷雾灭火系统、高压细水雾灭火系统、电动排烟风口、设备用房电动防火阀、电动防火门等由火灾报警系统实施联动控制。

FA工作站接入中央计算机网络，将火灾报警信息上传，触发综合监控各相关系统如BAS、CCTV、PA等系统进入火灾运行模式。

2.9.4.6 中央控制室

隧道中央控制室设置在长兴岛管理中心大楼内，管辖范围包括长江隧道和长江大桥。控制室为崇启通道预留接入条件。控制用房的设置以集约化管理和集中监控为出发点，在设备和人员配置方面进行最大限度的整合，使得各系统功能既相互独立又相辅相成，在一定范围内实现数据资源的共享。中控室配备先进的监控设施辅助值班人员的日常管理，主要包括综合显示投影屏和综合监控操作台。

1）综合显示屏

综合显示屏由 54 块 67in（1in=0.025 4m）DLP 背投影屏组成，按照 3 排 ×18 列拼接而成（图 2-37）。上部两排投影屏切换显示隧道和大桥现场监控图像；下部一排投影屏显示长江隧道和长江大桥全线模拟平面图，将全线机电设备的运行状态通过模拟平面图集中展现。综合显示屏上部设置一套 LED 条屏，滚动显示车流量数据、气象数据、灾害告警等信息。

图 2-37　中控室内综合显示屏

2）综合监控操作台

操作台和座椅的设置充分考虑人体工程学的原理，力求营造一个现代化、舒适的工作环境。监控坐席分为隧道监控和大桥监控两大区域，设置交通 / 设备监控席位、电力调度席位、值班长席位、应急处置席位等。

2.10　供配电系统

上海长江隧道全长 8.95km，其中江中盾构段长 7.47km。两端陆域分别设浦东工作井、长兴岛工作井。江中盾构段设有多组射流风机，在江中最低点和工作井内设有废水泵房。隧道的两侧洞口各设一座雨水泵房，隧道大容量的送排风机、消防泵房则设在暗埋段附近。如此超大、特长、多功能隧道，用电负荷具有容量大、分布情况复杂、一级负荷相对密度大等特点。因此，供配电系统的可靠、安全直接关系到隧道的安全和正常运行。同时，环保、节能、高效也是系统设计追求的目标。

2.10.1　供电系统设计

2.10.1.1　负荷分级及供电要求

根据规范要求，隧道内设备负荷根据其重要性分为一、二、三级负荷。

一级负荷为应急照明、诱导标志照明、监控系统电源、排风 / 排烟风机及相关风阀、消防电梯、隧道照明、消防泵、雨水泵、废水泵、变电站自用电系统等重要负荷。其中应急照明、诱导标志照明、监控系统、变电站自用电系统为特别重要负荷。

二级负荷为隧道设备机房及管理用房内的照明、风机、电梯等负荷。

三级负荷为不属于一、二级负荷的其他负荷。

一级负荷采用双回路双电源供电，一级负荷中的特别重要负荷，采用 EPS 和 UPS 作为第三路电源供电；二级负荷的供电采用双电源单回路供电；三级负荷可由单电源单回线路供电，当一路电源故障或供电系统容量不足时，可切除该负荷。

2.10.1.2 电源及高压供电系统

1）供电方案

鉴于长江隧道两侧地区电网 35kV 系统接地方式都为小电阻接地方式，经技术经济比较，最终长江隧道供电方案确定为：浦东、长兴岛侧变电站均外引两路 35kV 电源，每座变电站采用 35kV 单母线分段不设母联，两座变电站之间设置一根 35kV 联络电缆的供电主接线方案（图 2-38）。该方案使长江隧道除了保证依靠外部电源的可靠性外，供电系统自身也具有联络与支援的能力。

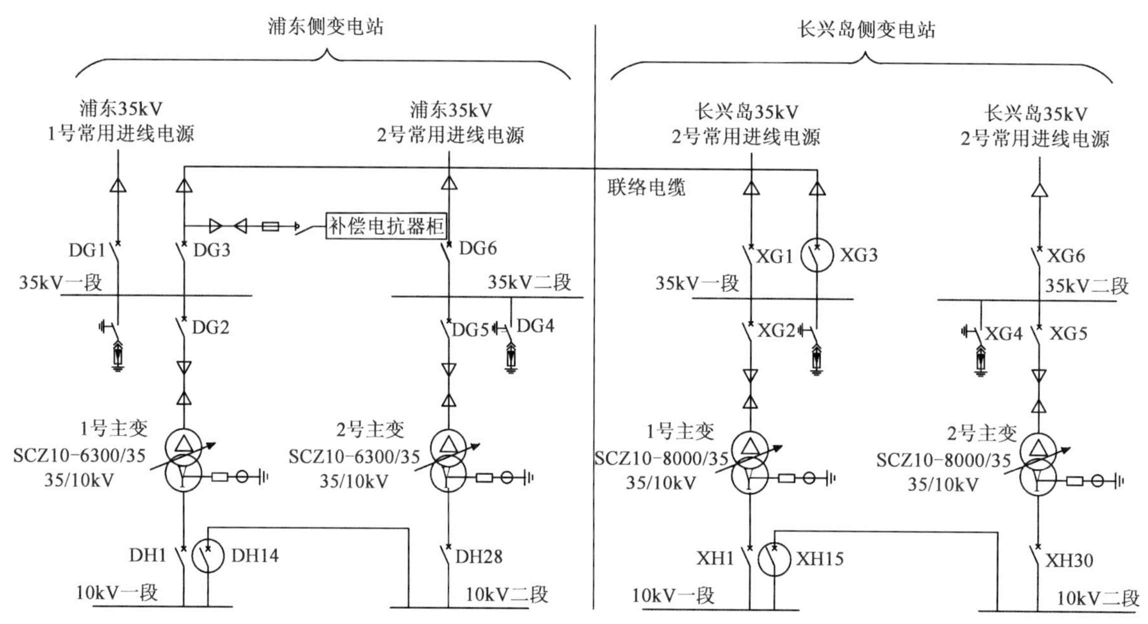

图 2-38 高压供电系统图

2）高压供电系统设计

整条隧道高压供电系统由两座 35kV 变电站构成（图 2-38），其位置分别设在浦东工作井与长兴岛工作井附近。每座变电站均外引两路 35kV 电源。浦东变电站两路外电源分别引自浦东区域 220kV 州海站的两段不同的 35kV 母线。长兴岛变电站两路外电源引自长兴岛区域 220kV 长兴站的两段不同的 35kV 母线。35kV 两段母线之间不设母联开关。浦东变电站与长兴岛变电站间设置一根 35kV 联络电缆。当 35kV 变电站失去一路电源时，由另一路外电源保证本站一、二级负荷供电。当两路外电源均失电时，通过 35kV 联络电缆，由另一座变电站对本站进行支援供电，确保本站一、二级负荷供电。

由于本工程隧道长度近 9km，隧道中间段离两端变电站距离较远的动力照明负荷采用 10kV 供电网络和设置在隧道内的地埋式变压器进行供电，确保隧道内用电设备供电可靠，满足节能运行的要求。

两座变电站的供电分界点设在隧道中间段中心附近。长兴岛侧 35kV 变电站除了向长江隧道负荷供电以外，同时还须向长兴岛侧长江大桥工程提供四路 10kV 电源，其中两路为潘园立交收费管理中心供电，另外两路为长兴岛服务区供电。

2.10.2 隧道变电站

2.10.2.1 主接线

（1）每座变电站均外引两路 35kV 电源，采用电缆进线、线路变压器组接线方式，两路 35kV 为单母线分段、不设母联开关。通过采用一路敷设在隧道内 35kV 联络电缆将浦东变电站的 35kV 一段母线与长兴岛变电站的 35kV 一段母线进行联络。

（2）每座变电站设置两台 35kV/10kV 有载调压主变压器，正常情况下，两台主变压器分列运行，向该站供电范围内的全部一、二、三级负荷供电，每台变压器的负载率为 70%左右。

（3）10kV 系统采用单母线分段、设母联开关的接线方式。两路电源同时运行，当任意一路电源因故退出运行时，通过手动切换母联开关，由另一路电源供电。

（4）当一回路 35kV 进线电源或一台 35kV/10kV 主变压器退出运行时，10kV 母联合闸，由另一回路 35kV 进线电源及另一台主变压器承担该站供电范围内的一、二级动力照明负荷用电。

（5）每座变电站设两台 10kV/6kV 变压器用于对 6kV 大型轴流风机配电，设两台 10kV/0.4kV 动力变压器及两台 10kV/0.4kV 照明变压器分别用于对工作井及附近的动力照明负荷配电。

（6）设置 10kV 馈出回路用于隧道内地埋式变压器供电。

（7）长兴岛 35kV 变电站同时还向长兴岛侧长江大桥工程提供四路 10kV 电源，其中两路为潘园立交收费管理中心供电，两路为长兴岛服务区供电。

（8）无功补偿采用分别在 10kV 与 0.4kV 母线进行集中补偿的方式。

2.10.2.2 变电站布置

根据隧道长度及结构形式，结合地区电源及隧道机电设备负荷分布情况，在浦东工作井及长兴岛工作井附近分别设置一座 35kV 变电站。隧道变电站选址结合隧道工作井设置，接近负荷中心，减少设备运行中电能损耗，节约电能和运行费用。浦东变电站设在浦东工作井内；长兴岛变电站位于长兴岛工作井附近地面；每座变电站均设置了独立的高低压开关室、35kV/10kV 主变压器室、10kV/6kV 风机变压器室、10kV/0.4kV 动力、照明变压器室、10kV 电容室、控制室和值班室等，尽量做到合理布局，便于巡视维护。

2.11 多功能隧道防灾系统设计

隧道环境封闭与外界直接连通的通道少，逃生条件差，烟、热排除的出口有限，一旦发生灾害，对隧道和人员造成的损失是巨大的。隧道可能遭遇的灾害包括：交通事故、地震、火灾、水淹、恐怖袭击等。其中，交通事故最为多发，并且常常引发火灾。近 20 年来国内外都发生过后果十分严重的火灾事故，造成了巨大的社会经济损失。为此，欧盟、日本等国家或团体纷纷对隧道防灾系统（特别是防火灾系统）展开研究，深入探索隧道火灾的发生、发展规律；烟气的流动与控制；新型防灾设备的研制，并制定一系列设计规范和准则。我国目前对隧道灾害的研究尚不够完善，针对性的技术规范相对较少。

上海长江隧道超大特长，而且集高速公路交通、轨道交通、高压电缆过江等多种功能为一体。因此，防灾系统设计不能全面照搬同类工程经验，而需根据性能化设计的思路，通过工程类比、计算机模拟、模型试验等多种方法，对防灾设计原则、系统组成、系统功能等方面进行研究，完成符合工程实际需求的防灾系统设计，并通过全比例火灾安全试验进一步验证、整合和优化。

2.11.1 防灾设计总则

超大特长隧道一旦发生灾害，即使有完备的防灾设施，其功效也受灾害强度、发生时机、驾乘人员的应急逃生能力等因素的制约，而难以发挥全部作用。例如长16.5km的圣哥达隧道，配备了最先进的防灾系统，不仅有一条平行的应急隧道，主隧道内还安装了最先进的火灾探测系统和排烟系统。如果发生事故，15min内便可以将隧道内的烟气排出。这条隧道被认为是“欧洲最安全的隧道”，然而2001年仍发生了重大火灾事故，死亡11人。

结合国家863课题“超大特长盾构法隧道关键技术研究”防灾子课题的研究，借鉴欧盟、日本等国家、地区隧道防灾设计标准、防灾理论，根据性能化设计的方法确定上海长江隧道防灾设计的原则为：

（1）以防为主，防灾、减灾和救灾相结合，不同功能分别设计，防灾联合调度。

防灾体系设计原则重在“防灾”，通过提高工程的安全度，从源头上降低发生灾害的风险。灾害发生后，则需要采取恰当的措施减少危害程度或影响范围，组织救援，确保人员安全和财产安全，即减灾和抗灾。防灾、减灾和救灾环环相扣，应在整个防灾系统设计的过程中予以体现。

多功能隧道防灾系统设计的核心内容是：根据隧道的道路交通、轨道交通、管线通道等多种功能的要求，兼顾正常运营与事故状态等不同工况，确定相应的隧道设计等级、防灾设防标准，据此分别进行防灾系统设计，并考虑不同功能之间的防灾资源共享，防灾联合调度。

（2）隧道的防灾设防目标应为：以人为本，确保工程安全。

（3）根据工程不同功能要求、不同工况条件，平衡配置防灾设施与设备，形成因地制宜、可靠、可控、高效率的防灾系统。

（4）设运营管理中心，负责防灾系统的运作与控制。

隧道运营管理中心应具有防灾报警、灾情确认、协助防灾指挥及救援调度的功能。火灾工况时，能负责防灾系统的运作与控制。

2.11.2 防火灾系统设计

2.11.2.1 防火灾设防标准

1）设防标准

隧道的防火灾设防目标为：以人为本，兼顾工程安全。确保人员安全是防火灾设防的核心目标。隧道工程的安全目标是：当遭受低于设防标准的火灾时，隧道主体结构一般不受损坏或不需修理可继续使用；当遭受相当于设防标准的火灾时，主体结构可能有一定损坏，经修理可继续使用。

2）设计标准

《公路隧道交通工程设计规范》（JTG/T D71—2004）中，将隧道分为短隧道（$L \leqslant 500$m）、中隧道、长隧道、特长隧道（$L \geqslant 3\,000$m）四类，并根据分类进行设备配置。目前，结合长江、秦岭隧道等长度不断突破的情况，《道路隧道设计规范》（DG/TJ 08-2033—2008）增加大于5 000m的超长隧道类型，以便针对性地反映隧道建设情况的发展。

世界上不少国家以及我国《公路隧道交通工程设计规范》（JTG/T D71—2004）中都根据隧道长度和隧道交通量两个因素将隧道划分成相应的等级，但因国情不一，各有差异。综合近年来建成的大型道路隧道的情况，对隧道工程进行分级，以反映随着隧道长度、交通量增加，火灾发生几率增加，需要相应提高防灾等级。按《道路隧道设计规范》（DG/TJ 08-2033—2008）有关条款，上海长江隧道属于一级、特长隧道（图2-39）。

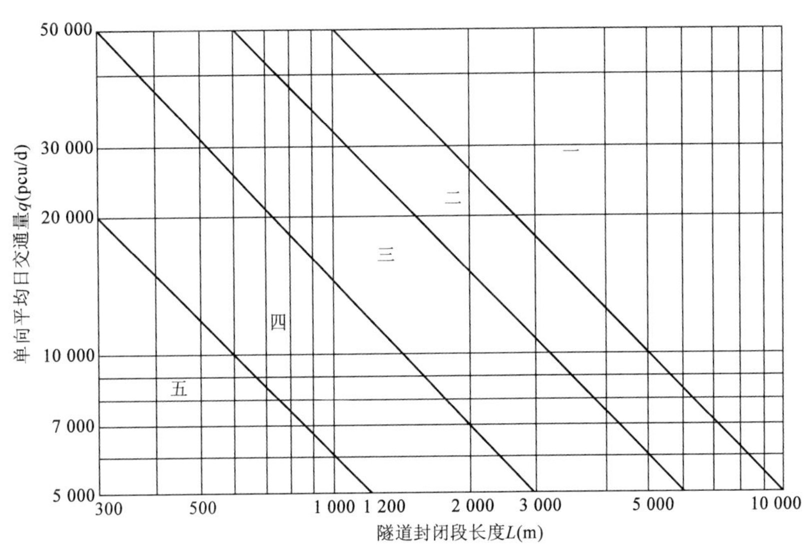

图2-39　隧道工程分级图

隧道内通行客运、货运车辆，并可通行大型集装箱卡车（不允许危险品车辆通过）。根据隧道内通行车辆的类型，隧道火灾规模设定为50MW。隧道顶部主体结构应采用防火内衬进行保护，其耐火极限为2h，测试耐火极限采用RABT升温曲线。

2.11.2.2　被动防火设计

隧道内被动防火设计通过设置防火（防烟）分隔、结构保护措施，着重保护受火灾威胁的隧道主体结构；防止火灾扩散，防止火灾通过电缆管线、装饰材料的延燃；通过设置安全疏散措施，及时疏散人员，配合救援，减少人员伤亡和财产损失。

1）防火分隔

（1）防火分区设计

上行线、下行线公路交通层形成各自的防火分区。圆隧道段上部公路交通层、下部轨道交通层和安全通道以及下部电缆通道分别形成三个独立的防火分区。工作井和地下设备用房按照不大于1 500m² 设置防火分区。公路交通层连接两个车道孔的人行连接通道两端设置甲级防火门，工作井车行连接通道采用防火卷帘门分开。

（2）防火阻燃措施

主体隧道内部装修材料均为A级不燃材料。

所有电缆、管线在穿越防火分区隔墙时采用防火封堵，通风管道设置防火阀。电缆通道内每200m设置防火隔断，隔断上有常开式防火门；电缆桥架间隔50m做防火处理。在隧道顶部、圆隧道公路交通层车道两侧敷设的供电、照明和弱电的电缆，除光缆外，均采用阻燃B级电缆、穿管或阻燃槽盒的形式。

2）防烟分隔

隧道的交通空间是纵向贯通的，通过排烟设施排除烟气，不设防烟分隔。在工作井与后续暗埋段内设置至地面的疏散楼梯，均采用防烟楼梯间，设有前室，或与消防电梯合用前室。

3）被动结构防火保护

从近年来隧道火灾情况看，由于隧道空间的封闭性，发生火灾时具有升温快、温度高的特点。较高的火灾温度会造成混凝土爆裂、暴露出结构钢筋，进而造成结构的损坏，并导致人员疏散和扑救火灾困难。火灾一旦对隧道结构产生破坏，其结果将极其严重。因而完全有必要采取有效的防火措施对隧道结构的重点部位——圆隧道拱顶结构和暗埋段顶板结构进行加强保护。

圆隧道段保护范围为排烟风道以上拱顶、排烟风道与侧墙装饰板以上部分拱顶。矩形隧道段保护范围为顶板及顶板与侧墙板之间不小于 1.0m 的范围（图 2-40）。防火内衬在 RABT 升温曲线下保护时间为 120min，要求混凝土表面的温度≤ 380℃或距离混凝土底表面 25mm 处钢筋的温度≤ 300℃。设计中防火内衬采用防火板，2 层 11mm 板交叠安装。

排烟通风板及其支承牛腿添加聚丙烯防火纤维，确保火灾发生 30min，结构不致产生大于中度损伤的破坏，以确保火灾发展初期的疏散和救援人员的安全。

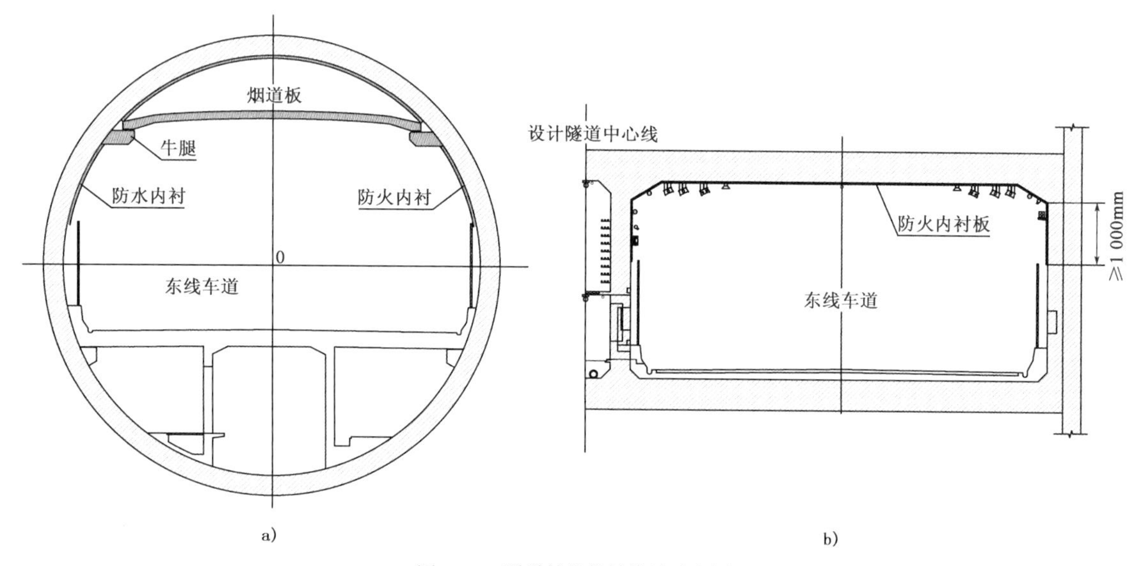

图 2-40　隧道结构保护设施示意图

a）圆隧道段保护范围；b）矩形隧道段保护范围

4）管线防火保护

隧道道路交通层空间内与应急相关的线缆优先考虑暗敷的方式，若明敷则需采取防火保护措施，确保疏散阶段的消防、维生设备和防灾救援服务设备运行。需要保护的管线包括应急照明干线、风机动力和控制线、中央监控信号传输线等。

5）安全疏散设施

上下行线圆隧道之间设置 8 条人行连接通道，间距约 830m。圆隧道下层设置纵向安全通道，间隔 270m 设置一座连接上下层的楼梯，车道板设置安全口（图 2-41）。

工作井车道孔之间设置车行连接通道，为车辆紧急疏散之用。设置与圆隧道安全通道相连的至地面的疏散楼梯。工作井内设置至地面疏散楼梯和消防电梯。

暗埋段采用两孔一管廊的设计，中间管廊留有安全通道，管廊净宽取 1.6m，安全通道净高取 2.1m，并每隔 100m 对两侧车道孔开设安全门。在发生事故时人员可以通过安全门由一孔迅速疏散至另一孔，并便于消防和应急人员利用通道进行救援。

a)

b)

图 2-41　圆隧道安全疏散设施

a）人行连接通道内景；b）安全口及楼梯

2.11.2.3　主动防火设计

主动防火包含由中央控制系统统一调度、联动控制的火灾报警、防排烟、给排水消防、防灾供电和照明、疏散指示系统和防灾通信监控系统，以主动控制或扑灭火灾。

1）火灾报警

火灾发生后，即由隧道内、设备用房的火灾探测器自动探测到火灾，并立即由专业人员手动开启消火栓，或由发现人员手动报警，将报警信号上传至中控室，确定火灾点位置。

车行隧道、电缆通道和安全通道内使用光纤光栅感温探测器，敷设于通道顶部。车行通道火灾探测区域的设定与自动灭火系统区域对应（按 25m 模数设置）。公路隧道暗埋段、盾构段间隔 50m 设置手动报警按钮（设置于消火栓箱面板上）。设备用房内设置感烟 / 温探测器、手动报警按钮、警铃、区域显示盘等报警设备。

除了火灾报警专用的设备以外，CCTV 视频监视系统、CO 探测仪、车辆监测系统也可以通过监控车辆行驶状态、隧道空气变化的情况，辅助发现火灾。

2）给排水、消防设计

给排水、消防是主动救灾、减灾的关键措施。设计衡量的首要因素是确保系统具有有效性、可靠性以及系统之间配合的协调性，并据此制定因地制宜的设备系统方案。设备系统方案以迅速可靠地扑灭各类初期火灾为目标。消防给水设施独立设置。

上海长江隧道的消防系统采用了消火栓、泡沫 – 水喷雾联用自动灭火系统、高压细水雾自动灭火系统、灭火器和地面消防系统。特长隧道内因为距离较长、交通状况复杂、及时疏散有难度、火灾升温快等原因，扑灭大型火灾、恶性火灾的专业消防队难以在短时间内到达火场，因此，如果火灾发展很快，需要及时控制火灾发展，优先提供疏散条件。泡沫 – 水喷雾联用自动灭火系统对 A 类火灾灭火效果较好，对 B 类火灾或综合火灾，控制火势、防护冷却的作用明显，符合特长隧道的使用要求。

3）防排烟

在火灾事故情况下，通风系统需能及时、有效地控制烟气流动、排除烟气，减少烟气在隧道内影响的范围，为逗留在隧道内的乘用人员、消防人员提供一定的新风量，以利于安全疏散和灭火扑救。

隧道火灾事故通风、排烟设计应结合隧道的通风方式、疏散设施和通风控制统一考虑。在确保通风系统可靠、运行控制方便的前提下，综合考虑不同火灾规模、阻塞与非阻塞工况，兼顾正常工况与事故工况下的通风设备快速转换，优选适当的控烟、排烟方式。

上层道路隧道采用射流风机诱导型纵向通风加重点排烟的通风方式。在江中盾构段，利用圆形隧道顶部富余的拱形空间约 12m² 作为排烟风道，每隔 60m 设置专用排烟风阀，用于火灾时的重点排烟。在隧道车行道顶部、排烟风道下方悬挂射流风机，辅助事故及阻塞交通时的诱导通风。

（1）非阻滞情况下汽车火灾。火灾前方车辆可迅速向前撤出隧道，只考虑火灾后方车辆被阻，此时采用全纵向通风，通风方向与行车方向一致，纵向通风风速大于 3.2m/s，即可有效控制烟气流向，使后方驾乘人员及疏散隧道均处于新风保护区内。疏散通道和防烟楼梯间等正压送风。

（2）阻滞工况下，火灾点发生在汽车队列中部。通过控制火灾区域附近 120m 范围内的三组排烟风阀，由风机经风塔将烟气就近迅速排离行车道，有效控制烟气和热量扩散，为火灾点两侧的车辆和驾乘人员创造疏散条件。同时，疏散通道和防烟楼梯间等正压送风。

（3）隧道道路交通、轨道交通层分别发生火灾。按道路交通和轨道交通只有一处发生火灾考虑，当道路隧道发生火灾时，行驶在区间的列车迅速驶出隧道，同时应停止后续列车运行，关闭所有轨道交通层隧道的通风系统，而道路隧道的通风系统根据报警位置经控制室人员确认后转为排烟模式。

列车在隧道内发生火灾时，行驶在上层道路隧道区间的车辆应及时撤离，两侧洞口禁止车辆驶入。同时根据着火点位置开启工作井内的送排风机，就近排烟（方向近火源一侧），而人员则迎着新风撤离，（沿纵向疏散通道或经楼梯至上层公路交通层）。此时道路隧道的通风系统应停止运行。

4）防灾供电

隧道供电系统应能确保隧道安全可靠的正常运行，并能在突发灾害（如车祸、火灾等）时，保证人员的疏散和救灾用电。按照国家规范要求，本工程的基本照明、大型风机、射流风机、雨污水泵、消防泵等均以一级负荷用电进行设计。对隧道照明、监控系统、变电所自用电等特别重要的用电负荷，除采用二路独立互备的电源外，还设置了蓄电池作为第三路电源，从而保证二路外电源均失去时，由应急电源来维持人员的疏散及抢险救灾工作的开展。

5）应急照明

隧道照明系统设计，平衡隧道正常交通运营和事故情况下消防的要求，设置应急照明。应急照明设计，采用适合隧道环境条件的亮（照）度标准、供配电方式，确保灾害发生时系统的可靠性、满足疏散救援要求，并具有较好的控制性。应急照明的设置范围包括：公路交通层、轨道交通层、电缆通道、连接通道和设备用房。

6）疏散指示

隧道疏散指示系统包括以下内容：

（1）安全门指示标志，设置在圆隧道连接通道安全门、暗埋段管廊安全门、工作井楼梯安全门的上方。

（2）安全口指示标志，设置在圆隧道公路交通层安全口上方、轨道交通层楼梯的上方。

（3）疏散指示标志，公路交通层间隔 50m 双侧交错设置在防撞侧石顶部；设备用房内间隔 20m 设置、在转弯处增设，高度不大于 1m。

（4）人行、车行连接通道指示标志设置在连接通道处的隧道顶部。

（5）通常使用的疏散指示尺寸较小，火灾烟雾会严重影响可视效果。为了提高烟雾环境下安全门或安全口的可见度，在圆隧道连接通道安全门周围设置绿色 LED 指示门框，在安全口处设置绿色 LED 箭头。

（6）隧道顶部的 VMS 智能指示牌显示疏散信息，交通信号系统控制车辆通行，有辅助疏散的作用。

7）应急广播

当隧道内发生灾害时，通过管理中心、分控中心有线或无线话筒，对在相应区域内的有关人员发布指令、通知，进行人员、车辆调度和组织疏散引导等工作。隧道道路交通层在每管车道孔顶部布置防水号角扬声器，设备用房采用吸顶扬声器和挂壁式音箱进行广播。

8）防灾通信

防灾通信包括应急电话和无线通信系统。

（1）隧道设紧急电话、数字电话。紧急电话主要用于隧道内报警、抢险救灾及各种特殊情况下的通信联络，直通控制中心，电话设置在隧道道路交通层一侧的灭火器箱内。数字电话设置在工作井、分控中心内，主要用于隧道防灾、电力以及交通管理方面的调度通信服务。

（2）无线通信系统，通过设置在隧道道路交通层顶部的漏泄电缆，实现民用，隧道专用，消防、公安专用无线通信。在灾害发生时，可对隧道内来往车辆的调频广播强切播放隧道信息、通知和命令等。

9）CCTV 监控系统

CCTV 监控系统，对隧道实行全范围、全断面的人工监视，可以补充火灾报警系统的功能，包括从车辆堵塞、停滞等情况预判灾害源点，进一步定位火灾点、确认报警信息的准确性。摄像机设置在公路交通层车道一侧上方、变电所和管理中心内。

10）中央控制系统

中央控制系统是隧道运营管理的大脑，包括中央计算机系统、设备监控和交通监控子系统。火灾事故发生时，交通监控、设备监控、电力监控、火灾报警、闭路电视（CCTV）多媒体监视、隧道结构健康检测等信息汇总到中控室，多媒体大屏幕综合显示，并可为管理者提供防灾系统联动的预案选择、启动并实时监控实施。

第3章 工程总体筹划

GONGCHENG ZONGTI CHOUHUA

3.1 工程总体筹划

3.1.1 工程标段划分

上海长江隧道工程包括浦东岸边段、江中段和长兴岛岸边段三部分，全长 8 955.26m（K0–175.33~K8+779.93），其中浦东段长 657.73m，长兴岛段长 828.70m，江中段长 7 468.73m，为双管盾构隧道。

工程范围内设浦东和长兴岛两座工作井，施工阶段分别作为盾构的始发井和接收井，运营阶段作为通风和疏散救援通道。隧道在浦东和长兴岛两岸分别各设一座风塔，两侧暗埋段峒口内分别设置 2 座雨水泵站，在江中圆隧道的最低点分别设置 4 座江中泵房，上、下行圆隧道之间布设 8 条连接通道。另外，隧道和桥梁的运营将实行统一管理，管理中心设于北港桥梁工程范围内。

根据隧道工程范围内作业内容，结合工作面的开展以及总体的工程进度要求，按土建结构以段划分，机电设备及其他工程以工艺方法划分为原则，主体工程分为 7 个标段，按招标时间顺序描述如下：

（1）第一标段　浦东岸边段。本标段主要内容有浦东工作井、暗埋段、敞开段等隧道主体结构，还包括相应的隧道内道路结构，以及变电所、风塔、人防门以及与 A30 的接线道路等。

（2）第二标段　盾构设备。本标段主要内容为两台直径 15m 级泥水加压盾构机及其备品构件。

（3）第三标段　管片生产。本标段主要内容为总量约 7 470 环管片生产（含管片钢模、特殊钢管片）。

（4）第四标段　盾构圆隧道推进段。本标段的主要工作量为盾构法双线圆隧道的掘进施工，同时还包括“口”字形同步结构的预制、圆隧道内车道板和内部结构的施工、隧道顶部排烟道的施工、两圆隧道之间的横向连接通道，以及江中泵房结构等设置。

（5）第五标段　长兴岛岸边段。本标段主要内容有长兴岛工作井、暗埋段、敞开段等隧道主体结构，还包括丰景路跨线桥、变电所、风塔等附属工程，以及接线道路和相应隧道内道路结构等。

（6）第六标段　装饰及机电设备安装。考虑到土建主体结构贯通后，按工期进度的要求，上海长江隧道工程将相互交叉作业的装饰和机电设备合并为一个标段。

装饰工程主要内容为：隧道装饰、附属建筑装饰、隧道洞口装饰等。

机电设备安装工程包括通风、给排水、水消防、照明、监控、供电等系统的安装和沿线交通设施的布置，以及各系统的调试和联动调试。

（7）第七标段　道路路面工程。

道路路面工程包括全线 8 955.26m 的沥青路面摊铺，结合桥梁工程，全线 25.5km 为一个统一标段。

各标段之间相互关系见图 3–1。

盾构推进施工包括东、西线盾构推进施工，隧道内同步结构施工，连接通道施工等。施工时采用两台大型泥水加压盾构，由浦东五号沟向长兴岛掘进施工。施工顺序为：一台盾构率先进行东线圆隧道掘进施工，三个月后，第二台盾构开始西线圆隧道掘进。

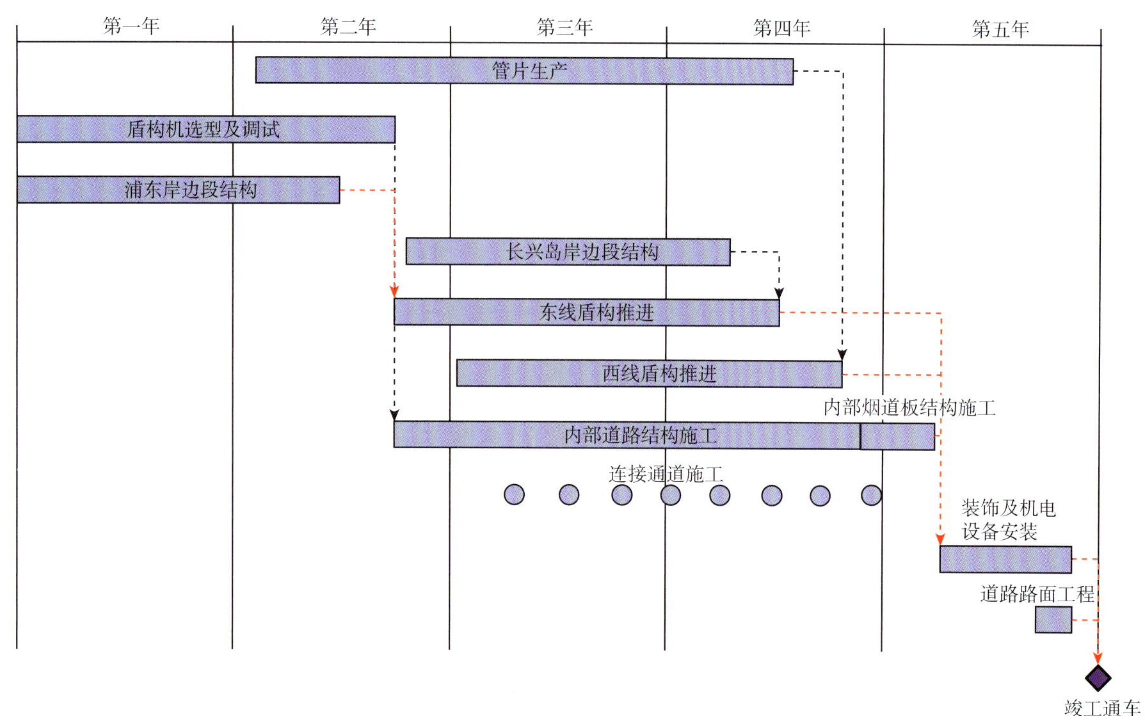

图 3-1　不同标段相对工期关系图

机电设备安装工程是安排在主体工程隧道贯通后全面展开，考虑到工期紧张，部分作业于隧道主体贯通后与内部结构施工同步进行（主要为装饰及机电安装和路面工程 200m 试验段部分）。

整个工程以盾构推进为主线，辅以盾构设备采购和两岸段的结构施工。在隧道掘进形成的同时，同步进行口字件拼装，以确保整个工程进度。

3.1.2　工程总体部署

上海长江隧道是我国首次建造的直径为 15m、长距离的盾构法隧道。隧道穿越长江天堑，建设条件复杂多变，是一项举世瞩目的工程。为此，超前进行项目策划，合理划分工程单元，协调参建单位关系充分发挥各自优势，乃是又好又快地完成建设任务的关键。

上海长江隧道工程以盾构掘进为关键节点，将工程施工分为三大阶段，各阶段中的主要工作部署及节点目标如下。

（1）第一阶段：圆隧道施工前。

本阶段的主要任务是做好施工准备工作，确保 2006 年年底前盾构开始掘进。对于各标段的要求如表 3-1 所示。

圆隧道施工前各标段完成任务要求　　表 3-1

序号	标 段 名 称	完成任务要求
1	浦东岸边段	完成盾构始发井，提供盾构井下安装调试条件
2	盾构设备	完成两台盾构机井下安装调试
3	管片生产	管片生产基地投入使用，完成所需的储备量
4	盾构圆隧道推进段	完善各项准备工作，确保 2006 年年底盾构机始发推进
5	长兴岛岸边段	前期准备，确保盾构机到达前完成

（2）第二阶段：圆隧道推进。

本阶段的主要任务是确保每条隧道在 36 个月（合同要求）内完成。对于各标段的要求如表 3-2 所示。

圆隧道推进时各标段完成任务要求　　表 3-2

序号	标段名称	完成任务要求
1	浦东岸边段	完成敞开段及暗埋段结构施工，提供长距离运输通道
2	盾构设备	根据设备维修保养需要提供备品备件
3	管片生产	满足推进进度要求，完成全部管片生产
4	盾构圆隧道推进段	36 个月内完成东线隧道，3 个月后完成西线隧道
5	长兴岛岸边段	盾构机达到长兴岛前完成盾构接收井
6	装饰及机电设备安装	完成隧道内 200m 试验段
7	道路路面工程	完成隧道内 200m 试验段

（3）第三阶段：圆隧道贯通后。

本阶段的主要任务是确保圆隧道贯通后内部并行作业能够快速完成，实现 2010 年上半年建成通车的目标，对于各标段的要求如表 3-3 所示。

圆隧道贯通后各标段完成任务要求　　表 3-3

序号	标段名称	完成任务要求
1	浦东岸边段	工作井剩余结构、入口、接线道路
2	盾构设备	无
3	管片生产	无
4	圆隧道盾构机推进段	拆除盾构机，完成剩余内部结构
5	长兴岛岸边段	工作井剩余结构、入口、接线道路
6	装饰及机电设备安装	内部结构完成后 12 个月内完成
7	道路路面工程	装饰及机电设备施工 9 个月后开始，工期 3 个月

3.1.3　主要工程节点目标及完成情况

就隧桥工程整体进度计划而言，控制的关键点在于隧道，主要理由如下：

①超大直径盾构机一次性长距离穿越长江，不确定因素多，风险难测，当时借鉴到的同类型隧道工程一般建设周期为 6~7 年；

②与桥梁工程同时进行，桥梁分段并行同时施工，隧道从浦东向长兴岛单向推进，两者的贯通节点要求相同，但对隧道而言工期控制要求更为苛刻。

建设过程中采取了多种措施有效控制工期风险，确保了主要工程关键节点目标的完成，采取了几方面主要措施如下：

（1）贯彻科研先行的理念。针对工程建设和管理过程中的技术难点和关键点，实施国家高新技术“863”项目和上海市科委科技“登山”项目，对工程建设中的关键技术和风险点进行了专题攻关，用以指导工程实践。

（2）超前规划，周密安排，落实设计方案。施工方作超前材料、资源准备，制订了具体的、可操作的总体计划，并根据实施条件和结果不断地围绕竣工目标作出调整。

（3）发挥隧道施工单位集盾构加工制造、管片生产、综合施工于一体的优势。相关标段与主线推进标段配合默契，做好盾构设备维修保养工作，降低了设备故障发生率，优化内部作业方式提高了与掘进施工之间的并行度，控制了整体进度风险。

（4）建立良好的合作沟通机制。构建以项目管理为核心，基于互联网的项目管理信息系统，各参建单位协同工作，满足工程建设全过程、全方位管理的需要，促进工程圆满按期完成。

上海长江隧道工程节点目标完成日期情况如表 3–4 所示。

上海长江隧道工程节点目标完成情况表　　表 3–4

序　号	施工项目内容	日　期
1	上海长江隧道工程启动	2004 年 12 月 28 日
2	浦东岸边段完成	2006 年 3 月
3	长兴岛岸边段完成	2007 年 12 月
4	东线隧道始发推进	2006 年 9 月 23 日
5	西线隧道始发推进	2007 年 1 月 5 日
6	东线隧道贯通	2008 年 5 月 25 日
7	西线隧道贯通	2008 年 8 月 30 日
8	8 条连接通道完成	2008 年 12 月
9	隧道内部结构完成	2009 年 7 月
10	装修及机电设备安装完成	2009 年 5 月
11	沥青路面摊铺完成	2009 年 9 月
12	机电设备联动调试完成	2009 年 9 月
13	上海长江隧道竣工通车	2009 年 10 月 31 日

3.2　工程资源配置

为了满足隧道施工需求，根据单台盾构计划推进速度 5 环（10m）/d，考虑施工高峰盾构推进速度可能进一步加快，所有工程配套附属措施须能够同时满足两台盾构高速施工所需进行设计布置。这些配套设施主要包括管片预制配套设施、盾构推进配套设施和现场结构预制配套设施三大部分。

工程配套设施布置位置见图 3–2。

3.2.1　管片预制配套设施

管片生产基地位于外高桥五号沟，距离浦东岸边段施工现场直线距离小于 1km。该管片生产基地占地 100 000m²，其中混凝土预拌区约为 15 000m²，管片预制场地占地 85 000m²。其中，混凝土预拌区负责包括管片生产在内的所有施工用混凝土的生产，管片预制场地负责管片的制作养护及堆放。

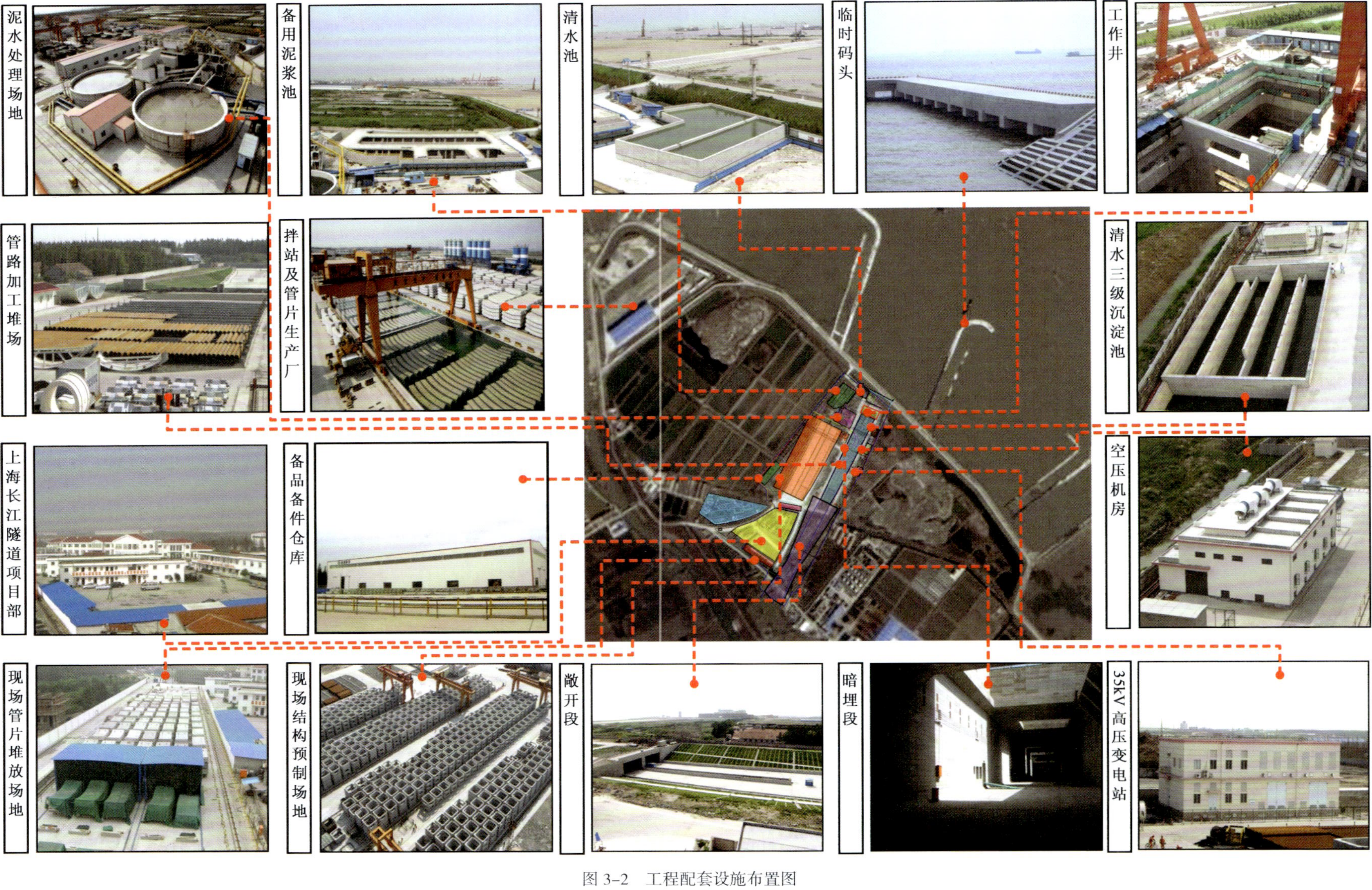

图 3-2　工程配套设施布置图

混凝土预拌区域设有两个搅拌机组，混凝土产量为160m³/h，根据两台搅拌机的配料需求，设有砂石堆场、水泥、粉煤灰、矿粉筒仓及外加剂筒仓。详细场地设置及规格型号见表3–5。其混凝土生产能力可以满足管片高产量时650m³/d左右及工程现场结构施工的混凝土需求量。

混凝土搅拌机组配套设施表

表3–5

序 号	设备名称	规格型号	单 位	数 量
1	集料堆场	1 300t	个	6
2	钢材堆场	500m²	个	1
3	水泥筒仓	1 000t	仓	4
4	粉煤灰筒仓	500t	仓	2
5	矿粉筒仓	500t	仓	2
6	外加剂筒仓	33t	仓	3
7	搅拌机组	RIN2.25 m³	套	2
8	称量系统	计算机自动计量	套	2

管片生产基地专为长江隧道设计，除混凝土预拌区域外，另设有钢筋加工区、管片浇捣区、管片养护区、管片检测区、管片堆场以及管片试拼装区。

（1）钢筋加工区总面积为3 075m²，由钢筋原材料堆场、半成品加工区、半成品堆场、钢筋笼制作区、钢筋笼堆放区等组成，每天可生产出11~15环的管片钢筋笼，完全能满足管片的制作进度要求。

（2）管片浇捣区内有2个混凝土浇捣车间，1号车间为3 600m²，可放置5套钢模；2号车间3 312m²，可放置4套钢模。

（3）管片养护区由临时管片养护区和专用养护池两部分组成。临时管片养护区设置在管片混凝土浇筑车间内；专用养护池共有两个，面积分别为2 400m²、2 480m²，2个养护池就完全能保证14d水养护要求。

（4）管片堆场按可堆放800环管片要求布置，分为三块：其中堆场一面积为6 160m²，可存放管片315环；堆场二面积为5 720m²，可存放管片285环；堆场三面积为5 757m²，可存放管片200环。

（5）管片试拼装区设在养护池端头，布置了一套可调节的拼装平台，便于挑选不同钢模生产出的管片进行拼装。

3.2.2 盾构机推进配套设施

盾构机推进以浦东为基地，结合岸边段结构施工综合考虑。相关设施布置可满足设备下井安装及长距离推进所需。这些配套设施主要由以下几部分组成。

（1）盾构部件现场临时堆放场地：占地约1 000m²，紧临工作井西侧，整块地坪按重型车辆行驶标准设置。地坪位于350t桁车轨道之间，堆放其上的重型部件可由350t桁车吊至工作井内，主要作用是为盾构机下井安装提供相关部件临时堆放场地。

（2）备品构件仓库：占地约1 650m²，主要作为盾构备品构件及现场其他施工设备的存放场所。

（3）现场管片堆放场地：占地约4 600m²，配备桁车1部，主要作为现场管片临时堆放及止水条粘贴场地，共可堆放20环（200块）管片。基于管片快速运输考虑，该场地位于敞开段西侧。场地北部与外界道路连通，便于运输车辆进出。场地南部与施工临时道路连通，运输车辆可由此直接驶入敞开段，为盾构推进提供管片。

（4）管路加工堆场：占地约3 500m²，位于暗埋段上部，主要作用是提供盾构推进所用管路的加工及堆放场地。

（5）清水三级沉淀池：占地约 450m²，为盾构机提供冷却用水。

（6）空压机房：占地约 300m²，在空压机房内共设有三台空压机（二用一备），主要作用是为盾构机气泡仓提供压力，保持开挖面稳定。

（7）35kV 临时高压变电站：占地约 500m²，变电站内设置两台 31 500kVA 变压器，主要作用是提供盾构机推进以及隧道内施工用电。

（8）泥水处理场地：占地约 4 400m²，其中设有一个容积约 2 000m³ 的集土坑和两个容积共计约 2 400m³ 的调整槽。该场地位于工作井西侧，与工作井间直线距离小于 50m，主要作用是作为盾构推进泥浆循环的处理中枢。

（9）备用泥浆池：占地约 3 400m²，容积约 18 000m³，紧临泥水处理场地，按照传统泥浆沉淀池建造，作为泥浆处理系统发生故障时的备用设施。

（10）清水池：位于工作井北侧，占地约 950m²，容积约 3 100m³，主要为泥水处理设备提供施工用水。

（11）江边临时码头：长为 70.6m，宽为 16m，主要作用是为泥浆外运船只提供停靠场地并且由现场直接架设取水管至临时码头，作为现场施工用水的主要取水口。

3.2.3 现场预制结构配套设施

为实现长距离隧道内部结构快速施工，采用预制构件吊装工艺，在现场布置预制构件生产场地。现场结构预制场地占地约为 30 000m²，设置四条生产流水线。每条生产流水线由钢筋加工车间、钢筋成型车间、预制构件制作场地、预制构件养护场地、预制构件堆放场地等组成。

在工程前期，现场结构预制场地作为隧道同步结构施工口字件生产、养护和堆放场地，共可堆放 1 300 个口字件；在工程后期，作为隧道上部烟道板预制生产、养护和堆放场地，共可堆放 1 500 块预制烟道板。

3.2.4 临时用电

由于本工程用电量较大，10kV 供电的外线电网无法满足施工用电，此外，隧道盾构施工及配套设施的用电量占整个供电量的 90%，因此，在考虑整个供电方案时，既要满足盾构施工用电量，又要考虑设备投资费用，降低工程成本。本工程采用二路 35kV/10kV、31 500kVA、10kV 出线设联络开关供电的供电方案。为了防止外线非正常停电及故障跳电等紧急情况的发生，保证隧道施工人员、设备及隧道的安全性，在隧道工作中备用柴油发电机，作为隧道应急供电电源。

3.2.4.1 工程用电概况

上海长江隧道工程施工用电容量大、线路长，工作面多。

容量大：隧道施工供电位于浦东五号沟施工现场的一座 35kV/10kV 变电站，容量为 2×31 500kVA，经两台 31 500kVA 变压器变压至 10kV。为了确保用电安全，35kV 供电采用二路独立输电缆至高压变电站，变电站 10kV 供电有联络开关，保证至少一路正常供电（一台盾构正常推进，另一台盾构应急用电）。

线路长：隧道单根电缆长度为 7.8km，一条隧道需三根高压电缆，两条隧道共需高压电缆长度达 47km。施工过程中需进行高压电缆接长作业。同时为保证供电运行安全，每天三次测量电缆、T 形接头的温度，确保其在规定范围内。

工作面多：隧道施工用电主要分地面、东线隧道和西线隧道三个区域，每个区域由 10kV 电缆供到每台箱式变压器，根据设备容量配备相应箱式变压器，以及相应的低压电柜、电箱，以满足泥水处理、预制构件、盾构推进、内部结构施工、连接通道施工等多项施工作业同时进行的用电需要。

3.2.4.2 施工用电供配电方案

1）电压、负荷等级分类和电能要求

（1）电压等级分类

地面箱式变压器采用高压供电，电压等级为 10kV。

隧道内采用高压供电，电压等级为 10kV。

设备采用低压供电，电压等级为 0.69kV、0.4kV，采用三相五线制。

（2）负荷等级分类

隧道内盾构机、通风、排水、照明、冰冻为一级负荷。

其余负荷归为三级负荷。

（3）电能要求

高压电压等级为 10kV（+5%/−10%），频率为 50Hz（+0.2/−0.2），低压电压等级为 0.69kV、0.4kV（+5%/−10%），频率为 50Hz（+0.2/−0.2）。

2）施工负荷统计

地面用电负荷统计详见表 3-6。

地面用电负荷统计表 表 3-6

序号	用电场所	有功负荷（kW）	视在负荷（kVA）	设置供电变压器容量及数目
1	仓库、堆场场地	696	874	1 250kVA × 1
2	空压房、行车场地	1 233	1 545	1 600kVA × 1
3	临时码头场地	533	627	630kVA × 1
4	地面泥水处理场地	3 509	4 211	2 500kVA × 2
5	盾构泥水输送泵组	3 000	3 450	1 000kVA × 4
6	盾构施工辅助设备	990	1 238	1 600kVA × 1
	合计		11 945	

隧道内用电负荷详见表 3-7。表中数据为单条隧道用电量，具体布置详见图 3-3 和图 3-4。隧道施工采用三路高压电缆供电，一路供给隧道内的通风、照明、排水及隧道内的临时施工用电，其他两路专为盾构机及隧道内的接力泵供电。

隧道内用电负荷统计表 表 3-7

序号	用电场所	有功负荷（kW）	视在负荷（kVA）	设置供电变压器容量及数目
1	盾构机	—	8 200	2 300kVA × 2 2 000kVA × 1 1 600kVA × 1
2	隧道结构施工相关设备	98	126	250kVA × 1
3	泥水输送接力泵	6 940	8 675	—
4	连接通道施工设备	492	606	800kVA × 1
5	隧道照明、排水设备	201	372	—
	合计		17 979	

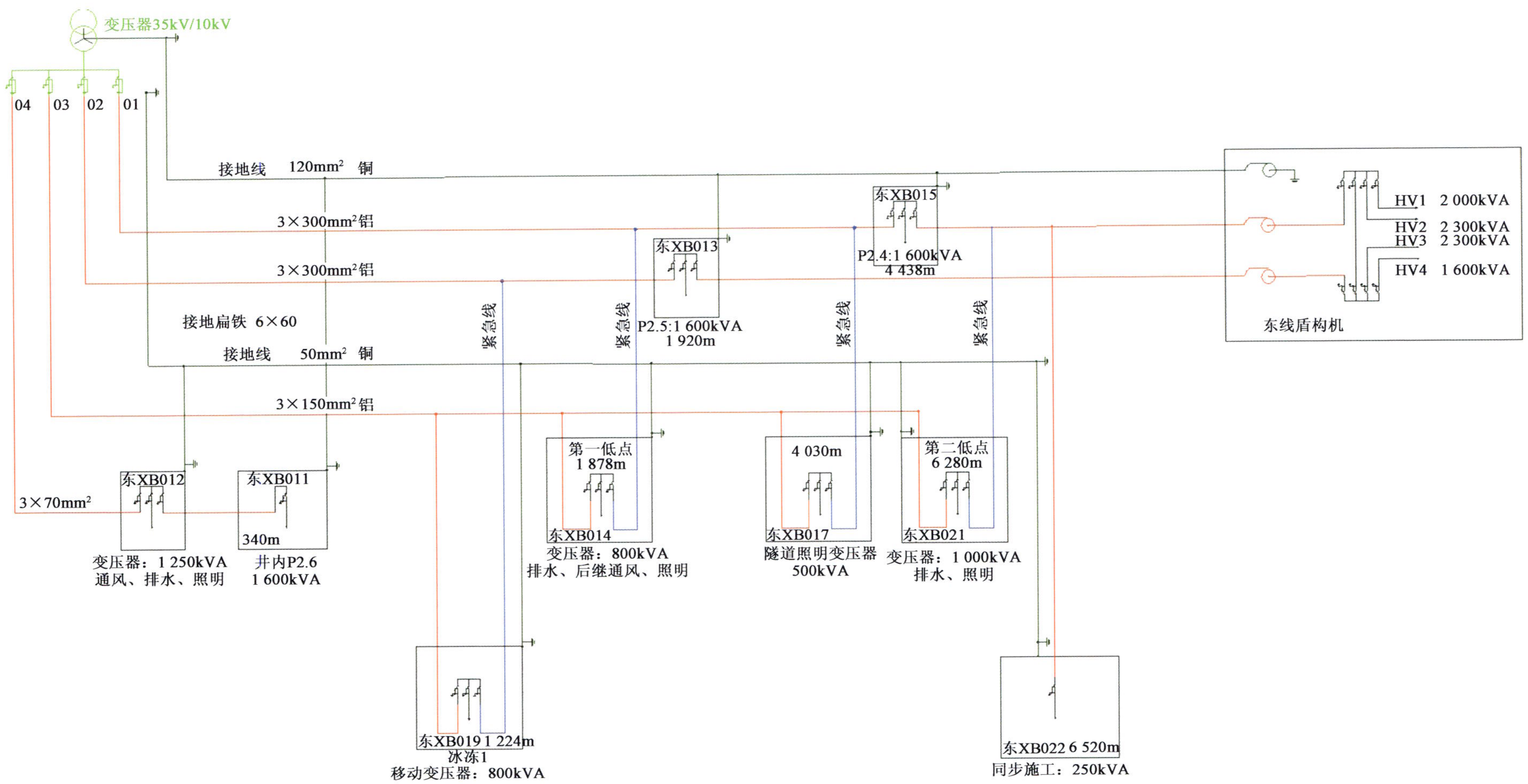

图 3-3　东线隧道高压电缆布置图

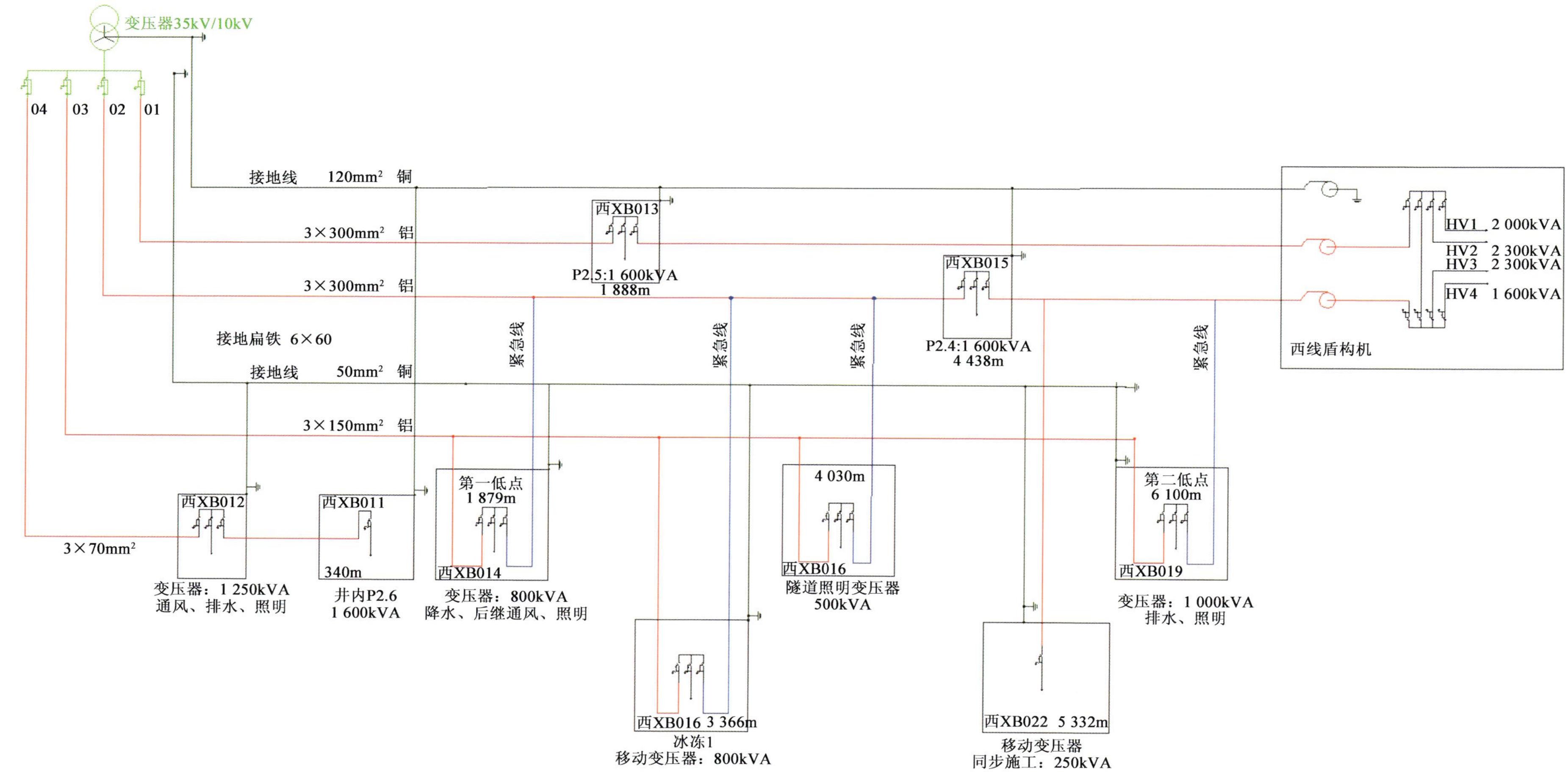

图 3-4 西线隧道高压电缆布置图

3.2.4.3　高压电缆排设

1）电压等级 10kV

隧道中的三根高压电缆每 250m 就需要进行线路延长的施工。采用传统的电缆延长施工方式会在制作电缆接头时花费大量的时间，为了改进施工工艺，采用 T 形快速接头进行电缆的延长施工。除快速、简便、安全外，此接头还设有应急接口，为隧道中的应急用电预案提供了另一种通道，详见图 3–5。

2）电缆及 T 形接头连接

隧道高压电缆有三路，二路截面积为 300mm² 的电缆和一路截面积为 150mm² 的电缆，每 250m 采用一套 T 形接头进行连接。隧道电缆接头材料采用 PIPELLI.FMCT–400T 形接头，见图 3–5。

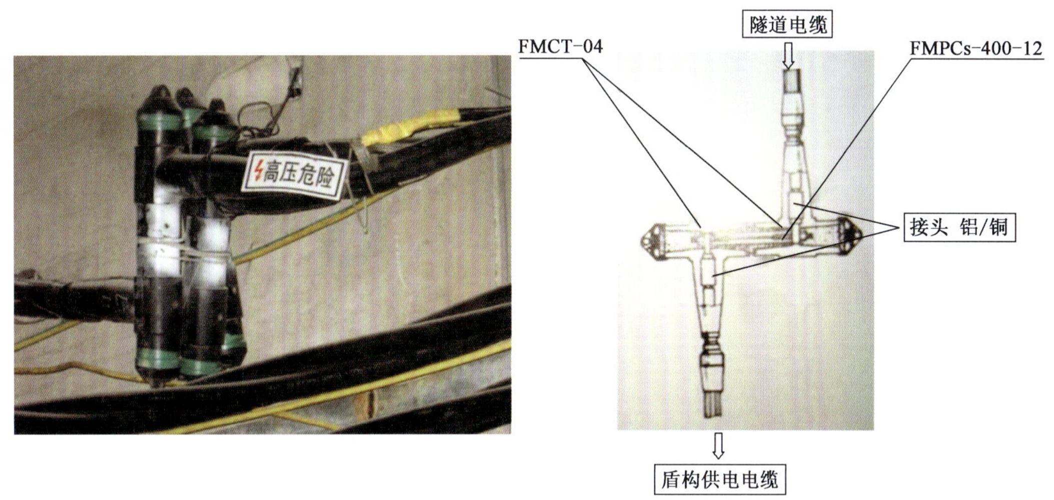

图 3–5　T 形接头连接图

利用 T 形接头，可在同一条线路上连接其他箱式变压器，给施工提供了便利，使得所有的电缆连接简便、快捷和安全。

3）10kV 电缆排设要求

盾构机通过 2 根截面积为 300mm² 的电缆供电。盾构上安装了 2 个卷盘，能容纳 250m 的电缆。每超过 250m，便延长电缆，即把 250m 长的电缆连接上，固定在隧道里。

隧道两边各布置 1 根电缆，因此最近的两个接头之间距离为 125m。10kV 转换的选择使得工程可采用隔离接线部位的方法，即接线过程中，可以维持对盾构供电。

辅助设备供电的电缆截面积为 150 mm²，也随盾构推进延伸，唯一不同的是，它们没有接到隧道内变压器上，而是与盾构机保持一段距离。所谓辅助设备，包括排水、照明、通风和冰冻设备。此电缆的连接头与盾构机供电电缆接头一样。因此，紧急情况下，此电缆联合一路截面积为 300mm² 路线，也可以实现对盾构供电。

以上电缆排设 3 条的最大优点在于，电缆延伸时，盾构不用停机，连接时的操作安全、便捷。

3.2.4.4　低压施工用供电

本施工区域内采用三相五线制低压供电（TN–S 制）系统。由低压配电室引出若干路低压电缆，直埋敷设至施工现场总配电箱。

其基本布局为：低压配电室→低压干线→总配电箱→支线→分电箱→支线→开关箱→支线→用电设备。

本系统要求采用多级漏电保护，即总配电箱、分电箱和开关箱的负荷侧，均需装设漏电保护装置，并严格执行“一机一闸”制度。严禁用一个开关直接控制两台及两台以上的用电设备（包括插座）。

低压供电的对象主要是施工照明。本工程照明供电共分为两部分，分别是隧道照明和其他照明。

隧道照明采用三相五线制，架空敷设，两侧安装，每隔 4 环管片装设支架 1 只，上面装有 10A 熔断器和 40W 防潮型荧光灯具各 1 只，3 号蝴蝶白料 5 只。每盏灯具电源接一相一零一保护零线，三相轮流跳接。每隔 100m 要求安装 1 只检修分段箱，作为照明安装或维修时的分断开关。同时安装一盏事故应急照明灯具。敷设导线采用 BV-500，$3\times25mm^2+1\times25mm^2+1\times25mm^2$ 塑铜线，排列次序按照有关规定相序要求排列。

其他照明采用投光灯固定架设。灯具采用 GGD-3500W 镝灯和 1 000W 钠灯，灯具高度离地面大于 3m，镝灯高度离地面大于 5m。场地安装 5 只 18m 高架灯塔，办公用房和其他生活、辅助用房照明均采用 YG-40W 荧光灯具。现场场地、井口等照明配线，采用 YCW-500 型橡套绝缘电缆，并配有漏电保护装置，不准随意拖拉或缠绑在脚手架等非固定的设施构架上，办公用房及其他生活、辅助用房的照明配线均采用 BV-500 型塑料铜芯护套绝缘线。照明灯具及其配套装置的金属外壳、支架等必须与保护零线连接。严禁电器元件外露。

3.2.4.5 接地系统

1）地面

地面工程施工用电接地采用 TN-S 系统，地面所有临时箱式变压器都有单独接地体，按规定接地电阻 $R<4\Omega$。

2）隧道

隧道接地系统分为两部分，一部分由地面工作井旁设置单独接地体，接地电阻 $R<4\Omega$，根据此接地体要求 60×6 镀锌扁铁和 $120mm^2$ 塑铜导线做盾构 10kV 高压线路接地；另一部分根据地面接地系统用 60×6 镀锌扁铁和 $50mm^2$ 塑铜导线引入隧道做 0.4kV 用电设备接地。

3）桁车供电

在施工现场，配有 1 台 350t 和 1 台 85t 龙门桁车，作为盾构机进场安装和地面与隧道间施工材料的垂直运输之用。施工场地配有 3 台 35t 和 2 台 15t 龙门桁车行车供电电源线，采用电缆卷盘形式和滑线式。桁车轨道须可靠接地，且接地电阻不大于 4Ω。

4）重复接地

二级、三级配电柜应重复接地，接地体采用 $50mm\times50mm\times3mm$ 的镀锌角铁，长度为 2.5m，垂直打入大地，在镀锌角铁上设置一个 $\phi14mm$ 的孔洞。配电柜接地点与镀锌角铁用 $4mm^2$ 黄绿双色单芯电缆，电缆两端用铜接头压接牢靠，一端接配电柜共用接地端，另一端连接角铁孔洞，重复接地电阻 $R<10\Omega$。

3.2.4.6 施工应急用电

在隧道推进过程中，为确保隧道施工安全，特别考虑连接通道施工的安全，配备三台柴油发电机作为应急电源。当突发停电时，相应的柴油发电机立即提供应急电源。其中，一台供连接通道施工应急用，另一台供空气压缩机房应急用，第三台供隧道施工应急用。柴油发电机型号为：三菱重工 MGSO400 型 400kVA、卡特彼勒 SR3500 型 1 000kVA 两台，详见图 3-6，方案见表 3-8。

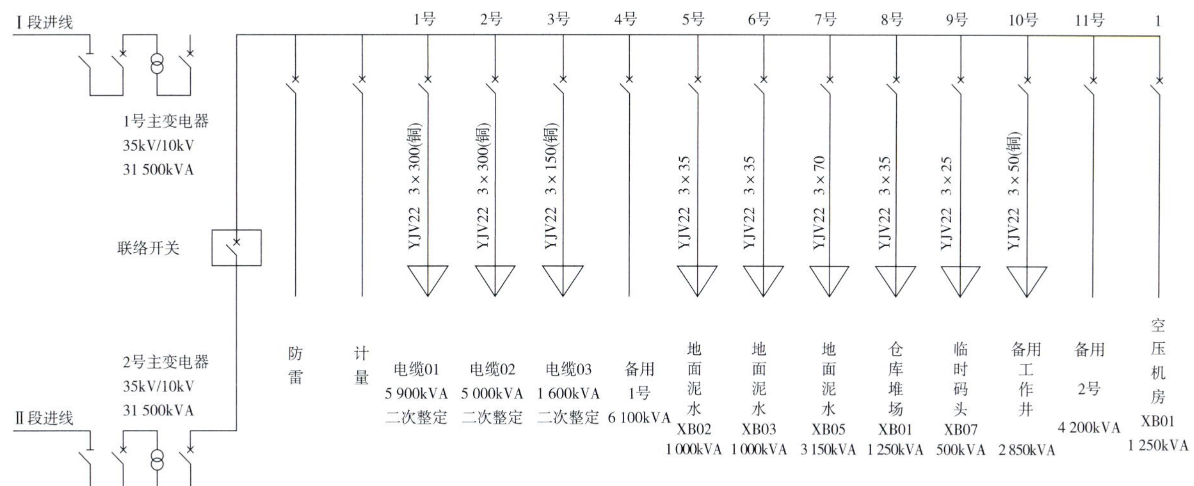

图 3-6　应急用电布线图

用电施工应急方案　　表 3-8

序号	风险因素	应急方案
1	35kV 外线非正常停电	10kV 箱变不正常供电、盾构车架 400kW 发电机供电，相应的发电机供电，保证隧道照明及人员、设备安全
2	10kV 外线非正常停电	35kV/10kV 变电站立即切换联络开关向 10kV 箱变备用回路供电，保证隧道照明及施工人员安全
3	35kV 供电设备故障	10kV 切换联络开关以及盾构车架 400kW 发电机供电，保证隧道照明及人员、设备安全，同时立即向供电部门报修、进行故障抢修
4	10kV 供电设备故障	35kV/10kV 变电站立即切换联络开关向 10kV 箱变备用回路供电，保证隧道照明及施工人员安全，同时立即进行故障抢修处理

第4章 岸边段结构

ANBIANDUAN JIEGOU

4.1 设计综述

岸边段结构包括浦东侧与长兴岛侧明挖法施工的隧道主体结构，根据结构形式可分为盾构始发（接收）井、暗埋段、敞开段、接线道路，均采用明挖法进行施工（见图 4-1 和表 4-1）。

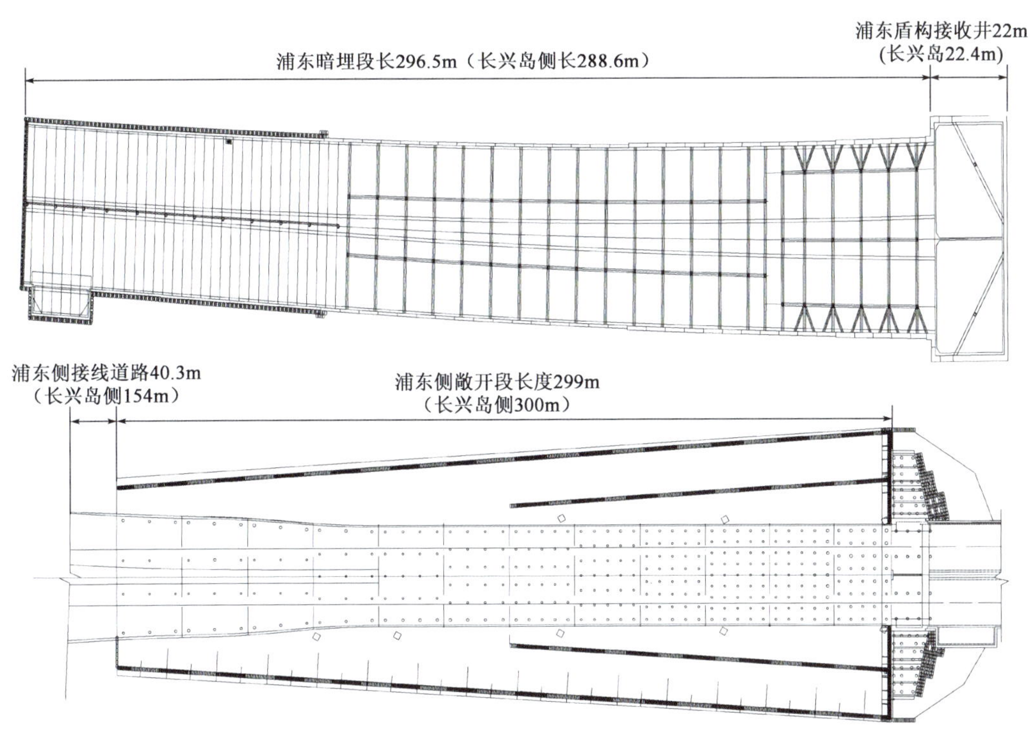

图 4-1　浦东及长兴岛侧岸边段平面图

岸边段结构施工内容　　表 4-1

项目 施工内容	浦东侧岸边段				长兴岛侧岸边段			
	长度（m）	施工方式	围护形式	底板埋深	长度（m）	施工方式	围护形式	底板埋深
浦东盾构始发（接收）井	22	明挖结构	地墙围护	23.6m	22.4	明挖结构	地墙围护	25.7m
暗埋段	296.5	明挖结构	地墙围护	23.1~9.76m	288.6	明挖结构	地墙围护	23.1~9.88m
敞开段	299	明挖结构	1 ∶ 3 放坡	9.76~1.57m	300	明挖结构	1 ∶ 3 放坡	9.88~0m
接线道路	40.3	道路	—	—	154	道路	—	—

盾构始发（接收）井均采用地下连续墙围护结构，开挖阶段共设 6 道支撑，深度达到 23.6m（25.7m）。盾构推进阶段井内采用大跨度框架结构以满足盾构吊装及推进配套需要。使用阶段为地下四层框架结构，地下一层设有水平推拉式人防门，临战时能起到封闭通风作用，地下二层为车道层，地下三层为预留轨道交通层，并设置了电缆通道和风机房，以及废水泵房，地下四层为管道转换层（各阶段剖面图见图 4-2）。

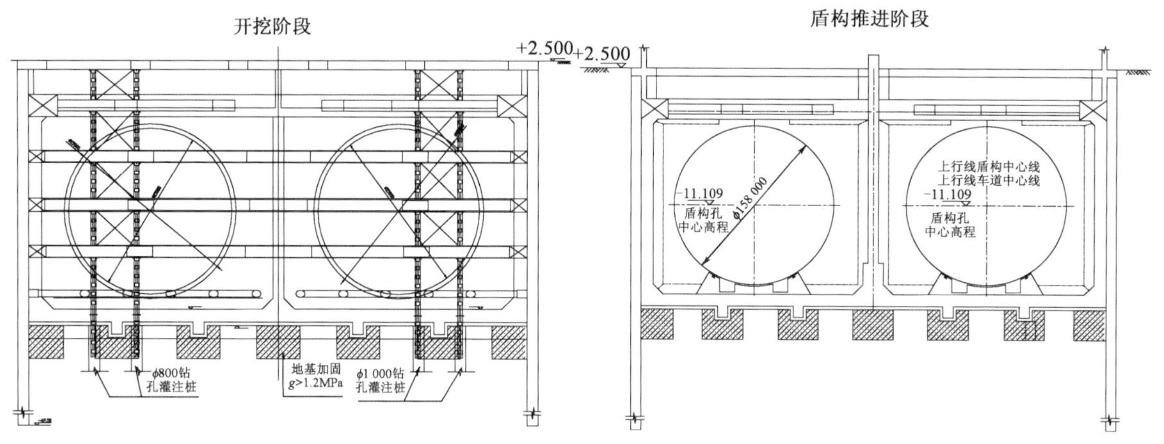

图 4–2　各阶段结构剖面图

暗埋段结构为两孔一管廊结构形式。根据盾构机车架尺寸界限要求，除标准段（见图 4–3）外，还对浦东侧 SD1~SD5 结构进行调整。暗埋段 SD1 采用框架结构体系，考虑到该段区间需进行盾构机 1 号车架的安装，在角部设置混凝土三角板撑替代沿深度方向的钢筋混凝土支撑及钢支撑，以确保结构安全。当盾构推进完成后，按正常使用阶段要求对该处进行结构布置，该位置共分为三层，地下一层为隧道设备用房，设有隧道变电所、照明配电室等，地下二层为车道层，地下三层为预留轨道交通层（见图 4–4）。

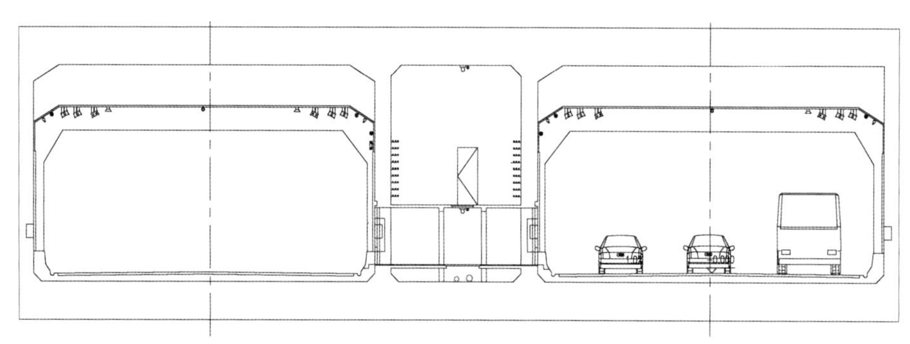

图 4–3　暗埋段标准段结构剖面图

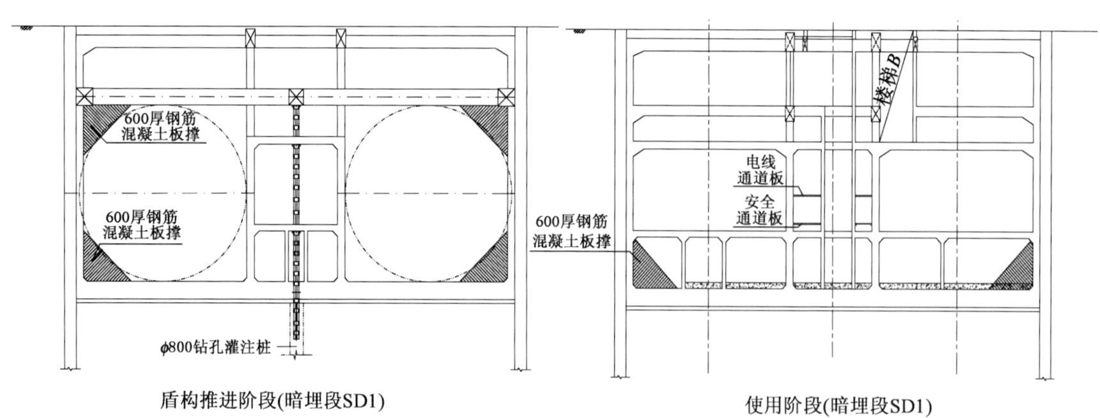

图 4–4　暗埋段各阶段结构剖面图

两岸敞开段连接暗埋段与接线道路，考虑景观以及结构需要，采用放坡形式，边坡设置格梗植被护坡。入口位置设置光过渡结构，减少进出隧道光线变化对驾驶员造成的视觉影响（见图 4–5）。

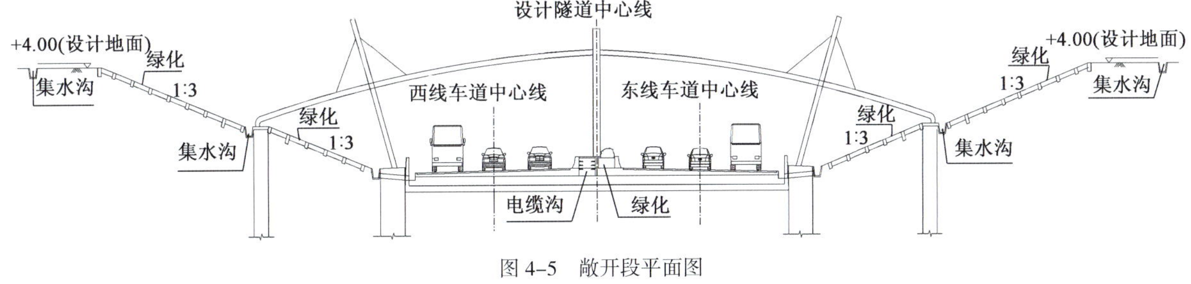

图 4–5　敞开段平面图

在浦东暗埋段两侧东西方向设结构预留井，以供将来轨道交通线路以 150m 半径向东、西方向延伸进出隧道，在长兴岛侧轨道交通利用地下三层空间向东侧分离出隧道。

4.2　工程地质与水文地质条件

岸边段施工场区地貌属上海四大地貌单元中的“河口、砂嘴、砂岛”地貌类型，主要以农田、苗圃和鱼塘等为主，地面略有起伏。实测浦东地面高程在 3.23~5.56m（吴淞高程，下同）之间，长兴岛地面高程为 2.68~4.05m。

4.2.1　工程地质条件

拟建场地岸边段高程 –81.55m 以浅层土由第四系全新统至上更新统沉积地层组成，按其成因类型、土层结构及其性状特征，可划分为 8 大层，其中①、②、③、⑤、⑦层根据土性和性质差异又可细分为若干亚层。

浦东侧及长兴岛岸边段全线主要土层分布及土性描述、特征见表 4–2 和图 4–6、图 4–7。

上海长江隧道工程沿线地层特性表　　表 4–2

层序	土层名称	年代	成因类型	状态、密实度	层底高程（m）	一般厚度（m）	土性描述
$①_1$	人工填土		—	松散	4.56~0.58	0.3~2.2	分布两岸段，上部以石块碎砖石为主，混有黏性土，局部为道路路面；下部为以黏性土为主的素填土或耕植土
$②_1$	褐黄 – 灰黄粉质黏土	Q_4^3	滨海 – 河口	可塑 ~ 软塑	3.96~1.05	0.6~2.2	浦东侧岸边段，在鱼塘及人工开挖处缺失或变薄，尚均匀，含铁锰质斑点及灰色条纹，状态自上而下渐差，中压缩性
$②_3$	灰色砂质粉土			稍密	–1.84~–18.1	3.1~19	分布于两岸段，在近两岸边水域尖灭，含云母、夹较多薄层黏性土，土质不均，局部呈粉细砂，中压缩性
$③_1$	灰色淤泥质粉质黏土	Q_4^2	浅海 – 滨海	流塑	–4.85~–11.9	1.2~8	分布于浦东岸边段，在其岸边水域尖灭，含云母碎屑、黑色有机质，夹较多薄层粉砂或粉土，土质不均，高压缩性
$③_2$	灰色砂质粉土			稍密	–7.34~–11.1	1~3.8	分布于浦东岸边段，在其岸边水域尖灭，含云母碎屑，夹较多薄层黏性土，土质不均，中压缩性
④	灰色淤泥质黏土		滨海 – 浅海	流塑	–19.5~–33.5	4.5~18	均有分布，含云母、少量贝壳碎屑，局部见贝壳碎屑层，夹薄层粉砂，刀切面光滑，土质较均匀，高压缩性

续上表

层序	土层名称	年代	成因类型	状态、密实度	层底高程（m）	一般厚度（m）	土性描述
$⑤_1$	灰色黏土	Q_4^1	滨海－沼泽	软塑～流塑	-23.4～-37.3	1～7.7	分布于两岸段，在近两岸水域尖灭，含云母、钙质结核及少量腐殖质，夹少量粉性土，高压缩性
$⑤_2$	灰色黏质粉土			稍密～中密	-29.8～-44.4	1.8～20	分布于浦东一侧，含云母，局部为粉质黏土夹粉砂或粉质黏土与粉砂互层，中压缩性
$⑤_3$	灰色粉质黏土		溺谷	软塑	-36.4～-58.5	6.7～30	分布于浦东一侧，含钙质结核、斑点及半腐植物根茎，夹薄层粉砂或粉土，中～高压缩性
$⑤_{3t}$	灰色黏质粉土			稍密	-29.8～-50.4	1.0～9.0	为$⑤_3$层中粉性土透镜体，夹黏性土薄层，含云母，中压缩性
$⑦_{1-1}$	灰色黏质粉土	Q_3^2	河口－滨海	中密～密实	-41.1～-63.3	2.1～25	分布于长兴岛陆域，局部地段缺失，含氧化铁斑点、云母、夹较多黏性土，中压缩性
$⑦_{1-2}$	灰色砂质粉土			中密～密实	-47.7～-63.9	2.4～20	局部缺失含氧化铁斑点、云母片及少量黏性土，顶部含黏性土较多，中压缩性
$⑦_2$	灰色粉细砂			密实	-59.5～-75.0	1.0～29	长兴岛岸边段，含云母及少量黏性土，中压缩性
⑧	灰色粉质黏土		滨海－浅海	软塑	-65.6～-71.7	2.5～24	浦东岸边段，含钙质结核及少量腐殖质，夹薄层粉砂，具交错层理，局部段为灰色黏土，中压缩性

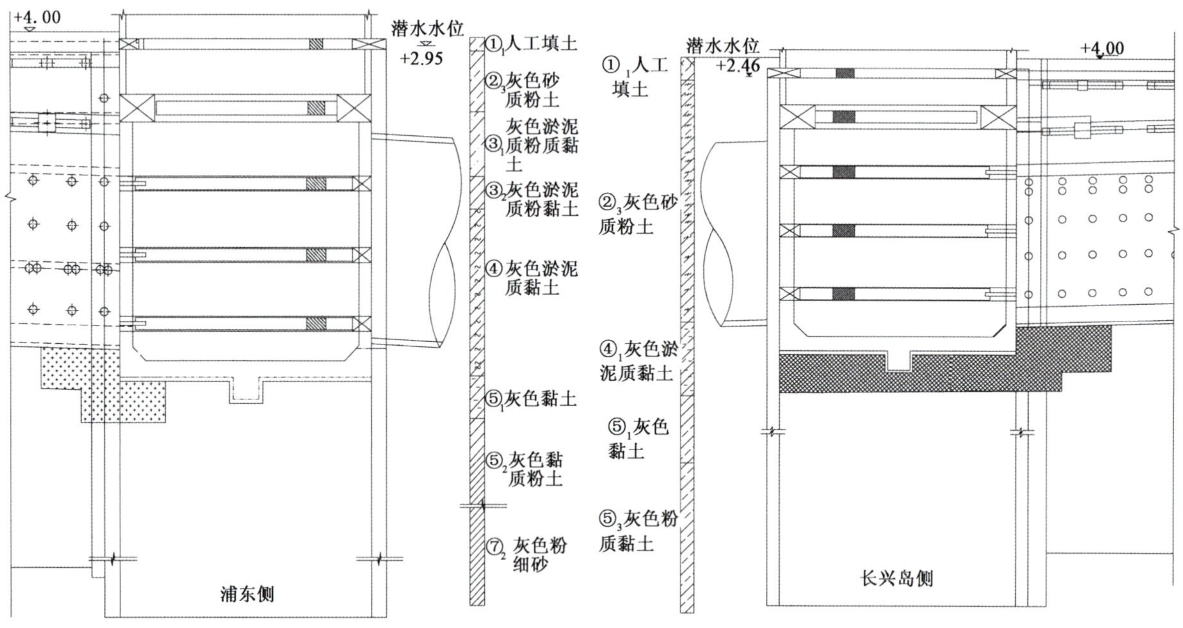

图 4-6　浦东侧岸边段土层地质分布

图 4-7　长兴岛侧岸边段土层地质分布

4.2.2　水文地质条件

岸边段陆域浅部土层中地下水类型为潜水，工程勘探期间，浦东及长兴岛侧岸边段地下水平均埋深为 1m 左右，且均与长江水无（直接）水力联系。

浦东侧分布的⑤$_2$层为微承压含水层，与下伏⑦层承压水直接相通，勘察揭示⑤$_2$层顶板高程为 -23.36~-29.37m，承压水头高程为 -5.84m。

⑦层为上海地区第 I 承压含水层，勘察揭示其顶板高程为 -36. 40~-58.53m，长兴岛侧岸边段以该层承压水为主，水头高程为 -6.76m。

⑨层为上海地区第 II 承压含水层，勘探揭示其顶板高程为 -65.00~-75.00m，浦东侧岸边段⑦、⑨层间存在⑧层隔水层，其余地段⑦、⑨层均直接相通。

根据地质水文勘探，两岸段承压水位呈周期性变化，水头高程在 0.00~-8.00m 之间。

4.2.3 地质环境特点

（1）岸边段陆域总体处于富水软土地区。浦东侧开挖至③$_1$、④、⑤$_1$层软黏性土层时，土体回弹变形较大，在动载作用下极易破坏，施工过程中需确保基坑稳定。长兴岛侧岸边段②$_3$层灰色砂质粉土层厚度较大，该土层富水易流失为地下连续墙在浅层含砂质粉土的成槽稳定控制带来一定难度。

（2）浦东陆域段⑤$_2$层和⑦层承压含水层之间，以及长兴岛陆域段⑦层和⑨层承压含水层间均存在一定的水力联系，且两岸段基坑最大开挖深度达到 25.7m，承压水降深较大，基坑开挖过程中需确保水头的及时降深，以防止坑底突涌危险。

4.3 施工难点

为确保工程的顺利开展，先期进行浦东侧岸边段结构施工，通过对盾构始发井及暗埋段结构的施工摸索，来满足此类超大直径泥水气压平衡盾构的相关配套需要，为长兴岛盾构接收段提供借鉴。

施工过程中，除采取常规措施解决深基坑稳定、环境保护等问题外，浦东岸边段为满足施工阶段盾构机一次安装到位、不进行二次转接的要求，在始发井及暗埋段结构设计中充分考虑盾构安装界限尺寸，对结构进行相应配置及调整（见表 4-3 和图 4-9）。

盾构机安装相关结构要求　　表 4-3

结构 要求	盾构机机头	1 号车架	车架联系梁	3 号车架
长度要求（m）	≥ 20	≥ 30	≥ 55	≥ 30
高度要求（m）	≥ 15.43	≥ 13.5	≥ 9.5	≥ 9.5
其他要求	1. 配备专用吊装桁车； 2. 安装时井内无纵横向支撑； 3. 设置盾构后靠； 4. 出洞钢洞圈设置	1. 设置吊装孔； 2. 配置吊索孔； 3. 无横向支撑	1. 设置吊装孔； 2. 配置吊索孔； 3. 无横向支撑	1. 设置吊装孔； 2. 配置吊索孔； 3. 无横向支撑

同时长兴岛侧考虑采用盾构机水中进洞方式进入接收井，以此降低超大直径盾构机进洞过程中两侧水土压力失衡的风险（见图 4-8）。

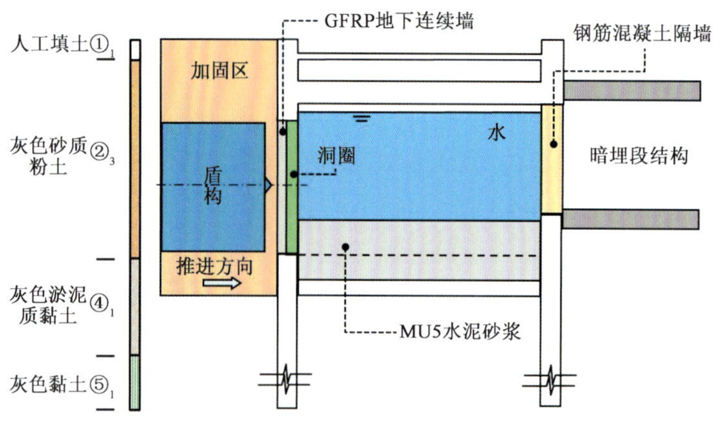

图 4-8　长兴岛侧进洞结构示意图

岸边段结构施工中的主要难点如下：

（1）浦东侧盾构始发井及相关暗埋段需在竖向大跨度无支撑的临时工况条件下进行盾构机的安装调试，施工中需采取有效措施控制变形，确保结构整体稳定（图 4-9）。

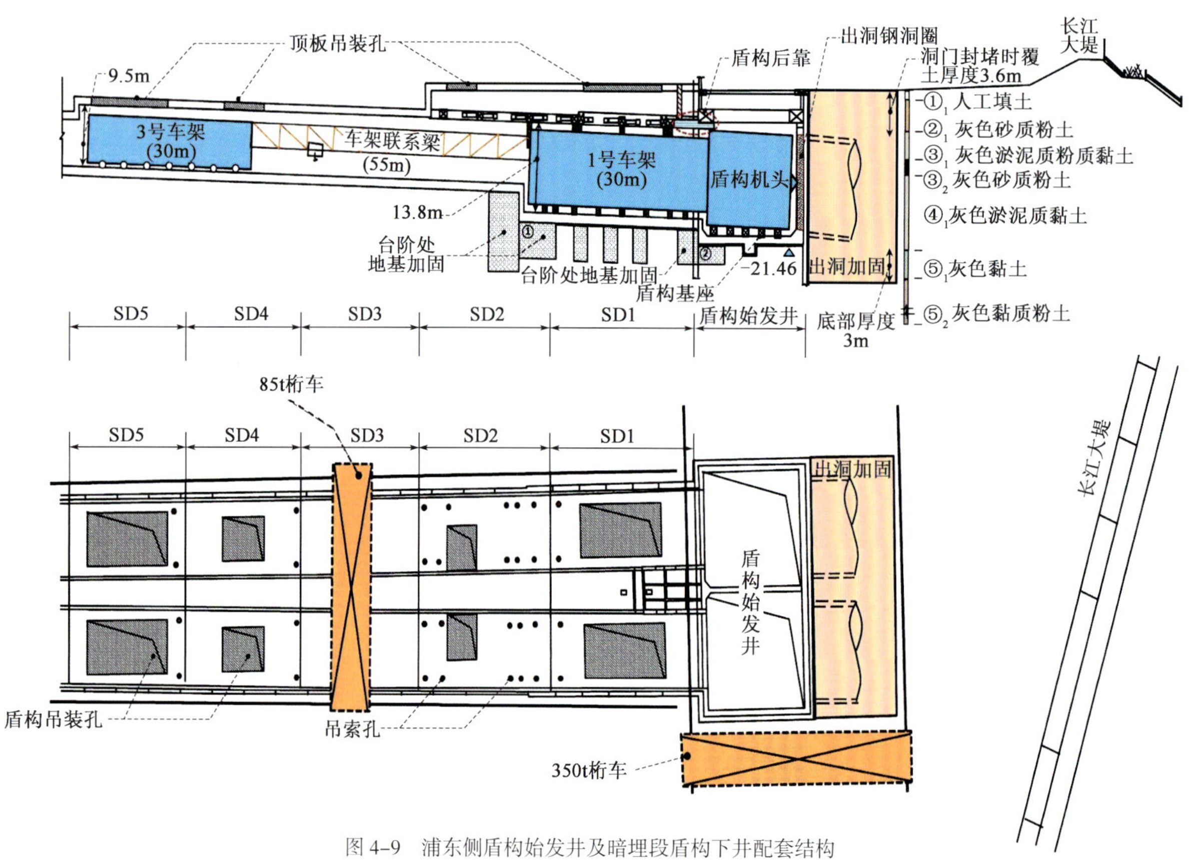

图 4-9　浦东侧盾构始发井及暗埋段盾构下井配套结构

（2）隧道采用泥水加压平衡盾构掘进，出洞考虑浅覆土情况下平衡体系的建立，若采取传统的钢洞圈端面与内衬平行的安装工艺，盾构与钢洞圈间存在一定空隙，可能会造成出洞阶段泥水外溢的危险，影响出洞平衡体系的建立。

（3）长兴岛盾构接收井开挖深度几乎全断面均处于②$_3$层砂性土范围，该土层渗透性强，为地下连续墙的成槽以及成槽后的稳定带来风险。

（4）为简化盾构机进洞流程，省去人工凿除洞门环节，加快进洞效率，降低过程中工作井两侧水土压力失衡的风险，考虑盾构机水中进洞方式直接切削进入长兴岛接收井。为配合水中进洞施工工艺，需对进洞位置地下连接墙进行特殊处理，确保盾构直接切削破除过程中的安全顺利。

（5）敞开段采用创新式的放坡开挖与暗埋段围护结构相结合的连接方式，存在交界口部如何处理的难题，若应对不当可能会产生口部边坡坍塌、完成结构出现渗漏水等施工风险。同时大面积放坡开挖存在如何处理好边坡稳定、底板抗浮等施工难题，这些也是需要考虑的重点。

（6）浦东侧轨道交通预留施工中存在新老结构的接顺以及框架的重新施作，施工过程中需对框架结构范围内的地下连续墙进行凿除，对原有暗埋段结构的稳定造成极大的影响。

4.4 工作井与暗埋段施工技术

4.4.1 大跨度地下结构施工

根据盾构机安装及尺寸要求，盾构机头所在始发井位置结构长度不小于20m，净空高度大于15.43m，同时盾构机1号车架所在SD1暗埋段位置要求结构长度大于30m，安装净空高度大于13.50m，盾构始发井及暗埋段SD1垂直吊装范围内无纵横向结构支撑。

如此大跨度盾构工作井在结构施工中，以及支撑凿除后的整体安全稳定存在一定风险，施工考虑结合盾构进出洞加固及内衬挂壁逆筑法工艺控制施工过程中的结构整体位移，同时在暗埋段SD1设置立柱桩（后期兼作抗拔桩）及三角板撑应对临时工况条件下的整体抗浮和结构稳定。

4.4.1.1 盾构始发井施工过程中的结构变形控制

为减少盾构始发井在结构施工过程中的结构变形，在开挖前先行施工出洞地基加固，通过改善始发井前方土体力学性能，减少结构开挖过程中出洞侧的结构受力。同时采用内衬结构挂壁逆筑方式随支撑围檩逐层施作，提高结构的整体性，进一步减小盾构始发井的整体变形。

考虑浅覆土出洞以及对附近长江大堤的后期影响，出洞地基加固采用三轴搅拌桩加高压旋喷桩的方式替代传统冰冻法进行地基加固（加固示意见图4-10）。

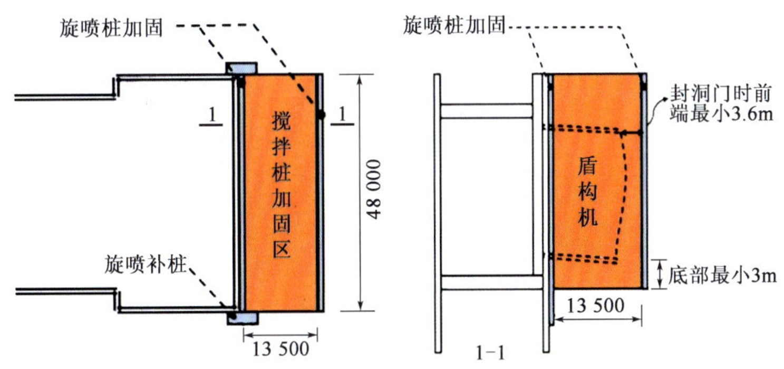

图4-10 出洞段地基加固横、纵剖面图（尺寸单位：mm）

施工前通过对开挖各施工工序进行动态数值模拟，验算结构稳定性及变形情况（计算模型见图4-11）。模型建立考虑上、下行线两侧工作井结构对称，采用取半分析，模型总尺寸为94m×92m×70m，浦东工作井实际尺寸为48m×22m×45m（地墙深度），模型中为24m×22m×45m，单元总数为185 050，节点总数为207 292。

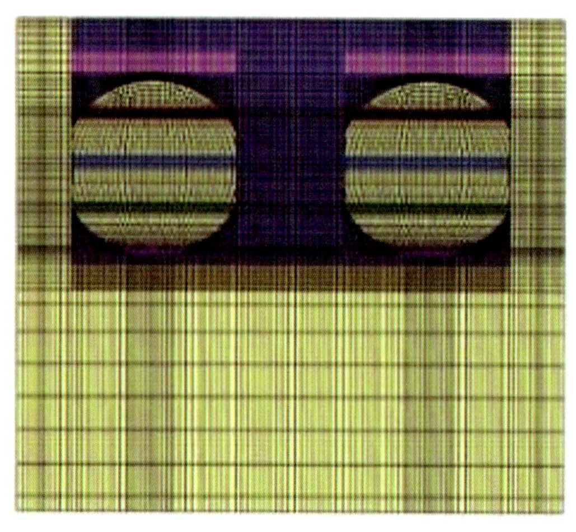

图 4-11　结构受力模型验算网格图及土体竖向变形云图

计算根据表 4-4 所列施工工况进行受力分析。

施 工 工 况　　表 4-4

工况分布	施工内容
工况一	平衡地应力
工况二	第一层土方开挖，施工第一道混凝土支撑和围檩
工况三	第二层土方开挖，施工第二道混凝土支撑、围檩及该支撑上方的衬砌
工况四	第三层土方开挖，施工第三道混凝土支撑、围檩及该支撑上方的衬砌
工况五	第四层土方开挖，施工第四道混凝土支撑、围檩及该支撑上方的衬砌
工况六	第五层土方开挖，施工第五道钢支撑、围檩及该支撑上方的衬砌
工况七	第六层土方开挖，施工第六道钢支撑、围檩
工况八	第七层土方开挖
工况九	施工底板
工况十	拆除第六道钢支撑，并施工第五、六道支撑间的衬砌和中隔墙
工况十一	分别拆除其余五道支撑
工况十二	地墙开洞部分凿除

土体采用摩尔—库仑模型，结构采用弹性模型，墙与加固土体之间设置接触面单元，各层土体和支撑结构的参数选取见表 4-5。

土 体 参 数 表

表 4-5

	土								搅拌桩	混凝土	钢
	填土	②$_3$	③$_1$	③$_2$	④$_1$	⑤$_{1-1}$	⑤$_{1-2}$	⑦$_{1-2}$			
弹性模量（MPa）	32.5	32.5	9.8	27.2	7.9	9.6	18	17	200	3×10^4	2×10^5
泊松比	0.35	0.35	0.3	0.3	0.3	0.3	0.35	0.3	0.2	0.2	0.2
层厚（m）	1.02	4.4	4.7	2.4	14.5	2.5	15.1	25.38	—	—	—

经过模型计算，始发井结构开挖前先期进行地基加固，在提高结构正面土体各项性能指标的同时，大大减少基坑开挖时的地下连续墙变形量。从相应结果对比可以看出，先期进行地基加再开挖基坑，较不采取任何措施直接开挖的地下连续墙位移量最大减少 15mm，如图 4-12 所示。

施工中监测布点数据显示，内衬挂壁逆筑以及利用出洞地基加固效果，实际开挖过程中盾构始发井正面地下连续墙位移控制在 50mm 以内，满足设计关于始发井二级基坑地下连续墙位移小于 0.4%H，且≤ 50mm 的要求（见图 4-13）。

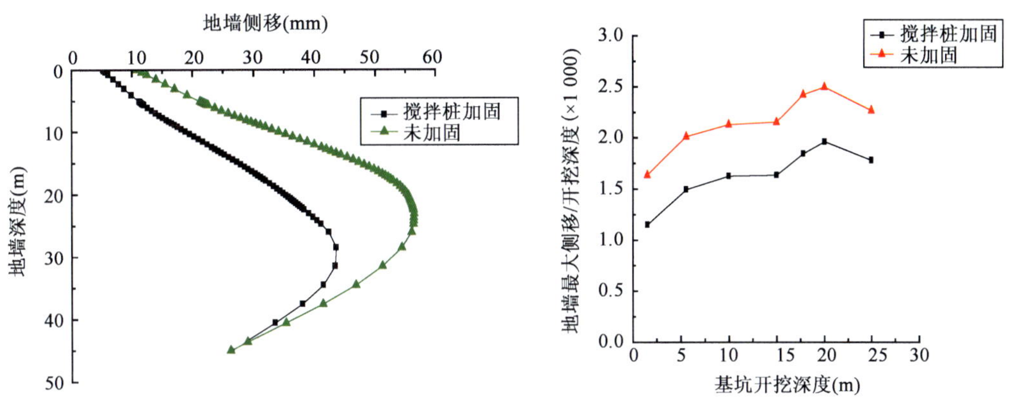

图 4-12　地下连续墙最大侧移加固与不加固对比图

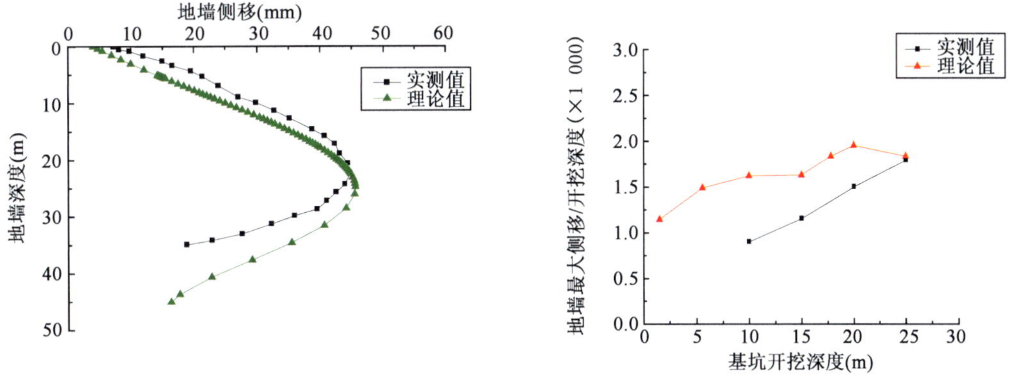

图 4-13　实测开挖曲线与有限元分析对比

4.4.1.2　临时工况下暗埋段 SD1 整体抗浮及稳定措施

隧道施工阶段暗埋段 SD1 采用空箱结构形式以满足车架安装需要，待盾构出洞完成后再对其内部进行各层楼板的结构施工（见图 4-14）。考虑到施工过程中结构自重难以满足自身整体抗浮需要，且工程周期较长，因此结合事先打入的立柱桩与底板进行整体连接，作为临时施工状态下的抗浮措施。

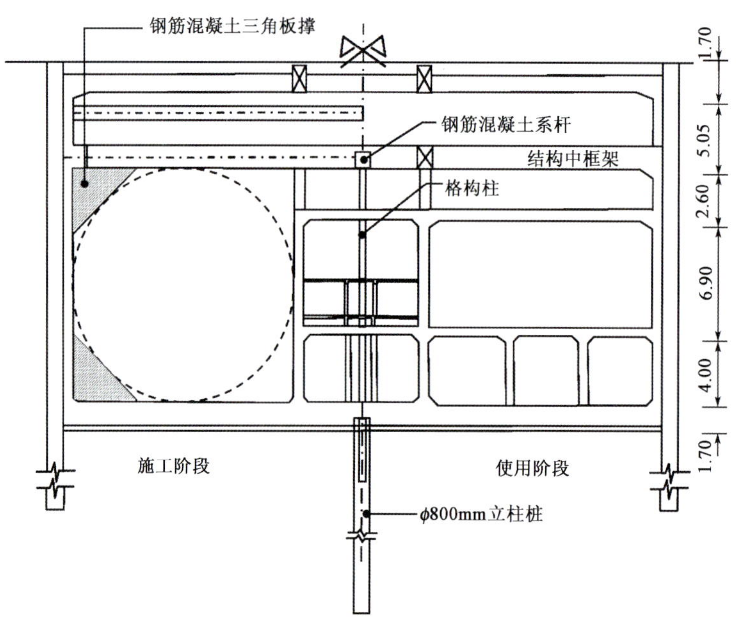

图 4-14　盾构始发井及暗埋段施工与使用阶段对比图（尺寸单位：m）

由于车架安装过程中需拆除 SD1 中框架与底板高度范围内所有支撑，为确保结构整体稳定，沿暗埋段 SD1 范围内间隔设置厚度为 600mm 的钢筋混凝土三角板撑作为临时施工措施，三角板撑位于中框架、底板与内衬交接位置，在车架安装过程中替代钢支撑作为受力结构，确保临时工况下结构安全。

施工前首先对结构施工工序进行模型验算，验算模型中地下连续墙和两块板撑均采用实体单元进行模拟；六道支撑及结构内衬等采用二维梁单元模拟（见图 4-15）。

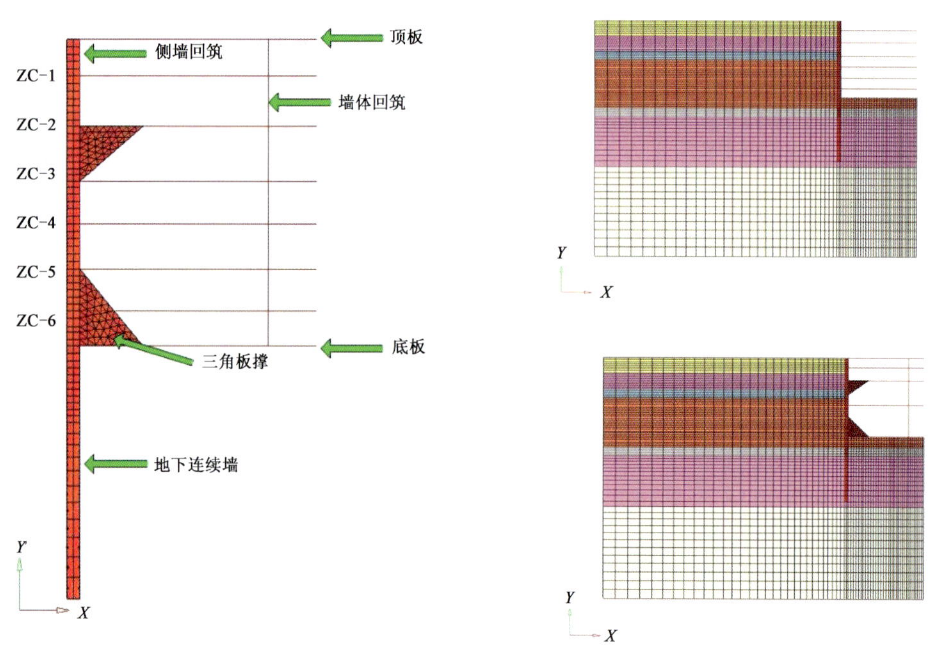

图 4-15　暗埋段 SD1 临时施工工况结构模型建立

使用平面应变分析，计算中按正常土体固结考虑，结构验算分 11 个工况进行（见表 4-6 及图 4-16）。

暗埋段 SD1 临时施工工况结构模型建立　　表 4-6

工况分布	计算内容	工况分布	计算内容
初始状态	输入初始边界、初始孔压、初始孔隙比等	工况六	第五步开挖，施工第五道支撑
工况一	平衡地应力	工况七	第六步开挖，施工第六道支撑
工况二	第一步开挖，施工第一道支撑	工况八	第七步开挖，底板施工
工况三	第二步开挖，施工第二道支撑	工况九	第一部分侧墙和三角板撑施工，拆除支撑六
工况四	第三步开挖，施工第三道支撑	工况十	拆除第三、五道支撑，施工第二部分侧墙及第一部分中墙
工况五	第四步开挖，施工第四道支撑	工况十一	第三部分侧墙、第一部分中墙和顶板施工

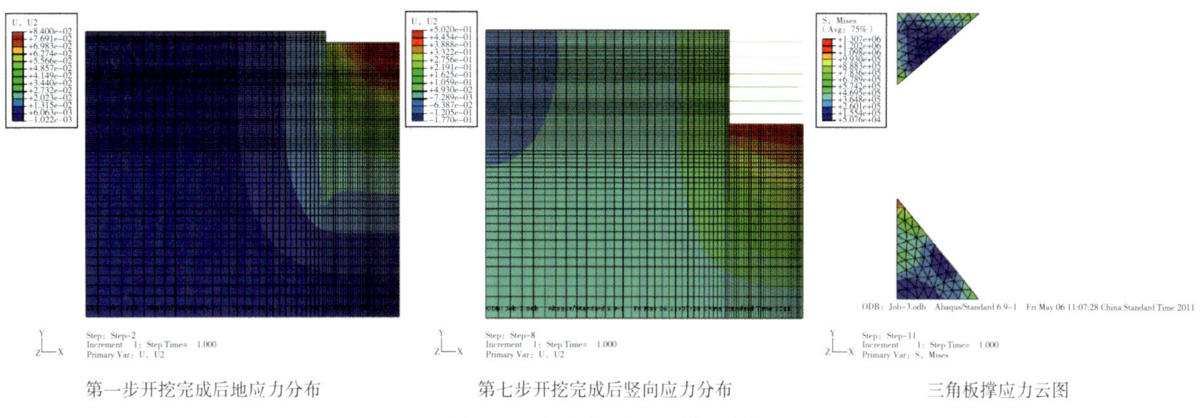
第一步开挖完成后地应力分布　　第七步开挖完成后竖向应力分布　　三角板撑应力云图

图 4-16　临时施工各工况模型验算

模型验算表明拆除钢支撑并施工该位置三角板撑后，地下连续墙最大位移量为 55mm，实际施工过程中暗埋段 SD1 地下连续墙最大位移为 58mm（见图 4-17 及表 4-7），满足二级基坑控制要求，钢支撑拆除后结构稳定。

模型验算地墙位移计算值与实测值对比　　表 4-7

深　度	模型验算地墙位移值	实 测 值
10m	14mm	32mm
15m	31mm	46mm
20m	42mm	54mm
23m	43mm	56mm

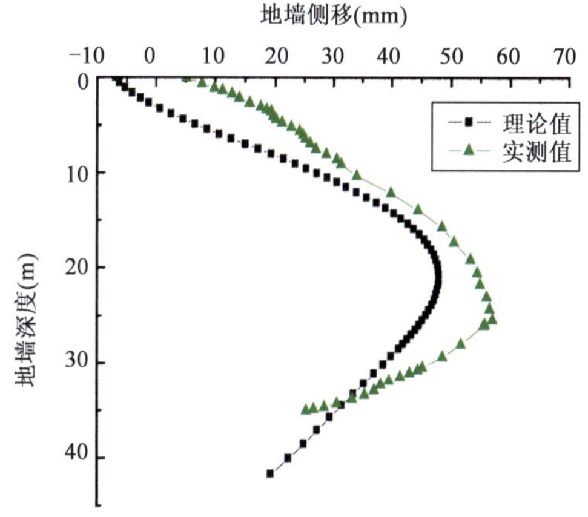

图 4-17　地下连续墙水平位移对比

4.4.2　超大直径钢洞圈逆筑安装

出洞阶段泥水密闭效果的形成是建立泥水平衡体系的关键，若出洞时盾构后部洞圈与盾构以及管片间存在空隙，将会导致泥水从空隙中大量溢出，影响开挖面泥水平衡体系的建立，造成开挖面失稳、盾构后退乃至地面沉陷等严重后果。

由于长江隧道盾构机在出洞阶段以 2.9% 的纵向倾斜角度离开浦东盾构始发井，若按以往出洞钢洞圈随结构开挖到底后同内衬扎筋分块装配的方式进行安装，安装完毕后与盾构出洞存在一定角度，会形成环形建筑空隙，不利于泥水平衡的建立。

因此，在长江隧道盾构始发井钢洞圈圆环安装过程中，钢洞圈采用分块吊装，并与盾构出洞角度保持一致，与出洞轴线保持垂直的方式进行安装。这样既简化了以往钢圆环安装施工工艺，又使得盾构出洞时洞圈周边间隙均匀，减少出洞泥水外溢的施工风险，保证正面泥水压力的稳定（见图 4-18 及图 4-19）。

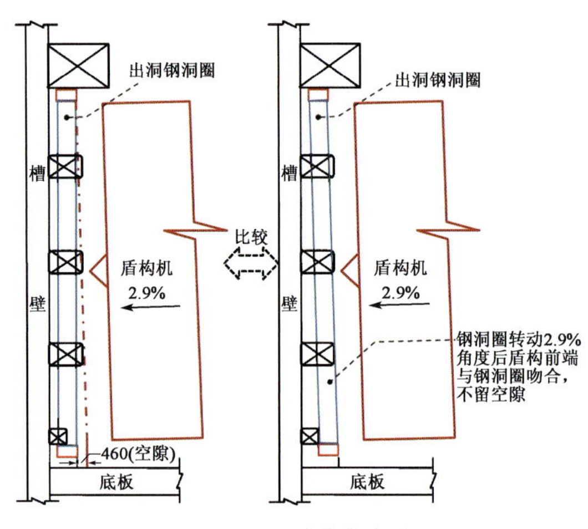

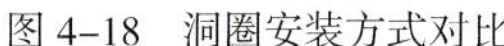
图 4–18　洞圈安装方式对比

图 4–19　洞圈与盾构位置图

施工过程中，钢洞圈结合盾构始发井挂壁逆筑的施工工艺采用分块方式进行吊装。施工前根据平面、高程控制网的控制点进行测量定位，随后将事先分块好的钢洞圈分段结合各层支撑围檩一同浇筑到位。整个钢洞圈被分为 8 段进行安装，分段质量控制在 3t 以内，采用 50t 履带吊车配合吊装，定位根据钢圆环的圆心坐标以及钢圆环的顶高程加以确定。

为防止钢洞圈分段后产生变形，确保安装完成后的整圆度控制，各分段内部均设置桁架控制起吊安装变形、确保成环精度，内部桁架待整环安装完成后再行割除（见图 4–20）。

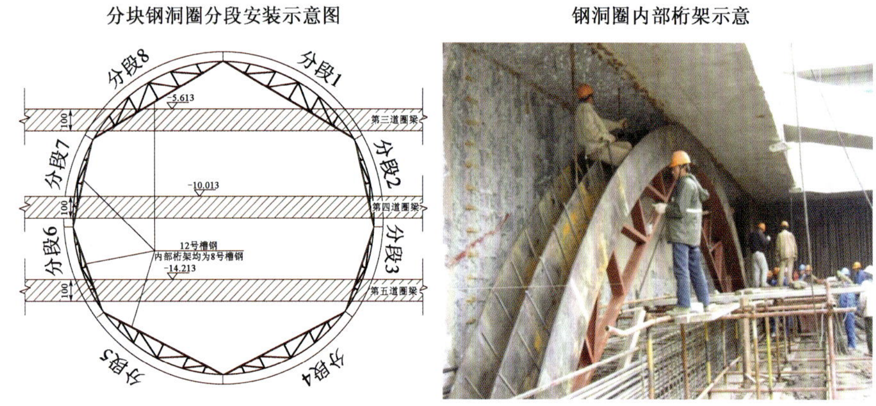

图 4–20　钢洞圈分块吊装

4.4.3　深厚土层中地下连续墙施工

考虑到长兴岛盾构接收井存在较厚的、透水性较大的②$_3$层粉性土，地下连续墙施工前首先进行成槽试验，通过试验对采取井点降水措施确保成槽稳定的效果进行验证。同时根据以往施工经验，对影响槽壁稳定性的施工因素进行总结，分析讨论后决定在施工过程中采用如下措施确保成槽稳定。

（1）关注地下水位的变化，根据施工情况及时降低地下连续墙槽壁水头压力，保证槽段开挖时地下水位满足施工要求。

（2）采用优质泥浆，制定合理的泥浆性能指标和参数，在确保泥浆护壁功效和满足经济性要求的前提下，适当提高泥浆密度。

（3）成槽阶段实时关注泥浆液位变化，提高泥浆液面高度并及时进行补浆。

措施实施前利用数值方法，建立地下连续墙成槽过程的仿真模型，对上述措施进行模拟复核，验证实施效果（见图 4–21）。

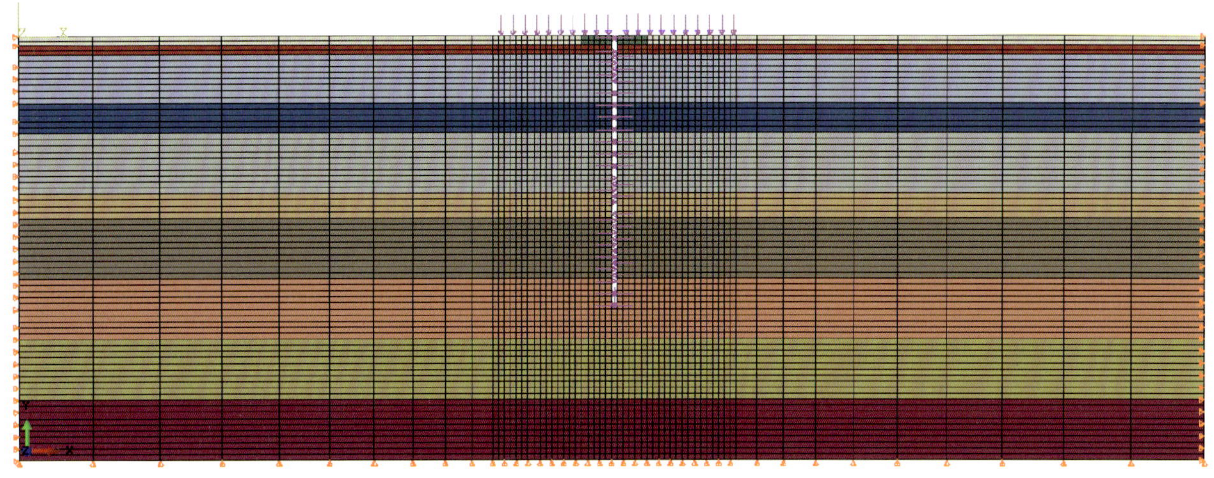

图 4-21　模型网格划分

模型验算表明，适当增加泥浆重度、控制泥浆液面、降低地下水位可以有效保障槽壁稳定，确保地下连续墙施工安全（见图 4-22）。

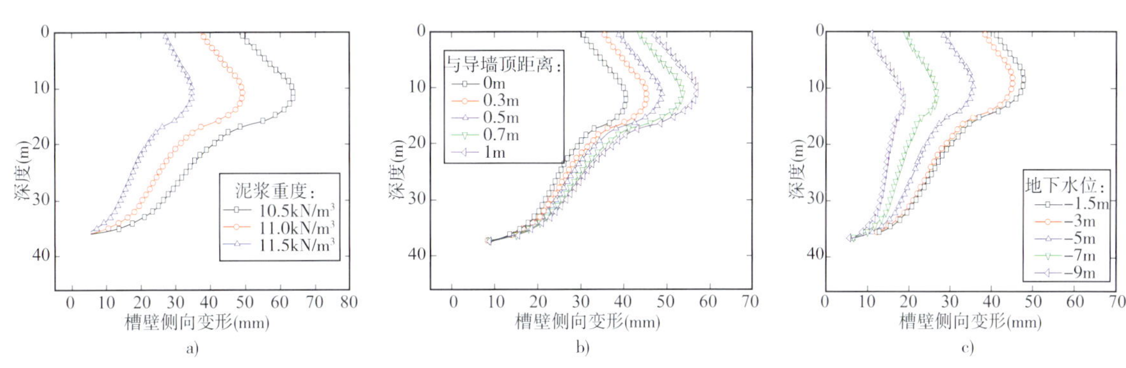

图 4-22　施工措施数值模拟分析

a）泥浆重度对槽壁位移的影响；b）泥浆液面高度对槽壁位移的影响；c）地下水位槽壁位移的影响

采用单口大直径自流井点，槽段开挖前一天进行降水成槽试验。试验显示成槽完毕 5h 后槽壁开始有微小的塌方。通过分析总结及重复试验，确定正常施工时，提前 3d 同时开启与槽幅相邻的三口井点，可以有效满足成槽过程中的降水要求。从施工效果来看，尽可能的降低槽段周边水位，同时保证泥浆液位高度可以有效地增加泥浆与地下水之间的压差，有利于护壁泥浆泥皮的形成（见图 4-23）。

采用新型的复合钠基膨润土并添加少量纯碱作为泥浆制备的主要材料。复合钠基膨润土水化后的膨胀倍数超过钙基膨润土 10 倍以上，其泥浆所形成的泥皮致密且薄韧，在槽壁表面能够起到有效的吸附胶结作用，大大降低成槽过程中泥浆的滤失，增强槽壁的防塌性（护壁机理见图 4-24）。

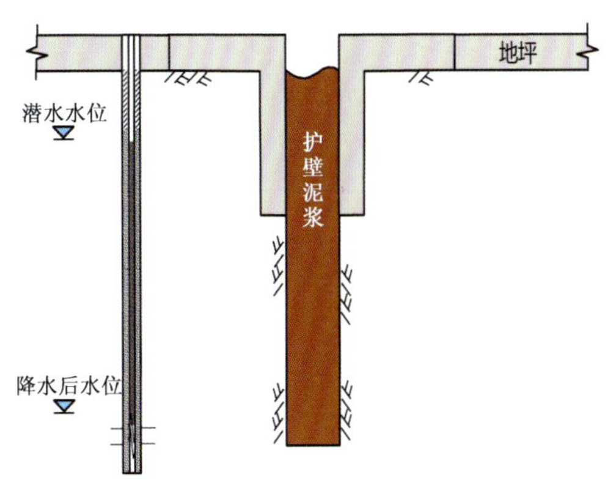

图 4-23　降水后水位与泥浆液位关系

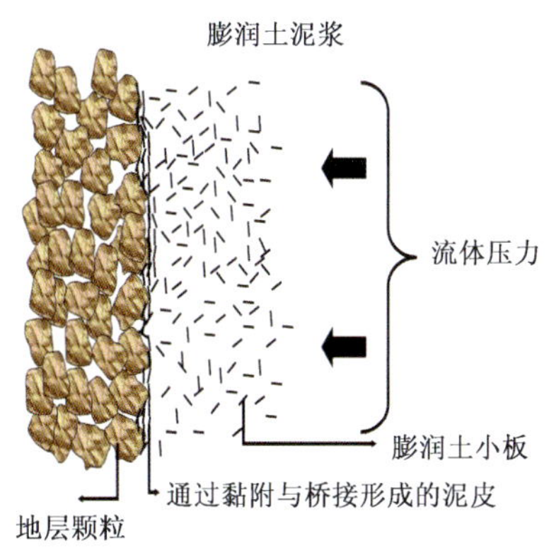

图 4-24　复合钠基膨润土护壁机理

规范泥浆循环流程（见图 4–25），加大检测力度，确保制备泥浆品质的优良，同时将模型计算与现场试验数据相结合并进行分析总结，确定控制泥浆重度不小于 11.0kN/m³，泥浆液面与导墙顶距离保持在 0.5m 左右的情况下可有效保证成槽过程中槽壁稳定。

从实际施工效果来看，采用上述措施能够很好地保证长兴岛侧地下连续墙在②$_3$层粉性土中的成槽质量，确保施工安全高效。

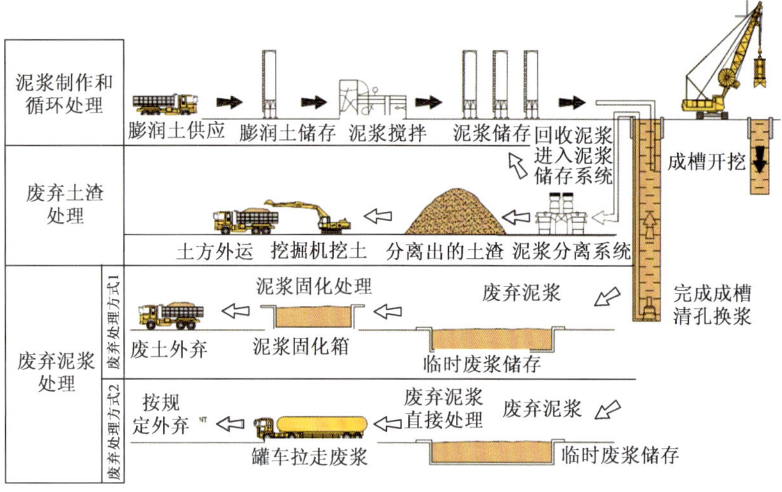

图 4–25　规范化泥浆循环流程

4.4.4　玻璃纤维强化塑料筋（GFRP）地下连续墙施工

长兴岛盾构接收井地下连续墙在进洞位置采用玻璃纤维强化塑料筋（GFRP–Glass Fiber Reinforced Plastic）代替普通钢筋，盾构机通过直接切削围护墙体掘进进洞，省去切断钢筋与凿除洞门的工作，降低了盾构刀具在进洞过程的磨损，既简化了施工工艺、加快了施工进度、减少了施工风险，又缩小了围护墙前地基加固范围，降低了地层与围护墙间的止水要求，节约了投资（见图 4–26）。

图 4–26　GFRP 地下墙盾构进洞图

4.4.4.1　施工难点

长江隧道盾构机直径为 15.43m，进洞位置所使用的 GFRP 筋单根长 21.1m，在国内采用如此大面积的 GFRP 筋地下连续墙是史无前例的。

从施工条件来看，配有 GFRP 筋的地下连续墙钢筋笼长度达 44.5m，重约 40t，由于 GFRP 筋无法进行焊接等现场加工，所以必须整体起吊。GFRP 筋本身抗弯性能较差，易折断，16m 范围的 GFRP 筋位于长达 44.5m 的整幅钢筋笼的中上部，钢筋笼起吊过程中由水平状态变为竖直状态时，钢筋笼竖直时需承受下部钢筋的重力，对吊装的要求非常高。

4.4.4.2 GFRP 筋笼加固及吊装

为满足施工需要，采用卡件加固 GFRP 筋与普通钢筋的连接；吊装时，在 GFRP 地下连续墙钢筋笼内设置可拆卸式加固钢桁架，整个钢筋笼上下通过加固桁架形成一整体，确保吊装稳定。

施工前对吊装过程中力的传递进行分析，验算普通钢筋、GFRP 筋和桁架结构的内力和变形，为合理设置吊点、选用适当吊装方案提供依据。

1）GFRP 筋笼连接加固

由于 GFRP 筋无法进行焊接作业，其连接形式主要以绑扎为主。为确保普通钢筋与 GFRP 筋之间连接牢固，采用“U”形卡口。

长兴岛侧盾构接收井所使用的 GFRP 筋位于整幅钢筋笼中上部，其上部 5m 和下部 28m 均为普通钢筋笼。考虑到起吊过程中下部钢筋笼近 280kN 的荷载均匀作用在每根玻璃纤维强化塑料筋上，GFRP 筋同普通钢筋的连接至关重要，现场选用钢丝绳“U”形卡口作为受力钢筋与 GFRP 筋的连接构件。对卡件连接方式的试验数据表明，当每根普通钢筋与 GFRP 筋采用 3 个卡件进行连接时可承受 51kN 拉力，可以满足起吊要求。

2）可拆卸的钢桁架安装

针对 GFRP 筋刚度小、抗弯能力差、采用镀锌铁丝绑扎的 GFRP 筋笼整体刚度无法满足吊装要求的特点，设计了新型的可拆卸的起吊钢桁架应用于钢笼的整体吊装。该桁架不但有足够的强度和刚度能够满足起吊过程中钢筋笼和 GFRP 筋所受的弯矩与剪力，不产生过大变形，同时装拆方便，在工程中很好地满足了 GFRP 筋笼的吊装施工需要。桁架采用型钢，设置纵向 3 节共 24m，节与节之间采用钢销连接。所有桁架均由工厂加工，上、下部由两块 16 号槽钢双拼而成，中间由 10 号槽钢成波浪形布置。起吊时由桁架承担钢筋笼自重引起的变形，在钢筋笼入槽时通过 50mm 高强螺栓调节桁架宽度，在钢筋笼下放就位后将桁架抽出。

3）钢筋笼吊装

GFRP 筋笼吊装采用 200t 履带吊作为主吊（钢筋笼最重约 40t，长度为 44.5m）。钢筋笼吊装时，由一台 200t 履带吊和一台 86t 履带吊配合抬吊，直立后由 200t 吊车吊装入槽。主吊点设置在 12m 左右的位置，纵向设置在钢筋笼的纵向桁架上。

为保证钢筋笼顺利起吊，经过数据参数的整理分析，200t 吊车在角度为 80°，把杆长度为 55m 时，起吊吨数为 57t，可以满足起吊条件（见图 4–27）。

4）起吊时 GFRP 筋笼变形控制及内力监测

玻璃纤维强化塑料筋笼吊装采用有限元计算分析与实测进行对比。

（1）模型的建立

根据地下连续墙 GFRP 筋笼的施工图及其在实际试吊过程中吊点位置、吊索长度、桁架图等建立三维有限元模型（见图 4–28），对钢筋笼吊装过程中的变形、内力进行验算。

图 4–27 吊装地下连续墙 GFRP 筋笼示意图

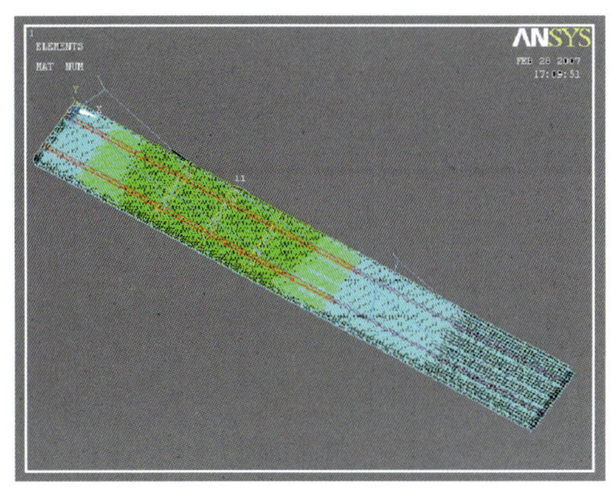

图 4–28 GFRP 筋笼三维有限元模型

（2）模型模拟计算及实测分析

应用模型模拟计算分析表明：在各工况中最大应变 378×10^{-6}（见图 4–29），最大应力 15.4MPa，均出现在 GFRP 筋段，远小于 GFRP 筋的抗拉强度，说明吊装过程中 GFRP 筋不会发生断裂（见图 4–29）。

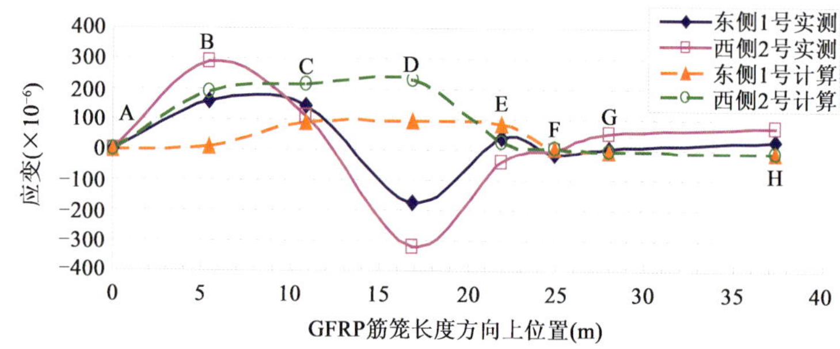

图 4–29　GFRP 钢筋笼吊装数据计算与实测对比

（3）现场实施数据监测

现场施工中，通过吊装桁架上埋设的校核应变片以及位移测点处设置的莱卡反光片，实时提供 GFRP 筋笼位移监测数据（见图 4–30），通过数据分析比对验证模拟运算的准确性。

校核应变片　　莱卡反光片

图 4–30　GFRP 钢筋笼吊装数据监测布点图

通过实测结果曲线分析，数值模拟与实际施工在桁架应变、GFRP 筋笼应变和位移方面得到的曲线形状和数值大致接近，各项施工措施完全满足长兴岛侧盾构接收井 GFRP 地下连续墙钢筋笼的吊装安放要求。

4.5　敞开段施工

敞开段及隧道入口是乘行人员进入隧道的第一感观，通常在城市隧道设计中由于土地较为紧张，一般道路红线宽度没有富余，入口段及敞开段常采用两侧直壁式挡墙和 1∶12 坡度的挡墙，这样会给车行视角带来一种墙面向内倾斜的感觉。为了确保隧道入口的开阔，更让进出人员能够充分感受到长江隧道气势的磅礴，设计提出将敞开段挡墙改为 1∶3 斜坡，并在斜坡上种植绿化以营造气势的设计理念。

结合景观设计，利用红线宽度，敞开段采用放坡形式开挖，放坡坡度为 1∶3。由于敞开段结构底板埋深 0~9.9m，厚度为 0.7~1.1m，下设抗拔桩防止开挖过程中底板隆起的产生。

为确保在流变性强地层中的永久边坡施工安全，边坡考虑设置抗滑桩、灌砂囊袋、排水系统以及坡脚浆砌块石以控制边坡滑移。同时敞开段与暗埋段交接位置采用水泥土搅拌桩重力式挡墙结合扶壁式钢筋混凝土挡土墙，确保口部结构在施工过程中的安全稳定。

4.5.1 抗浮措施

为防止敞开段结构大面积开挖施工底板上浮，在浦东及长兴岛侧敞开段底板下，均采用打设抗拔桩作为结构的抗浮手段。抗拔桩为 ϕ600mm 的钻孔灌注桩，埋深 40m，桩顶高程随底板坡度变化，总数为 330 根。

为确保抗拔桩设计施工参数满足结构实际需要，先期在敞开段不同位置打设试桩，试桩达到强度后进行抗拔极限承载试验，由设计方根据测试结果进行优化调整，得到最终抗拔桩方案。

抗拔桩完成后凿出桩头钢筋，待敞开段及光过渡段结构底板施工时与底板钢筋相连接，浇筑形成整体，保证了敞开段结构底板的抗浮效果。

4.5.2 软土永久边坡施工

在进行岸边侧敞开段施工前，考虑到施工范围内大部分原始地形为鱼塘，先期对场地进行处理，局部回填。开挖施工前在敞开段底板位置打设抗拔桩，在边坡位置打设坡顶抗滑桩，随后对局部区域进行井点降水。当水位降至安全要求后开挖敞开段，边坡坡面加设灌砂囊袋等进行排水同时设置护坡格梗、通过坡脚浆砌块石等控制坡面滑移（敞开段施工流程见图 4–31）。

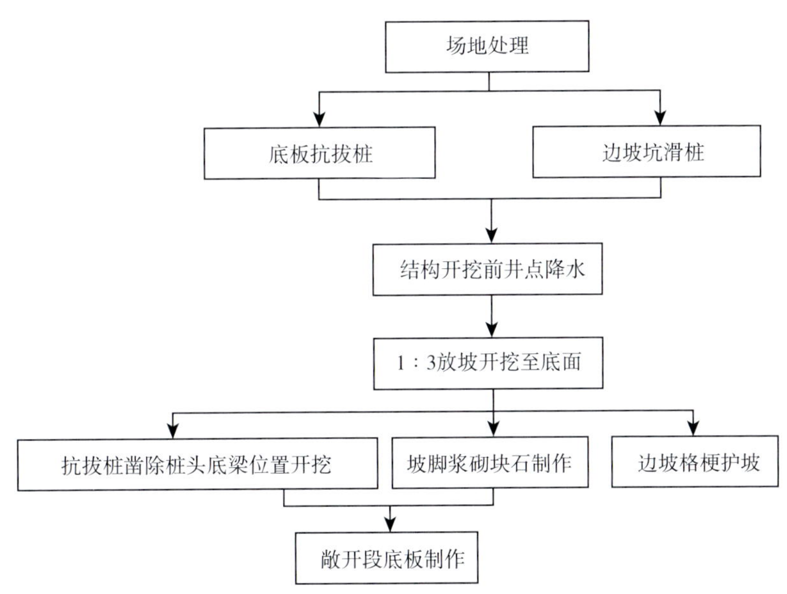

图 4–31　敞开段结构施工流程图

边坡作为敞开段的永久结构，其稳定性至关重要，如何做好边坡整体的围护以及减少坡面及地下水对边坡的侵害，是结构施工中所要考虑的重点。

4.5.2.1 边坡抗滑移措施

为防止边坡滑移，施工前首先在敞开段边坡坡顶及平台位置打设水泥土搅拌桩加固土体至滑裂面下作为整体围护及抗边坡滑移措施；其次在 1∶3 的边坡坡面采用方形钢筋混凝土格梗植草护坡，格梗采用钢筋锚固，防止格梗及中间土体滑动；最后在边坡坡脚部位铺设浆砌块石护脚防止坡脚滑移，浆砌块石随边坡施工随挖随做（见图 4–32）。

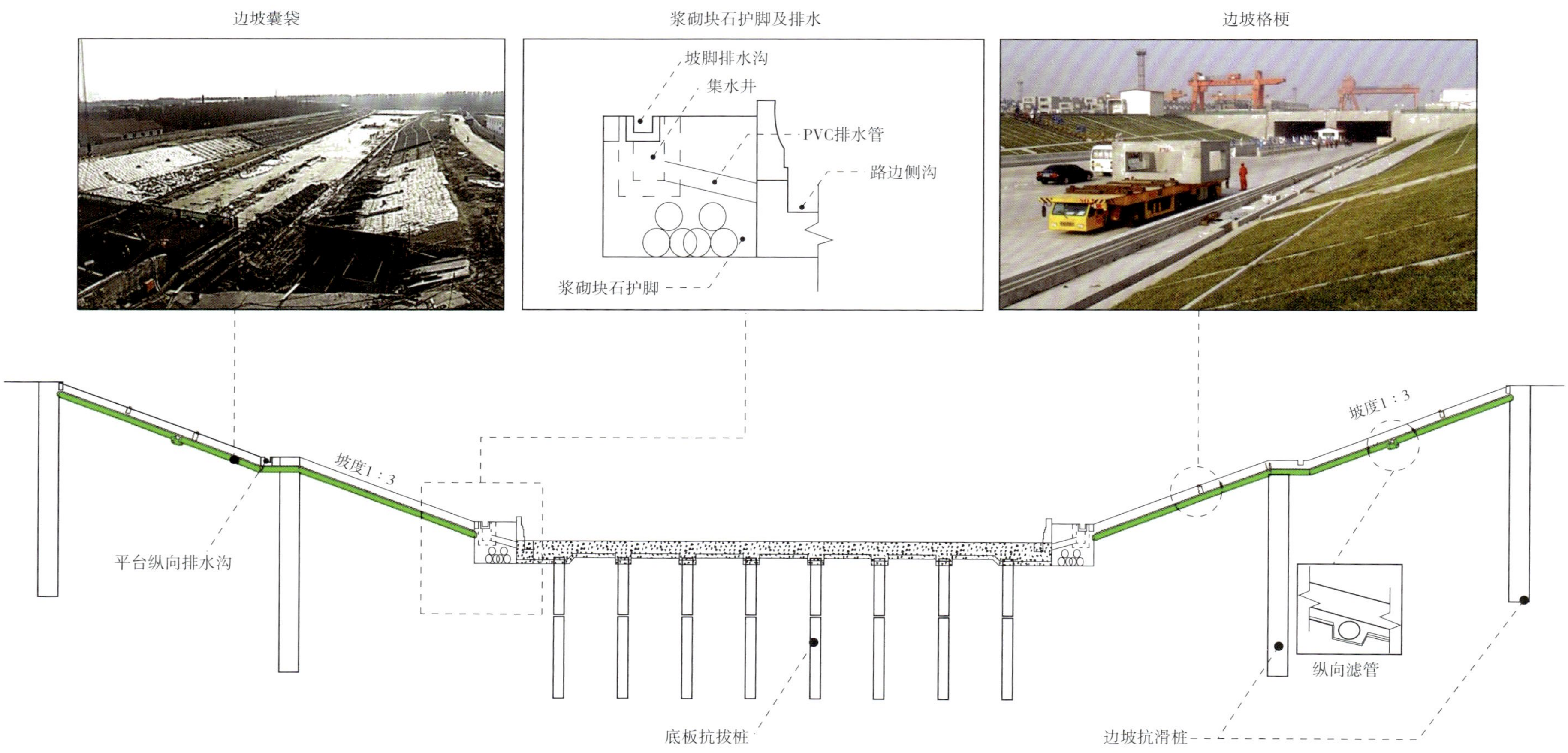

图 4-32　敞开段结构示意图

4.5.2.2 边坡排水措施

在采取相应施工措施减少边坡滑移可能的同时，为了减少地表以及地下水对边坡的影响，在长江隧道两岸敞开段施工时注重边坡排水系统的构建。

边坡排水系统由坡顶排水沟、平台和坡脚排水沟以及沿坡面设置的横向排水沟组成。在边坡施工时，格梗植被下设置灌砂囊袋，进入边坡格梗处的水通过囊袋排入平台排水沟中，然后汇同坡面积水被集水井收集，一同流入路边侧沟，最后汇入雨水泵房中一起排出（见图 4-32）。对于地下渗漏水，在边坡倒滤层中设置 ϕ300mmPVC 管，渗漏水通过倒滤层进入排水系统然后排出。

4.5.3 敞开段与暗埋段接口处理

敞开段与暗埋段交界处最大开挖深度达到 10m，为确保施工安全，采用盆式开挖结合水泥土搅拌桩重力式挡墙的形式进行结构开挖（见图 4-33）；同时为减少开挖过程中基坑内、外侧地下水源间的相互联系，在边坡顶部位置设置搅拌桩止水帷幕，隔断内、外地下水的连通。

由于景观工程的需要在隧道两翼设置扶壁式钢筋混凝土挡土墙，挡土墙底板高程随 1∶3 坡度变化，底板下设 ϕ800mm 钻孔灌注桩，桩长 26m。挡土墙结构与暗埋段结构间设置变形缝，中间埋置中埋式橡胶止水带，防止地表及地下水渗漏。

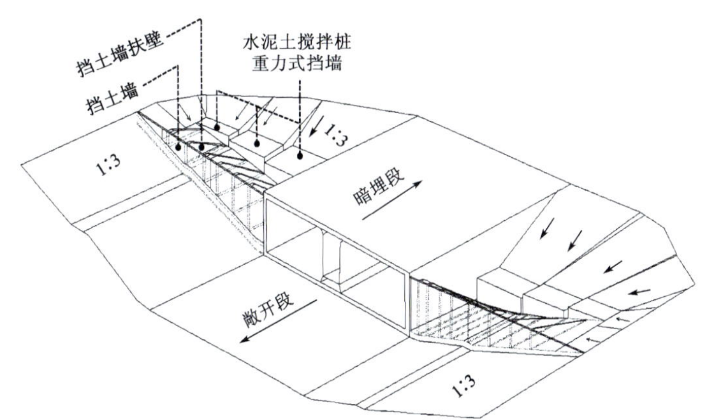

图 4-33　敞开段交界处暗埋段结构图

口部结构开挖在重力式挡墙支护下进行，开挖到底后施工交界位置两翼扶壁式钢筋混凝土挡土墙，扶壁厚度 500mm。最后回填土方完成整个交界口部施工（具体流程见图 4-34）。

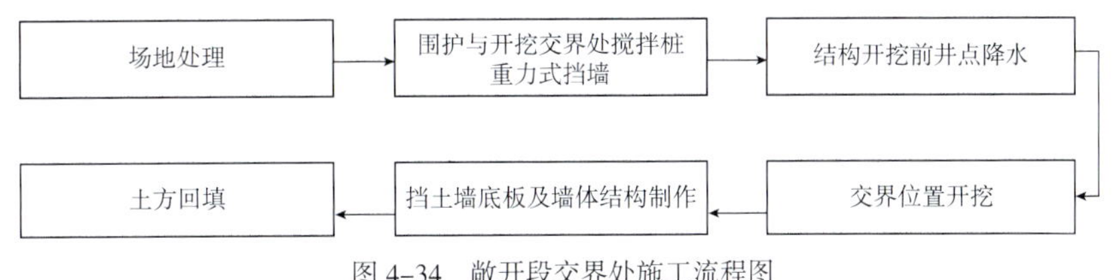

图 4-34　敞开段交界处施工流程图

在开挖前对交界口部进行数值模拟，验算其在开挖过程中的结构稳定及各阶段施工工序对边坡的影响（见图 4-35）。

经现场实际测斜数据表明，结构施工完成后暗埋段两侧扶壁式混凝土挡土墙处围护土体沿深度方向最大位移小于 5mm。

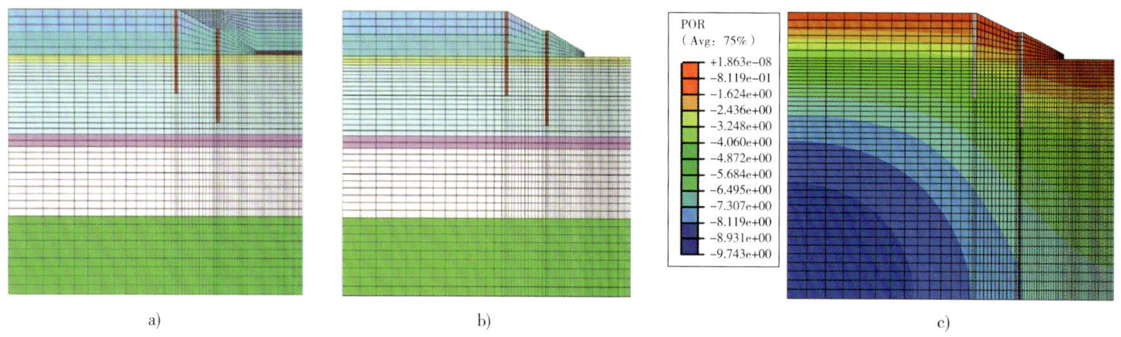

图 4-35　敞开段交界处放坡开挖数值分析

a）模型网格图；b）开挖完成后模型 c）固结后土体孔压云图

4.6　轨道交通预留结构

4.6.1　工程背景

为了满足集约型社会的建设需要，最大限度地利用隧道断面结构，采用轨道交通接入隧道的方案，隧道断面下层预留轨道交通空间，待将来轨道交通接入时另行贯通。轨道交通采用的线性电机车辆有别于城市普通地铁电车，今后乘客在完成浦东侧的地铁车辆转换后，换乘特殊线性电机车穿越长江。

轨道交通在浦东侧岸边段以 *R*–150m 的曲线半径从南、北两侧分别贯穿浦东侧暗埋段进入隧道，然后在长兴岛工作井侧以 *R*–200m 的曲线半径并线向东离开隧道（见图 4–36）。

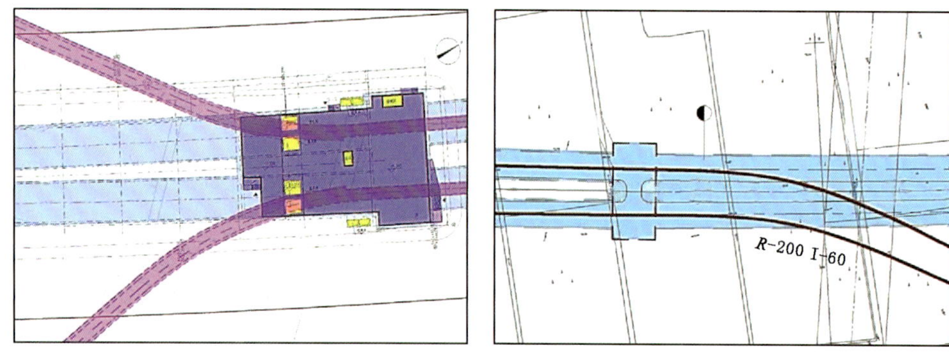

图 4–36　轨道交通与隧道衔接示意图

4.6.2　施工方案

施工考虑未来轨道交通与隧道内预留结构的连接，在浦东侧预先施工轨道交通接入时的工作井和连接结构（简称为轨道交通预留井），预留井施工完成后凿除与暗埋段连接的地下连续墙，重新施工框架结构，最后完成与隧道内预留空间的接顺（见图 4–37 和图 4–38）。

轨道交通预留井采用后做的方式与原先已完成的暗埋段进行连接，预留井内部结构开挖完成后需在与暗埋段连接部位凿除相应地下连续墙供轨道交通线路接顺。考虑到凿除过程对新老结构带来极大的扰动，若不能确保其密贴和共同受力，极可能造成后期使用过程中连接处的大量漏水以及差异沉降，影响结构安全。所以在预留井结构开挖施工前，考虑采用托换梁植筋拉拔形式确保新老结构整体共同受力，即在两侧预留井内各设置4道结构托换梁。托换梁预应力张拉钢筋在围檩钢筋绑扎前预先植入暗埋段侧地下连续墙，植入的钢筋随同预留井各道围檩钢筋一同绑扎、混凝土浇筑成整体。待混凝土达到强度后进行预应力钢筋的拉拔，将新老结构拉结成一整体，以便在凿除施工中将原先暗埋段的结构受力和底部凿除时所带来的原结构支撑力损失转嫁托换给新建预留井结构共同分担，整体受力、减少差异沉降、降低新老结构间缝隙漏水风险（见图4-39~图4-41）。

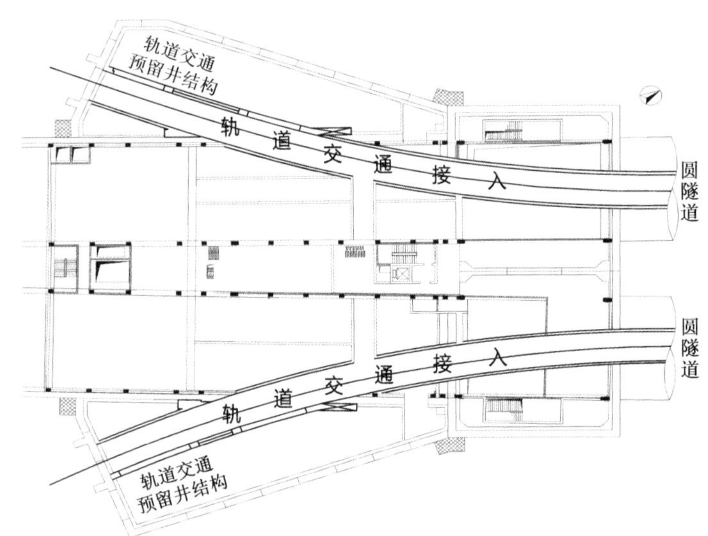

图4-37　轨道交通预留井示意图

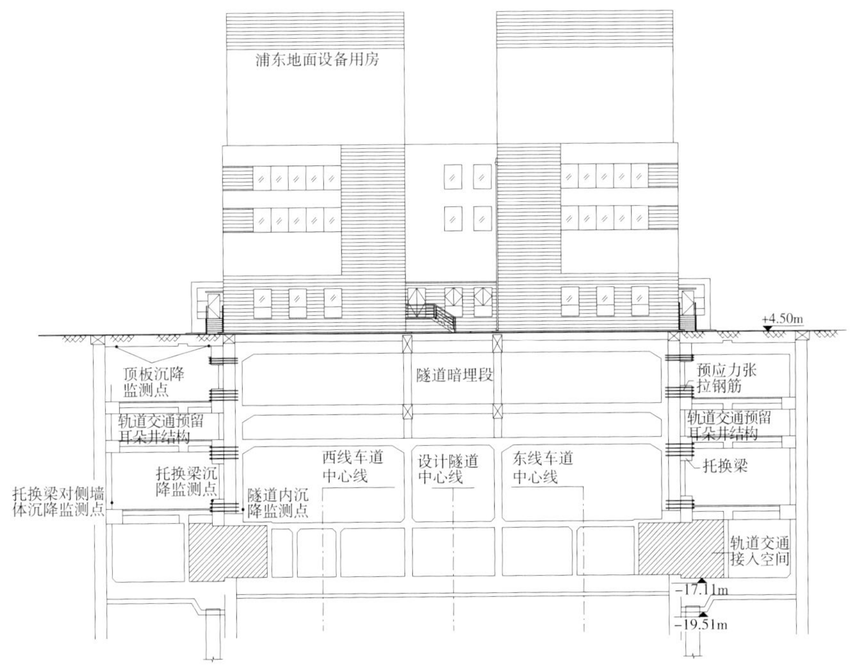

图4-38　轨道交通预留井与上部设备用房关系图

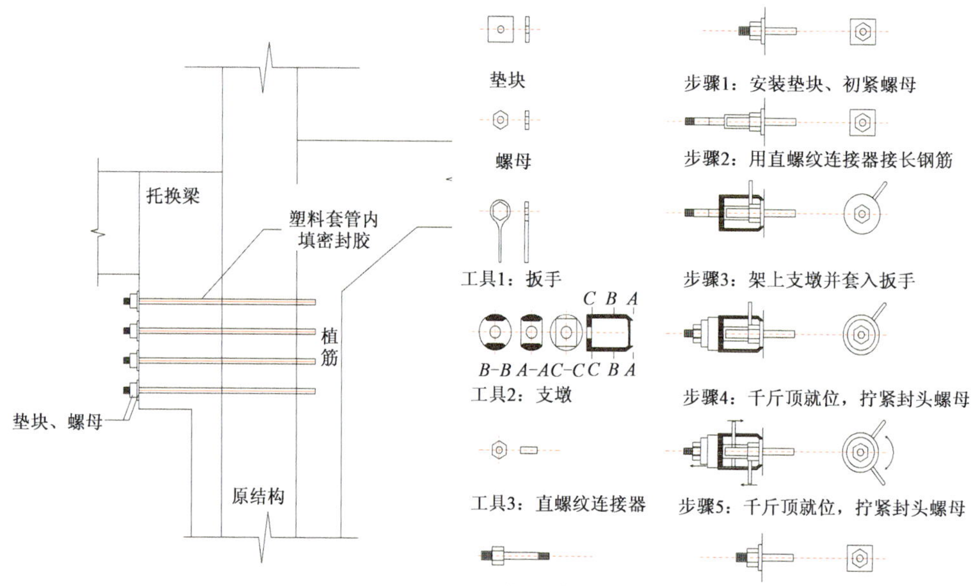

图 4-39　短锚杆张拉工艺示意图

图 4-40　现场钢筋张拉

图 4-41　托换梁预应力植筋完成图

4.6.3　暗埋段结构改建

由于上部隧道设备用房在预留井施工凿除前已完工，过程中涉及托换、凿除以及结构再制作等一系列工序，如何衔接、如何在施工中降低风险、减少对原有结构的影响，对整个结构凿除施工是很大的考验。施工措施考虑主要如下：

（1）凿除及框架重新施作过程以控制上部结构过大沉降变形为关键，采用分块凿除以及主要结构底部、地下墙两侧及时加设临时支撑的方式对结构进行分阶段控制性施工。

（2）需凿除的地下连续墙和内衬墙分别厚 1m 和 0.6m，开凿深度达到 1.6m，且施工时地下连续墙上部设备用房已完成，在大型凿除机具无法进入，人工凿除效率低下的情况下，长时间作业带来的上部结构沉降、风险以及各种变数较多，所以采用静力切割的方式对结构进行凿除。

（3）考虑到新框架结构混凝土的质量是整个改建工程日后安全运营的关键所在，为确保新老结构结合紧密，采用自密实混凝土进行浇筑。混凝土浇筑前在结合部位预埋注浆管，待结构完成后堵漏注浆降低渗漏风险。

4.6.3.1　分块分阶段控制性施工

轨道交通接入施工过程中最大凿除长度接近 23m（见图 4-42），为确保凿除安全，在地下连续墙两侧施工相应支撑柱，以确保凿除过程上部结构的稳定（见图 4–43）。施工中应根据凿除范围对施工面进行分块，先凿除施工范围内左右两侧分块，保留中间块作为结构支撑；施工两侧框架及上下部框架，然后再进行中间块的施工；同时为减少左右两侧预留井施工过程中的整体差异沉降，两侧预留井施工采取对称方式进行。

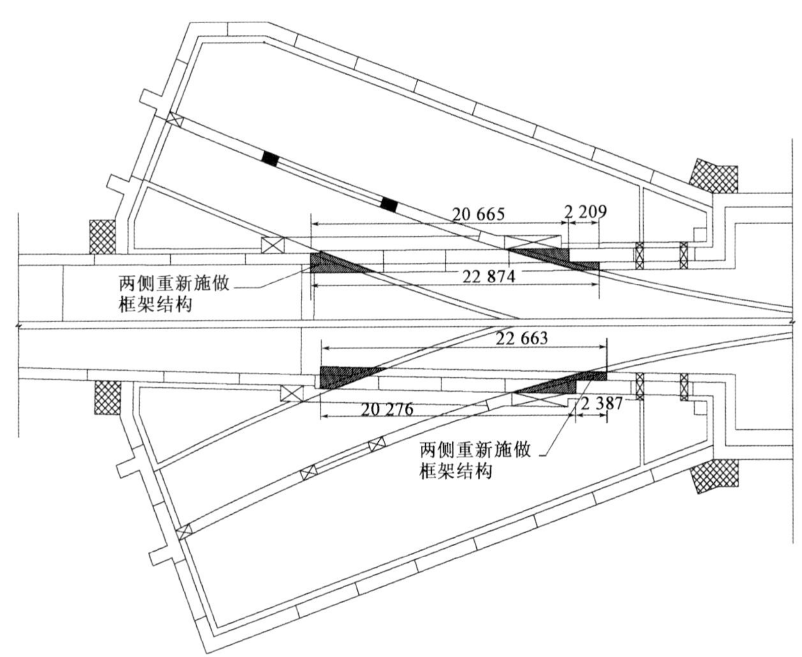

图 4–42　轨道交通接入凿除范围示意图（尺寸单位：mm）

在支撑柱达到强度后开始进行左右两侧分块的凿除，凿除采用静力切割方式，根据切割分块吊除重量要求，分阶段割除上、下两分块（见图 4–43 的分块①、②），由于顶部分块有部分位于托换梁后（见图 4–43 的分块③），静力式切割无法触及，所以通过人工方式进行移除，移除时严格控制分块上边线，避免破坏上部已完成预应力拉拔钢筋的受力。待所有上、下部分块全部移除后，施工周边框架、顶框架梁及底框架梁，钢筋绑扎时在梁一端靠近中间未凿除分块的位置预埋与中间分块钢筋连接的钢筋接驳器。待两侧分块框架施工完成后进行中间分块的凿除及框架的重新施作。

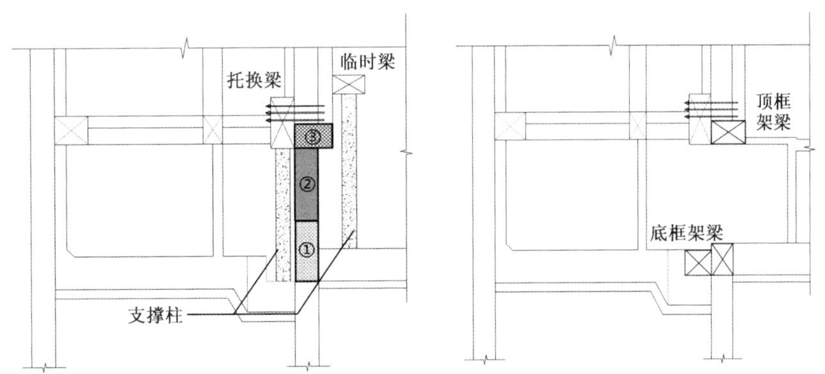

图 4–43　凿除分块图及施工后顶框架梁及底框架梁完成图

为防止框架的新老结合部后期发生渗漏水，在绑扎顶部、底部框架梁钢筋前，在结合部预留注浆管，待浇筑完成后进行注浆堵漏。

4.6.3.2　静力式混凝土切割

为减少人工长时间凿除下部地下连续墙对上部结构承重受力的影响，可采用绳锯切割的方式对

图 4-44　绳锯现场切割

凿除段进行静力式割除，以此提高施工效率、减少上部结构的沉降。

绳锯切割主要通过将结成环状的串珠式金刚石绳围包着被锯切混凝土块，借助金刚石锯机驱动绳轮完成转动与移动两种运动，牵曳串珠式金刚石绳切割混凝土块。这种切割属非粉碎性破坏，施工过程中带来的振动较小，可根据要求分块切割，移除后再另行破碎，节省工期（见图 4-44）。

4.6.3.3　自密实混凝土浇筑及结构防水堵漏

针对预留结构的特点采用自密实混凝土进行浇捣。

自密实混凝土较普通混凝土而言，具有更好的流动性和密实性。采用更为细致的结构骨料，在自身重力作用下即使存在于致密钢筋中也能完全填充，同时良好的均质性和无需附加振动的特性，被称为“近几十年中混凝土建筑技术最具革命性的发展”，其相对于普通混凝土的优点主要如下：

（1）自密实混凝土具有良好的密实性和流动性，无需振捣，浇筑用时大幅缩短，工人劳动强度及需求量降低，生产效率提高。

（2）没有振捣噪声，改善工作环境和安全性。

（3）表面不会出现气泡或蜂窝麻面，无需表面修补，改善混凝土的外观质量。

（4）由于不需要振捣，可以浇筑成形状复杂、薄壁和密集配筋的结构，增加了结构设计的自由度。

4.6.4　预留结构施工监测

在进行地下连续墙凿除的同时，现场配备钢支撑等应急物资，根据施工中及时对地面设备用房、结构顶板、托换梁、及对侧墙体、隧道路面板位置地下连续墙等位置水平、垂直位移数据的反馈分析，实时调整施工工序，一旦发现沉降过大，立即减小分块割除的范围，并在已凿除位置下架设钢支撑，尽快施工并浇筑该位置的框架梁。

监测结果表明，采取上述施工工艺后地面设备用房最大沉降值为 1.7mm，平均值为 0.8mm；托换梁对侧墙体最大沉降值为 0.8mm，平均值为 0.6mm；结构变形各项数值均控制在设计要求范围之内。

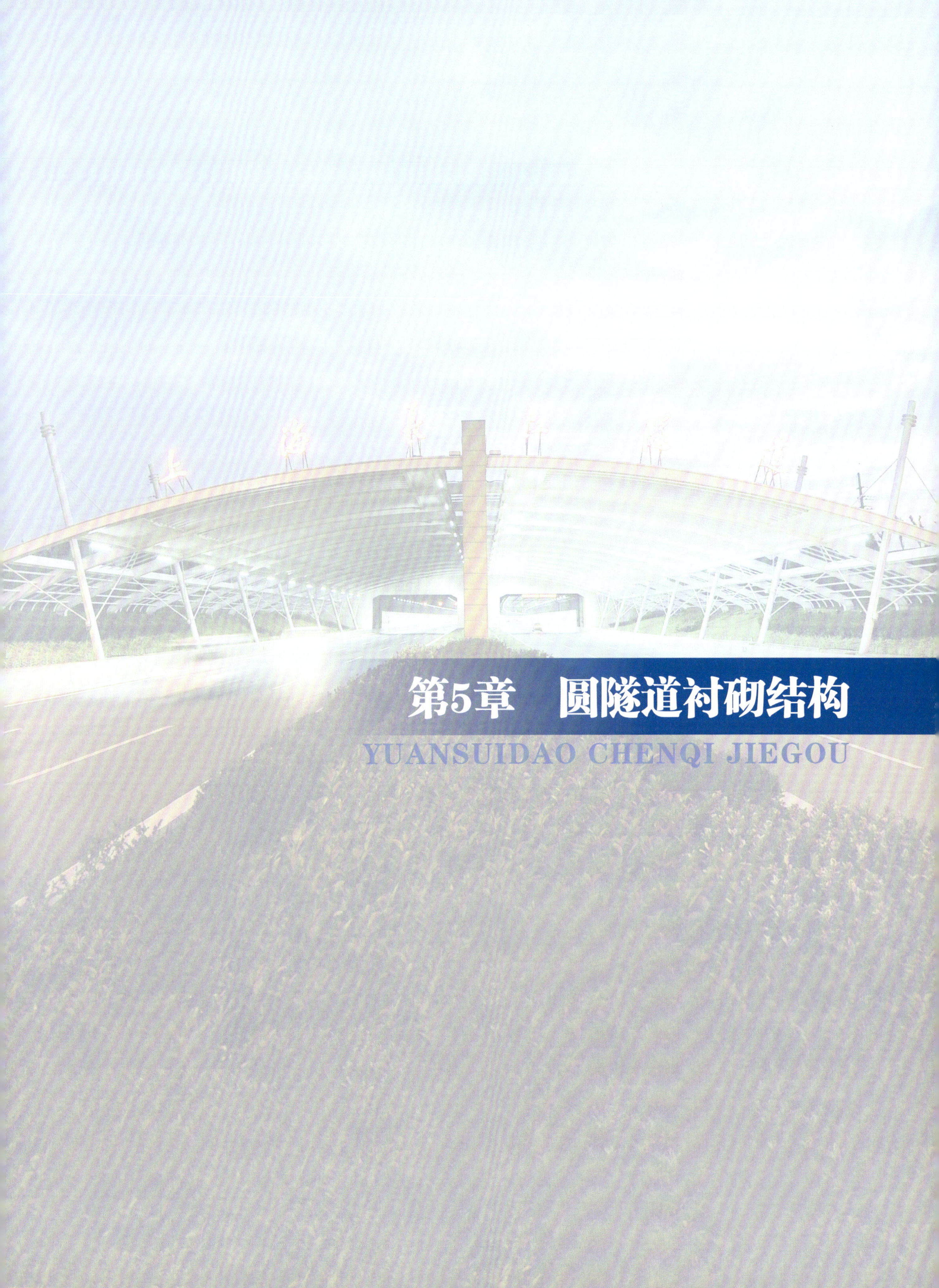

第5章　圆隧道衬砌结构

YUANSUIDAO CHENQI JIEGOU

5.1 概述

上海长江隧道衬砌内径为 ϕ13 700mm，外径为 ϕ15 000mm，标准环宽为 2 000mm。衬砌圆环分为 10 块，即 7 块标准块（B）、2 块邻接块（L）和 1 块封顶块（F）。衬砌环采用双楔型通用环式（整环管片的两侧都有一定的楔形量，见图 2-13 双楔形隧道管片布置示意图），来满足隧道直线及竖曲线和水平曲线的轴线要求，简化了隧道施工中的管片拼装程序，减少了钢模数量。在 650mm 厚衬砌环面迎千斤顶处设一高 4mm 的凸面，提高了衬砌的局部抗压能力。纵缝内双侧设一高 2mm 的凸面，提高接头的抗压能力。衬砌环、纵向均采用斜螺栓连接，环与环间以 38 根 M30 的纵向螺栓相连，块与块间以 2 根 M39 的环向螺栓相连。环间采用错缝拼装的形式。隧道衬砌环的基本单元是管片，该基本单元在下文中简称为管片。

上海长江隧道管片总计 7 471 环，根据埋深不同，分为浅埋、中埋、深埋和超深埋；管片根据功能不同，分为普通钢筋混凝土管片、钢管片、铸铁管片、剪力销管片、垂直顶升管片、预应力拉索管片等，详见表 5-1。

管片型号和数量统计表　　表 5-1

管片型号	浅埋（环）	浅埋剪力销（环）	浅埋接地（环）	浅埋剪力销接地（环）	浅埋剪力销变形缝（环）	中埋（环）	中埋剪力销（环）	中埋接地（环）	中埋剪力销变形缝（环）	深埋（环）	深埋剪力销（环）	深埋接地（环）
数量	420	88	20	1	7	363	5	18	3	1 893	58	129
管片型号	深埋剪力销接地（环）	超深埋（环）	超深埋剪力销（环）	超深埋变形缝（环）	超深埋接地（环）	超深埋剪力销接地（环）	旁通道钢管片（环）	盾尾冷冻超深剪力销（环）	泵房铸铁管（片）	出洞（环）	浅埋剪力销进洞（环）	浅埋预应力拉索管片（环）
数量	6	3 835	174	61	266	18	64	2	16	2	2	20
合计						总数 7 471 环						

上海长江隧道设计使用寿命超过一百年，同时基于其所处地理位置及功能特性，给管片提出了极高的标准和要求，主要体现在以下五个方面：

（1）整个隧道受海洋环境气候变化的影响，水文地质条件复杂，使得工程结构物的防腐性要求很高，决定了管片结构材料必须是高强度高耐久性的混凝土；

（2）管片作为隧道工程的结构主体，其几何尺寸精度直接影响隧道的线形及结构安全，是隧道工程质量控制的重点，必须设计制造高精度的钢模；

（3）优质的管片性能指标以及外观质量，是整个隧道工程质量控制的重要因素之一；

（4）超常规的设计要求、超现行技术规程的检验验收标准，使本工程的管片制作工艺复杂且难度大；

（5）上海长江隧道管片要使用 40 万 m^3 左右混凝土，并且管片型号多，导致生产周期长、进度紧，整个生产周期长达 38 个月，因此在生产工艺上既要保证生产的持续性、高效性，又要保证工艺质量的稳定性。

基于上述特点，上海长江隧道管片制作无借鉴资料和经验，衬砌结构需要进行综合试验研究以验证其制作质量能否满足工程要求。在隧道施工前，利用预制的管片进行了衬砌结构水平整环加载试验、弹性密封垫及剪力销相关力学试验，检验管片质量及受力特性、防水性能及抗剪性能，试验取得了预期的成果。

5.2 衬砌结构试验

5.2.1 衬砌结构水平整环试验

为了检验衬砌管片的承载能力和稳定、确定运营期荷载与不同施工荷载作用下的结构受力与变形特性，进行了衬砌 1∶1 水平整环试验（图 5–1）。试验内容主要分为设计荷载验证和模拟施工荷载。试验的荷载通过千斤顶加载、水平加载和竖向加载均设置 44 个加载点，每个加载点构成自平衡加载系统。在试件底部与支座钢面板间设 300 只钢球，以形成摩阻力较小的滚动支承条件。由于上海长江隧道最大覆土厚度约 29m，为了使试验更具针对性，同时考虑试验成果对以后工程实践的指导作用，将衬砌环试验中顶部的覆土厚度按 15m 和 29m 两种情况考虑。在此基础上，确定以下九个试验工况。

图 5–1　整环试验现场水平整环试验

工况一～三：按埋深 15m 与侧压力系数分别为 0.68、0.70、0.72 进行等效荷载加载，目的是考察衬砌结构在该覆土深度下的受力、变形和裂缝开展情况，并考察环与环之间纵向螺栓的受力情况。

工况四～六：按埋深 29m 与侧压力系数分别为 0.68、0.70、0.72 进行等效荷载加载，目的是考察衬砌结构在该覆土深度下的受力、变形和裂缝开展情况，以及错缝拼装对结构受力的影响。

工况七～九：施工期管片在盾构内拼装时自重作用（横断面）、施工期管片同步注浆及二次注浆压力作用（横断面）、施工期脱出盾尾后管片局部上浮（纵断面）三种不同的工况条件下的受力情况。

通过试验验证了结构设计的安全性、管片的承载性和稳定性满足工程要求，并优化了结构配筋。检验了不同工况下衬砌圆环的承载能力，环、纵缝接头刚度的变化范围、接缝最大张角，并校验了接头密封防水设计能力与其适应性。

5.2.2 弹性密封垫试验

管片在盾构内拼装直至脱出盾尾，因施工误差、千斤顶反力不均匀、曲线施工时产生的单边推力、圆环沉降变形等，使得管片与管片或环与环之间存在间隙，从而引起隧道漏水。针对漏水情况，在管片的接缝面设有凹槽，在槽内粘贴三元乙丙橡胶，结合遇水膨胀橡胶，共同实现防水功能。其材料具有压缩永久变形量少、应力松弛变化率低、耐老化性能佳的特点，可确保高水压下接缝张开在一定量时的长久防水性（图 5-2）。三元乙丙橡胶见图 5-3。本工程的接缝防水要求为：接缝张开 8mm，错缝（内弧面高差）8mm 情况下，能抵抗 1.04MPa 水压。弹性密封垫现场安装图片见图 5-4。

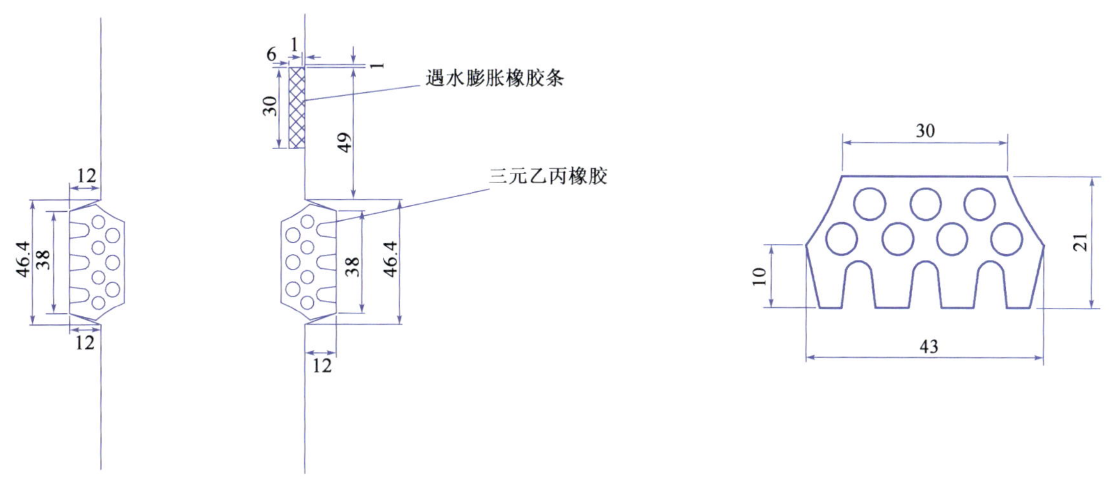

图 5-2　管片防水结构图（尺寸单位：mm）

图 5-3　三元乙丙橡胶截面图（尺寸单位：mm）

图 5-4　弹性密封垫现场安装

5.2.2.1　三元乙丙橡胶试验

为全面了解和验证上海长江隧道三元乙丙橡胶性能指标，在工程施工前，通过试验研究，对其材料技术指标、压应力与压缩变形性能、T 形缝水密性能、老化后耐水性能进行测试（试验内容按表 5-2 进行）。

密封垫防水性能试验内容　　表 5-2

序号	试验项目	材　料	工　况
1	三元乙丙橡胶技术指标	弹性橡胶密封垫	设计要求的指标
2	压应力与压缩变形试验	三元乙丙橡胶	错缝
3	橡胶密封垫 T 形缝水密性试验	三元乙丙橡胶	错缝
4	弹性橡胶密封垫老化后耐水性试验	氯盐浸泡后三元乙丙橡胶	不错缝

通过对密封垫不同试件的加压，得出所承受压力与压缩变形量之间的关系曲线，并考察其物理压缩特性。

5.2.2.2 橡胶密封垫 T 形缝水密性试验

该试验的目的是通过对弹性密封垫的 T 形缝水密性进行测试，以检验其在受压情况的抗水压能力。

通过对试件进行 T 形缝水密性试验，以验证产品是否达到表 5-3 的指标要求。弹性密封垫断面见图 5-5，T 形缝试验装置图见图 5-6。

T 形缝水密性试验要求　　表 5-3

项　目	水平张开量（mm）	竖向张开量（mm）	管片错位量（mm）	水头压力（MPa）
指标一	7	4	10（单错、双错）	1.04
指标二	4	4	20（单错、双错）	1.04

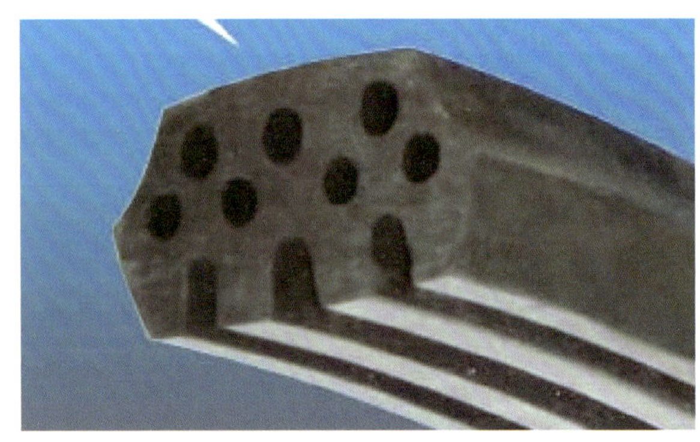
图 5-5　弹性密封垫断面图

图 5-6　T 形缝试验装置图

5.2.2.3 试验方法与结果分析

测量弹性橡胶密封垫试件厚度，然后将试件放在涂有氯丁橡胶凹槽的模具中，用螺钉紧固（用测力扳手控制螺栓的紧固力）模具上下两块模板至需要的试验指标（张开量是通过在模具上下模板之间插入定制的垫片来控制，垫片的厚度即为模具之间的张开量，错缝量按单错缝试验），然后用手动试压泵加水压，待排净空气，关闭排气孔阀门，加压到设计最大水压 1.04MPa。若压力保持在一定时间内不降，可以认为不渗漏。

5.2.2.4 弹性橡胶密封垫老化后的耐水性试验

通过对弹性橡胶密封垫加速老化后的耐水性试验，检验其抗水压性能变化情况，老化后 T 形缝水密性试验显示，老化后防水性能变化不大，可满足长期的防水性能。

5.2.3 剪力销试验

上海长江隧道工程规模大、距离长、深度大等特点给管片衬砌环上浮控制带来诸多困难。参照隧道衬砌整环试验研究结论，在浅覆土地段、地层变化位置和连接通道两侧及江中冲刷槽等覆土深度有突变或结构刚度发生突变的一定区域范围内增设了剪力销环，以提高特殊区段衬砌环间的抗剪能力，减少环间高差，增加衬砌环间的抗剪能力。

5.2.3.1　剪力销设计要求

增加衬砌环间的抗剪能力是一种限制隧道上浮的有效措施，通常采用混凝土管片预留的剪力键、剪力销等，其主要缺点是对管片的拼装会造成较大的困难。

选择在部分区段的管片环间增设橡胶剪力销，每环置 19 个（其中 B 块每块管片 2 个，F 块为 1 个，每环由 9 块 B 块，1 块 F 块共计 10 块管片组成），设计要求单只剪力销抗剪能力≥ 350kN，当抗剪力达到 300kN 时，剪切变形≤ 6mm，剪切变形率为 30~60kN/mm，原材料要求熔点≥ 220℃，最大含水率≤ 2.2%。剪力销示意图见图 5–7。

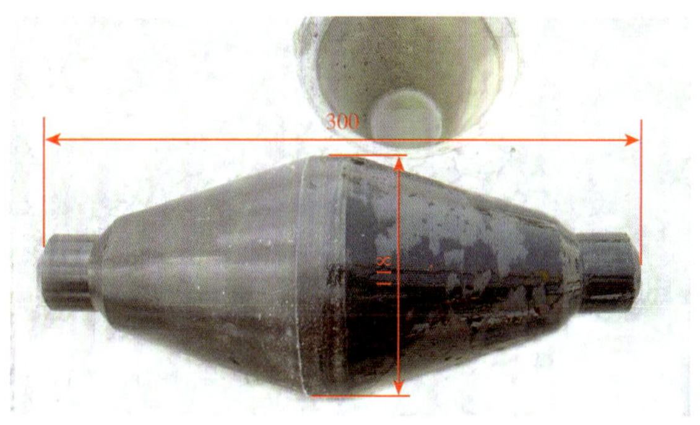

图 5–7　剪力销示意图（尺寸单位：mm）

5.2.3.2　剪力销试验

在工程施工前，对剪力销原材料性能、抗剪强度、剪切变形特性等进行试验研制，以确保其满足设计要求，试验内容如表 5–4 所示。

剪力销试验内容　　表 5–4

序　号	试验项目	材　料	工　况
1	熔点	原料（颗粒）	DSC 法
2	含水率	原料（颗粒）	（120℃ /8h）
3	抗剪强度	剪力销	
4	剪切变形	剪力销	错缝

5.2.3.3　剪力销的检测

剪力销主要进行原材料和抗剪强度检测。

1）原材料检测

为满足相关的设计指标，在施工前及隧道推进过程中将其原材料送至专业检测单位进行检测，数据表明，原材料性能指标满足设计要求（试验内容按表 5–5 进行）。

剪力销原材料指标　　表 5–5

序号	项　目	设计指标	实测指标
1	熔点（℃）	≥ 220	228
2	含水率（%）	≤ 2.2	2.0

2）剪力销抗剪强度检测

（1）抗剪强度检测

通过特殊的夹具将剪力销夹在抗压抗折压力试验机上，逐渐加压至 350kN 或以上，并保持压力 2min 后卸载，其结构完整，无损坏现象。

（2）剪切变形试验

先将剪力销测试靠模置于液压机上，将剪力销放入靠模，通过百分表读出初始数据后，分级加载负荷，每加载 50kN，稳定 2min 后测得其剪切变形量。加压至 300kN，测得其变形量在 3.34~4.3mm 之间，将荷载与剪切变形关系绘制成图（图 5–8）。

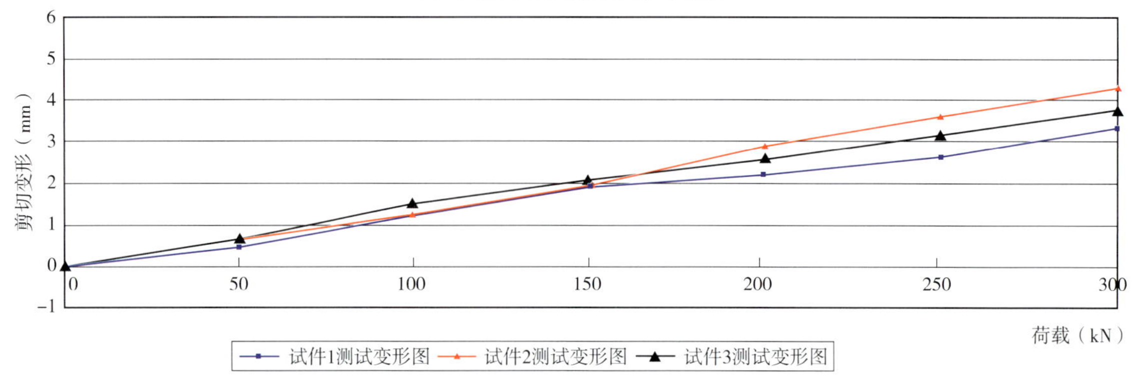

图 5-8　剪力销剪切变形图

（3）现场试验

为保证成型的剪力销能满足现场施工要求，在施工前，通过管片试拼装对其进行试验性安装，试验内容按图 5-9 进行。其结果满足拼装要求，可在拼装过程中对其进行精准定位而不影响管片拼装。

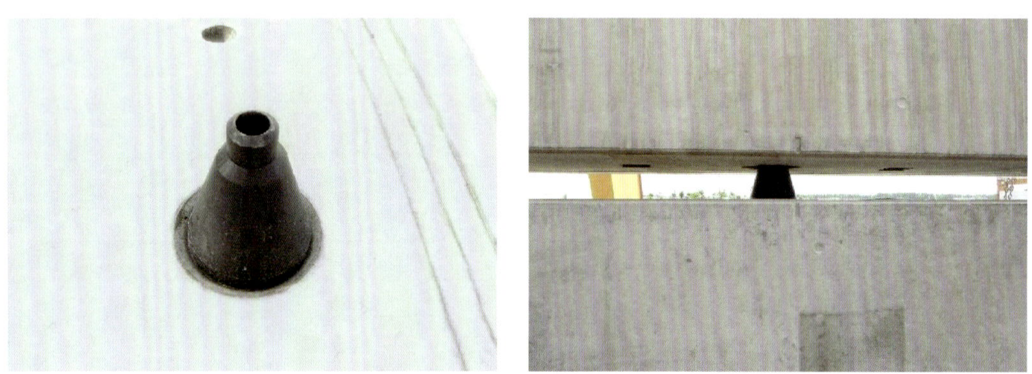

图 5-9　剪力销拼装效果

5.3　高精度超大型管片钢模的设计与制造

5.3.1　概述

钢模是浇筑管片的专用模具，是盾构法隧道施工必需的产品。用于上海长江隧道的高精度超大型管片钢模，是建设时世界上最大直径的钢模，它的设计制造极具代表性。基于工程百年大计的质量要求，隧道管片的质量标准高于国内标准。高质量的管片须由高精度的钢模来保证，钢模的宽度尺寸公差为 ±0.30mm，并首次增加了难度相当高的环面角度 ±0.02° 和端面角度 ±0.01° 的精度标准，为最高精度的超大型钢模。

工程成功设计制造了双楔型高精度特大型管片钢模。并根据“剪力销型管片”和“预紧力型管片”的特点，使该钢模既能生产通用管片，又能生产特殊的剪力销型管片和预紧力型管片，两种类型的钢模合二为一，大大节约了成本。

针对钢模直径大、精度要求高的特点，钢模设计运用了计算机仿真技术，建立三维模型，进行刚度和强度的分析校核，验证了其安全性，为提升钢模的设计和制造水平，缩短钢模新产品开发周期提供了保障。钢模环面角度和端面角度的检验采用制作检测样板，借助样板测量间隙尺寸进行角度换算的方法，还采用了先进的三维激光扫描测量技术，为工程的顺利实施提供了可靠保证。

上海长江隧道采用 9 套钢模完成长达 15km、共 7 471 环的管片浇筑任务。通过对单块管片的质量检查以及对管片水平试拼装的纵缝、环缝间隙等质量指标的检查，各项技术指标符合设计标准，管片脱模方便，钢模的开合重复定位精度高，钢模操作简单方便。每套钢模使用 830 次以上，经检测仍能保持其原有的高精度，达到国内最高的质量标准。

5.3.2 超大直径双楔型高精度钢模设计

5.3.2.1 钢模的技术指标

隧道管片采用双楔型错缝拼装，故对管片的精度，尤其是宽度要求特别高，相应的钢模宽度公差为 ±0.3mm，是大型钢模中最小的公差，并首次提出钢模环面角度公差和端面角度公差的高指标。

钢模的主要技术指标如下：

钢模标准宽度：2 000mm

钢模宽度公差：±0.3mm

钢模弧长公差：±0.5mm

钢模深度公差：0~+2.5mm

模芯孔距公差：±0.4mm

环面角度公差：±0.02°

端面角度公差：±0.01°

端板与侧板交角处的缝隙：≤ 0.15mm

钢模表面粗糙度要求：底座的弧面、两侧面、两端面；侧板的内表面；端板的内表面和左右两侧的表面粗糙度均为 *Ra* 3.2。

5.3.2.2 钢模的结构形式和功能要求

1）钢模的结构形式

钢模由底座、侧板、端板及辅助零部件（预埋装置、开启装置、传动机构、锁紧机构、模芯芯棒装置、盖板）等组成（图 5-10）。底座、侧板、端板（俗称三大件）通过锁紧机构连接成一体，形成的内腔空间即为管片的实际形状和尺寸，故钢模的高精度是保证混凝土管片各项尺寸精度的必要前提。

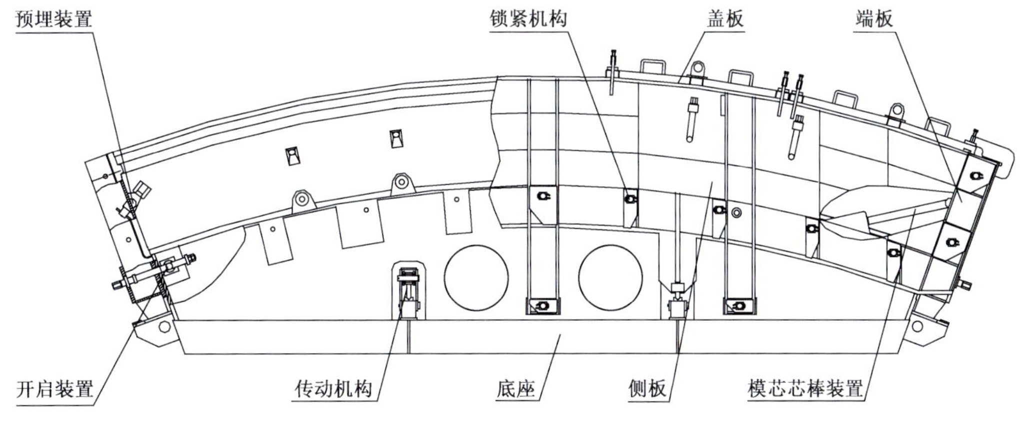

图 5-10　钢模结构示意图

高精度超大型钢模与一般的钢模相比，钢模弧长较长、宽度更宽、高度更高，对钢模设计制造提出了更高的要求。钢模侧板结构狭长，易产生扭曲变形；钢模底座弧面长而宽，端、侧面长而高，对其制造的形位精度要求更高，管片质量加大，钢模底座的受力情况改变，对钢模底座的强度、刚度要求更高，底座与端板、侧板之间密封的可靠性也受到影响。

按照管片的形式，相应的整套双楔型钢模共 10 个，其中标准块钢模 7 个、邻接块钢模 2 个、封顶块钢模 1 个。双楔型的钢模几何立体形状复杂，每块管片上每一点的宽度随楔形量的变化而不同，对应在钢模的宽度上每一点的尺寸也不同，双楔型钢模的设计和制造难度很高。

2）钢模的功能要求

（1）底座、端板、侧板三者的连接采用螺栓锁紧形式；

（2）侧板的开合方式为滚轮导轨推拉方式；端板的开合采用铰页形式，开启角度为 15° ~20° ；

（3）盖板采用分块式，用夹具与端侧板固定；

（4）钢模采用插入式振动方式来浇筑管片。

5.3.2.3　钢模的受力分析及强度和刚度安全性分析

1）钢模的受力分析

由于钢模的直径大，厚度、宽度尺寸也随之增大，所以造成端板、侧板均为狭长型，易产生扭曲变形，对刚度的要求将比一般的钢模大大提高。同时，超大型钢模在浇筑管片时对端板、侧板、底座的刚度要求也大大增加。因此在钢模结构设计时根据底座、端板、侧板的受力情况，充分满足三大件的刚度和强度要求，应用计算机数字仿真技术，建立钢模的力学模型，见图 5-11。

底座是钢模的基础，承载了几乎所有荷载。底座的形式设计成箱体，使它具有足够的强度和刚度。

端板、侧板坐落于底座上承载混凝土拌和物的侧压力。由于侧板呈薄、长形状，其设计主要是从刚度考虑，还要考虑在制作中的内应力的平衡。

在管片浇筑过程中，混凝土未凝固时，钢模三大件主要受到混凝土浆的静压力作用。

端侧板在受液体静压力作用的情况下，力的方向垂直于端侧板，力的大小从与底座连接处开始到外弧面方向递减。

当混凝土凝固时，钢模的侧板基本不再受力；底座和端板仍受到管片的重力作用。

2）钢模的刚度和强度安全性分析

在结构件的安全性分析中，采用建立三维模型进行刚度和强度分析方法，图中变形量显示比例为 200 倍。

图 5-12 是底座在承载 20t 管片、均匀受力状况下的分析结果。

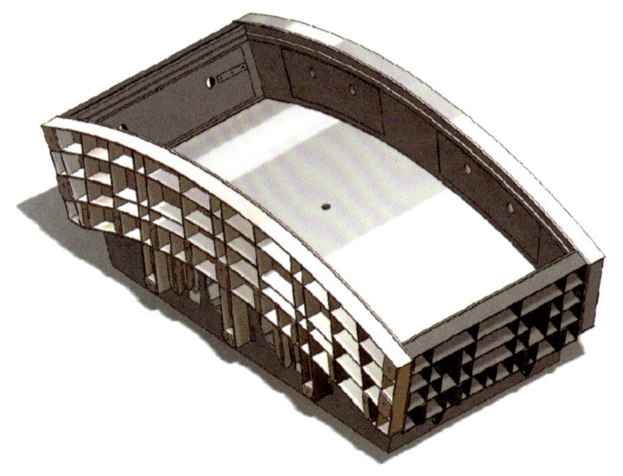

图 5-11　钢模的力学模型

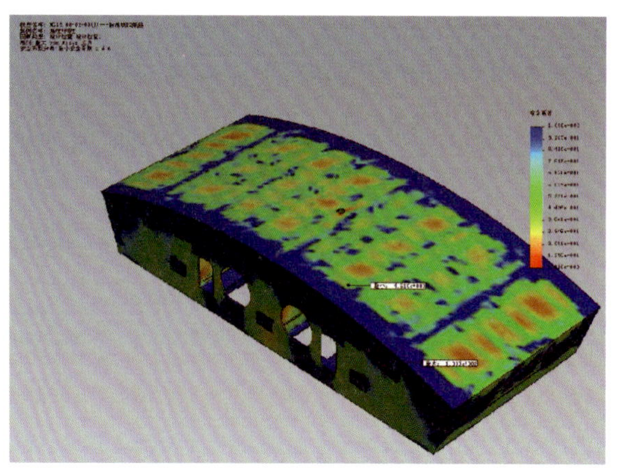

图 5-12　底座刚度、强度安全性分析

图 5-13、图 5-14 是在钢模内注入 20t 混凝土情况下对侧板和端板的分析结果。

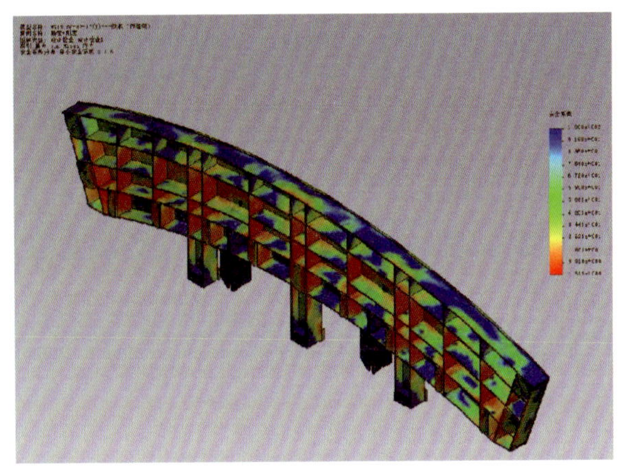

图 5-13　侧板刚度、强度安全性分析

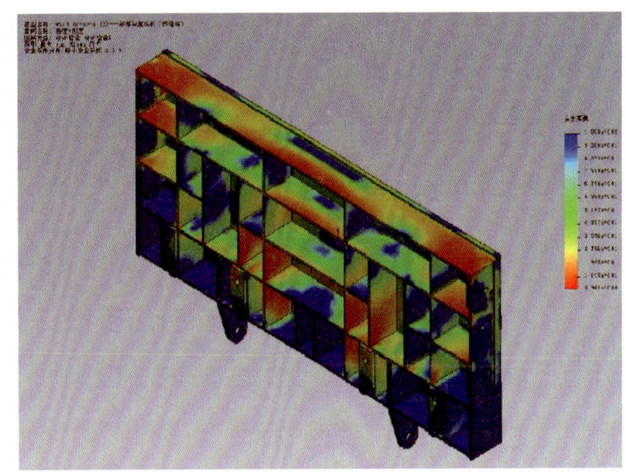

图 5-14　端板刚度、强度安全性分析

图中最大值仅为验算值的 1/5，因此，结构强度与刚度能得到保证。

3）钢模在 70℃及 100℃温度下的安全性分析

在管片生产中，需要蒸汽养护，所以要对钢模在不同温度条件下的安全性进行分析。采用三维建模的方式进行，分析结果显示，计算安全系数高于板安全系数 5 倍以上。

100℃条件下，计算结果同样在安全范围内。

5.3.2.4　钢模主要零部件设计

1）钢模设计要点

底座、端板、侧板构成了钢模的主体。底座的失效一般表现为疲劳失效，底座焊接处可能出现裂缝，严重的会产生扭曲变形；端板、侧板的失效形式，除了操作不当引起的腔面损伤，另一重要因素是侧板本身的变形导致平面度下降，使浇筑的管片不符合质量要求。针对钢模的失效形式设计高精度超大型钢模，使其具有高的稳定性和长的使用寿命。

管片浇筑时出现浆液渗漏是钢模的顽疾，其原因多数是浆液从底座、侧板、端板三者的结合面溢出。为防止漏浆，在三大件的结合面处设计高的配合精度，三者结合的精度是阻止漏浆的第一道屏障。

2）底座的设计

底座是钢模的基础，承载了几乎所有荷载。它的主要作用是控制管片的内径以及控制钢模侧板和端板的定位精度。底座各部位的尺寸决定了整个管片钢模的内腔宽度和弧、弦长，端面角度和弧面角度，是保证钢模整体精度的关键。其技术关键是控制弧面尺寸（$R6\,850$）和两端面之间的角度。

底座是一个半封闭框架式的结构件，主要由弧面板、端侧面板、内外贴板及底部钢结构组成。设计应使其具有足够的强度和刚度。底座结构件在保证其强度、刚度的基础上，在某些部位增设加强筋，此方法可降低弧面板、端侧面板等板材厚度，减少底座的重量。弧面板满足强度、刚度要求的同时，兼顾了与侧板密封条的配合。

底座的弧面半径即为 1/2 管片内径，弧面夹角与管片的角度相对应。底座弧面上的宽度即为管片内径宽度，底座高度是在满足机械制造和管片制作的工艺为依据来确定。

作为双楔型钢模，底座宽度沿弧长变化，所以设计中采用两块侧面板搭建基本框架，再通过在两侧贴不同厚度的锁紧孔贴板来调整宽度，达到钢模宽度尺寸的要求。底座的底部框架是由槽钢组成的钢结构，要求与地面平稳接触。底座结构件四侧面留有一定的加工余量，四侧面对弧面的倾斜度有较高的要求。底座弧面的轮廓度用弧面样板检查，弧面两端头间隙控制为 0，中间间隙 ≤ 0.5mm。

3）侧板的设计

侧板坐落于底座上承载混凝土拌和物的侧压力，其主要作用是控制管片的侧面形状和弧弦长，其设计主要从刚度考虑，并注意平衡制作中的内应力。

侧板外形结构主要由面板、背部加固框架、侧板开启脚等组成。侧板结构件整体上较薄、较长，这种结构存在失稳风险，因此设计采取加固的方法，在面板背部的适当位置增加了相当数量的加强筋。

在侧板型腔面的设计上，由于管片环面迎千斤顶处设一高 4mm 的凸面，相应地在钢模侧板上设计了 4mm 的凹面。在管片的实际拼装中，分块面即为实际接触面，所以设计要求基准面和分块面的平面度误差均要控制在 0.05mm 以内，两平面的平行度误差也需控制在 0.05mm 以内，型腔面的表面粗糙度控制在 *Ra*3.2 以上，芯棒孔中心距误差控制在 0.2mm 以内。这样既能保证钢模整个侧面的平面度又能有效保证浇注管片后的实际拼装尺寸。在型腔面各凹凸榫两端要进行 45° 倒角，便于与端板拼装。

4）端板的设计

端板的主要作用是控制管片的端面形状和弧弦长。端板的设计与侧板相似，主要由面板、背部加固框架以及与底座的连接脚组成。基准面和分块面的平面度误差控制在 0.05mm 以内，两平面的平行度误差控制在 0.05mm 以内，型腔面的表面粗糙度控制在 *Ra*3.2 以上，芯棒孔中心距误差控制在 0.2mm 以内。在管片端面有两条半圆形定位棒凹槽，相应的在钢模端板上设计两个半圆形凸榫，以保证脱模，半圆形凸榫的周边均要进行倒角处理。

5）模芯装置及预埋件装置的创新设计

如图 5–15 所示，相邻管片之间的连接均采用斜向螺栓连接，一端有预埋螺母，在另一端通过手孔将螺栓与预埋螺母连接。

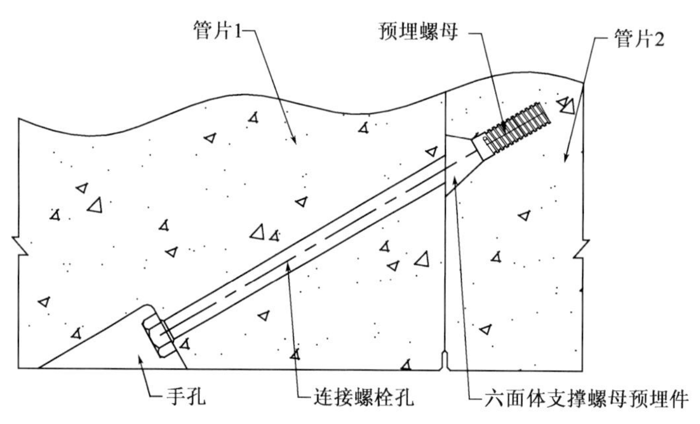

图 5–15　管片连接图

模芯是为了使管片浇筑成型后，形成连接螺杆的手孔而制作的钢结构件。由于其形状和位置完全符合脱模的要求，所以模芯无论纵向还是环向均设计为固定形式，即模芯与底座焊接固定。

芯棒是为了使管片浇筑成型后形成连接螺栓孔而设计的零件。芯棒一端插入模芯孔，另一端与端侧板连接，并可反复拆卸。在芯棒与模芯之间，设计一垫圈，以满足管片手孔的几何形状，该垫圈也随每块管片的浇筑拆装，因较易磨损，需对其调质处理。芯棒与端侧板为斜向的角度关系，在端侧板的面板上必须配有相同角度的斜孔供芯棒穿越。工艺设计可在端侧板上直接开斜孔，也可在端侧板上开垂直孔，设计过渡套，在该过渡套内打斜孔，再嵌入端侧板，最大限度简化了端侧板的金加工工艺。

芯棒定位，通过在过渡套上焊接一个圆螺母，在芯棒端部设计了螺纹与六角头。实现安装时将芯棒插入，拧紧即可，同样，拆卸也很方便。另外在芯棒与过渡套之间设计一个密封圈，以防漏浆。

六面体支撑螺母预埋件是在管片浇筑时承载预埋塑料螺母，并将其固定的装置。该装置设计的关键是如何将预埋螺母精确定位，使其形状和位置都完全符合管片的设计要求。设计采用在六面体支撑螺母预埋件上加一过渡套，上面钻一斜孔，用螺杆穿入，其顶部与预埋塑料螺母连接的方式。安装时采用一个专用工装就可轻松完成，并定位准确。

6）型面多变型钢模的互换设计

由于隧道施工需要，另有几类特殊的管片需要生产，数量并不多。若另行设计新钢模，使用率不高，制造成本太高，因此在通用管片的设计中充分考虑了这种需求，设计了可以互换的零件来实现不同形式之间的转换。

第一种互换：剪力销钢模与通用钢模的互换。

剪力销钢模就是在管片浇筑中要在钢模侧面增加预埋件，使管片成型后形成相应的剪力销孔，安装剪力销，达到管片的设计要求。通用钢模则没有该预埋件，此部分在面板上为平面。在侧板上设计了剪力销孔，在侧板外侧增加一个连接套，直接与侧板焊接固定，两种形式互换时，焊接位置均在连接套上，不与侧板接触，可防止侧板型腔面的局部变形。

第二种互换：预紧力钢模与通用钢模的互换。

预紧力钢模就是在钢模侧板上增加手孔预埋件，并在两侧手孔之间预埋无缝钢管，使管片浇筑成型后形成手孔和连接螺栓孔，便于这种特殊管片的连接。将手孔埋件用螺母与侧板固定，两侧手孔埋件在侧板合拢时将无缝钢管固定。在与通用钢模的互换时，采用与第一种互换一致的设计来实现。

7）端、侧板开启装置

端、侧板的开启装置作用简单地说，是为了管片从模具中的取出。由于管片表面四周有阻水条的安装槽，有管片与管片间相互作用的凹凸榫条、管片间连接螺栓所需要的预埋件、手孔、芯棒和定位体等。而在钢模内腔表面上，则与之相反。正是这些凹凸的物状体，阻碍了管片从钢模中的取出。而端、侧板开启形式的各种变化，也就是为了把阻碍管片取出的物体移走。

侧板的开启装置，在设计上主要有两种形式：铰链翻转式和滚轮导轨推拉方式。这两种不同的开启形式都有一个设计的共同点，在开启时不得损伤管片的表面。本钢模采用滚轮导轨推拉式。

端板的开启装置除了与侧板相同的铰链翻转形式外，还有其他各种形式。如利用底座弧面板的弹性变形开启；上下两块开启等。本钢模采用铰链翻转式。

管片脱模时，其强度还远远未达到使用时的要求，这时端、侧板的开启容易发生啃边现象。啃边是指在端、侧板开启时，管片上的凹、凸榫条和阻水条的边、角受到损坏。在端、侧板开启前，会拧松连接螺栓。这时，由于约束的解除，重力 G 要有一个相平衡的支持力 F，而 G 是不能由管片上的凹凸物状体支承。

侧板的滚轮导轨推拉式开启设计中，在解除约束后侧板重力 G 由坐落在底座上的平移轨道支承而得以平衡，其平移的轨道设计略向上倾。在铰链翻转式开启的设计中，约束解除后，端板的重力 G 由坐落在底座上的铰链支承而得以平衡，铰链转向轴的位置与端、侧板的基本平面有一段水平距离 L，在开启端板时，其上点有向上的运动趋势，这样就保护了管片上的凹、凸形体，不会产生啃边的现象。

5.3.3 超大型高精度钢模制造

5.3.3.1 钢模结构件制作

1）底座结构件制作

底座前后的两块侧面板是整个焊接装搭和角度控制的基准，因此采用高精度的数控切割机进行切割下料。下料后进行冷作校平，平面度控制在≤ 1mm 以内。由于需要控制底座整体的变形量，因此整个装搭过程均在平台上进行，装搭后全部采用二氧化碳气体保护焊接。焊接过程需多名焊工同时进行。全部焊接完成后，由于底座弧面不金加工，因此结合样板对底座弧面进行人工打磨，直到符合设计图的粗糙度要求。底座圆弧面精度控制要求：两端间隙为 0、中间间隙≤ 0.5mm。

2）侧板、端板结构件制作

侧板、端板结构件的面板采用数控切割机进行下料，严格控制扇形面板的下料尺寸。面板下料后必须采用冷矫的方法予以校平，不能采用火工矫正，在焊接过程中采用二氧化碳气体保护。结构件加工后采用冷校的方法校平，侧板、端板面板平面度控制在 1mm 以内。

5.3.3.2 钢模金加工

1）底座的金加工

钢模总体的设计方案是以底座为基准，侧板和端板都是靠在底座上，因此底座各部尺寸决定整个钢模的内腔宽度、弧长、弦长和角度。底座的加工精度直接影响到钢模装配后的各项尺寸精度，是钢模设计和制造的关键所在。但底座是一个结构大，形状特殊的钢结构件（截面形状如一扇面）用普通方法加工和测量都比较困难。

对这一关键零件的加工，使用数控龙门镗铣加工中心。在加工中心上通过计算机编程，底座可以一次装夹、一次完成两端面的角度、两侧面和各个面上的孔系的加工工序，改变了过去底座加工多次装夹、校调所带来的误差，保证了底座形位尺寸和几何尺寸的高精度。为了使底座能够一次装夹完成，需将底座翻身，底朝上弧面朝下，如图 5-16 所示。

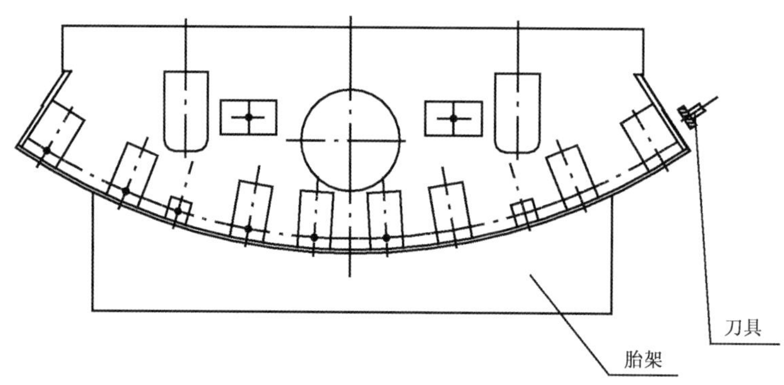

图 5-16　底座金加工示意图

底座加工过程中的检测：采用游标卡尺和内径千分尺及专用量具检测底座两侧面的宽度尺寸、底座的弧长尺寸及端面角度。

底座两侧面加工表面的粗糙度控制：由于使用高精度的加工设备使其表面粗糙度达到 *Ra*3.2 以上。

2）端侧板的不退火去应力金加工新工艺

铸、锻、焊件在冷却时由于各部位冷却速度不同而产生内应力，若内应力较大而未及时予以去除，常导致工件变形甚至形成裂纹。去应力退火是将工件缓慢加热到 500~650℃的温度，经适当保温，随炉缓冷的工艺方法。由于退火温度 <A1，因此钢在去应力退火过程中并无组织变化，内应力主要是在保温后缓冷过程中消除的。

在端侧板结构件的制作中，大量的焊接会造成工件产生较大的内应力，若不去除，会影响到端侧板的金加工的精度，甚至导致工件的变形或形成裂缝，这是钢模制造决不允许发生的现象。在传统的钢模制造中，端侧板在金加工前必须采用去应力退火工艺，然后采用三轴立车加工中心和三轴联动的龙门镗铣床对端侧板进行切削加工。

去应力退火的工艺对场地、设备有较多要求，且钢模制造工期紧张，加之钢模体积庞大，需要确定一个加工质量更好，更简单的工艺。在长江隧道特大型钢模的制造中，设计人员本着精益求精的精神，仔细钻研，多次试验，制订了创新的不退火去应力新工艺，在工件的金加工过程中使内应力得到充分释放和消除，达到了去应力退火工艺同样的效果。

首先根据 CAD 图纸，用 UG 做出端侧板的实体造型。工件上数控加工中心，首先加工基准底平面，然后工件翻身，加工面板型腔面。采用新型的可调整型垫块将工件垫硬，压板压紧，防止工件的振动。采用特殊刀具进行第一遍加工——粗加工，快速走刀使应力得以充分的释放，提高材料的稳定性。粗加工后所有型腔面及所有销孔均留有一定的加工余量。接着进行第二遍加工——精加工。精加工型腔面至图纸尺寸，保证尺寸公差及精度要求。最后进行第三遍加工——超精细加工。保证工件的粗糙度要求，清除铁屑热量，使内应力逐渐消除。最终各平面的平面度在 0.05mm 以内，平行平面间的平行度也在 0.05mm 以内，表面粗糙度达到 *Ra*3.2 以上，完全符合设计要求。

5.3.3.3　钢模的总装

钢模总装是保证其精度的关键。由于双楔型钢模的端板、侧板及底座是在数控加工中心加工的，精度大大提高，装配的误差也降到了最小，因此直接采用立式安装技术。三大件加工结束，即可开始总装工序。步骤如下：

1）用样板测量钢模的弧弦长，误差应小于 0.2mm。

2）装配一侧的侧板，侧板的高度位置应与端板高度位置一致，并用深度千分尺测量，误差应在 0~2.5mm，然后定位并锁紧。同样的方法再安装另一侧侧板。

3）端侧板安装完毕后必须达到：环面角度公差：± 0.02°，端面角度公差：± 0.01°。

4）安装侧板传动机构和端板开启装置，且保证其灵活无卡阻现象。

5）安装模芯装置预埋件装置和相关辅件。对于模芯，预埋定位件等的安装采用特制工装、样板等结合理论数据精准定位。

总装完成后，对钢模进行全方位的检测。

5.3.4　钢模检验

5.3.4.1　检验量器具

整体检测：三坐标激光检测仪。

长度类检测：采用法定的计量器具；
精度为 0.02mm 的游标卡尺；
精度为 0.01mm 的内径千分尺；
精度为 0.02mm 的深度游标卡尺；
0.05~0.75mm 的塞尺等。

弧长类检测：专用弧长规（样板）及嵌块。

角度类检测：专用样板及塞尺；
精度为 0.01mm 的内径千分尺。

5.3.4.2　检验内容

1）底座的检验

结构件几何尺寸检验内容：弧长、弦长、高度、中心角、外弧半径两侧面的平面度及各加工面的余量和焊缝等。金加工几何尺寸检验内容：弧长、弦长、宽度、锁紧螺孔、中心角、表面粗糙度、平行度、弧面轮廓度等。

2）侧板的检验

结构件几何尺寸检验内容：弧长、弦长、高度、中心角、外弧半径、加工面平面度、金加工余量和焊缝等。金加工几何尺寸检验内容：弧长、弦长、模芯棒孔及孔的位置、中心角、密封槽、表面粗糙度、锁紧孔、加工面形状及各要素尺寸等。

3）端板的检验

结构件检验内容：宽度、厚度、高度、平面度、焊缝及金加工余量。金加工几何尺寸检验内容：加工面形状及各要素尺寸、宽度、厚度、密封槽、模芯棒孔和孔距等。

4）其他零件的检验

检验端板镶块、模芯、芯棒、六面体定位件、剪力销预埋件、举重臂预埋件、滑轮、导轨、平移开启装置等零件。

5）外购件的检验

对于轴承、螺栓、焊条等外购件执行严格的进货验收制度，必须持有产品合格证、产品质量保证书及相应质保资料，同时在部件安装和总体安装中进一步验证其质量状况。

6）钢模总装的检验

为保证总装精度，在总装过程中对每一工步包括端板位置、模芯定位、侧板位置、宽度尺寸、开启装置等进行严格检验，合格后方可进入下道工步或工序。

总装结束后需检验钢模的内腔宽度、弧弦长、钢模高度、模芯棒中心距、环面角度、端面角度、结合面间隙、合模状况等项目。

（1）钢模宽度检验

采用内径千分尺进行内腔宽度的测量。由于双楔型钢模的特殊性，钢模任一宽度的值均不相等，所以在每个钢模上选取 8 个宽度进行测量，再与理论值核对，确保数据的正确性、有效性。

（2）钢模外径和内径弧、弦长的检验

将高精度测量样板放入钢模内，插入检查销，调整好测量样板，用塞尺测出样板和钢模两端面的间隙，通过计算得出钢模的弧、弦长。

（3）钢模高度检验

使用深度千分尺量具直接测量。

（4）纵向、环向芯棒中心距的检验

在钢模内调整测量样板，插入检查销检查。

7）环面角度、端面角度的检测

在上海长江隧道钢模的项目中，增加了对钢模环面角度、端面角度的精度要求，进一步确保了钢模总体的精度。为此对环面角度的检测进行了一些研究，制作了检测的样板，借助样板测量间隙尺寸进行角度换算。

如图 5-17 所示，α 为环面角度，即侧板与底座的夹角，α 的公差要求为 $\pm 0.02°$；β 为端面角度，即端板与底座的夹角，公差要求为 $\pm 0.01°$。

在钢模上直接测量角度没有工具，只能转化为长度测量方可进行。故设计了一块环面角度样板，由数控机床加工制造，保证4个接触点两两水平或垂直，样板的有效宽度要小于钢模的内腔宽度。然后将样板置于每个钢模中心线的位置，由于双楔型钢模在每个点上的宽度不同，所以可以计算出一个理论宽度差。在0.02° 的角度公差范围内，将角度公差换算为长度公差即可。

对于 β 端面角度的检测，在检验过程中可利用检测样板和垫块结合，采用与环面角度检测同样的间隙测量法进行换算检验。

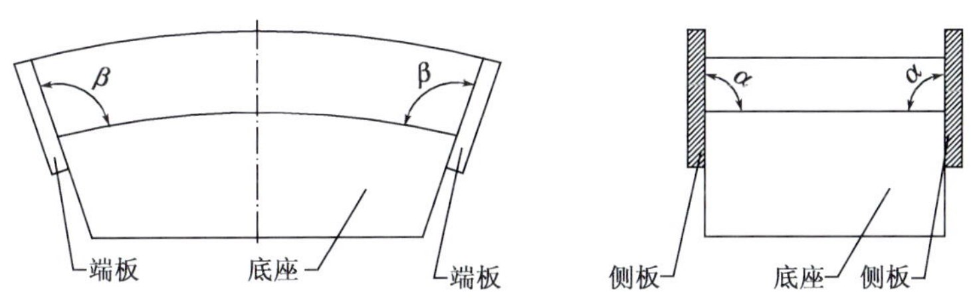

图5-17　钢模端面角度和环面角度示意图

5.3.4.3　钢模的质量水平

1）管片的成环拼装检验

管片的成环拼装质量是检验钢模质量的最终标准。通过三维激光测量仪全面地测量，钢模各项指标均符合设计要求。钢模制造结束检验合格后，试生产2环混凝土管片，按管片拼装的检验标准进行试拼装，拼装后管片相邻环环面间隙≤ 0.8mm，纵缝相邻块间间隙≤ 2mm，环向纵向螺栓孔与对应的预埋螺母的定位轴线的不同轴度≤ 1mm，达到设计拼装要求。

2）钢模的质量水平

国外一些钢模的设计，底座不完全是端、侧板定位的基准，在操作上，虽然规定了端、侧板与底座间连接螺栓的拧紧力矩和位置，但螺栓连接的固有特性会使这力矩和位置有所变化，因而经常要在合模时检测并调整宽度到允许的精度范围内。上海长江隧道钢模以底座四侧面为定位基准，端、侧板与底座间的连接只需拧紧连接螺栓即可，钢模的宽度不会变化，保证了钢模的开合重复定位精度，而且钢模在现场安装和使用过程中不需调整，使操作钢模简单方便，提高工效。

在完成上海长江隧道工程长达15km共7 471环的管片浇筑任务后，全部钢模完好如初，其精度仍然达到技术指标的要求，体现出超大型钢模制作的高质量和长寿命。

5.4　管片混凝土

5.4.1　概述

5.4.1.1　指标要求

上海长江隧道使用的具有高耐久性的管片混凝土是确保整个工程达到100年设计要求的重要环节之一。

本工程位于长江口附近区域，受咸潮入侵影响，且部分区段埋深大，穿越的土层有水量丰富的承压水和微承压水，国内当时采用的管片混凝土技术指标难以满足此类工况条件下混凝土高抗渗、长寿命的要求。上海长江隧道工程率先提出了一系列在当时国内混凝土管片构件领域极为先进的高强度、高抗渗透、高抗裂的综合技术指标要求：

（1）强度等级达到 C60；

（2）抗渗等级达到 P12；

（3）混凝土抗氯离子扩散系数技术指标要求达到$\leq 1.2\times10^{-12}m^2/s$；

（4）超大尺寸单片管片质地均匀、表面光滑、无裂缝。

同时，为满足整体工程的进度和质量需求，工程还对构件混凝土提出了高早强要求、便于快速振捣和收水施工的高可塑工作性要求。

5.4.1.2 关键技术难点

混凝土高强度、高抗渗透、高抗裂、高早强、可塑工作性等诸多性能之间是相互矛盾、相互影响、相互作用、相互制约、相辅相成的关系，一系列高技术、高质量指标，给上海长江隧道工程管片混凝土配制带来了诸多挑战。

（1）高耐久性指标要求在国内管片构件类混凝土领域尚属首例，管片构件类混凝土中常用的传统蒸养工艺对混凝土耐久性的提高不利，可能导致耐久性的降低；

（2）超大尺寸的管片构件，且属于高强度（C60）混凝土范畴，使得混凝土裂缝控制难度增加，同时管片生产工艺中的传统流程极易引起此类管片构件的开裂问题；

（3）超大直径管片混凝土单片方量大，起吊强度要求更高且施工时间相应延长，同时传统耐久性混凝土早期强度发展相对较为缓慢，但实际工程进度要求极高，需要满足短生产周期时间内达到较高起吊强度的早强要求。

本节对影响管片混凝土的耐久性机理进行分析，针对工程实际工况和超大直径的特点，重点研究管片构件类高耐久性混凝土配制技术，同时结合管片生产工艺，研究确保和提高混凝土的抗裂性和耐久性的技术手段，最终形成满足工程要求的混凝土配方设计和相应的生产工艺设计。

5.4.2 管片混凝土配合比设计思路

通常认为，混凝土结构在外因（包括荷载作用、环境因素等）和内因（包括收缩、水化热引起的温升温降变形等）的作用下，将会通过一系列复杂的物理化学变化而引起性能劣化，造成初始不连续微孔和微裂纹扩展、贯穿而形成宏观裂缝，贯穿裂缝连通了混凝土内部路径，增加了材料的渗透性，使外部侵蚀介质更容易进入混凝土内部，造成进一步的性能劣化。这样就形成一个混凝土结构在内因和外因共同作用下“初始缺陷—性能劣化—开裂—抗渗性降低—进一步性能劣化”的恶性循环链，这个恶性循环链是造成混凝土结构耐久性失效破坏的主要模式。

考虑长江隧道工程外因和内因的作用，有害盐类侵蚀、高水压侵蚀和混凝土碳化，针对管片混凝土抗裂性、抗氯离子侵蚀性、高压水渗性、碳化性能逐一进行损伤成因与机理分析，探讨控制的措施，理清配合比设计思路。

5.4.2.1 管片混凝土耐久性机理分析

1）抗裂性

隧道混凝土管片在制作、蒸养、养护期间都不可避免地会出现裂缝。

管片在制作过程中，由于振捣棒的挤压作用，混凝土水化产生的水蒸气容易集中在钢模和管片的结合处，管片凝固时失水会导致表面微裂缝的产生。同时，由于自重和振捣等因素的影响，混凝土在模具内分布不均，凝固时速度不一，就会形成小裂缝。另外，温度和湿度的变化也会导致裂缝的产生。混凝土入模后，由于高强度混凝土的较大温差产生较大的温度应力，而此时混凝土强度较低，很容易出现裂缝。

管片混凝土在蒸养过程中，水的热膨胀作用超过固体材料的 10 倍以上，蒸汽介质的热传递加速了胶凝材料水化反应和混凝土水化热的产生，内部温度急剧上升，增加当量收缩应力；蒸养时混凝土内部的水分和空气产生的膨胀应力使得混凝土在集料与水泥石界面区易产生微裂纹，钙矾石等会在微裂纹中形成并生长，促进微裂纹的进一步发展；此外管片内弧处有手孔成型块，对管片混凝土的体积变化会产生外约束，导致管片外围产生裂缝。

同样，管片从蒸养模具里取出，暴露在空气中导致温度应力过大也会产生裂缝。另外，如果空气中的湿度比较小，混凝土表面也会因失水太快而出现收缩裂缝。

裂缝的出现，相当于减小了混凝土“保护层”厚度，增大了水和空气的渗透性，为各种有害介质提供了更为便捷的通道。裂缝的出现会加速管片混凝土的碳化、氯离子渗透、地下水渗透等侵蚀进程，缩短钢筋的锈蚀时间和结构的使用寿命。同时腐蚀作用又进一步增加了裂缝的数量，加大了裂缝的宽度，更进一步加剧了裂缝的发展。因此，抗裂性是首要重点考虑的性能。对于上海长江隧道超大直径的管片而言，由于尺寸大，其混凝土抗裂性控制难度更大，需对抗裂性问题高度重视。

控制高强度、超大直径盾构管片混凝土自收缩和水化热是配合比抗裂性设计的重点，管片制作工艺、蒸养工艺及脱模后养护工艺对混凝土均匀性、温度应力和失水的影响巨大，是抗裂性设计考虑的另一个重要方面。

2）抗氯离子侵蚀性

钢筋混凝土结构在使用寿命其间可能遇到的最危险的侵蚀介质就是氯离子。上海地区典型地下水质分析的结果表明，上海长江隧道工程可归为近海或海洋环境一类，地下水中氯离子属于含量较高的程度。同时，隧道江中段典型断面上覆土层中的砂质粉土渗透系数大且厚度较小，在高水压作用下，土层中氯离子含量与江水关联性较大，且管片结构同时与地下水、土层、空气接触，为干湿交替状态，氯离子侵蚀引起钢筋锈蚀是影响管片结构耐久性的主要因素。

氯离子侵蚀的特征是氯离子从混凝土表面扩散到内部钢筋，然后穿透钢筋表面的氧化膜，产生电化学腐蚀。当前，一般采用一维 Fick 定律来预测氯离子在混凝土中的扩散，其控制方程为：

$$\frac{\partial C}{\partial t} = D\frac{\partial^2 C}{\partial^2 x} \tag{5-1}$$

式中：C——氯离子浓度，一般以氯离子占混凝土质量百分比表示；

t——时间（年）；

x——位置（cm）；

D——扩散系数（cm^2/ 年）。

氯离子对钢筋的侵蚀电化学反应见下式：

$$Fe^{2+} + 2Cl^- + 4H_2O \longrightarrow FeCl_2 \cdot 4H_2O$$

$$FeCl_2 \cdot 4H_2O \longrightarrow Fe(OH)_2 \downarrow + 2Cl^- + 2H^+ + 2H_2O$$

氯离子虽然不构成腐蚀产物，在腐蚀中也不消耗，但是作为腐蚀的中间产物给腐蚀起了催化作用。钢筋锈蚀不仅能够引起钢筋截面减小和强度降低；还会使混凝土与钢筋之间的黏结性能退化；且钢筋锈蚀后体积发生膨胀（约 2~4 倍），导致混凝土保护层沿筋开裂、甚至脱落，从而使衬砌结构截面产生损伤。

混凝土结构在氯离子环境中的耐久性主要取决于混凝土的密实度、保护层厚度、配筋情况和环境条件等。因此，要使钢筋不发生锈蚀，就要维持混凝土的高碱性与钢筋的钝化状态，必须使混凝土具有较高密实度、较高的抗氯离子渗透能力。对隧道管片混凝土而言，蒸养工艺会使混凝土的孔结构分布改变，导致氯离子扩散系数发生变化。因此在管片混凝土的配制时，不能低估氯离子的侵蚀作用，应针对蒸养工艺对混凝土的氯离子扩散进行研究，尽可能地降低氯离子侵蚀的危害。

3）高压水渗性

高压水渗性是混凝土耐久性的重要指标之一，指混凝土抵抗承压水渗透、扩散或迁移的难易程度，它在一定程度上反映了混凝土内部孔隙的大小、数量以及连通情况。水分子很容易通过孔隙进入混凝土内部，尤其是承压水由于压差更易渗透至混凝土内部。对于地下工程尤其是埋深较大的隧道工程而言，由于结构周围水压较大，混凝土的高压水渗性是一个不可忽视的指标。高压水的渗透既对混凝土自身结构造成一定破坏，又充当其他有害离子如氯离子、硫酸根离子的载体，加速混凝土的侵蚀。可以说，混凝土的高压水渗性在某种程度上决定了混凝土的劣化速度。

混凝土的高压水渗性受到水压和混凝土自身性能两方面因素的影响。水压与结构所处的位置有关，埋深越大水压越大，水分子就越容易进入混凝土内部，相应地对混凝土的高压水渗性要求则越高。上海长江隧道工程的第①$_3$、②$_3$、③、⑤、⑦层为粉土或粉砂，渗透性强；第⑤$_2$层与第⑦层有一定的水力联系，具有微承压水性质，第⑦层、第⑨层中含承压水；因此本工程的管片混凝土对防水渗透的要求比其他工程要高。

4）混凝土碳化

混凝土的抗碳化能力是衡量混凝土结构耐久性的重要指标。混凝土碳化是混凝土中的碱与环境中的CO_2发生化学反应生成$CaCO_3$的过程。

混凝土的抗碳化能力与其自身密实度有着密切的关系，密实度越高，混凝土中可供二氧化碳气体扩散的通道如空隙等越少，则抗碳化能力越强。混凝土的密实度受到配合比设计、水胶比、各原材料品种等各方面因素的影响。其中水胶比的影响最大，水胶比的降低能大大提高混凝土的自身密实度。此外，矿物掺和料和高效添加剂等技术措施对混凝土的密实度提高也有一定作用。研究表明，在合适的掺和料比例和高效外加剂结合的情况下，水胶比小于 0.38 的混凝土能均有较好的抗碳化能力（抗碳化耐久年限达 100 年以上）。管片混凝土为高强混凝土，其水胶比远小于 0.38，可以认为只要采用适当的技术措施，其抗碳化能力能够达到百年以上的耐久要求。

5.4.2.2 混凝土配合比设计技术路线

混凝土设计中的所有问题都不是孤立的，各种因素彼此牵制，相互杂糅。这是因为，混凝土生产和制作过程究其根本是一个化学和物理的变化过程，在其漫长的服役寿命中，仍然不断进行着这个过程。在整个变化过程中，混凝土除了产生高强度的水化产物以外，还产生大量的热，出现体积变化以及内部孔隙的变化。为了使混凝土的变化能够有利于达到长寿命服役的要求，配合比设计一方面需要考虑影响混凝土本质的原材料和原材料各组分之间的比例，另一方面需要考虑生产和制作过程其性能的变化。

综上所述，本工程混凝土配合比设计技术措施，当以混凝土性能指标为目标，设计出混凝土试验室配合比，以减少生产过程对性能的影响为目标设计混凝土和构件生产工艺参数。针对管片衬砌混凝土的工程设计要求，结合管片混凝土的生产工艺特征，确定了用常规材料配制和低水胶比，以大掺量复合矿物掺和料为主要技术措施，对管片混凝土生产制作和蒸养工艺进行优化研究的技术措施。

5.4.3 混凝土试验配合比设计

本盾构隧道工程管片混凝土试验配合比设计包括原材料的选择和配合比关键参数的设计两部分内容。

5.4.3.1 原材料选择

上海长江隧道的管片混凝土是属于高强度半干硬性混凝土，从混凝土性能方面而言，较为重要的是 4 种原材料：水泥、复合掺和料、粗集料和外加剂。

上海长江隧道在建时，是世界上最大直径的盾构隧道，其管片直径也是世界上盾构隧道中最大的。相比较以往的管片，大体积的预制构件有必要考虑水化热和混凝土早期收缩的影响。通过对高强度混凝土的约束状态下收缩试验研究表明。对于 C60 高强度混凝土而言，在混凝土的早期收缩中，自收缩所占比例较大，高强度混凝土的早期收缩以自收缩为主。因此管片混凝土中的自收缩成为造成管片表面裂缝的重要原因。在原材料选择时，当以降低水化热和减少自收缩必须作为首要考虑因素。

1）水泥

C60 混凝土属于高强度混凝土范畴，水泥的强度发展决定混凝土的强度发展规律。因此，选择水泥的强度等级为 52.5 级，比普通混凝土使用的水泥 42.5 级高一个等级。为了制作高精度的管片，混凝土的性能必须稳定。比较市场上普通硅酸盐水泥和硅酸盐水泥的质量稳定性，硅酸盐水泥由于外掺掺和料的比例较低，更容易控制混凝土的质量稳定。同时鉴于对混凝土抗裂性能的考虑，应优先选择中热水泥。通过综合考虑和试验比选，本工程最终选用了某厂 52.5 级 P. Ⅱ型硅酸盐水泥，其 C_3S（$3CaO \cdot SiO_2$）含量略高于中热水泥要求，且早期强度能适应管片生产的需要。表 5-6 为水泥的性能及混凝土性能测试结果。

水泥的性能及混凝土性能 表 5-6

水 泥 品 种	C_3S（%）	比 表 面 积	混凝土蒸养后强度（MPa）
52.5 级 P. Ⅱ硅酸盐水泥	57.8	350	31.1

2）复合掺和料

胶凝材料中，除水泥以外的掺和料的混合物，称为复合掺和料。粉煤灰和矿渣微粉在水化反应过程中均会产生大量的 CSH 凝胶，凝胶中包含许多微小的凝胶孔和毛细孔，有利于抵抗氯离子的扩散，有利于混凝土耐久性的提高。

虽然采用的都是粉煤灰和矿渣微粉，但根据掺和料的品种和比例的不同，复合的效果有很大的差异。管片混凝土前后共使用了三种复合掺和料，给予代号为 SB1，SB2 和 SB3。表 5-7 是这三种复合掺和料的比表面积、烧失量和化学成分。

复合掺和料性能 表 5-7

编号	比表面积（m^2/kg）	烧失量（%）	主要化学成分（%）					
			SiO_2	Fe_2O_3	Al_2O_3	CaO	MgO	SO_3
SB1	431.20	1.72	35.08	0.94	18.58	35.21	7.45	0.14
SB2	437.20	2.62	44.38	3.66	25.36	18.33	3.94	0.52
SB3	402.16	2.22	39.84	1.54	21.39	27.15	5.94	0.29

通过砂浆抗裂环试验（表 5-8）和混凝土绝热温升测试（图 5-18），以及在管片内部放置温度

传感器进行管片温升测试，发现使用SB1复合掺和料管片温升较高，且在蒸养或标养后，早期管片拆模后表面会产生不同程度的肉眼可见的微细裂缝。SB2与SB3复合掺和料对混凝土的水化热降低、峰值延时和自收缩减少均起到有效作用。

砂浆抗裂环测试结果　　表5-8

复合掺和料种类	标　养	低温蒸养
SB1	未裂	裂
SB2	未裂	未裂
SB3	未裂	未裂

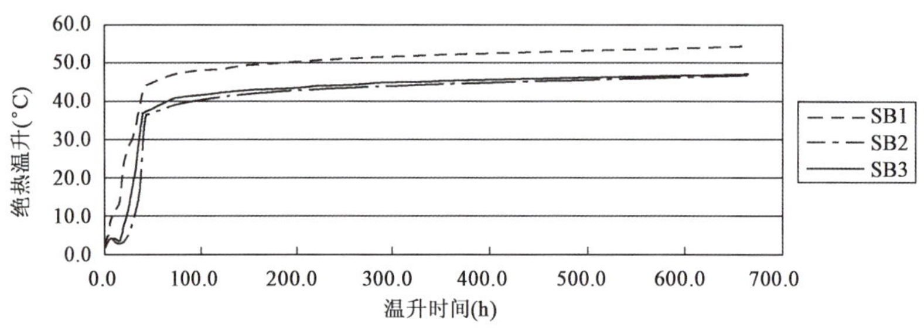

图5-18　混凝土绝热温升曲线

3）粗集料

粗集料的粒径分布和强度对高强混凝土尤为重要，在配合比设计时需要引起足够的重视。本工程采用组合级配的方法，按照最大密实度的原理，采用5~25mm和16~31.5mm的石子混合（其比例约为3∶7）形成连续级配。采用良好的混合级配有利于管片混凝土工作性的提高，并能有利于表面裂纹的改善。表5-9是5~25mm和16~31.5mm粗集料按照比例混合后的级配测试值。

粗集料混合颗粒级配　　表5-9

筛孔尺寸（mm）	40	31.5	25.0	20.0	16.0	10.0	5.00	2.50
累积筛余（%）	0	2	27	71	88	96	98	99

4）外加剂

由于管片体积大，外弧面的面积也较大，新拌混凝土浇筑后成弧性能受到和易性的挑战，为此，确保混凝土高可塑性要求成为混凝土外加剂选择的重要考虑因素。

为保证高强混凝土的低水胶比和低用水量，C60管片混凝土的外加剂的减水率必须超过20%，由于外加剂母料性能的限制，可选的常规外加剂有脂肪族型和聚羧酸型高效减水剂。由于脂肪族型高效外加剂具有特殊的流态性能，对外加剂掺量变化的敏感度不高，可以在一定掺量范围内保持流动度不变化，更适合管片混凝土预制构件的低坍落度可塑性要求。因此，最终选择脂肪族型高效外加剂SPP，具体测试数据见图5-19。

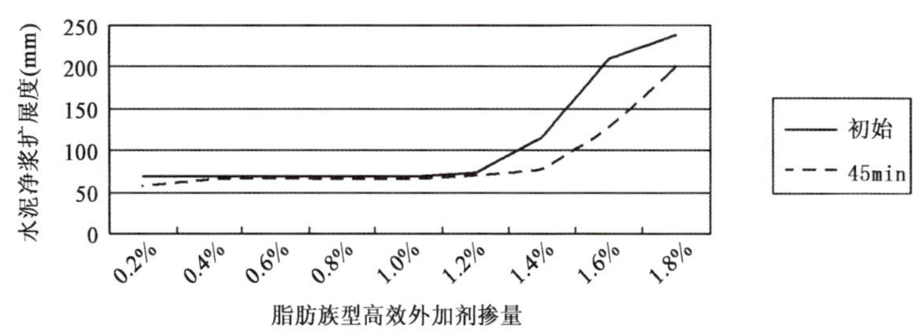

图5-19　脂肪族型高效外加剂SPP与胶凝材料相容性测定

5.4.3.2 配合比关键参数设计

结合上述研究分析，本工程配合比设计时考虑的关键参数为：水胶比、复合掺和料与水泥的比例、浆体体积。

1）水胶比

水胶比是决定混凝土强度的主要因素，也是影响混凝土耐久性的重要因素。

随着水胶比的降低，混凝土强度升高，通常的高强混凝土的水胶比以小于 0.35 为界。为降低混凝土水化热，发挥复合掺和料的火山灰效应，需要提高复合掺和料的比例，这相应地降低了水泥在胶凝材料总量中的比例。在同样的水胶比下，水泥掺量的降低将导致早期强度的降低，甚至可能影响 28d 的抗压强度。因此，在大掺量复合掺和料的设计思路下，水胶比在设计时需要考虑进一步降低。

根据有关研究，水胶比低于 0.35 的区域中，水胶比与混凝土的氯离子渗透系数为一曲线关系，即存在某一水胶比的临界点，使得混凝土的氯离子渗透系数的减小有明显变化。本工程通过测定水胶比与氯离子扩散系数的关系，确定配合比设计的水胶比为 0.29。

2）复合掺和料与水泥比例

以往的研究经验表明，火山灰材料粉煤灰与活性混合材料磨细矿粉，两者同时混合掺入混凝土能够获得比单独添加更为良好的抗氯离子扩散性能，但也存在一个掺加量的界限。当高于这个界限时，不仅不能继续提高混凝土抗氯离子扩散性能，还会导致混凝土的早期力学性能进一步降低。

为了快速测定复合掺和料对混凝土抗氯离子扩散性能的影响以确定其适宜掺量，用 7d 龄期的混凝土试样采取交流阻抗谱的方法对氯离子扩散进行评价，其优点是引起扩散的浓度梯度由电极反应本身所产生，而不是由人为制造，使用交流电场产生很小的浓度差，不至于对整个测量系统产生大的扰动。

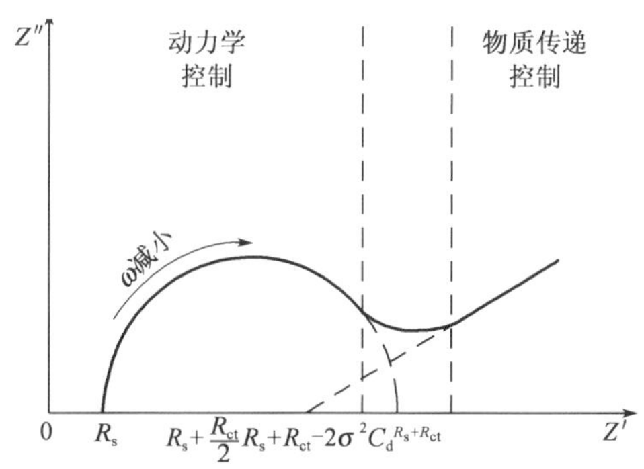

图 5-20　Randles 情况下的 Nyquist 图

交流阻抗谱测试法是在不同频率下进行交流阻抗测量。交流阻抗是交变电流的角频率 ω 的复函数，实部为 Z' 和虚部为 Z''，将该函数在复平面上表示即可以得到一个具有 Randles 特征的 Nyquist 图，如图 5-20 所示。

其中，低频情况下的区域为物质传递控制（扩散控制），实部和虚部形成的一条直线，斜线与实轴 Z' 的交点坐标值为 σ 的函数，可据此得出氯离子扩散阻抗 σ，再根据 $D=f(\sigma)$ 关系式计算得到混凝土氯离子扩散系数 D。

选用如下测量条件：在 Ag/AgCl 阴离子可逆电极间通过低频的交变电流，正弦交流振幅 10mV，频率为 0.10Hz 到 11.31Hz，测量用 FFT 方法进行。试验前，需将 100mm × 100mm × 100mm 的试块放入 0.1mol/L 的 NaCl 溶液中浸泡 48h。

3）浆体体积

新拌混凝土的和易性由混凝土浆体体积以及浆体的流变性能决定。其中浆体体积还对混凝土的抗渗性和体积稳定性起到关键作用。当混凝土浆体体积过大时，易产生较大的体积变形，造成收缩应力，对抗裂不利；当混凝土浆体体积过小时，浆体对骨料的包裹不足，不利于新拌混凝土的施工，同时也易形成骨料之间黏连不足的问题，影响抗渗性能。因此，高性能混凝土存在两种互相矛盾又必须统一兼顾的基本性能：高抗渗性和高尺寸稳定性（低的收缩与徐变），为确保两者的同时最优化，存在一个最佳的浆体体积。

350L 的浆体体积在业内被认为是兼顾高抗渗性和高尺寸稳定性的最佳折中。但新拌混凝土的工作性与浆体在混凝土组合物中的均匀性主要是由水泥的矿物成分、复合掺和料的性能与混凝土外加剂的掺量等因素所决定。通过测定混凝土物理力学性能，发现适宜的原材料选择和配比，可以突破 350L 最佳浆体体积的约束。本工程在选定的原材料基础上，采用 320L 体积，达到高抗渗性和高尺寸稳定性的最佳折中。

5.4.4 管片混凝土相应生产工艺参数设计

管片在生产过程中，历经浇捣、收水、养护（不同温度下标养或蒸养）、起吊、入水等一系列工艺流程，生产工艺参数对混凝土性能也会产生重要的影响，甚至能够破坏原混凝土配合比设计达到的性能。上海长江隧道的管片生产周期短、生产频率要求极高，初期的混凝土配合比能够满足 C60P12，以及抗氯离子扩散系数小于 $1.2 \times 10^{-12}m^2/s$ 的性能要求，但此性能的测试值均为在标准养护的条件下，在实际生产中仍然存在以下一系列难题：

（1）混凝土收水结束后，静置时间较短，易引起蒸养工艺对起吊强度的破坏；

（2）蒸养工艺对混凝土高耐久性保持的破坏；

（3）不同季节的温度差异增加混凝土抗裂性控制的难度；

（4）春秋季的低温波动变化，使得大掺量复合掺和料混凝土自身强度增长难以满足高起吊强度的要求。

由上可以看出，蒸养工艺参数和季节温度波动是本工程生产过程对混凝土性能影响较大的因素。为解决上述难题，本工程混凝土配合比设计阶段对管片构件的蒸养生产工艺参数进行了相应设计，同时生产中使用季节性配合比，确保高耐久性混凝土管片结构达到设计要求。

5.4.4.1 蒸养工艺参数的研究

1）蒸养对混凝土结构作用的原理

采用蒸养工艺可以促进水泥石结构的快速形成，但由于湿热膨胀导致混凝土内部产生破坏作用，因此混凝土在湿热养护过程中，既是其内部结构的形成过程，恰恰又是其结构的破坏过程，混凝土的强度与耐久性是这一对矛盾相互作用结果的综合表现。为解决蒸养的破坏性，20 世纪 60 年代，我国已故科学家吴中伟院士提出，混凝土在蒸养时要满足初期结构强度达 0.5MPa 左右的要求。但上海长江隧道工程管片混凝土的生产周期较短，无法满足达到 0.5MPa 的初期结构强度要求。

在混凝土蒸养过程中，水的热膨胀系数较大，在升温过程中水的热膨胀作用超过固体材料的 10 倍以上，混凝土内部的水分和空气产生的膨胀应力使得混凝土在骨料与水泥石界面区易产生微裂纹；钙矾石等会在微裂纹中形成并生长，促进微裂纹的进一步发展。而混凝土中的掺和料具有后期强度发展的特性，能够修复蒸养形成的微裂纹。混凝土的总孔隙率降低，可大大提高混凝土的抗渗透性。蒸养工艺的研究重点在升降温速度和蒸养温度上，当降温速度和蒸养温度降低时，可降低对内部结构的破坏，但蒸养效果也相应降低。

2）研究方法及试验过程

根据 R.Coble 和 W.Kingeri 的研究结果，在总孔隙率相同的情况下，由于孔隙种类不同，混凝土强度和渗透性上下相差可达到 4~9 倍，因此在研究混凝土孔隙率的同时，还必须测定孔结构的分布。按照孔隙的直径将孔分为：多害孔 > 200nm，有害孔 100~200nm，少害孔 20~100nm，无害孔 < 20nm。

在研究过程中，通过对混凝上的亚微观结构——孔隙率和孔结构的测定，观测这四种孔隙的类型的变化，判断不同蒸养工艺参数对混凝土内部结构的破坏情况。

试验方法：考虑到外加剂对混凝土孔结构的分布有一定的影响，因此本试验采用新拌混凝土中的水泥浆体代替直接拌制的水泥浆体进行试验。具体方法是在固定水胶比前提下，设计复合掺和料不同掺量的混凝土配合比进行试拌，将新拌混凝土用 5mm 和 0.016mm 的砂石筛过筛，得到与实际混凝土相对应的水泥浆体。

（1）蒸养工艺参数的优化设计

设计如下，蒸养制度：

高温蒸养（H）：静停 2h，升温 3h 至 70℃，恒温 5h，降温 2h 至室温，为模拟传统蒸养方式。

低温蒸养（L）：静停 2h，升温 3h 至 45℃，恒温 5h，降温 2h 至室温。

测定水泥浆体在标准养护（B）、低温蒸养（L）和高温蒸养（H）三种条件下的孔结构分布。

孔结构测试结果举例如图 5-21 和图 5-22 所示。

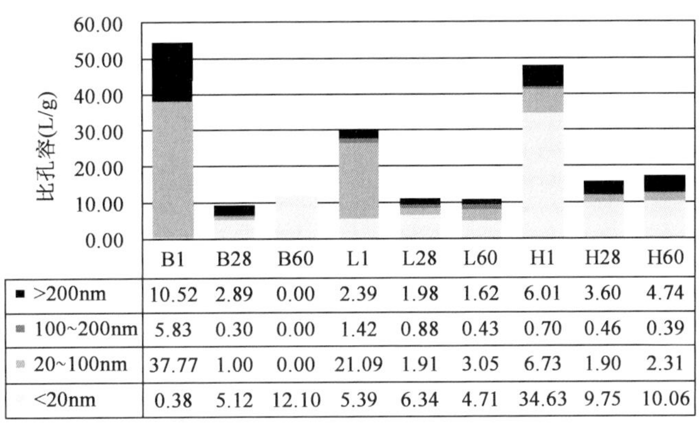

	B1	B28	B60	L1	L28	L60	H1	H28	H60
>200nm	10.52	2.89	0.00	2.39	1.98	1.62	6.01	3.60	4.74
100~200nm	5.83	0.30	0.00	1.42	0.88	0.43	0.70	0.46	0.39
20~100nm	37.77	1.00	0.00	21.09	1.91	3.05	6.73	1.90	2.31
<20nm	0.38	5.12	12.10	5.39	6.34	4.71	34.63	9.75	10.06

图 5-21　复合掺和料掺量为 0 的水泥石比孔容

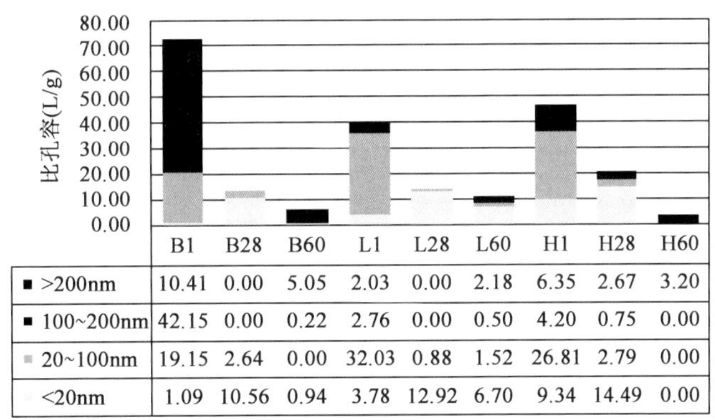

	B1	B28	B60	L1	L28	L60	H1	H28	H60
>200nm	10.41	0.00	5.05	2.03	0.00	2.18	6.35	2.67	3.20
100~200nm	42.15	0.00	0.22	2.76	0.00	0.50	4.20	0.75	0.00
20~100nm	19.15	2.64	0.00	32.03	0.88	1.52	26.81	2.79	0.00
<20nm	1.09	10.56	0.94	3.78	12.92	6.70	9.34	14.49	0.00

图 5-22　复合掺和料掺量为 50% 的水泥石比孔容

根据图 5-21 和图 5-22 可以看出：

①三种养护条件下比孔容均随着龄期的延长都逐渐减小，说明混凝土的密实度在逐渐增加。

②对于纯水泥的配合比，在标准养护条件下，60d 时多害孔、有害孔和少害孔全部消失，只剩下无害孔部分；但在蒸养条件下（包括高温和低温），由于蒸养对结构造成了一定的破坏，因此在 60d 龄期仍然发现有害孔和多害孔的存在，且比例高达 30% 左右，可见蒸养对混凝土的耐久性存在一定危害，而高温蒸养的多害孔的比孔容比低温蒸养的多害孔的比孔容高出两倍，可见高温蒸养对混凝土的耐久性更为不利。

③以 60d 龄期的有害孔数量来分析：在标准养护条件下有害孔数量最多，次之为高温蒸养，其中以低温蒸养最少。说明在低温蒸养条件下掺有复合矿物掺和料的水泥石的二次水化反应产物能有

效降低水泥石中有害孔的数量，抑制蒸养工艺对混凝土密实度降低产生的负效应，对提高混凝土耐久性有利。

（2）复合掺和料在蒸养中的作用

表 5–10 是低温蒸养条件下不同复合掺和料掺量对水泥石孔结构（60d）的影响的试验数据。

低温蒸养条件下不同复合掺和料掺量的孔结构（60d） 表 5–10

编号	掺和料掺量（%）	孔结构分布测试值（%）<100nm				
		<20nm	20~100nm	100~200nm	>200nm	<100nm
G1	0	43.6	28.2	13.2	15.0	71.8
G2	30	62.9	9.3	7.2	20.7	72.2
G3	50	61.5	13.9	4.6	20.0	75.4

由表 5–10 可见，在低温蒸养的条件下，当复合矿物掺和料掺量由 0 增加到 30%~50% 时，<20nm 的无害孔由 43.6% 上升至 62.9%~61.5%，表明复合矿物掺和料二次水化反应的密实效应得到了大幅度的提高；当掺量为 50% 时，<100nm（无害孔和少害孔总和）的百分比最大，说明在该掺量条件下水泥石密实度最高，有利于降低氯离子渗透性。

按照管片混凝土生产周期安排，最长预养期仅为 3h。虽然管片混凝土配合比经过优化，混凝土中气相及液相含量相对较小，但由于掺有 50% 的复合矿物掺和料，3h 预养期后混凝土尚未能够达到初凝阶段，开始蒸养时，混凝土初期结构强度未达到 0.5kPa。但通过对低温蒸养后混凝土的孔结构分布的测定发现，大掺量复合矿物掺量低水胶比的混凝土在低温蒸养的条件下，复合矿物掺和料与水泥间的二次水化反应能最大限度地减少有害孔的数量，使水泥石更加致密。因此大掺量复合矿物掺和料低水胶比的混凝土采用低温蒸养工艺的手段不必受到传统蒸养理论中 0.5MPa 的初期结构强度的约束。

在实际生产中通过蒸汽压力调节温度和升降温速度，根据研究，结合实际生产蒸汽调节能力，上海长江隧道工程确定管片生产的蒸养方式为：升温速度不超过 15.0℃ /h，恒温温度为 50.0℃（左右），降温采取自然降温。实测低温蒸养后的 60d 电通量为 392C，标准养护后的 60d 电通量为 406C，基本无明显变化。

5.4.4.2 季节性配合比的设计

在上海长江隧道管片大部分生产中，采用 SB2 型的复合掺和料，该种掺和料可大幅度降低混凝土的水化热和自收缩，但由于掺和料中早期水化成分的降低，导致混凝土的早期强度有所下降，尤其在冬季日平均气温低于 10℃时，无法满足 12h 之内完成一个生产周期的要求。因此，预先考虑到这一特性，调整了 SB2 中复合掺和料的比例，形成 SB3 的复合掺和料。在满足抗裂性能达到要求的前提下，仍能确保混凝土的起吊强度。掺加 SB2 和 SB3 的两种混凝土在试生产期间的起吊强度如表 5–11。

掺 SB2 和 SB3 复合掺和料的混凝土蒸养条件下的起吊强度 表 5–11

复合矿物掺和料种类	平均起吊强度（MPa）
SB2	15.0
SB3	19.9

从控制管片混凝土起吊强度角度考虑，同时参照试生产时期的日平均气温，确定不同掺和料与

气候条件相适应的技术措施：

SB2——日平均气温高于 10℃时使用。

SB3——日平均气温低于 10℃时使用。

实际生产时，使用 SB2 和 SB3 时基本未发现微裂纹。不同季节采用 SB2 与 SB3 能满足起吊强度要求。

图 5-23 为管片混凝土生产蒸养工艺流程图。

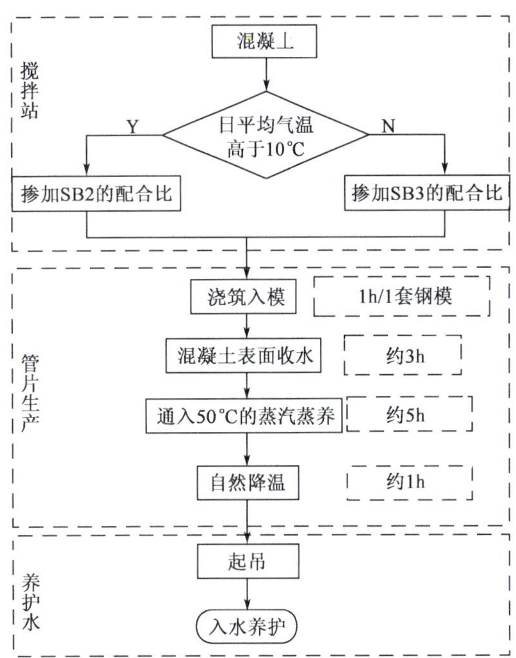

图 5-23　管片混凝土生产蒸养工艺流程

5.4.5　管片混凝土性能检测

混凝土材料的性能直接影响超大直径盾构管片的性能，本节通过检测，分析上海长江隧道管片混凝土的力学性能、抗裂性和耐久性等各方面的性能。

5.4.5.1　混凝土抗压强度

本工程采用立方体抗压强度值指标对混凝土进行力学性能的表征，按照《普通混凝土力学性能试验方法标准》（GB/T 50081—2002）进行测定。抗压强度值测试结果如表 5-12 所示。

混凝土立方体抗压强度　　表 5-12

设计强度 $f_{cu,k}$（MPa）	组数 n	平均值 m_{fcu}（MPa）	达到设计要求百分比（%）	最小值 $f_{cu,min}$（MPa）	达到设计要求百分比（%）	标准差 S_{fcu}
60	2 715	74.5MPa	124	62.8MPa	105	4.92

从表中可以看出，混凝土 28d 的抗压强度平均值达到设计要求的 124%，最小值也超过 C60 标准 5%，标准差也在较小的一个范围内，可见本工程使用的混凝土具有良好的抗压强度力学性能。

依据《混凝土强度检验评定标准》（GBJ 107—87），对生产的 C60 耐久性混凝土的抗压强度进行判定，强度评定结果如表 5-13 所示，据此判定：该混凝土强度评定合格。

混凝土抗压强度统计方法评定结果　　表 5-13

计算合格评定条件	评定条件计算结果
（1）$m_{fcu}-\lambda_1 S_{fcu} \geqslant 0.9f_{cu,k}$ （2）$f_{cu,min} \geqslant \lambda_2 f_{cu,k}$ （当 $S_{fcu}<0.06f_{cu,k}$ 时，取 $S_{fcu}=0.06f_{cu,k}$）	（1）$m_{fcu}-\lambda_1 S_{fcu}$=74.5−1.6×4.92=66.6 $0.9f_{cu,k}$=0.9×60=54.0 $m_{fcu}-\lambda_1 S_{fcu} \geqslant 0.9f_{cu,k}$ （2）$f_{cu,min}$=62.8，$\lambda_2 f_{cu,k}$=0.85×60=51.0，$f_{cu,min} \geqslant \lambda_2 f_{cu,k}$

5.4.5.2　混凝土抗裂性

目前，业界对于混凝土抗裂性研究方法和判定准则并无统一的看法，较为流行的有力学性能判定法、自然收缩试验法、约束收缩变形试验等方法。本工程借鉴国外的 TSTM 试验机，设计专门的刚性框架端部约束收缩试验系统（约束收缩刚性框架如图 5-24 所示，试件尺寸定为截面

100mm × 100mm，有效长度 1 000mm），对混凝土试件和配筋混凝土试件在刚性框架约束下变形开裂情况进行测试。

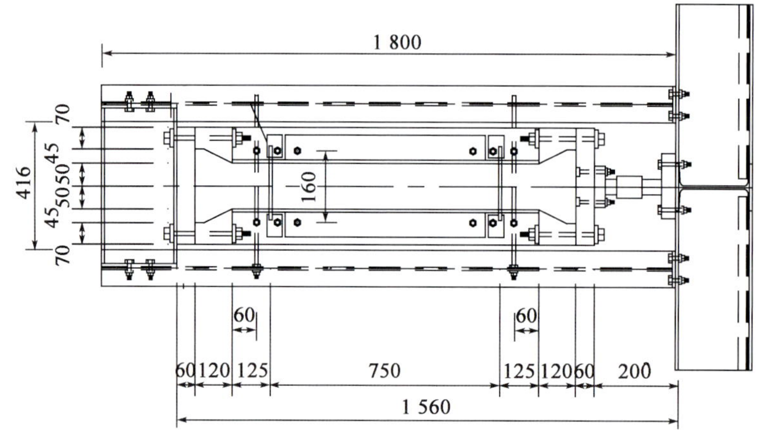

图 5-24　约束收缩刚性框架的平面装配图（尺寸单位：mm）

对于上海长江隧道工程管片混凝土试件，试验中未观察到明显的混凝土开裂现象。

5.4.5.3　混凝土抗渗等级

渗透性是混凝土耐久性的主要指标。本工程采用业内常用的逐级加压法（即抗渗等级法）来对混凝土的抗渗性进行表征，参考标准为《普通混凝土长期性能和耐久性能试验方法》（GBJ 82—85）。

上海长江隧道管片混凝土的抗渗测试结果如表 5-14 所示，混凝土抗渗等级为 P12，满足设计要求。

混凝土的抗渗测试结果　　表 5-14

混凝土品种	试验结果	抗渗等级
C60，P12	压力达到 2.0MPa 时未渗水	> P12

5.4.5.4　混凝土耐久性

1）氯离子扩散系数

氯离子扩散系数能较好地反映混凝土的抗氯离子渗透性，是耐久性的重要指标。按《混凝土结构耐久性设计与施工指南》（CCES 01—2004），上海长江隧道工程所处的环境作用等级为 III-E 级，III-E 等级下的设计使用年限为 100 年的混凝土抗氯离子侵入性指标为：氯离子扩散系数（28d 龄期 RCM 法测定）小于 $4 \times 10^{-12} m^2/s$。本工程设计时，从实际情况出发，考虑盾构管片接触的环境介质、使用年限要求等因素，提出了较高的要求：混凝土氯离子扩散系数（60d 龄期自然扩散法测定）小于 $1.2 \times 10^{-12}\ m^2/s$。

自然扩散法是通过试验室浸泡来测定氯离子扩散系数。通常使用 350mm × 250mm × 75mm 的试模成型混凝土试件，在试验前 7d 加工成标准测试试件（ϕ100 × 50mm³），除测试面外均用环氧树脂密封，浸泡于饱和 $Ca(OH)_2$ 溶液中养护至试验龄期。测试时，将试件放入 NaCl 溶液中，持续浸泡至预定时间，然后取出研磨成分测定氯离子含量，据此做出氯离子浓度与扩散深度的关系曲线，利用 Fick 第二定律拟合出氯离子扩散系数。通过自然扩散法测定上海长江隧道工程管片混凝土的氯离子扩散系数，如表 5-15 所示，可见，氯离子扩散系数均能符合小于 $1.2 \times 10^{-12} m^2/s$ 的技术要求。

三种使用不同掺和料混凝土的扩散系数 表 5-15

复合矿物掺和料种类	扩散系数（$\times 10^{-12}$ m^2/s）
SB1	0.94
SB2	1.03
SB3	1.13

2）电通量

根据以往经验，电通量和氯离子扩散系数之间存在一定映射关系，电通量可用来反映混凝土的抗氯离子渗透性能。按标准《混凝土结构耐久性设计与施工指南》（CCES 01—2004），上海长江隧道工程中的管片混凝土所处的环境作用等级为 III–E 级，III–E 等级下的设计使用年限为 100 年的电通量指标（56d 龄期）为 <800C，故以此确定本工程电通量指标为 <800C。

试验通过电场使 NaCl 溶液中的氯离子在混凝土中进行扩散，通过测定电流的变化，绘制电流与时间的关系图，并计算以得到电通量值。本工程混凝土的电通量测试值如表 5-16 所示。

混凝土电通量测试结果 表 5-16

混凝土品种	56d 电通量（库仑）
传统管片混凝土	3 921
本工程混凝土	785

结果表明，基本配方的混凝土电通量性能大大优于传统的管片混凝土，满足 100 年设计使用年限的耐久性要求。

3）快速碳化深度

混凝土的抗碳化能力是衡量管片混凝土结构耐久性的重要指标之一，可用快速碳化深度来表征。快速碳化试验用于测定在一定浓度的二氧化碳气体介质中混凝土的碳化程度。混凝土试件养护至龄期后，经过一定处理后放置于碳化试验箱，碳化至相应龄期时取出做碳化深度的测定。混凝土快速碳化 28（56）d 相当于自然碳化 50（100）年的碳化。本工程快速碳化深度如表 5-17 所示，60d 碳化深度最大仅 1.6mm，远小于钢筋保护层的厚度，本工程的管片混凝土满足 100 年的抗碳化耐久年限的要求。

不同复合矿物掺和料管片混凝土的碳化性能 表 5-17

复合矿物掺和料种类	碳化深度（mm）	
	28d	60d
SB1	0.0	1.0
SB2	0.7	1.6
SB3	0.0	1.0

5.4.5.5 混凝土其他性能

1）氯离子含量

根据《预拌混凝土》（GB/T 14902—2003），预应力混凝土构件及涉及使用年限为 100 年的室内正常环境下的钢筋混凝土最大氯离子含量的限值为 0.06%。经测定，本工程管片混凝土的氯离子含量如表 5-18 所示，能满足标准要求。

混凝土氯离子含量

表 5-18

复合矿物掺和料种类	氯离子含量（%）
SB1	0.006
SB2	0.009
SB3	0.005

2）碱含量

根据《混凝土碱含量限值标准》（CECS 53—1993），在潮湿环境中重要工程结构的混凝土最大碱含量为 3.0kg/m³。本工程管片混凝土的碱含量如表 5-19 所示，能满足标准要求。

混 凝 土 碱 含 量

表 5-19

复合矿物掺和料种类	碱含量（kg/m³）
SB1	1.84
SB2	1.64
SB3	1.66

5.5 管片生产

上海长江隧道管片总计 7 471 环，约 40 万 m³ 混凝土，计划生产周期 38 个月，月均产量 200 环。由于盾构推进先慢后快的特点，盾构出洞、车架安装及盾构熟悉阶段盾构推进速度慢，正常推进后速度快，以及管片 28d 龄期的要求，使得管片不能按照理论的月均产量 200 环生产。为了满足盾构推进的数量和型号要求，在生产进度的实施过程中主要采取了两种措施：一是配备足够数量的钢模（9 套）和辅助设备，二是尽量提高管片储备量。创造了日产量 18 环（约 1 000m³ 混凝土），月产量 480 环（约 3 万 m³ 混凝土）管片生产的高产纪录，实际月均产量约 300 环，生产周期为 27 个月。在这么长的生产周期里，管片生产既要满足高产量和持续性，又要保证高质量，必须在传统的生产工艺基础上进行工艺创新，采取关键工艺技术措施和有效的质量控制措施，满足工程对管片的高质量要求。

5.5.1 生产基地布置

上海长江隧道管片生产基地位于外高桥五号沟，距盾构推进现场仅 1.8km。该管片生产基地占地 150 亩，其中混凝土预拌区约 22 亩，管片预制场地占地 128 亩。

生产基地按照 9 套钢模、日最大产能 18 环、月平均产能 300 环设计和布置，设有钢筋加工区、管片浇捣区、管片养护区、管片堆场、管片试拼装区域以及混凝土预拌区域（图 5-25）。各个区域根据施工流程排列，形成一条管片生产流水线。另外还设有试验室、管理办公区和生活区等功能区域。

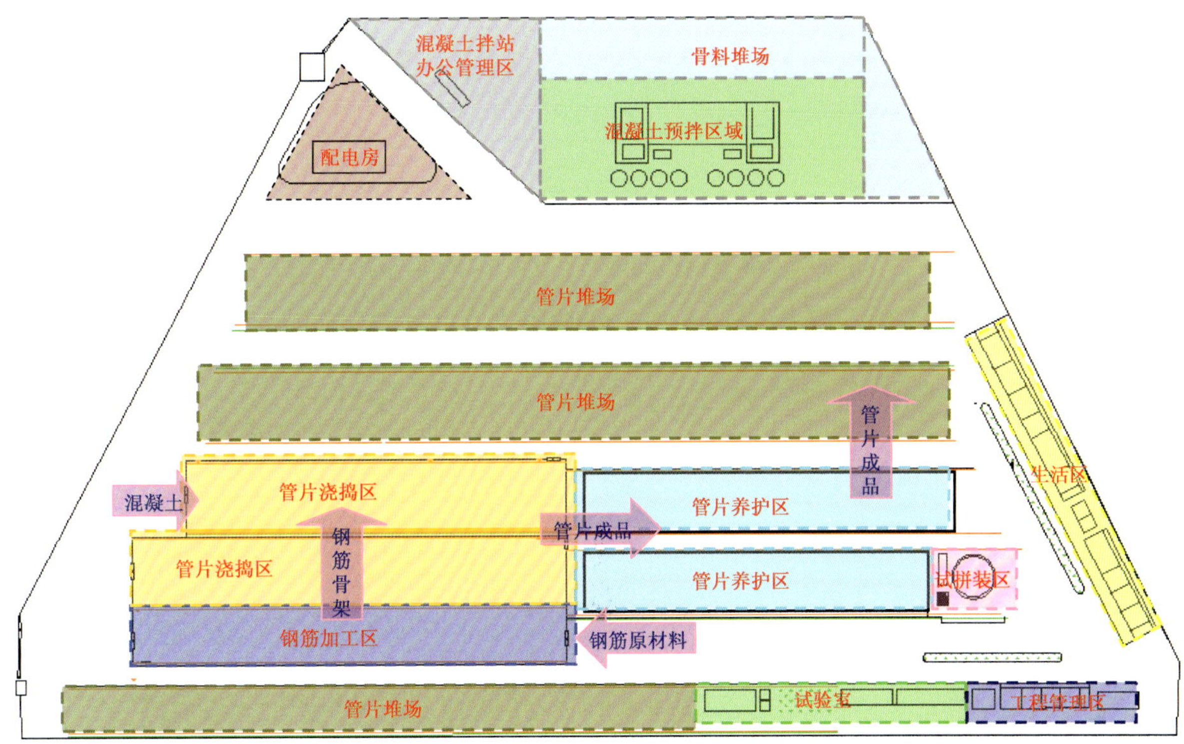

图 5-25　生产基地总平面布置

5.5.2　生产进度实施

在管片进度的实施过程中，其难度主要体现在几个方面：一是生产周期长，跨越春夏秋冬四个施工季节，需要保证不同气温生产下的产量和质量；二是管片型号多，在考虑生产便利性（同一型号连续生产最为便利）的同时，需要满足盾构推进对不同管片型号的需求；三是管片的生产既要保证盾构推进对型号和数量的要求（具备一定的储备量），又要兼顾生产基地的堆放和库存量，避免造成资源的浪费。

基于上述原因，在生产进度的实施过程中，一方面严格按照设计排版规定的型号、数量及不同型号的先后顺序，同时又考虑生产成本和生产的便利性，合理安排生产；另一方面密切关注盾构推进速度和生产基地不同型号管片的库存量，合理调整生产；还需根据不同的施工季节采用与之相适应的配合比和工艺措施；最后要考虑在高产量的情况下，对钢模及其他主要生产设备设施进行合理保养维护，确保生产的连续性。

生产进度实施的主要节点如下：

2006 年 5 月 4 日 ~5 月 31 日　　两环试生产及拼装验收

2006 年 6 月 1 日 ~6 月 30 日　　100 环批量试生产及验收

2006 年 7 月 1 日 ~9 月 30 日　　盾构推进前储备管片生产（500 环）

2006 年 10 月 1 日 ~2008 年 5 月 31 日　　管片正常生产 6 569 环

2008 年 6 月 1 日 ~2008 年 7 月 21 日　　生产收尾 300 环（清点库存及补缺）

5.5.3 管片生产工艺

5.5.3.1 管片预制工艺

管片预制采用固定工位方法进行，流程如图 5–26 所示。

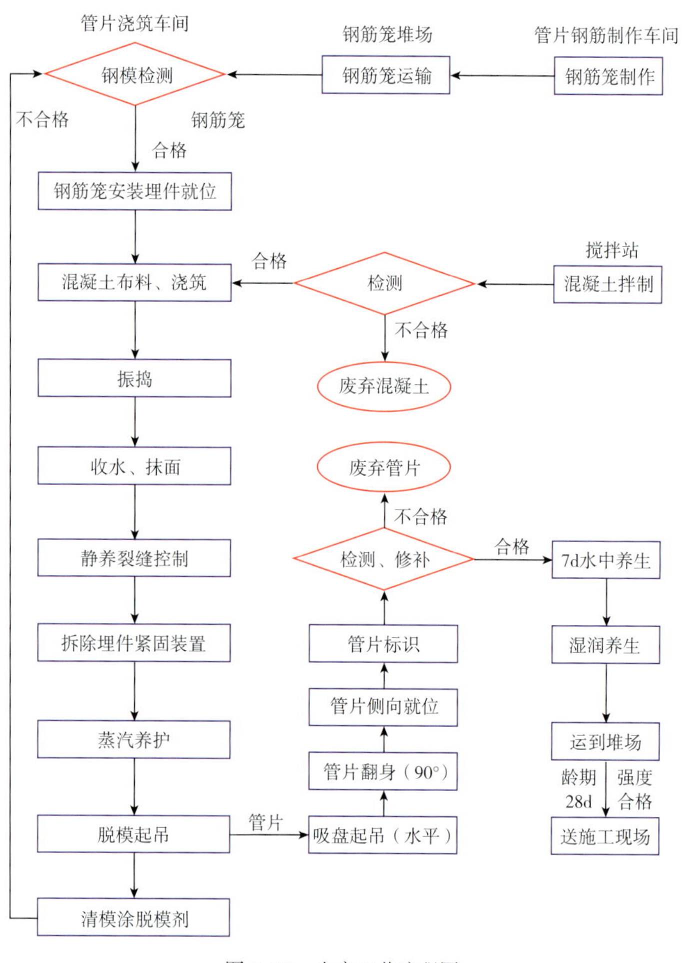

图 5–26　生产工艺流程图

5.5.3.2 管片工艺流水

1）管片钢筋笼制作

（1）钢筋原材料检验

①控制好原材料台账记录。

②钢筋进场具备该批钢筋的质量保证书，相同钢筋等级、相同直径、相同铸造号码、相同批号（堆号）按同一批处理。

③钢筋原材料复试按标准检测频率取样，样本从不同堆放位置按检验要求取相应的尺寸和数量，按国家规范规定项目和要求进行测试。

④复试由有资质的测试机构进行测试，并出具有效的测试报告。经工程师确认后，该批钢筋挂牌标识进入待用状态。

（2）钢筋材料运输和堆放

钢筋吊运不得损伤钢筋，严禁钢筋自落卸车和运输途中被污染。钢筋进场后，要分类、整齐堆放在水平支架上，标识状态，确保钢筋不发生畸变。

（3）钢筋制作

①钢筋制作应严格按设计图纸要求加工，不得随意更改。

②管片钢筋应全部采用电焊或点焊，不得使用绑扎。利用钢筋短料时，一根结构钢筋不得有两个接头。

③钢筋焊接焊丝、焊条应按设计规定采用。

④焊缝不得出现咬肉、气孔、夹渣现象，焊缝长度、厚度必须符合设计要求，焊接后氧化皮及焊渣必须清除干净。

⑤钢筋进入弯弧时应保持平顺、匀速、防止平面翘曲，成型后表面不得有裂纹。Ⅱ级钢筋末端需作 90° 或 135° 弯曲时，其弯曲半径应大于钢筋直径 4 倍，如中间部位弯曲时半径不小于钢筋直径 5 倍。

⑥成片钢筋必须在符合设计要求的成片成型胎模上制作。

⑦钢筋笼必须通过试生产，经检验合格后才可下料加工。按钢筋成型、成片、成块顺序进行生产。成型后的钢筋笼质量应有专人负责检查，并按规格整齐堆放。

（4）钢筋笼总装

①根据大型管片钢筋笼制作精度的特殊性，要求各单体部件制作成型精度必须满足总装精度要求。为此根据各单体部件和总装工艺的精度，专门加工能保证高精度的钢筋笼胎模，来控制钢筋笼

的精度要求。

②钢筋笼制作工艺程序

钢筋笼主筋放置→环箍放置→胎模上卡安装→主筋焊接→主筋和环箍焊接→钢筋笼主筋封头→钢筋笼附筋焊接→钢筋笼成型。

③各单体部件和总装工序中钢筋连接均采用低温焊接工艺。焊接操作工应经过培训、考核合格后上岗。

④对总装完成的钢筋笼进行严格的质量检查，合格后可挂牌标识进入成品堆放区待用。

（5）成品储运

①钢筋笼成品堆放应按照经批准平面布置图分类整齐堆放，并呈拱形堆放在指定区域内。堆放高度不允许超过规定的高度。

②钢筋笼吊装采用横担式专用工具，确保骨架在吊装过程中不产生变形。

③钢筋笼运输采用平板车水平运输的方案，以保证钢筋笼运输的速度能满足管片制作的需要。

2）钢模清理

（1）管片脱模后的钢模，必须在不损伤钢模本体的前提下进行彻底清理。确保钢模内表面和拼接缝不留有残浆和微小颗粒，以保证钢模合拢的精度。

（2）脱模剂应用专门工具均匀抹刷在钢模与混凝土的所有接触面上。抹刷后应有专人检查，确保脱模剂抹刷质量。

（3）操作工在上岗前必须按照钢模供应商提供的钢模操作手册及钢模维修手册进行理论和实际操作培训，经考核合格者予以上岗。

3）钢筋笼入模

（1）钢筋笼应放于钢模平面中间，其四个周边及底面须扎有高强度保护层垫块、垫块厚度符合设计规定的混凝土保护层厚度；

（2）钢筋笼不得与螺栓手孔模芯相接触；

（3）安装螺栓芯棒必须到位，不得有松动现象；

（4）安装压浆孔及拼装预埋件时，其底面必须平整密贴于底模上；

（5）所有预埋件必须按照设计要求准确就位，并应固定牢靠，防止振捣时移位；

（6）钢筋上不得有黄油和模板油；

（7）全面检查钢筋笼入模质量，并详细记录于自检表中，验收签证后允许浇筑混凝土。

4）管片混凝土浇筑

（1）管片混凝土浇筑必须具备：钢模合拢精度和钢筋笼入模均符合要求并已认可；混凝土搅拌系统处于正常状态和振捣器能正常运作等条件。

（2）混凝土供料和运输。

①管片混凝土由搅拌系统供应。搅拌上料系统和搅拌系统及试验室等辅助设施均应经监理工程师确认能满足本工程管片制作的要求。

②混凝土配合比必须经过试验合格后才可使用，不准随意更改配合比。每天混凝土开拌前根据气候、气温和骨料的含水率变化，出具当日搅拌的混凝土配合比，严格控制混凝土材料称量的精确度及混凝土每盘搅拌的时间。

③根据当日混凝土配比单，调整好称量、计量系统。称量、计量系统应定期校核，把称量、计量公差控制在允许公差之内，以保证上料计量系统始终在受控状态下工作。

④混凝土搅拌要充分、均匀，现场测试混凝土坍落度公差满足设计要求，混凝土坍落度为2~3cm，每次搅拌须作好记录。

⑤混凝土试块留置每次浇捣不少于 3 组。其中 2 组进标养室标养，作 28d 强度试验（其中有 1 组作备用）；另 1 组同管片同条件养护，测得起吊时的抗压强度。

⑥混凝土倒入专用 2m³ 储料斗内，由电机车运输到管片车间内，经行车作垂直提升运到浇筑位置，下料入模。

（3）混凝土布料、振捣和成型。

①混凝土铺料先两端后中间，并分层摊铺，振捣时先振中间后两侧；

②两端振捣后，盖上压板，压板必须压紧压牢，再加料振捣；

③振捣时振捣棒不得碰钢模芯棒、钢筋、钢模及预埋件；

④混凝土浇捣后 10min 才可拆除压板，作管片外弧面的收水工序；

⑤外弧面收水，先用刮板刮去多余混凝土，并使外弧面沿钢模弧度平整，然后将混凝土表面油光；

⑥静放 1~2h 再抹面 1~2 次，管片外弧面不得有石子影印；

⑦混凝土初凝前应转动一下模芯棒，但严禁向外抽动；当混凝土初凝后再次转动模芯棒，待 2h 后才能拔出模芯棒，以防止坍孔或变形现象产生；预埋螺栓的钢模紧固装置严禁松动。

5）蒸养、脱模、养生

（1）在浇捣结束 3~6h 后开始蒸养。

（2）升温速度：在整个蒸养过程中应有专人负责检查，并作好记录。另外根据不同的季节，蒸养工艺可做适当调整，由于冬、夏季起始温度不同，所以在升温和降温时间上要调整，尤其在冬季要特别控制好降温速率，不能由于降温过慢而使管片与室外环境温度相差过大。

（3）整个蒸养过程中，蒸养控制室值班人员加强责任心，如实记录各温度测点的温度变化值，确保各蒸养罩内的温度的同一性，使管片均匀升温或降温。

（4）管片蒸养后达到规定的强度脱模，脱模应注意以下事项：

①严格按照钢模操作规程将钢模打开，在脱模时严禁硬撬硬敲，以免损坏管片和钢模；

②管片脱模必须使用专用吊具，平稳起吊，不允许单侧或强行起吊，起吊时吊具和钢丝绳必须垂直；

③起吊的管片应在专用翻身架上进行翻身，成侧立状态；

④管片在翻身架上拆除附件，拆除时应按规定进行，不得硬撬硬敲，以防止损坏附件及管片；

⑤翻身架与管片接触部位必须有柔性材料予以保护；

⑥管片在内弧面醒目处应注明管片型号、生产日期和钢模编号，另外根据要求做好主筋分布标记；

⑦在脱模过程中遇有管片混凝土剥落、缺损等外观缺陷按照修补方案进行修补；

⑧管片脱模后应放入水池中进行 7d 水中养护，入池时需注意管片与水的温度差不得大于 20℃；在水中养护时，管片吊入水池前必须对有螺纹的预埋件涂嵌黄油或加闷盖，管片必须全部浸没水中。

6）预埋件

预埋件的制造加工严格按照图纸进行，保证预埋件的精度要求。压浆孔的定位通过在钢模底模上预设定位孔来解决。预埋件上锚筋将在钢筋笼入模后与钢筋笼焊接牢固，防止预埋件在浇捣时移位。

7）管片储运

（1）管片应按预制日期及型号排列堆放整齐，并应搁置在柔性垫条上，垫条厚度要一致，搁置部位上下一致。

（2）管片堆场坚实平整，管片呈元宝型堆放，堆放高度以不超过 6 层为宜；并应堆成上小下大状，防止倾倒；湿润养生区内管片成侧立堆放，堆放高度为 2 层，便于管片养生。

（3）管片运输

①管片出厂到工地时，管片应内弧面向上平稳地放于有专用支架的运输车辆的车斗内；同一车装运两层以上管片时，管片之间必须附有柔性的垫层。

②配备能满足盾构施工需要的管片运输车辆，根据运输距离和起吊进度配备 10 辆专用运输车，每天保证推进高峰时 25 环管片的外运量，确保盾构推进连续性。

8）管片出厂检验

（1）每块管片必须经过严格的质量检验，并需逐块填写好检验表（合格证），检验合格后的管片应在统一部位盖上合格章，合格的管片才能运出。每块管片都建立有独立的档案，管片运到工地后，须经盾构施工单位验收合格后，方可认为管片出厂。

（2）管片出厂检查内容

①管片强度达到设计强度 100% 以上才能出厂；

②管片无缺角、掉边，无麻面露筋；

③管片的预埋件完好，位置正确；

④管片型号和预制日期的标识醒目、无误。

⑤按规定经水平拼装检验合格；

⑥单块管片检验应符合质量标准。

5.5.4 管片制作关键技术措施

上海长江隧道管片超常规的设计要求、超现行技术规程的检验验收标准，使本工程的管片制作工艺较以往难度大大增加。为了满足这些高标准与严要求，对每项要求进行了分析论证，并有针对性地采取了相应的关键技术措施，保证了钢筋加工质量，提高了管片的制作精度，保证了管片水平拼装精度，最终为盾构施工提供了优质的高精度管片。

5.5.4.1 钢筋笼制作关键技术措施

钢筋加工工序的质量（最终体现为钢筋笼的质量），对整个隧道工程的影响主要是两方面：一是钢筋笼外观质量很大程度上决定管片混凝土保护层厚度，这将影响管片的抗渗能力，影响整条隧道结构的耐久性；二是钢筋笼焊接质量等影响管片的力学性能，从而影响隧道整体结构的安全性。

1）钢筋、钢筋笼制作检验标准及难点（表 5-20）

钢筋、钢筋笼制作标准 表 5-20

序号	内容	允许误差（mm）
1	主筋长度、主筋圆弧半径	±3
2	主筋定位	±3
3	分布筋长度尺寸	±5
4	分布筋间距	±5
5	孔口加强筋等位置	±10
6	钢筋网片长宽尺寸	±10
7	钢筋网片间距	±10
8	箍筋间距	±5
9	单块管片钢筋笼外包尺寸（长、宽、高）	0~-5

钢筋加工工艺难度在于一是精度高——超现行标准和规范；二是每天加工钢筋数量和规格多——最多每天需加工钢筋约100t，从 ϕ6mm 的线材到 ϕ32mm 的螺纹钢筋将近十几种规格的钢筋；三是钢筋外观质量存在不稳定，在加工管片弧度钢筋或者箍筋时很容易形成翘曲、扭曲现象，影响钢筋笼的成型质量。

2）关键技术措施

（1）引进高效率和能保证钢筋加工尺寸精度的加工设备

采用多功能、数控钢筋设备，切断机可任意设置切断长度以及按设置的任务类别连续工作，输送速度快，定尺切断精度高；钢筋滚弧机能够解决钢筋在滚弧过程中的翘曲、两端弧度不明显的常见质量问题；钢筋弯曲机操作简单、自动测长、自动弯曲夹紧、快速成型，生产效率高，加工误差极低。这些先进的钢筋加工设备的采用后能够有效解决钢筋加工工艺生产效率低、劳动强度大、设备维修率高的问题，能够确保每根钢筋半成品的质量，保证钢筋笼成型后的精度。

（2）采用高精度胎架

按照设计图纸规定的主筋等钢筋间距和尺寸，采用高质量钢板拼装而成高精度胎架，具有操作简单、不易变形、尺寸精准等特点，保证了钢筋笼的几何尺寸精度。

（3）采用二氧化碳保护焊

上海长江隧道管片钢筋笼焊点多，每个钢筋笼的焊点达1 500点，制作要求高。二氧化碳气体保护焊焊接属于低温焊接工艺，具有节能、效率高、结构简单、使用方便、适宜操作，可进行全位置焊接，并且具有焊后工件变形小，焊缝成型美观，无焊渣等优点。采用二氧化碳保护焊后，有效地保证了钢筋笼的焊接质量。

3）实施效果（表5-21）

关键措施实施效果 表5-21

序号	项 目	实 施 前	实 施 后	结 论
1	钢筋加工效率	9环/d	18环/d	提高100%
2	钢筋加工质量	存在切断处“鹅脖”、尺寸偏差较大、弧度钢筋扭曲等问题	尺寸精准、外观平整	基本无返工现象
3	钢筋笼成型效率	9环/d	18环/d	提高100%
4	钢筋笼成型质量	存在咬肉、焊接不到位以及外观尺寸偏差较大的问题	焊接成型美观、外观尺寸精准	无返工现象，符合高标准制作要求
5	钢筋笼加工设备维修率	每加工100环左右，必须进行保养维修	正常情况下，一般2个月进行保养	设备完好率明显提高

5.5.4.2 管片振捣关键技术措施

管片的振捣质量直接影响管片表面气泡、裂缝等性能，在超大直径高精度管片的制作过程中，振捣工艺对管片质量的影响更为明显。由于管片体积大，若振捣不到位，极易产生大直径气泡和影响管片的本体强度；振捣时间过长则易造成混凝土离析、影响管片的质量。

1）难点

振捣工艺的难度主要体现在振捣工具、振捣方式及振捣时间的选择，使之既能满足混凝土的密实度等基本要求，又能有效避免过振带来的不利影响。

2）关键技术措施

（1）严格控制混凝土质量

搅拌均匀且充分，严格控制混凝土坍落度偏差小于1cm，确保混凝土熟料的均匀性，使每个钢模内的混凝土质量稳定。

（2）振捣工具

采用 ϕ70mm 棒长 480mm，振动频率 14 000 次 /min 的振捣棒；每振捣 500m³ 混凝土后强制报废。

由于钢模内腔深达 650mm，弧长 5m 左右、宽度 2m，因此对选用的振捣棒要求高，首先振捣棒长度必须达到一定的长度以保证分层摊铺时上下两层都能作用到；而且必须是高频率，这样振捣棒的作用范围才能满足施工要求；另外，因为振捣棒的频率、作用半径等性能都会随着使用时间而下降，如果不进行更换的话，混凝土很有可能由于振捣工具而造成混凝土不密实，以致影响管片质量，因此在振捣棒振捣 500m³ 混凝土后强制报废。

（3）振捣方式

管片浇捣必须分层对混凝土进行摊铺，利用高频率振动棒对混凝土进行振捣，保证振动棒的有效振动频率，并做到快插慢拔。分层浇捣第二层时，铺料开始阶段，混凝土由料斗向钢模均匀布料，当盖板封上后，混凝土从钢模中间下料，下料速度应同振动相匹配，尤其是在每块钢模即将布满时，更要控制布料速度，防止混凝土溢出钢模外。

插入式振捣器必须插入下层 10cm 左右。振捣时振捣棒严禁与钢模接触，不得支承在钢筋笼上，不允许碰撞芯棒及预埋件，振捣插入点间隔半径不大于 25cm。

（4）振捣时间

一般来说，振捣时间以混凝土表面停止沉落或沉落不明显、混凝土表面气泡不再显著发生、混凝土将模具边角部位充实并有灰浆出现时为宜。上海长江隧道管片每块平均 6m³ 混凝土，几乎相当于地铁管片一环的混凝土方量，针对大体积混凝土，必须制订合理的振捣时间，既可以有效地减少管片表面气泡，又能保证混凝土均匀分布，避免造成离析现象。

3）实施效果

杜绝了由于振捣而产生的裂缝、大直径气泡、蜂窝等外观缺陷，管片强度和外观全部合格。

5.5.4.3 管片养护关键技术措施

管片脱模后的养护是管片生产过程中重要的一道工序，养护工艺的质量将很大程度上影响管片在脱模后的后期质量，关系到管片强度、管片外观等重要指标。

1）难点

超大直径高精度管片与一般管片比，养护方面的难度主要有以下两点：

（1）外弧面面积大，水分蒸发快，养护不当容易产生裂缝。

（2）一环超大直径管片混凝土方量是地铁管片的 8 倍，施工时间相应的延长，如何采取合理的蒸汽养护措施（结合配合比），既能保证超大直径高精度管片生产质量要求，又能兼顾生产进度要求。

2）关键技术措施

（1）覆盖塑料薄膜

在浇捣结束后立即覆盖塑料薄膜（图 5-27），保持管片表面湿润。管片在钢模浇捣成型后表面积大、深度深，如果在浇捣结束后不立即覆盖塑料薄膜，会导致管片表面水分蒸发快，表面干硬比内部快，在表面已经初凝时，内部却还远未到初凝状态，在收水拉尺时，会对内部的混凝土再次扰动，导

图 5-27　浇捣结束后覆盖塑料薄膜

致收水结束后裂缝的产生。在浇捣结束后立即覆盖塑料薄膜，可以使管片内部、外表初凝时间接近，有效地避免裂缝产生。

（2）钢模内蒸汽养护

根据高强度高耐久性混凝土的特性及管片自身要求，超大直径高精度管片适宜采用低温蒸养。

在收水结束约1h后开始蒸养，管片蒸养采用移动式蒸养棚进行，管片蒸养必须严格分静停、升温、恒温、降温四个阶段进行。蒸养工艺控制采用智能温度控制系统（图5-29）。该系统主要采用智能温度控制器来控制管片的蒸养，每个蒸养罩均设置温度传感器，按规定的时间间隔采集温度，智能控制器根据传感器反馈的实时温度来控制蒸汽阀的打开程度。系统可以根据工艺要求，编制升温、恒温、降温温度控制程序，控制系统和电脑连接，在控制室对每个蒸养罩的温度进行集中控制。该系统还具备存储功能，可以随时调阅并打印以往的蒸养数据。智能温度控制系统采用后能够有效解决蒸养温度的控制精度，蒸养温度完能够完全按照蒸养制度执行。

（3）管片脱模后车间内养护

管片脱膜后车间内静放养护是管片生产中的一道重要工序，为了有效地控制温差裂缝、干缩裂缝的产生，保证管片的质量，脱模后要对管片进行降温、保温等控制措施，以保证管片本体温度与水温之间的温差在20℃以内。在高温季节施工时，由于超大直径管片脱模后温度很高，最高可达70℃，如果此时将管片吊入养护池进行水养护，管片出池后将会在表面产生蜘蛛网状的龟裂，影响管片外观。如果让管片在车间自然降温，由于自然降温速率慢，在车间的静养时间很长，会影响后续生产。针对这种情况，采取了喷淋降温的方法（图5-29）。管片脱模后侧立堆放在车间内的静养区，同时在静养区内合理布置能够产生雾状喷淋效果的喷头，使每块管片都能被均匀地喷淋。在降温的同时，又能够保湿，提供水泥水化反应所需要的水分。

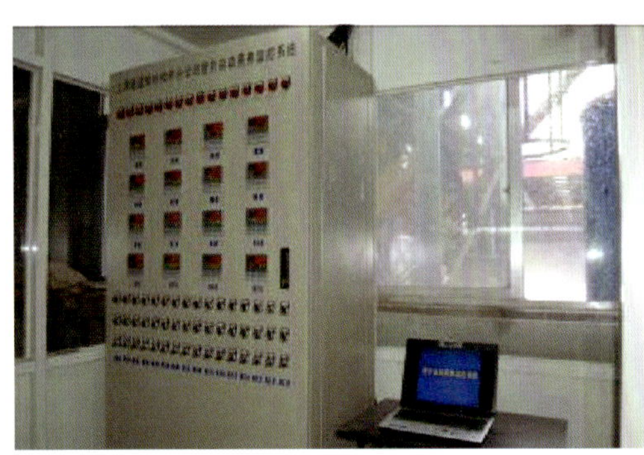
图5-28　智能温度控制系统

图5-29　喷淋降温示意图

在低温季节施工时，由于环境温度很低，管片脱模后本体的温度与环境温度相差较大，极易产生温差裂缝，为了对管片进行保温，采取了管片脱模后立即覆盖土工布保温，同时将车间大门及窗户紧闭的措施，防止风吹造成干缩裂缝。

图5-30　管片在养护池7d水养护

（4）养护池内7d水养护（图5-30）

当管片温度与水温的温差缩小在20℃以内时，管片立即进入养护池进行7d水养护，确保管片内部水化完全，保证管片的质量。在7d水养护期间，必须每天对养护池的水位进行巡视检查，确保管片本体全部浸入养护池。

3）实施效果

杜绝了由于管片养护不当造成的裂缝和龟裂现象，管片外表色差基本一致，抗渗性能全部符合要求。通过自动化温控系统，使起吊强度满足要求，既保证了管片生产的高效生产，又保证了管片的质量。

5.5.4.4 管片吊运关键技术措施

管片吊运主要影响管片的外观质量和吊运安全。

1）难点

管片体积和质量大，传统的简单的吊运工具无法保证吊运安全和质量。

2）关键技术措施

通过自主研发超大直径管片适用的专用吊夹具，来保证管片吊运安全和质量。

（1）真空吸盘（图 5-31、图 5-32）

图 5-31 真空吸盘

图 5-32 真空吸盘试验（16t+8t）

在以往，管片脱模都是利用管片自身的压浆孔起吊，由于管片脱模时，起吊强度一般只达到15MPa左右，因此很容易损坏管片本体。在上海长江隧道管片生产过程中自主研制开发了GX-20型管片真空吸盘，它利用真空吸附原理并配有一系列保护报警装置而达到安全可靠的起重目的。GX-20-1型管片真空吸盘主要技术参数如下：

①外形尺寸：长4 250mm×宽1 700mm×高1 700mm。

②额定最大吸吊质量20t（在真空度≥ -75kPa时）。

③吸吊管片外弧 R7 500mm可根据不同管片需要另行配制。

（2）侧向吊（图 5-33）

主要用于管片在侧立时的吊运。

主要特点：

①半自动化，只需一人辅助桁车挂钩即可，操作方便。

②利用管片内弧面真空吸盘定位孔，不会对管片造成伤害，重心适中，起吊平稳。

（3）水平吊（图 5-34）

主要用于管片成元宝型时的吊运。

主要特点：

①完全自动化，从水平吊夹紧管片起吊到松开管片在制定位置堆放，不需要任何挂钩工。

②水平吊夹紧吊运管片主要靠其“两只脚”兜住管片外弧面，因此不会对管片造成伤害。

真空吸盘、侧向吊和水平吊在上海长江隧道管片生产中应用之后，基本上杜绝了管片在吊运过程中造成的损坏，并且提高了管片吊运的效率，保证了管片质量，优化了生产工艺。

图 5-33　侧向吊

图 5-34　水平吊

3）关键技术措施效果

杜绝了吊运过程中由于磕碰造成的缺角掉边和损伤现象，提高了吊运效率，避免了吊运事故的产生。

5.5.4.5　单块管片精度控制关键技术措施

单块管片精度是影响盾构推进时管片拼装的重要因素之一，也很大程度上决定整条隧道的线形。

1）单块管片精度要求及难点（表 5-22）

管 片 精 度 要 求　　表 5-22

序号	项　目		检 测要求	允许误差（mm）
1	外形尺寸	宽度	内外侧各测三点	± 0.4
2		弧、弦长	测三点	± 1.0
3		外半径	测三点	+3~0
4		内半径	测三点	± 2
5	环面角度		两环面各测三点	± 0.04°
6	环面平整度		两环面各测三点	± 0.5
7	端面角度		两端面各测三点	± 0.02°
8	端面平整度		两端面各测三点	± 0.1
9	螺栓孔直径与孔位			± 1.0
10	螺栓孔与螺母不同轴度			± 1.0
11	预埋件位置			± 5
12	防水衬垫和密封条沟槽边对于周边平面的吻合		每沟槽边各测三点	± 1.0
13	防水衬垫和密封条沟槽的宽度		每沟槽各测三点	+0.3~0
14	防水衬垫和密封条沟槽的深度		每沟槽各测三点	+0.2~0
15	表观形象			表面应密实、光滑、平整、边棱完整无缺损

实现管片精度要求的难点在以下几个方面：

（1）精度要求高：比如宽度要求达到 ± 0.4mm，现行标准为 ± 1.0mm。

（2）精度要求项目多：既有几何尺寸精度，也有外观形状的精度，总共多达 15 项要求，而许多精度要求靠传统的测量工具和方法已经不能够得以保证。

（3）生产周期长、生产节奏快，传统的测量工具和测量方法效率较低，无法保质保量地完成检验任务。

2）管片精度控制关键技术措施

（1）针对管片检测项目多、精度高的特点应用了三维激光跟踪测量系统

该测量系统与传统检测工具相比具有很大优势（表 5-23），扩大了检测范围，提高了检测效率，可用于解决传统的测量工具无法准确快速检测的项目。

传统测量与激光测量对比　　表 5-23

序号	测量项目		精度要求（mm）	传统测量	激光测量
1	外形尺寸	宽度	±0.4	游标卡尺或内径千分尺，由于测量点很少不能真实反映测量的钢模或管片的整体宽度情况	通过平面的构造可以精准反映钢模、管片的整体宽度情况
2		弧弦长	±1.0	卷尺，误差很大	测量精准
3		厚度	+3~-1	游标卡尺，测量点少不能真实反映测量的钢模、管片的整体宽度情况	通过平面的构造可以精准反映钢模、管片的整体宽度情况
4		单块管片内半径	±2	很难测量	可以精准测量
5		单块管片外半径	+3~0		
6	环面角度		±0.04°		
7	环面平整度		±0.5		
8	端面角度		±0.02°		
9	端面平整度		±0.1		
10	螺栓孔直径与孔位		±1.0		
11	螺栓孔与螺母不同轴度		±1.0		
12	防水衬垫和密封条沟槽边对周边平面的吻合		±1.0		
13	防水衬垫和密封条沟槽的深度		+0.3~0		
14	防水衬垫和密封条沟槽的宽度		+0.2~0		

①三维激光跟踪测量系统介绍

三维激光跟踪测量系统（图 5-35）由球形固定反射器 1（把实测物体通过激光反射回跟踪仪）、支撑设备 2（可根据实测物体高度进行调节）、卡盘 3（固定跟踪仪）、跟踪器测量头 4（发射激光，处理信息）和线缆（信息传输）、控制单元（MCU，综合整理信息）、温度传感器（温度补偿）、网线（连接控制单元与电脑，输送信息）、CAM2 软件工作界面组成，可应用到各种工艺成品的测量。

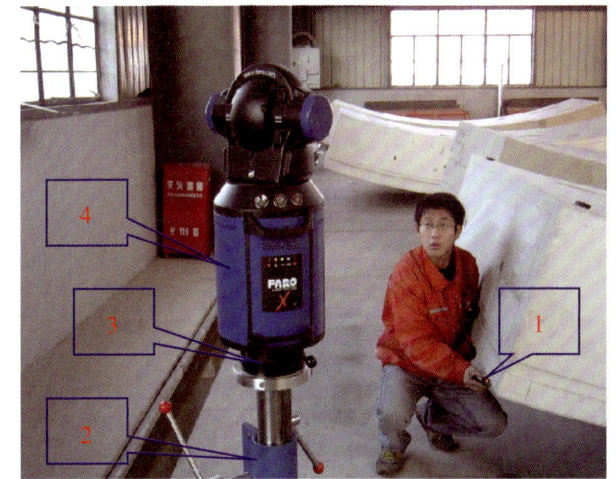

图 5-35　三维激光跟踪测量系统

②三维激光跟踪测量仪的特点

a. 配有工业使用证明了的传感器头，干涉仪技术精度高且可靠。

b. 得到测量点的三维坐标，并对所有的测量坐标进行精确评估。

c. 操作灵活，仅一个操作人员通过目标跟踪就可进行。

d. 手持式反射棱镜允许操作人员自由地测量目标。

e. 外置可替换及可被验证的环境传感器对大气数据进行补偿。

f. 高度自动化的坐标处理。

g. 作为质量控制的一部分将测量物体的综合特性进行备份存档。

h. 通常被测量点达到的精度：± 0.01mm。

i. 配备 CAD 系统的接口；有同文字处理及电子表格数据表格的接口（如 Word，Excel 等），物体的坐标可以直接用来对设计的尺寸和已生产的实际尺寸进行比较，对钢模及管片的测量结果进行精密地分析。

（2）改进检测方法

管片精度的实现主要有两点：一是钢模本身的精度；二是工艺过程中钢模的清理及合拢等工艺质量。在上海长江隧道管片生产过程中，主要通过采用高精度钢模，加大钢模精度检测的力度，以及在以往日常检测的基础上增加阶段性检测的措施来保证管片的精度。

①日常检测

主要采用游标卡尺、内径千分尺、塞尺等检测钢模和管片的宽度、厚度、平面平整度等，以确保钢模和管片的主要精度参数处于受控状态。

②阶段性检测

阶段性检测是指采用三维激光跟踪测量系统对钢模和管片的所有检测项目进行全方位的检测。三维激光跟踪测量系统通过扫描点构造平面，由于取点多，因此整个平面的测量是真实的反映。其测量的项目是传统测量工具无法测量的，如平面的平整度、扭曲度、平面与平面之间的夹角等项目。此外，本工程根据测量系统的特点和管片生产的实际需求，开发了 MPS-STEC 激光跟踪测量系统报告专用软件。

三维激光跟踪测量系统可以对管片和钢模进行全方位的精准测量，并且具有输出报告功能，但是其输出的报告并不适应管片生产行业，存在不直观不明了的缺点。针对这种情况，结合上海长江隧道管片的检测要求，自主开发了 MPS-STEC 报告生产软件。报告输出软件 MPS-STEC，将 CAM2 软件输出的数值文本报告，进行批处理运算，输出可视化表格（表 5-24、表 5-25）和图示报告（图 5-36）。

测量报告 1　　表 5-24

项　目		测量值（mm）	设计值（mm）	差值（mm）	要求精度（mm）
纵向最佳平面	左	–0.05	0.00	–0.05	± 0.10
	右	–0.03		–0.03	
环向最佳平面	前	0.12	0.00	0.12	± 0.50
	后	0.13		0.13	
平行度	内半径	0.42	0.00	0.42	± 2.00
	外半径	0.18		0.18	± 3.00~0
宽度	1–7	2 019.20	2 018.80	0.40	± 0.40
	4–10	2 017.43	2 017.17	0.26	
	2–8	2 016.07	2 015.73	0.34	
	5–11	2 014.68	2 014.36	0.32	
	3–9	2 011.44	2 011.09	0.35	
	6–12	2 010.27	2 010.13	0.14	
	1–7 与 4–10 平均	2 018.35	2 017.98	0.37	
	3–9 与 6–12 平均	2 010.86	2 010.61	0.25	
	平均值	2 015.04	2 014.67	0.37	

续上表

项　目		测量值（mm）	设计值（mm）	差值（mm）	要求精度（mm）
厚度	1–4	651.81	650.00	1.81	+3~-1
	7–10	651.71		1.71	
	3–6	651.86		1.86	
	9–12	651.20		1.20	
弧长	1–2–3	4 757.58	4 757.42	0.16	± 1
	4–5–6	4 344.67	4 345.11	–0.44	
	7–8–9	4 745.68	4 745.42	0.26	
	10–11–12	4 345.09	4 345.11	–0.02	

测 量 报 告 2 表 5–25

项　目		测量值	设计值	差　值	要求精度
圆心角（°）		37.37	37.38	–0.00	± 0.01
边角（°）跨越 650.000 mm	α_L	90.01	90.00	0.01	± 0.02
	α_Z	89.99	90.00	–0.01	± 0.02
	α_Y	89.98	89.97	0.01	± 0.04
	α_X	89.97	89.97	–0.00	± 0.04
纵向锥度（°）	β_{LY}	89.92	89.92	–0.00	± 0.01
	β_{LX}	89.93	89.92	0.01	
	β_L	89.99	90.00	–0.01	
	β_{ZY}	90.05	90.06	–0.01	
	β_{ZX}	90.06	90.06	0.00	
	β_Z	90.00	90.00	–0.00	

测量主体软件为 CAM2，主要作用为：通过后视自校核，修正仪器误差；点的采集，通过对点的采集，完成测量平面、弧线；运算生成 8 个测量角点，并完成迭代。

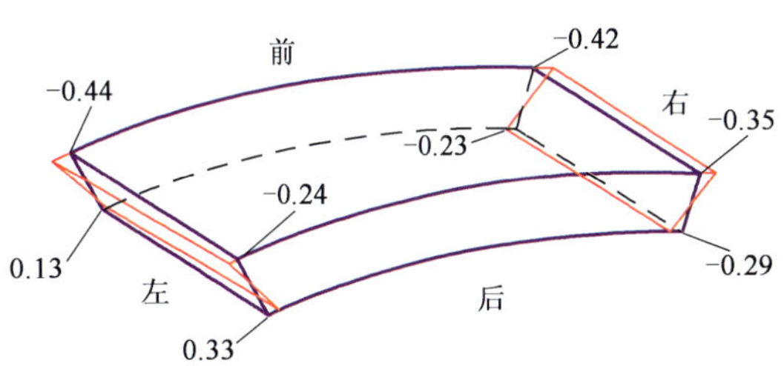

图 5–36　构造模型与理论数模的比对图

得到的三坐标型面数据不能提供直观的几何量信息，需要后续数据处理软件。尽管激光跟踪仪自带测量软件，如 CAM2 MEASURE，可以完成一般的测量任务，但对于像本文提出的特殊要求的几何要素则无法直接得到，需要编制了后续数据处理软件，实现用最少的操作得到最关心的几何量信息。软件用 Visual C++6.0 开发，由读入数据、分析运算、最佳适配、生成报表等模块组成。读入数据模块读入型面点云三坐标。分析运算模块由点构建线、面等几何要素，通过各几何要素之间的运算求取被测量值。最佳适配模块对比实际测量模型与 CAD 模型。生成报表模块生成通用 PDF 格式的报表，以数字和图形两种方式输出各项测量结果。软件界面友好，可输入必要的测量信息如操作人员、环境温度等，报表可打印。

采用最小二乘法评定平面度和圆度。首先利用 3σ 准则剔除噪声点，提取有效的特征信息，再按照各自的数学模型，拟合前后左右四个最优平面和内外半径的最优圆弧。由于不能直接提取角点和边缘特征，所以通过已经拟合出来的 6 个型面相邻相交得到 8 个角点特征，角点相连获得边缘特征，求取宽度和厚度、弧长、锥角和边角等尺寸信息。传统方法一般只是测量宽度，而对于其他的信息只能依据经验来控制。使用该系统后，除了传统意义上的宽度外，还可以方便地得到其他几何量的信息。比如，纵向最佳平面反映了两个端板的平整度，判断是否还需要校正；锥角反映了相交平面之间的关系，判断它们的扭曲情况；而角点改正量则直接提供了钢模八个角点的偏移情况。有了钢模或管片的多方面的几何信息之后，就能够更加客观、全面地评价它们的质量，把握生产环节。

3）关键技术措施效果

（1）测量项目：由原先传统测量的宽度、平整度等扩展到三维几何概念的全项目检测，为钢模和管片的精度提供可靠数据。

（2）测量效率：传统测量一环钢模和管片的宽度、平整度和弧弦长等项目，需花费约 120min。采用激光测量后，全项目检测约花费 80min，效率提高 33%，保证管片的高效生产。

5.5.4.6 管片两环水平拼装精度控制关键技术措施

两环水平拼装是对单块管片精度的最终整体检验，可以检验管片的通用性以及连接装置定位的准确性。是盾构推进拼装的提前演练，通过现场的两环水平拼装，可以及时检验管片的整体质量，及时地在工厂进行相应的调整，特别是生产周期较长的情况下更为必要。

1）管片两环水平拼装精度要求（表 5-26）及难点

两环水平拼装精度要求 表 5-26

序号	项 目	检测要求	允许误差（mm）
1	环缝间隙	每环测 4 点	≤ 0.8
2	纵缝间隙	每条缝测 3 点	≤ 1.0
3	成环后内径	测 4 条（不放衬垫）	±4
4	成环后外径	测 4 条（不放衬垫）	+6~0
5	纵、环向螺栓与螺栓孔间隙		≥（螺栓孔直径 – 螺栓直径 – 2）
6	拼装频率	每套钢模拼装验收 1 次，混凝土管片每 200 环拼装 1 次	

注：拼装测点示意图见图 5-37。

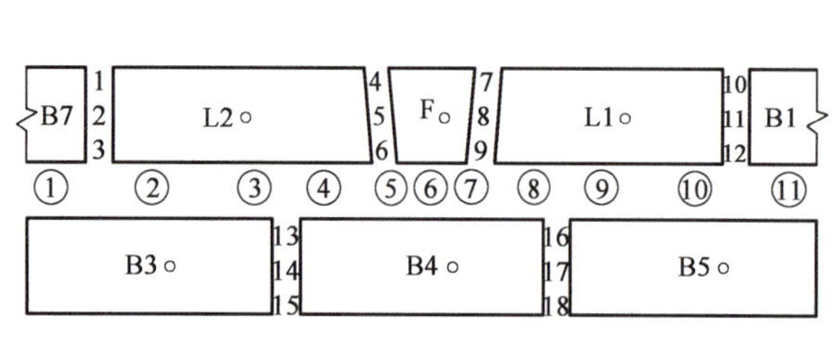

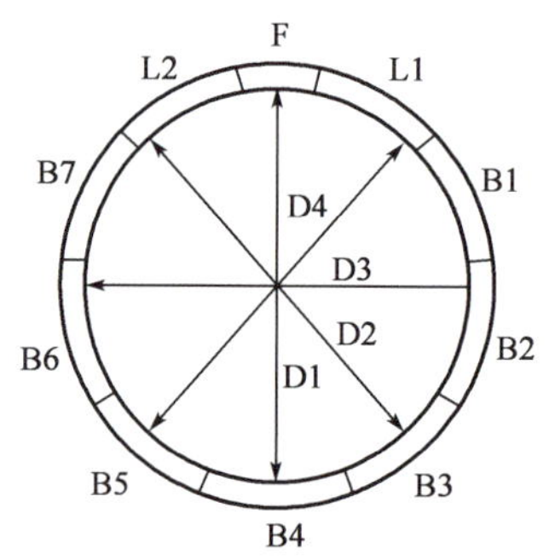

注：1、2 为纵缝检测点；①、②、③为环缝测点；D1、D2、D3、D4 为内径和相应的外径检测点。

图 5-37 拼装测点示意图

管片两环水平拼装的难点主要是以下几点：

（1）精度要求高。比如环缝、纵缝的现行标准均为不大于 2.0mm。

（2）拼装条件的制约。不像在盾构施工中的拼装，有专业的拼装机，吊起平稳，定位准确。

（3）连接形式的不同。不同于轨道交通采用弯芯棒或直芯棒的连接方式，上海长江隧道管片的连接方式为斜螺栓连接，具体体现为预埋螺母和光孔，拼装时穿进斜螺栓拧紧。在拼装过程中管片就位后，进行连接时，由于预埋螺母受力与管片拼接面不垂直，在径向方向上存在分力，因此会导致管片向圆心偏移，从而需要再对管片位置进行反复微调。

2）关键技术措施

（1）拼装环数：管片拼装验收一般采用三环水平拼装的方式，但是由于上海长江隧道管片环宽 2m，三环拼装后加上拼装底座的高度以及吊具的长度，总高度达到约 8m，而管片生产一般桁车起吊高度也只有 8m，并且拼装工人作业高度太高，容易引起安全事故。鉴于这两点，采取了 2 次两环水平拼装代替 1 次三环水平拼装的混拼（第一次拼装基准环在下层，第二次拼装基准环变成上层，原先的第二环变成基准环）的方式，每个连接装置，每项检验项目均能够得以检验，可以达到三环水平拼装验收同样的目的。

（2）保证拼装管片的外观质量

对每块待拼装管片进行外观清理，特别是拼接面的清理，避免存在混凝土残渣或者颗粒凸起物，而影响管片拼装时的贴合度。

（3）采用合适的设备设施

生产场地的整环水平拼装，由于没有专用的拼装机，因此拼装质量很难控制，为了确保拼装质量，采取了下列设备设施：一是采用重心居中吊运平稳的专用吊夹具，保证管片定位准确；二是采用油葫芦，由于生产现场只能采用龙门桁车进行吊运，在三环拼装时主要靠门行的大小车对拼装管片进行移位，存在移位距离过大的问题，采用油葫芦后可进行移位的微调，保证管片定位精度；三是采用可上下自由调节的拼装底座，通过底座的调节可以保证基准环上部拼接面的平整。

（4）加强拼装过程中拼装质量的监测

由于本工程进行的是二环水平拼装检测，基准环比较细微的偏离在第二环就会产生放大效应，影响第二环的成环精度，因此在拼装过程中应对一些关键指标必须进行实施监控，避免做无用功。主要检测的内容有：基准环每块管片就位后的铅垂度，管片与管片之间的纵缝间隙，管片与管片之间连接螺栓的穿进及拧紧程度等。

3）关键技术措施实施效果

为了保证管片的通用性，保证盾构施工的主体质量，共进行了 74 次两环水平拼装，全部合格。表 5-27 和表 5-28 为随机抽取的两环水平拼装检测参数报表。

第 5 次两环水平拼装参数检测　　表 5-27

内容		纵缝	环缝	成环内径	成环外径	连接螺栓
标准		≤ 2mm	≤ 0.8mm	± 4mm	+6~0mm	全部穿进、拧紧
测点个数		120	40	8	8	58
2 环试拼装	极值	1.2	0.5	+3，-2	+2，1	合格
	合格点	120	40	8	8	58
	合格率	100%	100%	100%	100%	100%

第 25 次两环水平拼装参数检测 表 5-28

内容		纵缝	环缝	成环内径	成环外径	连接螺栓
标准		≤ 2mm	≤ 0.8mm	± 4mm	+6~0mm	全部穿进、拧紧
测点个数		120	40	8	8	58
2 环试拼装	极值	1.6	0.7	+2，-2	+3，1	合格
	合格点	120	40	8	8	58
	合格率	100%	100%	100%	100%	100%

第6章　泥水平衡盾构机及信息化控制系统

NISHUI PINGHENG DUNGOUJI JI XINXIHUA KONGZHI XITONG

泥水加压平衡盾构机选型，必须综合考虑长江隧道一次性长距离掘进中开挖面稳定、施工安全可靠、满足工期要求、盾构机机械适应能力（包括适应地层断面变化要求，如水头压差、土层变化）等因素。信息化控制系统主要由盾构施工数据采集系统、盾构施工信息分析系统、盾构掘进姿态自动测量系统、隧道管片拼装自动预测系统四部分组成。通过信息化控制系统，可以实现实时动态地掌握盾构施工信息并采取相应的对策。

6.1 盾构机选型依据

本工程沿线 75.5m 深度范围内的土层均属第四纪松散沉积物，主要以饱和黏性土、粉性土及砂土为主，地层多以水平层状分布，地基土沉积与上海市区正常分布地层有所不同，⑥层缺失。按地层成因类型、土层结构及性状特征可划分为 5 层，其中③、④、⑤、⑦层根据土性和工程性质的差异，又可细分为若干亚层，如图 6–1 所示。

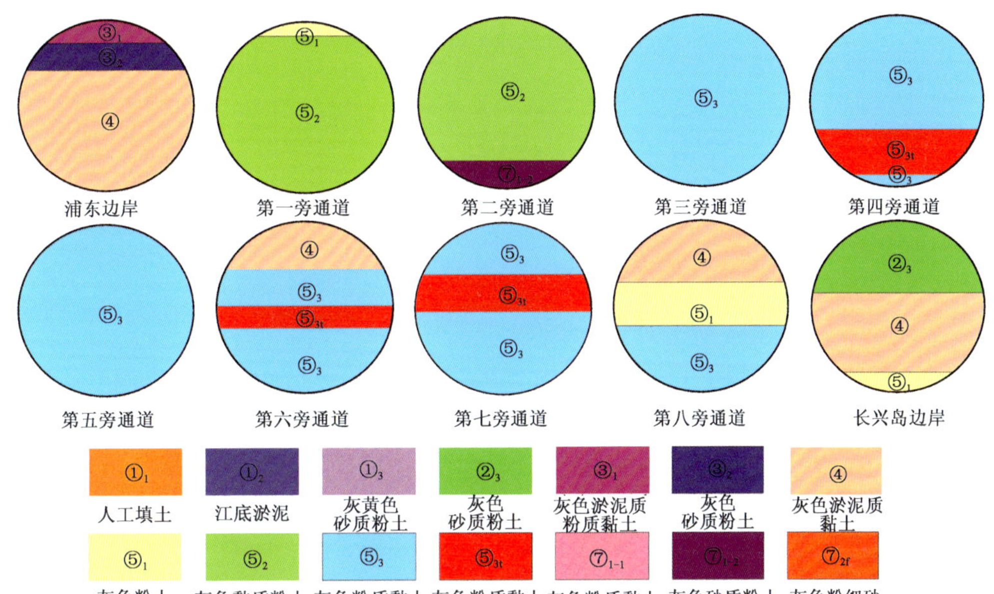

图 6–1　隧道主要穿越土层

泥水加压盾构机的选型必须着重考虑工程地质条件的影响，③$_1$、④$_1$、⑤$_{1-1}$、⑤$_{1-2}$和⑤$_2$等软黏性土在泥水加压平衡盾构施工开挖时，土体将会有一定的回弹，并具有明显触变及流变特性，易破坏；③$_2$、⑦$_{1-1}$、⑦$_{1-2}$等粉性土透水性强，在一定的动水力作用下易产生流砂现象，导致掘进面不稳定；且土层突发性的涌水和流砂易引起地面沉降；隧道土层软硬不均；⑤$_2$层为微承压含水层，其下的⑦层为承压含水层，承压水可能导致突涌现象的发生。因此，应选择能适应上述地质状况的对土体扰动小的泥水气压平衡盾构机。

（1）一次掘进距离长

上海长江隧道设计为东线和西线两条隧道，长度均约 7.5km，为目前世界上超大直径泥水加压平衡盾构单次推进距离最长的隧道。隧道的管片为 C60 钢筋混凝土，宽度为 2 000mm。东线隧道共计 3 737 环，西线隧道共计 3 736 环，每环由 10 块管片组成。长距离施工对泥水气压平衡盾构机的耐久性和便捷性要求提出了很高的要求，主要包括以下几点：

①必须确保刀盘面板以及回转主轴承的耐久性。

②必须确保刀具的耐久性。由于长距离推进，刀具在不利情况下可能磨损相当严重，因此其必须具有磨损监测功能和更换功能。

③必须确保泥水加压平衡盾构机中各类设备的耐久性和便捷性，如拼装机、同步注浆系统等，为连续性施工创造条件。

④材料的运输方式、口形构件的安装、管片的储存、管路的延伸等后配套系统，必须满足施工的便捷性要求。

（2）隧道覆土深

上海长江隧道设计江中段掘进距离约为 6.8km，最大埋深为 38m。

泥水气压平衡盾构机的各类材料和设备，必须满足在深覆土情况下能进行长距离的施工，其对泥水气压平衡盾构机的安全性要求提出了很高的要求。主要包括以下几点：

①由于泥水气压平衡盾构长距离在深覆土下进行施工，中间不考虑更换切削刀具，为此盾构机的轴承密封必须满足一次掘进 8km 的要求。

②盾尾密封系统必须满足在深覆土下推进不漏水的要求，同时，为防止盾尾密封刷在掘进过程中磨损，泥水气压平衡盾构机必须具有更换最里面两道盾尾密封刷的功能。

（3）隧道断面大

上海长江隧道开挖断面直径为 15 430mm。由于隧道断面大，在掘进过程中穿越的土层种类比小直径隧道要多。另外，根据设计要求，掘进区域的地面隆起不超过 10mm，沉降应不超过 30mm，轴线平面和高程偏差应控制在 ±50mm 之内。因此，这对泥水加压平衡盾构机在施工中如何提高开挖面和隧道的稳定性提出了很高的要求，主要包括以下两点：

①泥水加压平衡盾构机必须具有高精度调压系统，确保能最大限度地减少施工时对周围土体的扰动，并能有效地控制地面沉降。

②必须具有纠偏功能，能有效地控制轴线偏差。

（4）环境保护要求高

上海长江隧道施工过程中，由于泥水加压平衡盾构还需穿越长江及两岸防汛大堤和长兴岛上民房，因此，泥水加压平衡盾构施工过程中对环境保护的要求很高，主要包括以下几点：

①泥水加压平衡盾构机必须具有各类设备的监控系统，以确保在穿越长江及两岸防汛大堤和长兴岛上民房期间，能迅速发现设备磨损和故障情况。

②应有一套实时自动测量系统。

③在泥水加压平衡盾构施工中，盾构机上各类机械、电子设备及油管众多，若盾构机内发生火灾，会对人员和设备造成较大的伤害和损坏，因此，必须在盾构机中和车架系统上安装高效的火警报警系统和灭火系统。

6.2 泥水加压平衡盾构机选型

6.2.1 泥水加压平衡盾构机类型的确定

由于泥水加压平衡盾构法的可实施性高度依赖于盾构机械的可靠性和适用性，因此，选择泥水加压平衡盾构机对本隧道的可实施性至关重要。

目前，国内外大直径高水位全透水地层施工均优先选用泥水加压平衡盾构掘进机。该掘进机适用于含水的软、硬岩及混合地层的隧道掘进，尤其适用于地层含水率大、地层土上方有大水体的越江隧道和海底隧道的施工。

基于长江隧道工程地质及施工条件，结合国内外其他超大超长泥水加压平衡盾构隧道的施工实例，经过反复论证，最终确定采用泥水加压平衡盾构机进行本工程隧道的施工。

作为泥水加压平衡盾构的优点主要有以下几点：

（1）适用范围广。泥水加压平衡盾构机适用于含水率较高、软弱的淤泥质黏土层、松散的砂土层、砂砾层、卵石层和硬土的互层等地层，特别适用于对地面变形要求特别高的地区施工。在砂层中进行大断面、长距离推进大都采用泥水加压式平衡盾构机。实践证明，加压式泥水气压平衡盾构机对大断面隧道的地层土的适应性较强。

（2）对地层的扰动较小，能把地表沉降控制在较小的范围内。从泥水气压平衡盾构开挖面的稳定情况来看，盾构机前部有旋转切削刀盘，后面装有密封隔墙，中间形成泥水压力舱。在泥水加压平衡盾构推进过程中，可将泥水送入泥水压力舱，以保持盾构开挖面的稳定。在泥水加压平衡盾构推进过程中，盾构开挖面的土体呈垂直状态，旋转刀盘在不断地切削土体的同时，又不断地形成新的开挖面。盾构开挖面的稳定是依靠设定的泥水压力和泥水重度等来平衡土体压力的，泥水处于循环的流体状态，具有流动的动态性质。

（3）减少了大量的物流运输。如果采用土压平衡盾构机，长江隧道上下行线推进产生的土方量达到 $2.8\times10^6m^3$，一般情况下，一辆土方车的单次运送量大约为 $7m^3$ 左右，总的运输次数达到 40 万次，这必然会给运输带来很大的压力，而且这么多土方的处理也会给环保带来很多难题。而使用泥水加压平衡盾构机，是采用泥水处理系统，将不会有土方的大量外运，而是采用泥水管道运输的模式进行。施工现场设立泥水处理系统，形成泥水的回流，过滤下来的渣土再通过船运至指定地点，这为泥水加压平衡盾构施工进度的保障奠定了基础。

（4）泥水加压式盾构机除在控制开挖面稳定以及减少地面沉降方面较为有利外，还在减少刀头磨损、适应长距离推进方面显示出优越性。

本工程所用泥水加压平衡盾构机在世界范围内进行了公开招标，经过各方面的对比，最终确立由德国海瑞克公司和上海隧道工程股份有限公司机械制造分公司联合生产。

6.2.2 泥水加压平衡盾构机的工作原理

6.2.2.1 基本工作原理

泥水加压平衡盾构机施工时，加压泥水在开挖面会产生泥膜，该泥膜能对隧道开挖面进行有效支护。随着泥加气压平衡盾构的前行，刀盘转动切削正面土体，原有泥膜不断被切削，新的泥膜不断形成。新鲜的、低密度的泥水通过送泥管路不断地送至开挖舱，刀盘切削下来的土体混合在泥水中通过开挖舱底部的送泥管，被泵送至地面泥水处理站。

泥水加压平衡盾构机根据压力调整方式的不同，分为泥水加压平衡盾构机和常规泥水平衡盾构机。从结构上来看，泥水加压平衡盾构机与常规泥水平衡盾构机的主要区别就是在泥水舱内多出一个气压调节舱。因此，对开挖舱的泥水压力的调节是通过调节舱内的气体压力来进行的，而对于常规的泥水平衡开挖舱，泥水压力是由进排泥泵的压力来控制的，所以，泥水加压平衡盾构机在保证开挖面泥水压力方面，能做到更及时、更精确、更稳定。

6.2.2.2　气压调节舱压力调节

将泥水加压平衡盾构刀盘旋转进行开挖的部分称为开挖舱，开挖舱被一块分隔舱板分隔成两个区域。前面的区域直接与开挖面接触，刀盘切削开挖面土体，土体与舱内泥水混合，该区域泥水对开挖面起到支撑的作用。后面的区域为气压调节舱，其上半部分则充满压缩气体，下部泥水与前面的开挖区域相连通。因此，通过调节舱内压缩空气的压力，可以调整正面泥水的压力值，从而实现对开挖面的支撑作用。空气压力能够在超过 0.5MPa 的高工作压力范围内自由调节。压缩空气调节器通过调节压缩空气来补偿泥水液位压力的差值，从而使该压力保持平衡。

隧道开挖面的支持压力从上到下增加（呈梯形），调节器上显示的调节压力为在压缩空气调节下处于泥水液位的支持压力，如图 6–2 和表 6–1 所示。

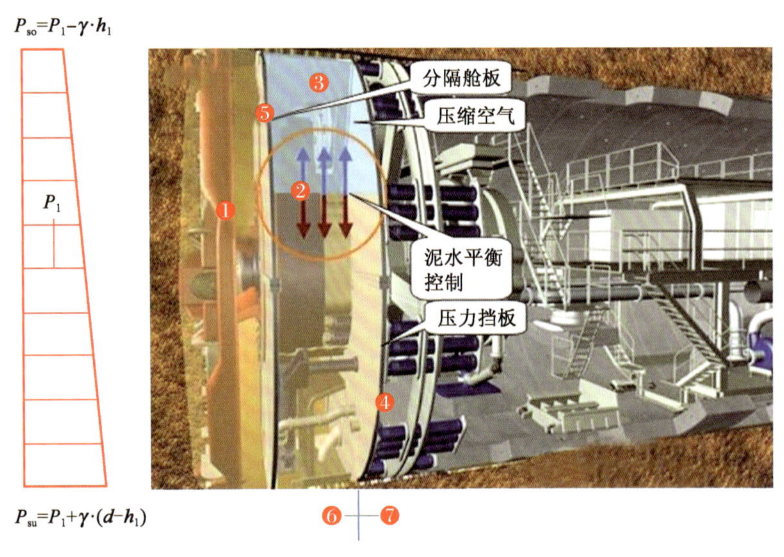

图 6–2　隧道开挖面压力平衡简图

隧道开挖面支持压力的分布　　表 6–1

①	泥水	P_1——空气压力
②	泥水液位	P_{so}——顶部悬浮液压力
③	压缩空气	P_{su}——底部悬浮液压力
④	压力挡板	γ——悬浮液密度
⑤	分隔舱板	d——泥水气压平衡盾构直径
⑥	支撑区域	h_1——承压舱高度
⑦	处于外界压力下的区域	

6.2.2.3　气压调节的优点

气压调节具有以下优点：在稳定性差的、混合土层、高压状态下，能够安全地进行隧道开挖操作。泥水的传输和支持压力的控制（气压调节舱）彼此分开。由气压调节传输到膨润土悬浮液的支持压力精确率为 ±0.005MPa，在隧道开挖过程中，外界压力的变化不会对开挖面的稳定造成影响。

泥浆管路内的浮动变化将被准确、迅速平衡。

6.2.3 泥水加压平衡盾构机主要参数及特点

6.2.3.1 泥水加压平衡盾构机的组成

本工程所用泥水加压平衡盾构机主要由主机、一号车架、二号车架以及三号车架组成，如图6-3所示。主机上安装了几乎所有该泥水加压平衡盾构机的主要设备，如推进系统、注浆系统、排泥泵、泥水气压平衡盾构控制室等。一号车架由泥水加压平衡盾构机本体牵引在辅助轨道上前行，每节辅助轨道长2m，由吊机进行安装。二号车架主要起到吊装口型构件以及连接一、三号车架的作用。三号车架主要是起到管路延伸的作用。三号车架由二号车架牵引在口型构件两侧每节长2m的辅助轨道上前行。

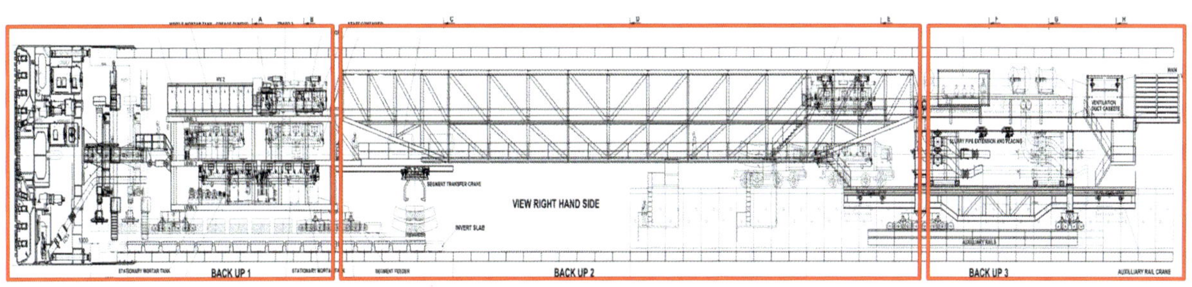

图6-3　泥水气压平衡盾构机的组成示意

6.2.3.2 泥水加压平衡盾构机主要参数

泥水加压平衡盾构机主要参数见表6-2。

泥水加压平衡盾构机主要参数表　　表6-2

部位名称	规格数量	备　注
泥水加压平衡盾构基本参数		
盾体前部直径（mm）	15 430	
盾体中部直径（mm）	15 400	
盾尾直径（mm）	15 370	
最小转弯半径（m）	750	
最大推力（kN）	203 066	@ 35MPa
最大扭矩（kN·m）	39 945	@ 1.0r/m
泥水加压平衡盾构刀盘参数		
结构	6个星型布置辐条	
类型	软土型	
刀具	157把刮刀、24把铲刀、66把可更换刮刀、7把可更换中心刀、2把仿形刀	可更换刀具可以在大气压状态下从刀盘臂内进行更换
磨损监测系统	8把刮刀、2把铲刀	
旋转中心接头	1	
旋转方向	双向	
中心锥形体部位冲刷	6	DN150

续上表

部位名称	规格数量	备　注
刀盘驱动		
主驱动类型	中心回转式	固定式
主轴承类型	3– 道滚柱轴承	
密封最高工作压力（MPa）	0.75	
电机驱动	14 个电机	
总功率（kW）	3 500	
额定扭矩（kN·m）	34 735	
额定扭矩（kN·m）	23 003	
最大扭矩（kN·m）	39 945	
最大扭矩（kN·m）	26 454	
脱困扭矩（kN·m）	45 155	脱困扭矩
最大转速（r/m）	1.6	变频驱动
设计寿命（h）	14 700	
盾尾		
盾尾类型	固定、焊接式	
盾尾密封系统	4 道密封钢刷	
紧急盾尾密封系统	1	充气式紧急密封系统
推进油缸		
数量	19 组，每组 3 个油缸	
油缸分区数量	6	
管片拼装机		
抓取系统	真空吸盘式	
自由度	6	每个自由度运动均为无级调速
回转角度（°）	± 200	比例控制
回转速度（r/m）	0~1	
无线遥控	1	备用有线遥控
注浆系统		
浆液类型	单液结硬性浆液	
注浆泵数量	3	
密封及润滑油脂		
油脂泵	1	HBW 油脂
盾尾油脂泵	2	盾尾油脂
油脂泵	1	密封：主轴承、管片拼装机
通风系统		
次级通风系统	2	DN1 000mm
– 消声器	2 × 2	
– 鼓风机	2	
气管存储筒 DN2 800mm	1	容量 150m
压缩空气单元		

续上表

部位名称	规格数量	备　注
在泥水气压平衡盾构机上		
用于调节压力的压缩空气机（气垫）(kW)	3×90	
储气罐	3	
泥水输送		
排泥浆管直径	DN500	
排渣泵	4	一台在 TBM 上，其余在隧道里
供泥浆管路直径	DN600	隧道内
供应泵	2	地面上
电气设施		
输入电压（kV）	2×10	
PLC 单元	1	西门子 S7-400
保护等级	IP55	
次级配电柜	1	
主配电柜	1	
主驱动电机变压器	2	400V / 2 000kVA 单台
后配套系统变压器	1	400V / 2 000kVA
泥浆泵 P2.1 变压器	1	690V / 1 600kVA
应急照明	1	带电池，最短连续供电 1h
柴油发电机 160kVA	1	给真空吸盘泵，毒气探测器，减压系统，高压电缆卷筒，通信设备提供电源

6.2.3.3　泥水加压平衡盾构机的主要特点

（1）耐久性

上海长江隧道一次性推进距离达到 7.5km，中间不设检修井，这对泥水气压平衡盾构的耐久性提出了很高的要求，相对于泥水加压平衡盾构系统的其他设备，刀盘面板以及回转主轴承的耐久性尤为重要。泥水加压平衡盾构采用软土型刀盘，如图 6-4 所示，按重载型刀盘传力架设计，有 6 个安装刀具的主要刀盘辐臂及 6 个辅助辐臂，能够解决施工地层特性引起的各种问题。刀盘内部设有上下行走楼梯，可以通过主要刀盘辐臂在常压下人工进行刀具更换。刀盘开口率为 19%，共有 12 个大尺寸和 12 个小尺寸的渣土开口，中心锥形区域呈特殊几何形状，更利于使切削下来的渣土流入开挖舱，此外，中心部位的冲洗装置可以防止渣土结块。

刀具可分为刮刀、边缘铲刀、仿形刀，其中最主要的是刮刀。刮刀具有如下特点：设计时考虑切削强度达 25MPa 的混凝土，采用高质量碳化合金刀刃，其安装角度与土质匹配，可以高效切土。

泥水加压平衡盾构机配备刀盘和刀具磨损监测系统。

①刀盘表面磨损监测系统。即在刀盘上有一层焊接保护板，一根液压管藏于其中，监测液压管的压力即可知道刀盘磨损情况。

②刮刀和铲刀的磨损监测系统。该系统安装在 8 把选定位

图 6-4　刀盘示意图

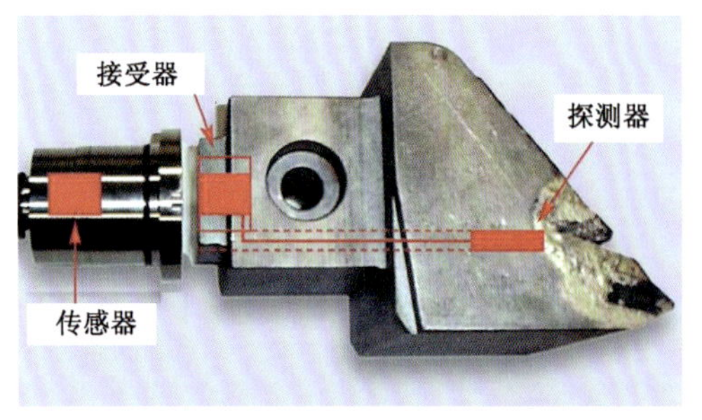

图 6–5 铲刀磨损指示系统示例

置的刮刀和2把铲刀上，如图6–5所示。其原理是在刀具里预埋线圈，线圈的开闭表明了刀具的磨损情况。其信号通过刀盘后部的一个专用插头，由诊断器感应并测量感应线圈的电流，然后通过一个便携式装置可以直接看到监测结果，线圈封闭表示磨损未超过限定量，线圈断开表示磨损超过限定量。

由于泥水加压平衡盾构机一次推进距离很长，刀具在不利情况下可能磨损相当严重，必要时必须更换。出于安全考虑，在不接触外界泥水的封闭状况以及常压条件下操作，是刀具更换的首选要求。因此，本泥水加压平衡盾构机配备了可更换的刮刀刀具。该刀具的更换不用进入开挖舱来进行，只需在正常气常压状态下在刀盘辐臂内可进行替换，避免了操作人员在高压力的条件下工作，不直接接触正面土体，确保了工作的安全，体现了可靠、创新的技术。

刀具更换流程如图6–6所示。工作人员从主驱动中间进入刀盘辐臂，将升降架（带螺栓）连接到刀具的固定板上，松开固定板上的螺栓，随后，使用升降架（带螺栓）降低刀具，关闭隔压门；用新的刀具更换磨损的刀具，从隔压门后面将刀具提升到要安装的位置，然后将门打开，安装刀具；随后，将固定板用螺栓固定到刀具支架上，支架将被转到下一个刀具的位置。

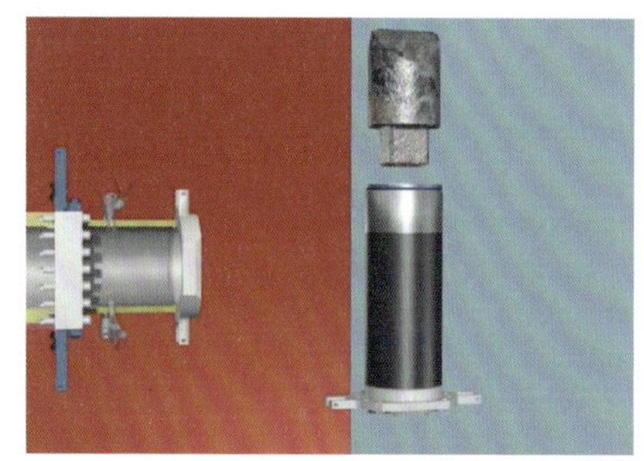

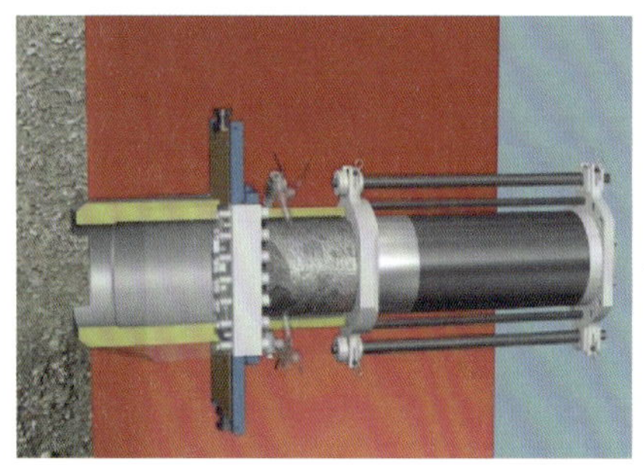

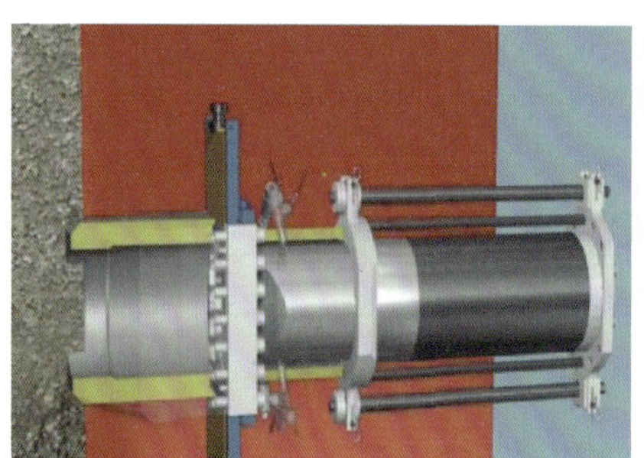

图 6–6 刀具更换示意图

刀盘主轴承设计使用寿命为14 700h，密封设计最大水压为0.75MPa。该系统配有两套超声波磨损探测装置，耐磨圈通过调节螺栓的方式可移动10mm，刀盘驱动以变频电机为动力，可以双向旋转。

三级齿轮减速箱将变频电机的扭矩传递给双轴承小齿轮，小齿轮和主轴承大齿圈的内齿轮啮合，主轴承的旋转部分与刀盘通过法兰盘连接，刀盘由高强度螺栓固定在主轴承上，由驱动电机带动刀盘的旋转，如图6–7所示。

主轴承自身是一个三轴轴承支撑旋转体（轴向/径向布置），这套整体结构的主轴承设计适合高推力和扭矩的要求。

轴承滚道与驱动齿轮之间由唇形密封隔开。外层密封的润滑油管从轴承的外圈导入。

（2）安全性

泥水加压平衡盾构的材料和尺寸及其设备，均适合工程的施工条件以及地质条件。泥水加压平衡盾构允许额定的泥水压力为 0.55MPa，最大压力为 0.70MPa，在泥水加压平衡盾构机的前部、中部及盾尾位置还设置环向 3 道注浆孔，以便进行泥水气压平衡盾构外加固。

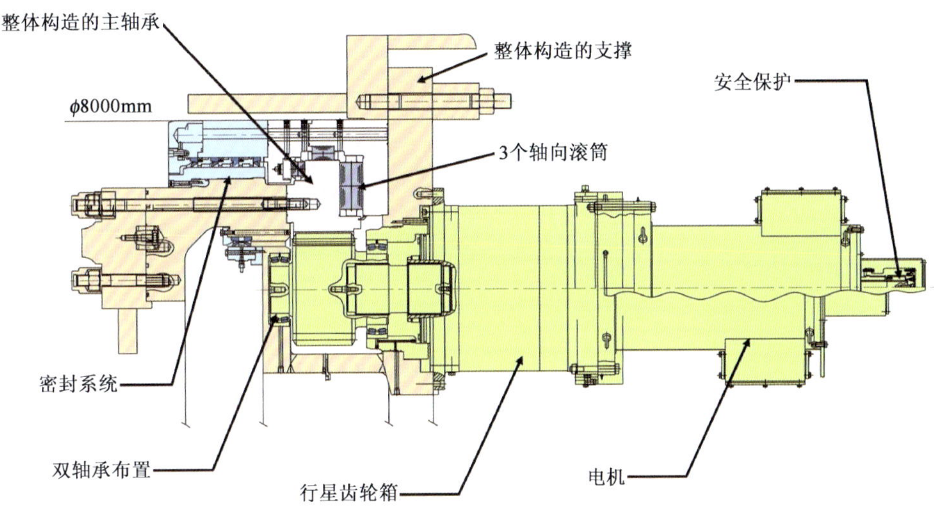

图 6-7　主驱动变速箱

泥水加压平衡盾构机最重要的安全系统为刀盘主驱动密封系统和盾尾密封系统，刀盘主驱动密封系统由两套密封系统组成。外层密封系统负责开挖舱方向的密封，内层密封系统负责盾体内部常压一边的密封。

①外层密封系统

外层密封把主轴承与外面的开挖舱隔开。密封类型为大直径轴密封，共有四层唇形密封和一个前导的迷宫，从而形成四个分隔的区域。这四层密封作用在一个表面硬化处理过的耐磨圈上，该耐磨圈如发生磨损超过设定的数值，可通过螺栓移动 10mm，避开最不利接触面。

外层密封可以承受超过 0.75MPa 压力，密封附带有连续油脂润滑和泄漏监测系统。通过几个径向分布的注脂孔，油脂被注入到密封腔里并充满整个环形腔，这样就可以建立持续的压力作用在油脂腔内，起到密封的作用，如图 6-8 和图 6-9 所示。此外，还可以通过监测油脂压力和流量对油脂注入量进行监测。泄漏腔通过几个径向通道连接到盾体常压下，也可以方便地进行监测。

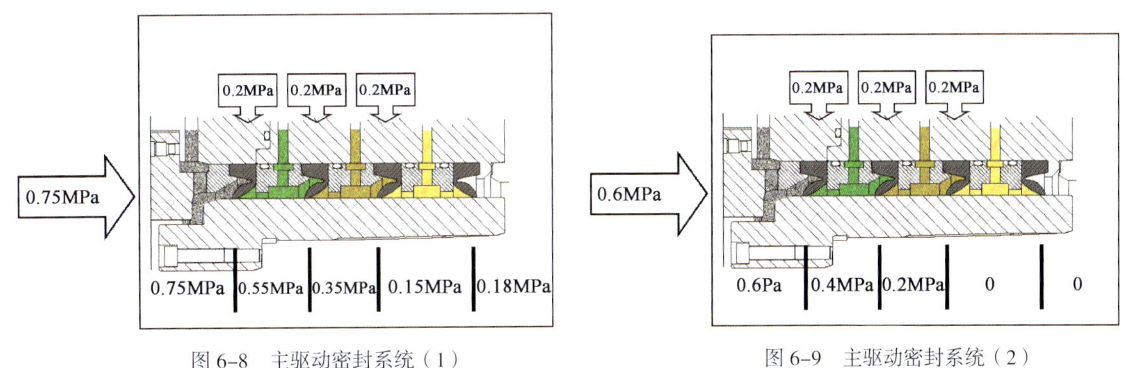

图 6-8　主驱动密封系统（1）　　　图 6-9　主驱动密封系统（2）

②内层密封系统

内层密封系统包括一个双层唇形密封和硬化处理的密封支撑面。密封的润滑在定期的日常维护时集中进行。

主驱动密封的温度通过温度传感器进行监测。耐磨圈的温度也需要进行监测以控制密封系统的状况。其温度通过预埋在圈钢结构里的高敏温度传感器进行监测。

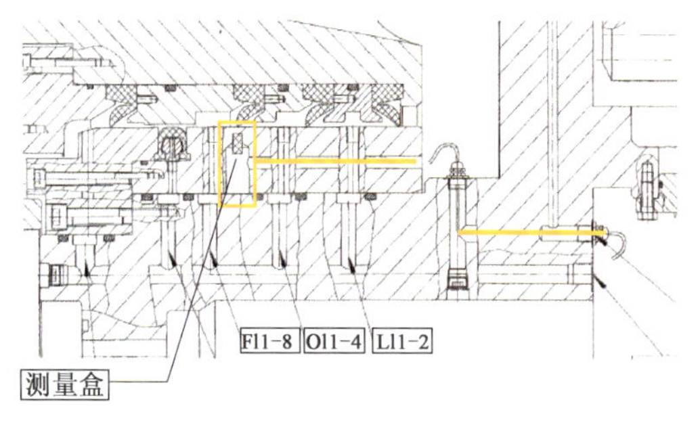

图 6-10　主轴承—温度监测装置

信号通过电缆传输到主驱动外，测得的温度值表明了密封的工作状况。可以使用一个便携式测量盒插入到预留的接头上读取测得的温度，如图 6-10 所示。

盾尾采用特殊的“三明治”结构。该结构为两层钢板中间夹上增强结构刚度的焊接支撑条以承受工作压力。

为便于运输，盾尾为 4 块焊接结构。盾尾与盾体通过焊接的方式连接。6 对通径为 65mm 的注浆管和 20×3 通径 25mm 油脂管以及预留冰冻管、紧急化学注浆管均集成在盾尾里。

盾尾密封由 3 道密封钢丝刷、1 道密封钢板刷和 1 道紧急密封组成，如图 6-11 所示。

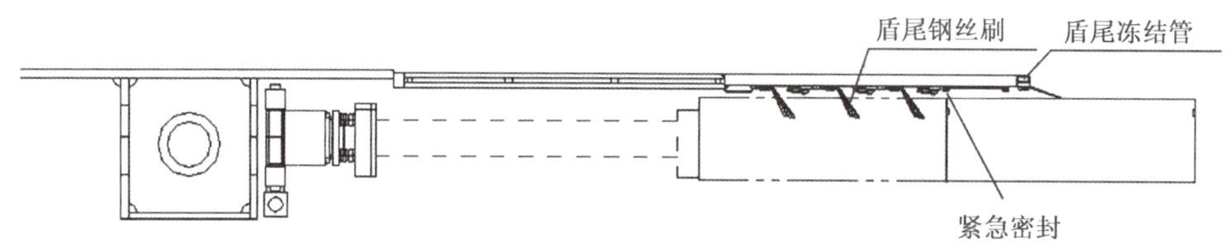

图 6-11　盾尾冰冻管

由于长江隧道单次推进距离长，因此确保盾尾密封的安全是一个严峻的挑战。为此，在盾尾的设计上精益求精，采用预留冰冻管、紧急化学注浆管结合紧急密封，这在世界上尚属首次。

紧急密封是充气式膨胀密封，当注入压缩空气时，气囊膨胀达到密封的作用。紧急密封的作用首先是遇到紧急情况盾尾大量漏水时进行紧急止水；其次是进行前面两道钢丝刷更换时可以保护管片安装区域，防止水等流到泥水气压平衡盾构机内。

预留冰冻管是在盾尾最后端位置的沿泥水加压平衡盾构圆周方向的一圈环管。在进行更换前两道钢丝刷之前，通过充入冰冻介质的方法对该部位的土体和水进行冰冻，以保证更换钢丝刷的安全性。

（3）智能性

泥水加压平衡盾构机主轴承和环圈齿轮的润滑采用带有过滤器的循环润滑系统。循环润滑系统的流量、压力保持和过滤都必须自动进行，并可由泥水加压平衡盾构操作室进行监控。泥水气压平衡盾构机还配置有激光自动测量系统，能够实时监测泥水气压平衡盾构姿态、轴线偏差等数据。机头和车架系统均配备有灭火系统，所有电器柜均可由二氧化碳喷射方式进行自动防火，配置的烟雾探测器系统会触发声光报警。

泥水加压平衡盾构机的智能性还体现在同步注浆上，如图 6-12 所示。同步注浆系统由注浆泵、驱动装置、控制系统、传感器、管路等组成，通过均匀布置在盾尾上的 6 个注浆管，浆液被连续自动地注入管片与隧道之间的环缝中。

图 6-12　注浆系统

注浆系统使用了3个砂浆泵（Schwing 类型 KSP20），每个带有2个出口，这样就一共有6个出口。砂浆泵由电—液动力单元驱动。浆液被泵入的速度通过控制液压油流量进行控制。6个注入出口处都安装有1个压力传感器。每个活塞都安装有1个计数器，这样泵的行程就可以受到监控。通过控制室内的6个电位计可以改变活塞的速度（注浆量）。这样，就可以改变每根管路中的注浆量，使其与泥水气压平衡盾构机的速度相协调。每个注入点的压力传感器的信号用来控制注浆过程。最高和最低压力可以在控制室内进行调整。在泥水气压平衡盾构前进过程中，注浆系统通过 PLC 系统与泥水加压平衡盾构的前进相互锁定，这样就保证了泥水加压平衡盾构前进时注浆能做到及时同步地充填建筑空隙。

注浆系统所有的操作功能都可通过中央控制板控制。每个注入点上的砂浆压力、注浆量、总注浆量等都可预先进行设定。这样既可避免过高的压力损坏盾尾密封或管片，也防止了由于充填不足造成过大的地面沉降。

注浆系统可以以人工和自动两种方式进行操作。为防止浆液堵塞管路，6根注浆管路各配备一套备用注浆管路。

（4）便捷性

泥水加压平衡盾构机刀盘的开口设计有利于将挖出的土石向后排出。最大推进速度达到4.5cm/min以上。为了快速、方便地安装衬砌管片，拼装机设有6个自由度及管片吸盘装置。拼装机还需具有拆卸管片的功能，用于调换最里面两道盾尾钢丝刷。泥水系统泥水输送能力不小于泥水加压平衡盾构的推进速度（4.5cm/min），开挖面泥水压控制精度在 ±0.01MPa 之内。

泥水加压平衡盾构机的便捷性主要还体现在它的后配套系统上，后配套系统主要有四个特点：材料的运输方式、口字形构件的安装、管片的储存、管路的延伸。

如图6–13所示，1号车架底部设有管片运输机，可同时堆放10块管片，并且同步进行运输。2号车架为中空框架结构，分上下两层，上层空间行走50t行车，用于运输管片及浆桶，下层前部安装有15t行车，用于管片及船底块翻转，下层后部安装有30t行车，用于吊装口字形构件，2号车架前后端均留有上下通道，口字形构件的吊运与管片、浆桶的吊运互不影响。这样车架内施工材料的运输极具层次感，而且各运输通道之间互不干扰，大大提高了施工材料运输速度。

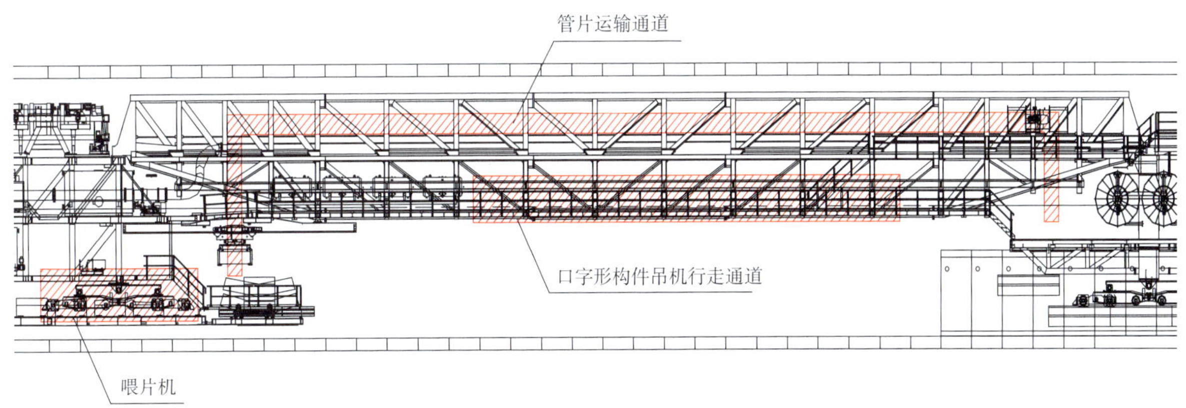

图6–13　运输线路示意图

①材料运输

工程材料包括管片、口字形构件、砂浆以及其他辅助材料（油脂、管件、人员等）。所有的材料均通过特殊的卡车进行运输，泥水加压平衡盾构段的运输道路是安装完成后的口字形构件，泥水气压平衡盾构段后部运输是在隧道内完成的同步施工道路上，这样的运输方式保证了施工的连续性，节约了大量的时间。由于采用的卡车运输的方式，因此，在后配套系统上预留的卡车及材料的空间尺寸应不小于 3.5m（高）× 5.5m（宽）。其中管片运输是由专门的卡车运输至 2 号车架一个指定地点，每一次 2 块由 2 号车架上的管片吊机吊起，然后在 2 号车架内水平运输至 1 号拖车后面卸载点。在卸载的地方，管片经操作人员通过转换装置转动之后，由位于 1 号车架后部的吊机一片一片地将管片吊运至喂片机上。

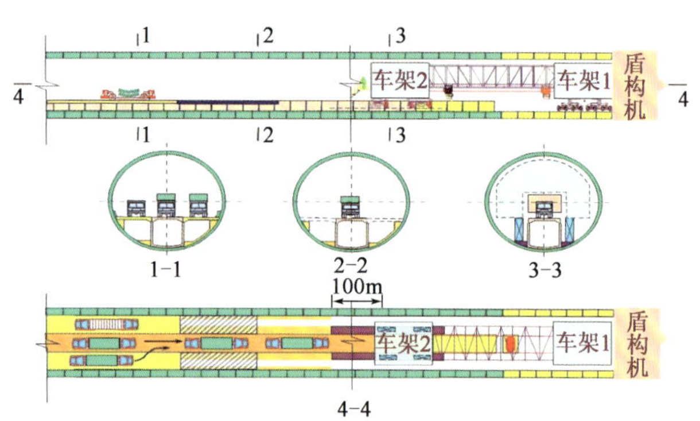

图 6-14　道路结构同步施工示意图

②口字形构件的运输及安装

如图 6-14 所示，口字形构件从地面被双头卡车运送到 2 号车架下，在安装好的口字形构件的道路上直接被吊车吊起，水平运到安装点卸下。口字形构件吊机由操作工人通过一个无线控制器进行操作。

其他辅助材料的运输通过管片吊机在 2 号车架下起吊，水平运输后到 1 号拖车进行卸载。安装完成的口字形构件是泥水加压平衡盾构推进材料运输的唯一通道，泥水加压平衡盾构前行后口字形构件也必须和车架保持同步前进。口字形构件的安装是通过在 2 号车架上的口字形构件吊车完成的。口字形构件的吊机能将口形构件翻转 90°，并吊装至所需安装的位置。

③管片的存储

如图 6-15 所示，管片的存储通过喂片机来完成，它可以临时存放一环管片（10 块管片）。喂片机位于 1 号车架的底下，管片由位于 1 号车架后部的管片吊机吊运至喂片机上，由操作人员通过无线遥控进行控制，将管片输送至管片拼装机部位。

喂片机与 1 号车架钢结构相连，下部坐落在带滑轮的船底块上，由 1 号车架牵引一起前进，并且可以通过油缸进行方向的调整，实现系统的曲线 / 坡度行进。喂片机还可以反向运输，进行拆卸管片的工作（损坏的或排列错误的）。

图 6-15　后配套系统管片运输吊机

④管路延伸系统

如图 6-16 所示，管路延伸系统位于 3 号车架上，主要由泥水管路系统、冷却水管路系统、工业压缩空气管路系统以及动力电缆系统组成。除泥水管路外，其他的管路延伸系统通过位于车架上的各类卷盘来实现，卷盘上的软管提供泥水气压平衡盾构机推进时所必需的长度余量。冷却水管路系统、工业压缩空气管路系统最大延伸长度为 10m。

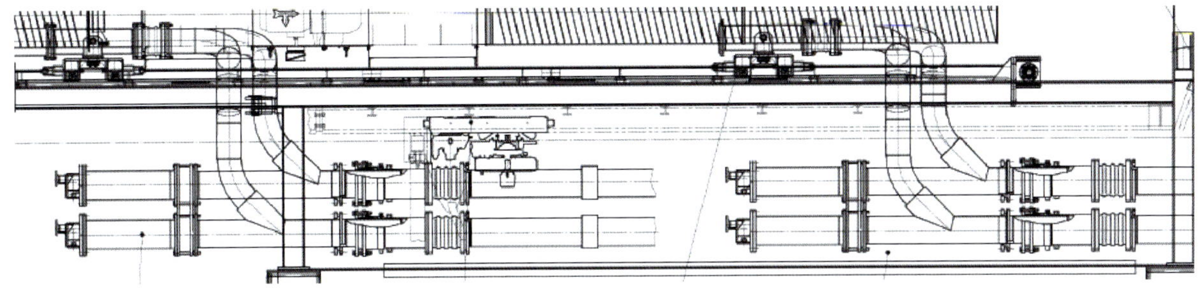

图 6-16　铺管系统

动力电缆系统最大延伸长度为 250m。而比较特殊的是泥水管路延伸系统，不是通过卷盘来实现的，它主要由管路延伸装置以及防止泥水泄漏装置组成。泥水管路延伸装置位于 3 号车架的顶部，通过位于管路下部的小滑轮实现管路的延伸。防止泥水管路接管时泥水的泄漏装置主要由管路、泥水塞、阀门等组成。更换管路之前，必须先关闭隧道内和相应的阀门，然后将泥水塞移动至最后安装的隧道管路内。泥水塞可以避免泥水混合物泄漏到隧道内，接管完成后将泥水塞移动至储存泥水塞的位置。

6.3　泥水加压平衡盾构信息化施工管理系统

6.3.1　系统简介

6.3.1.1　系统构成

泥水加压平衡盾构信息化施工管理系统是由衡盾构施工数据采集系统、盾构施工信息分析系统、盾构掘进姿态自动测量系统和隧道管片拼装自动预测系统四部分组成，如图 6-17 所示。

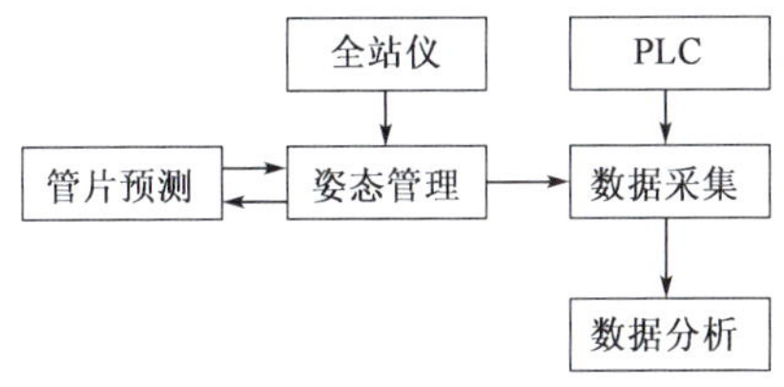

图 6-17　系统信息流向图

6.3.1.2　关键功能及技术创新

（1）系统的关键功能

①泥水加压平衡盾构施工数据采集系统的通用性。自改革开放以来，国内隧道工程从欧美、日本等国的不同厂商进口了不同类型的泥水气压平衡盾构。泥水加压平衡盾构数据采集系统应具有较好的兼容性能，以适用不同类型泥水加压平衡盾构的数据采集功能，避免重复开发的资源浪费。

②泥水加压平衡盾构施工信息分析系统的易用性，应具有面向工程技术管理人员的可视化数据分析功能，避免目前普遍存在的泥水加压平衡盾构设备和施工信息资源的浪费。

③泥水加压平衡盾构姿态检测系统的准确性，使盾构姿态检测系统连续检测数据准确，以满足泥水加压平衡盾构施工轴线的质量控制要求。

④隧道管片拼装自动预测系统的正确性，能正确地根据泥盾构施工轴线偏差和管片施工轴线偏差，自动预测通用型管片的排列方案。

（2）系统的 3 个技术创新点

①首创泥水加压平衡盾构施工信息管理通用性技术。在开发泥水加压平衡盾构信息代码标准的

基础上，使所研制的泥水气压平衡盾构施工信息管理系统可适应不同国家、不同厂商、不同类型泥水气压平衡盾构。

②创新开发光学测量和电子检测互补技术，有效提高了所研制的泥水加压平衡盾构姿态自动检测装置的可靠性。

③创新开发通过计算管片端面不同位置加贴楔子策略、预测和优选管片的纠偏方法，有效提高了隧道施工轴线的质量。

6.3.2 盾构施工数据采集系统

6.3.2.1 泥水加压平衡盾构数据采集基本性能

泥水加压平衡盾构数据采集时，具有以下性能：

①采样周期≤ 0.5s、记录周期≤ 1s；

②便捷的人机实时操作界面模板；

③具有重要施工变量计算功能。

6.3.2.2 泥水加压平衡盾构信息标准

（1）通用性泥水加压平衡盾构信息编码方法

通用性泥水加压平衡盾构信息编码采用复合编码的形式，代码共分四层，第一层以一位英文字母（A~Z）表示，代表变量的类别；第二层以两位英文字母（A~Z）表示，代表变量所属系统名称；第三层以一位英文字母（A~Z）表示，代表变量的对象属性；第四层以两位阿拉伯数字（01~99）表示，代表变量的序号。具体表示和说明如下：

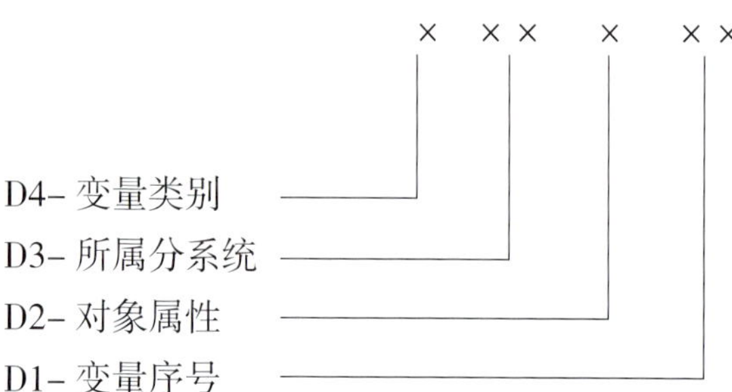

第一位代码 D4——按数据类型分类，以 A~Z 中的一位英文字母表示，代表某一变量数据的来源与功能。

第二位代码 D3——表示泥水加压平衡盾构设备的系统分类（设备大类），以两位英文字母 A~Z 表示，将泥水气压平衡盾构设备分成若干分系统，每个分系统包括一些子系统或一些设备。

第三位代码 D2——表示数据对象的属性，以 A~Z 中的一位英文字母表示。

第四位代码 D1——表示变量的序号，以两位阿拉伯数字 01~99 表示。

（2）通用性泥水加压平衡盾构信息编码应用实例

通用性泥水加压平衡盾构信息编码的应用实例见表 6-3。

泥水加压平衡盾构数据采集系统变量规则应用实例　　表 6-3

信号名称	变量编码	编码符号含义分解
1 号千斤顶油压	BBAA01	B［输入型模拟量］BA［推进 1（主）］A［压力］01
1 区油压	BBBA01	B［输入型模拟量］BB［推进 2（辅助）］A［压力］01

续上表

信号名称	变量编码	编码符号含义分解
盾尾油脂加载	GFAP01	G［输入型开关量］FA［盾尾密封 1（总）］P［加载］01
13 组千斤顶行程	BBAB13	B［输入型模拟量］BA［推进 1（主）］B［行程］13
1 区土压	BMAA01	B［输入型模拟量］MA［平衡控制］A［压力］01

6.3.2.3　泥水加压平衡盾构数据库

（1）泥水加压平衡盾构施工数据库的主要内容

为了保证泥水加压平衡盾构数据信息的完整性，以便为工程施工提供尽可能详尽的数据信息，泥水气压平衡盾构施工数据库除了包含泥水加压平衡盾构施工时记录的数据外，还应包含泥水加压平衡盾构相关的信息，如用户操作使用系统时的必要数据信息以及泥水加压平衡盾构的基本参数。

①基本数据

为了提高系统的通用性，降低系统对泥水加压平衡盾构设备的依赖程度，应建立基本数据表。这些数据可分为三类：基本定义、泥水气压平衡盾构基本参数、子系统代码。

a. 基本定义：基本定义表的结构主要包含用于记录系统中变量的基本物理意义、最大值、最小值、单位、最小显示精度、历史数据库中所在的表名和字段名、PLC 地址等内容。

b. 泥水气压平衡盾构基本参数：泥水气压平衡盾构基本参数由于是固定信息，不采用关系型数据库，采用类似 Windows 中 .ini 文件格式给出，主要包含用于记录泥水气压平衡盾构掘进机的机械物理参数，如泥水气压平衡盾构的直径、长度、推进千斤顶的数量、铰接千斤顶的位置等。

c. 子系统代码：子系统代码表结构包含泥水加压平衡盾构掘进机子系统及其代码，如系统代码、系统名称、系统中的开关量数量、系统中模拟量数量等。

②施工数据

泥水加压平衡盾构机在运行过程中，当数据发生改变时应记录相应数据。数据库系统中共有 793 个施工数据，包含了泥水加压平衡盾构机施工过程中的所有数据，如表 6-4 所示，此外还有维护数据所必需的索引信息，这类数据在系统运行过程中可读可写。

数据分布和数据类型　　表 6-4

系统名称	开关量	模拟量	合　计	开关量记录表	模拟量记录表
刀盘系统	20	120	140	D1	A1
推进系统	10	42	52	D1	A2
拼装系统	12	6	18	D1	A3
车架行走	23	2	25	D1	A4
盾尾密封	115	124	239	D1	A5
注浆系统	13	27	40	D1	A6
润滑系统	2	21	23	D1	A5
泥水输送	84	81	165	D2	A7
泥水处理	4	12	16	D2	A4
水系统	2	2	4	D1	A4
辅助系统	0	1	1	D1	A4
姿态系统	0	17	17	D1	A8
电气系统	11	3	14	D1	A4
平衡系统	20	15	35	D2	A7
其他	0	4	4		A4
合计	316	477	793		

（2）泥水加压平衡盾构施工数据库结构

①基本数据表。基本数据表由子系统代码表（System Table）、数据定义表和泥水气压平衡盾构信息文件三部分组成，分别见表 6-5 和表 6-6。基本数据表的特点是在系统定义过程中一次生成，在系统运行过程中只能读取，不得改写。

子系统代码表　　表 6-5

字段名称	数据类型	数据长度	关键字	注　释
Id_system	Char	1	Y	系统代码
Name_system	Char	20	N	系统名称
Num_D	Int	4	N	系统中开关量数量
Num_A	Int	4	N	系统中模拟量数量

数据定义表　　表 6-6

字段名称	数据类型	数据长度	关键字	注　释
Sno	Int	4	N	序号
Name_field	Char	5	Y	字段名（即信息编码）
Description	Char	30	N	中文名称
Type_var	Char	8	N	变量类型
Min_var	Float	4	N	最小值
Max_var	Float	4	N	最大值
Units	Char	8	N	单位
Precision	Float	4	N	显示精度（10，1，0.1，0.01，…）
Id_system	Char	1	N	所属系统代码
Name_table	char	6	N	所属数据表
Source	Char	20	N	数据来源（如 PLC 地址等）
Query	Bool	1	N	查询标志
Id_used	Bool	1	N	使用标志

②数据记录表。数据记录表由一个指针域和若干个实时数据记录字段组成，其中指针域用于和指针记录表连接，如表 6-7 所示。当现场的实时数据发生变化时，相关的数据记录表增加一条记录，并将当前的时间序列号作为指针域数据。

历史数据记录表　　表 6-7

数据表	涵盖的系统	数据类型	数据数量	记录条件
ATab1	刀盘、推进系统	模拟量	162	仅推进时数据发生变化
ATab2	泥水输送、泥水处理、平衡系统	模拟量	108	系统运行时数据发生变化
ATab3	姿态系统	模拟量	17	系统运行时数据发生变化
ATab4	上述未包括的系统	模拟量	190	系统运行时数据发生变化
DTab2	泥水输送、泥水处理、平衡系统	开关量	108	系统运行时数据发生变化
DTab1	除泥水等的所有系统	开关量	210	系统运行时数据发生变化

根据泥水加压平衡盾构机产生的施工数据特点，设置为若干个历史数据记录表，当表中的某个数据发生变化时，记录该表中的数据。每一个表中均有时间字段，索引指针表中的顺应指针与该字段相关联。

③索引指针表。由于泥水加压平衡盾构施工数据项较多，可将实时记录的数据分成若干个表，各表通过索引表联系起来。根据不同表的特点，建立一个索引指针表，如表 6-8 所示，在索引指针表中 P1、P2、P3、…为指向各个历史数据记录表的指针，具体的数量和历史数据记录表的数量一致。索引指针表主要用于记录系统中数据记录表中的索引指针，主要字段有：时间序列号、时间、环号、掘进距离、里程和若干个指针域。通过指针域和数据记录表的连接，可以方便地查询到相关的历史数据。

索 引 指 针 表 表 6-8

字段名称	数据类型	长 度	关 键 字	注 释
RingNo	Int	4	N	环号
Time	Data/time	8	Y	时间
Distance	Float	4	N	掘进距离
P1	Data/time	8	N	表一指针
P2	Data/time	8	N	表二指针
P3	Data/time	8	N	表三指针
…				

（3）数据记录

数据库系统的基本运行参数如下：

系统时间分辨精度：1s；

系统数据的精度：不小于 1%，模拟量的变化阈值为 0.5%。

系统数据记录策略：当数据发生改变时记录相应数据，部分反应推进状态参数的模拟量只在推进过程中记录，相应的反应管片拼装状态的模拟量在拼装过程中记录，其他模拟量数据及开关量数据全部记录。

系统数据记录过程：在系统中设有和索引指针表中索引指针类型相同的变量（Var_p1、Var_p2、…），当系统中某一数据发生变化时，相应的数据记录表增加一条记录，同时该表对应的 Var_p 变量更改为数据表中记录的时间值。

系统运行时索引指针表每 1s 增加一条记录，其中时间、环号、掘进距离均按系统的实际值记录，P1、P2、P3、…指针均根据 Var_p1、Var_p2、Var_p3、…记录。系统启动时执行的流程见图 6-18。

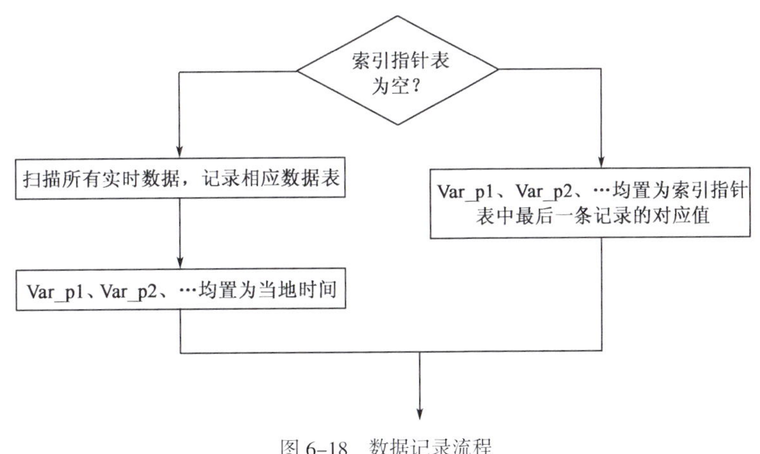

图 6-18 数据记录流程

实时数据选择模块将泥水加压平衡盾构施工时采集记录的模拟量和开关量，按照数据库系统提供给用户，让用户在这些变量中进行选择，以生成分析曲线。最多可以选定 8 个变量，并将某一次的选择以自定义名称的 .xml 格式保存在特定路径下的自定义文件夹内生成特定的配置文件，在下次启动该模块时，可供用户再次使用。配置文件可以把选择的变量传递给一个特定名称的 .xml 文件，供曲线分析程序启动时调用，最终显示这些变量的实时分析曲线。实时数据显示与历史数据曲线显示相似，不同之处在于它显示的是当前时间上的变量数据实时数据。

用户可以自定义各个参数以及曲线显示方式，如图 6–22 所示。

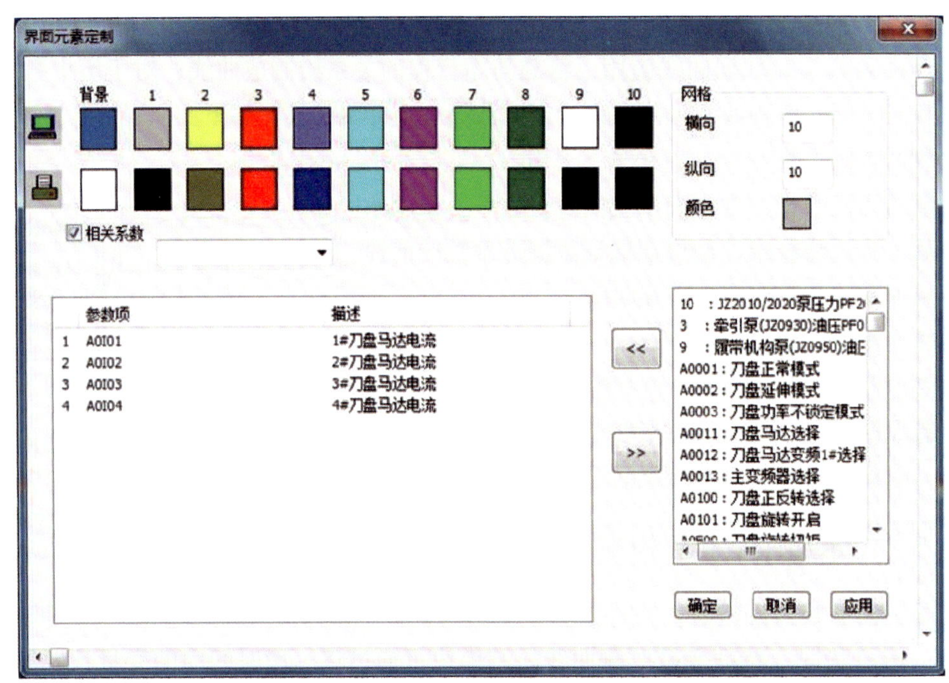

图 6–22　用户自定义参数和颜色

6.3.3.4　泥水加压平衡盾构施工可视化数据报表功能

（1）环报表

可视化环报表模块将泥水加压平衡盾构施工时采集记录的模拟量和开关量根据所选环片的参数信息生成报表，供工作人员浏览和打印。环报表是根据数据库中变量的值，绘制每环变量值随着泥水加压平衡盾构机推进的变化情况，并模拟显示千斤顶状态和各种积算量。为了便于掌握姿态信息，环报表中还具有切口平面偏差、盾尾平面偏差、切口高程偏差、盾尾高程偏差，以及泥水加压平衡盾构推进的图形和数值显示。改进环报表的排版格式，将环报表的自变量显示在横轴上，使其更符合国内工作人员的浏览习惯。生成的环报表可在屏幕上浏览或者由打印机输出。用户可自行选择变量显示，最多可选定 10 个变量。打印出来的环报表如图 6–23 所示。

（2）日报表

可视化日报表模块将泥水加压平衡盾构施工时采集记录的模拟量和开关量按照数据库系统提供给用户，根据事先设定参数信息每日零点准时自动生成日报表，供工作人员浏览和打印。日报表是根据数据库中变量的值，绘制每日变量值随着泥水气压平衡盾构机推进的变化情况。打印出来的日报表如图 6–24 所示。

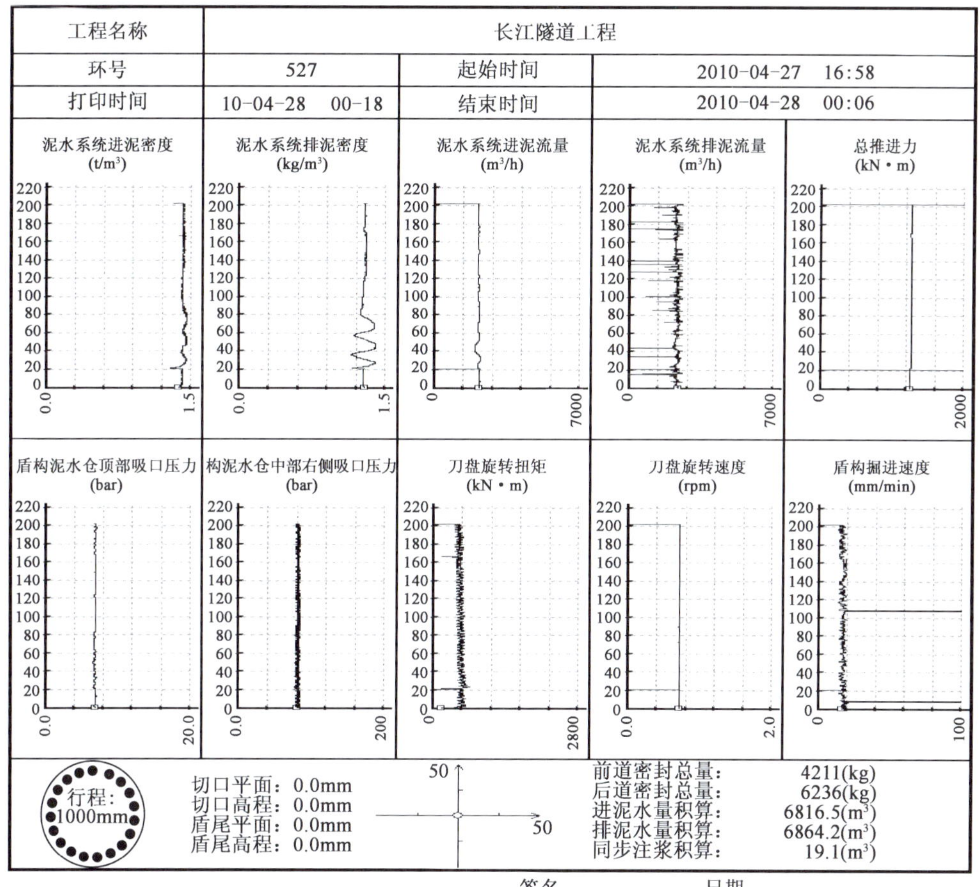

图 6-23　环报表

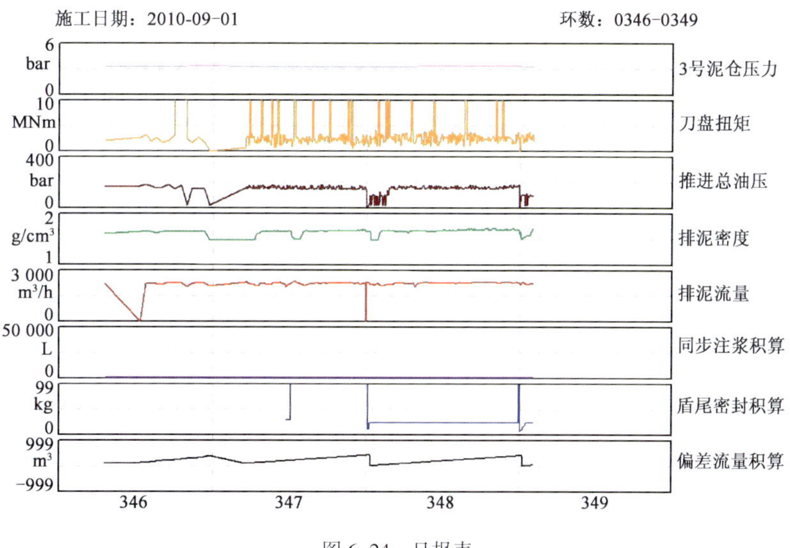

图 6-24　日报表

6.3.3.5　泥水加压平衡盾构施工数据导出功能

数据导出模块首先连接数据库，然后根据文件的参数设置数据的范围和密度，导出指定属性列中的数据至指定 Excel 文件。为了实现泥水加压平衡盾构施工数据的集中管理需要，还可以由施工技术人员选择所需变量和数据密度，进行远程数据导出。导出的具体数据如图 6-25 所示。

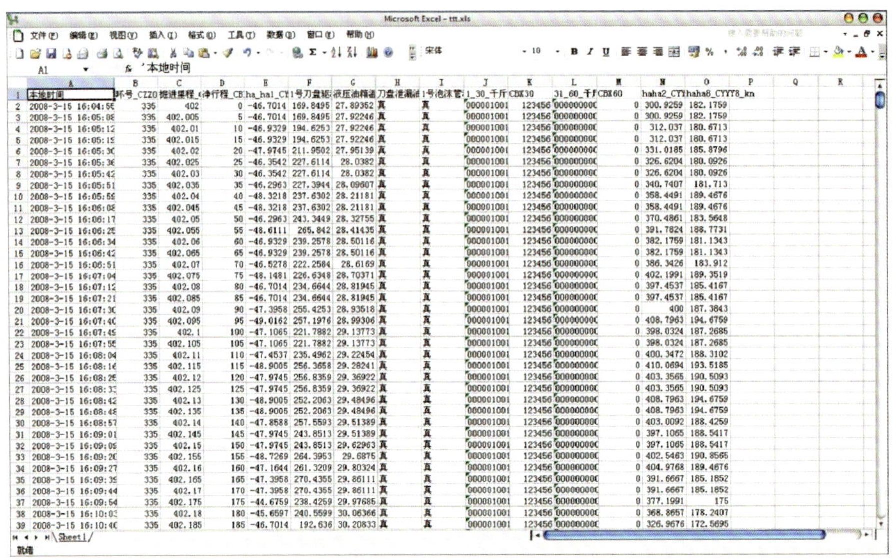

Microsoft Excel - ttt.xls

	A	B	C	D	E	F	G	H	I	J	K	L	M	N	O
1	本地时间	环号_CZZ0	掘进里程_(	净行程_CB	ha_hal_CY	1号刀盘驱	液压油箱温	刀盘泄漏油	1号泡沫管	1_30_千斤	CBX30	31_60_千斤	CBX60	haha2_CYY	haha8_CYYY8_km
2	2008-3-15 16:04:5	335	402	0	-46.7014	169.8495	27.89352	真	真	000001001	123456	00000000	0	300.9259	182.1759
3	2008-3-15 16:05:0	335	402.005	5	-46.7014	169.8495	27.92246	真	真	000001001	123456	00000000	0	300.9259	182.1759
4	2008-3-15 16:05:12	335	402.01	10	-46.9329	194.6253	27.92246	真	真	000001001	123456	00000000	0	312.037	180.6713
5	2008-3-15 16:05:1	335	402.015	15	-46.9329	194.6253	27.92246	真	真	000001001	123456	00000000	0	312.037	180.6713
6	2008-3-15 16:05:3	335	402.02	20	-47.9745	211.9502	27.95139	真	真	000001001	123456	00000000	0	331.0185	185.8796
7	2008-3-15 16:05:3	335	402.025	25	-46.3542	227.6114	28.0382	真	真	000001001	123456	00000000	0	326.6204	180.0926
8	2008-3-15 16:05:42	335	402.03	30	-46.3542	227.6114	28.0382	真	真	000001001	123456	00000000	0	326.6204	180.0926
9	2008-3-15 16:05:51	335	402.035	35	-46.2963	227.3944	28.09607	真	真	000001001	123456	00000000	0	340.7407	181.713
10	2008-3-15 16:05:5	335	402.04	40	-48.3218	237.6302	28.21181	真	真	000001001	123456	00000000	0	358.4491	189.4676
11	2008-3-15 16:06:0	335	402.045	45	-48.3218	237.6302	28.21181	真	真	000001001	123456	00000000	0	358.4491	189.4676
12	2008-3-15 16:06:17	335	402.05	50	-46.2963	243.3449	28.32755	真	真	000001001	123456	00000000	0	370.4861	183.5648
13	2008-3-15 16:06:2	335	402.055	55	-48.6111	265.842	28.41435	真	真	000001001	123456	00000000	0	391.7824	188.7731
14	2008-3-15 16:06:34	335	402.06	60	-46.9329	239.2578	28.50116	真	真	000001001	123456	00000000	0	382.1759	181.1343
15	2008-3-15 16:06:42	335	402.065	65	-46.9329	239.2578	28.50116	真	真	000001001	123456	00000000	0	382.1759	181.1343
16	2008-3-15 16:06:51	335	402.07	70	-46.5278	222.2584	28.6169	真	真	000001001	123456	00000000	0	386.3426	183.912
17	2008-3-15 16:07:04	335	402.075	75	-48.1481	226.6348	28.70371	真	真	000001001	123456	00000000	0	402.1991	189.3519
18	2008-3-15 16:07:12	335	402.08	80	-46.7014	234.6644	28.81945	真	真	000001001	123456	00000000	0	397.4537	185.4167
19	2008-3-15 16:07:21	335	402.085	85	-46.7014	234.6644	28.81945	真	真	000001001	123456	00000000	0	397.4537	185.4167
20	2008-3-15 16:07:3	335	402.09	90	-47.3958	255.4253	28.93518	真	真	000001001	123456	00000000	0	400	187.3843
21	2008-3-15 16:07:4	335	402.095	95	-49.0162	257.1976	28.99306	真	真	000001001	123456	00000000	0	408.7963	194.6759
22	2008-3-15 16:07:4	335	402.1	100	-47.1065	221.7882	29.13773	真	真	000001001	123456	00000000	0	398.0324	187.2685
23	2008-3-15 16:07:5	335	402.105	105	-47.1065	221.7882	29.13773	真	真	000001001	123456	00000000	0	398.0324	187.2685
24	2008-3-15 16:08:04	335	402.11	110	-47.4537	235.4962	29.22454	真	真	000001001	123456	00000000	0	400.3472	188.3102
25	2008-3-15 16:08:1	335	402.115	115	-48.9005	256.3658	29.28241	真	真	000001001	123456	00000000	0	410.0694	193.5185
26	2008-3-15 16:08:2	335	402.12	120	-47.9745	256.8359	29.36922	真	真	000001001	123456	00000000	0	403.3565	190.5093
27	2008-3-15 16:08:3	335	402.125	125	-47.9745	256.8359	29.36922	真	真	000001001	123456	00000000	0	403.3565	190.5093
28	2008-3-15 16:08:42	335	402.13	130	-48.9005	252.2063	29.48496	真	真	000001001	123456	00000000	0	408.7963	194.6759
29	2008-3-15 16:08:4	335	402.135	135	-48.9005	252.2063	29.48496	真	真	000001001	123456	00000000	0	408.7963	194.6759
30	2008-3-15 16:08:57	335	402.14	140	-47.8588	257.5593	29.51389	真	真	000001001	123456	00000000	0	403.0092	188.4259
31	2008-3-15 16:09:01	335	402.145	145	-47.9745	243.8513	29.51389	真	真	000001001	123456	00000000	0	397.1065	188.5417
32	2008-3-15 16:09:0	335	402.15	150	-47.9745	243.8513	29.62963	真	真	000001001	123456	00000000	0	397.1065	188.5417
33	2008-3-15 16:09:2	335	402.155	155	-48.7269	264.3953	29.6875	真	真	000001001	123456	00000000	0	402.5463	190.8565
34	2008-3-15 16:09:27	335	402.16	160	-47.1644	261.3209	29.80324	真	真	000001001	123456	00000000	0	404.9768	189.4676
35	2008-3-15 16:09:3	335	402.165	165	-47.3958	270.4355	29.86111	真	真	000001001	123456	00000000	0	391.6667	185.1852
36	2008-3-15 16:09:44	335	402.17	170	-47.3958	270.4355	29.86111	真	真	000001001	123456	00000000	0	391.6667	185.1852
37	2008-3-15 16:09:54	335	402.175	175	-44.6759	238.4259	29.97685	真	真	000001001	123456	00000000	0	377.1991	175
38	2008-3-15 16:10:0	335	402.18	180	-45.6597	240.5599	30.06366	真	真	000001001	123456	00000000	0	368.8657	178.2407
39	2008-3-15 16:10:4	335	402.185	185	-46.7014	192.636	30.20833	真	真	000001001	123456	00000000	0	326.9676	172.5695

图 6-25　导出的 Excel 数据

6.3.4　盾构掘进姿态自动测量系统

6.3.4.1　系统简介

泥水加压平衡盾构掘进姿态实时测量系统是泥水加压平衡盾构工程施工的关键部件。泥水加压平衡盾构掘进姿态实时测量系统利用先进的测量、传感器和计算机技术，可计算泥水加压平衡盾构机的位置、姿态和趋势信息，并与设计隧道轴线（Designed Tunnel Alignment，以下简称 DTA）进行比较，以直观的方式图文并茂地给盾构机操控人员实时地提供信息。

作为泥水加压平衡盾构法施工中的一个重要辅助功能模块，国外的泥水气压平衡盾构掘进姿态实时测量系统随着泥水加压平衡盾构法施工的发展而不断完善，先后经历过陀螺法、早期的激光法，到现在的采用测量机器人的全自动的激光法和棱镜法。特别是进入 21 世纪以来，随着泥水气压平衡盾构法施工在地铁、公路、电厂、电信、上下水道等城市基础建设中广泛应用，泥水气压平衡盾构掘进姿态实时测量系统也飞速地发展和完善。

6.3.4.2　自动引导系统的类别及原理

泥水加压平衡盾构掘进姿态实时测量系统，国外常称为泥水加压平衡盾构姿态自动引导系统。隧道施工中，泥水气压平衡盾构法姿态测量是随着科学技术，特别是计算机技术、软件工程、自动控制技术、机械制造技术、激光技术等，而不断向前发展的。泥水加压平衡盾构法姿态测量最早是采用人工的方法进行，应用的工具是经纬仪和简易的现场安装的坡度板和标志。根据近似的几何关系和轴线数据进行计算和工作。后来出现了采用陀螺仪的半自动导向系统和采用激光经纬仪的半自动导向系统，但它们的生命周期都很短，陀螺和惯性系统方法因其操作复杂、价格昂贵、精度低逐步被淘汰，在方法上和工作强度上以及精度上都不具备完全超越人工法的优越性。而当前采用的自动导向系统都是属于第三代的自动导向系统，可分为激光法、棱镜法这两种。它们的特点是自动化程度高、人工干预少、稳定、精度高、实时动态。

下面对各种方法的原理进行简要说明。

（1）人工方法

人工方法是指在泥水加压平衡盾构机出洞前，完成盾构机的安装，包括前、后标志的安装，坡度板的安装等，安装完成后将测量参数测定完成。在盾构推进施工中，利用井下导线成果计算出盾构的标志，即前标和后标的坐标（并进行转角改正），再算出切口和盾尾的坐标，与设计坐标进行比较后计算出切口和盾尾的平面偏离值。测出前标或后标中心的天顶角计算出前标高程，再以盾构纵坡计算出切口、盾尾的高程，经与设计高程比较后，计算出切口和盾尾的高程偏离。泥水加压平衡盾构仪安装布置如图 6–26 所示。

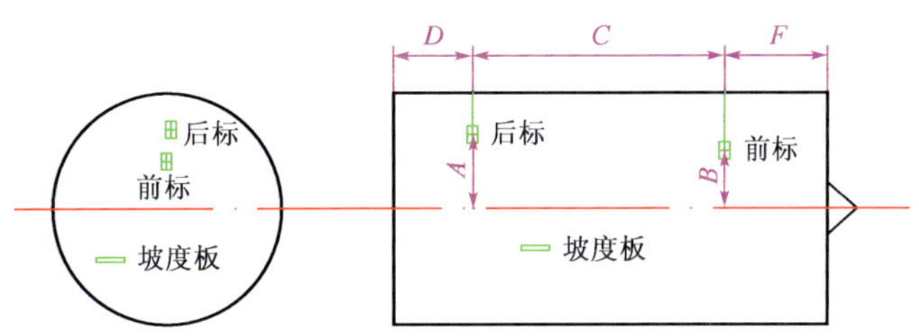

图 6–26　泥水加压平衡盾构导向系统布置图

（2）陀螺法

陀螺法是依据陀螺仪的指北原理，在泥水加压平衡盾构机的掘进中，能够实时地测定盾构机自身的方位。

（3）激光法

在泥水加压平衡盾构机安装时，可以测定盾构机切口中心与盾尾中心在相对于 ELS 标靶中心建立的三维局部坐标系中的坐标，这些参数在盾构机推进施工中是固定的。然后在施工中，通过把全站仪自动采集的测量数据及 ELS 标靶采集的数据传送到 PC，再由 PC 中软件系统对数据进行处理，结合初始参数进行逆算，从而得出盾构机切口及盾尾的三维坐标；再结合 DTA 数据库，就能生成相应的盾构机偏差报表，从而实时地显示盾构切口及盾尾的平面和高程偏差。

（4）棱镜法

为确定盾构机的姿态和趋势，在盾构机安装时，可以确定两个棱镜在盾构机坐标系中的局部坐标参数。通过在三维空间测量两个点和盾构机的倾斜和侧滚角度，就可以计算出盾构机上任一点的 X，Y，Z 坐标，而这两个点的三维坐标是通过 TCA 全站仪对棱镜实时地进行跟踪测量获取的。盾构机的倾斜和测滚角是通过安装在盾构机内的双轴传感器来实现的，如图 6–27 所示。由于 DTA 已经预先输入系统，因此可以计算盾构机切口中心和盾尾中心与 DTA 的偏差值以及盾构机趋势。

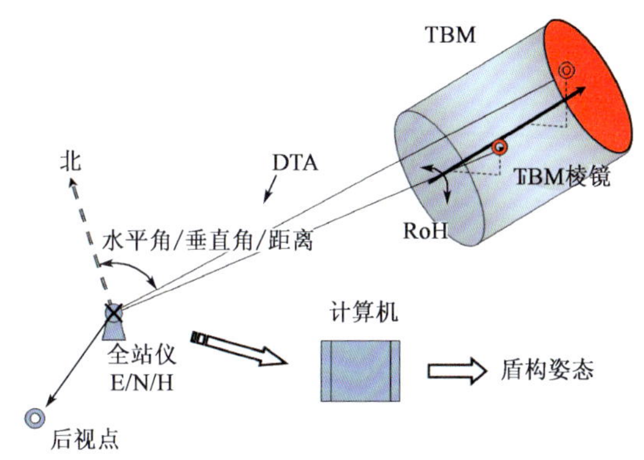

图 6–27　空间两点三维坐标及盾构机坡度、滚角计算盾构姿态示意图

6.3.5　管片拼装自动预测系统

6.3.5.1　隧道管片纠偏基本原理

在地下作业的过程中，泥水加压平衡盾构机的掘进轨迹形成隧道走向的实际轴线，工程要求实际轴线应尽量接近设计轴线（DTA），以保证隧道工程的质量和安全。要达到该目的，不仅需要盾构

机严格地按照设计轴线掘进，而且要正确地进行管片的选型拼装，以确保成环管片的拼装位置最佳。所谓隧道管片纠偏选型方法，就是由管片纠偏选型系统实施的、以隧道实际轴线与设计轴线（DTA）之间的偏差最小化为目标，以当前盾构机实时姿态和位置为基础，对隧道当前环管片以及后续环管片拼装组合方案作出选择并实施的方法。

（1）管片的类型

按照衬砌环与衬砌环之间的整体组合形式，管片拼装方式可分为通缝拼装和错缝拼装。通缝拼装如图 6–28 所示，其各衬砌环的拼装纵缝相互对齐成一直线，各衬砌环的组合通常采用矩形衬砌环（全环环宽相等）和楔形衬砌环（全环环宽，呈一边宽一边窄）相结合，各衬砌环间不能相对旋转。该通缝拼装方式常见于地铁施工。错缝拼装如图 6–29 所示，其各衬砌环的拼装纵缝相互错开，一般错开衬砌环的 1/2 ~ 1/3 弧长，各管环的组合通常采用矩形管环和楔形衬砌环相结合，可以采用将衬砌环旋转一定的角度来形成错缝拼装。由于楔形衬砌环旋转角度的不同，能够导致隧道实际轴线的弯曲，从而为隧道施工轴线的纠偏创造了条件。通用楔形管片拼装作为错缝拼装的一种特殊情况，其管环全部采用楔形衬砌环。该楔形衬砌环可以在环周 360° 的范围内作旋转，此种方式通过旋转不同的角度对楔形衬砌环进行组合。

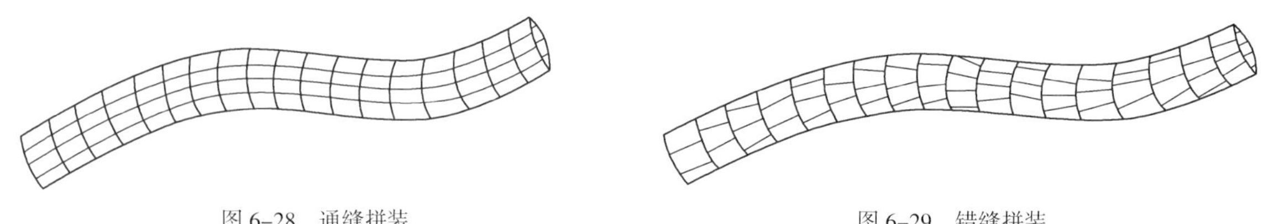

图 6–28　通缝拼装　　　　图 6–29　错缝拼装

（2）管片纠偏选型的基本原理

隧道施工中，每当泥水气压平衡盾构机向前推进一次准备拼装当前环之前，需要在测量所得的盾构机实时位置和姿态数据的基础上，测算出当前环及其后续环的不同拼装组合将导致的隧道施工轴线与设计轴线之间的误差，从中选择误差最小的作为最优选型组合方案并进行施工。错缝拼装方式，是通过变动用作当前环及其后续环的楔形管环的旋转角度来实现的，见图 6–30，即找出隧道施工轴线 O_1O_2 与设计轴线（DTA）之间的误差 D 最小的选型组合方案；通缝拼装方式，通常是通过在衬砌环端面环周的适当角度位置上加贴楔子来实现的，见图 6–31。楔子又称为传力衬垫，是根据管片的尺寸和形式特制加工的软木条，一般厚度为 1~6mm 的不同规格，施工中将其粘贴在要拼装的当前环背千斤顶的端面上。粘贴时，首先选定管环圆周上的一处粘贴厚度最大的楔子，然后以其为中心分别向两侧均匀排列粘贴厚度依次递减的楔子，从而形成管环的楔形量，以减小当前环与设计轴线之间的偏差至最小。

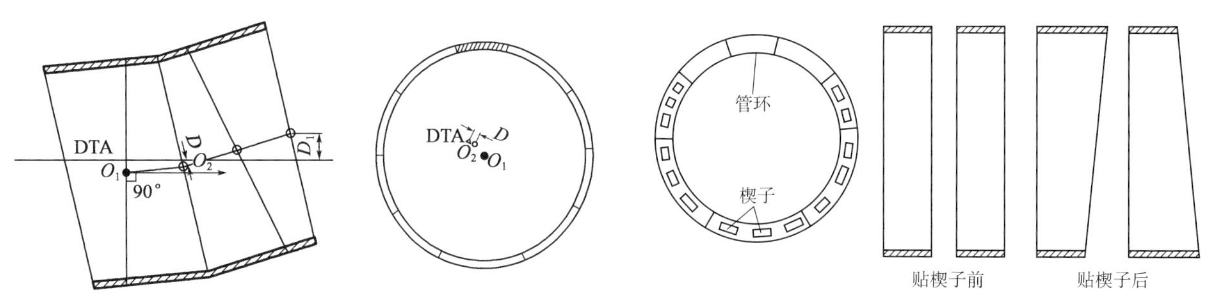

图 6–30　楔形管环的旋转效果图　　　　图 6–31　矩形管环加贴楔子示意图

（3）管片拼装流程

管片拼装流程见图 6–32。

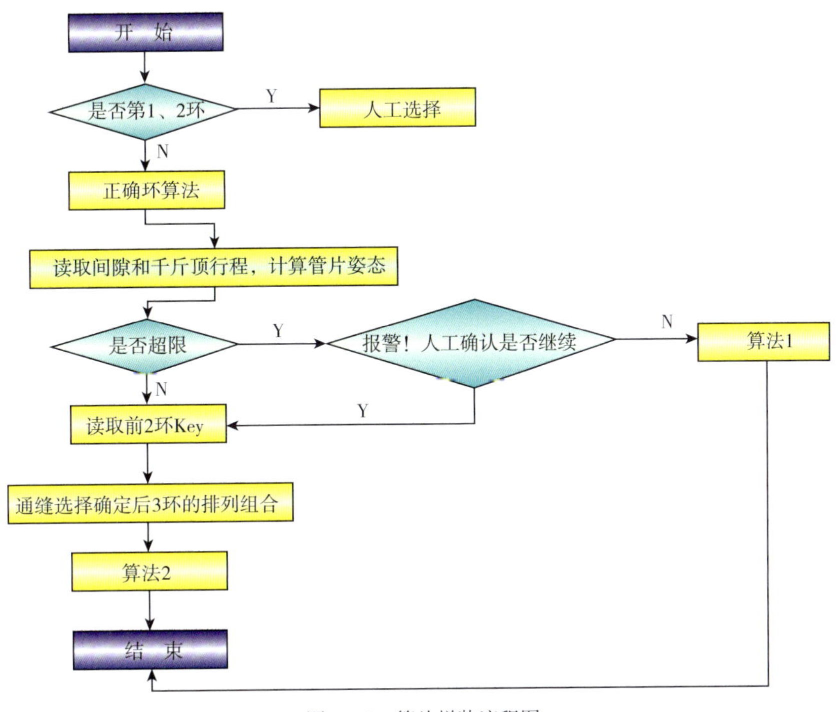

图 6–32 管片拼装流程图

6.3.5.2 管片纠偏软件简介

（1）系统简介

系统由选型参数设置、管片纠偏选型预测、历史数据查询和三维隧道图形显示四个功能模块组成。选型参数设置功能模块可设置管片选型预测中需要用到的各类施工参数，包括：千斤顶行程、间隙测点位置、盾尾变形量、封顶块位置、拼缝圆心角和特殊管片设置等参数。管片选型预测功能模块可根据泥水气压平衡盾构在推进过程中的姿态参数和选型参数，给出当前环及后两环的推荐管片拼装方案，供施工人员参考。该模块主要供泥水加压平衡盾构司机在每环管片拼装时使用。历史数据查询功能模块可提供已拼装完成的管片的数据查询检索功能。三维隧道图形显示模块根据隧道的 DTA 数据及管片选型结果绘制实际管片拼装的三维模拟图，给用户提供管片拼装效果的直观演示。

整个系统功能框图如图 6–33 所示。

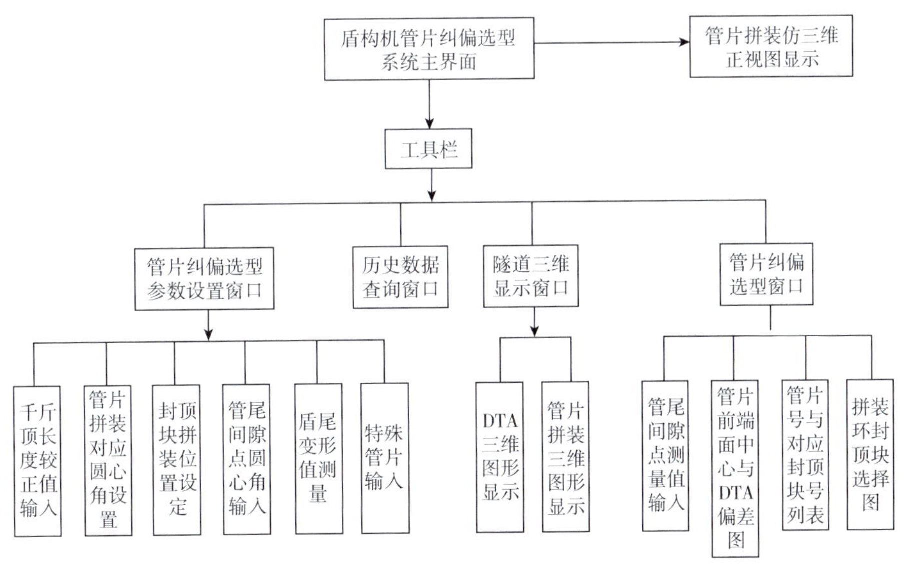

图 6–33 系统功能框图

泥水加压平衡盾构机管片纠偏选型系统是泥水加压平衡盾构掘进管理系统的一个子系统，它和泥水气压平衡盾构掘进管理系统的关系如图 6–34 所示。本系统应在这两个系统共同配合下，才能完成管片拼装预测功能。三个系统数据交互接口由系统初始化文件、DTA 数据文件和泥水加压平衡盾构姿态数据文件组成。

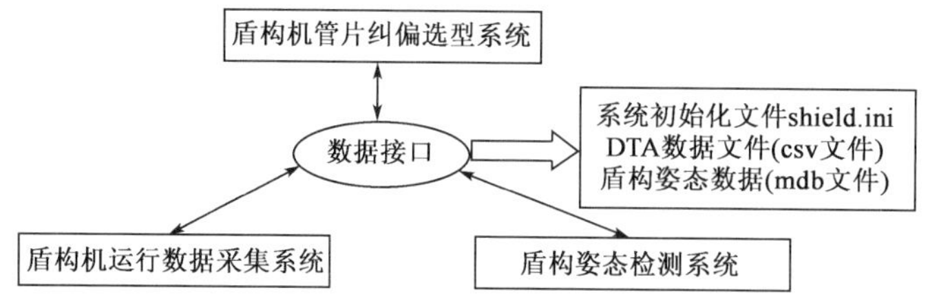

图 6–34　泥水加压平衡盾构掘进管理系统

（2）软件数据结构

泥水加压平衡盾构机管片纠偏选型系统数据可分为如下 8 类：

①系统参数；

② DTA 数据；

③设备制造参数；

④设备运行参数（RTVAR）；

⑤管片参数；

⑥管片拼装界面输入参数；

⑦封顶块结果数据；

⑧历史数据。

从上述数据可以得出泥水加压平衡盾构机管片纠偏选型系统数据流，如图 6–35 所示。

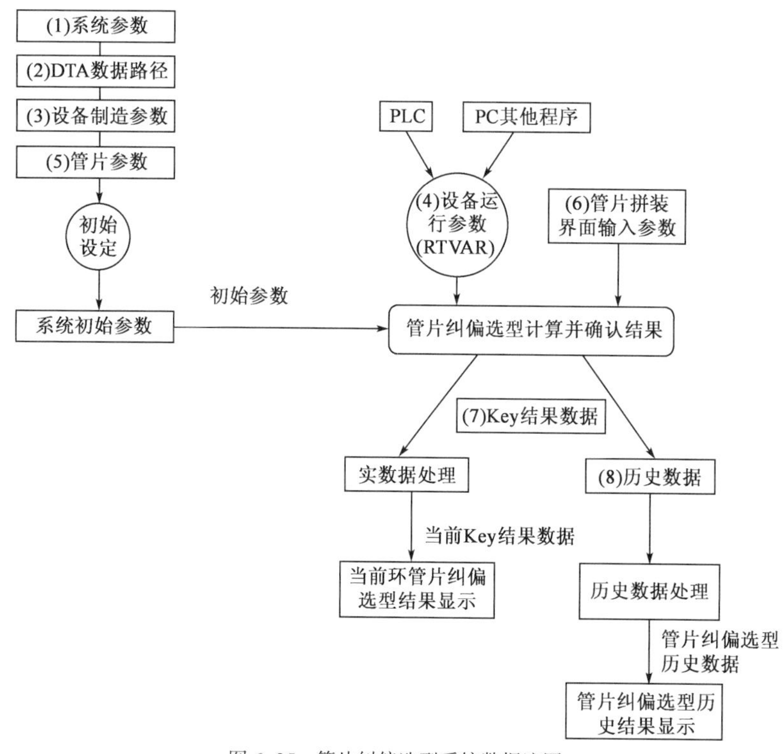

图 6–35　管片纠偏选型系统数据流图

根据泥水加压平衡盾构机管片纠偏选型系统的数据分类及泥水加压平衡盾构掘进管理系统的构成，可以把这些的数据分门别类地归到几个数据文件中。泥水加压平衡盾构机管片纠偏选型系统数据文件包括：系统初始化文件、DTA 数据文件、泥水加压平衡盾构姿态数据文件、管片选型数据文件。

6.3.5.3 管片纠偏软件功能

（1）参数设置

系统初始化文件 shield.ini 设定了泥水加压平衡盾构机掘进系统中通用的参数。对于管片纠偏选型，必须在这些通用参数的基础上，进一步设置纠偏选型参数，以保证纠偏选型的正确性。此功能在“参数设置”窗口实现。参数设置窗口由 5 个子页面构成，这 5 个子页面分别是千斤顶行程校正、间隙测点位置、盾尾变形量、封顶块位置、拼缝圆心角和特殊管片设置。

（2）管片纠偏选型

盾构机管片纠偏选型系统操作包括如下步骤：

①采集泥水气压平衡盾构机、管片、楔子和隧道设计轴线的基本初始参数，并预设隧道管环与隧道设计轴线之间的最大容许偏离值；

②测量已成管环外周面与盾构机盾尾内壳体之间的间隙；

③测量当前盾构姿态和盾构机内千斤顶行程的数据；

④计算已成管环与隧道设计轴线的偏差；

⑤判断该偏差是否超出第①步预设的最大容许偏离值，若是，则进行第⑥步；若否，则进行第⑦步；

⑥对盾构机的推进运动进行纠偏，生成过渡段的拟合曲线，以替代该过渡段上的隧道设计轴线；

⑦沿圆周在盾尾拼装管片位置的端面上设定粘贴厚度最大楔子的若干位置；

⑧分别计算出厚度最大楔子粘贴在该若干位置之一时，当前环及其后续环拼装完成之后，其最后一环与隧道设计轴线或者过渡段拟合曲线的所有不同偏离值；

⑨比较第⑧步所得全部偏离值，以偏离值最小的方案确定为管片拼装组合优选方案；

⑩确认第⑨步确定的管片拼装组合方案并据之施工。

（3）历史数据查询

该系统可根据工作需要对历史数据进行查询。

（4）三维演示

泥水加压平衡盾构机管片纠偏选型系统提供了以三维图形仿真的方式，来演示整体隧道的外观形状及详细的管片拼装构成。单击工具栏“三维显示”按钮，软件会从读取 DTA 数据及管片拼装数据，并根据 DTA 数据绘制出整条隧道的三维外观图。

（5）仿三维正视图

软件的主窗口中显示了管片拼装仿三维正视图。仿三维正视图显示了当前拼装完成环及前 7 环的管片拼装情况。视角为从当前环向前观察，最外圈的管片为当前环，窗口的上方显示了当前环的环号、水平偏差和垂直偏差数值。水平偏差和垂直偏差用红色十字在图中进行标记。

6.3.5.4 通用管片拼装算法

（1）管片环与泥水加压平衡盾构轴线关系计算

如图 6-36 所示，根据施工中常见的 8 点管片间隙法，建立以大圆圆心 O_1 为中心的测量坐标系，测量人员可测得这 8 个方向的间隙值，通过这 8 个方向的间隙观测值，可以求得小圆的圆心坐标；然后

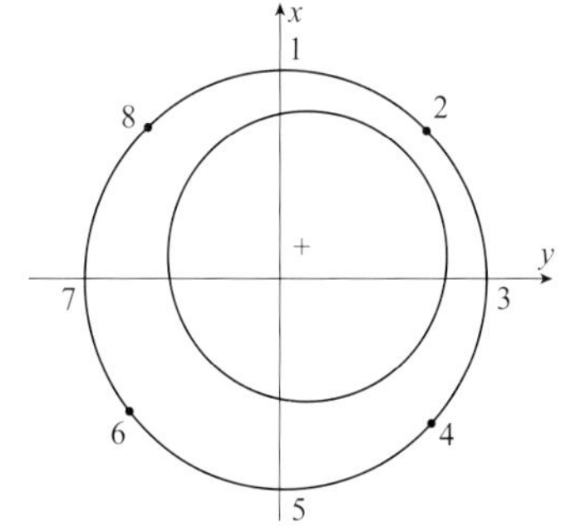

图 6-36　8 点管片间隙法

利用数学模型计算圆心偏差。

将坐标系原点放在大圆圆心，8 个量测位置以大圆为准，量测点坐标定义为：

$$\begin{cases} x_i = R_1\cos[(i-1)\times 45°] \\ y_i = R_1\sin[(i-1)\times 45°] \end{cases} \quad i=1, 2, \cdots, 8 \tag{6-1}$$

式中：R_1——大圆半径。

将小圆圆心相对于大圆圆心的偏差写为（x_0，y_0），定义 x_0 偏上为正，y_0 偏右为正，则量测点至小圆圆心距离为：

$$d_i = \sqrt{(x_i - x_0)^2 + (y_i - y_0)^2} \tag{6-2}$$

误差方程组成法方程求解 δx_0、δy_0，迭代至收敛，解出的 δx_0、δy_0，即小圆圆心坐标（x_0，y_0）。

（2）管片科学排列技术

获取衬砌环与盾构机相对关系后，可进行管片排列计算。计算数学模型如下。

①选型模型

隧道的设计轴线可以看作是一系列单位长度的矢量段首尾相接形成的矢量链，管片选型目的就是在一定施工条件下，用一系列管片中心矢量首尾相接形成的矢量链拟合设计轴线形成的矢量链，找到两个矢量之差最小时对应的拼装方法，如图 6-37 所示。

②选型模型坐标系

在待拼装的管片的外平面上，建立管片拼装坐标系 T_1–xyh，如图 6-38 所示；同时为确定 p_1、p_2、p_3、p_4 和 T_2 点的管片拼装坐标系坐标，建立管片临时坐标系 T_1–$x'y'h'$，如图 6-39 所示。

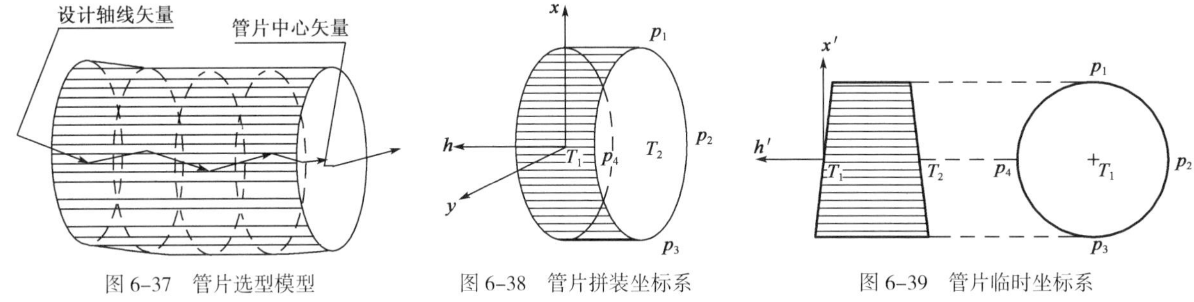

图 6-37　管片选型模型　　图 6-38　管片拼装坐标系　　图 6-39　管片临时坐标系

③管片选型的解算

从图 6-39 可知，管片临时坐标系 T_1–$x'y'h'$ 坐标与管片拼装坐标系 T_1–xyh 坐标的关系为：

$$\begin{pmatrix} x_{pi} \\ y_{pi} \\ h_{pi} \end{pmatrix} = \begin{pmatrix} \cos(-\gamma) & \sin(-\gamma) & 0 \\ -\sin(-\gamma) & \cos(-\gamma) & 0 \\ 0 & 0 & 1 \end{pmatrix} \begin{pmatrix} \cos(-\beta) & 0 & \sin(-\beta) \\ 0 & 1 & 0 \\ -\sin(-\beta) & 0 & \cos(-\beta) \end{pmatrix} \begin{pmatrix} x'_{pi} \\ y'_{pi} \\ h'_{pi} \end{pmatrix} \tag{6-3}$$

式中：d——管片楔形量；

R——管片外径；

n——相对于起始 key 环零位置的旋转号数；

M——管片的全部可旋转位置数。

由管片拼装坐标系与实际施工坐标系的关系，则 p_1 和 T_2 点的施工坐标为：

$$\begin{pmatrix} X_{pi} \\ Y_{pi} \\ H_{pi} \end{pmatrix} = \begin{pmatrix} X_{T1} \\ Y_{T1} \\ H_{T1} \end{pmatrix} + (e_x \quad e_y \quad e_h) \begin{pmatrix} x_{pi} \\ y_{pi} \\ h_{pi} \end{pmatrix}$$

将不同管片封顶块位置得出的结果按各观测点至平面的距离平方和为最小拟合，最终选取最贴合设计轴线的点位为拼装位置。

6.4 泥水平衡盾构安装运输与调试

上海长江隧道使用两台直径为 ϕ15.43m 的泥水加压平衡盾构机进行隧道掘进，其中主机长13.5m，1号车架长25m，2号车架长65m，3号车架长38m。主机总重达2 000t左右，主要包括刀盘、驱动、扇形块、盾尾和拼装机，见图6-40。

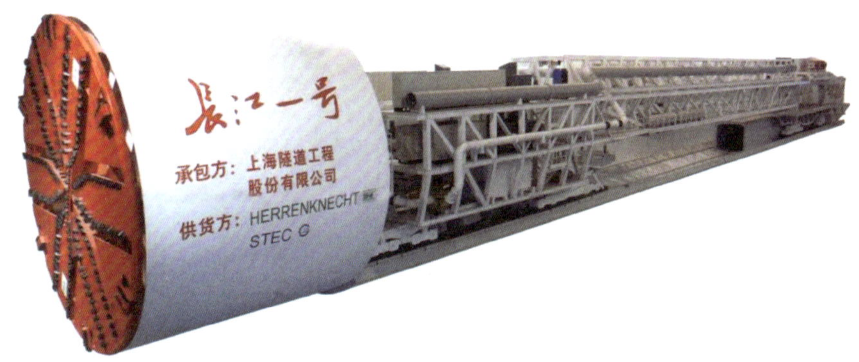

图 6-40　泥水加压平衡盾构主机

泥水加压平衡盾构机由德国海瑞克公司设计，并与上海长江隧道工程股份有限公司机械厂（机械制造分公司）共同加工制作，在上海长江隧道工程股份有限公司机械厂内进行车间预组装、调试后，解体运至施工现场进行井下安装和调试。

6.4.1 盾构车间预组装

泥水加压平衡盾构机关键部件在德国原厂调试完成后，经水运到达上海洋山深水港码头，如图6-41所示，然后经S20公路陆运至上海长江隧道工程股份有限公司机械厂内预组装。

图 6-41　洋山深水港吊运

该泥水加压平衡盾构安装时，主要分为盾构主机安装、1号车架安装、2号车架安装和3号车架安装。盾体为分块设计，一共分为10块，其中封顶块为1号扇块。盾体由定位销和螺栓连接，所有的法兰盘都进行机加工以保证精度，每个法兰盘均设有密封槽；组装螺栓等级：10.9，钢材：34-CrNiMo6或类似材料。扇块与盾尾之间用焊接连接。

分隔仓板将盾体分隔为两个隔舱；前隔舱即开挖舱，其中包含有刀盘，并充满了通过后仓即气泡调压仓的“气垫”提供给开挖面“压力平衡”的流体。两个隔舱间的通道为隔板上防水门。而盾构机内部到压力隔舱的通道为气闸，包括人行闸和紧急气闸。通过这些通道，对刀盘进行维护作业。

在舱板的后部的装置有：两个气闸（1个双舱人行闸，1个临时的单舱人行闸）、主轴承、推进油缸前部固定装置、泥浆管连接装置、膨润土管、压缩空气管、电气管等，连接到刀盘区域的排水系统。

6.4.1.1 场地布置及组装配套设备

在车间内组装此大型盾构机，需要做以下准备工作：

（1）此 ϕ15.43m 泥水加压平衡盾构主机重约为 2 000t，所以先要对场地进行加固工作，主要是在盾构主机放置的位置上进行地基加固，然后在加固的地面上铺设厚度为 80mm 的钢板。还需要制作一个特殊的钢筋水泥胎架，来作为盾构主机的基座。

（2）主驱动重达 160t，需要制作一个主驱动的翻身架，能将主驱动从仰卧状态翻至工作状态，如图 6-42 所示。

（3）拼装机安装时，需要做临时支撑，前端安装于 H 形梁上时，拼装机横梁后端需要用支撑，如图 6-43 所示。

图 6-42 驱动翻身

图 6-43 拼装机预支撑

6.4.1.2 主机组装

先将钢筋水泥胎架放置于加固过的车间地面上，然后在胎架圆弧面内填入黄砂，填充掉盾构机扇块与胎架之间的间隙，以减少盾构机壳体的应力集中点，使之受力平均，然后就可以开始盾构主机的安装了。安装基本过程如下：

（1）先将落底扇块 6 放置于胎架中心，并需要测量其中心位置是否与胎架中心位置相符合，如图 6-44 所示，壳体扇块编号：在盾构前进方向，封顶块是 1，沿顺时针方向分别为 1~10。

（2）将 5 号与 7 号壳体扇块安装于胎架上，分别与 6 号扇块用螺栓连接，如图 6-45 所示。

图 6-44 安装落底扇块 6

图 6-45 安装扇块 5 与扇块 7

（3）驱动翻身至工作位置，然后再安装于3块壳体上，螺栓连接，如图6–46所示。

（4）安装H形梁，底部连接于落底3块扇块上，然后将2、3、4号扇块与8、9、10号扇块安装上，螺栓连接，如图6–47所示。

图6–46　安装主驱动

图6–47　安装其余扇块

（5）中心大刀盘安装于驱动上，螺栓连接，如图6–48所示。

（6）然后再将每块辅刀臂用螺栓和定位销轴固定于中心刀盘上，每装一块辅刀臂都需要转动驱动，让刀盘到达中心位置，如图6–49所示。

图6–48　安装中心刀盘

图6–49　安装其余刀臂

（7）安装封顶块1，使得泥水气压平衡盾构主机扇块安装成型。

（8）拼装机的安装与固定，并安装拼装平台，如图6–50所示。

6.4.1.3　1号车架的组装

1号车架上下共分为3层，前后可以分为两部分，后部每层都是一整块的结构件，前部分又可将每层分为左右两块，1号车架可以分为9大块结构件，见图6–51；由于在厂内不安装轮子轨道，不需要安装车架轮子。

图6–50　拼装机与平台

图6–51　1号车架整体

安装顺序如下：

（1）将底层后部平台安装于支撑上，接着安装底层的前部左右部分，左前部分上设有泥水泵 P2.1 与废水箱，右前部为泥水气压平衡盾构液压泵站。安装完底层后，再安装固定浆桶与注浆泵，见图 6–52。

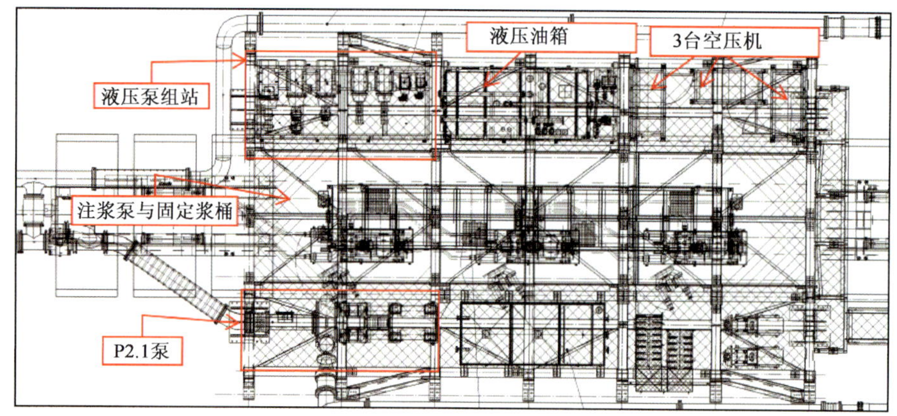

图 6–52　1 号车架底层

（2）将第 2 层后部平台安装于底层上，依次安装第 2 层左前部与右前部，左前部上有高压电柜，右前部是控制室与休息室，后部是 6 台油脂泵；然后再安装移动浆桶，见图 6–53。

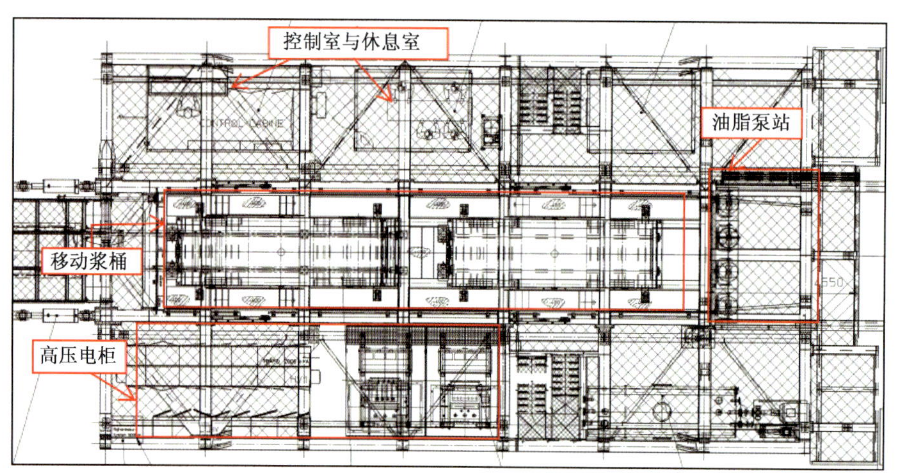

图 6–53　1 号车架 2 层

（3）安装顶层后部平台，再依次安装顶层前部左右部分，顶层前部左右分别是两排高压变频器，最后安装 50t 浆桶桁车，见图 6–54。

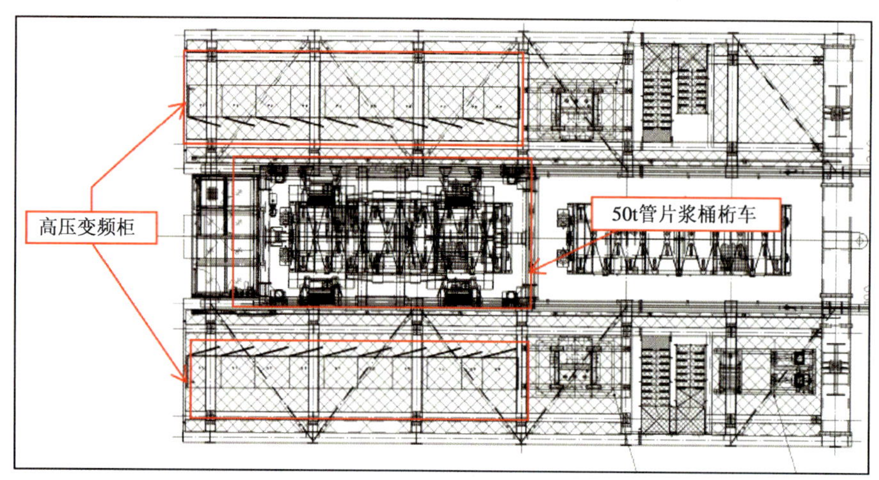

图 6–54　1 号车架顶层

6.4.1.4　2 号车架的组装

2 号车架共分为 5 节，安装时每节可分为 4 大部分，分为上下两层，每层左右两部分。安装时，每节先安装下面一层，再安装上层，依次安装后面的几部分。车架共有 5 节，底部需要 4 组临时支撑。安装时，在每个支撑上都要放置一个 50t 液压油缸，以调整每节的高度，使车架能在同一高度上。

6.4.1.5　3 号车架的组装

3 号车架基本就是梁柱结构，底层除了两边的走轮外，就只有两层两个小平台，左侧底部是接管车架与泥水塞头，右侧底部是 5 个皮龙卷盘；上层是一整个平台，上面主要有 1 个休息室，高压电缆卷盘，两根可滑动泥水输送软管（DN500），平台下面是接管桁车，见图 6-55。

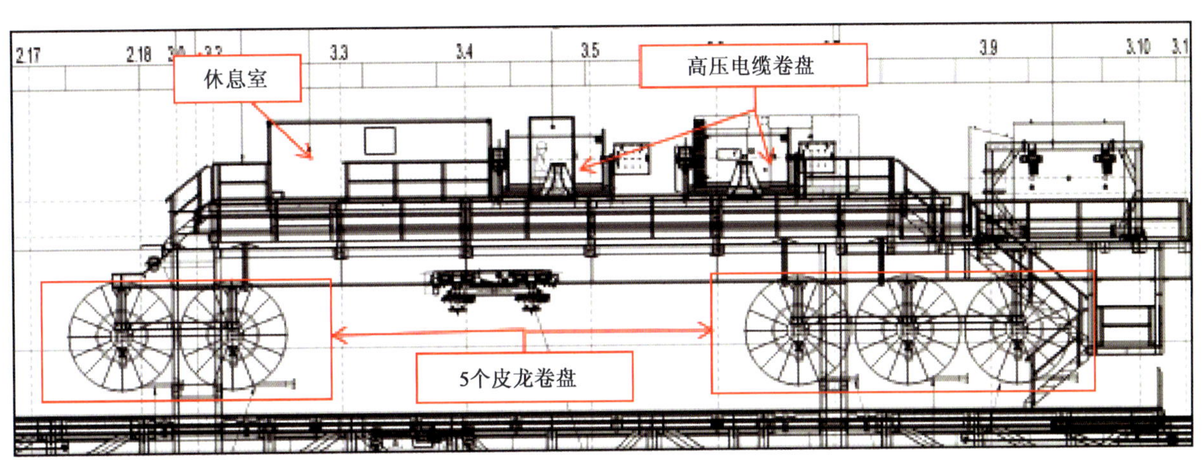

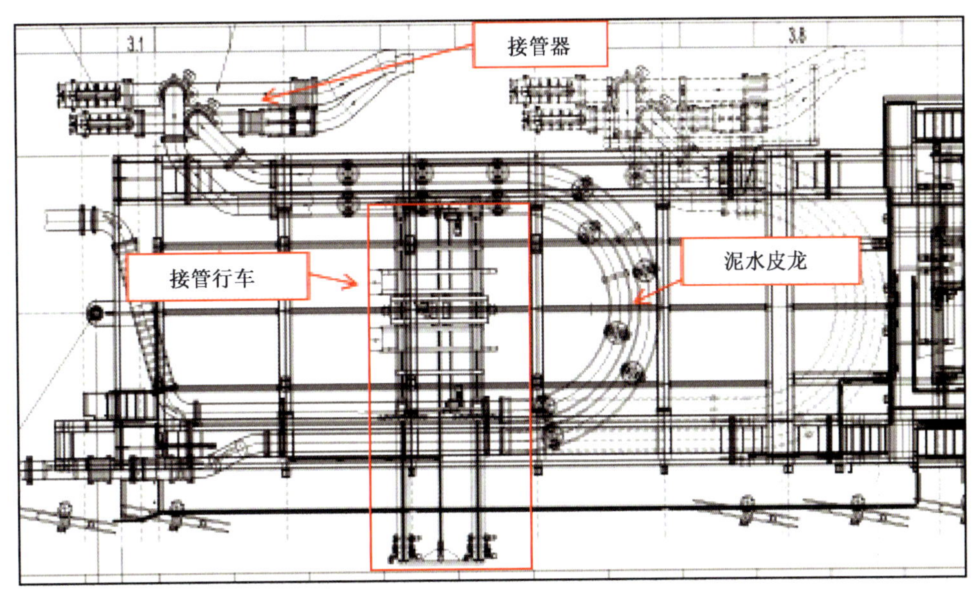

图 6-55　3 号车架设备示意图

安装时，先安装车架的 4 根立柱，然后再连接 4 根横梁，把车架连接成一个框架结构，然后再安装上面的设备，见图 6-56。

图 6-56　3 号车架梁柱示意图

6.4.1.6　工厂内系统调试

泥水加压平衡盾构机安装完毕后，将所有管路连接起来，包括液压管路、气管、水管以及泥水管路，当高压电接入盾构机上的高压电柜，盾构机就有了动力。然后，电器上所有的传感器连接到位，能在控制室操控面板上有显示，所有压力继电器等安装完毕，接着就可以进行系统调试了，调试内容如下。

（1）刀盘及驱动系统

主驱动调试包括：刀盘正反转试验，驱动制动装置测试；中心回转接头功能测试；仿形刀具伸缩测试，膨润土旋转油缸测试；搅拌机正反转测试；淹没墙的功能测试。

（2）推进系统

推进油缸共分 19 组，每组 3 个油缸，又分为 6 个推进区，每个区 3 组油缸，底部 D 区有 4 组油缸；厂内调试时需要单独测试每组油缸伸缩，以及每个区的 3 组油缸的同步伸缩，还要进行保压测试，负载为 250kg。

（3）拼装系统

①拼装机本体：拼装机的旋转、提升、平移功能测试，提升油缸需要做保压试验。

②真空吸盘：真空度的测试、真空管路的密封性检查、真空度保压试验：30min 内不低于 90%。

（4）管片运输机系统

管片运输机系统用于单独进行空载试验，然后再进行重载试验，负载为 1 套 10 块管片，查看管片运输机的提升与平移性能。

（5）液压系统

液压系统用于查看各个液压泵工作时的输出压力，查看各个液压管路是否有漏点，查看各个液压阀块工作是否正常。

（6）辅助系统

①冷却水系统：循环冷却水系统，需要加入 30% 的防冻液。

②油脂润滑系统：驱动密封油脂 HBW 系统，润滑油脂 GR130。

（7）空气系统

空气系统应检查所有气管路是否有漏点。

①工业用气：盾构机车架上有 3 个空压机，提供盾构机上所有气动球阀的开启，关闭。

② SAMSON 气平衡系统：泥水仓密封试验在工地现场检测，盾构机出厂调试阶段只能做人行闸的气密试验。

（8）电器系统

电器系统出厂调试时应模拟控制面板操作、PLC 信号及各种传感器显示正确。

由于出厂调试阶段工厂条件有限，许多系统需要等到盾构机井下安装后才能进行调试，比如泥水系统、注浆系统、行车系统及 SAMSON 气平衡系统等。

6.4.2 盾构机解体与运输

泥水加压平衡盾构机在工厂内完成组装、调试后，解体运至工程始发井进行井下安装和调试。

6.4.2.1 泥水加压平衡盾构机解体

泥水加压平衡盾构机的解体，需要按照盾构机的运输顺序来安排，而盾构机的运输顺序，需要依据盾构机在工地现场的组装顺序。该盾构机在车间的解体顺序如下：

①主机的解体：按照主机安装时的倒序拆卸盾构机，拼装机此时要解体为盘体与平移横梁两部分，以便运输。

② 1 号车架的解体：从顶层往底层开始拆装。需要解体的设备有：50t 浆桶桁车，移动浆桶与固定浆桶，3 台注浆泵，其他设备都放置在车架上一起运输。

③ 2 号车架的解体：即安装时的倒序，拆解后分为 5×4 块，共 20 部分，还有一辆 40t 口字件行车以及管片转向桁车。

④ 3 号车架的解体：按照安装顺序的倒序来解体。

6.4.2.2 泥水加压平衡盾构机运输

该盾构机直径较大，根据设备解体典型构件考虑运输方式，主要构件外形尺寸及质量见表 6-9。

泥水加压平衡盾构典型构件外形尺寸及质量　　表 6-9

设备名称	外形尺寸（mm）	质量（t）	数　量
主驱动	8 040×8 040×3 000	180	1
刀盘中心体	8 600×8 600×2 400	160	1
前盾盾体 6	8 110×5 020×4 150	115	1
盾尾左	12 882×5 400×3 486	54	1

盾构机大件设备装载及运输作业如图 6-57 和图 6-58 所示，注意事项如下：

①运输车辆在装载过程中，应使用指定的捆扎绳索对设备进行固定。

图 6-57　大件设备厂内装载图

图 6-58　大件设备运输图

②应在作业前期与当地交通部门办理好通行手续；作业前做好交通设施的排障处理，对于高空电线，配备高架车挑线。

③在超限设备运输过程中，应安排交警部门警车开道。重载车的行驶方法：在一般道路上行驶，直行≤ 40km/h；弯道≤ 6km/h，通过路口时，按指挥信号灯行驶，确保安全通行。

④应严格服从管理部门的指挥，在指定车道上均速行驶，不得急加速、换排和紧急制动。

⑤车辆行驶途中停车标准：紧急停车时必须用行枕木顶死车轮，四周设置停车警示标志，夜间应设置警示灯，并派专人看护。

⑥超高、超宽、超长货物运输应设置警示标志和警示灯。

6.4.3 盾构机工地组装

6.4.3.1 配套要求及盾构机安装工作井

（1）配套要求

现场提供 380V 电源 600A 两路，用于泥水加压平衡盾构机的安装；其中，500A 一路用于桁车；100A 一路用于生活办公。在盾构安装井井口安装 2×115t 门式桁车一台，用于盾构机头吊装。在暗埋段井边安装一部 85t 门式桁车，用于安装盾构机后配套设施，包括 1~3 号车架。井口场地要求平整结实，浇筑钢筋混凝土有足够的承载力支撑泥水加压平衡盾构机的重力。井口附近要有足够的堆放场地。施工现场暗埋段内须具备安装卷扬机牵引基础的条件，结构施工时成对保留部分结构支撑用作牵引基础，用于组装 2 号车架时的向前牵引。

（2）泥水加压平衡盾构机安装工作井

工地工作井分为盾构预留孔主机安装井和盾构机后配套设施（车架）安装井。主机安装工作井预留孔长为 14m，宽为 12.3m。盾构机后配套设施安装井为预埋段形式，分别留有两个安装预留孔，长为 15m，宽为 10m，用于安装 1 号车架与 2、3 号车架。在盾构主机安装工作井中，预先浇筑盾构机始发基座。

作为泥水加压平衡盾构主机安装的基础，盾构机始发基座胎架表面呈弧形，与盾构机的外径 ϕ15.43m 相符合。考虑盾构机成型后的焊接施工空间，应在胎架纵向留两条宽 1 500mm 的安装焊接槽，在横向需要预留一条宽 700mm 的盾构机安装人孔。胎架基座应与隧道始发推进的坡度保持一致，胎架内预浇筑 16 块预埋件。

在胎架两侧铺设两根轨道，由 30 号 H 型钢与 120 的方钢所组成，中心距为 7 700mm，用来引导盾构机推进时的方向。

6.4.3.2 主机组装

泥水加压平衡盾构主机吊装过程如图 6-59 所示。第一块落地扇块的放置很重要，它直接影响到盾构机的始发状态，所以在胎架基座上设置 4 个 200t 油缸，用于调节扇块的初始姿态，其余的吊装顺序与车间组装顺序一致。

在吊装主驱动时，先在地面上将 14 台电机安装于主驱动上，然后整体吊装至井下，避免井下吊装驱动电机的麻烦。吊装过程中，应事先在盾尾处设置一个垂直支撑，以便拼装机整体安全下井。

主机吊装程序如下：

①壳体扇块 VI 吊装下井至胎架上，底部用 4 个 200t 油缸支撑，用以调整落底扇块的位置。

②壳体扇块 V、VII 吊装下井，壳体扇块之间相互连接，壳体与胎架之间设置止转板。

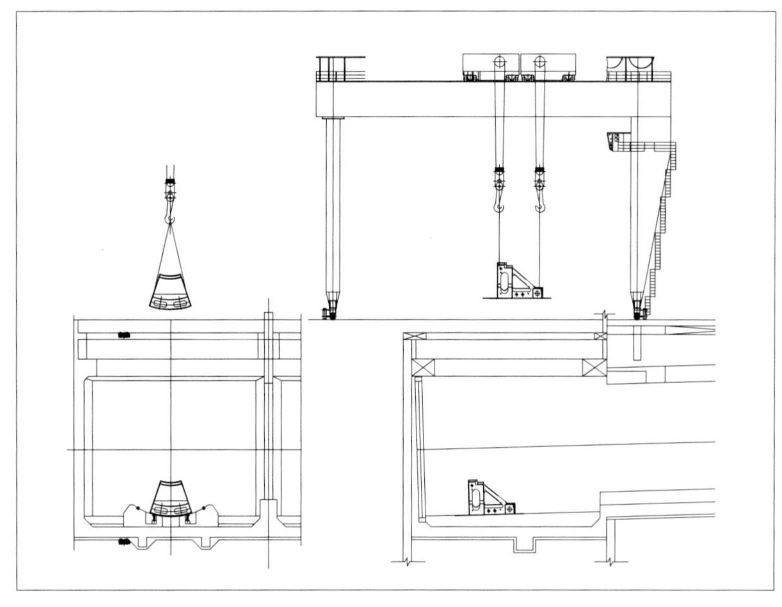

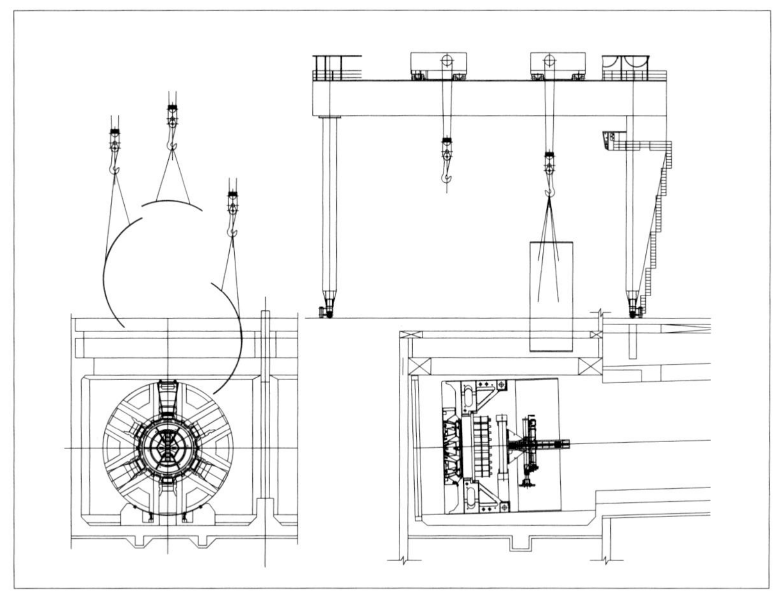

图 6-59　盾构主机吊装

③盾尾（下）吊装下井，与壳体定位连接。

④在工作井后部设置垂直支撑，拼装机（盘体、平移梁）与 H 梁整体吊装下井，H 梁与壳体连接。

⑤驱动安装吊架、翻身架，地面翻身，驱动（包含电机）吊装下井，驱动与壳体连接。

⑥体扇块Ⅳ、Ⅷ吊装下井，安装机内平台，安装驱动电机，安装机内泥水系统设备、管道，安装驱动内部中心法兰罐，壳体扇块Ⅲ、Ⅸ、Ⅱ、Ⅹ吊装下井。

⑦刀盘中心盘体整体吊装下井，螺栓连接。

⑧刀盘辐条、扇块依次吊装下井。

⑨封顶扇块Ⅰ吊装下井，泥水加压平衡盾构主机成型，安装拼装平台。

⑩盾尾（左）、盾尾（右）、盾尾（上）吊装下井。

泥水加压平衡盾构机扇块之间采用 M36 的螺栓固定，扇块与扇块之间设有橡胶密封条。在安装时，在密封槽内需涂满黄油来防止密封条被挤压出槽外。驱动采用 M64 的高强度双头螺杆连接固定，刀盘则采用 M48 的双头螺杆固定。所有螺栓都应使用液压扳手将螺母拧紧至规定的螺栓预紧力。

盾尾在拼接固定后，需要对其进行圆度测量，测量其是否在允许公差范围内，公差为直径

-7.5mm~+7.5mm 之间。如果不在允许公差范围内，则需要对盾尾进行整形，然后才能进行盾尾的焊接工作。焊接完成后，应对盾尾及大刀盘的焊缝进行焊缝测试，测试内容如下：

①外观检测 100%，超声波探伤 15%，磁粉或渗透测试 100%；

②超声波探伤的测点数量在焊缝上至少分布 3 点，测点之间的距离不大于 2 000mm。

③测点焊缝的长度不小于 200mm。

6.4.3.3　1 号车架组装

由于工作井暗埋段的车架安装预留孔只有 15m 长，10m 宽，而整个 1 号车架长度约有 28m，所以在安装时需要使用卷扬机，应将先安装好的车架后部分往后拖拉，然后再安装车架的前部分，如图 6-60 所示，顺序如下：

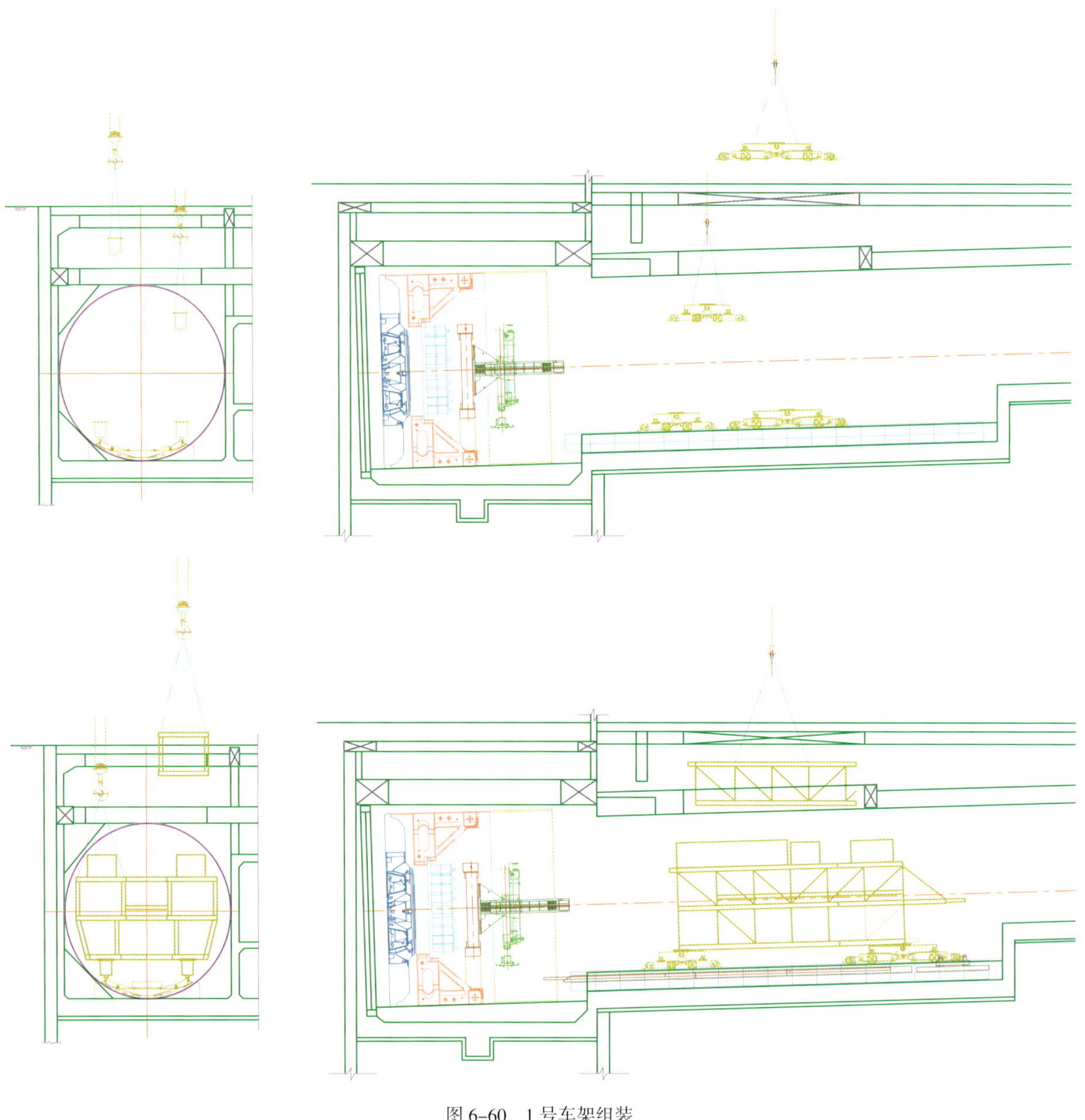

图 6-60　1 号车架组装

①前、后部轮架共 4 只吊装下井，车轮中心与隧底块轨道中心相符，车轮需要临时支撑。

②后部 1F 平台在地面上拼成整体，后部 1F 平台整体吊装下井，与后部轮架连接并作支撑，安装后部 1F 平台上的设备。

③后部 2~3F 平台吊装下井，安装后部 2~3F 平台上的设备。

④设置牵引卷扬机，后部车架向后牵引平移。

⑤管片输送机分段吊装下井，管片输送机分段之间相互连接，采取防止前冲措施。

⑥前部 1F 平台吊装下井，平台之间相互连接，安装前部 1F 平台上的设备。

⑦前部 2~3F 平台吊装下井，平台之间相互连接，中间平台及设备安装，安装前部 3F 平台上的设备。

1 号车架上的大部分设备在地面上已安装就位，具体设备如下：

① 1 层右边是液压泵组站，左侧是 P2.1 泵与废水箱。

② 2 层右边是控制室与休息室，左边是高压电柜，后部是 4 台盾尾油脂泵，1 台 HBW 油脂泵与 1 台 GR130 油脂泵。

③顶层两侧是两排刀盘驱动的高压变频柜，后部有冷却水泵及冷却水循环泵。

6.4.3.4 2 号车架组装

2 号车架是一个连接桥部分，两头分别搁置于 1 号与 3 号车架之上，中间悬空，用来同步施工安装口字形构件。其上的设备主要是两台桁车系统：50t 的浆桶管片桁车，以及 40t 的口字形构件桁车。由于 2 号车架中间悬空，并且分为 5 节，每节长度为 12.5m，所以需要制作一部临时移动小车来安装 2 号车架。移动小车如图 6–61 所示。

图 6–61 2 号车架临时移动小车

组装移动小车之前，安装井预埋段内需要铺设 4 条轨道，并需要设置一台 5t 卷扬机拉住小车，以便其能够在轨道上前后行驶。

2 号车架每一节从后面的预留孔中吊装至移动车架上，然后再由小车前移，与前面车架后部相连接，2 号车架后部下面做临时支撑，移动小车脱出，往后移动至初始位置，再进行后一部分的安装。

2 号车架安装过程如图 6–62 所示，具体顺序如下：

①暗埋段内铺设重轨（43kg/m）4 × 72m，移动托架吊放至轨道上，设置牵引卷扬机（5t），第 1 节连接梁整体吊装下井，固定在移动托架前部，第 2 节连接梁整体吊装下井，放置在移动托架后部，两节连接梁相互连接成整体。

②第 1 节和第 2 节连接梁整体向前平移，第 1 节连接梁与 1 号车架后部相互连接。

③第 2 节连接梁后部两侧做临时支撑，移动托架后移离开连接梁下部，第 3 节连接梁整体下井安装至移动托架上，第 3 节连接梁向前平移，第 3 节连接梁与第 2 节连接梁连接，第 3 节连接梁两侧下部设置支撑，撤回移动小车。

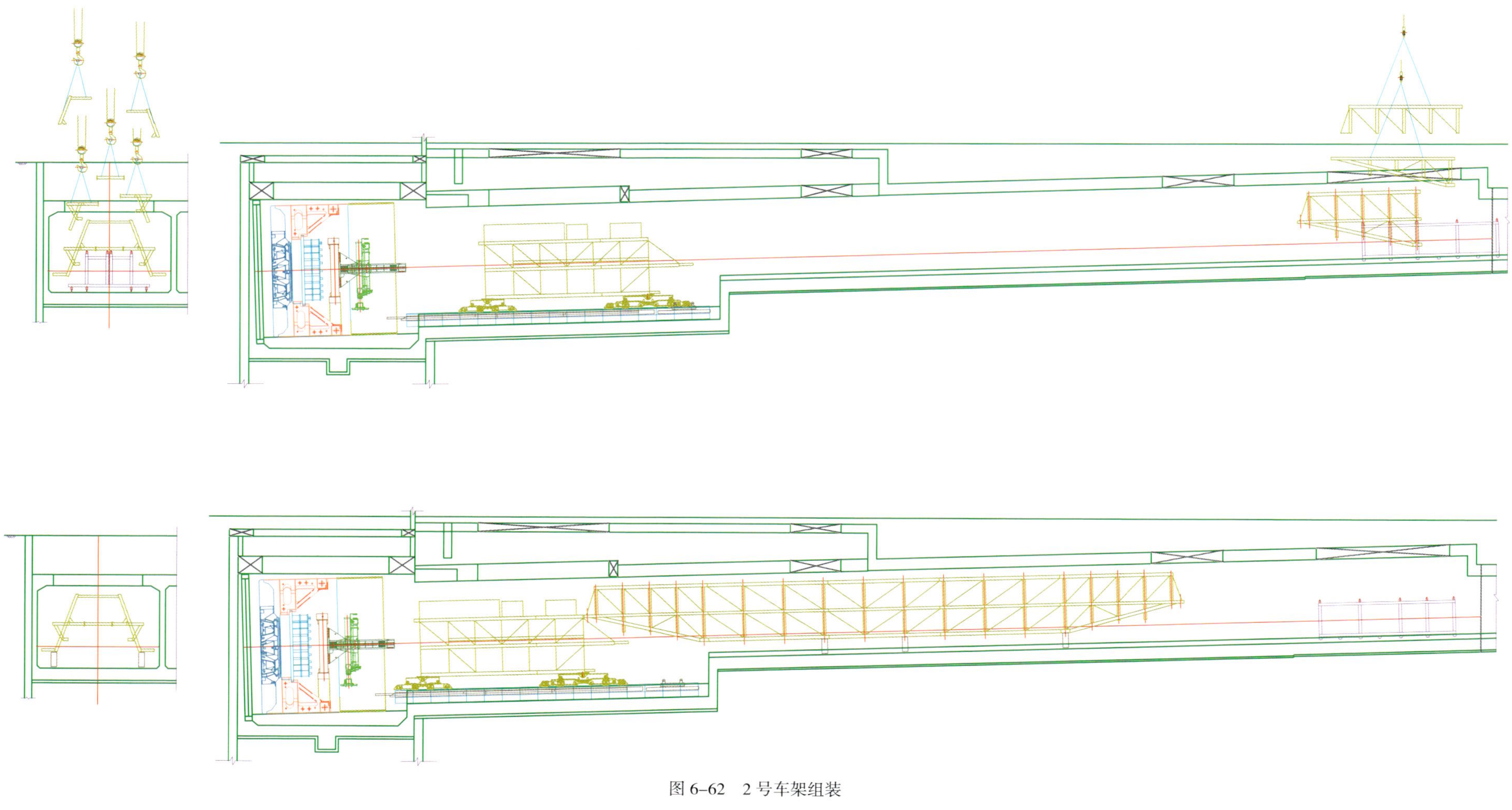

图 6-62　2 号车架组装

④第 4 节连接梁整体吊装下井，固定在移动托架前部，移动托架前移，第 5 节连接梁整体吊装下井，放置在移动托架后部，两节连接梁相互连接成整体。

⑤第 4 节和第 5 节连接梁整体向前平移，第 4 节连接梁与第 3 节连接梁相互连接，第 5 节连接梁两侧下部设置支撑，移动小车向后脱离。

⑥安装、恢复连接梁上的走道、设备、管道、轨道等，安装转向桁车（包括轨道），安装口字形构件桁车及吊架，在 1 号车架上安装管片输送桁车，拆除移动托架及其轨道。

最后车架安装完，在连接管路时，DN500 与 DN600 的泥水进出管路需保持一定的直线度，可利用车架上的机械限位来调整。50t 的浆桶管片桁车与 40t 的口字形构件桁车的轨道，同样也必须调整到一定的直线度与平面度。由于支撑 2 号车架的重量都是靠螺栓连接的，因此连接螺栓一定要拧紧到相应的预紧力，

6.4.3.5 3 号车架组装

3 号车架上主要是泥水输送的设备、接管车架、泥水塞头、接管桁车、5 个皮龙卷盘等。接管桁车等都是在地面拼装完后整体吊装下井。

安装 3 号车架的深度尺寸较 1 号车架的安装井要浅，所以不能直接安装轮架，应先安装临时滚轮，待泥水气压平衡盾构推进一定距离后，才能安装轮架。在暗埋段的地面上铺设 4 根临时滚轮用的轨道如图 6–63 所示。

图 6–63　3 号车架临时滚轮

3 号车架安装顺序如下：

①暗埋段内铺设 3 号车架行走轨道，在地面上将左前立柱、右前立柱、前横梁和临时走轮组装成前部构件，车架前部整体部件吊装下井至轨道上，设置防倒支撑。

②前部构件向前平移，在地面上将左后立柱、右后立柱、后横梁和临时走轮组装成后部构件，车架后部整体部件吊装下井至轨道上，设置防倒支撑。

③接管车架与接管行车吊装下井，临时放置，左、右纵梁吊装下井，与前、后横梁连接，接管机定位安装，安装 1F 平台，安装接管行车。

④车架向前平移，车架前部与 2 号车架尾部连接，安装后部悬出平台。

⑤安装 2F 平台下部的泥水皮龙管，安装 2F 平台，安装上层平台设备，其余设备及管道安装。

当 3 节车架都安装完毕，并与盾构主机连接之后，泥水加压平衡盾构机在工作井与暗埋段中的纵剖示意图见图 6–64。

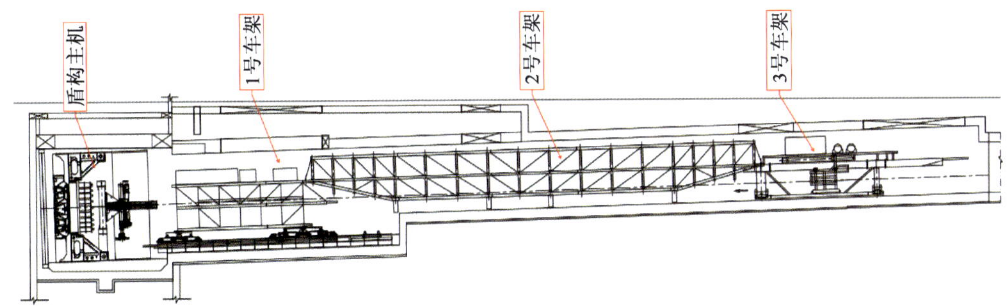

图 6–64　泥水加压平衡盾构机井下安装纵剖图

3 号车架转接安装方法如下：

泥水加压平衡盾构开始推进后，在隧道中间铺设完口字件，就可以开始安装 3 号车架的轮架。当盾构机向前推进时，车架也一同向前行驶，当 3 号车架行驶至暗埋段原来 1 号车架的位置时，就需要像 1 号车架一样安装轮架了。安装轮架前，需要在口字件两旁作一些临时的车架支撑。直到盾构机推进将近 100m 时，让 3 号车架全部进入原本 1 号车架所在的安装井内，就能将 4 个临时滚轮拆掉，4 个车架轮架至此安装完毕。

6.4.3.6　系统安装及调试

在工地的调试工作，除了在车间的调试内容需要再进行一次外，还要加入其他系统的调试项目。

①盾尾、壳体以及大刀盘焊接完成后，需要进行焊接质量测试，并需要对主机的刀盘、扇块、盾尾进行圆度和同轴度的测量，以确定泥水加压平衡盾构机始发的姿态数据。

②对 6 块辅刀臂及中心法兰罐进行气密试验，保压 30min。

③泥水输送系统：用清水加压试验泥水管路密闭性，从泥水仓至 3 号车架接管器的泥水管路，压力为 1MPa，找出所有泥水漏点并修复。

联动车架后部的井底阀组与地面 P1.1 泥水输送泵，对泥水循环进行测试。

④ SAMSON 气平衡系统：在正面泥水仓内，将前闸门关闭，并加入泥水，接通地面的空压机，开通 SAMSON 系统做泥水仓内的气压平衡试验。

⑤注浆系统：注浆管路接入泥水加压平衡盾构机壳体后，注入清水进行注浆泵送试验，保持压力为 1MPa。

⑥盾尾油脂系统：开启盾尾油脂压注泵，检测盾尾油脂管路的密闭性，检查盾尾上各个盾尾油脂点的传感器是否到位。

⑦桁车系统：对 50t 管片桁车、40t 口字件行车以及管片转向桁车和 3 号车架上的接管桁车进行空载及重载测试。

⑧工业水系统：

a. 供水系统：盾构车架水箱，冷却水循环系统，轴封水系统。

b. 排水系统：盾构机内供给两台废水泵及两台潜水泵的运转测试。

⑨通风系统：车架顶层的两排通风管，电机的运转测试。

⑩其他系统的调试：

a. 监控系统：包括摄像系统与机内电话，确保盾构机内与地面的联系。

b. 消防系统：喷淋装置的安装与调试。

第7章　泥水处理系统

NISHUI CHULI XITONG

7.1 概述

1994 年，上海引进日本制造的 ϕ 11.22m 泥水加压平衡式盾构，用于上海延安东路南线隧道工程建设。这是中国第一次采用泥水平衡式盾构掘进机进行隧道施工，也是第一次引进泥水处理系统理念。此后，陆续使用泥水平衡式盾构机完成了多个盾构法隧道工程。

泥水处理系统是泥水盾构施工必不可少的配套系统，其过程是把达到指标要求的泥水用泵送入泥水盾构开挖面，将泥水与盾构切削土体混合后输送到地面进行分离和调整处理，经过处理后的泥水作循环利用，再次被泵送进入盾构开挖面，如此循环往复。图 7–1 所示为典型的泥水系统的基本流程图。

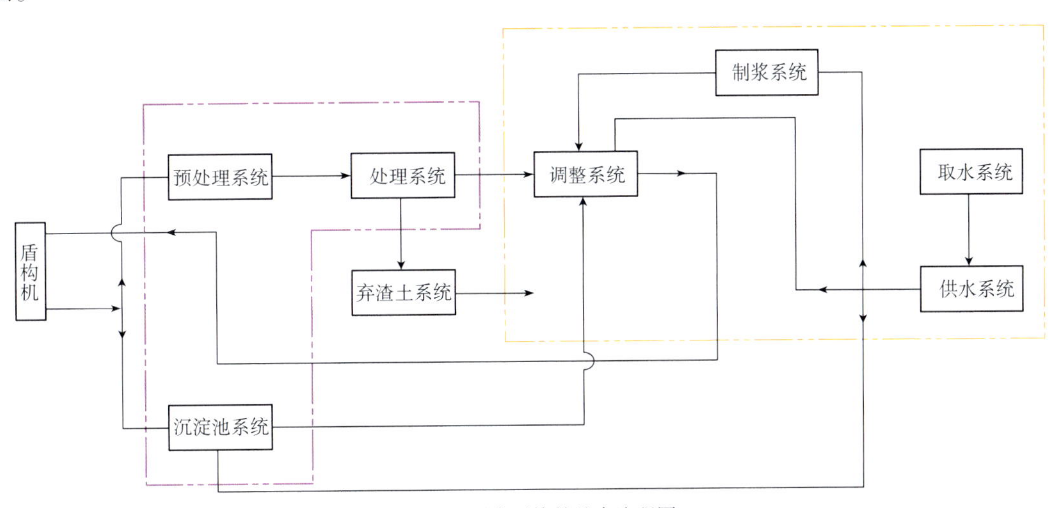

图 7–1　泥水系统的基本流程图

当泥水压力大于地下水压力时，开挖面泥水理论上按达西定律渗入土壤，形成与土壤间隙成一定比例的悬浮颗粒。在“阻塞”和“架桥”效应的作用下，悬浮颗粒被捕获并积聚于土壤与泥水的接触表面形成泥膜。在泥水平衡的理论中，泥膜的形成至关重要。

盾构掘进施工中，在切削刀盘后的密封舱中注入泥浆，以保持压力并抵抗开挖面水土压力。理论上讲大刀盘切削土体表层泥膜，从刀盘开口进入密封舱与泥水混合后，形成高密度泥浆，由排泥泵及管道输送至地面进行处理。整个过程始终处于动态之中，即刀盘在切削泥膜的同时，泥水不断渗入土壤形成新的泥膜。

泥水系统通常由泥水输送系统和泥水处理系统两大部分组成。

泥水输送系统通常是由送浆泵、排泥泵、管路、泥水控制阀组等组成。经过泥水处理系统处理并达到指标要求的泥水被暂存在调整槽，通过输送系统中设置在地面上的送泥泵送至盾构开挖工作面。泥水盾构排出的包裹着切削渣土的泥水由输送系统中安装在盾构车架上的排泥泵和接力泵输送至设置在地面的处理系统。泥水输送系统原理见图 7–2。

泥水处理系统的作用是对泥水盾构排出的泥水，通过分离处理去除大粒径颗粒，保存微小黏土颗粒，达到施工指标要求后由地面上的送泥泵输送到盾构机工作面，实现泥水循环；经分离处理后的泥水，如未达到泵送要求的指标，则要对经分离处理后的泥水进行调整，达到施工指标要求后再实现泥水循环。图 7–3 为泥水处理系统示意图。

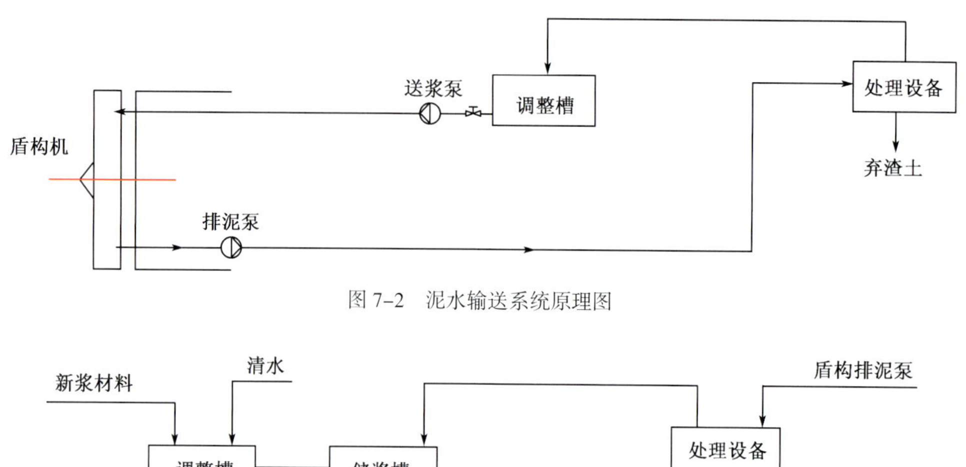

图 7-2　泥水输送系统原理图

图 7-3　泥水处理系统示意图

泥水处理系统自问世以来，逐渐形成了适应于各种不同地层条件的处理流派体系，主要可分为重力沉淀法体系和集成式模块化体系。

早期的泥水处理一般采用重力沉淀法，是以沉淀池为主的自然沉淀法。盾构机排出的地层粗大颗粒及泥浆中的大粒径在沉淀池内自流过程中，在自重的作用下，随着流动减缓而逐渐沉淀。细微颗粒泥浆悬浮在沉淀池上部，经管路送入调整槽内进行再调整利用。经过沉淀的粗大颗粒泥浆，由挖机进行排除丢弃。沉淀池的形式有多种，具体设计时需根据施工场地实际情况而定。重力沉淀法虽然存在占地大、不能迁徙利用等缺点，但由于经济成本相对较低，且池内浆液存放容量大、能长时间供盾构掘进、不存在因设备故障而影响施工的情况，故使用效果比较显著，因而许多工程仍会选择采用该方法。

集成式模块化体系是基于机械化处理的原理按功能将设备堆叠在一起，集中进行泥水处理工作。其主要特点在于：以不同功能的设备组成一个泥水处理单元，便于拆卸与组合；占地面积小，便于迁徙，具有较大的灵活性；利于设备保管和维护保养。

7.2　泥水处理系统设计

上海长江隧道采用 ϕ15.43m 泥水平衡盾构施工，其配套泥水处理系统必须满足双线盾构同时掘进时的泥水处理量及长期稳定的使用功能。

7.2.1　工程泥水处理难点

1）地层特点

上海长江隧道沿线地质条件复杂，隧道穿越主要土层为③$_{1}$、③$_{2}$层粉性土、④$_{1}$、④$_{2}$、⑤$_{1-1}$、⑤$_{1-2}$层黏性土和⑤$_{2}$层粉性土、⑦$_{1-1}$、⑦$_{1-2}$层砂性土，部分地段遇⑤$_{1t}$层灰色黏质粉土透镜体。盾构掘进过程中的两种主要土层为⑤灰色黏质粉土和④灰色淤泥质黏土，小于 0.074mm 的微颗粒占到全部颗粒含量的 90% 以上，是长江隧道泥水处理面临的一大难点。

2）掘进机施工特点

盾构机采用 ϕ15.43m 泥水盾构掘进机，主要工作参数如下：

推进速度：v_{max}=4.5cm/min；

进泥水流量：2 495m^3/h；

进泥水密度：$\rho_1 \approx 1.20t/m^3$；

排泥水流量：3 000m^3/h；

排泥水密度：$\rho_2 \approx 1.30t/m^3$。

盾构切削断面大，掘进速度快，致使整个推进过程泥水处理量大是长江隧道泥水处理系统的另一大特点。

3）工期特点

圆隧道工程是整个上海长江隧桥项目的关键控制节点工程，盾构掘进距离长，施工工期紧，作为掘进施工核心技术之一的泥水处理，在确保正常施工的同时，必须有必要的应急措施以应对处理设备突发故障。

7.2.2　泥水处理系统设计原则

针对上海长江隧道土层颗粒细、分离困难、处理量大、场地受限、工期紧等特点，相应的泥水处理系统应具备满足施工要求的处理量、适宜的处理模式以及风险防范的应急措施。

（1）泥水处理设备必须满足两条隧道同时掘进的泥水处理量，处理设备分为独立的两套，单个处理量为 3 000m^3/h，两台处理设备具备相互切换的功能。

（2）泥水处理模式：圆隧道穿越土层主要是黏质粉土、淤泥质黏土和砂质粉土等，以细微颗粒为主，宜采用多级处理分离模式。

（3）泥水处理系统应预留维修保养、更换设备等机械化操作的空间。

（4）弃浆应符合环保要求，尽可能减少弃浆排放量。

（5）泥水盾构连续掘进施工距离近 7 500m，必须保证处理设备长期工作的可靠性。处理系统应具备应急措施，避免突发故障影响施工进度。

7.2.3　泥水处理系统设计

7.2.3.1　泥水处理方案

1）分离设备

根据目前国内外泥水处理技术的发展趋势及工程特点，长江隧道泥水处理系统设计采用集成式模块化设计，把各级处理功能作为模块，各模块叠加起来，向空间发展，大大减小了处理设备的占地面积。长江隧道泥水处理分离设备由五大模块组成，分别为滚筒筛预处理模块、分配槽模块、一级分离模块、过渡槽模块和二级分离模块。根据土层的处理要求，对模块功能进行组合或切换，可达到不同的处理模式。

2）分离粒度

长江隧道盾构掘进土层中黏质粉土和淤泥质黏土约占整个圆隧道的 90% 以上，其余部分为砂质粉土。根据土层特点及处理量的规模，综合考虑分离设备配置的可靠性和性价比，选择二级处理。其中一级处理为除砂旋流分离，二级处理为除泥旋流分离。为防止结团颗粒和杂质影响第一级旋流器的正常工作，前置预处理采用滚筒筛。

3）弃浆处理

长江隧道由于弃浆量大，而且以黏土微颗粒为主，采用管路泵送船运方式，通过水路将弃浆送到处理场进行处理。

4）应急措施

长江隧道泥水处理应急措施在泥水处理设备附近建造一个沉淀池，主要起到两个作用：一是应急时跳过分离设备，直接对泥水进行重力沉淀分离处理；二是在台风季节，船运受阻时用于暂存废弃泥水。由于是临时性应急措施，沉淀池的面积可根据场地条件进行调整。

5）新浆材料的选用和配置

泥水盾构施工的先决条件是要保证开挖面迅速形成泥膜，维持开挖面的稳定。根据长江隧道泥水盾构施工土层以细微黏土颗粒为主，兼顾部分砂质粉土段的特点，新浆采用高分子聚合物材料拌制。

大量室内试验与工程应用证明基于高分子聚合物材料拌制的新浆具有良好的泥膜特性及可控的泥水指标，可以满足超大直径泥水盾构各阶段的施工需求。图 7–4 为泥膜渗透室内试验，图 7–5 为泥膜形成效果图。

a）

b）

c）

d）

图 7–4　泥膜渗透室内试验

a）⑦土纯聚合物浆液渗透试验；b）⑦土 CONDAT34 纯聚合物渗透试验；c）18 号调整浆渗透试验；d）泥膜支护效果试验

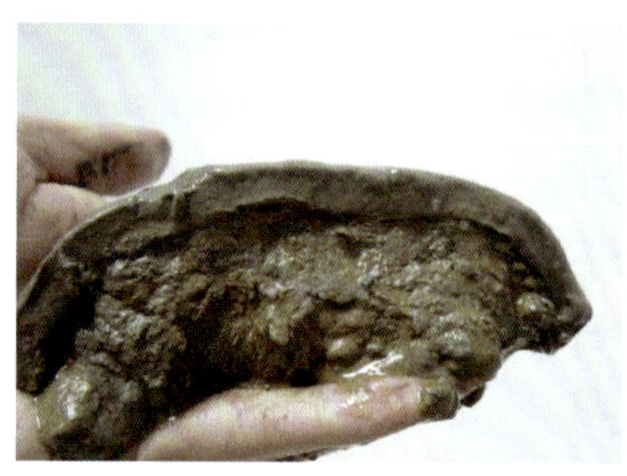

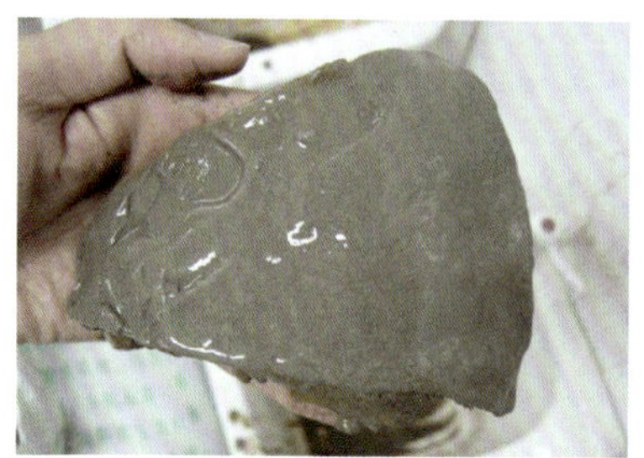

图 7–5　泥膜形成效果图

7.2.3.2　泥水处理物流平衡

盾构隧道穿越的三种主要土层：④灰色淤泥质黏土，约占盾构隧道长度的 10%；⑤灰色黏质粉土，约占盾构隧道长度的 85%；⑦灰色砂质粉土等，约占盾构隧道长度的 5%，进行泥水处理物流平衡计算。其中⑤灰色黏质粉土的体积流量和质量流量见表 7–1。

⑤灰色黏质粉土体积流量和质量流量平衡表　　表 7–1

序号	项目	体积流量（m³/min）						质量流量（t/min）						密度（g/cm³）
		泥团块粒、砂		黏土颗粒	进泥水黏土	水	总量（m³）	泥团块粒、砂		黏土颗粒	进泥水黏土	水	总量（t）	
1	密度				2.72			2.71	2.71	2.71	2.72			
2	进泥水				29.02	220.48	249.5				78.93	220.48	299.4	1.2

续上表

序 号	项 目	体积流量（m³/min）						质量流量（t/min）						密度（g/cm³）
		泥团块粒、砂		黏土颗粒	进泥水黏土	水	总量（m³）	泥团块粒、砂		黏土颗粒	进泥水黏土	水	总量（t）	
3	排泥水	2.65	5.97	17.92	29.02	244.44	300	7.18	16.18	48.56	78.93	244.44	395.29	1.32
4	预处理	2.65		0.9	1.45	12.22	17.22	7.18		2.44	3.94	12.22	25.78	
5	分离设备处理量		5.97	17.02	27.57	233.22	282.78		16.18	46.12	74.99	232.22	369.51	1.31
6	二级处理弃浆量		5.97	3.58	5.8	38.4	53.75		16.18	9.7	15.78	38.4	80.06	1.49
7	二级处理后的泥水			13.44	21.77	193.82	229.03			36.42	59.21	193.82	289.45	1.26
8	多余泥水			2.35	3.8	33.85	40			6.37	10.34	33.85	50.56	
9	循环用泥水			11.09	17.97	159.97	189.03			30.05	48.88	159.97	238.89	
10	调制剂和水					60.48	60.48					60.48	60.48	
11	送泥水			11.09	17.97	220.45	249.5			30.05	48.88	220.45	299.4	1.2

7.2.3.3 泥水处理系统流程设计

盾构排出的泥水，经滚筒筛预处理，去除块状杂质、泥团等大颗粒后进入分离设备进行一级除砂、二级除泥处理。经分离设备处理后的泥水进入调整池，根据泥水的指标要求，对调整池内的泥水进行调整。弃浆和弃渣分别通过管道泵送船运和土方车外运。设备故障时，由应急池临时取代预处理及分离设备，进行重力沉淀分离，图 7-6 为泥水处理流程示意图。

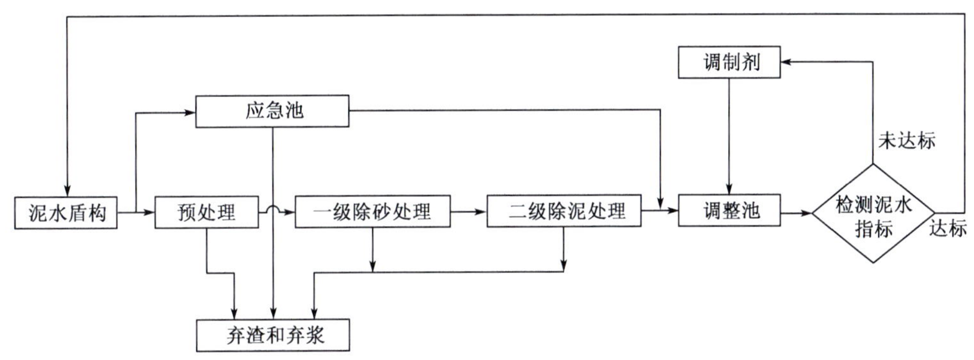

图 7-6　泥水处理流程示意图

7.2.3.4 泥水系统处理系统平面布置

泥水处理设备为集成式模块化的结构，两套设备集中放在一处，相互独立，各司其职，但相互之间有切换功能。

主分离设备的结构采用集成式模块化的形式。由于模块叠加，向空间发展，两套 3 000m³/h 处理量的主分离设备仅占地约 850m²。作为预处理模块的滚筒筛和一、二级分离模块处于最高层，分配槽模块和过渡槽模块分别位于中间层和最底层。槽体内液体靠自流从上往下通过管路流向各自槽体，靠槽体内设置活动阀维持槽内液体的平衡，防止被泵吸空；各槽体上沿有泄流口，防止活动阀失灵引发泥水满溢。安装在夹层或下层的电气设备（如传感器、限位开关等）容易遭顶部滚筒筛或过渡槽内溅出的泥水喷淋而失灵，应增加防淋保护装置并适当提高防护等级。

泥水处理系统平面布置图及泥水场地设备布置图分别见图 7–7 和图 7–8。泥水处理系统相关设备见图 7–9。

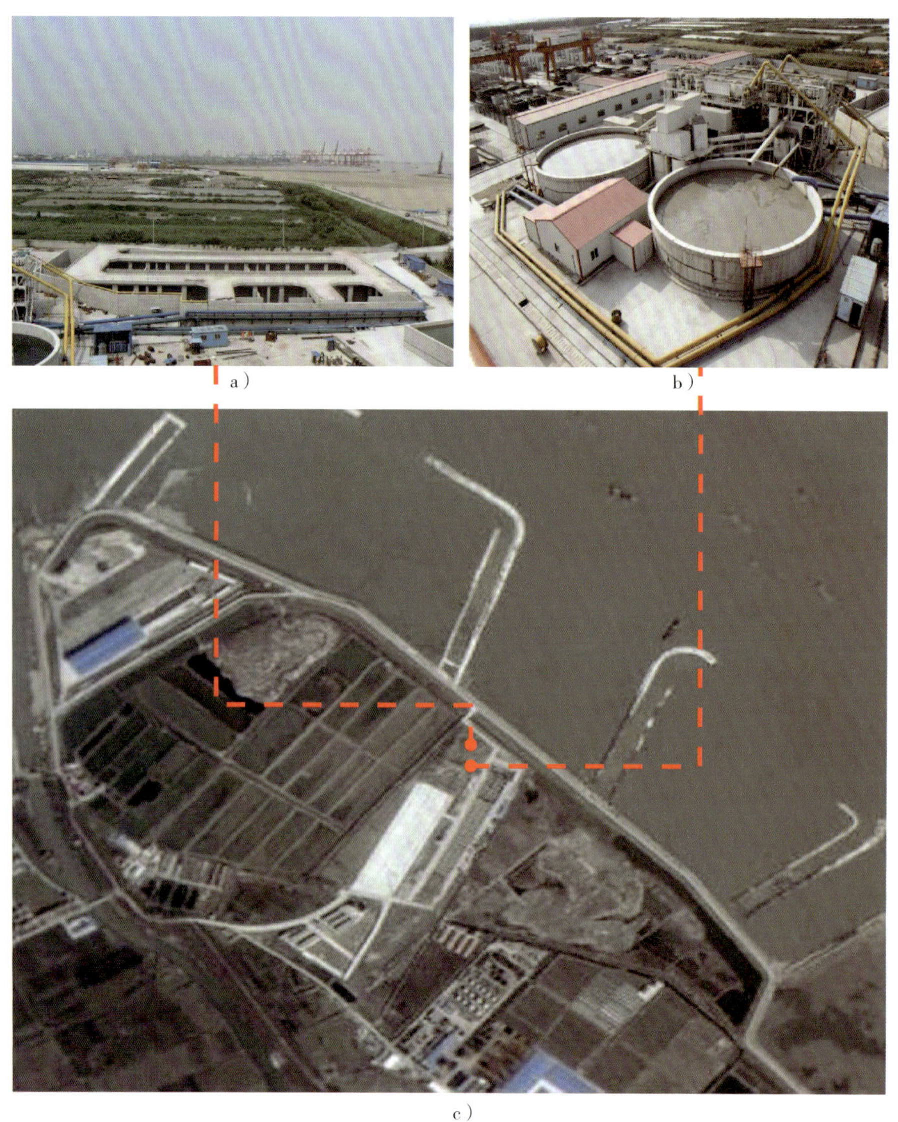

图 7–7　泥水处理系统平面布置图

a）泥浆沉淀池；b）MS 泥水处理系统；c）系统平面布置图

图 7–8　泥水场地设备布置

图 7-9　泥水处理系统相关设备

a）预处理滚筒筛；b）一、二级处理单元旋流器；c）汇浆池；d）监控画面；e）应急池；f）渣土堆放

7.3　泥水处理系统电气及控制技术

7.3.1　电气及控制系统特点

泥水系统的电气及控制系统主要提供动力设备的供配电与自动控制。设计中遵循集中布置分散控制的原则，所有配电器件和控制器件集中安装在一个集装箱内，不仅便于现场安装、调试、检修，还可有效提高电气设备的防护等级以适应较为恶劣的现场施工环境。

系统的总安装功率为 2 585kW。供电系统具有整体系统规模大、总体用电负荷高的特点，配电和保护系统中采用了较多的大功率配电保护器件，以确保整个系统正常、安全的运行。控制系统采用 PLC 作为控制核心设备，具有高度集中、配置灵活、易于扩展的特点。

整体控制系统为配合自动控制的使用需求在系统设计上配置了大量的检测传感器，包括密度计、电磁流量计、各阀件的限位开关、液位计等。这些检测元件是自动控制闭环系统中的重要组成部分，多选用高性能的检测元件（如同位素密度计、超声波液位计等），有效确保了系统运行的可靠性。

泥水管理工作区配备了管理操作室和人员休息室，管理操作室内配置了人机操作界面（HMI）和模拟显示屏。其中模拟显示屏绘制了系统工作原理图，并以 LED 指示灯显示主要设备的运行、停止或开、闭状态，设计开发的人机操作界面提供了将操作界面功能和监控管理功能一体化的解决方案。人机操作界面的各个画面提供操作界面及设备管理的相关信息，系统设备的运行数据在设备使用过程中可实时采集并记录。

7.3.2 电气及控制系统

整个泥水处理系统机械动力设备由滚动筛、旋流器、输送泵（渣浆泵、管道泵）、电动阀、手动阀、槽体、管道等组成。

泥水处理控制系统采用 PLC 作为核心控制设备。PLC 系统的模块配置及具体功能见图 7–10。

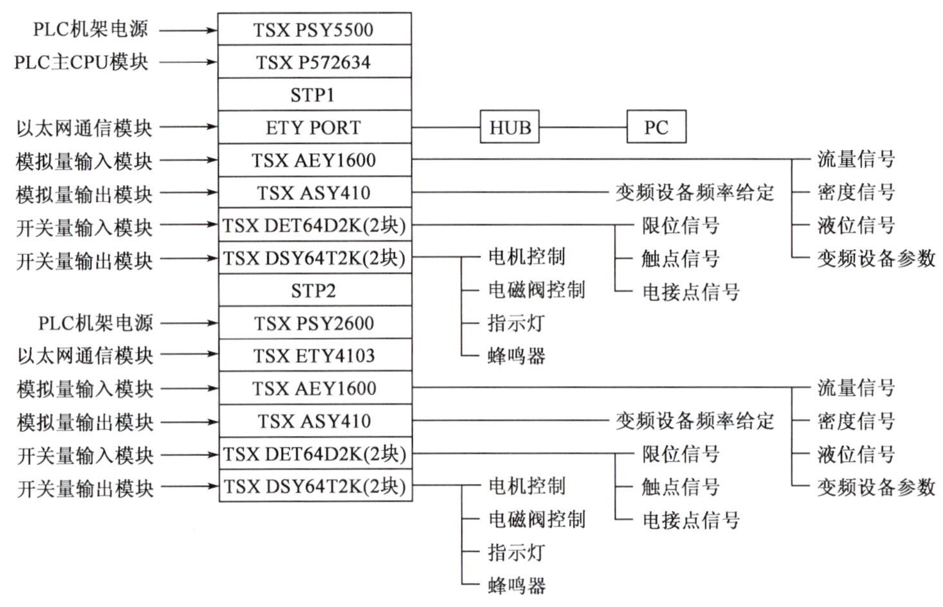

图 7–10　PLC 模块配置及功能图

7.3.3 操作及监控管理系统

泥水处理系统操作界面选用专业工业级人机界面触摸屏（HMI），保证了系统的稳定性和可靠性。设计中综合考虑泥水处理过程的实际操作需求和工艺流程，将人机操作界面设计和 PLC 控制程序编程相结合，保证了系统的实用性和可维护性。

泥水操作控制分为滚动筛、旋流器、泥水处理、取水四个控制画面，各个画面的切换开关在每个画面的右上角。每个画面的最下方为报警框体，分别用红色、黄色、绿色表示正在发生、已人工确认、已消除的报警信息，点击该报警框可将画面跳转至报警主画面。整个人机操作界面中灰色管道代表泥水管路，蓝色管道代表清水管路。

1）“滚动筛”控制

泥水处理系统滚动筛部分的设备操作界面如图 7–11 所示，是整个泥水处理系统的主画面。将气阀的动力提供设备——空压机设计于滚动筛画面的左侧，如图 7–11 所示。最左侧的方框内可点击控制空压机的开启 / 停止或自动控制状态。左下部显示 EV 43 阀状态，图标红色表示该阀门故障，需要进行检修，图标灰色表示该阀门为关闭状态，灰色闪烁表示气阀在关闭过程中，绿色表示气阀为开启状态，绿色闪烁表示气阀在开启过程中。画面中部为两个滚动筛的工作状态，当滚动筛处于停止状态时，滚动筛整体图形呈灰色闪烁；当滚动筛处于运转状态时，滚动筛整体图形呈绿色，点击滚动筛图标会出现弹出式操作窗口，点击旋钮上的自动 / 开 / 关按钮可进行该滚动筛状态的切换。

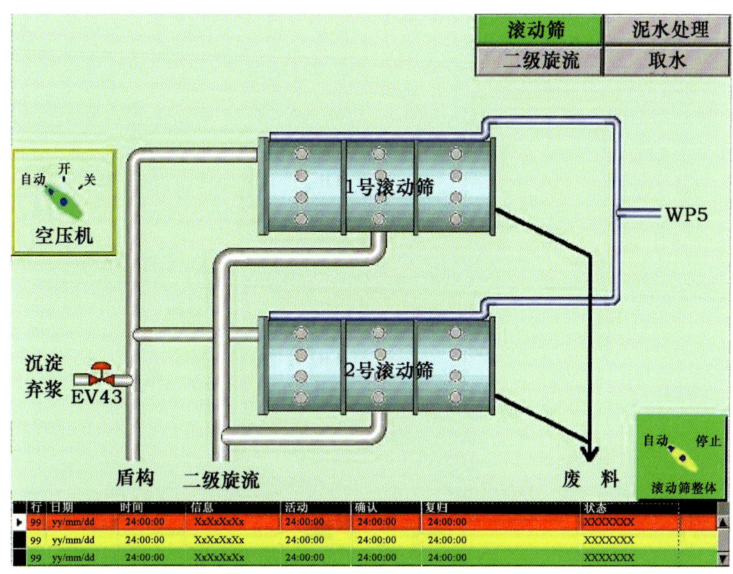

图 7-11 滚动筛控制

2）“二级旋流器”控制

泥水处理系统二级旋流过程的设备操作界面如图 7-12 所示。可进行操作和控制的设备有：SP1 至 SP8 以及相关的气动阀组。画面中的各电机的图标红色表示该泵处于故障状态，需要进行检修，图标灰色表示该泵处于停止状态，图标绿色表示该泵处于运转状态，图标绿色闪烁表示该泵处于启动过程中。点击各泵图标会出现弹出式操作窗口，点击旋钮上的自动 / 开 / 关按钮可进行相应设备的状态切换。

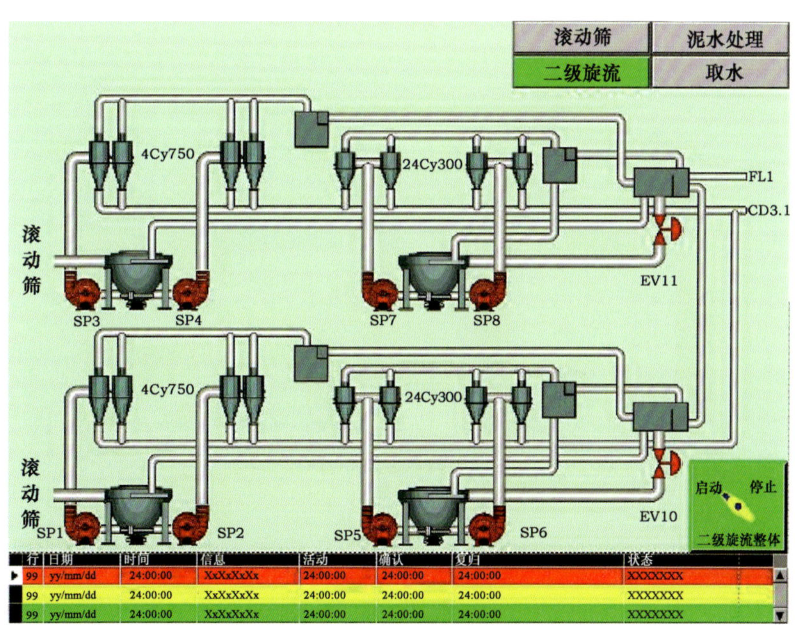

图 7-12 二级旋流器控制

3）“泥水处理”控制

泥水处理系统中泥水处理环节的设备操作界面如图 7-13 所示。画面内各容器内蓝色填充条的高度代表了该罐体内的液位高度。可进行操作和控制的设备有：SP9 和 SP10 以及相关的气动阀组。该画面内各阀及泵的显示及控制方式与前画面相同。弃浆泵 SP9 为大功率设备采用变频调速的控制方式，点击后会出现弹出式操作窗口，点击该弹出窗口下部的数值条可进行 SP9 的速度设定，且各阀及泥水泵仍可以选择自动工作状态。在自动状态下，当外部电气控制箱上的整体系统启动按钮被按下且滚动筛及二级旋流系统启动完毕后，泥水处理部分的设备会按 PLC 程序给定的流程及计算方式进行开启 / 关闭操作。

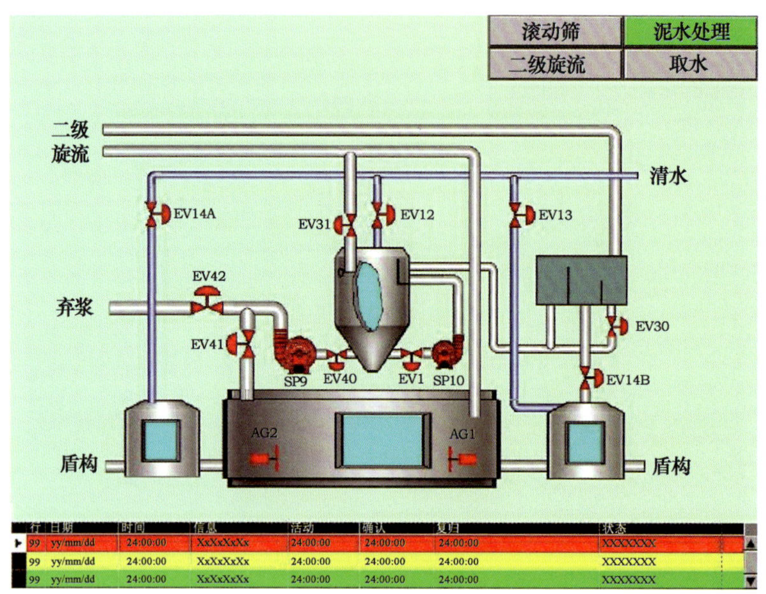

图 7–13　泥水处理控制

4）"取水"控制

泥水处理系统取水系统的设备操作界面如图 7–14 所示。可进行操作和控制的设备有：WP1、WP2、WP5 以及相关的气动阀组。该画面内各清水泵相应的清水供给阀自动进行连锁。当清水泵处于自动工作状态下时，供给阀的启动会同时打开该管路的供给清水泵。

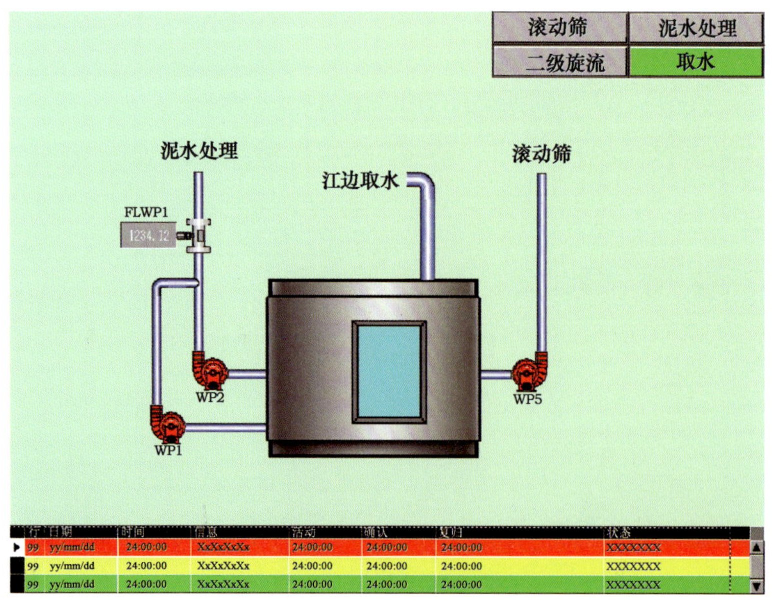

图 7–14　取水控制画面

5）"报警"控制

泥水处理系统总报警画面如图 7–15 所示。点击上部的返回按钮可回到其他的操作界面；报警框左上部有 8 个功能按钮，其功能如按钮的文字所示。报警列表框内分别用红色、黄色、绿色显示正在发生、已确认、已消除的报警状况；点击任一报警状况可对其进行选定，查看详细信息。

泥水控制系统在设计完成后，经过工程的现场应用验证，能够很好的完成泥水处理的工作。和原有控制系统相比，界面更人性化，文字说明及故障等信息的显示也更加清晰。系统在运行过程中自动及手动控制都非常顺畅，能够很好的适应大型泥水盾构的泥水处理工作。

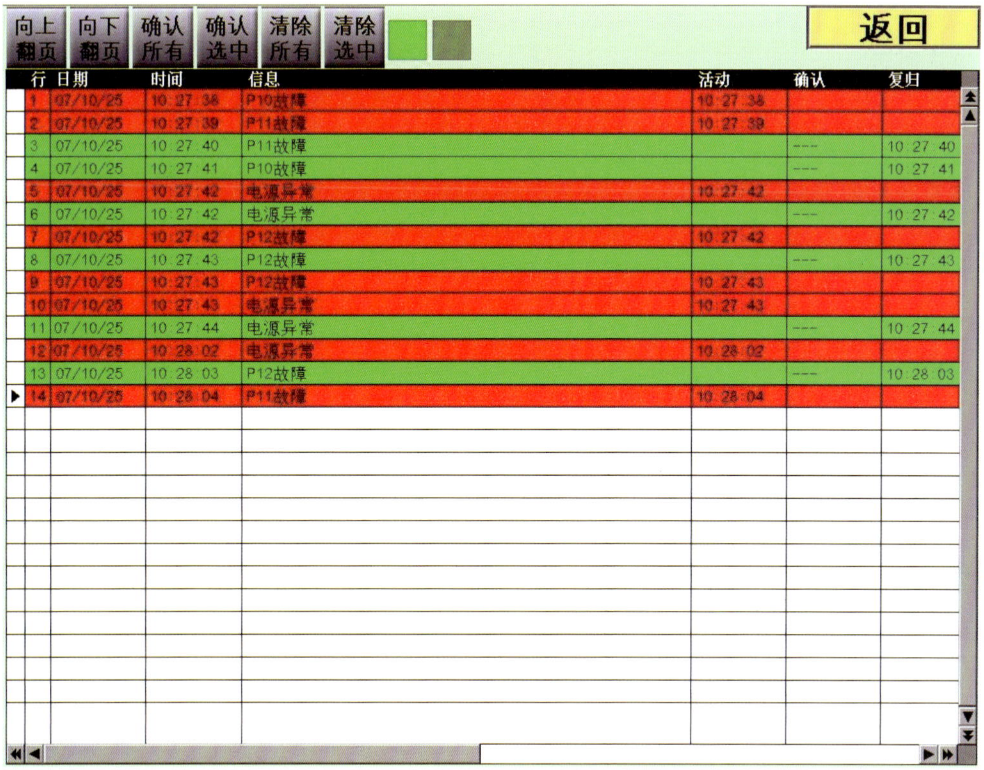

向上翻页 向下翻页 确认所有 确认选中 清除所有 清除选中 返回

行	日期	时间	信息	活动	确认	复归
1	07/10/25	10:27:38	P10故障	10:27:38		
2	07/10/25	10:27:39	P11故障	10:27:39		
3	07/10/25	10:27:40	P11故障		---	10:27:40
4	07/10/25	10:27:41	P10故障		---	10:27:41
5	07/10/25	10:27:42	电源异常	10:27:42		
6	07/10/25	10:27:42	电源异常		---	10:27:42
7	07/10/25	10:27:42	P12故障	10:27:42		
8	07/10/25	10:27:43	P12故障		---	10:27:43
9	07/10/25	10:27:43	P12故障	10:27:43		
10	07/10/25	10:27:43	电源异常	10:27:43		
11	07/10/25	10:27:44	电源异常		---	10:27:44
12	07/10/25	10:28:02	电源异常	10:28:02		
13	07/10/25	10:28:03	P12故障		---	10:28:03
14	07/10/25	10:28:04	P11故障	10:28:04		

图 7-15　报警控制

7.4　泥水处理系统应用

上海长江隧道的自动化泥水处理系统单套处理能力 3 000m³/h，经过泥水处理系统处理之后，盾构每环掘进所使用的浆液 80% 以上可以被循环利用，有效减少了新浆的投入量，大大降低了施工成本，同时减少了废浆排放，有利环保。少量废弃泥浆与干土通过管道和卡车运输到临时码头，再利用船舶运输到长兴岛北港进行填海造田，避免了环境污染。在泥浆处理过程中合理使用长江水作为工程用水，有效地降低了工程建设成本。

7.4.1　集成式泥水处理系统应用优势

（1）节省施工占地：一体化成套泥水处理设备与常规沉淀池法处理工艺过程相比具有占地面积小的显著优势，为人口密集且工程可使用面积较小地区的泥水盾构施工提供了很好的解决方案。

（2）自动化程度高：泥水处理系统将机械设备与 PLC 可编程逻辑控制器充分结合，在整个处理过程中对流量计、密度计、液位计以及各类阀组参数、状态等反馈信息进行实时处理与控制输出，较好地解决了泥水处理的控制问题，并将各机械及电器设备的损耗降至较低水平。由于电气系统的模块化及自动化使得操作人员掌握操作方法的时间大大减少，从而大大减轻了操作人员的工作量。

（3）动态泥水平衡设计：为了减少弃浆排放量，系统在一、二级旋流过程中设有循环管路，使一、二级旋流器上溢口浆液回流到相应储浆槽进行二次处理，提高了浆液的利用率。设计中考虑到设备在大流量工作条件下可能出现的意外情况，一体化泥水系统设备能将泥浆溢流至应急池，保证系统的正常运行。溢流的泥浆还可重新打回泥水设备进行处理，在提高利用率的同时也减少了排放量。

（4）应急功能：在需要紧急维修时，系统可以通过提升滚动筛下分配箱的隔离闸门，并关闭相应的阀门进行整个处理系统的切换。在紧急状态下可使用一套系统对两台盾构轮流进行泥水供给，使系统具有较强的应急能力。

7.4.2 泥水处理系统中出现的问题和改进方法

在长时间大负荷运转下，系统出现的各种需要进一步改进的问题：

（1）在长距离隧道施工中，由于泥水中沙石对设备磨损严重，应及时对部分设备如金属槽体、管道接头等进行修补和更换，设计中应充分考虑选材的耐磨性和管道设计的合理性。

（2）系统中部分检修阀门长时间处于同一状态，其限位开关触点易发生锁死，由此造成系统误报警，在日常维护过程中应增加保养检修，避免类似故障的发生影响系统运行，在设计上也可适当调整该类信号的报警级别，确保系统正常运行。

（3）系统中部分操作频繁的阀门设计为手动控制，在日常施工作业中耗时耗力，应优化为电动或气动阀门，采用非手动操作模式。

（4）取水系统独立于整个系统，由于只有清水池的液位参与系统控制。如果液位极低时才被发现，不仅增加了运作的危险性，而且延误了故障的处理时间，易造成施工停顿。系统设计中可考虑引入取水系统设备状态信息或预留信号输入接点，及时发现并处理此类故障。

（5）层叠的结构设计有效的提高了空间利用率，但由于设备安装非常紧凑，空间狭小使设备的更换与维修较困难，结构设计时应留出检修空间。安装在夹层或下层的电气设备（如传感器、限位开关等）容易被顶部滚动筛或储浆槽内溢出的泥水淋湿，可通过提高电气设备的防护等级以及优化设备合理布置解决。

第8章 超大直径泥水平衡盾构施工关键技术研究

CHAODA ZHIJING NISHUI PINGHENG DUNGOU SHIGONG GUANJIAN JISHU YANJIU

8.1 概述

上海长江隧道工程采用 ϕ 15.43m 的超大直径泥水平衡盾构进行施工，盾构一次连续掘进距离达到 7.5km。受自身工程特点的影响，上海长江隧道工程在施工期面临许多挑战。

（1）由于隧道直径超大，盾构开挖面尺寸大大增加，不可避免地对盾构前方土体产生较大程度的扰动，刀盘上下压力差大，开挖面稳定的控制变得更加困难。

（2）隧道直径的增大导致盾尾脱出管片后形成的盾尾间隙增大，虽采用同步注浆充填，也不可避免地加剧了盾尾附近土体的扰动，引起盾尾土体产生较大变形，使盾构后方地表沉降较难控制。

（3）隧道直径的增大导致隧道体积和表面积增大，施工阶段隧道受到的重力、注浆压力和上浮力随之增大，同时也更容易受到不平衡力的作用。施工期间管片受力的安全性和上浮的可控性需要重点关注。

（4）隧道一次连续推进距离超长，火灾及有害气体等灾害事故的发生概率也随之增大，对隧道火灾等灾害的防范非常不利。

为了确保上海长江隧道工程的顺利实施，在工程的规划与实施过程中需要对上述关键技术进行研究。一方面为工程实施方案的确定提供理论基础；另一方面，超大直径泥水盾构施工关键技术的理论研究成果亦可为今后类似的工程提供理论依据和工程指导。本章对上海长江隧道工程施工中的若干关键技术问题进行了探讨。

8.2 超大直径泥水平衡盾构开挖面稳定特性研究

各国学者和工程人员已经认识到盾构施工过程中控制开挖面稳定的重要性并开展了大量的研究工作，对于开挖面可能的破坏形式、机理以及开挖面稳定性判断方法进行了研究。开挖面稳定理论主要分为局部稳定理论和整体稳定理论。局部稳定理论主要讨论在支撑介质和土体接触面上一个微小的土体单元的稳定性，这种局部稳定在黏性很小或者没有黏性的土体中用泥水或气压平衡盾构工法施工时显得特别重要。整体稳定理论一般采用的是直接对极限状态进行分析的简化方法，求得模型的极限荷载或者极限荷载的界限，主要方法有极限分析法和极限平衡法。目前开挖面稳定的分析方法是基于开挖面失稳的极限状态，而在盾构施工中，施工的控制标准已经由强度转为变形。一旦盾构施工引起的周围土体变形超过控制标准，即使开挖面未失稳，也不允许。

8.2.1 超大直径泥水平衡盾构开挖面稳定特性的试验研究

8.2.1.1 基于大型盾构掘进试验平台的试验研究

1）大型盾构掘进试验平台

试验采用的大型多功能盾构试验平台如图 8-1 所示，试验平台土箱内径 4m，长度 8.6m，有效掘进长度可达 6m 以上。模型盾构最大直径可达 1.8m，具有土压平衡和泥水平衡互换，刀盘、刀具及开口率可调等功能。

图 8–1　大型盾构掘进试验平台

盾构掘进模拟试验平台由以下几个系统组成：大型模拟土箱、ϕ1 800mm 盾构机、液压动力系统、监测和控制系统、加载系统、后靠和拉杆、加泥系统等。

2）试验模拟工况

根据上海长江隧道工程具体情况，分别模拟泥水盾构出洞后穿越浅覆土段，施工标准段（埋深最深）和盾构穿越⑤$_3$灰色粉质黏土与⑦$_{1-1}$黏质粉土两种土层的施工段的开挖面稳定情况，如图 8–2 所示，试验土箱内实际土层的分布如图 8–3 所示。基于穿越的三个典型的断面，共进行 10 次盾构推进模拟试验。

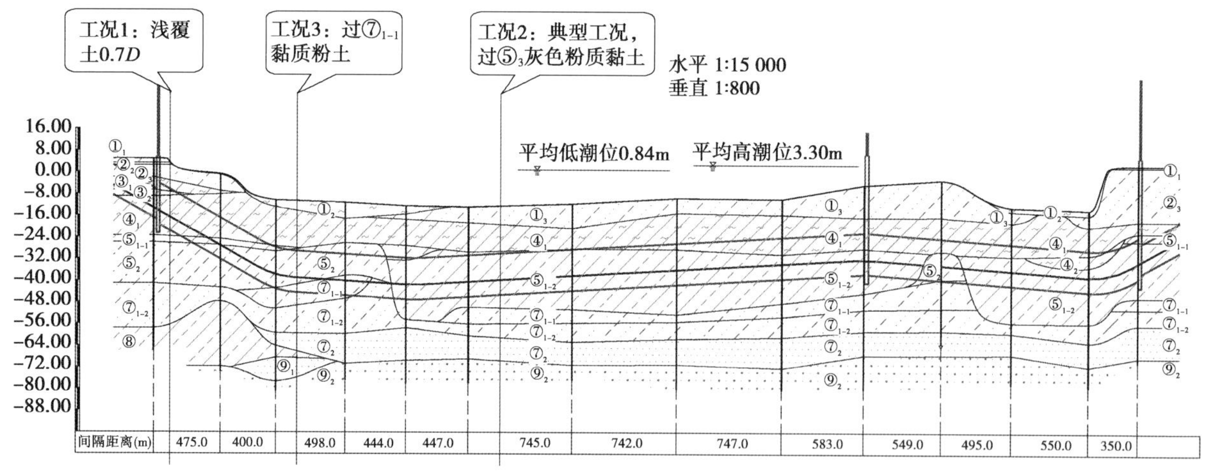

图 8–2　隧道地质纵剖面图和试验工况分布图

3）试验结果

通过模型试验研究，分别得到盾构在三个典型断面掘进过程中，开挖面稳定施工各控制参数间的关系，图 8–4 为盾构掘进过程中总推力与正面泥水压力的关系。另外，亦得到泥水压力、盾构机刀盘转速、刀盘扭矩、推进速度、泥水偏差流量等参数的相互关系，对于实际工程中开挖面稳定的控制具有重要的参考价值。

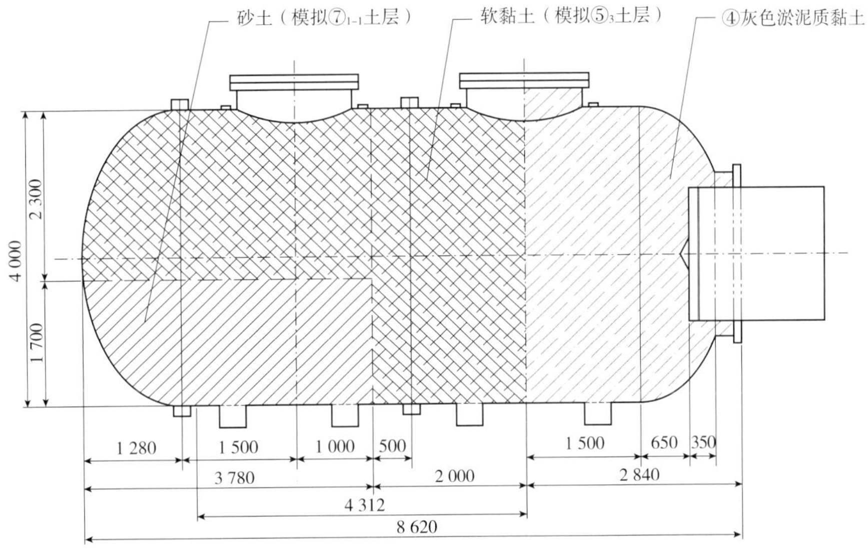

图 8-3　典型断面土层分布图（尺寸单位：mm）

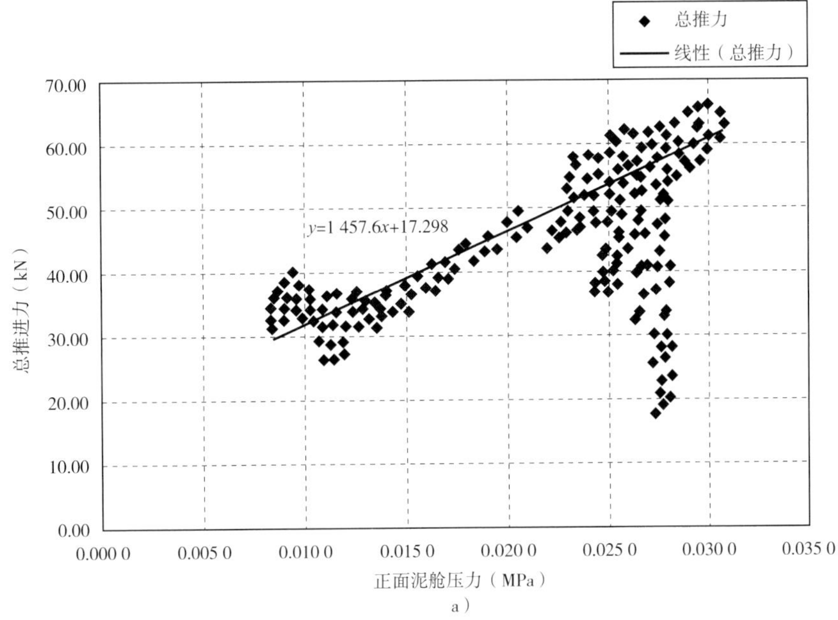

a）

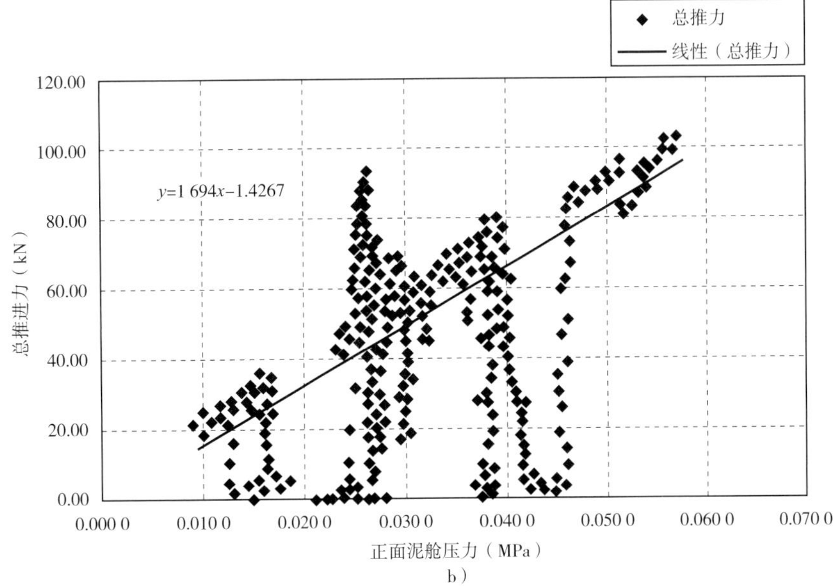

b）

图　8-4

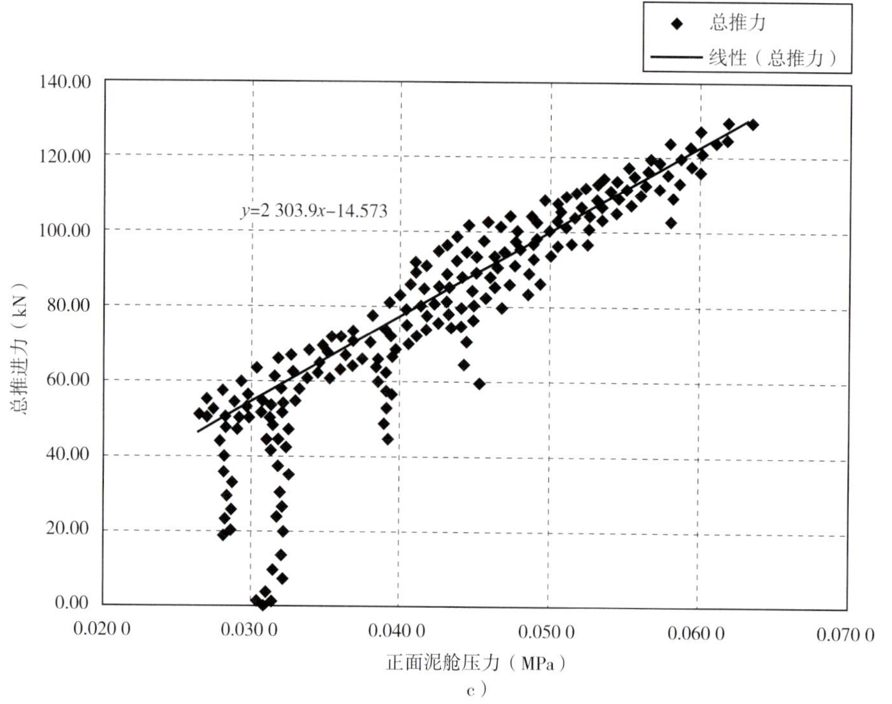

图 8-4　总推力—正面泥水压力关系曲线图

a）④号土；b）⑤号土；c）⑤号土与⑦号土的混合土层

8.2.1.2　基于大型盾构掘进试验平台的数值模拟

1）三维数值模型

用于模拟 8.2.1.1 的模型试验的数值模型如图 8-5 所示。土体采用六面体八节点实体单元来划分网格，而盾壳和模拟箱外壳则采用板壳单元来进行模拟。模拟箱内土体采用弹塑性材料模型，屈服准则采用 Drucker-Prager 准则，模拟箱外壳和盾壳等采用线弹性材料模型，具体的材料参数见表 8-1。

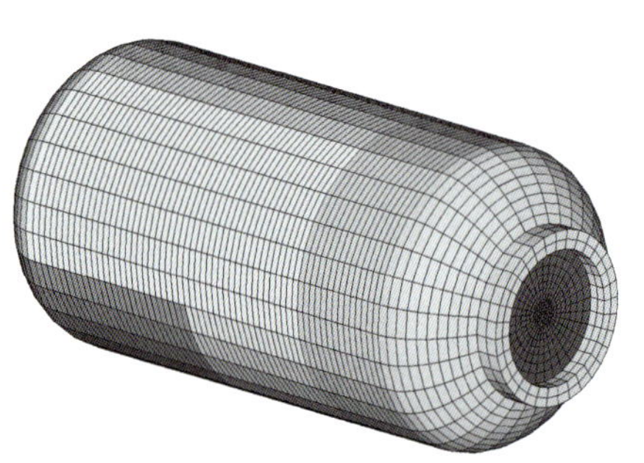

图 8-5　数值模型

计 算 参 数

表 8-1

试验土层	重度（kN/m³）	泊松比	弹性模量（MPa）	内摩擦角（°）	内聚力（kPa）
灰色淤泥质黏土	16.8	0.32	7.77	11	11
软黏土	18.0	0.28	14.84	18.5	17
砂土	18.6	0.30	32.9	28.5	9
结构	78.5	0.27	210E3		

2）模拟分析结果

在盾构的推进数值模拟过程中，对土体位移和土体应力两个对象进行了监测，结合试验过程中实际土体中传感器的布置，对监测位置进行设置，土体中测量截面和节点分布如图 8-6 所示。

图 8-7 为 A_1 截面中部分监测点的数据对比，二者的相对误差不超过 20%，证明数值模拟的计算结果具有一定的准确性。利用建立的试验模型，可以对盾构掘进过程中周围土体的受力变形情况进行更详细的研究，为盾构实际施工提供理论参考。

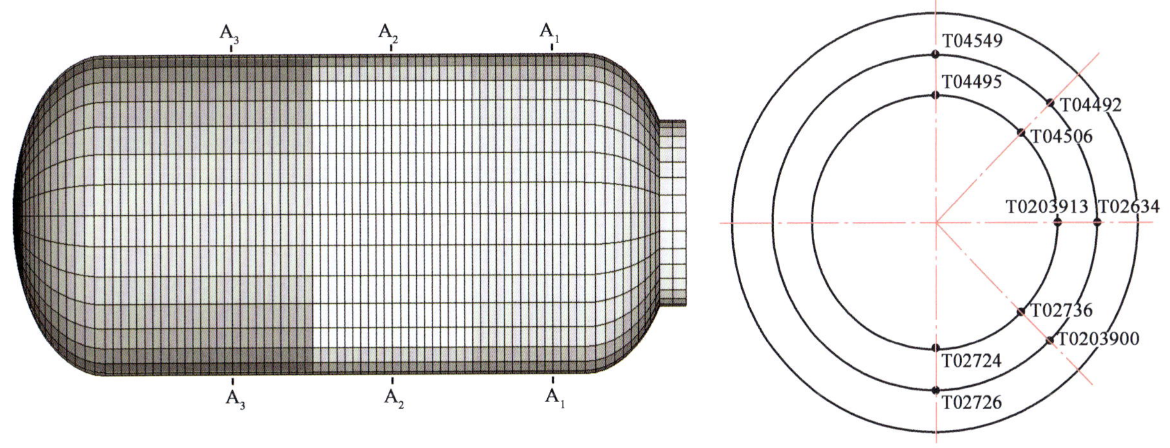

图 8-6　土体中测量截面和节点分布

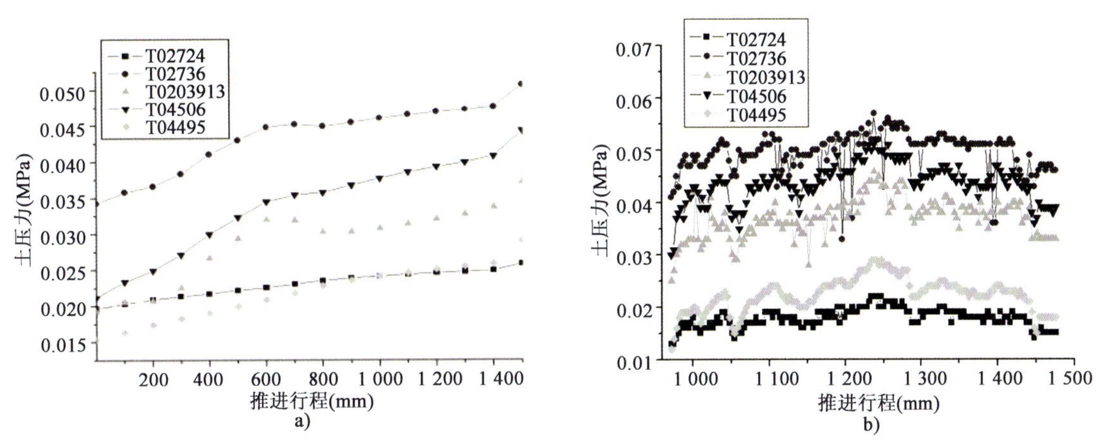

图 8-7　A_1 截面中部分监测点的数据对比

a）数值模拟数据；b）试验数据

8.2.2　超大直径泥水平衡盾构开挖面稳定的三维数值模拟研究

8.2.2.1　三维数值模型

根据工程实际情况，取上海长江隧道工程中的三个典型断面进行三维数值模拟分析。断面 1–1 对应于覆土最大断面，覆土厚度约为 1.7D；断面 1–2 对应于埋深最深断面，覆土厚度约为 1.1D；断面 1–3 模拟覆土最浅的冲刷槽处，覆土约为 0.7D，其中 D 为隧道的直径。三个工况的模型如图 8–8 所示。土体按照实际的土体分层情况来模拟，采用莫尔 – 库仑弹塑性模型来模拟土体的变形规律。

8.2.2.2　模拟计算分析结果

图 8-9~ 图 8-11 为三个断面最小和最大支护压力情况下土体的位移云图，由土体位移云图可以清楚地看到在最小支护压力和最大支护压力情况下开挖面塌陷和冒顶两种破坏形式。在开挖面塌陷破坏情况下，盾构覆土厚度越大，地表沉降越小，以 1–1 断面为例，开挖塌陷破坏时，开挖面正前方的土体已经产生了不可收敛的位移，开挖面出现破坏，但地表的沉降不大。覆土厚度越小，地表沉降越明显，如 1–3 断面所示。冒顶破坏会产生典型的“烟囱”状破坏形式，土体受泥水压力的挤压向盾构前方地表移动，导致地表隆起。冒顶破坏情况下，盾构覆土厚度越大，地表隆起越小，覆土厚度越小，地表隆起越明显。可见，盾构覆土较浅时地表变形受开挖面支护压力影响明显，因此

在浅覆土情况下盾构掘进过程中要严格控制泥水压力，并监测地表变化情况，防止发生地表塌陷或过度隆起。

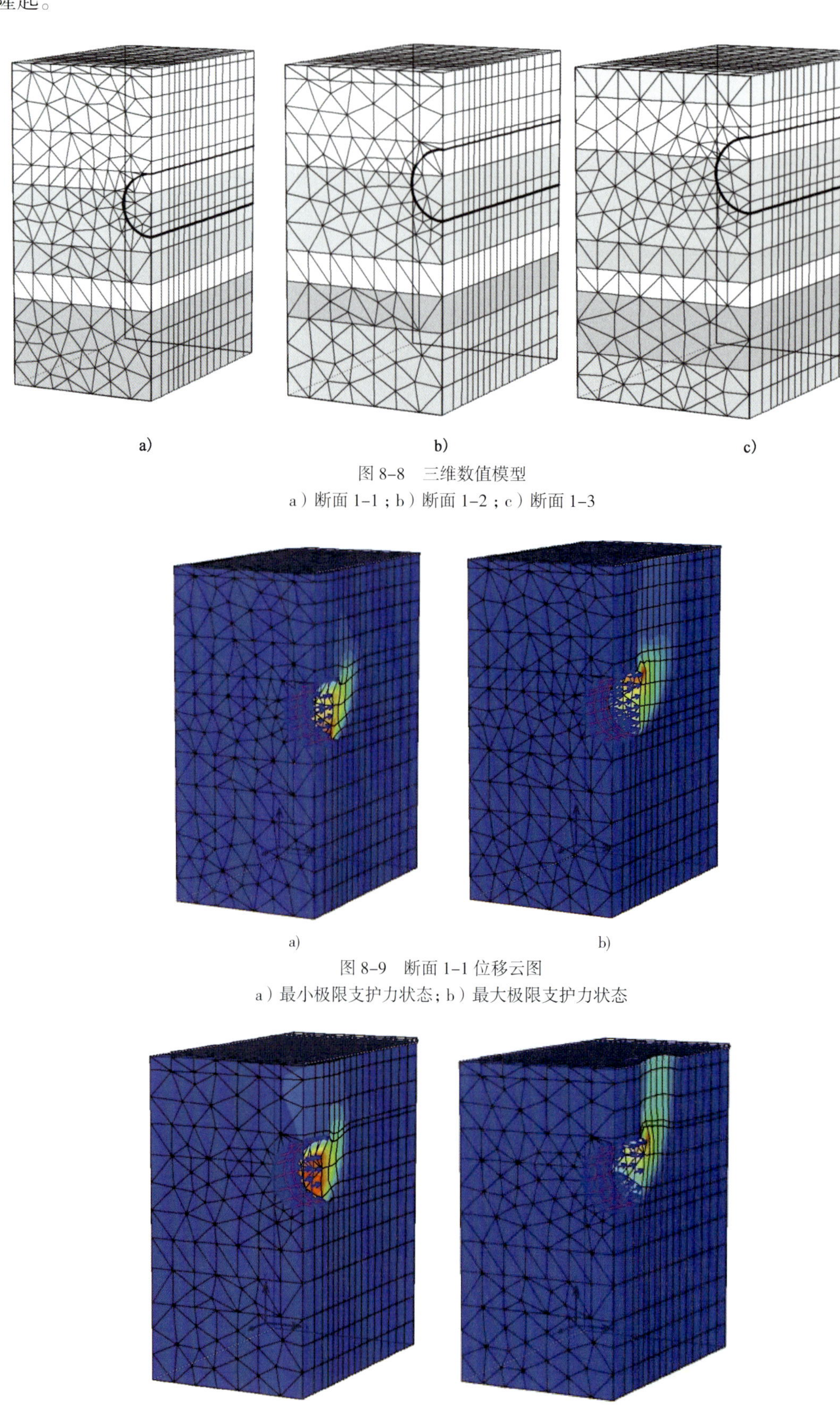

a)　　b)　　c)

图 8-8　三维数值模型

a）断面 1-1；b）断面 1-2；c）断面 1-3

a)　　b)

图 8-9　断面 1-1 位移云图

a）最小极限支护力状态；b）最大极限支护力状态

a)　　b)

图 8-10　断面 1-2 位移云图

a）最小极限支护力状态；b）最大极限支护力状态

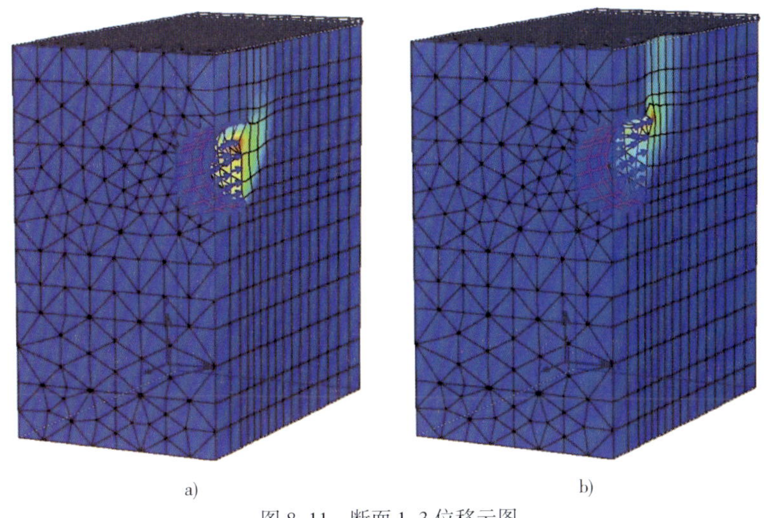

a) b)

图 8–11 断面 1–3 位移云图

a）最小极限支护力状态；b）最大极限支护力状态

将数值模拟计算所得的极限泥舱压力与理论计算结果进行对比发现，数值计算的极限泥舱压力上限值比解析理论结果大，下限值与理论计算结果比较接近。对于不同的 C/D 值，覆土越大，数值模拟结果的上限值与理论结果的差别越大，而对于浅覆土，数值模拟结果与理论结果比较接近。开挖面稳定控制的模型试验和数值分析揭示了超大直径泥水平衡盾构的开挖面稳定特性和施工参数对开挖面稳定的影响，为长江隧道工程中盾构施工参数的确定提供了宝贵的理论依据。

8.3 抗剪型砂浆同步注浆工艺研究

迄今为止，国内的上海、北京、广州、深圳、南京、成都、杭州、武汉等大中城市，均有利用盾构法进行地铁、公路、排污以及能源工程的施工实例。由于各城市地质工况条件的差异，在盾构法隧道中所使用的同步注浆浆液也大不相同，其中上海、北京、广州作为最早兴建城市轨道交通工程的一线城市，积累了多年的施工与科学研究经验，并且已各自形成了一套适应于城市自身地质情况与盾构施工操作的同步注浆施工工艺，取得了一定的社会与经济效益。目前常用的盾构施工中同步注浆的浆液材料可分为单液浆和双液浆两大类。

与以往盾构法隧道相比，上海长江隧道工程施工对同步注浆技术提出了更高的要求，主要体现在以下几个方面：

（1）超大直径盾构隧道施工对周围环境影响范围加大，如何有效地控制盾构推进对周围环境的影响，特别是对施工后地表长期沉降的控制，是一项核心研究内容。

（2）与地铁隧道相比，超大直径盾构隧道浆液的流动距离增加 2 倍，盾尾间隙增加 4 倍，工艺上要求浆液材料、注浆设备以及注浆参数满足超大直径盾构同步注浆充分、均匀的填充要求。

（3）超大直径盾构在同步注浆施工过程中，注浆位置管片所承受的注浆点应力较大，对成环结构的稳定性影响也较大。因此，如何合理控制注浆参数，是注浆效果与隧道质量的关键。

（4）同步注浆施工质量对于超大直径隧道结构的上浮控制意义重大。

（5）同步注浆施工质量决定着隧道结构的稳定性。

8.3.1　同步注浆理念

对于超大直径隧道而言，当管片脱出盾构机后，浆液材料不仅需要填充盾尾间隙，防止因周围土体卸载发生沉降，还需要抑制大面积土方开挖导致的隧道上浮。当盾构机后续车架逐渐脱离管片后，隧道受到浮力作用而上浮时，需抵抗隧道的上浮和周围土体的变形，必须依靠浆液良好的内部摩擦力和抗剪力。上海长江隧道工程中采用上海隧道工程股份有限公司研发的“抗剪型同步注浆”理念，该理念不同于以往同步注浆材料对于初凝时间、后期抗压强度等指标的要求，强调以浆液材料中的内摩擦力以及剪切力等力学指标作为衡量同步注浆材料性能的主要指标。

图 8-12　新拌浆液抗剪屈服强度测试仪

基于抗剪型同步注浆理念，测定表征新拌浆液内部摩擦力和抗剪力的值至关重要。浆液的内部摩擦力和抗剪力用抗剪屈服强度来确定，抗剪切屈服强度越大，浆液抵抗隧道上浮和周围土体变形的能力越好。工程实践表明，当浆液的抗剪屈服强度≥ 800Pa 时，对应的三轴剪切峰值在 500kPa 以上，大于浆液所受的最大作用力，能够保证隧道管片结构的稳定。浆液抗剪屈服强度测试仪器如图 8-12 所示。

8.3.2　同步注浆材料

基于超大直径盾构法隧道的施工特点，结合抗剪型同步注浆理论，对同步注浆浆液材料的性能提出了如下要求：

（1）充填性：浆液必须具有良好的流动性和填充性能，以使浆液经过管道泵送出盾尾进入管片与盾壳之间的空隙后，能够较好地填充空隙。

（2）和易性：浆液必须具备一定的塑性稠度，包括较低的泌水率以及良好的防离析性能，以满足运输过程中浆液的泵送与储存的要求。

（3）抗渗性：作为隧道的第一道防水墙，同步注浆浆液固结后应具备较低的渗透系数。

（4）内部摩擦特性：浆液应有良好的颗粒级配，以提供有效的内部机械咬合力，这样可以形成良好的内部摩擦力，通过其抗剪屈服强度阻止隧道的上浮与周围土体的变形。

（5）后期稳定性：浆液材料需具备一定的后期可硬性特征，提供强度的增长，使注浆层在短时间内达到或超过周围原状土强度，且浆液固结体要求具备较小的收缩率。

抗剪型同步注浆材料是一种以砂为骨料，石灰和粉煤灰为主要胶凝材料，加入适量膨润土和调节浆液性能的外加剂的新型缓凝型砂浆材料，可以满足超大直径盾构法隧道同步注浆的施工要求。这种浆液在拌制初期具有较好的流动性、压力触变性和压力传递性，能够在注浆压力的作用下，均匀地填补盾尾间隙，避免浆液在注浆口附近堆积，在管片脱出盾尾时，依靠骨料—砂颗粒之间咬合力和内摩擦力抵抗隧道上浮，并能将上浮力传递到周围地层，从而保证隧道初期的稳定性。盾尾脱出一段时间后，浆液材料内的石灰和粉煤灰开始发生二次水化反应，与浆液骨料结合生成具有一定抗压强度的胶凝材料，从而保证隧道后期的整体稳定性和质量。

8.3.3 同步注浆施工工艺

8.3.3.1 同步注浆主要技术参数

1）注浆压力

为了充分及时地充填盾构盾尾间隙，避免由此引起的周围土体变形、地表沉陷等影响地表建筑物与地下管线的安全；避免过大的注浆压力引起地表有害隆起或破坏管片衬砌，防止注浆损坏盾尾密封，注浆压力最佳值应在综合考虑地质条件、管片强度、设备性能、浆液特性和土仓压力的基础上来确定。

2）注浆量

注浆量的确定是以盾尾建筑空隙量为基础并结合地层、线路及掘进方式等考虑适当的富余系数，以保证达到充填密实的目的。根据施工实际，这里的富余系数包括由注浆压力产生的压密系数、由地质情况决定的土质系数、施工消耗系数、由掘进方式产生的超挖系数等，一般主要考虑土质系数和超挖系数。土质系数取决于地层特征，黏土地层一般取值为 1.1~1.5。超挖系数是正常情况下盾尾建筑空隙的修正系数，一般只在曲线段施工中产生（直线段盾构机机体与隧道设计轴线有较大夹角时也会产生），其具体数值可通过计算得出。

3）注浆速度

注浆速度由注浆泵的性能和单环注浆量确定，应与掘进速度相适应。

8.3.3.2 同步注浆施工工艺流程

在进行同步注浆时重点对注浆压力和注浆量进行控制，使之既能达到有效地填充建筑空隙的目的，又不会对管片的成环质量产生影响。盾构本体同步注浆系统通过多个（6 点）注浆点对盾尾管片外部建筑空隙实施同步注浆。为了使环形间隙能较均匀地充填，防止管片衬砌承受不均匀偏压，需同时对盾尾预置的 6 个注浆孔进行压注，在每个注浆孔出口设置压力传感器，以便对各注浆孔的注浆压力和注浆量进行检测与控制，从而实现对管片的对称均匀压注。同步注浆施工工艺流程见图 8–13。

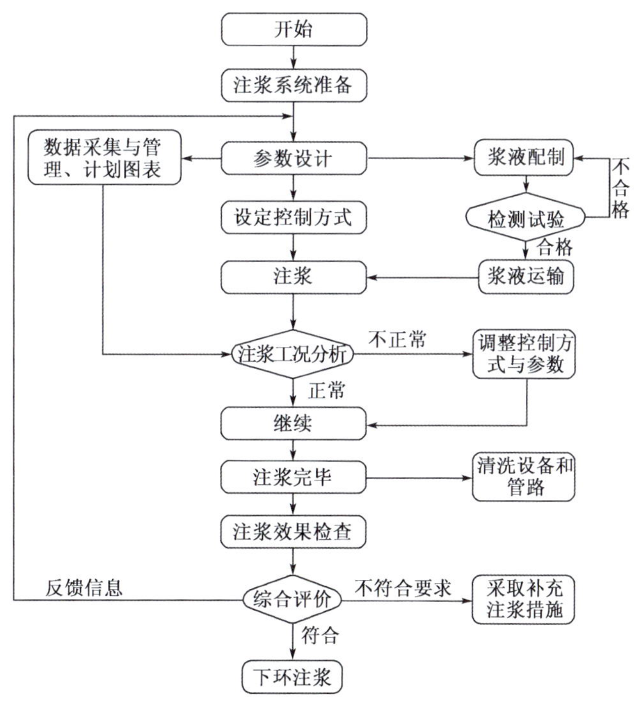

图 8–13 同步注浆施工工艺流程

8.3.4 同步注浆充填效果检测

盾尾间隙浆液充填效果是评价同步注浆施工工艺是否有效的关键指标。然而受技术限制，盾尾间隙充填效果一直以来都被当作一个“黑箱”来看待，隧道施工人员只能根据施工过程中注浆参数来想像壁后注浆的分布形态，实际情况往往是无从得知。上海长江隧道工程施工中采用探地雷达无损检测技术对同步注浆的充填效果进行了检测，将隧道工程中的“黑箱”变成“白箱”，一方面对新型抗剪型砂浆的同步注浆新工艺的实施效果进行考察，另一方面使隧道工程师对壁后注浆分布形态的认识由抽象变为直观，进而科学地指导盾构隧道施工。

利用 500MHz 探地雷达对上海长江隧道进行探测，探测位置位于隧道第一条连接通道处。图 8-14 是测线探测和彩色充填的结果，空气和管片的界面位于 1ns 处，由于管片的介电常数小于浆液的介电常数，因此电磁波在管片和浆液的界面会发生相位反转，管片和浆液的界面位于 14.3ns 处；浆液和砂层的界面位于 20.8ns 处，由浆液传播速度为 0.063 8m/ns，得到浆液厚度为 23cm 左右。实际取样得到的浆液厚度为 21cm，连接通道通孔取芯结果如图 8-15 所示。可见，抗剪型砂浆同步注浆工艺可以及时而充分地填充超大直径泥水盾构掘进施工形成的盾尾间隙，有利于地表沉降的控制和隧道的快速稳定。

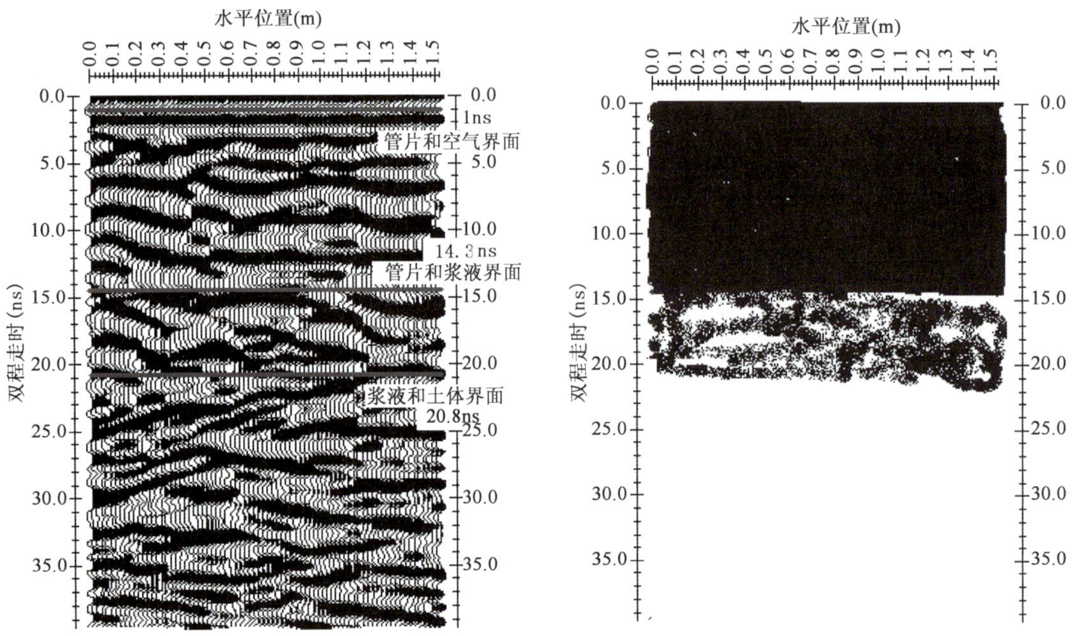

图 8-14 500MHz 连接通道处探测数据（测线探测和彩色充填结果）

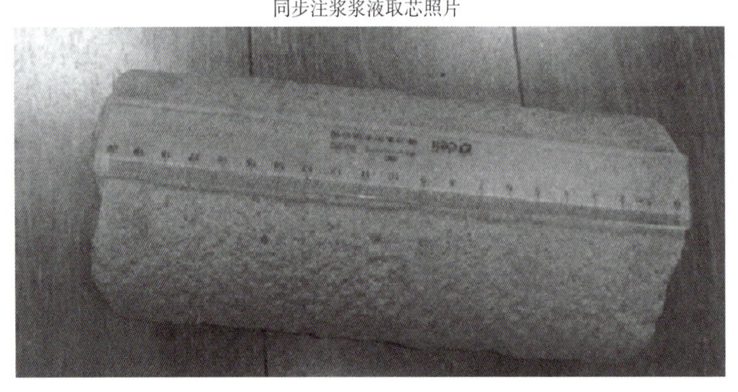

图 8-15 连接通道通孔处取芯结果

8.4 超大直径长距离隧道施工期消防体系研究

超大直径泥水平衡盾构长距离掘进施工过程中若采用常规通风手段会导致隧道内通风效果较差，加大火灾及有害气体聚集等灾害事故的发生概率。在盾构正常掘进状态下，十多辆带有火灾隐患的柴油运输车辆穿梭于隧道内，发生交通事故后极易引发火灾。由于隧道逃生通道过长，一旦发生火灾，没有良好的应急防范体系，很难高效组织人员疏散，同时还会带来很严重的社会负面影响。虽然国内外都有对隧道内防火体系的研究，但是主要集中在隧道运营阶段，盾构法隧道工程在施工期间的隧道内部火灾预防控制体系的研究成果很少，国内几乎无人涉及。因此，研究与隧道火灾等灾害密切相关的通风系统和灾害控制措施体系，确定一套适用于大直径、长距离隧道施工的安全、经济、高效的火灾及灾害防治措施体系，从而有效降低隧道内火灾等灾害的发生概率和灾害发生后对隧道结构、设备和人员等造成的损失，保证上海长江隧道工程安全顺利实施，具有十分重要的意义。

8.4.1 盾构正常掘进状态长距离隧道通风

8.4.1.1 数值模型

上海长江隧道工程施工阶段的通风系统采用地道通风方式，即利用隧道工作面下预留的轨道交通通道作为送风段，利用送风机射入新鲜空气稀释施工作业段的有害污染物，对施工段作业环境冷却降温和除湿。本次研究对隧道通风系统进行三维流体数值分析，根据上行线隧道走向和横断面进行三维建模，考虑隧道中心轴线的弯曲特征，在隧道下部口字形构件两侧，分别均匀设置通风口和逃生口，间隔 275m 布置逃生楼梯，间距 10m 布置通风口，间距 2m 布置逃生口，模型如图 8-16 所示。

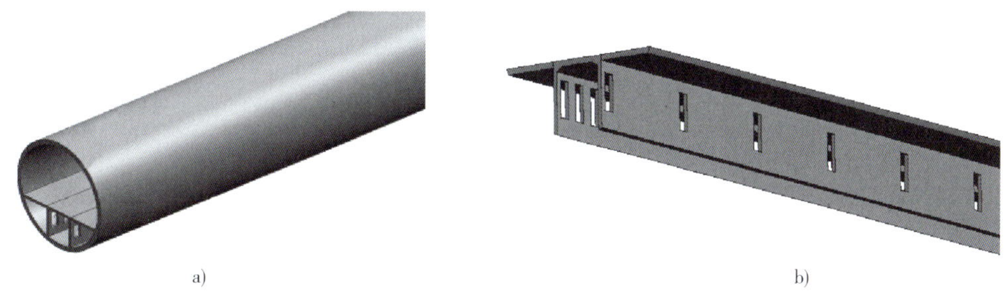

a) b)

图 8-16 隧道模型

a）隧道横断面图；b）口字形构件两侧通风口

8.4.1.2 数值计算结果

1）路面板下空间通风情况

计算分析包括路面板下部空间的计算和盾构机工作周围空间的计算，其中路面板下部空间的流场计算不考虑施工中盾构机等机械产生热量。图 8-17 为不同截面空气流速云图。随着隧道不断深入，空气流速不断减小。4 000m 时，隧道内气流的最大速度在 2.6m/s 左右，平均速度在 1.3m/s 左右；7 400m 时，隧道内气流的最大速度在 2.0m/s 左右，平均速度在 0.8m/s 左右，基本上满足施工通风需要。

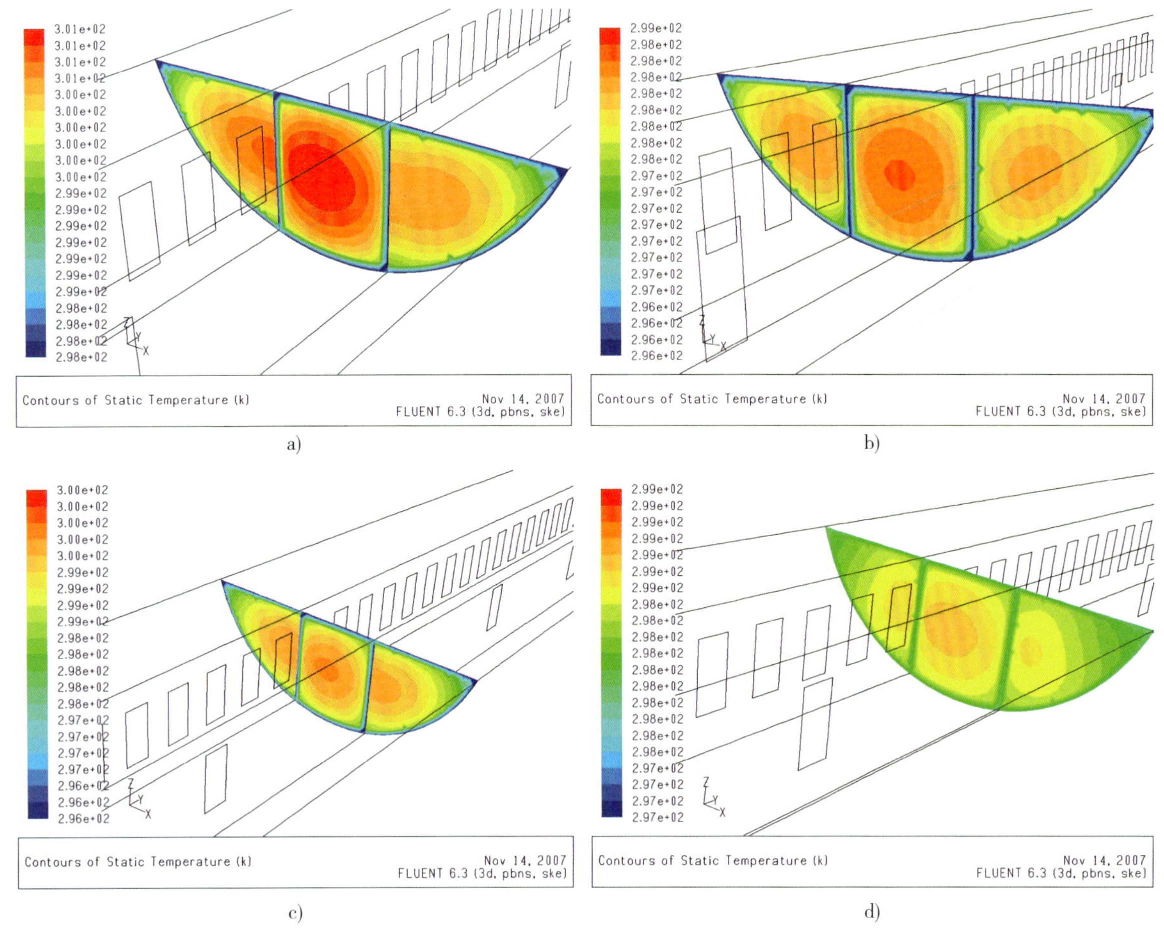

图 8-17　隧道长度方向上不同截面的空气速度云图

a）y=1 000m 速度云图；b）y=3 000m 速度云图；c）y=5 000m 速度云图；d）y=7 400m 速度云图

2）盾构工作空间通风情况

图 8-18 为隧道纵剖面的空气速度云图。隧道下部空间的气流以 1.5m/s 左右的速度进入盾构空间时，一部分气流绕过路面板在路面板的上方空间流向相反的方向，一部分气流顺着隧道开挖的方向流向壁面。由于隧道送风口进入的空气在车道板末端发生了速度分流，只有一小部分气流进入盾构机工作区域，空气流通不畅。热量堆积在盾构机周围，流场温度较高。因此，可在盾构机工作区域增加小型射流风机，加强在此区域的空气流动，带出施工过程中产生的热量，降低隧道内有害气体浓度。

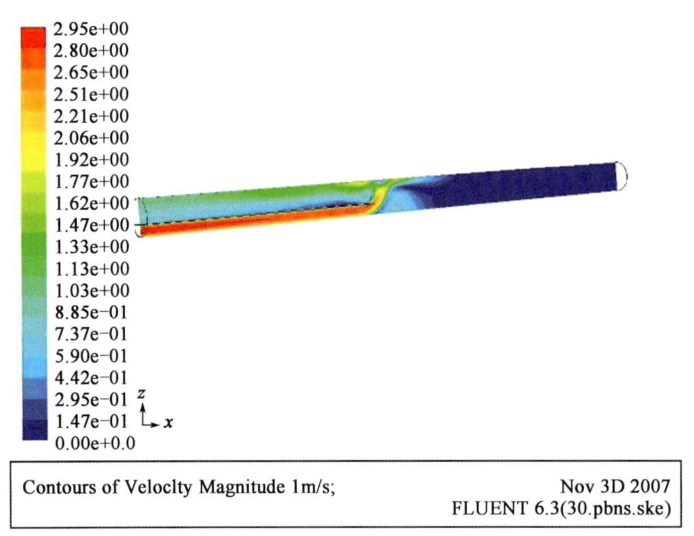

图 8-18　纵剖面空气速度云图

3）工作面通风降温分析

由上面的计算结果可以看到，在盾构机附近的施工工作面环境温度较高，因此需要对工作面的通风降温措施进行研究。假定在最靠近掘进面口字形构件的附近位置安装一个将冷空气输运到工作面的通风管，且两个排风管均向外排风。图 8–19 为隧道内送、排风管示意图。

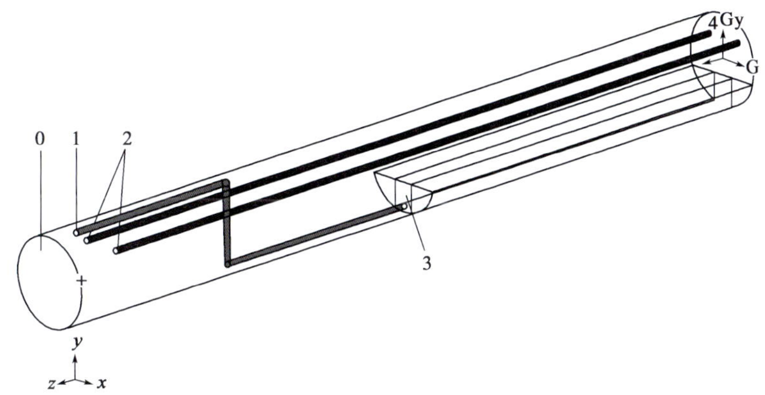

图 8–19　隧道内送、排风管示意图

0– 掘进面；1– 通风管；2– 向外的排风管；3– 起始面；4– 最靠近掘进面的口字形构件

计算区域长 130m，面 4 距离面 3 的距离为 62m。通过计算发现，口字形构件处有空气流入但无通风管和排风管时，工作面环境的温度较高，最高温度达 35℃左右。当在工作区域加上一个通风管后，工作面上的温度明显降低 1~2℃，环境温度不会超过 33℃。若进一步增加到两个排风管，环境温度会再下降 1℃左右，最高温度约 31℃。而且，随着排风管风量的增加，温度有一定的下降。因此，可以通过增加工作面的通风量和排风量的方式，来达到降低工作面环境温度的目的。

8.4.2　火灾状态在长距离隧道内通风

8.4.2.1　计算模型

计算模型用连续性方程、动量方程、能量方程及气体组分方程描述气体流动状态，标准的 k–ε 模型用于模拟湍流效应，火灾采用体积热源模型（VHS）。考虑到隧道在施工过程中，主要为货物运输车辆，而且行车密度较低，参考相关文献，取 10MW 的火灾规模。在模拟中采用分离式解法中的 SIMPLE 算法来处理速度和压力的耦合。隧道火灾时，在温度传递的过程中，辐射传热的作用也非常明显。在进行计算时，需考虑辐射模型，以 DO 辐射模型来进行辐射传导计算。

隧道内某个部位发生火灾，温度场、压力场等都仅在离火源较近的范围内发生较大的变化，隧道内远离火源的部分，受火灾的影响较小。因此，选择 830m 隧道进行建模分析。根据逃生口的分布，在火灾发生后主要考虑 3 个位置，如图 8–20 所示。

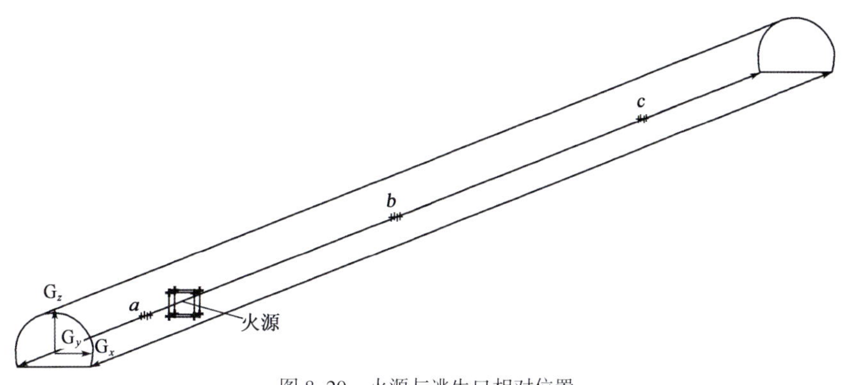

图 8–20　火源与逃生口相对位置

（1）在逃生口 *a* 附近发生火灾，此时，三个逃生口都处于关闭状态。

（2）在逃生口 *a* 与 *b* 之间发生火灾，此时开启逃生口 *a*，逃生口 *b*、*c* 处于关闭状态。

（3）在逃生口 *b* 与 *c* 之间发生火灾，此时开启逃生口 *a*、*b*，逃生口 *c* 处于关闭状态。

8.4.2.2　数值计算结果

通过对计算温度场的观察可以发现，对于 10MW 规模的隧道火灾，通风速度为 2m/s 时，回流仍出现；当达到 3m/s 时，烟气回流现象已经不再出现。对于模拟的隧道，在选取的火灾规模范围内，保持 3m/s 的通风速度，能保证对烟气回流的控制。当烟气逆流得到有效控制时，入风口至火区区段的温度基本保持在入风气流的温度。沿隧道高度方向的总体规律是在火源附近，温度下高上低；离开火源一定距离后，温度分层从地面到顶棚，温度逐渐升高。由于火灾放热引起的冷热空气对流和隧道壁面对高温烟气的冷却作用，火区下游的烟气得以降温。在同一风速和同一火灾规模下随着距火区距离的增加，烟气温度逐渐降低，同时下降的梯度也逐渐减小；当火灾规模相同而通风风速变化时，随着通风风速的增加，烟气温度随之降低。

8.4.3　人员疏散安全

8.4.3.1　人员疏散分析模型

1）计算参数

采用人员疏散模拟软件 BuildingEXODUS 来模拟人员疏散运动过程。人员疏散分析模型的输入参数包括平面上人员自由移动速度、平面上人员流动系数、走廊内自由移动速度等相关数据。

2）安全疏散判断准则

当建筑内发生火灾时，人员疏散和火灾发展同时沿着一条时间线不可逆地进行着，从起火时刻到人员疏散到安全区域的时间定义为“需要的安全疏散时间”（简称为 RSET），从起火时刻到火灾对人员安全构成危险状态的时间定义为“可用的安全疏散时间”（简称为 ASET）。根据澳大利亚 BCA 中的规则，可提供的人员安全疏散时间（ASET）应为在火灾环境尚未达到人员耐受极限前人员疏散到相对安全的区域（比如防火楼梯、室外等）的时间，即人员所需疏散时间（RSET）的 1.2 倍，则能认为人员可以安全疏散，该准则为国际上通用并认可的人员安全疏散标准。

综合考虑人体对烟气层等的辐射热、空气水分含量、能见度等多种因素的耐受极限，确定人员安全疏散计算分析的定量判定依据，空间内的火灾环境应同时满足以下两个条件：

（1）2.1m 以上空间内的烟气平均温度不大于 180℃。

（2）2.1m 以下空间内的烟气温度不超过 50℃，且可视度不小于 10m。

3）疏散人数

根据统计数据，施工期间上海长江隧道内疏散人员总数白天约为 84 人，晚间为 25 人；取白天的数据，并考虑增加 30% 的人数，则疏散总人数 =84 × 1.3=109（人），本研究中取值为 110 人。

4）人员疏散模拟

根据现场施工人员位置和数量，消防救生演习中人员的逃生方式、速度，施工中建成的逃生通道口距离与通道口尺寸等参数，确定以隧道 800m（其中盾构机长 134m）作为评估区域，进行火灾烟气模拟以及人员疏散模拟。隧道内排烟主要为自然排烟方式，下层有补风。隧道内疏散人数为 110 人，当隧道内险情严重、人员无法从路面上部疏散时，可通过道路同步施工口字形构件内部实现快速撤离。因此，在模拟计算人员疏散时，将各层出口和一层口字形构件作为安全出口，认为隧道内人员疏散通过这些出口和一层口字件是安全的。隧道人员疏散主要分三层，三层人员主要通过楼梯进入二层，通过二层疏散；二层人员可以通过二层疏散，也可以进入一层，进入口字件疏散；一层人员可通过口字件疏散。

8.4.3.2 人员疏散时间计算

需要的人员安全疏散时间 RSET 包括下列 3 个时间分段，即：感知时间、人员响应时间和行程时间。

$$RSET（疏散时间）=T_{cue}（感知时间）+T_{reso}（响应时间）+T_{trav}（行程时间）$$

由于施工时隧道内未安装相关的火灾探测系统，因此火灾的感知只能依靠隧道内人员自身感知来实现，离火源较近的人员可立即感知到火灾并迅速做出反应，给离火源较远的人员提示，将隧道内人员感知时间取为 60s，即 T_{cue}=60s。由于隧道内主要为工作人员，他们的安全意识比较强，对于隧道内设施和出口较为熟悉，反应时间也会很短，因此，隧道人员响应时间将会较短，一般可取为 30s，即 T_{reso}=30s。

行程时间由两部分构成，一部分为到达出口所需的步行时间，另一部分为通过楼梯门口或出口处其他相对安全的地方所需的排队或人员流动时间。两时间中较长者决定该空间全部撤离所需时间。人员疏散行程时间 T_{trav} 由人员疏散模拟软件模拟计算得到。

根据人员疏散的模拟计算结果，各层人员离开各层进入相对安全区域时间作为各层人员需要的安全疏散时间 RSET，则得到如表 8-2 所示的模拟统计结果。

各层人员需要的安全疏散时间 RSET（使用分阶段疏散）　　表 8-2

设计场景	需要疏散时间 RSET（s）
隧道内火灾	121
	180
	183

注：level1- 轨道交通层；level2- 车道层；level3- 烟道层。

8.4.3.3 人员疏散安全性分析

根据烟气蔓延和人员疏散的模拟计算结果，通过各层人员离开各层进入相对安全区域时间与人员不可耐受条件比较，可得到如表 8-3 所示的模拟统计结果和各火灾场景下的 ASET 与 RSET 的比值表。由表可知，各火灾场景下的 ASET 与 RSET 比值均大于 1.2，即 ASET ＞ 1.2RSET，满足人员疏散安全性能判定标准。根据模拟计算结果和人员安全疏散判定标准，当隧道内发生火灾时，各火灾场景下隧道内全部人员均可得以安全疏散，且有一定的安全余量。

各火灾场景下的 ASET 与 RSET 比值表（使用分阶段疏散）　　表 8-3

设计场景	RSET 需要疏散时间（s）	ASET 时间（s）	ASET/RSET	是否大于 1.2
Level3	121	750	6.19	√
Level2	180	900	5.00	√
Level1	183	1 000	5.46	√
Level3	121	800	6.61	√
Level2	180	1 000	5.56	√
Level1	183	1 200	6.56	√
Level3	121	700	5.79	√
Level2	180	950	5.27	√
Level1	183	1 200	6.55	√

续上表

设计场景	RSET 需要疏散时间（s）	ASET 时间（s）	ASET/RSET	是否大于 1.2
Level3	121	650	5.37	√
Level2	180	900	5.00	√
Level1	183	1 200	6.56	√
Level3	121	700	5.79	√
Level2	180	950	5.27	√
Level1	183	1 200	6.55	√

8.4.4 火灾状态下隧道衬砌的力学性能研究

8.4.4.1 计算模型

1）模型网格

计算模型的数值网格如图 8–21 所示，双线隧道模型整体长 200m、宽 110m、深 70m，单元和节点总数为 19 万 ~21 万。考虑到模型的性质及分析重点，混凝土结构的模拟采用适用于三维实体模型，且具有热传导能力的空间 8 节点 6 面体单元。在温度场分析之后重新进入前处理，转到结构分析，将热单元转换为相应的结构单元，再重新设置结构分析中的材料属性，并读入热分析的节点温度，然后进行热应力计算。

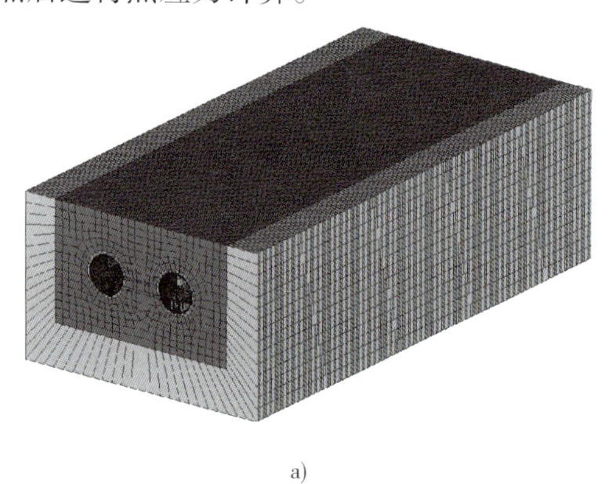

a)

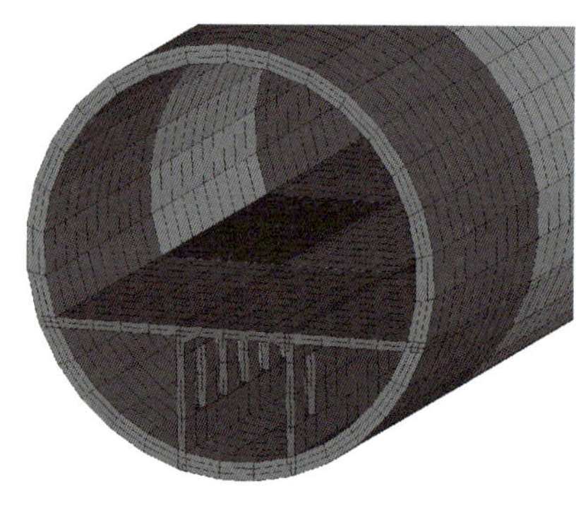

b)

图 8–21 分析模型

a）双线隧道整体模型；b）隧道横断面模型

2）计算参数

室温下衬砌结构对应的 C60 混凝土的弹性模量取 36GPa，密度为 2 600kg/m^3；路面板对应的 C40 混凝土的弹性模量取 32.5GPa，密度为 2 400kg/m^3；混凝土泊松比统一取值为 0.2。主要热工参数和高温力学性能参数的选取参考已有文献的建议。隧道衬砌结构周围岩土体取均质黏土材料，其主要材料参数包括：密度为 1 800kg/m^3，弹性模量为 25GPa，泊松比为 0.32，热膨胀系数为 0.8×10^{-5}℃$^{-1}$，热导率为 1.25W/（m・K），比热容为 900kJ/（kg・K）。盾构机主要考虑盾壳和泥水室隔舱等对象，基本参数包括：密度为 7 850kg/m^3，泊松比为 0.3，常温下屈服应力为 275MPa，常温下弹性模量为 210GPa，热膨胀系数为 1.4×10^{-5}℃$^{-1}$，此外，在计算过程中也定义了其随温度变化的比热容、导热系数、弹性模量以及应力 – 应变关系等。

火源的升温曲线如式（8–1）所示，并假定隧道拱顶与路面温度接近，均匀分布。

$$T=20+1\,200\left(1-0.325e^{-0.617t}-0.675^{-2.5t}\right) \tag{8-1}$$

隧道内纵向温度分布规律曲线如式（8–2）所示：

$$\frac{T - T_0}{T_{max} - T_0} = 0.573e^{-9.846\frac{x}{L}} + 0.518e^{-1.762\frac{x}{L}} - 0.089 \tag{8-2}$$

式中：T——距离火源 x 处的温度（°）；

T_{max}——火源处的温度（°）；

x——距火源的距离（m）；

L——温度降到常温时距离火源的距离（m）。

3）计算工况

工况一：假设在总长 200m 的隧道内部 40m 处发生火灾，此时不考虑逃生口和其他结构的存在。

工况二：假设在总长 200m 的隧道内部 40m 处发生火灾，而此处刚好是逃生口结构所在位置。

工况三：假设盾构掘进至 160m 处，此时在盾尾对应隧道位置内部发生火灾。

工况四：假设在总长 200m 的隧道内部 40m 处发生火灾，而此处刚好是联络通道结构所在位置。

8.4.4.2 计算结果

在隧道内部普通区段，火灾发生 30min 左右，隧道衬砌和路面板等结构上的局部最高温度可升至 372℃，结构局部最大变形在火灾发生近 25min 时达 14cm，位于衬砌和路面板连接部位附近。此时发生火灾的隧道结构内壁出现不同程度的塑性变形，最大应力数值出现在隧道结构的远火点边界位置附近。

在隧道内部逃生口位置附近，火灾发生 30min 左右，隧道衬砌和路面板等结构上的局部最高温度已经超过 400℃，结构局部最大变形在火灾发生 20min 时达 10cm，位于逃生口结构上。此时发生火灾的隧道结构内壁出现不同程度的塑性变形，最大应力数值出现在隧道结构的远火点边界位置附近。

在隧道内部盾构机工作位置附近，火灾发生 30min 左右，隧道衬砌和路面板等结构上的局部最高温度可升至 370℃，结构局部最大变形在火灾发生 20min 时达 14cm，位于衬砌和路面板连接部位附近。此时发生火灾的隧道结构内壁出现不同程度的塑性变形，最大应力数值出现在隧道结构的远火点边界位置附近。

在隧道内部连接通道口附近，火灾发生 30min 左右，隧道衬砌和路面板等结构上的局部最高温度可升至 373℃，结构局部最大变形在火灾发生 30min 时达 21.7cm，位于隧道结构内壁与联络通道接口位置附近。此时发生火灾的隧道结构内壁出现不同程度的塑性变形，最大应力数值出现在连接通道结构靠近另一线未发生火灾隧道结构的连接位置附近。

计算假设重型货车引发了大型火灾，在火灾场景上也尽可能从危险角度出发，考虑诸多不利因素的存在。在这些恶劣因素的综合影响下，隧道结构为保证正常力学性能而具备的耐火时间，可以认为在 20min 以上。

8.5 超大直径泥水平衡盾构施工地表沉降预测方法研究

针对隧道施工引起的地层位移，各国学者开展了大量的研究工作，常用方法包括 Peck 公式、解析法和数值分析法等。本项研究采用三维数值分析方法、随机介质法和神经网络法对上海长江隧道施工引起的地表沉降进行了分析。三维数值方法采用精细化建模方式，基于反演确定的模型参数进行预测分析，并可综合考虑盾构机机身坡度、盾构机与土体之间的摩擦力、开挖面泥水压力、车架的重力、土层非均匀性及非线性、注浆材料的时变效应、地下高压水体影响、隧道曲率非一致性等因素的影响。随机介质法可根据实测地表横向沉降槽曲线反演随机介质参数，据以计算单洞及预测双洞的地表变位值，并可分析、预测同种地层条件下，隧道直径、隧道埋深、平行双洞中心距等因素对地表变位的影响规律。神经网络可通过一定数量的输入单元（采集施工参数、地层参数、覆土厚度等）与输出单元（地表变形参数，如 Peck 参数和随机介质参数等）样本的映射训练，预测一定输入单元下得输出单元值，并根据预测的输出单元预测地表变位值。

8.5.1 三维数值方法

8.5.1.1 三维数值模型

在整条隧道中取两处关键段进行重点分析，模型如图 8-22 所示，轴向长度为 125 环，长约 250m，纵剖面宽约 150m，高约 80m。按照管片实际环宽度，建立每环的详细模型，模拟每一环的实际掘进过程。各段模型的网格单元数为 30 万，节点数目为 29 万左右。以实际开挖一环作为一个载荷步进行迭代计算。总共需要计算的载荷步约为 125 步。模型中主要考虑的因素：(1) 盾构机机身坡度；(2) 盾构机与土体之间的摩擦力；(3) 开挖面泥水压力；(4) 车架的重力；(5) 土层非均匀性、非线性；(6) 注浆材料的时变效应；(7) 地下高压水体影响；(8) 隧道曲率非一致性等。

图 8-22 三维数值模型图

8.5.1.2 计算参数的设定

三维数值模型的计算参数通过参数反分析确定，利用上海长江隧道工程试验段推进中得到的监测数据作为基准数据，对模型参数进行调整匹配，得到用于计算的模型参数。如图 8-23 所示，参数反分析模型宽 119.6m，深 50m，长 124m。

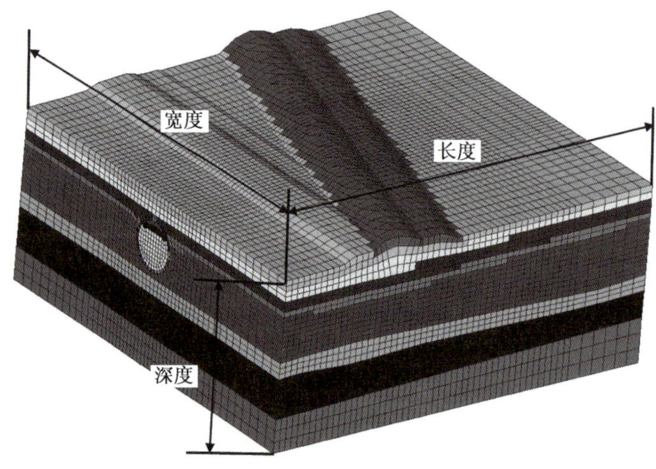

图 8-23 试验段数值模型

图 8-24 为参数反分析后确定的数值模型的计算值与监测值的对比情况。可见反分析确定的模型参数有一定的可参考性，据此建立的三维数值模型能够为计算上海长江隧道施工引起的地表沉降提供参考。

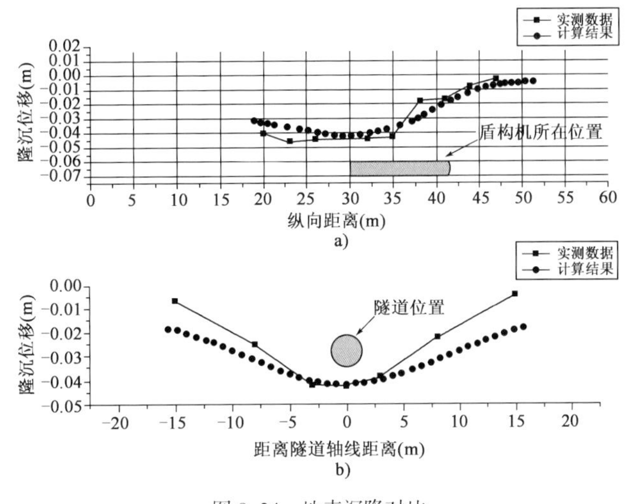

图 8-24　地表沉降对比

a）地表沉降纵向分布曲线对比；b）沉降槽曲线对比

8.5.1.3　计算工况

工况一：隧道轴线距高潮位深度为 39.6m；开挖面泥水压力为 0.102MPa；开挖速度为 0.25 环 /h。

工况二：隧道轴线距高潮位深度为 43.8m；开挖面泥水压力为 0.152MPa；开挖速度为 0.25 环 /h。

8.5.1.4　计算结果

1）工况一

图 8-25 为盾构掘进过程中隧道轴线地表沉降的变化曲线，图中 0m 位置为盾构机刀盘面正通过监测位置，x 轴负值表示开挖面位于监测位置后方，正值表示开挖面已经越过监测位置；y 轴负值表示沉降，正值表示隆起。随着盾构的掘进，地表呈现先隆起后沉降最后稳定的性状。图 8-26 为不同掘进时刻地表沉降槽变化图，图 8-26a）表示盾构机刀盘面即将到达地表监测处位置时候沉降槽出现隆起现象，图 8-26b）表示盾构机通过该监测位置沉降槽从隆起状态开始转为沉降状态，图 8-26c）表示沉降槽最终情况。

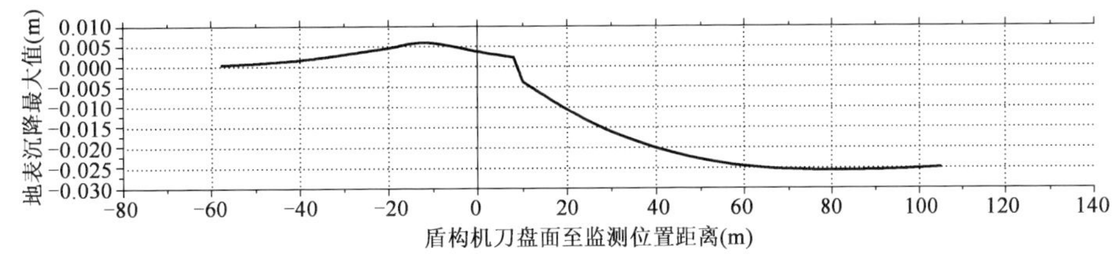

图 8-25　隧道轴线地表隆沉变化曲线

2）工况二

图 8-27 为盾构掘进过程中隧道轴线地表沉降的变化曲线，图中 0m 位置为盾构机刀盘面正通过监测位置，x 轴负值表示开挖面位于监测位置后方，正值表示开挖面已经越过监测位置；y 轴负值表示沉降，正值表示隆起。可见随着盾构的掘进，地表呈现先隆起后沉降，最后稳定的性状。图 8-28 为不同掘进时刻地表沉降槽变化图。

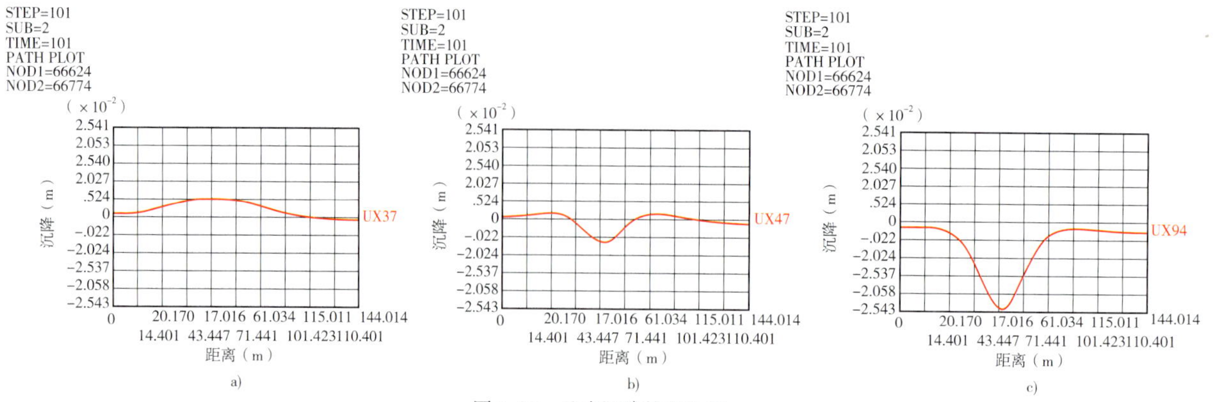

a) b) c)

图 8-26　地表沉降槽变化图

a）盾构机即将到达地表监测处；b）盾构机通过监测位置；c）沉降槽最终情况

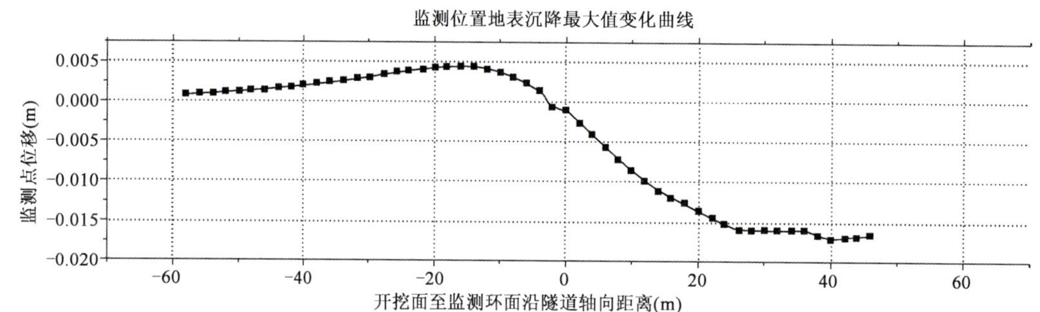

图 8-27　隧道轴线地表隆沉变化曲线

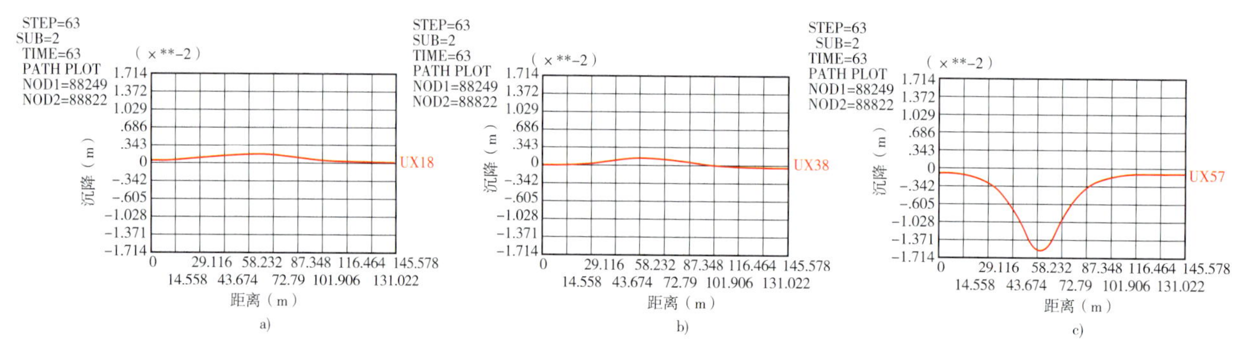

a) b) c)

图 8-28　地表沉降槽变化图

a）盾构机刀盘面即将到达地表监测处位置时沉降槽出现隆起现象；
b）盾构机通过该监测位置沉降槽从隆起状态开始转为沉降状态；c）沉降槽最终情况

8.5.2　随机介质法

随机介质理论可全面分析盾构隧道开挖过程中地表沉降问题，同时其物理意义明确，并且能准确计算由降水法、冻结法、挤压盾构法、压气法等施工方法所引起的地表沉降。

8.5.2.1　计算程序

随机介质理论认为，岩土体的运动由大量已知及未知因素所控制，将岩土体视为随机介质，这样由隧道开挖所引起的岩土体便可采用随机介质理论加以研究。设在距离地面一定深度处的地下开挖任意形状断面的隧道，假定隧道开挖初始断面为 Ω，隧道建成后，开挖断面由 Ω 收缩为 ω，根据叠加原理，地表沉降 $W(x)$ 应当等于开挖范围 Ω 引起的沉降与开挖范围 ω 引起的地表沉降之差。

对圆隧道，设开挖初始半径为 a，隧道建成后，断面半径为 b，断面均匀收缩 $\Delta A=a-b$，则开挖影响范围 Ω 为距离地表一定深度半径为 a 的圆形面积，ω 为半径为 b 的面积，据此引入随机介质方法可得圆形隧道横向地表变位预测公式。对双孔平行隧道，假定叠加原理仍适用，则双孔平行隧道开挖引起的地表移动和变形可视为单孔隧道开挖所引起的地表移动及变形的线性叠加。基于随机介质理论，采用 Visual Basic 6.0 编制了相应的程序，用于计算隧道（单孔和平行双孔）开挖引起的地表移动和变形的正分析程序及根据隧道横向地表沉降监测数据反演计算参数的反分析程序。

8.5.2.2 算例分析

以上海长江隧道工程民房穿越段前的试验段上行线隧道施工引起的地表沉降监测数据为基础进行参数反分析计算，两个断面的监测数据如图 8–29 所示，计算得到反演参数。

在采用以上反演参数，对上行线隧道施工引起的地表变位进行了计算及上、下行线隧道（两隧道中心距为 30m）施工导致的累计地表变位进行了预测。计算时，假定同一横断面，上、下行线隧道施工对地层的扰动相同，计算结果如图 8–30 所示。根据计算及预测的地表变位值，即可对隧道施工对周围环境的影响程度进行评估及采取相应控制措施。

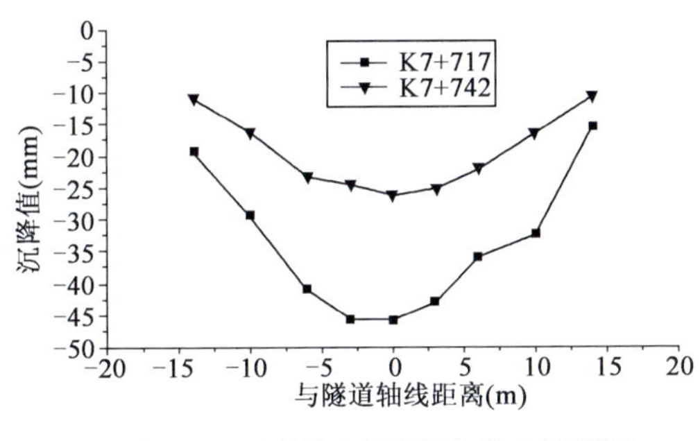

图 8–29 地表横向沉降槽曲线（监测值）

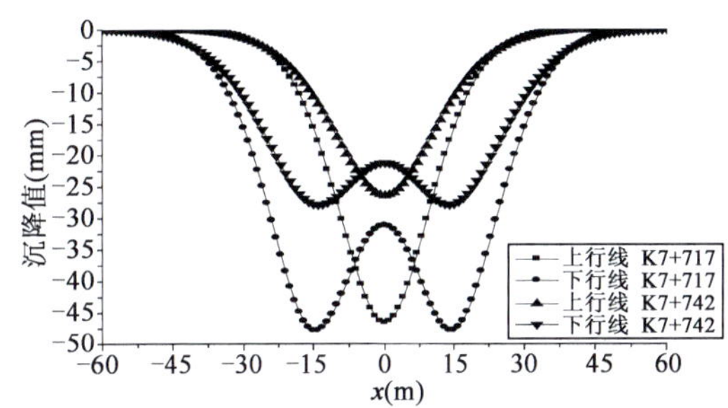

图 8–30 横向地表沉降（计算值）

8.5.3 神经网络法

神经元网络理论不需要建立数学模型，而是直接通过量测数据来建立模型，从而避免了复杂的数学表达。人工神经网络试图模拟人脑的一些基本特性，如自组织、自适应、容错性等，在处理信息时十分复杂，存在背景知识不清楚、推理规则不明确的问题时，更能显示其独特的优越性。对于盾构法隧道而言，利用神经网络较强的非线性映射能力，利用实测资料，可以对高度复杂和高度非线性的地表沉降进行直接建模，因而具有很强的客观性和适应性。

8.5.3.1 计算程序

基于神经网络的地下问题大体上可以分为两类：一是利用已知数据，建立各参数之间的非线性关系；二是利用前一阶段数据来预测后一阶段系统的状况。前者属函数逼近问题，后者属时间序列预测问题。

利用神经网络解决实际问题，通常包括以下四个阶段：（1）分析具体问题，选择合适的网络结构；（2）收集和处理训练样本以及测试样本；（3）设计、训练并测试网络模型；（4）提交已训练好的网络给用户以解决实际问题。

具体工作主要包括：（1）输入、输出层的设计；（2）隐含层数的确定；（3）隐含层结点数的确定；（4）训练样本数的确定；（5）输入数据的处理。

建模过程中，根据已有的资料，将地表沉降的影响因素作为网络的输入，地表沉降作为网络的输出，应用 BP 神经网络建立地层参数、盾构施工参数与地表沉降的映射关系，然后待估的地表沉降经训练好的神经网络映射即可得到预测，地表沉降及施工参数等原始数据采用归一化处理。在 Visual Basic 6.0 平台下，编写了相应计算程序。

8.5.3.2　上海长江隧道工程地表沉降预测

针对上海长江隧道工程实际情况，建立了由 6 个输入单元和 2 个输出单元组成的网络结构。由于上海长江隧道长兴岛陆域段地层分布变化不大，本次分析中重点考虑施工参数的影响。输入单元采用：上覆土的厚度、泥水压力、泥水密度、偏差流量、盾构推进速率和注浆率。在隧道施工引起的地表沉降中，地表沉降的大小和分布是最受关注的，因此输出单元采用最大沉降量 S_{max} 和沉降槽宽度系数 i；经试算隐含层节点数取 12。

从监测数据找出各个输入、输出变量值填入表中组成训练样本，随机抽取一部分样本作为测试样本，用以检验网络性能。共抽取了 21 个样本，选取其中 16 个样本对网络进行学习训练，剩下的 5 个样本作为测试样本。首先利用学习样本对网络进行训练，权调节系数和阈调节系数均取 0.1，收敛误差取 0.001。学习完成后即建立预测模型，然后对剩余的 5 个样本进行预测。图 8-31 和图 8-32 分别为预测结果与实测结果，可见 S_{max} 预测值的最大绝对误差为 1.5mm，最大相对误差为 6%；而 i 预测值的最大绝对误差为 1.41，最大相对误差为 10%。

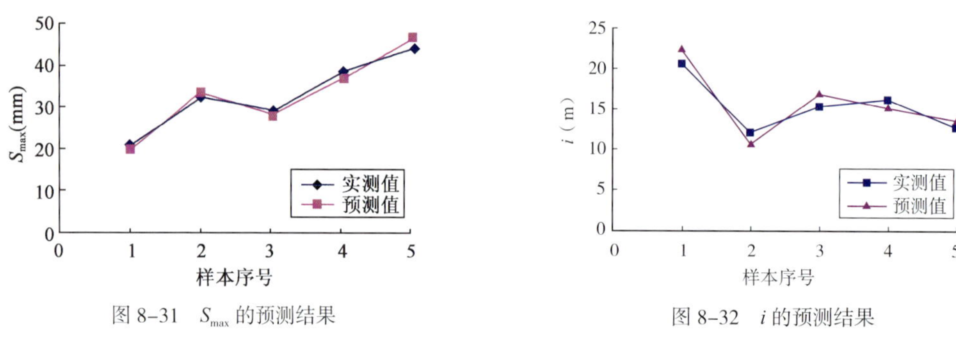

图 8-31　S_{max} 的预测结果　　图 8-32　i 的预测结果

根据以上预测得到的 S_{max}、i，即可根据 Peck 公式，进一步对地表沉降槽曲线及相应地表变位值进行预测。

第9章　盾构长距离掘进施工

DUNGOU CHANGJULI JUEJIN SHIGONG

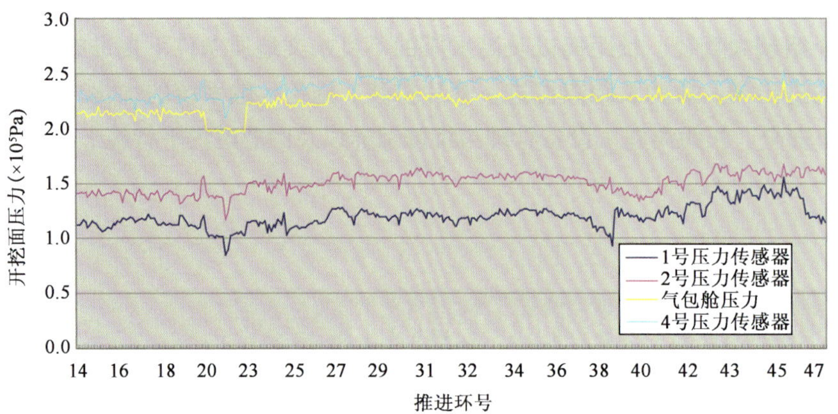

图 9-1　盾构穿越浦东长江大堤段开挖面支撑压力图

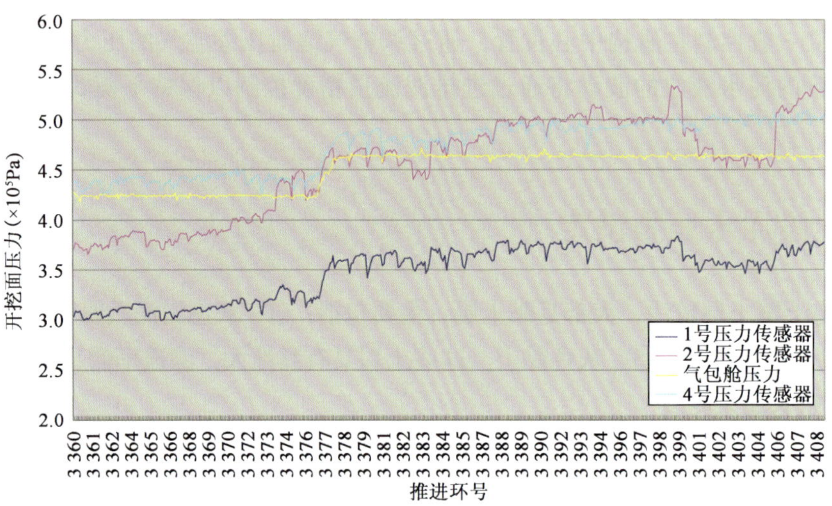

图 9-2　盾构穿越长兴岛新建大堤开挖面支撑压力图

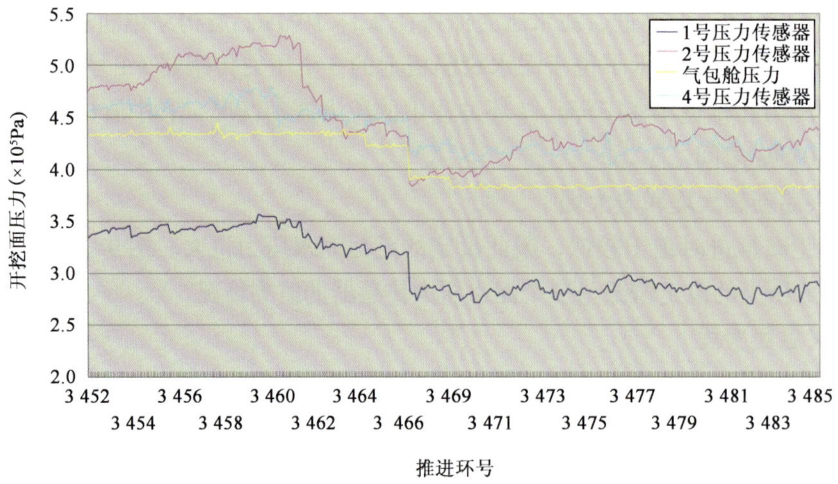

图 9-3　盾构穿越长兴岛老大堤开挖面支撑压力图

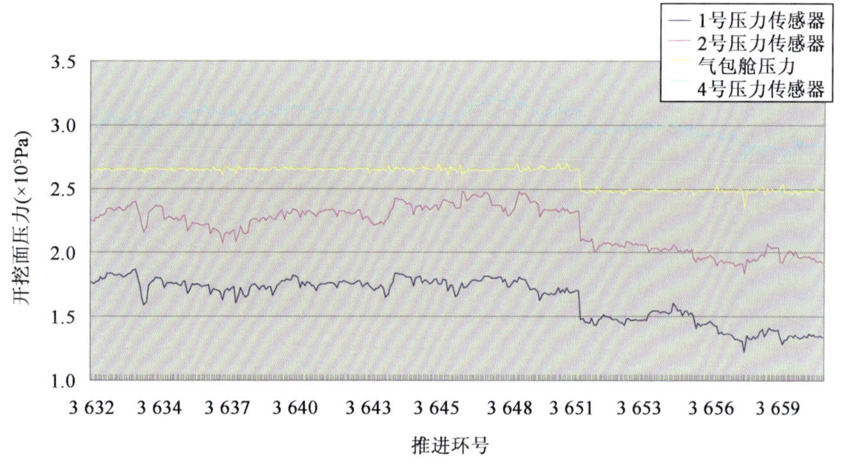

图 9–4　盾构穿越长兴岛民房开挖面支撑压力图

9.1.2　江中段泥水压力设定

江中段推进，盾构主要穿越⑤$_1$灰色黏土、⑤$_2$灰色黏质粉土、⑤$_3$灰色粉质黏土，盾构工作面完全在①$_2$江底淤泥、①$_3$褐黄～灰黄砂质粉土、②$_3$灰色砂质粉土、③$_1$灰色淤泥质粉质黏土、③$_2$灰色砂质粉土、④$_1$灰色淤泥质黏土等，泥水压力的设定根据实际情况适当地增高或降低，对地表沉降影响不大。

9.1.3　偏差流量

偏差流量的计算是用来判断泥水气压平衡盾构推进时前方土体处于超挖或欠挖状态的方法，是泥水气压平衡盾构开挖面是否稳定的判断方法之一。按照体积平衡原理，根据泥舱进泥和出泥情况，可以得出偏差流量 Δq 瞬时计算公式：

$$\Delta q=Q_1-(A\times v_s+Q_0) \tag{9-1}$$

式中：Δq—— 偏差流量（m^3/min）；

A——开挖面积（m^2）；

v_s—— 推进速度（m/min）；

Q_0—— 进泥流量（m^3/min）；

Q_1—— 排泥流量（m^3/min）。

偏差流量为正值时，盾构处于“超挖”状态，偏差流量为负值时，盾构处于“欠挖”状态。测量盾构进排泥流量的流量计安装在盾构机的二号车架上，在计算偏差流量时只取盾构在推进状态下泥水的进排泥流量。图 9–5 为盾构穿越三处大堤及长兴岛民房推进过程中的瞬时偏差流量。

从图 9–5 可以看出，整个推进过程偏差流量基本保持在 0 上下浮动，浮动范围约为 $-200\sim200m^3/h$，说明推进过程基本稳定，没有太大幅度的超挖和欠挖，总体上保持了开挖面上的物质平衡。根据采集的数据对盾构推进时的平均偏差流量和平均每环超（欠）挖量进行计算，结果见表 9–1。监测结果表明，盾构机推进总体上处于欠挖状态，但欠挖量较小，说明推进时正面泥水对土体的支护作用较为理想。

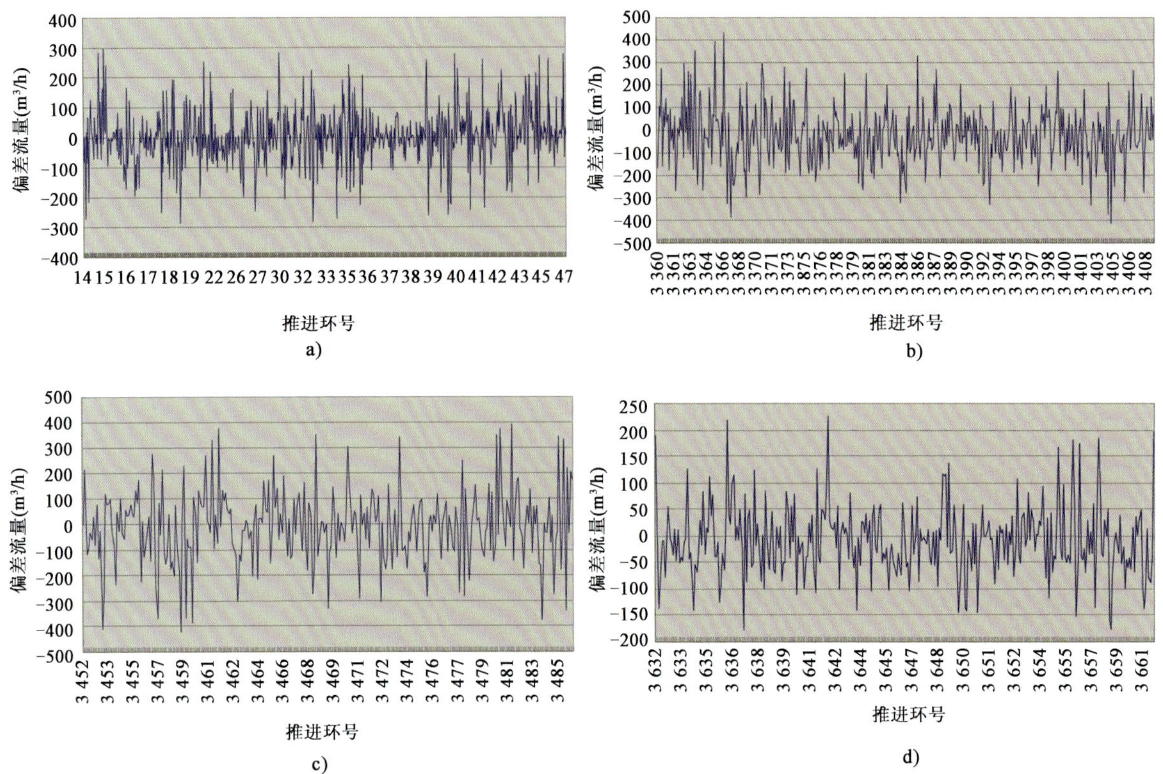

图 9-5　盾构穿越三处大堤及长兴岛民房推进过程中的瞬时偏差流量

a）盾构出洞段推进泥水瞬时偏差流量图；b）盾构穿越长兴岛新建大堤泥水瞬时偏差流量图；

c）盾构穿越长兴岛老大堤泥水瞬时偏差流量图；d）盾构穿越长兴岛民房泥水瞬时偏差流量图

盾构推进的平均偏差流量和平均每环超（欠）挖量　　表 9-1

盾构推进位置	对应环号（环）	平均偏差流量（m³/h）	平均推进速度（mm/min）	平均每环超（欠）挖量（m³）	超（欠）挖比例（%）
浦东大堤	14~47	0.018	39	0.015	0
长兴岛新建大堤	3 360~3 408	–24.52	42	–19.3	–5.2
长兴岛老大堤	3 452~3 485	–9.79	43	–7.55	–2.0
长兴岛民房	3 632~3 662	–8.5	38	–7.45	–2.0

9.2　盾构始发

盾构出洞及试推进的范围确定为 100 环（里程 SK0+483.135~SK0+683.135）。自始发井起始平面轴线为 $R4$ 419.9 m 的左曲线，纵向坡度为 –2.9%，见图 9–6。

盾构始发井（浦东工作井）的平面外包尺寸为 48m × 22m。出洞处隧道轴线中心设计高程为 –11.110m，顶部覆土约为 7.56m，沿轴线覆土逐渐增加，100 环处覆土约为 11.16m。

浦东段长江防汛大堤距离工作井约 50m，处于盾构始发段。大堤底宽 28.99m（坡脚 ~ 坡脚），堤面宽 7m，盾构从防汛大堤下斜向穿越，堤顶处覆土约 13.02m，外坡脚处覆土约 7.15m。

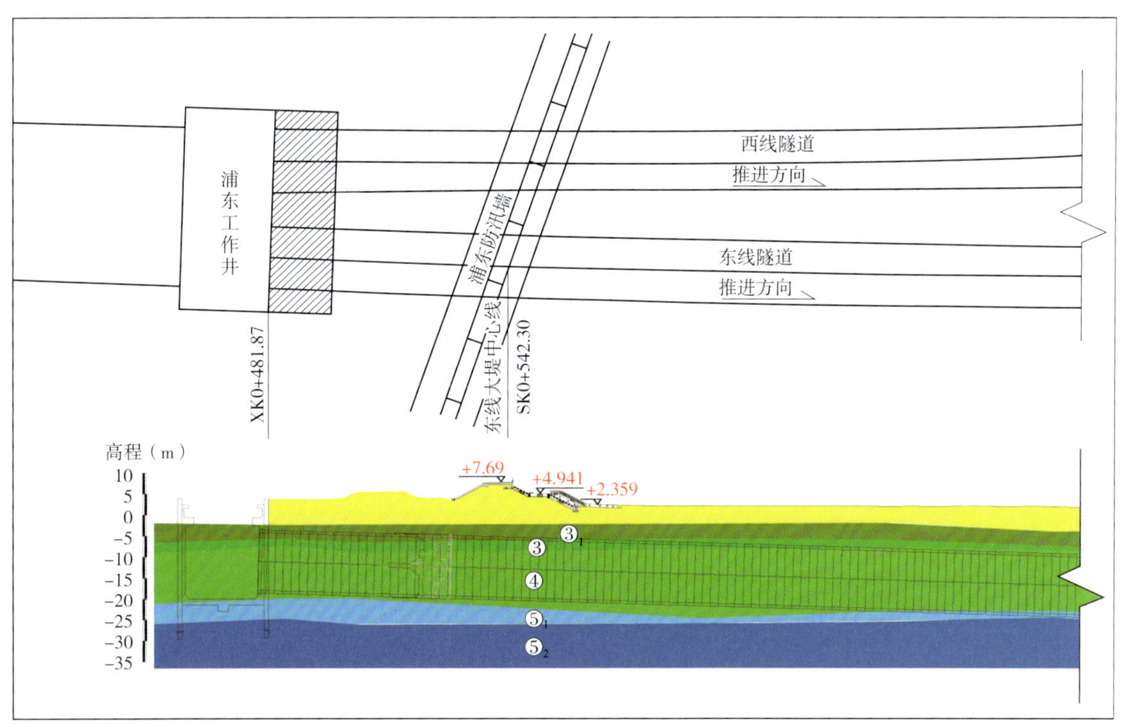

图 9-6　出洞及 100 环推进段平面、剖面图

9.2.1　始发准备工作

9.2.1.1　施工工艺流程

盾构始发施工工艺流程见图 9-7。

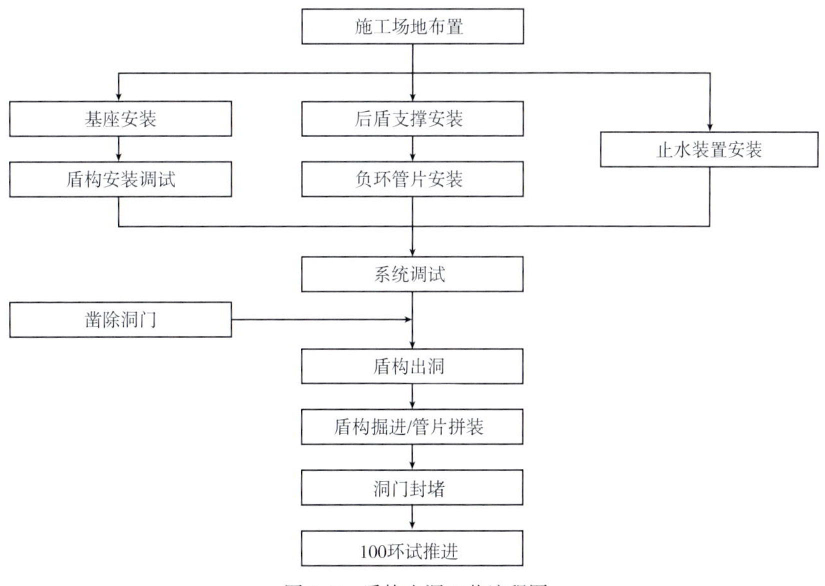

图 9-7　盾构出洞工艺流程图

9.2.1.2　盾构出洞加固

盾构出洞口土体采用深层搅拌桩方式进行加固，如图 9-8 和图 9-9 所示，加固范围为纵向工作井围护结构向外延伸 15m，横向同工作井宽度为 48m，深度为 25m，加固强度 $q_u \geq 1.0$MPa。

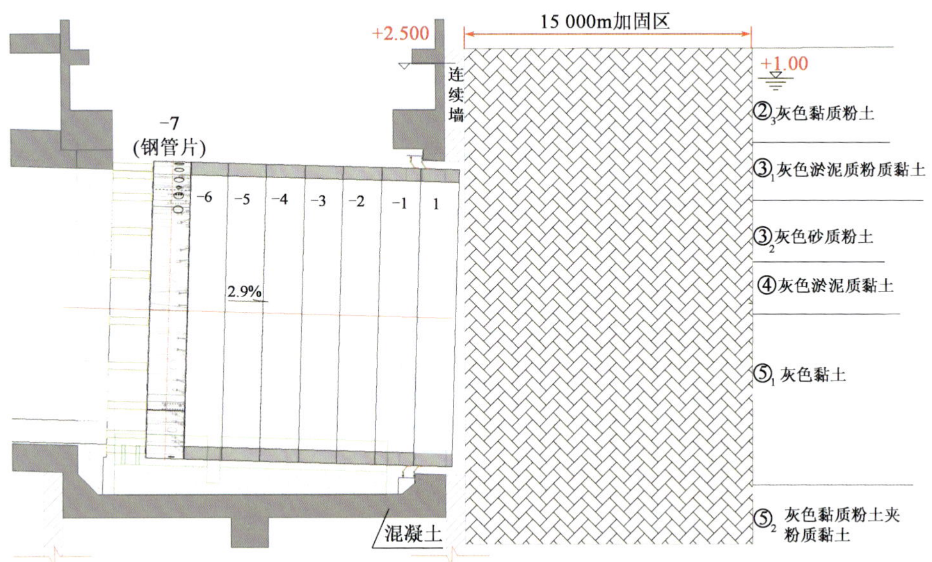

图 9–8　加固断面图

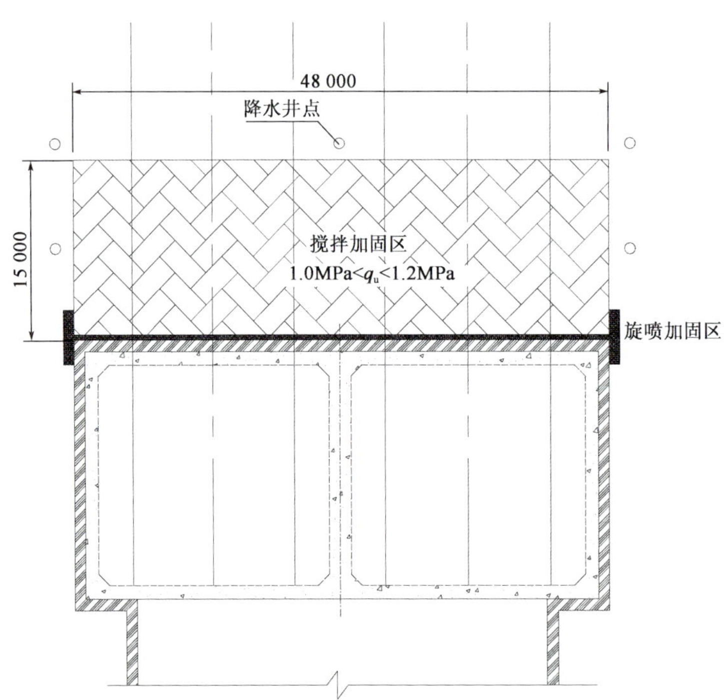

图 9–9　加固平面图（尺寸单位：mm）

由于盾构出洞位置的下部处于⑦$_{1-2}$灰色砂质粉土层，含有承压水，该土层在一定的水力作用下易产生流沙和管涌等现象，为确保出洞安全，在加固体范围外设置 5 口井点降承压水，井点深度 > 40m（位于承压水⑦$_{1-2}$灰色砂质粉土层中）。

9.2.1.3　洞口密封止水箱体

洞门结构在工作井制作阶段设计成与盾构机坡度一致的楔形结构，以方便止水箱体的设计安装。

止水箱体内布设两道止水橡胶帘布板，两道橡胶帘布板之间沿外圈上部的 240° 范围内均匀布置注浆孔。止水箱体外弧下部 60° 范围内采用混凝土充填，以支撑止水箱体。箱体外部加长 150mm，以保证周圈同时封门。

9.2.1.4 大直径负环拼装和后靠设计

1）负环拼装及推出定位

（1）负环拼装前的准备工作

盾构始发推进的状态如图 9–10 所示，其中负环共 7 环，编号为 –1~–7，–7 环为钢管片，钢管片在盾尾封顶块安装前分四块吊入工作井，钢管片拼装前，必须在盾尾部位焊接定位块，定位块沿盾构下部 180° 范围内均匀布设。

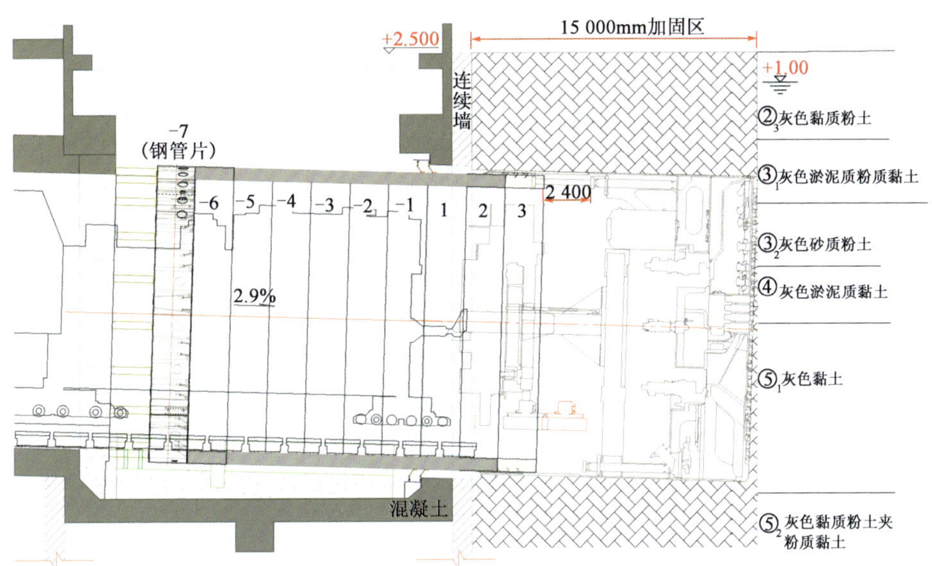

图 9–10　盾构始发推进状态图

（2）钢负环推出

长江隧道的盾尾设 3 道盾尾刷及一道钢板刷，第三道钢丝刷和钢板刷中间设一道气囊装置，长度达到两环半管片的宽度，管片不能够一次推至盾尾后基座的导轨上，因此，钢环底部左右各 30° 位置的定位钢条有一半厚度的钢板焊接在钢管片背面，就位时钢管片上的定位钢板与盾尾上的钢板正好对应。

（3）混凝土负环管片拼装

为确保后座负环的整体刚性，提高管片拼装的平整度和减少管片碎裂现象，负环管片设置为闭口环且采用错缝拼装。

–6~–1 环在盾尾内拼装完成。每环管片拼装结束后拧紧纵向和环向螺栓并且将内弧面预埋件焊接牢固，完成上述工作后进行下一环的推进。

（4）负环预埋件布置

6 环负环以及出洞后的 6 环共计 12 环管片均布置预埋件，这样既保证负环拼装过程中的连接固定，也确保管片推出盾尾后在工作井内周围无约束情况下的整体稳定。部分管片预埋件布置见图 9-11，外弧面布置位置相同。

2）盾构机后靠设计

（1）盾构机后靠制作

为了给盾构机推进提供一定的反力，需要制作后盾支撑体系。后盾支撑体系由负环管片和钢筋混凝土后靠组成。盾构推力主要通过该后靠结构传递于工作井和 SD1 段相应结构上，见图 9-12。

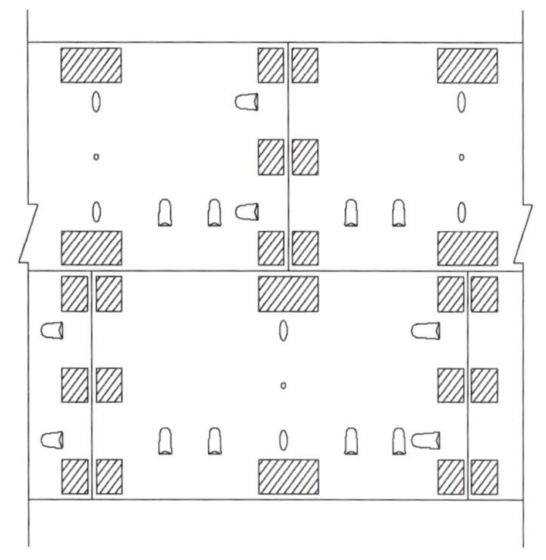

图 9-11 管片内弧面预埋钢板

图 9-12 盾构后靠

（2）现浇后靠与管片之间的支撑结构

考虑洞口环定位问题，第一环钢环往后推到距离八字形后靠约 1 800mm 的位置作为基准位置，中间采用 ϕ609mm 钢管进行支撑，支撑位置与千斤顶位置一一对应，共计 19 根。另外，为了提高支撑的刚性，在钢支撑内部灌注混凝土。考虑到车架船体放置在底部支撑上，底部采用双榀工字钢作为支撑，工字钢下部由钢管支撑于工作井井底。

9.2.2 盾构机始发掘进

9.2.2.1 气压泥水平衡的建立

为了提高管片拼装的安全性，增大千斤顶顶力，盾构机切口在刚进入止水箱体第二道橡胶帘布板的同时开始建立泥水平衡。

当盾构机切口环完全进入止水箱体第二道橡胶帘布板后，停止推进，检查止水箱体与盾构机的密封情况，并进行加泥水前的准备。盾构机在建立平衡过程中不但加泥水，还需加气。

9.2.2.2 盾构机加固区内推进控制

1）泥水压力

盾构机头进入钢箱体后开始建立泥水压力，由于前方是加固土体，自立性较好，考虑橡胶帘布板承受的压力不能过高，防止击穿后泥水泄漏，建立的初始压力为 1.0×10^5 Pa，以泥水舱内注满泥水为准，穿越加固区过程控制在 1.2×10^5 Pa 左右，洞门封堵完毕后提升至 1.5×10^5 Pa，穿越加固区后提升至理论计算的泥水压力值。

2）推进速度

加固区内推进速度 5~10mm/min 之间。

3）同步注浆控制

理论空隙为 20.54m^3，同步注浆基本按照上部 60%，下部 40%的比例进行压注，注浆率 110%，注浆压力设定为 0.45~0.6MPa。

9.2.2.3 正环管片的连接及加固

为防止泥水加压平衡盾构机出洞过程中管片发生上浮，出洞正环拼装了特殊环管片，环间设置

19 个剪力销，沿周圈均布。为了控制管片变形，对出洞 +1~+6 环通过内弧面预埋件进行纵向加固，防止加固区内的管片错位变形。

9.2.2.4 洞门钢板封堵

洞门封堵工作由上而下进行封堵，封堵形式如图 9-13 所示。

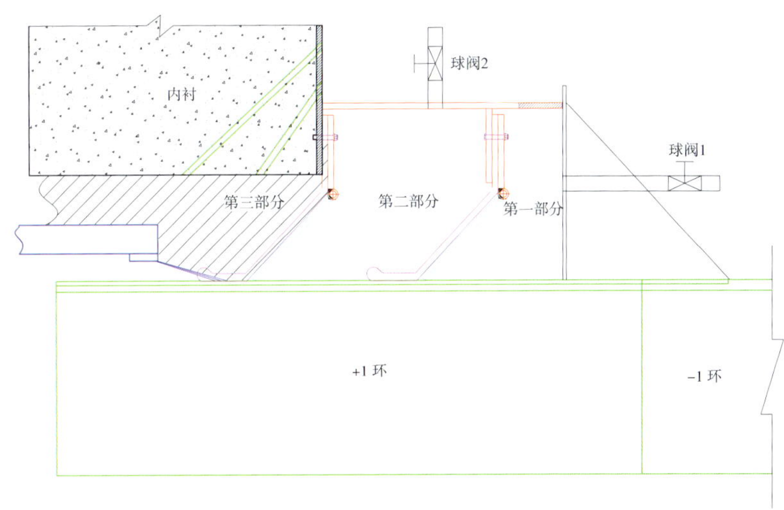

图 9-13 洞门封堵示意图

9.2.2.5 洞门圈注浆

1）注浆形式

通过盾构机同步注浆孔对洞门圈进行注浆，并利用止水箱体上开设的注浆球阀观测注浆液位，注浆浆液使用正常施工用的同步注浆浆液。

2）注浆步骤

第一步：盾构机推进至封洞门位置停止推进，待洞门封堵完毕后，进行第一部分的注浆。通过封洞门钢板上的顶部预留注浆阀进行观测内部浆液的位置。

第二步：盾构机推进至内部一套帘布橡胶板还未曾翻落之前停止，进行第二次洞门注浆，压注部位主要是图 9-13 中第二部分。

第三步：盾构机推进至内部帘布橡胶板完全脱离后进行第三次洞门注浆，这次注浆没有观察孔，通过注浆压力来判断内部空隙处浆液是否填满。注浆压力上限控制在 0.35MPa。

9.2.3 100 环试推进

9.2.3.1 准备工作

为确保盾构机安全出洞及 100 环试推进顺利进行，围绕盾构机进行了相关准备工作，主要内容如下：

（1）盾构机的安装调试；

（2）工作井下的相关准备工作（盾构基座放置包括洞门凿除、洞门止水装置安装、后靠体系建立等）；

（3）泥水系统的安装调试（包括泥水处理系统的安装调试、各类管路的铺设连接等）；

（4）清水系统的安装调试（包括工业用水系统、三级沉淀系统等）；

（5）工业用气系统的安装调试（主要包括空压机房的建设和安装调试以及相关管路的排设）；

（6）同步注浆系统的安装调试（主要包括拌浆设备安装、浆液装车及运输系统等）；

（7）预制构件生产（管片和口字形构件），确保储备量充足；

（8）大型临时设施以及施工辅助设施的建设和完善（包括地面施工场地、办公生活区、江边码头、施工用电设施、排水防汛设施、安全和文明施工设施等）；

（9）管理信息系统安装调试，确保信息传递及时准确。

9.2.3.2 试推进施工

1）施工过程

自 2006 年 9 月 28 日开始 + 1 环拼装，至 11 月 28 日完成试推进 100 环，历时 2 个月。

2）推进施工控制

（1）泥水压力：根据理论计算每环的泥水压力设定值，并根据地面沉降的监测结果动态调整。

（2）泥水质量指标：采用高质量的泥水输送到切口，泥水指标根据监测数据进行实时调整。

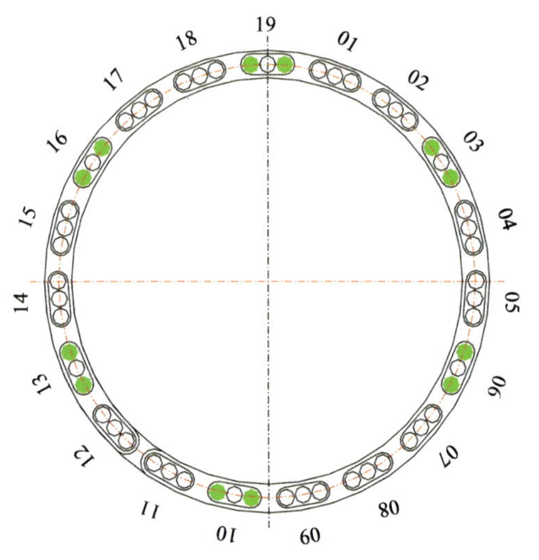

图 9-14　封顶块位置及管片选型

（3）推进速度：均衡施工，减少对土体扰动，一般控制在 15~30mm/min 之间，避免有较长时间耽搁。

（4）盾构油脂压注控制：每班推进前保证储桶内有充足的油脂，勤检查，根据压力情况自动补压，杜绝人为欠压现象的发生。

（5）管片拼装控制：隧道衬砌采用单层通用环楔形管片，楔形量为 40mm，每环由 10 块管片构成，盾构机共有 19 组千斤顶，相对应管片可全圆周旋转 19 个方位，每次旋转的角度为 18.947°，在管片旋转时，纵向的螺栓位置不变。

将封顶块 F 在顶部时的管片姿态定义为衬砌圆环 R19，F 顺时针旋转 18.947° 时，将其定义为 R1，依次为 R2~R18，见图 9-14。

在管片旋转的同时，其上部、右部、下部、左部的楔形量也相应地发生变化。具体楔形量变化见表 9-2。在推进施工中，根据盾构姿态与管片姿态的相对关系及管片与盾壳的间隙和不同旋转角度下管片楔形量的变化对隧道推进轴线进行微调，从而确保隧道轴线的精度。

不同旋转角度管片楔形量表　　表 9-2

管片姿态	楔形量（mm）			
	上部	右部	下部	左部
R19	0	20	40	20
R1	1.08	13.51	38.92	26.49
R2	4.22	7.72	35.78	32.28
R3	9.06	3.26	30.94	36.74
R4	15.09	0.61	24.91	39.39
R5	21.65	0.07	18.35	39.93
R6	28.03	1.68	11.97	38.32
R7	33.55	5.29	6.45	34.71

续上表

管片姿态	楔形量(mm)			
	上部	右部	下部	左部
R8	37.59	10.48	2.41	29.52
R9	39.73	16.71	0.27	23.29
R10	39.73	23.29	0.27	16.71
R11	37.59	29.52	2.41	10.48
R12	33.55	34.71	6.45	5.29
R13	28.03	38.32	11.97	1.68
R14	21.65	39.93	18.35	0.07
R15	15.09	39.39	24.91	0.61
R16	9.06	36.74	30.94	3.26
R17	4.22	32.28	35.78	7.72
R18	1.08	26.49	38.92	13.51

（6）盾构姿态控制：盾构姿态应当尽可能地保持良好，减少盾构纠偏量和纠偏频率，严禁随意调节坡度。

（7）同步注浆控制：采用抗剪型砂浆同步注浆材料及施工工艺，同步注浆浆液前期具有较好的流动性，3d 后能够达到土体强度，使管片所受浆液浮力影响的长度仅为脱出盾尾后 15 环左右，隧道稳定性在此浮力下受影响很小。每环理论压注量 20m^3，实际压注量平均为 23m^3，通过 6 个注浆管路合理分配压注。

（8）地面构筑物保护措施：在盾构穿越大堤后，继续对大堤进行监测，根据实际地面沉降情况，进行地面跟踪注浆和隧道内壁后补压浆。

9.2.3.3 试推进施工小结

两台泥水加压平衡盾构机，均安装了先进的盾构智能控制系统，不但起到了引导盾构机的作用，而且能够设定、控制全部施工参数（如推进过程中切口压力、推力、刀盘扭矩、转速、同步注浆、盾尾油脂等），实现了整体化施工。盾构机锥度的设计更有利于盾构机推进姿态的调整，通过正确设定切口压力，控制同步注浆压力和盾尾油脂压力，有效确保了施工质量。

通过盾构机试推进，基本掌握了泥水气压平衡盾构机的操作控制方法，抗剪型砂浆同步注浆浆液和注浆方法、泥水配比、泥水支撑压力的计算方法等得到了验证，从而为长距离盾构机掘进奠定了扎实的基础。

9.3 盾构长距离掘进施工控制要点

9.3.1 长距离物流高效管理

在许多盾构法隧道施工中，当盾构机适应了土层、人员配置齐全后，往往物料的运输补给成为提高隧道施工效率的一大障碍，特别是对长距离隧道施工影响更大。因此，隧道物流系统的优化设计，有助于加快盾构机掘进施工进度。

9.3.1.1 物流系统建立

1）盾构机内运输系统

1 号车架底部设有管片运输机（图 9–15），可同时堆放 10 块管片，并且同步进行运输。

图 9–15 管片运输机

2 号车架为中空框架结构，分上下两层，上层空间为 50t 桁车，用于运输管片以及浆桶，下层前部安装有 20t 桁车，用于管片及船底块翻转，下层后部安装有 40t 桁车，用于吊装口字形构件，2 号车架前后端均留有上下通道，口字形构件的吊运与管片、浆桶的吊运互不影响。车架内施工材料的运输具有层次，而且各运输通道之间互不干扰，大大提高了施工材料运输速度。

盾构机设计时已考虑到同步施工，供盾构机 3 号车架行走的两侧导轨安放在管片及口字构件之间。口字构件作为工程材料的一部分，其运输、安放必须同步于盾构掘进施工。

盾构掘进时所需泥水、刀盘切削下来的土体都由泥水管路运输（图 9–16、图 9–17）。泥水从地面泥水场地由直径为 600mm 的管路送入盾构机前端，刀盘切削下来的土体混合泥水在泥水舱内搅拌后由直径为 500mm 的管路运送至地面泥水处理场地。

图 9–16 泥水循环

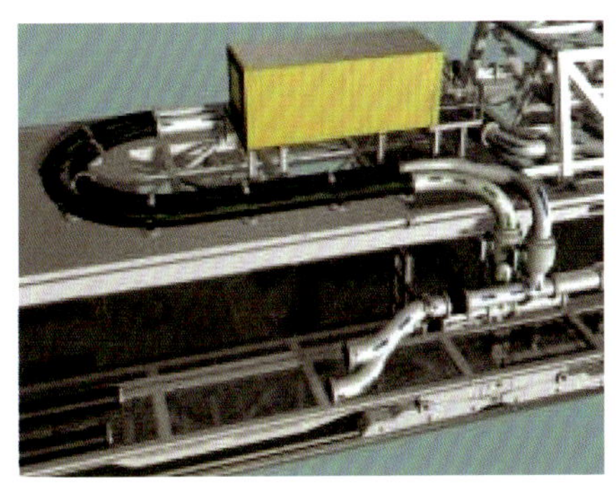
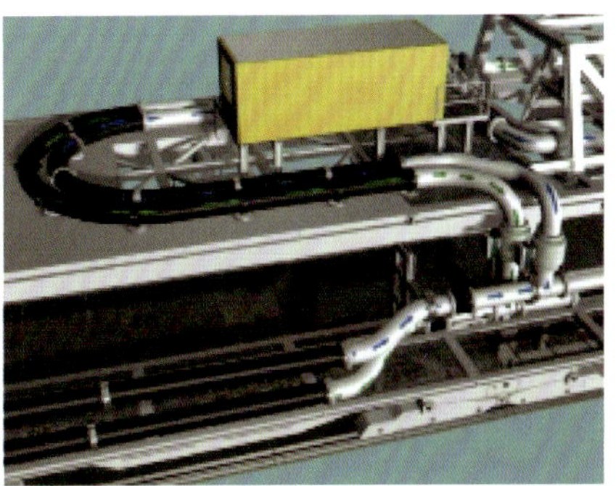

图 9-17　接长泥水管路

2）施工运输材料

施工运输材料主要包括工程材料和施工材料：

（1）工程材料

盾构掘进过程中所需的工程材料包括管片（一环 10 块）、同步注浆浆液（一环两浆桶）、口字形构件（一环一块）、管片连接件以及隧道内同步施工的钢筋和混凝土等材料。

（2）施工材料

施工材料包括：泵管（每 5 环需 7 根）、盾尾油脂、集中润滑油脂、液压油、各种管架等零星器材等。

每环推进的开挖土方量为 374m³ 左右。

3）水平施工运输设计

长江隧道作为大直径道路隧道，且采用同步施工工艺，这为大中型运输车辆进行后勤保障运输提供了条件。

暗埋段和敞开段的提前完工，使得运输车辆能从地面材料堆场装车直接运输至盾构施工工作面，省去了隧道施工中垂直运输这个环节，如图 9-18 所示。

图 9-18　口字形构件、管片运输

考虑到运输材料中主要有管片、同步注浆移动浆桶、口字形构件等大型设备，为了保证这些材料全部能够顺利输送，施工中运输机械首选大型的双头平板车，随着施工距离的加长，再引入经改装过的斯太尔卡车辅助运输，如图 9-19 所示。

图 9-19　口字形构件、管片运输车辆

（1）特种运输车辆选择

①大型双头平板车设计要求

长度：必须满足管片与浆桶同时置于大型双头平板车平板上。

宽度：施工用口字形构件宽度 4 300mm，管片和浆桶宽度 2 000mm，从安全和施工工艺方面考虑，车身的宽度必需比管片及浆桶的宽度要大，同时必须满足 30t 桁车和口字形构件专用吊具的吊装。

高度：盾构机 2 号车架上 40t 行车提升至最高位，其底部距离路面结构高度 1 600mm，车身平板至少低于 1 600mm。

承载能力：能够同时运载两块管片和一桶同步注浆浆液。

②大型双头平板车上各类支架的设计。双头平板车表面是一层花纹钢板，不足以单独受力，唯一可以承受压力的是卡车两侧前后通长的 H 型钢，因此设计相应的支架用于管片、浆桶的安放。支架的设计考虑多种运输组合：比如，浆桶 + 管片、管片 + 管片、管片 + 口字形构件等。

③斯太尔卡车。斯太尔卡车主要用于运载管片，每车运 2 块管片。最重两块管片质量合计约 32t，斯太尔卡车的设计承载力为 36t。

（2）运输车辆配置

根据对实际施工的观测，各阶段运输的耗时如下：

①地面上管片一次吊装时间为 3min，吊装浆桶与吊装管片时间接近。

②隧道内车辆平均行驶速度：大型双头平板车为 15km/h，斯太尔卡车为 30km/h。

③隧道内安装口字形构件时间 20min。

④泵管吊装时间为 3min。

⑤大型双头平板车井下等待时间平均 10~20min；斯太尔卡车井下等待时间平均 5min 左右。

经计算，就推进一环而言，8km 运输距离采用 2 量大型双头平板车和 3 辆斯太尔卡车运输管片、泵管、浆桶以及口子件，其整环材料的运输时间为 96min。即便隧道推进至结束，双头平板车及斯太尔卡车的组合完全能满足运输任务。

由地面交通工具直接运输隧道施工材料，无论速度还是灵活性都优于有轨电机车运输。在盾构掘进过程中还对运输中出现的瓶颈进行了调整优化，有效地提高了整体的建设速度。

9.3.1.2 泥水输送

1）系统配置

泥水输送系统由送泥管、排泥管、气压阀、送泥泵和排泥泵等组成。经泥水处理系统处理合格的泥水贮存在调整槽，通过设置在地面的 P1.1 泵经过管路送至盾构开挖面，盾构泥水舱内排出的高密度泥水，经安装在盾构机内的 P2.1 泵和隧道内的 P2.X 排泥接力泵，回送至泥水处理场。送排泥泵的排布如图 9–20 所示，P1.1 泵与 P2.X 排泥接力泵如表 9–3 所示。

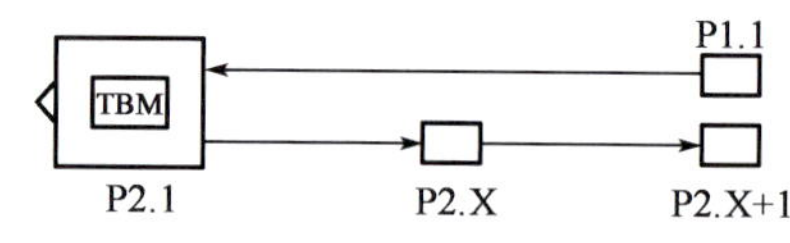

图 9–20　隧道送排泥泵排布示意图

输 送 设 备　　表 9–3

设　备	功率（kW）	扬程（m）	最大流量（m³/h）
P1.1	750	68	2 000
P2.X	1 100	52	3 000

泥水输送管道分别由单根长度为 10m 的 ϕ600mm 进泥管和 ϕ500 出泥管组成。上海长江隧道泥水输送系统如图 9–21 所示。

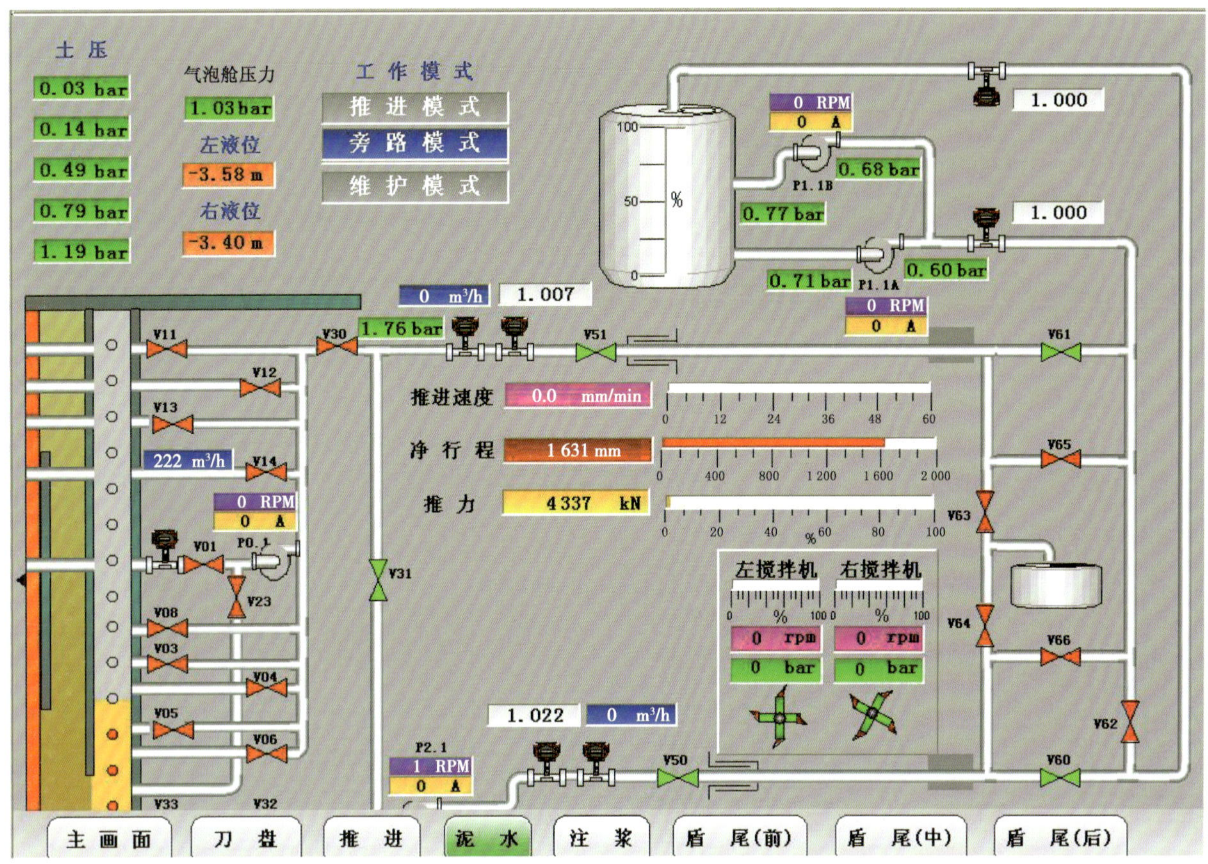

图 9–21　上海长江隧道盾构泥水输送系统图

2）接力泵位置的选择

由于泥水管路是由若干段管道组成，每一段管道之间又串联了弯头、控制阀、管接头等，这些都造成了管道的压力损失。因此管道系统总的压力损失等于直管中的沿程压力损失 Δp_{λ} 与所有局部压力损失 Δp_{ζ} 的总和：

$$\Delta p = \sum \Delta p_{\lambda} + \sum \Delta p_{\zeta} = \sum \lambda \frac{l}{d} \frac{\rho v^2}{2} + \Sigma \zeta \frac{\rho v^2}{2} \tag{9-2}$$

式中：λ——直管压力损失系数；

ζ——弯管压力损失系数；

l——管道长度；

d——管径；

p——管道压力；

v——泥水流速。

由于管道节段和接头比较多，且采用螺旋焊接管，用公式计算并不能得到符合工程实际的管道压力损失值，所以采用一定距离的管道压力损失来近似推算单位管段距离内的管道压力损失。在隧道内的泥水管路中，每间隔 500m 有一个泥水压力感应器，通过对 500m、1 000m、1 500m 以及 P2.6 泵泥水压力感应器在盾构推进过程中泥水压力变化的监测，得出压力变化曲线见图 9–22。

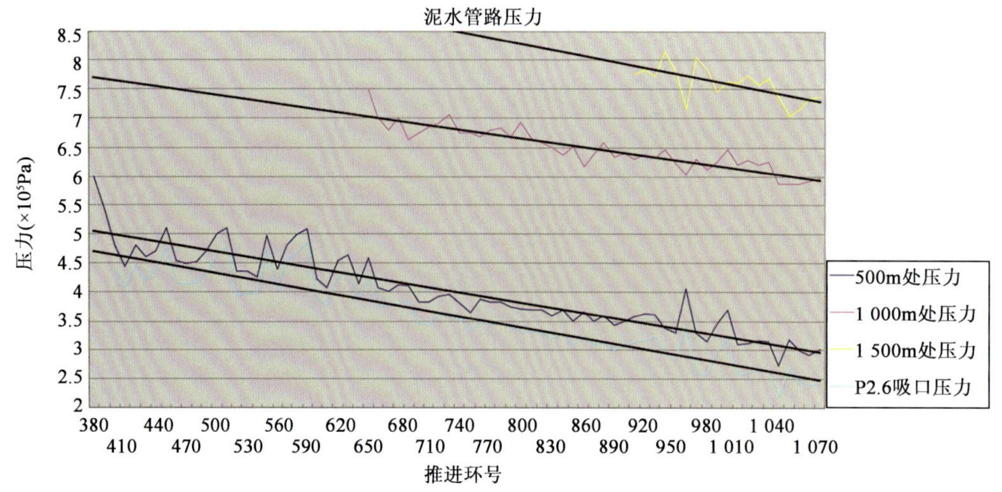

图 9-22 盾构推进 380~1 090 环隧道内排泥管路压力变化

由施工中通过对排泥管路上各点之间的压力差的分析，可近似得出正常泥水循环输送情况下管路的压力损失，如图 9-23 所示。

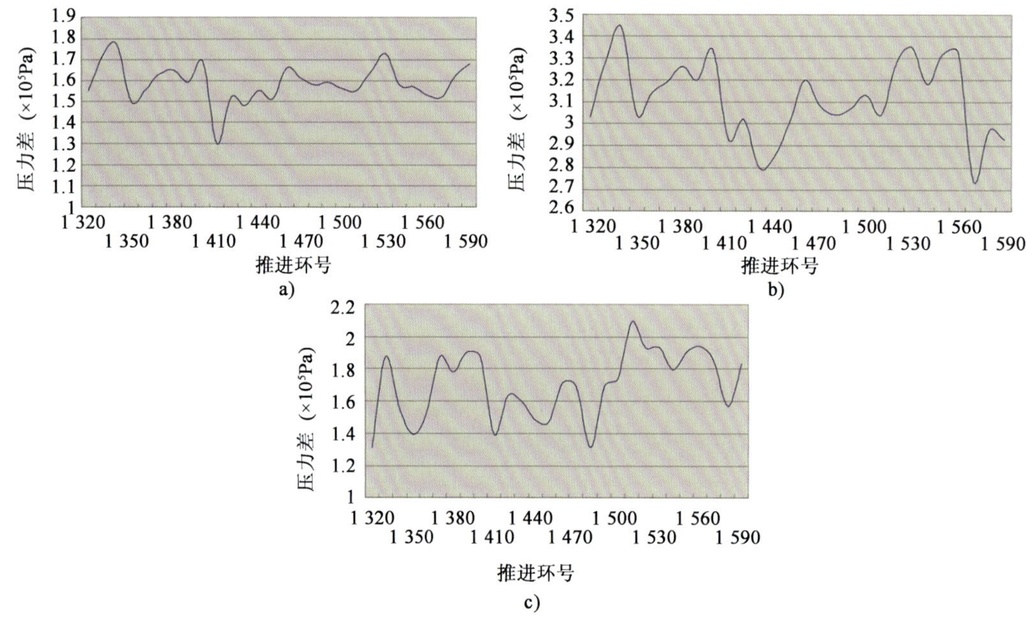

图 9-23 隧道内排泥管路压力差值

a）1 000~1 500m 管路压力差；b）500~1 000m 管路压力差；c）1 500~2 000m 管路压力差

对图 9-23 中的数据分析得出隧道内排泥管路每隔 500m 压力差平均值，见表 9-4。

隧道内排泥管路每隔 500m 压力差平均值

表 9-4

距离	500~1 000m	1 000~1 500m	1 500~2 000m
压力差（$\times 10^5$Pa）	3.1	1.6	1.7
高程差（m）	10.39	3	1.7
势能差（$\times 10^5$Pa）	1.45	0.42	0.24
管阻（$\times 10^5$Pa）	1.65	1.18	1.46
每 200m 管阻（$\times 10^5$Pa）	0.66	0.47	0.58

根据隧道轴线以及工程施工数据分析得出隧道内排泥接力泵位置，见表 9-5。

隧道内排泥接力泵布置 表 9-5

隧道内接力泵	P2.6	P2.5	P2.4	P2.3
安装位置	175 环	960 环	2 250 环	3 200 环

9.3.2 设备维护保养

9.3.2.1 盾构机一般设备维护工作

1）定时维护

根据盾构的设备特点和隧道施工具体情况，针对易磨损构件的磨损情况、重要设备的运行使用情况和盾构正常运行的主要技术参数制定了每日维护保养工作和每周维护保养工作的检查表格，这两个表格的检查工作是整个盾构维护保养工作的基础，检查的结果反映了盾构设备日常的工作状态，对维护保养工作具有重要的指导作用，能及时发现问题，解决问题，起到防患于未然的作用，从而保障了盾构能长时间保持良好的工作状态，确保隧道的施工进度和安全。

2）随时巡查

在盾构上的维护保养工作中建立了随时巡查制度。要求盾构的机械（电器）负责人或当班班长要在盾构推进过程中随时进行巡视和检查，能够及时发现问题与解决问题。

9.3.2.2 盾构特种设备监测

1）外部密封

盾构的外部密封是一个四重唇形密封系统，带有恒定的油脂润滑损耗、油润滑以及泄漏控制。在密封表面，安装了一个具有坚硬表面的轴承套圈。此轴承套圈可以在纵向移动，以校正旋转情况，特别是对第一个带唇边的密封片。轴承套圈仅能被置换一次，当达到第二次磨损极限时，必须将整个轴承套圈更换。所以，对于轴承套圈的磨损情况的探测通过数字超声波测量仪器来完成，及时了解磨损环的磨损情况，根据探测所得到情况调整轴承套圈的位置。

在轴承套圈的前部，HBW 回形密封里有一段空间，若此时轴承套圈该处的磨损太大（>6mm），可使轴承套圈向前移动一段距离，使磨损面前移，使轴承套圈与唇形密封的基础面重新为一未磨损的面。如果在轴承套圈磨损达到极限时未能及时发现，前移轴承套圈，则会严重影响外密封的密封效果，从而对刀盘驱动轴承以及驱动电机产生非常不利的影响。

在上行线盾构和下行线盾构推进 1 500 多环时，采用超声波仪器各进行了一次检测，结果如下。

上行线盾构：

1 号传感器：19.8mm，磨损 0.2mm；

2 号传感器：19.9mm，磨损 0.1mm。

下行线盾构：

1 号传感器：19.8mm，磨损 0.2mm；

2 号传感器：19.8mm，磨损 0.2mm。

检测结果显示两台盾构的磨损环的完整情况良好，为磨损环的位置调整提供了依据。

2）刀具磨损检测

采用一套特殊的系统来监测刮刀和铲刀的磨损情况，刀具里预埋了线圈，信号通过刀座连接到刀盘后部，利用检测仪器给线圈供电并测量感应线圈的电流，通过测量线圈的开闭了解刀具的磨损情况。监测工作在常压下进行，不需要进入到开挖舱。整个大刀盘共有 8 把刮刀和 2 把铲刀安装了磨损检测装置。

9.3.2.3 设备故障情况与对策

1）刀盘中心回转接头

在下行线推进 1 680 环时，突然发生中心回转接头螺栓崩断，经过对回转接头崩断螺栓断口检查，通过断裂形式分析，确定螺栓崩断原因是中心回转接头与大刀盘法兰罐的旋转中心轴偏心引起。查清原因后，决定将中心回转接头螺栓通过焊接连接，再将回转管后段断开。为保证正常推进将中心回转管内用特殊水泥浆堵塞充填，待浆液结硬后，拆除后段连接管，用闷板封闭管路的开口，盾构机推进施工得到继续。

2）推进过程中失压

在盾构推进过程中，部分推进液压千斤顶产生暂时失压现象，对盾构的顺利推进和隧道施工产生了非常不利影响。通过系统的排摸后，确定阀门制作的公差是问题产生的根本原因，由于阀门制作公差偏小，中心柱需要较大的电磁感应力，才能移动，换上新的阀门后，就解决了问题。

3）管片转换平台改制

管片转换行车的抓手带有旋转功能，当管片运输行车把管片运到喂片机后的临时小车上时，管片轴线与喂片机轴线垂直，需旋转 90° 使轴线与喂片机轴线平行，管片转换行车的作用就是把管片从临时小车上吊起，旋转 90° 后放到喂片机上，由于管片重力非常大，旋转时惯性很大，行车抓手很难抓紧管片，以致发生管片吊起后掉落在小车上。因此从安全的角度考虑，用抓手来旋转管片，有太多的安全隐患。通过改装喂片机后的管片临时小车，利用小车旋转来带动管片旋转来解决问题。小车的上下层钢结构之间通过一个直径大约为 1m 的 360° 可旋转轴承进行连接，增加液压站来提供旋转的动力，液压站通过有线电控装置控制，不仅解决了管片的旋转问题，还提高了工作的安全性。

4）喂片机系统完全重新设计更换

盾构机原设计的管片运输机，承载力不足，导致无法使一环管片全部放到管片运输机上，并且管片运输机提升机构的支点较少，力臂较长，当管片放在管片运输机前部时，管片运输平台会翘起，严重影响了管片的水平运输。由于承载力以及作用力支点不足的问题，使管片运输机提升轮以及相关提升部件磨损非常严重，提升部件变形明显，从而使管片在运输过程中，由于提升轮以及轮轴等部件的变形而使管片运输平台突然下降，无法再提升，并且由于作用支点的不足导致管片运输平台的变形量加大，存在安全隐患，严重影响了盾构施工速度。归根结底，还是管片输送机的运送能力不足，一环管片对于他还是太重了，需重新设计管片输送机。首先增加了两组提升组件，增加了作用力支点，使管片运输机运输平台的受力更加均匀，从而减少了变形量，使其前部摆放管片时平台稳定；其次给每对提升轮都安装了提升千斤顶，使一组提升系统中有两个千斤顶，不再是一个，提高了管片运输机的承载力，而且，增加了两个自动润滑油注射泵，通过管道把主要的润滑注油点预注油泵相连，能够及时便捷足量的向磨损部件提供润滑油，保证了主要部件的工作状态，减缓了提升部件的磨损，提高了工作效率。为了保证管片运输机在前进时能够保持平直，不左右偏移，在运输机前部，还增加了管片运输机的导向轮，保障了管片运输机在随盾构前进时的状态。

9.3.2.4 盾构机的作业效率分析

1）盾构机的使用分析

盾构机的使用时间由推进作业时间（包括正常维护停机）、故障停机时间、等待衔接时间三部分组成，表 9-6 是盾构机在某一周内的使用时间分析表。

某一周内盾构机使用时间汇总表　　表 9-6

任　务		时间（min）	时间（h）
推进作业	盾构推进	2 710	45.17
	管片拼装	4 410	73.50
	计划停机	0	0.00
	维护停机	1 370	22.83
作业汇总		8 490	141.50
故障	电气故障	120	2.00
	机械故障	160	2.67
	PLC 故障	30	0.50
故障汇总		310	5.17
等待	接管或车架移动	145	2.42
	预制构件安装延误	145	2.42
	泥水处理延误	30	0.50
	运输车辆延误	195	3.25
	同步注浆生产延误	25	0.42
	工作井 / 地面延误	0	0.00
	人员延误	0	0.00
	运输延误	450	7.50
	其他	290	4.83
等待汇总		1 280	21.33

在盾构机使用过程中，要尽量减少故障停机时间和盾构机等待时间，保证盾构机正常使用时间，提高使用效率。两台盾构机的实际使用效率如图 9-24 所示。

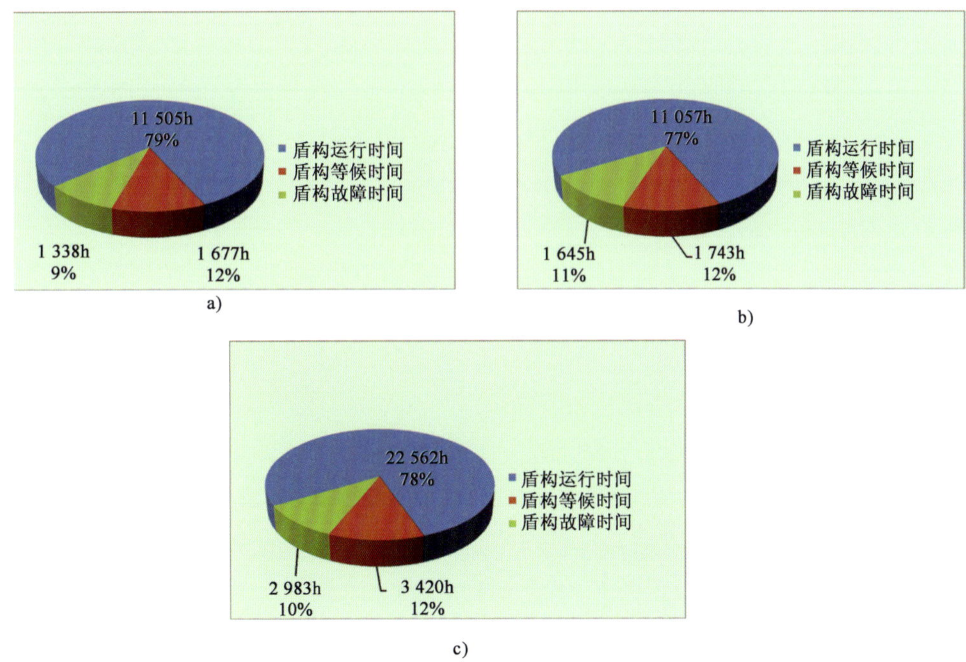

图 9-24　盾构使用效率分析图

a）东线盾构时间分析；b）西线盾构时间分析；c）两台盾构总时间分析

2）盾构长时间停机分析

根据工作记录，停机时间大于 1h 的原因见图 9–25 和图 9–26。剔除计划中的维修保养因素，影响盾构机使用效率的主要因素是各工作面之间的衔接延误和设备故障。

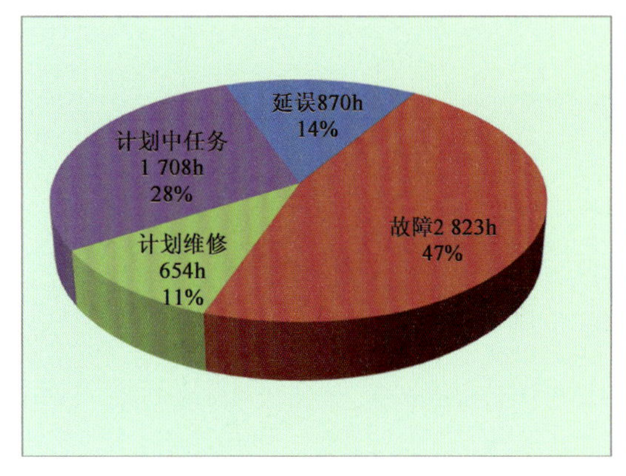

图 9–25　盾构长时间停机分析

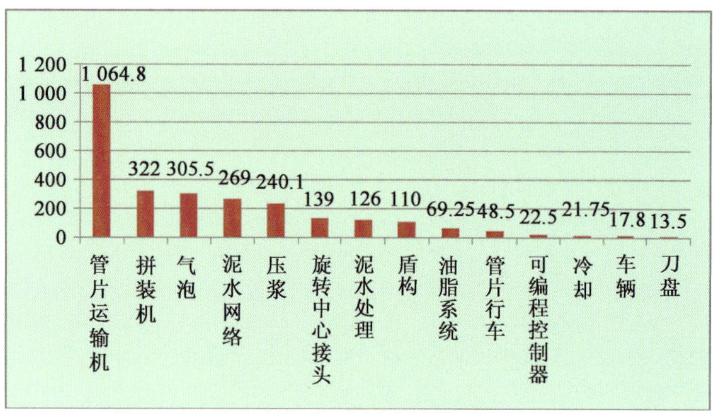

图 9–26　盾构故障停机分析（h）

3）盾构设备故障原因分析及改进

对于故障停机时间大于总时间（140h）5% 的系统，要分析主要原因和改善措施。

（1）管片运输机

①传递轮损坏，致使管片运输机频繁摇晃，多次损坏了运输机的平移油缸。按照系统优化更新设计，要更换所有的轮子。在改进上行线盾构时，花了比较长的时间更换 22 套轮子。而在下行线盾构上改装时，在不到两个月的时间里就完成了工作。

②其他的故障来自于液压油缸，主要是因为在焊接工作时，电流经过密封圈导致其烧毁，从而产生漏油。

（2）拼装机

由于使用拼装机吊放管片，该密封经常受到挤压破坏。随后，设计采用了改进密封条的方案。

长时间使用中心吸盘连接严重变形，许多时候不得不靠焊接来修复，而且还安装了一次新的内部吸盘。为了加强中心吸盘的连接，对旧吸盘做了较大的改动。

（3）气泡密封

在盾构机正式掘进前必须进行气泡密封试验。上行线盾构，在井内试运行时发现了少量泄漏，通过高气压手段进行寻找和修复。对下行线盾构，在盾构组装前通过封堵每根管路实行全面检查，确保不产生泄露现象。

（4）泥水网络

大量短时间停机来自于接力泵冷却流量计故障。

泥水接管器和泥水软管也带来了不少问题，比如滑动板、伸缩油缸和泥水阀，解决的办法是及时进行部件保养更换。

（5）压浆系统

压浆系统也经过大量的维护，其维护内容一直比较稳定，通常在每周例行保养中进行。其中的薄弱点在于泥浆泵，因为没有在开始阶段储备足量的备件，造成盾构施工初期等待维修的尴尬局面。后来随着对设备的熟悉，使用、保养流程逐步进入正轨。

9.3.2.5 备品备件管理

盾构法隧道施工中，盾构机状况的好坏直接关系到隧道施工安全和隧道施工进度，在隧道施工中占据重要的地位，所以盾构机的维护保养工作就显得极其重要。良好的维护保养工作不仅保证了盾构机各部分功能的正常运转，减少盾构机故障的发生概率，还能尽快发现设备故障的原因和提高设备故障的解决速度，避免工作时间的浪费，保证了施工进度。

备品备件的管理对于盾构维护的工作十分重要，他直接支持了盾构维护的工作。备品备件到货后有专门的仓库进行存储，物品按照系统存放在货架上，每层架子都有各自编号，每种备件也都有各自独立且唯一的编号，以便查找。

施工期间，常用备件基本做到计划准确，储备合理，管理规范，为生产施工提供了有力保障。如各种滤清器，按使用时间更换，存放在盾构仓库专列货架随时供给；对于同品种同型号的重要设备，在工作达到 5 000h 以上时，也备足了全套大修理件，这样就能解决突发事故的应急处理，虽然这样占用了一定资金，但是如果备件供应不上，造成的停机损失则往往更大。

从实际施工来看：

（1）从 2006 年 11 月到 2007 年 2 月，这是盾构机开始推进的磨合期，也是盾构维修人员对盾构机从陌生到熟悉的最初过程。期间内严格控制推进速度，了解盾构机各系统的性能和状况，备件消耗量不高。

（2）从 2007 年 6 月起，月推进量稳步提高。这得益于 2007 年 4 月下旬到 5 月中旬期间，对整个喂片机系统进行了升级改造，大幅度提高了喂片机的工作效率和稳定性。

（3）从 2007 年 10 月到 2008 年 2 月，每月推进量维持在一个稳定的高水平。较多机械、电气部件在高温、高载、高频率使用条件下达到了使用寿命，备件消耗量比较高。

（4）从 2008 年 3 月到 5 月，在此期间盾构机陆续穿越了长兴岛长江大堤、民房，并最终在水中进洞。由于结束推进工作后盾构机要进行全面保养维修，故一些接近或达到使用寿命、但不影响生产的部件没有更换，备件消耗不多。

（5）对上行线盾构机备件消耗统计，消耗前 10 名的子系统一共占据了备件总消耗的 90.16%。前 10 名依次是：注浆系统、油脂系统、拼装机系统、泥水系统、液压系统、管片桁车系统、通用桁车系统、特殊润滑系统、排水系统和喂片机系统，如图 9-27 所示。

备件储备工作应当注意其通用性、互换性。如各种轴承、皮带、密封圈、电子控制元件等都可通用和互换，设备管理人员要掌握通用和互换的零备件，平时应多积累这些知识，一旦遇到急需，可以快速调配，以减少停机损失。

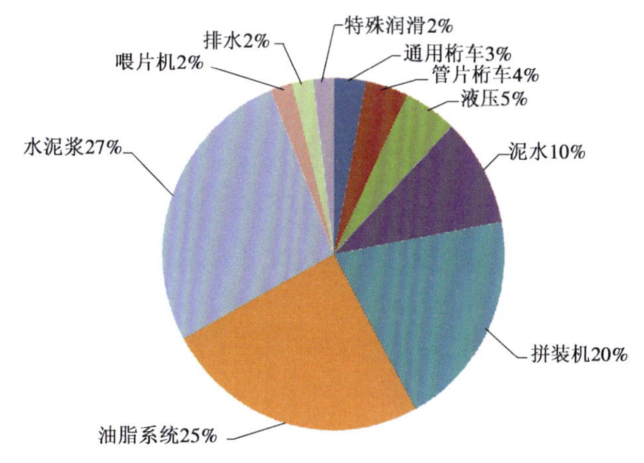

图 9-27　盾构机备件消耗统计

9.3.3 高精度管片拼装控制

9.3.3.1 管片结构特点

1）外形结构

外径 15 000mm，内径 13 700mm，环宽 2 000mm，管片厚度 650mm，楔形量为 40mm。

每环由 10 块管片构成，其中标准块 7 块（B1，B2，B3，B4，B5，B6，B7），邻接块 2 块（L1，L2），封顶块 1 块（F）见图 2–13。普通环管片由钢筋混凝土管片构成，混凝土强度等级为 C60，抗渗等级为 P12。

2）管片连接

长江隧道工程采用斜螺栓，这种连接方式对拼装精度要求很高。

管片环与环之间用 38 根 M30 的纵向斜螺栓相连接，每环管片块与块间以 2 根 M39 的环向斜螺栓连接，共 20 根。采用小封顶，拼装时纵向搭接 1 200mm、径向推上，然后纵向插入。

管片的纵向螺栓每 2 根作为一组，共计 19 组，其与 19 组千斤顶完全对应。

采用吸盘式的拼装方式，螺栓单方向穿入，与管片内的预埋螺母连接，通过气枪拧紧螺栓，与以往的对穿螺栓相比，更快捷、安全，如图 9–28 所示。

3）管片楔形量

管片楔形量为 40mm（环宽 1 980~2 020mm），可以拟合出最小半径为 750m 的隧道轴线。

根据盾构姿态与管片姿态的相对关系及管片与盾壳的间隙，利用不同旋转角度下管片楔形量的变化对隧道推进轴线进行微调，从而确保隧道轴线的精度。

4）管片防水

管片防水采用三元乙丙止水带及遇水膨胀挡水条双层防水。如图 9–29 所示，第一道防水是遇水膨胀挡水条，防水条靠近外弧面，第二道防水则是三元乙丙止水带。管片环面凸块的 19 个位置，粘贴 1mm 厚的拉丝橡胶板，以增加管片接触面的摩擦力。

图 9–28 管片螺栓连接

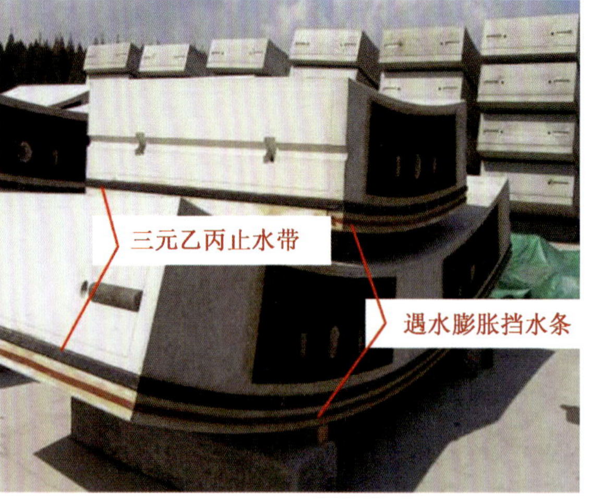

图 9–29 管片防水材料粘贴图

5）特殊管片

（1）剪力销管片

处在特殊段施工时，如出洞段、进洞段、江中泵房、联络通道等，使用剪力销管片。管片连接除了正常连接所用的螺栓外，还增加了剪力销，每环周圈均布 19 个，防止管片环与环之间的错位，如图 9-30 所示。

图 9-30　剪力销管片试拼装

（2）预应力张拉管片

预应力张拉管片是专门针对盾构进洞设计的，盾构机一旦进入工作井，随着盾壳周围的摩擦力的消失以及正面的水压力降低，使得原来处于压紧状态的管片在止水橡胶条膨胀作用及盾尾刷的拉扯下，容易出现松动，因此在进洞最后 10 环，通过预应力螺栓拉紧，如图 9-31 所示。

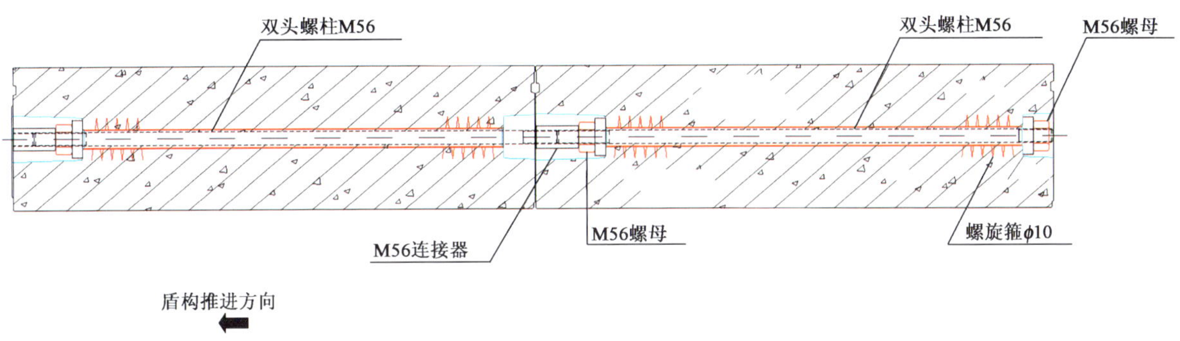

图 9-31　预应力张拉螺栓

9.3.3.2　盾构机管片拼装系统

（1）真空系统：图 9-32 为拼装机吸盘工作状态，拼装机吸盘分为中间及两侧两个部分，两部分都由真空箱抽取空气，真空箱则通过一台高工率的真空泵维持真空度（真空箱真空度一般保持在 90% 以上），两个部分的真空管路单独设置，并都具有自锁功能，任意部分的真空泄漏，另一个部分还可以保持真空度。真空度在 80% 的情况下，安全系数达到 1.5。

图 9-32　真空吸盘

（2）拼装机自由度包括：旋转、平移、整体提升、单侧伸缩、内外翻调节和扭转。

（3）拼装机回转角度为 ±200°，拼装机上的主要油管、电线都有履带保护，避免了因操作失误引起管路拉断等情况的发生。

（4）配有两个可以互相切换的无线遥控器。一人负责下部管片的拼装，一人负责上部管片的拼装，分工明确，提高了拼装速度。当两个无线遥控器都出现故障时，可以使用有线遥控器继续施工作业。

（5）拼装机旋转变频控制，最快可以达到 1r/min，另外，旋转与举重臂伸缩的状态连锁，有效阻止误操作的发生。

9.3.3.3 管片选型和隧道轴线拟合

1）管片外弧面与盾壳内弧面的四周间隙

每环推进结束后专人对管片一周 8 点的间隙进行测量，并及时输入管片选型系统中，管片选型便可根据间隙计算出前一环管片与盾壳之间的同心度关系，并计算一些相关数据对下一环管片位置做出选择，如图 9-33 所示。

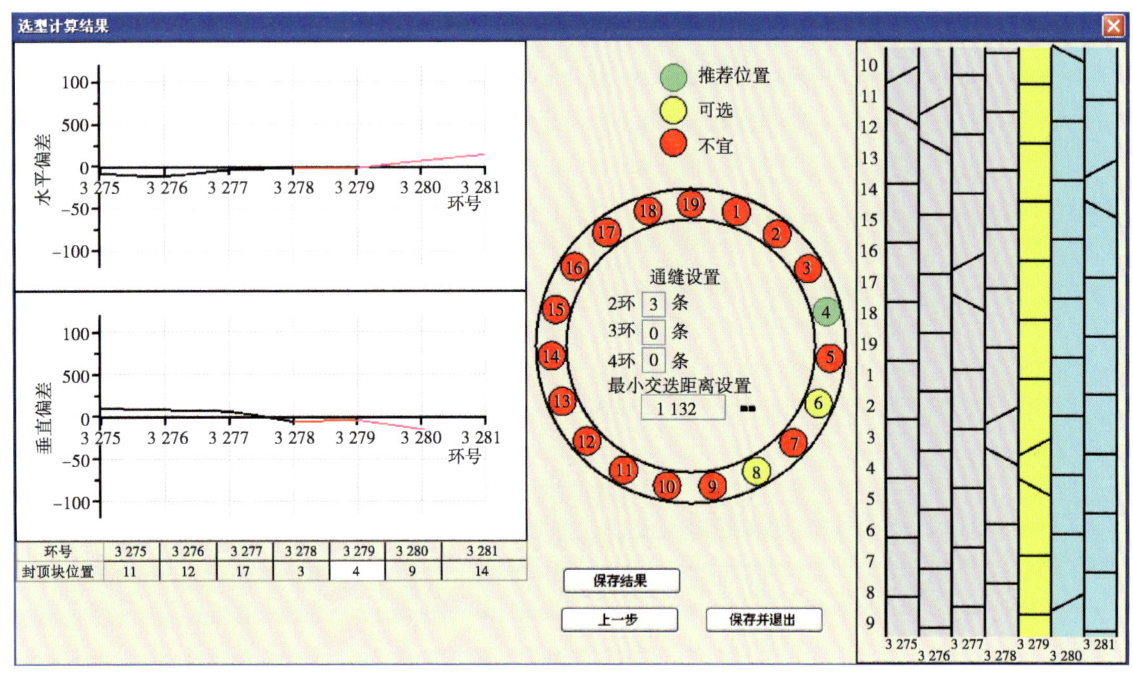

图 9-33　管片选型

2）盾构机与管片姿态的相对关系对管片选型的影响

根据千斤顶的行程差可以判断出管片环面法向量与盾构机轴线的夹角，管片选型要保持这个夹角在一个比较小的范围内。

3）错缝拼装对管片选型的影响

表 9-7 为管片选型的通缝列表。从表中可以看出，3 条通缝以内的情况下，每环管片只有 6 种选择，假如通缝控制在 4 条以内的话，每环管片有 8 种位置选择。施工中尽量避免 4 条或 4 条以上通缝的出现。

4）设计轴线与管片选型之间的关系

设计轴线对于管片的选型也存在一定的影响，因为不同的轴线管片的排列也不同，而长江隧道采用的是通用管片，轴线的拟合是通过封顶块位置选择进行的。

通过各种组合交叉使用，不但能够拟合出各种曲线而且可以保证通缝控制 3 条以内。组合不是唯一的，管片的选型具体还要根据实际的工况进行选择。

表 9-7

管片选型的通缝列表

			拼装当前环封顶块位置选择																		
			10	11	12	13	14	15	16	17	18	19	1	2	3	4	5	6	7	8	9
		deg	189.5	208.4	227.4	246.3	265.3	284.2	303.2	322.1	341.1	360	18.9	37.9	56.8	75.8	94.7	113.7	132.6	151.6	170.5
前一环封顶块位置	10	189.5	10	1	9	2	8	3	7	4	6	5	5	6	4	7	3	8	2	9	1
	11	208.4	1	10	1	9	2	8	3	7	4	6	5	5	6	4	7	3	8	2	9
	12	227.4	9	1	10	1	9	2	8	3	7	4	6	5	5	6	4	7	3	8	2
	13	246.3	2	9	1	10	1	9	2	8	3	7	4	6	5	5	6	4	7	3	8
	14	265.3	8	2	9	1	10	1	9	2	8	3	7	4	6	5	5	6	4	7	3
	15	284.2	3	8	2	9	1	10	1	9	2	8	3	7	4	6	5	5	6	4	7
	16	303.2	7	3	8	2	9	1	10	1	9	2	8	3	7	4	6	5	5	6	4
	17	322.1	4	7	3	8	2	9	1	10	1	9	2	8	3	7	4	6	5	5	6
	18	341.1	6	4	7	3	8	2	9	1	10	1	9	2	8	3	7	4	6	5	5
	19	360	5	6	4	7	3	8	2	9	1	10	1	9	2	8	3	7	4	6	5
	1	18.9	5	5	6	4	7	3	8	2	9	1	10	1	9	2	8	3	7	4	6
	2	37.9	6	5	5	6	4	7	3	8	2	9	1	10	1	9	2	8	3	7	4
	3	56.8	4	6	5	5	6	4	7	3	8	2	9	1	10	1	9	2	8	3	7
	4	75.8	7	4	6	5	5	6	4	7	3	8	2	9	1	10	1	9	2	8	3
	5	94.7	3	7	4	6	5	5	6	4	7	3	8	2	9	1	10	1	9	2	8
	6	113.7	8	3	7	4	6	5	5	6	4	7	3	8	2	9	1	10	1	9	2
	7	132.6	2	8	3	7	4	6	5	5	6	4	7	3	8	2	9	1	10	1	9
	8	151.6	9	2	8	3	7	4	6	5	5	6	4	7	3	8	2	9	1	10	1
	9	170.5	1	9	2	8	3	7	4	6	5	5	6	4	7	3	8	2	9	1	10

9.3.3.4 管片拼装控制

1）拼装顺序

每环管片的拼装顺序相同，按照 B4 → B3 → B5 → B2 → B6 → B1 → B7 → L1 → L2 → F 的顺序进行拼装。假如 F 在下部，B4 对应位置必定处于顶部，此时从顶部开始拼装，必须考虑从上往下拼装过程中的安全性拼装油压设定。

正常情况下拼装油压一般设定在 80×10^5 Pa，进、出洞时正面压力低的情况下拼装油压设定 $\geqslant 30\times10^5$ Pa。

2）拼装步骤

（1）完成管片的吸取。

（2）将管片旋转到位。

（3）将两个提升千斤顶伸缩到位，伸缩时注意两个千斤顶的同步性以及内外翻情况。

（4）平移至距离前一环环面约 3cm 位置。

（5）旋转管片靠近前一块管片位置，纵缝控制在 2cm，旋转靠近过程中可同时精确调节内外翻。

（6）第二次调整两个提升千斤顶的伸缩，精确控制纵缝处环高差。

（7）再次平移紧靠前一环管片。

（8）旋转到位紧靠前一块管片。

（9）第三次调整远离纵缝一侧的伸缩千斤顶的伸缩，精确调整远离纵缝一侧环高差。

（10）千斤顶到位后，拧紧螺栓，放气并撤除拼装机，完成单块拼装。

3）管片拼装注意事项

（1）管片拼装质量要求：管片拼装后其横竖径均控制在 0.2% D（D=15 000mm）范围内；管片拼装后其环高差控制在 6mm 以内；管片拼装后其纵缝张角控制在 2mm 以内。

（2）在拼装过程中要清除盾尾处拼装部位的垃圾和杂物，同时必须注意管片定位的正确，尤其是第一块管片的定位会影响整环管片成环后的质量及与盾构的相对位置良好度。

（3）每块管片拼装要精心，尽量做到管片接缝密贴，环面平整。必要时应在环面密贴 1~5mm 石棉板以调整环面的平整度。

（4）拼装时，要确保“T”形接头平整。

（5）环面超前量控制：施工中经常测量管片圆环环面与隧道设计轴线的垂直度，当管片超前量超过控制量时，及时调整管片旋转角度，从而保证管片环面与隧道设计轴线的垂直度。

（6）每一块管片拼装结束后，伸出千斤顶并控制到所需的顶力，再进行下一块管片的拼装，这样逐块进行完成一环的拼装。

（7）在拼装时应注意调整管片的椭圆度，尽量使管片呈竖椭圆状态。

（8）拼装 L1、L2 两块邻接块时必须注意开口，尤其 L2 拼装时，必须测量两块邻接块之间的开口位置，调节 L2 块位置直至开口处于 1 980mm，大于封顶块实际尺寸 20mm。

（9）拼装后及时调整千斤顶的顶力，防止盾构姿态发生突变。

（10）在推进过程中，对前 3 环内的所有管片螺栓进行复紧。

（11）管片在运输、拼装过程中可能会发生管片破损、止水带脱落等现象。破损的管片视破损情况进行修补或者调换；脱落的止水带必须重新粘帖牢固。

4）管片姿态控制

拼装前必须了解上一环的管片姿态测量报表。管片在盾尾内部拼装完成后，根据测量管片与盾尾之间上下左右的间隙以及管片拼装位置与盾构的关系，可以求得管片中心的实际坐标和横竖直径。

同时测量左上、左下、右上、右下的间隙，可以求得管片 45° 位置的直径。

5）成环隧道的质量控制

通过油脂压注及同步注浆压注等多种有效措施，保证成环管片的稳定。

（1）油脂压注对成环隧道的影响

油脂压注过程中采用注入量控制，压注的量根据试压注、实际压力等情况进行设定。确保盾尾油脂压注过程中，能够在盾尾内管片外侧保持一定量的油脂，并形成一定的压力。

油脂压注的作用：

①盾尾的密封止水。

②保护盾尾钢丝刷，增强其寿命。

③保持盾尾的圆度并同时使管片在盾尾内得到收紧。

油脂压注的第三点作用对成环隧道的稳定以及盾构姿态盾尾间隙保持均匀起着至关重要的作用。

管片拼装完毕后，由于拼装过程中拼装机的力度不足以使得管片所有接缝都十分密贴，尤其是封顶块两侧纵缝的开口。成环管片在推进到盾尾刷区域时，管片受到周圈油脂的压力后，管片之间更加紧密，大大增强了成环管片的受力性能。

同时管片与盾壳之间均匀的压力支撑着盾壳，使其保持较好的圆度。

（2）同步注浆压注对成环隧道的影响

同步注浆对于成环管片的影响主要是通过其对隧道稳定性的控制来体现。

管片脱出盾尾后，完全被同步注浆浆液包围。此时同步注浆浆液对管片的围压作用很明显。浆液过少，地表会产生凹陷；浆液注入过多，虽然地表不一定会产生沉降，但是管片外侧土体压力增加。当管片外侧土体孔隙水压力超过两条止水带接缝所能承受压力，便会出现漏水现象。

9.3.3.5 管片拼装效果

（1）管片轴线偏差：包括管片平面偏差和高程偏差，最终竣工复测数据如下。

东线管片：上行线平面和高程偏差每 5 环测一组数据。平面偏差：平均偏差为 29 mm，最大偏差值为 120mm，完全符合设计要求。高程偏差：平均偏差为 34mm，最大偏差值为 93mm，完全符合设计要求。

西线管片：下行线平面和高程偏差每 5 环取一组数据。平面偏差：平均偏差为 17mm，最大偏差值为 95mm，完全符合设计要求。高程偏差：平均偏差为 23mm，最大偏差值为 92mm，完全符合设计要求。

（2）环高差统计：相邻环之间上、下、左、右各测一点，一环共测四点，上行线 3 737 环共 14 948 个数据，其中 96.4% 小于等于 6mm，平均值为 2.75mm，最大值为 14mm；下行线 3 735 环 14 948 个数据，其中 96.4% 小于等于 6mm，平均值为 2.87mm，最大值为 15mm。

（3）管片横竖径统计：管片横竖径每 5 环测一组数据。设计要求：横径、竖径设计值小于等于 60mm（设计值为 4‰ D），上行线管片横径实测值全部符合设计要求，最大偏差为 52mm；管片竖径实测值全部符合设计要求，最大偏差值为 35mm。下行线管片横径实测值全部符合设计要求，最大偏差为 39mm；管片竖径实测值全部符合设计要求，最大偏差值为 41mm。

（4）管片渗水情况：上行线共有 16 处发现渗水。下行线 3 735 环共有 10 处发现渗水。从漏水的情况来看，多数集中在盾构推进管片“10 点钟”位置及 13~14 点位，呈湿渍状，但随隧道推进管片内部防水材料的膨胀，多数渗水管片湿渍会消失。

（5）管片碎裂情况：上行线管片拼装 3 737 环共发现管片破损共计 1 处；下行线 3 735 环推进拼装中管片破损共计 4 处。发生碎裂的情况非常少。

长江隧道工程的两条隧道，每条隧道 7.5km，两条共计 15km。拼装管片 74 720 块，螺栓连接 433 376 根，螺栓穿入率达到 100%，两台盾构机在 20 个月内高效、高质量的完成了施工。

9.3.4 施工阶段通风及消防措施

9.3.4.1 隧道通风

隧道通风方式为竖井排风正洞送风方式，利用始发井排风，通过口字形结构内送风至开挖面。送风方式如图 9-34 所示。

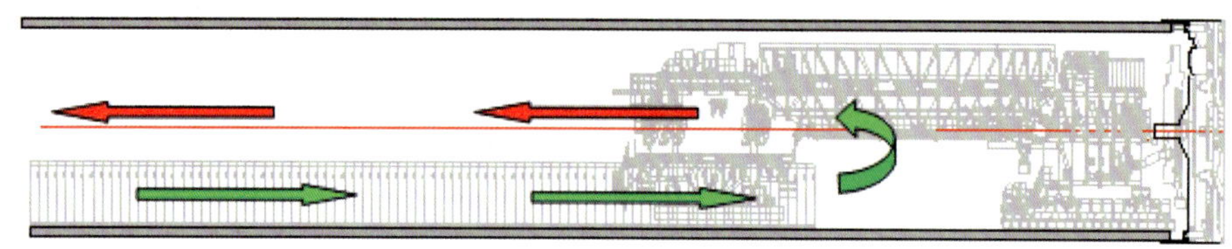

图 9-34 隧道通风

根据计算及考虑到隧道内风压状况，选用隧道专用轴流通风机作为本隧道的施工通风。

为保证洞内供风量和良好的空气循环通路及其他应急因素，隧道通风整体布局为：从隧道下部采用压入式管道通风，用隧道专用轴流通风机向洞内送入新鲜空气。在隧道掘进至较长距离后根据隧道内温度、粉尘等实际检测数据，在隧道内路面上安装的射流风机辅助通风。

9.3.4.2 消防设施布置

随着盾构的掘进，消防水管同步布设，每隔 120m 设置一个消火栓接口，水管配套专用水泵，保证压力、水量满足全面覆盖隧道内每一消防分区的需要。

盾构机头是掘进设备的核心部位，设置 8 个报警装置并配备移动式消防器材。操作人员一旦发现初期火灾，可立即使用现场消防器材进行自救，同时击碎报警器玻璃报警，并同步在中心控制室显示屏上显示位置，中心控制室根据报警位置即派人员赶赴现场作进一步的救援处理。盾构机头还设置温度感应探头以监测温度，在盾构车架尾部设一排水幕喷头，当隧道内发生火灾，烟雾达到一定浓度时，水幕喷淋系统将自动工作，喷射高压水形成水幕，以隔断盾构机区域和隧道其他工作区域，防止烟气的进一步扩散，减少人员烟气中毒伤害并延缓火灾蔓延。盾构机上高压电气控制柜配备了探火管的自动灭火装置，在监测到火灾发生时的第一时间即能自动喷出灭火剂介质。盾构机每天都进行机械设备例行保养工作，每一作业层面均布设了消防器材，有适用于电气灭火的 ABC 干粉灭火器、油脂类灭火的 CO_2 灭火器等。

长江隧道设置了 8 条连接通道，如图 9-35 所示，并尾随于盾构掘进同步施工，道路层与轨道交通层用逃生楼梯连接，逃生楼梯的间距定为 280m 左右，两条连接通道之间设置 3 座，如图 9-36 所示，在隧道内形成一个立体的逃生通道体系。

施工时，当隧道内险情严重、人员无法从路面上部疏散时，可通过道路同步施工“口”字形预制构件内部实现快速撤离，也可以通过连接通道从另一条隧道快速撤离。

9.3.5 盾尾钢丝刷更换应急措施

根据施工经验，盾尾钢丝刷的使用寿命一般在 2 000m 左右，长江隧道盾尾密封装置要面临长距离、超高水压的考验。

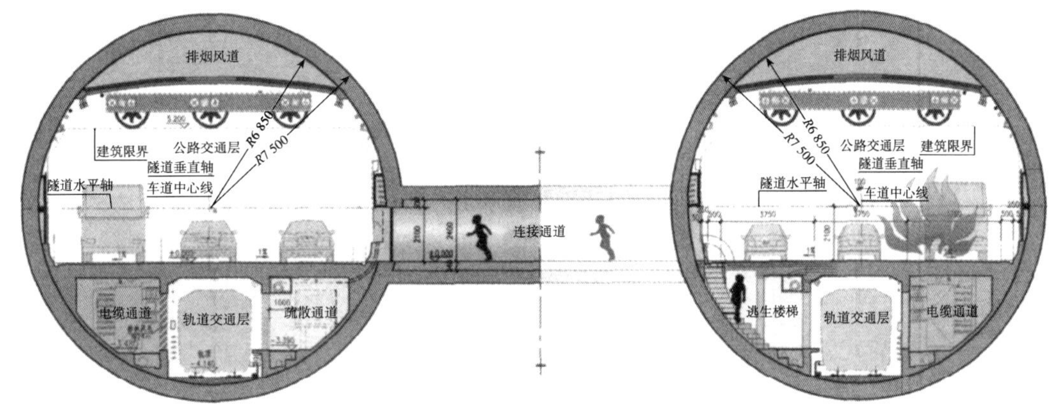

图 9-35　圆隧道横断面图

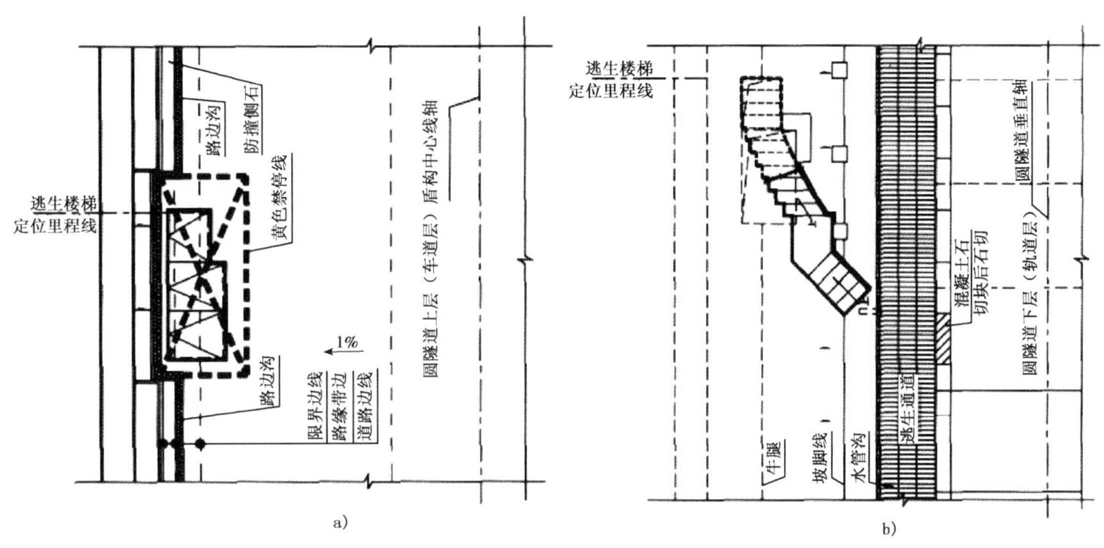

图 9-36　逃生楼梯及安全口

a）逃生楼梯上层平面图；b）逃生楼梯下层平面图

1）盾尾钢丝刷损坏原因

在实际施工过程中，经常会出现盾尾钢丝刷密封效果下降，导致漏水、漏泥沙的情况发生。究其原因，主要有以下几点：

（1）长距离盾构掘进中，盾尾刷与管片外弧摩擦而磨损。

（2）盾尾内的垃圾或碎块进入盾尾钢丝刷之后加剧其磨损。

（3）由于推进时盾构机姿态调整不好，使得盾尾间隙忽大忽小频繁变动，导致盾尾钢丝刷的破坏。

2）施工中的盾尾钢丝刷更换方式

（1）井内更换：即将盾构推入接收井后更换盾尾钢丝刷。常用于一台盾构的多区间推进。

（2）定点更换：将盾构推进至施工风险小的区域（或加固区）再更换盾尾钢丝刷。尽量避免在高透水层以及上部有重要建筑物或管线的区域更换盾尾钢丝刷。

（3）随时更换：适用于沿线地层非常好，而且地表建构筑物较少的情况。

（4）富水软土层更换：前提是必须有切实可行的盾尾加固密封等保障措施，本工程即属于这种更换方式。

9.3.5.1　盾构机的盾尾装置

本工程选用的盾构机盾尾装置长度 5 130mm，盾尾密封区域长度 2 450mm，包含有 3 道盾尾钢丝刷和 1 道盾尾钢板刷以及 1 道应急气囊密封装置，见图 9–37。在 3 道盾尾钢丝刷及钢板束之间有 3 道盾尾油脂压注孔，每道盾尾油脂注入孔有 19 个注入点，周圈均匀布置，每个油脂管路上均有压力传感器。

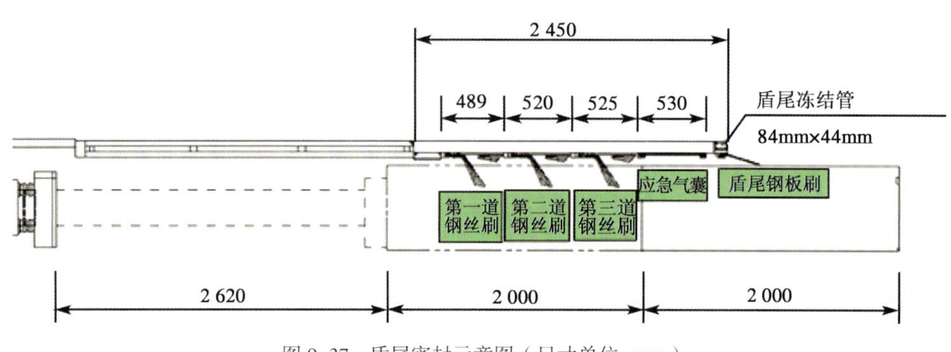

图 9–37　盾尾密封示意图（尺寸单位：mm）

针对长距离大直径泥水加压平衡盾构施工特点，优化设计了盾尾密封形式，为盾尾更换创造了条件。

（1）拼装机平移行程必须足够长，在更换盾尾钢丝刷时，方便拆除当前环管片。

（2）在钢板刷和第三道盾尾钢丝刷间增加一道应急气囊，必要时对应急气囊充气，阻止外界泥水进入盾构。

（3）盾壳上预留冰冻孔，便于冻结施工。

9.3.5.2　盾构掘进中盾尾钢丝刷的保护

1）盾尾钢丝刷内的油脂预填充

盾尾钢丝刷必须与油脂共同作用才能发挥作用。盾尾钢丝刷使盾尾油脂牢牢地黏附在其左右，油脂在盾尾钢丝刷和管片之间形成一个完整的密封圈，阻止泥水的流入。

2）合理的盾尾油脂压注

（1）盾尾油脂的压注系统

盾尾油脂加注系统是压缩空气通过由 PLC 控制的电磁阀为气动泵提供动能来源，克服油脂在管内的损耗，保证输送到盾构机上的多个油脂气阀时有足够的压力，再由油脂气阀均匀的将油脂输送到前、中、后三道盾尾刷，达到密封、防止渗水及保护盾尾钢丝刷的作用。

（2）压注方式

3 道盾尾钢丝刷和 1 道钢板刷之间共有 3 道空隙，用 3 个盾尾油脂泵分别压注 3 道空隙，每个泵对应一道空隙。3 道空隙各有 19 个压入点，压注方式为逐点压注。一个点压注两次，两次时间间隔为 1s，然后压注第二个点，从 1~19 号点逐点压注，使油脂分配均匀。

（3）油脂压注监控

如图 9–38 所示，在操作画面上分为前、中、后三道，总共 19×3=57 个盾尾油脂注入点，根据传感器送来的数据，经过 PLC 软件处理计算出每个注入点的注入总量与三道的注入总量，并显示注入点的压力值。

数据采集系统的盾尾油脂界面可以监视每个注入点的气阀是否开启，同时也可监视注入点的压力值与注入量等参数。

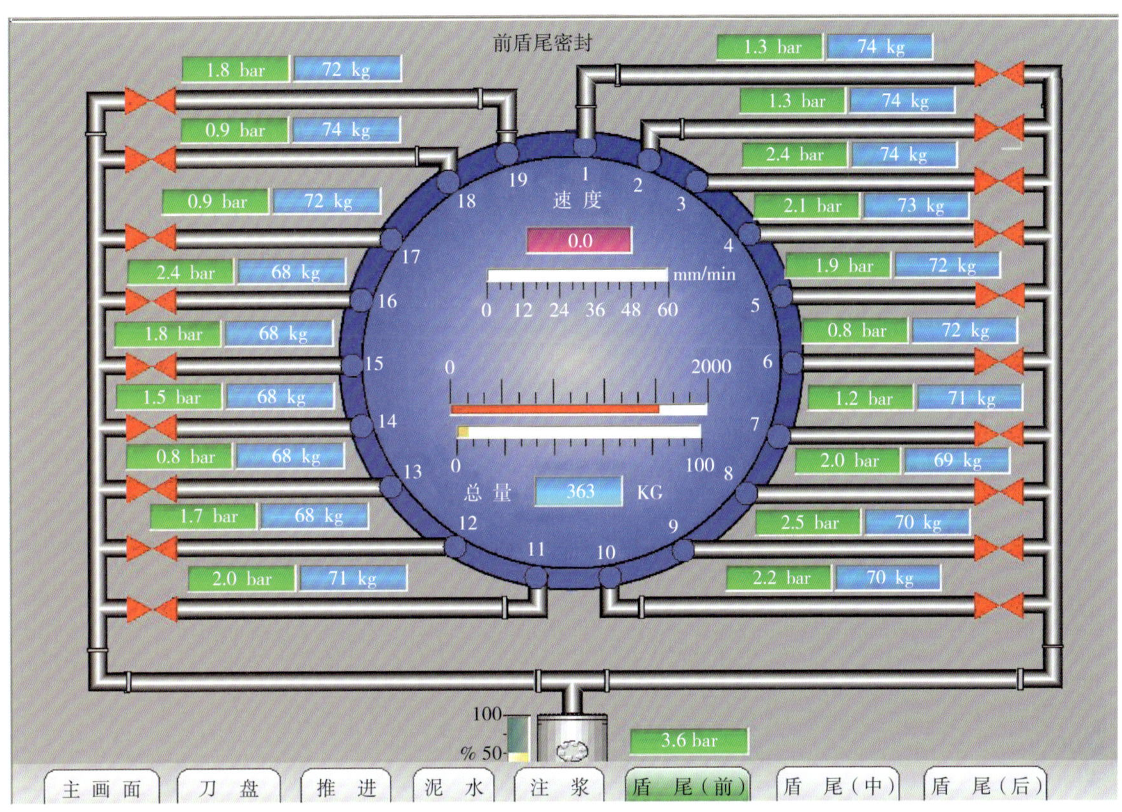

图 9-38　盾尾油脂的数据采集界面（1bar=10^5Pa）

（4）压注报警设置

正常推进时的盾尾油脂压注必须实时、足量压注，操作人员可以根据实时监测界面观察油脂的压注量。

盾尾油脂的工作模式有两种：自动模式和手动模式。在正常推进状态下选用自动模式。本工程设定前、中、后 3 道盾尾油脂的注入量分别是 45kg、55kg、75kg，当任意一道油脂压注量少于 10% 时，界面中会有报警提示；当压注量少于 15% 时，盾构机会自动停止推进，此时操作人员必须采取手动补压该道油脂后才能恢复推进。

3）盾尾间隙保持均匀

若间隙过小，盾尾钢丝刷密封装置受偏心管片过度挤压后产生塑性变形而失去弹性，密封性能下降。

（1）在施工中必须严格控制盾构机姿态，不允许大幅度纠偏。

（2）管片拼装后要求尽量形成一个标准的圆，实际施工中由于自重等因素影响，横向椭圆较为多见，拼装工在拼装时必须控制椭圆度，尽量保证盾尾间隙均匀。

（3）采用管片自动选型系统，将管片间隙作为管片选型的最主要因素可以更有效地控制盾尾间隙。

9.3.5.3　盾尾钢丝密封效果检查

在进行盾尾钢丝刷更换之前必须对盾尾钢丝刷的损耗情况，隧道及盾构周围的土质状况进行调查，充分掌握施工条件后方可进行施工。

检查盾尾钢丝刷的磨损情况，一般可以先通过在推进时观察盾尾漏浆等情况来判断。在正常施工情况下，如果盾尾连续出现漏浆，应暂时停止推进，采用临时应急措施，在盾尾钢丝刷处注入特制防水油脂，必要时由盾尾化学注浆孔注入特殊凝固浆，见图 9-39。盾尾处漏点初步封堵后，拆除最后 1 环成环管片的封顶块，观察盾尾钢丝刷磨损情况。如果盾尾钢丝刷磨损严重或钢丝刷被结硬的浆块包裹，应及时采取措施更换盾尾钢丝刷。

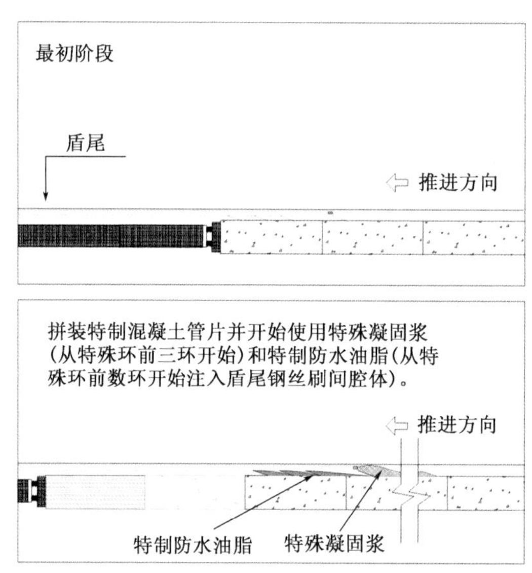

图 9-39　应急检查措施

9.3.5.4　盾尾钢丝刷更换预案

为了能够在江底这种极不利的情况下进行盾尾钢丝刷的更换，设计了一种冻结帷幕加固盾尾周边土体后实施盾尾钢丝刷安全可靠更换的方法，更换流程如图 9-40 所示。

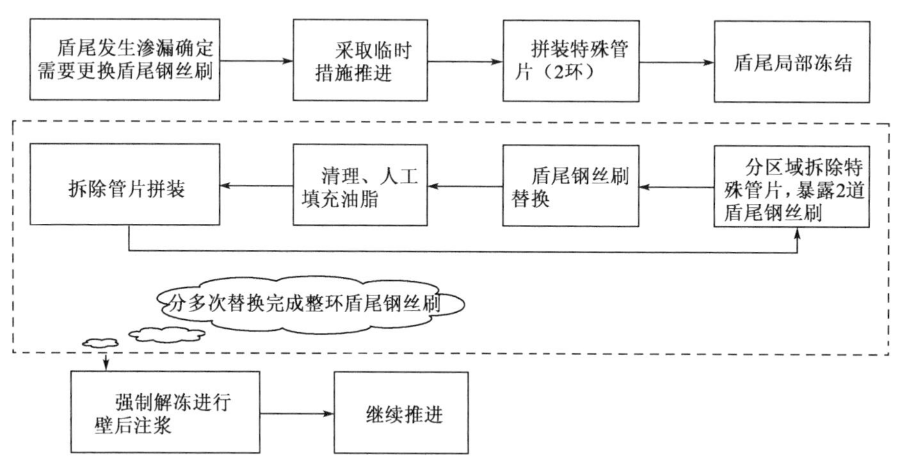

图 9-40　盾尾钢丝刷更换流程

1）土体加固

盾尾外围的土体采用冻结法进行加固。预埋冻结管管片推出盾尾后通过管片以及盾尾的预留冻结管采用盐水循环进行冻结，使其形成的冻结帷幕，然后在冻结帷幕的保护下进行盾尾钢丝刷的检修。

2）盾尾钢丝刷更换

（1）拼装特殊环管片

拼装带有预埋冻结管的特殊环管片，然后继续推进拼装后一环特殊管片，并将预埋冻结管管片推出盾尾。预埋冻结管管片推出盾尾的距离应严格控制，为下一步工序施工奠定基础，以保证冻结施工位置的准确性和确保更换2道盾尾钢丝刷的空间，以及尽量保证管片拆除时盾尾闭封区域的长度。

（2）拆除管片暴露盾尾

盾尾外围土体加固效果达到设计要求后，分块拆除盾尾内的管片，暴露出盾尾内的2道钢丝刷。

（3）盾尾更换

由盾尾上部12点钟位置向一侧逐块拆除原有损坏的盾尾钢丝刷。拆下来的盾尾钢丝刷及时从盾尾移走。

盾尾钢丝刷更换完成后在钢丝刷内嵌入盾尾油脂，盾尾油脂填充要完全充满。

人工填充盾尾油脂完成后及时拼装管片，待成环后利用油脂泵向盾尾内压注盾尾油脂，直到各盾尾油脂压力传感器显示的压力值达到密封要求为止。

（4）强制解冻

在隧道内安装一个体积为2m³盐水加热箱，分别在盐水箱里安装加热器，使盐水箱盐水1h左右升温到80~90℃，通过盐水泵打入冻结管进行循环，利用预埋的冻结管来传递热量使冻土迅速升温融化，达到解冻的效果。

（5）壁后注浆

在强制解冻过程中通过管片注浆孔向解冻体压注单液浆，注浆时注意控制压力及流量，采用少量多压的方法。

（6）恢复推进

推进时要注意盾构周围加固土体的影响，注意推力变化，如果推力过大（相比停止时推力）则暂时停止推进，继续解冻。

在盾尾更换期间，要随时监控正面泥水的稳定情况，如果出现变化应及时作出调整，保证开挖面的稳定。同时利用自动化测量系统对盾构进行监测，随时注意盾构姿态变化。在冻结及解冻过程中对隧道管片的沉降以及变形进行监测。

9.3.5.5 小结

施工中经过对盾尾的长期观测发现，盾构机位于江中段最大埋深时，盾尾处渗漏少量掺杂着砂的清水。总体来说，本工程施工中很少有盾尾处渗漏情况发生，盾尾装置密封非常好。在长江隧道整条隧道的推进过程中一直贯彻着以保护盾尾钢丝刷为主要思想的施工理念，有效地保护了盾尾钢丝刷。

另外，通过其他的措施保证了均匀的盾尾间隙，为保护盾尾钢丝刷提供了必要的前提条件，包括：

（1）通过自动测量软件对盾构推进进行精确指导。

（2）通过管片选型软件对管片的拼装位置进行正确的选择。

（3）同步注浆也有效控制了隧道上浮及变性。

长江隧道两台盾构机各自在长达7.5km的推进过程中，未发生过盾尾泄漏，且盾尾钢丝刷也无更换，在盾构进洞后，发现仅前两排的盾尾钢丝刷有较严重的磨损，而第三排的钢丝刷仅表面钢板有所磨损，钢丝刷之间的空腔内充满了油脂，盾尾钢丝刷磨损情况如图9–41所示。

图 9–41 盾尾钢丝刷磨损情况

9.4 盾构到达

根据地质勘察报告，盾构在进洞段要穿越的有：②$_3$灰色黏质粉土、④灰色淤泥质黏土，⑤$_1$灰色黏土、⑤$_3$灰色粉质黏土，进洞段覆土最浅处深 6.187m。长兴岛岸上段纵断面图见图 9–42。盾构进洞施工流程如图 9–43 所示。

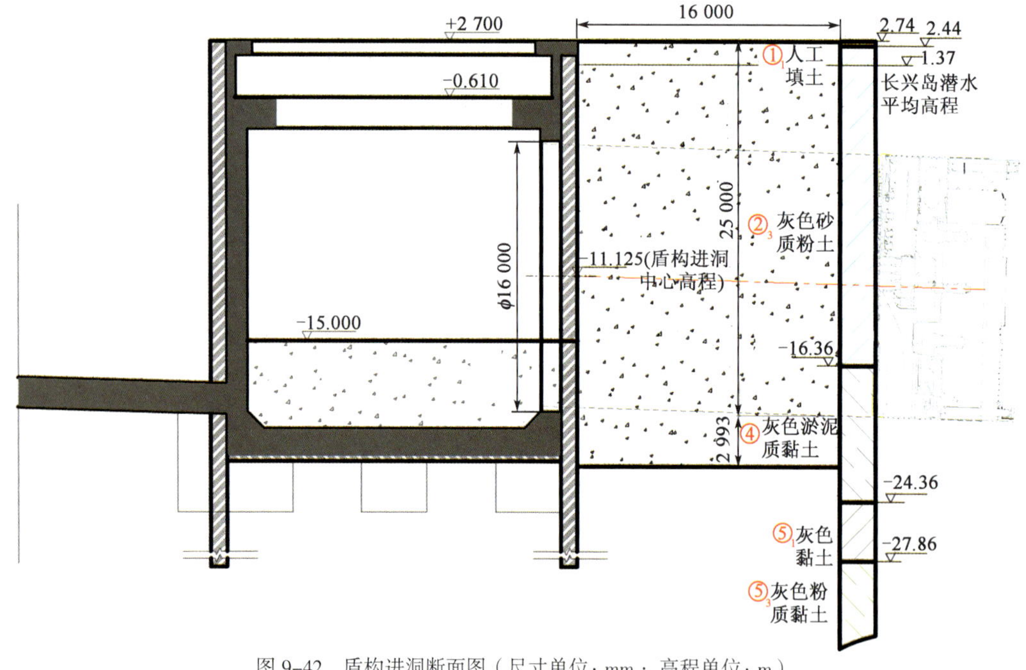

图 9–42 盾构进洞断面图（尺寸单位：mm；高程单位：m）

9.4.1 到达准备工作

9.4.1.1 洞口加固

盾构进洞时采用深层搅拌桩方式进行加固，加固范围为纵向工作井围护结构向外延伸 16m，横向同工作井宽度为49m，深度为25m，加固强度为1.0MPa ≤ q_u ≤ 1.2MPa，如图9-44所示。在加固区外围布置6口井进行井点降水，防止盾构进洞时由于地下水位过高造成工作井渗水。

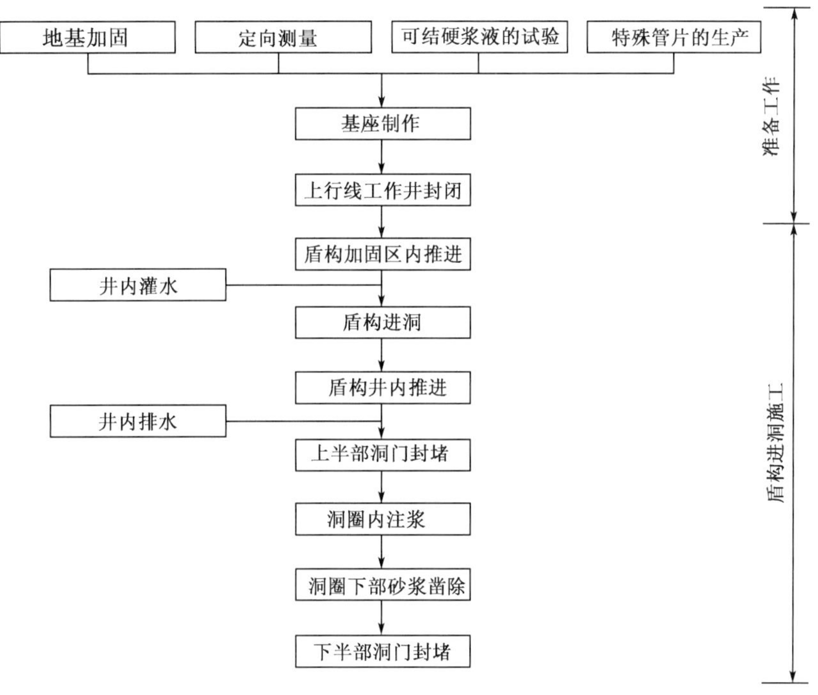

图9-43 盾构进洞工艺流程

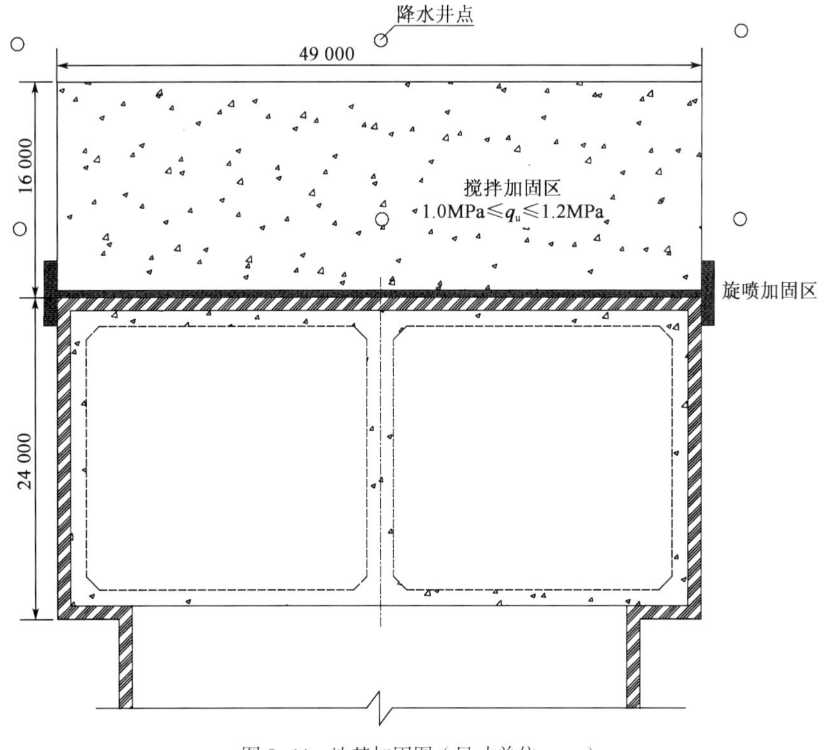

图9-44 地基加固图（尺寸单位：mm）

9.4.1.2　工作井内布置

如图 9–45 所示，工作井内尺寸为 22m × 17.5m，洞口直径为 16m，盾构进洞前先凿除工作井内支撑，然后在井底采用 M5 砂浆浇筑成一个平台，井底砂浆平台浇筑高程至 –15m，盾构切割后有 120° 的弧面可以承重，浇筑范围包括洞圈内部。在井内盾构行走轨迹两侧搭设脚手架。

图 9–45　基座断面图

9.4.2　盾构机在水中到达

9.4.2.1　工作井内加水

接收井准备工作完成后，进行井内加水，等候盾构机切削地下连续墙后进入，如图 9–46 所示。

图 9–46　工作井内加水

考虑盾构机在完全进入工作井后泥水产生的浮力，泥水的液位控制非常重要。通过计算可以确定在不同阶段盾构机所受的浮力，确保盾构不会上浮。图 9–47 是盾构机进入工作井内长度与工作井内泥水液位距离盾构中心高度的关系图，从图中可以看出，当盾构机进入工作井的长度小于 7m 时，泥水液位可以淹没盾构机，盾构机所受浮力小于盾构机的自重；当盾构机进入工作井的长度大于 7m 时，需要控制泥水液位的高度，防止盾构机浮力大于盾构机的自重，对隧道管片产生不利影响。

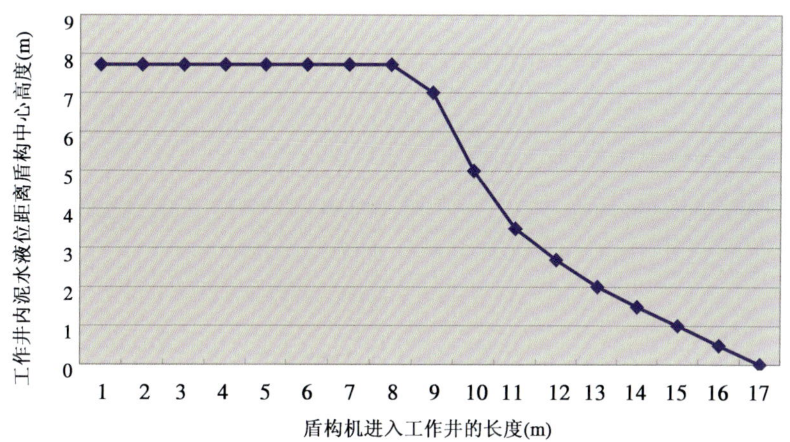

图 9–47　工作井内泥水液位控制图

9.4.2.2　盾构机推进及管片拼装

盾构机在进洞过程中进行特殊管片的拼装，特殊管片包括预埋预应力螺栓孔的特殊管片和背覆钢板的特殊管片。

1）预应力螺栓拉紧的特殊管片

管片拼装之后进行预应力螺栓的安装，如图 9–48 所示。

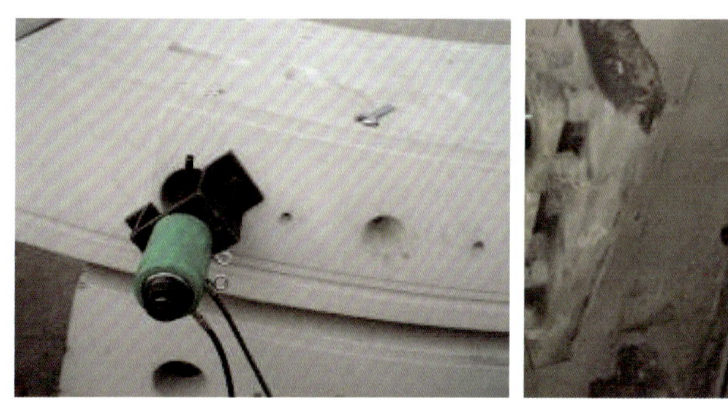

图 9–48　预应力螺栓安装图

2）洞口环管片

为了盾构进洞后的洞门封堵，在洞门圈位置必须设置背覆钢板的特殊环管片，因此提前加工 1 环特殊环，特殊环管片背面满覆钢板。

3）进洞段推进

在盾构机的刀盘抵达加固区前两环开始，将推进速度放慢，在推进过程中密切注意刀盘扭矩、推力等数据的变化情况。由于盾构机刀盘底部先接触到加固区，必然会引起刀盘正面的不均匀受力情况，因此，加固区前两环的推进过程对施工参数进行特殊控制。

（1）推进速度：放慢推进速度，推进速度控制在 15~20mm/min 之间。

（2）切口水压：在盾构机头部完全进入加固区后，保证泥水循环正常运行的情况下，将切口水压逐步降低，直至盾构破洞的前两环，切口水压由 2.25×10^5 Pa 逐步降低至 1.5×10^5 Pa。

（3）隧道轴线和盾构姿态的控制：切口高程以及平面需控制在 –10~+10mm，保证盾构顺利准确的进洞，实际推进高程最大偏移量只有 7mm。

（4）刀盘扭矩：刀盘扭矩在加固区中平均值和最大值有所增大，但都在合理范围内，未对推进产生影响。

盾构机在3 731环推进至800mm的时候刀盘底部首先破壁，盾构机在进入工作井的初始阶段，大量泥水从泥水舱泄入工作井，此时停止推进，泥水循环切换成小旁路的模式，待稳定后根据刀盘中心的压力传感器设定气泡舱压力，重新开启大循环进行推进，循环时确保进、排泥流量接近。盾构机头进入工作井及盾构机工作井内推进如图9-49所示。

图9-49　盾构机头进入工作井及盾构机工作井内推进

9.4.2.3　盾尾注浆

当盾尾进入加固区时，开始采用特殊的早强浆液进行同步注浆，起到及时止水的效果。最后一环推进结束后，盾尾底部即脱出加固区，顶部即将脱出加固区。在此位置进行一次环箍压密注浆。

9.4.2.4　洞门封堵

1）第一次洞门圈封堵

当盾构机部分进入工作井后对洞门圈注浆封堵，进一步确保洞门圈密封性。

首先逐步降低井内泥水液位，在洞门圈无泄漏或者泄漏不大的情况下，由上而下逐步封堵洞门。井内泥水液位的降低可与洞门封堵同步，略提前于洞门封堵的进度。洞门封堵时在封堵的钢板上预留浆液液位观察孔及注入孔，封堵钢板焊接在洞门圈以及盾壳上。封堵到盾构基座位置底部120°时，与砂浆基座的接口位置采用浇筑混凝土的形式进行密封，然后通过盾构接出的注浆管路对封堵后的洞门圈内进行注浆，主要通过1、2、5、6号四根管路进行浆液压注。

2）第二次洞门封堵

第一次封堵完毕后盾构机继续推进，盾尾完全脱出内衬结构后第二次封堵洞门，洞门封堵完毕后，再次对洞门圈进行注浆。

整个盾构机进洞施工过程中，盾构机推进顺利，没有出现异常情况，洞门没有出现明显的渗漏现象。管片轴线控制良好，管片上浮量也控制在30mm以内，盾构进洞管片轴线图如图9-50所示。

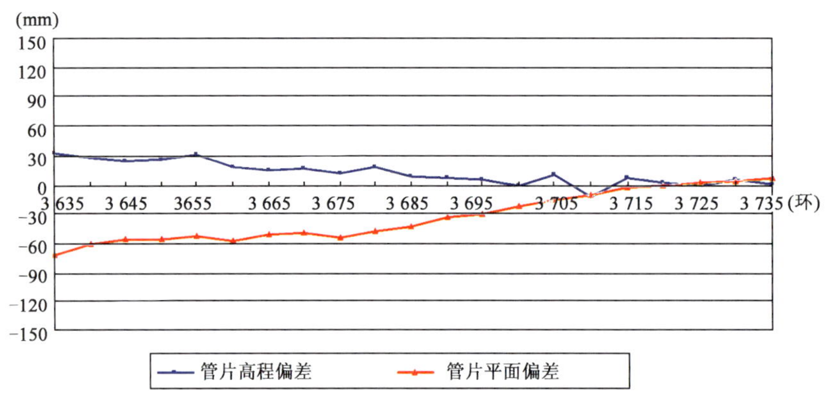

图9-50　盾构进洞管片轴线图

9.5 成环隧道质量控制

9.5.1 标准选用

上海长江隧道工程盾构推进及管片拼装过程中，成环管片质量标准主要采用:《公路工程质量检验评定标准》(JTG F80/1–2004)、《上海长江隧道工程专项质量检验评定标准》和《上海长江隧桥工程竣工档案编制办法》，具体实测项目见表 9–8。

盾构推进及管片安装实测项目 表 9–8

项 次	检 测 项 目		规定值或允许偏差
1	隧道轴线轴线偏位（mm）	水平	± 150
		垂直	± 135
2	衬砌成环直径偏差（mm）	水平	0.4%D
		垂直	
3	相邻衬砌环间高差（mm）		8
4	纵缝张开量（mm）		2

9.5.2 成环隧道质量控制

9.5.2.1 轴线偏差

1）轴线偏差控制措施

（1）全线测量，保证精度

长江隧道掘进距离长，贯通精度要求高，地面控制网点之间通视困难，地下平面和水准控制测量累计误差大。为保证轴线控制在允许偏差内，对盾构的位置和姿态进行实时监测，平稳控制盾构推进轴线，减少不必要的盾构推进纠偏，且每次纠偏量控制在允许范围内。施工中采用了人工和自动两种方式同时进行测量，确保测量的精度。

（2）同步注浆

盾构推进过程中及时对盾壳与管片四周的间隙进行注浆，及时充填建筑空隙，防止地面沉陷及对衬砌管片起到握裹、固定作用。

隧道采用的单液浆在管片外壁与土体之间起到稳定性作用，可以短时间内对砂浆与管片之间、砂浆与土体间形成足够的抗剪切强度，有效地防止管片的位移。

（3）同步施工

在与盾构推进的同时，同步进行隧道内预制口字形构件的安装和道路结构施工。道路结构分为预制口字形构件安装、两侧压重混凝土块、现浇牛腿和路面板组成。通过同步施工的及时跟进，增加了隧道的压重，有效防止管片的上浮。

（4）垂直顶升

为确保盾构机在连续长距离掘进后能够顺利进入长兴岛接收井，在距离接收井约 500m 处进行垂直顶升，并利用该孔通过用垂线投影法将地面控制点的坐标和方位传递至隧道内，完成轴线复核。根据复核后隧道轴线修正盾构姿态，确保隧道顺利进洞。

2）效果

通过运用新技术，精确的测量、定位，长江隧道工程整体轴线偏差处于完全受控状态，通过在隧道主体施工顺利完成后的一年多持续监测，隧道轴线未见明显异常，长江隧道管片高程偏差和平面偏差均控制在 ±60mm 之间。东西线圆隧道出洞段、进洞段以及埋深最深处这三段管片姿态复测数据汇总如图 9-51 所示。

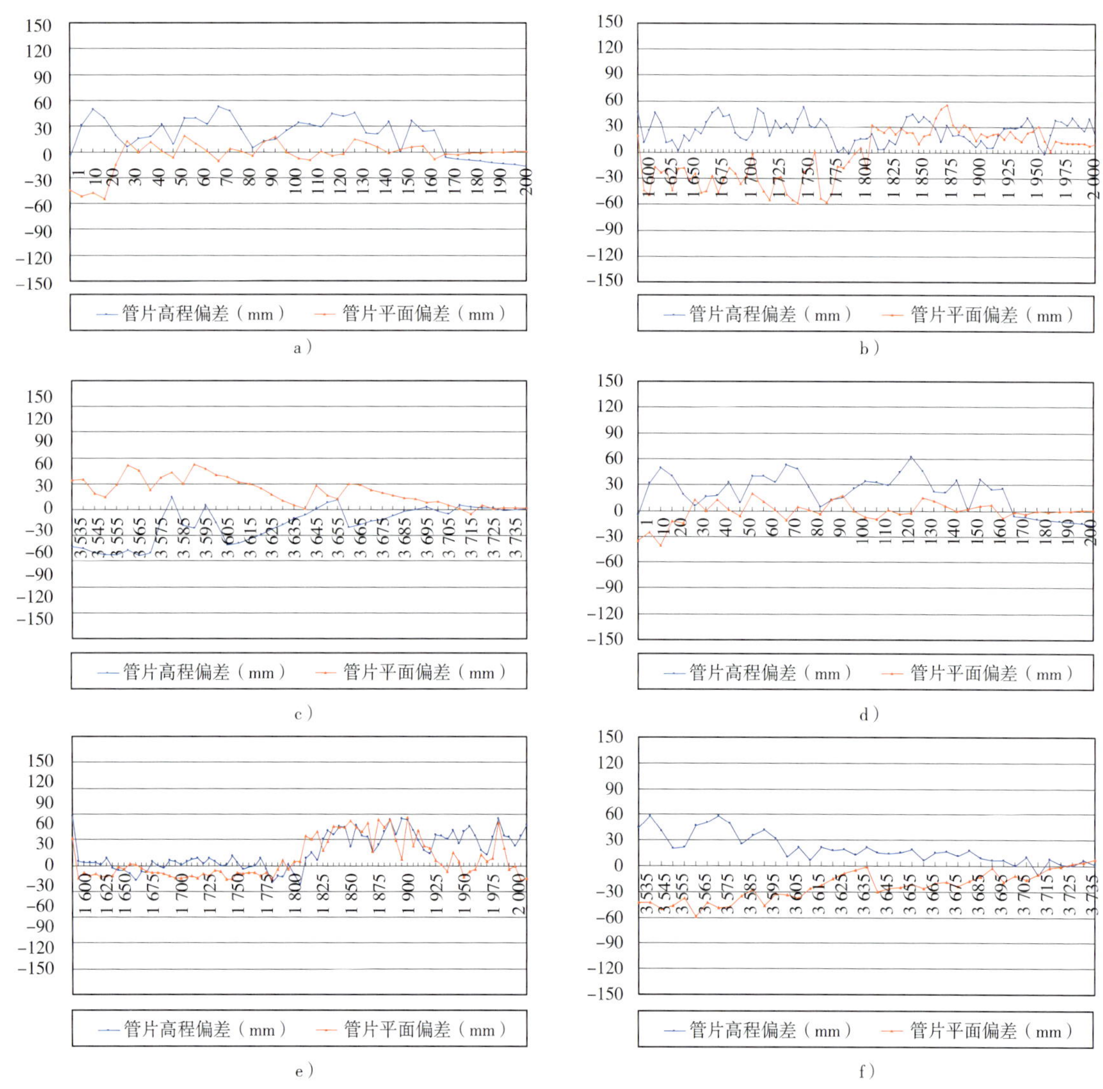

图 9-51　管片姿态复测数据汇总

a）长江隧桥工程东线圆隧道 1~200 环管片姿态（终测）；b）长江隧桥工程东线圆隧道 1 600~2 000 环管片姿态（终测）；c）长江隧桥工程东线圆隧道 3 535~3 737 环管片姿态（终测）；d）长江隧桥工程西线圆隧道 1~200 环管片姿态（终测）；e）长江隧桥工程西线圆隧道 1 600~2 000 环管片姿态（终测）；f）长江隧桥工程西线圆隧道 3 535~3 735 环管片姿态（终测）

通过对这三段最难控制区域的数据汇总可以看出，两条隧道的轴线偏差处于受控状态。从实测情况来看，东线隧道 3735 环管片轴线：平面和高程偏差每 5 环测一数据，共 748 组数据；平面平均偏差为 38mm，最大平面偏差值为 128mm；高程平均偏差为 29mm，最大高程偏差值为 125mm。

西线隧道 3 737 环管片轴线：平面和高程偏差每 5 环测一数据，共 747 组数据；平面平均偏差为 34mm，最大平面偏差值为 132mm；高程平均偏差为 29mm，最大高程偏差值为 104mm。完全符合设计要求。

9.5.2.2 衬砌成环直径偏差

1）衬砌成环直径偏差控制措施

（1）管片选型

科学合理的管片选型是施工轴线精确控制的基础，通过分析盾构姿态、管片超前量、盾尾间隙等数据，合理调整封顶块的位置，保证衬砌直径满足要求。

（2）测量措施

为保证衬砌成环直径偏差在受控范围内，采用了系统辅助测量，通过 360° 全范围扫描测量获得数据并处理，实时监控隧道整圆度，确保衬砌直径偏差符合设计要求。

（3）其他措施

由于钢结构相对于混凝土结构具有轴线容易控制等优点，盾构推进时，长江隧道负环采用钢管片，保证隧道的整圆度。

在隧道进出洞段、地层变化位置段、连接通道段管片拼装过程中，通过环与环之间设置剪力销来定位每块管片的位置，大大提高了拼装精度。

2）效果

长江隧道工程衬砌成环直径偏差整体受控，通过在隧道主体施工顺利完成后的一年多持续监测，未见明显异常，隧道管片横径偏差和竖径偏差均控制在 ±40mm 以内，东西线圆隧道出洞段、进洞段以及埋深最深处管片直径偏差主要复测数据见图 9-52。

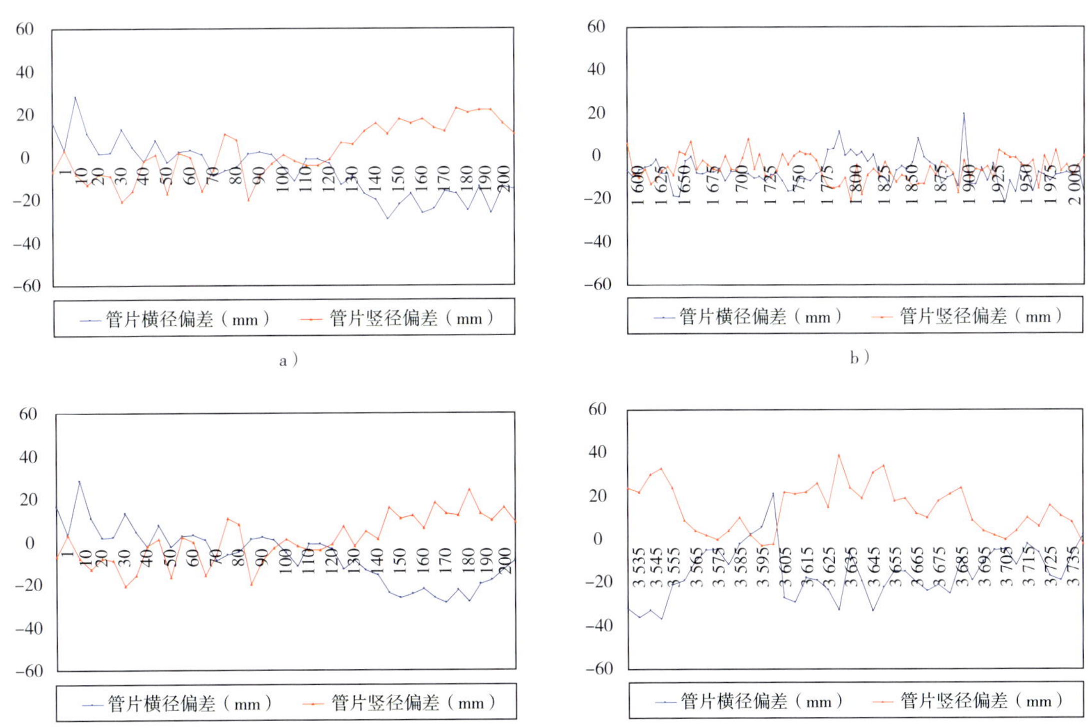

图 9-52

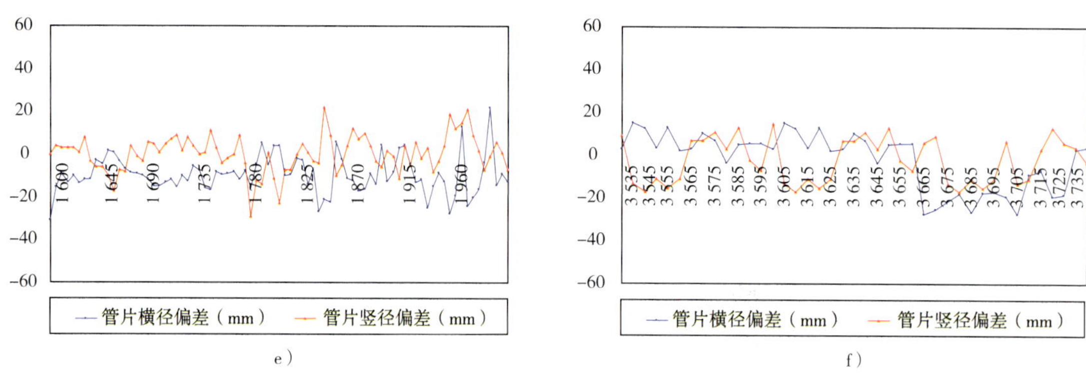

图 9–52　管片直径偏差主要复测数据汇总

a）长江隧桥工程东线圆隧道 1~200 环管片直径偏差（终测）; b）长江隧桥工程东线圆隧道 1 600~2 000 环管片直径偏差（终测）; c）长江隧桥工程西线圆隧道 1~200 环管片直径偏差（终测）; d）长江隧桥工程东线圆隧道 3 535~3 737 环管片直径偏差（终测）; e）长江隧桥工程西线圆隧道 1 600~2 000 环管片直径偏差（终测）; f）长江隧桥工程西线圆隧道 3 535~3 735 环管片直径偏差（终测）

整条长江隧道设计允许值横径和竖径偏差≤ 0.4%*D*（150 000mm × 0.004=60mm），终测结果显示，东线管片横竖径，管片横竖径每 5 环测一组数据，共 748 组数据，管片横径实测值：平均偏差为 12mm，最大偏差为 45mm；管片竖径实测值：平均偏差为 10mm，最大偏差值为 50mm。西线管片横竖径，管片横竖径每 5 环测一数据，共 748 组数据，管片横径实测值：平均偏差为 13mm，最大偏差为 50mm；管片竖径实测值：平均偏差为 10mm，最大偏差值为 50mm。完全符合设计要求。

9.5.2.3　环高差

环高差是指管片拼装完成后，两环管片间内弧面不平整所产生的高差，相邻环高差量的大小直接影响到建成隧道轴线质量，环高差过大时甚至可能把螺栓剪断，因此必须严格控制。管片拼装过程中，主要采取的控制措施有：

（1）及时、充足地进行同步注浆，用同步注浆的浆液将管片托住，减少环高差。

（2）管片环与环之间设置剪力销，拼装时提前确定管片位置，负环拼装完成后，及时焊接钢板辅助定位。

（3）严格控制盾构推进轴线和盾构姿态，纠正管片环面与隧道轴线的不垂直度，确保管片能拼于理想的位置上。

长江隧道管片拼装过程中，环高差按照每拼装一环量测 4 点的频率进行，其中，东线共测量 14 948 点，其中 14 868 点满足要求，达标率达到 99.47%；西线共测量 14 940 点，其中 14 777 点满足要求，达标率达到 98.91%，如图 9–53 所示。总体质量处于受控范围以内。

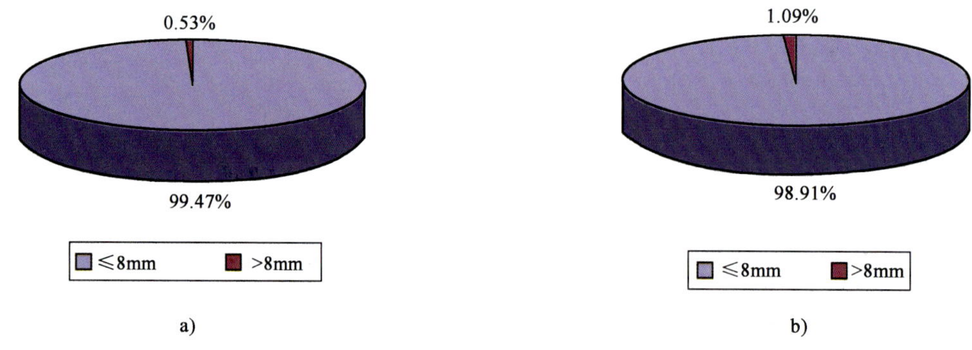

图 9–53　管片拼装环高差统计

a）长江隧道东线环高差统计表; b）长江隧道西线环高差统计表

9.5.2.4 纵缝张开量

纵缝为同环相邻的管片相互位置发生变动，致使纵缝出现了前后喇叭、内外张角、内弧面产生踏步、两块管片相对旋转等现象。这对隧道的防水、管片的受力都造成严重的危害。

长江隧道在管片拼装纵缝控制方面主要采取的措施有：

（1）推进时勤纠偏，使盾构的轴线与设计轴线的偏差尽量减少，保证管片能够居中拼装，管片周围有足够的建筑空隙使管片能拼装成正圆。

（2）环面的偏差及时纠正，使拼装完成的管片中心线与设计轴线误差减少，管片始终能够在盾尾内居中拼装。

（3）管片两边设有定位棒，可以预先定位每块管片的位置，保证精度要求。

长江隧道管片拼装过程中，纵缝张开量按照每拼装一环量测 4 点的频率进行，其中，东线共测量 14 948 点，西线共测量 14 940 点，全部满足要求，达标率 100%。

9.5.3 渗漏控制

成型管片出现渗漏情况主要是由于管片裂缝、三元乙丙橡胶垫错位、脱落及环缝过大等情况造成。在上海长江隧道推进过程中，通过对三元乙丙橡胶垫前期的检测和选型，在推进过程中对拼装进行精准定位，有效控制了管片拼装质量，也减少了因拼装而引起的成型管片渗漏情况。在长江隧道推进过程中东线隧道推进过程中发现 9 处渗水；西线隧道发现 6 处渗水，从漏水的情况来看，多数集中在盾构推进管片 17~18 号千斤顶位置及 13~14 号千斤顶位置，呈湿渍状，但随着隧道推进、管片防水材料的膨胀及注浆堵漏后，所有渗水管片湿渍已经消失。

9.5.4 实施效果

2011 年 3 月的检测报告显示，自上海长江隧道 2009 年 10 月底正式通车后，隧道内沉降变形变化都在可控范围内。与初始值比较，沉降变化范围如表 9–9。

隧道内沉降变形变化范围汇总表　　表 9–9

位　置	项　目	圆隧道段
东线	沉降值（mm）	-6.1~9.1
	沉降速率（mm/d）	-0.01~0.02
	相邻监测点差异沉降（mm）	-7.9~4.8
西线	沉降值（mm）	-11.4~27
	沉降速率（mm/d）	-0.01~0.05
	相邻监测点差异沉降（mm）	-6.7~5.3

上表数据显示，上海长江隧道圆隧道段受测量误差、温度、水位和荷载的综合影响，产生微幅变化，表明隧道总体变形属于受控弹性变形范围内，结构安全、可靠。

第10章　圆隧道内部平行施工

YUANSUIDAO NEIBU PINGXING SHIGONG

10.1 概述

根据圆隧道设计和运营要求，内部结构从下到上分为轨道交通层（含电缆、管路、逃生通道等）、道路层和烟道层三层，分别承担轨道交通及管路过江、车辆通行、运营阶段处理火灾等突发事故的功能，如图 10–1 所示。考虑埋深和长度，隧道竖曲线为“W”形，在最低点设置泵房，两条隧道共设四座泵房。基于运营及逃生考虑，两条隧道每隔 830m 布置横向连接通道共八条，以沟通两条隧道，在车道板上每间隔约 275m 留设逃生楼梯，以沟通车道层和轨道交通层，形成空间网格状的通道。烟道层按间隔 60m 布设排烟口，特殊情况下用于强制排烟，根据以上总体布置，需考虑以下特殊构造：泵房处路面设横截沟、泵孔，路面结构上设检修孔、横截沟，泵孔、检修孔和逃生楼梯均设置盖板。

图 10–1　圆隧道标准断面图

隧道内部装饰工程及机电系统工程，是实现隧道整体功能和安全长期运营的重要保障，正常运营中为隧道提供舒适的通风和照明环境，从而保证驾乘人员安全、舒适地驾驶，实现对隧道交通的有效监控，保证车辆安全快捷的通行。发生火灾等险情时，能为被困人员提供有效逃生时间和逃生条件，且能尽可能地对险情自动作出反应和控制。本工程中装饰部位主要包括隧道洞口、地面设备用房、隧道顶部、隧道侧壁；机电系统由通风系统、排水系统、消防系统、照明系统和供电系统五个独立系统组成，由长兴岛上的设备管理用房统一管理。

车道采用“噪声低、抗滑性好、行车舒适、养护方便”的沥青铺面，上面层采用 4.0cmSMA–13 阻燃改性沥青混合料，下面层采用 4.0cmSMA–10 温拌改性沥青混合料。采用阻燃沥青技术，提高沥青材料的防火性能，提高沥青路面防灾、抗灾标准。采用温拌沥青技术，降低沥青混合料生产、拌和、施工温度，减轻沥青混合料带来的施工污染。

充分利用隧道横断面和隧道长度，下部结构和盾构推进同步施工，解决了施工期间隧道整体的上浮问题。上部结构采用预制板吊装，装饰和机电工程分区域施工，实现了总体的快速施工。

10.2 内部结构施工

10.2.1 内部结构施工的总体设计

充分利用上海长江隧道大直径、长距离的特点，组织内部结构流水作业施工。在盾构推进过程中采取预制和现浇结合的方式组织内部道路结构施工，以预制口字形构件同步吊装为核心，有助于盾构隧道施工期间抗浮，并实施快速施工；道路结构施工完成后以预制烟道板吊装结合烟道口现浇的方式，施工烟道层结构；内部结构完成，隧道沉降稳定后对路面结构高程进行全面实测，根据实测结果确定调坡方案，施工防撞墙和铺装层。圆隧道内部结构施工组织划分参见图 10-2。

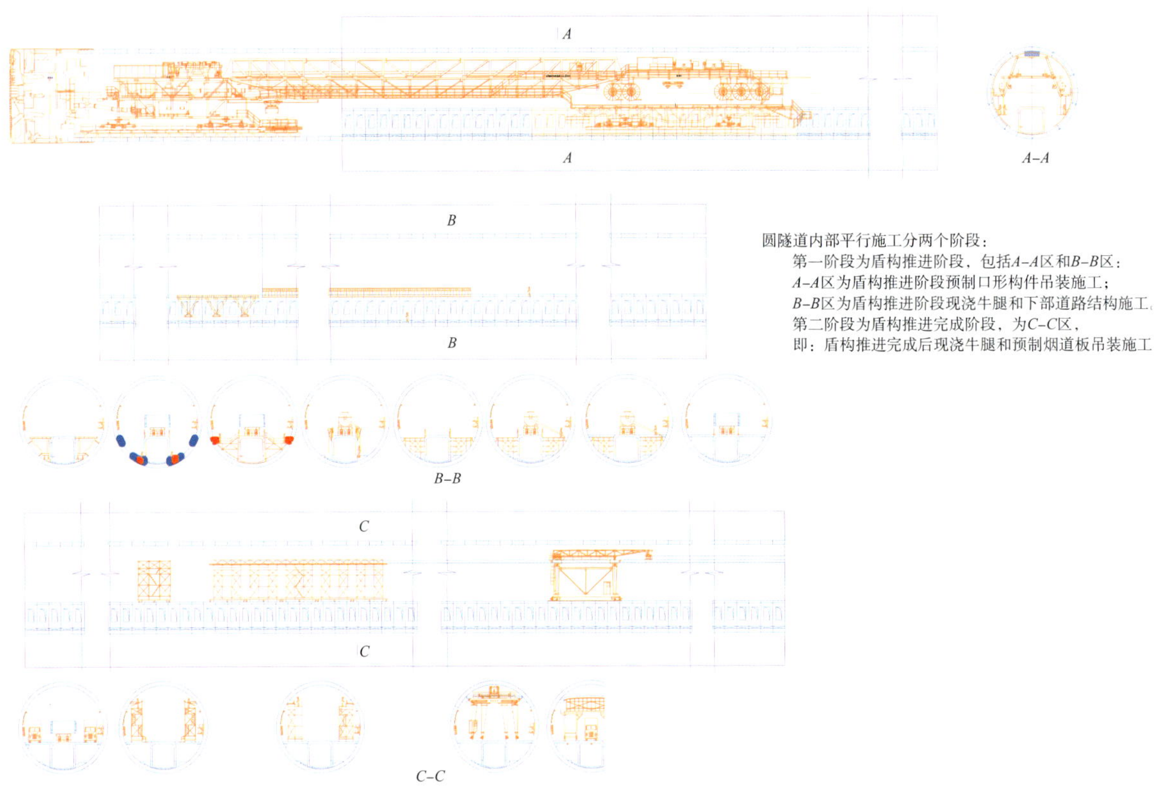

图 10-2　内部结构施工组织划分

施工中以盾构机 2 号车架上专用吊具将口字形构件吊装就位，形成隧道内部运输通道。两侧结构压重块和牛腿通过植筋与管片连接，现浇成型。牛腿完成后，进行车道结构现浇作业。以 30m 为一施工单元，据此合理安排流水作业，布置相应工作面。

烟道结构在路面结构完成、铺装层施工前进行，烟道牛腿采用植筋方式与管片连接，隧道内采用定制移动式模架施工；预制 1.2m 宽烟道板，采用定制桁车将烟道板架设就位。排烟口和射流风机位置，为钢梁混凝土叠合结构，整体现浇成型。

10.2.2 下部道路结构施工

10.2.2.1 口字形构件预制

口字形构件外包尺寸为：4.5m（高）×4.3m（宽）×2m（长），单块全重约20t。预制采用“平躺”姿态。预制作业采用工厂化施工，可提高生产效率，并降低天气因素的影响，如图10-3所示。

a) b) c) d) e)

图10-3 口字形构件工厂化生产

a）钢筋成型；b）台模运送；c）模板；d）吊装；e）堆放

10.2.2.2 口字形构件安装

口字形构件经汽车运输至安装位置后，以盾构车架专用吊具将其从车上“抱起”，旋转90°后安装就位，如图10-4所示。

a) b) c) d)

图10-4 口字形构件安装

a）预制姿态；b）运输；c）旋转安装；d）安装就位

10.2.2.3 两侧结构施工

根据总体安排，路面结构施工采取流水作业，其流水节拍和步距相同，盾构机推进30m所需时间，一般为2天。在口字形构件安装就位后，施工分凿毛植筋、压重块、搭设模架、牛腿、路面板五个阶段，单位长度30m。一个施工单位内的道路结构施工流程如图10-5所示。进行牛腿位置凿毛和植筋作业时，在盾构机2号车架上以工字钢焊接作业平台，盾构机后另行布设植筋平台。混凝土罐车运输到工作面后，通过导管和溜槽进行浇筑。

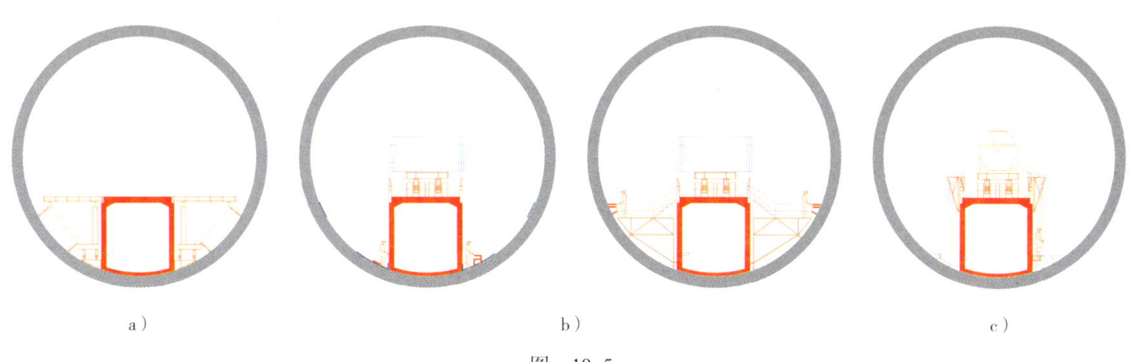

a) b) c)

图 10-5

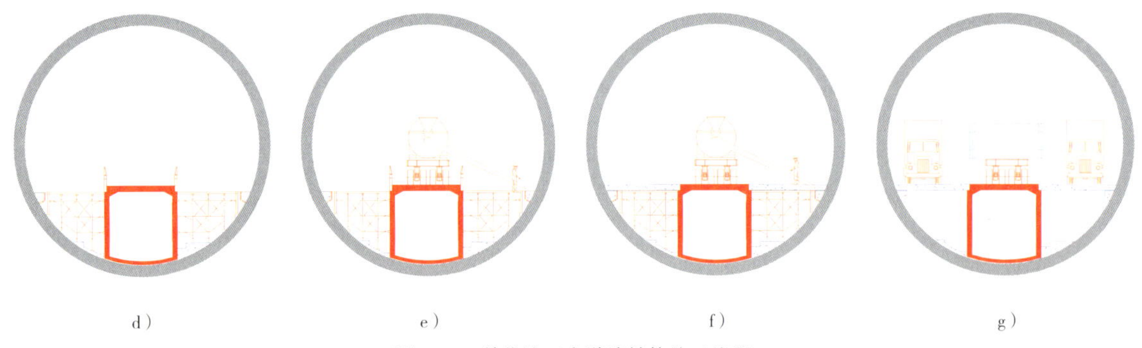

图 10-5　单位施工内道路结构施工流程

a）口字形构件安装；b）钻孔、植筋；c）压重块施工；d）立模架；e）牛腿施工；f）路面板施工；g）道路开放

10.2.3　上部烟道结构施工

10.2.3.1　牛腿现浇

烟道牛腿施工工程量较大，采取定制移动式模架为施工人员提供作业平台及施工通道。先进行植筋，然后扎筋立模，采用特制泵车浇筑混凝土，如图 10-6 所示。

图 10-6　特制泵车

10.2.3.2　烟道板预制与吊装

预制烟道板横向跨度为 9.6m，厚度 0.25m，纵向宽度为 1.2m。烟道板预制场地由口字形构件预制场地改造而成，如图 10-7。为满足防火防爆裂需要，混凝土内掺入分散状单丝聚丙烯纤维。

图 10-7　预制烟道板堆载场地

由于烟道板跨度较大，吊装时，由落地式桁车提升至安装高度后水平旋转 90°，安装就位。落地式桁车形式如图 10-8 所示，吊臂端头以滑轮悬吊吊具。考虑隧道内路面两侧需要跨越泵房等障碍段，立柱设置为可内收形式。在工作井管片负环拆除后从工作井内将桁车吊放至隧道路面层安装，开始烟道板吊装作业。烟道板吊装流程如图 10-9 所示。

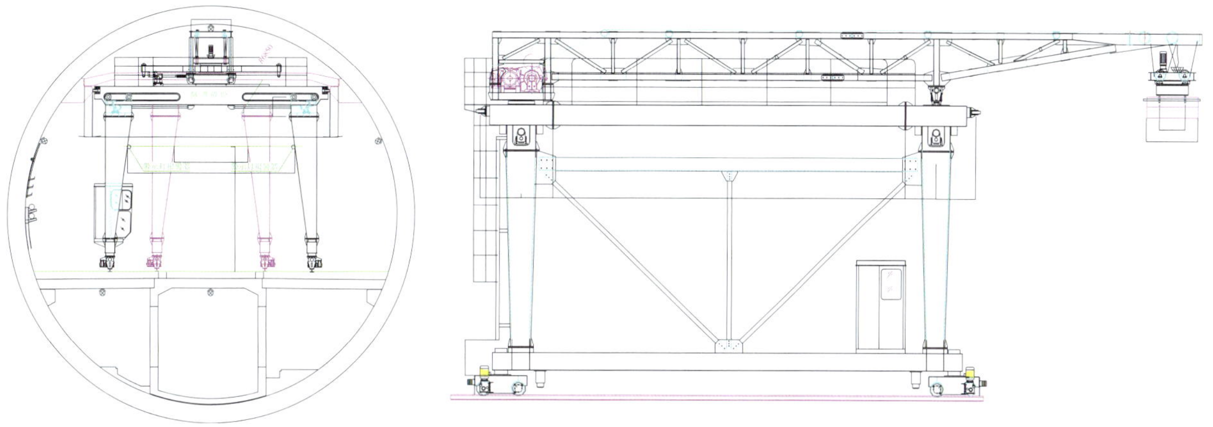

图 10-8　落地式桁车

图 10-9　烟道板运输及吊装

10.2.3.3　烟道口现浇

整个隧道内共设置 56 处送风口，对应位置烟道板采用现浇制作。在先安装预制板时，需留出现浇施工地方，结合采用移动式龙门架和固定式模架现浇烟道板，移动式龙门架如图 10-10 所示。

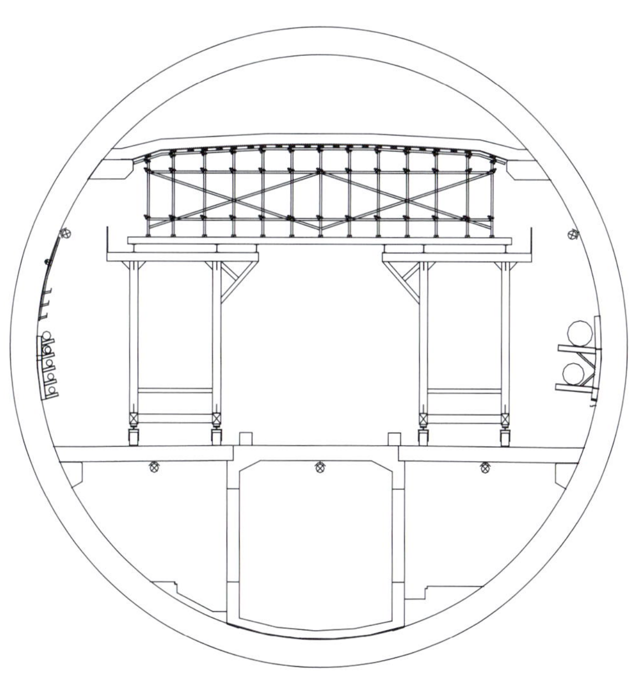

图 10-10　移动式龙门架

10.3 装饰及机电系统

盾构推进阶段在长江隧道西线浦东侧设置200m试验段，通过对不同装饰材料、路面材料和照明系统等方案比较，对整个隧道工程内部装饰和照明设计预先进行优化，确定最终方案。

10.3.1 长江隧道200m试验段

在试验段隧道内，瓷面纤维增强水泥板、搪瓷钢板、彩喷复合钢板、涂层面纤维增强水泥板四种装饰材料各设置50m的样板试验段，进行实样比选。经材料外观、质地、构造和价格的综合比选，最终选用装饰效果较好、维护便捷的搪瓷钢板作为长江隧道的装饰材料。

隧道照明系统采用环保、节能、寿命长的新型LED光源。在200m试验段内，对筛选出的四种LED灯具各设置了50m的标准试验段，在相同的硬件条件下进行现场试挂测试。为考验LED灯具的现场可靠性，测试历时为234d，跨越全年中气温最高和最低的夏、冬两季。最终，试挂试验验证了LED灯可以应用于隧道照明，最终从达标的产品中选择经济性较高的一种LED灯作为本工程的光源，并对该LED灯的照明效果进行方案优化，消除了前期出现的“斑马纹”效应，效果对比如图10-11所示。

图10-11 照明方案优化前后效果对比

10.3.2 装饰工程设计与施工

隧道内部空间较为封闭，会给驾乘人员带来压抑感。在隧道内长时间驾驶，容易产生疲劳。故作为驾乘人员旅途中流动的风景线，隧道内装饰应素静而不张扬，可愉悦驾乘人员的心情。长江隧道装饰部位主要包括隧道洞口、地面设备用房、隧道顶部、隧道侧壁。

10.3.2.1 隧道洞口装饰

隧道洞口的景观，是驾乘人员进入隧道的第一感觉。经过多方案的比选，最终隧道洞口采用单拱形轻钢结构光过渡棚架造型。该结构拱高约9m，一根根高耸的钢柱有序地排列在车行道两旁，大小不等的减光板中光的投影与钢拱之间的连接杆形成一组组轻快、活跃的五线谱，弹奏着美妙的乐章，象征着上海国际大都市的开放、和谐和欢乐。光过渡的正立面犹如祈福纳祥的蝙蝠造型，赋有“吉者福善之举，祥者嘉庆之征”的美好寓意，既具有现代气息，又富有东方神韵。夜间，用冷白色的光束投射洞口的光过渡棚架，主要投射对象为圆柱，使得整个钢架在夜幕中突显立体感，棚架的正面用白色LED灯勾勒出拱形的棚架轮廓，更显建筑的轻盈、飘逸。隧道洞口的实景见图10-12。

图10-12　隧道入口实景

10.3.2.2　隧道设备地面用房装饰

隧道设备用房主要包括隧道供电、通风、消防和监控等系统功能用房。本工程中共设两处，分别设于主隧道两端浦东处和长兴岛处，其中隧道风井作为标志性建筑，以“城市与自然之间的和谐体验”为景观主题，以停泊于港湾的船只作为造型，高耸的风塔犹如大船的烟囱，寓意桥隧工程将拉近市区与崇明的距离，随时随地准备起航。夜晚，设备用房以白、黄两色泛光照明照亮风塔，并增加一些突出建筑物的斜向或平行的LED灯线条，表现建筑如行船般的动感。隧道设备地面用房实景见图10-13。

图10-13　隧道设备用房实景

10.3.2.3 隧道顶部防火内衬

工程采用两层11mm厚的防火板材作为防火内衬，使用加大平肩膨胀螺钉直接固定在混凝土管片上，保证在标准RABT火灾升温曲线条件下2h保护时间内，被保护混凝土表面温度不大于380℃，距混凝土表面25mm处的钢筋温度不大于300℃。防火内衬施工如图10-14所示。

图10-14 隧道防火内衬施工

隧道侧壁装饰采用以简洁为主且能体现景观主题的风格，以一条简洁有力的腰带贯穿全线，浦东洞口侧至江中段以蓝色腰带表达上海大都市的浪漫情怀，江中段至长兴岛洞口段以绿色腰带展示崇明生态岛环保、幽静的田园风情，在隧道中间位置设置了上海城市的地图，两种彩色的腰带在江中汇聚，表达了城市文化和海岛文化对话的含义。在江中最低点、连接通道疏散口和向下安全口处设置特殊装饰图案。隧道内部各装饰效果如图10-15所示。

图10-15 隧道内部装饰

10.3.3 机电系统设计与施工

10.3.3.1 通风系统

隧道通风系统由封闭段的通风系统、火灾时的防排烟系统、细水喷雾降温系统以及辅助用房的通风系统等组成，采用射流风机诱导纵向通风+重点排烟的通风方式，通风系统主要设备如表10-1

所示，通风系统布置见图 10-16。

通风系统主要设备表 表 10-1

序 号	设备名称	型号规格	单位	数量	备 注
1	轴流排风机	流量：150m^3/s 风压：1 200Pa 功率：250kW	台	4	2h 耐高温 250℃
2	专用卧式轴流排烟风机	流量：80 ~ 130m^3/s 风压：2 800 ~ 1 400Pa 功率：400kW	台	4	2h 耐高温 250℃
3	轴流排风机（可逆）	流量：150m^3/s 风压：1 200Pa 功率：315kW	台	4	2h 耐高温 250℃
4	射流风机	ϕ1 000 流量：24.2m^3/s 轴向推力：875N 功率：26kW	套	156	2h 耐高温 250℃可逆转
5	电动排烟口	2 000mm × 2 000mm；功率：0.15kW	台	246	耐高温
6	电动组合式风阀	5 000mm × 6 000mm	台	12	
7	大型片式消声器	5 000mm × 6 000mm × 3 500mm	台	24	

图 10-16　通风系统安装示意图

对于封闭段的通风系统，正常工况时，汽车以 60~80km/h 的速度单向行驶，此时洞内不需开启射流风机，隧道出洞口段风井内开启大型集中排风机排放污染空气，排风机的开启数量视交通量的大小和风速仪测得的风向确定；阻滞工况时，滞留在隧道内车辆数量会比正常交通时多，形成较大的隧道风阻，需开启一定数量的射流风机，射流风机的开启数量根据隧道内的 COVI 仪监测值确定，此时洞口的集中排风机仍须开启。

对于火灾时的防排烟系统，上海长江隧道火灾工况考虑两种典型火灾场景：非交通阻滞工况火灾和交通阻滞时汽车队列中火灾。两种火灾工况下，双洞隧道内均考虑同一时间发生火灾的次数为一次、双洞隧道交通封闭、邻洞隧道交通只出不进的情况。非交通阻滞火灾工况下，采用纵向通风的方式，开启隧道内射流风机，使疏散侧处于新风区，车道板下方的安全通道内开启正压送风机向安全通道送风；交通阻滞火灾工况下，采用重点排烟的方式，开启火灾点附近的三组排烟口，就近将火灾烟气排离隧道封闭段。

对于细水喷雾降温系统，综合温度控制和节能要求，测点温度高于 42℃、干湿球温差大于 7℃时洞内喷嘴启动喷雾。

辅助用房的通风系统，包括电缆通道通风、安全通道通风、疏散楼梯间通风等。对于电缆通道通风，正常工况下，提供检修换气所需的新风量即可满足电缆通道内温度不超过 40℃的标准；电缆通道每隔200m设防火门，火灾工况下采用分段封堵的灭火方式，在灭火后、防火门开启情况下再纵向排除或利用岗位通风机就近排除低温烟气。对于安全通道通风，正常工况时，仅在管理养护人员进入前1h开启，提供检修所需的新风量；当上层公路隧道空间发生火灾时，通过风阀转换，两端工作井下三层风机房内风机同时向安全通道送入新风。

10.3.3.2 排水系统

排水系统由废水排水系统和雨水排水系统组成。其中，江中泵房于隧道四处最低点处设置，每处分设道路隧道排水泵房和轨道交通排水泵房各一座；在浦东、长兴岛工作井底层内各设一座废水泵房；在隧道的浦东、长兴岛两端洞口处各设一座雨水泵房，排水系统主要设备见表10-2，排水系统布置见图10-17。

排水系统主要设备表 表10-2

序号	设备名称	型号规格	单位	数量	备注
1	移动式潜水泵	流量：3.33 L/s 扬程：8 m 功率：1.5 kW	台	16	下层江中废水泵房内
2	江中变频潜水泵	流量：29 L/s 扬程：50 m 功率：37 kW	台	16	带反冲洗阀 上层江中废水泵房内
3	工作井废水泵	流量：29 L/s 扬程：30 m 功率：22 kW	台	8	带反冲洗阀
4	雨水泵	流量：1 200 m³/h 扬程：16 m 功率：75 kW	台	4	带反冲洗阀 浦东洞口雨水泵房内
5	雨水泵	流量：1 450 m³/h 扬程：16 m 功率：90 kW	台	4	带反冲洗阀 长兴岛洞口雨水泵房内

图10-17 排水系统布置示意图

10.3.3.3 消防系统

隧道消防系统由消火栓系统、泡沫－水喷雾联用自动灭火系统、高压细水雾系统、灭火器等组成。消防系统主要设备见表10-3，消防系统布置见图10-18。

消防系统主要设备表 表 10-3

序号	设 备 名 称	型 号 规 格	单位	数量	备 注
1	消火栓泵	流量：20 L/s 扬程：57 m 功率：22 kW	组	2	消防专用泵 2 台 / 组，互为备用
2	水喷雾泵	流量：67 L/s 扬程：86 m 功率：110 kW	组	2	消防专用泵 2 台 / 组，互为备用
3	稳压泵	流量：2.5 L/s 扬程：93 m 功率：4 kW	组	2	2 台 / 组，带气压罐
4	泡沫原液泵	流量：2.5 L/s 扬程：93 m 功率：4 kW	组	2	带气压罐和泡沫罐 2 台 / 组，互为备用
5	泡沫灭火阀组		台	650	
6	消火栓箱		套	350	
7	灭火器箱		套	350	
8	水喷头		组	3 250	3 个 / 组
9	防污隔断装置	DN250	只	4	

图 10-18 消防系统安装

10.3.3.4 照明系统

隧道的照明系统由道路照明、引道照明、遮光棚照明、出入口加强照明、隧道主照明组成，而隧道主照明又分为节电照明、一般照明和应急照明。同时，隧道安全通道及电缆通道配有一般照明和应急照明。在隧道车行道、安全通道、电缆通道、人行连接通道及重要设备用房里设置应急照明系统，以确保在隧道事故情况下疏散及救助工作的照明。在隧道车行道的侧墙、安全通道及安全门等处设置疏散诱导指示标志。应急照明系统平时由两路交流电自切后供电，当两路交流电全失效时，由 EPS 将自带免维护电池 DC220V 逆变为交流电继续供电；疏散标志灯均不带蓄电池，由智能疏散系统主机集中供电，疏散标志灯在正常状态下不亮，火灾时，主机接收火灾自动报警系统的报警位置信号后，及时点亮标志灯，以智能引导人员进行远离火灾的安全疏散。照明系统主要设备见表 10-4，照明系统布置见图 10-19。

照明系统主要设备表 表 10-4

序号	设 备 名 称	单位	数量	备　注
1	0.4kV 动力低压柜	台	22	
2	照明控制屏 PLC	台	14	
3	三相应急照明电源 EPS	台	14	非标，供电时间≥ 3h 2 台 75 kW；12 台 37kW
4	照明配电及控制箱	台	250	
5	LED 灯	套	21 816	隧道基本照明
6	钠灯	套	895	隧道加强、泛光照明

图 10-19　照明系统安装

10.3.3.5　供电系统

隧道供电系统由高压供电系统和低压供配电系统组成。高压供电系统由两座 35kV 变电所构成，分别设于浦东工作井内与长兴岛工作井附近，采用一根联络电缆进行联络，联络电缆平时一端合闸，另一端分闸。为了尽量避免动力负荷启动时对照明的影响，低压配电系统动力变压器与照明变压器分设。大型轴流风机采用 6kV 电压，设专用变压器供电；每座变电所设两台 10kV/0.4kV 动力变压器和两台 10kV/0.4kV 照明变压器，负责工作井及距工作井 500m 范围内的动力照明设备供电；在距变电所 500m 以外的中间段，其动力照明设备由隧道内设置的地埋式变压器组（两台一组）进行供电。对隧道内应急照明、交通监控等特别重要的负荷专门设有 EPS、UPS 应急电源。供电系统主要设备参见表 10-5，供电系统布置见图 10-20。

供电系统主要设备表　　表 10-5

序号	设备名称	单位	数量	备注
1	35kV 高压柜 GIS	台	12	
2	35kV 负荷开关柜	台	2	
3	35kV 补偿电抗器柜	套	2	
4	环氧树脂真空浇筑干式变压器 35/10kV	台	4	
5	环氧树脂真空浇筑干式变压器 10/0.4kV SCB10-800kV・A	台	8	含箱体
6	环氧树脂真空浇筑干式变压器 10/6kV SCB10-1 250kV・A	台	4	含箱体
7	10kV 金属封闭式开关柜	台	58	
8	10kV 电容器柜 1 200kVAR	台	4	
9	6kV 金属封闭式开关柜	台	16	
10	0.4kV 动力低压柜	台	26	
11	直流屏、信号屏 80Ah	套	2	

图 10-20　供电系统安装

10.4 沥青铺装

10.4.1 沥青铺装技术与沥青混合料设计

10.4.1.1 温拌技术

在上海长江隧道工程道路施工中采用Evotherm温拌技术，该技术采用一种特殊的乳化沥青替代热沥青实现温拌，其生产工艺与热拌沥青混合料基本相同。温拌改性混合料的拌和温度一般在110～130℃，在拌和过程中乳化沥青中的水分以水蒸气的形式释放出去，拌和后的温拌沥青混合料从外观上看，裹覆程度和颜色与热拌沥青混合料相类似，而且水稳定性和抗车辙能力与热拌沥青混合料差异不大，甚至略优。

温拌沥青混合料由于拌和施工温度的大幅度降低，基本消除沥青混合料生产施工过程中释放的呛人气味，同时大大减少温室气体及其他有害气体的排放量，使沥青混合料工厂环境、施工环境以及周边环境得到显著改善，其节能减排效果相当显著。与热拌沥青混合料相比，温拌工艺在保持原有沥青混合料性能不降低的前提下，在拌和过程中出料温度由160℃左右降至120℃左右，降低拌和温度约40℃，从而达到节约能耗的效果，经测算，拌和过程中燃油能耗可由6.8kg/t左右降低至5.3kg/t左右，降低能耗达20%以上。

10.4.1.2 阻燃技术

隧道路面铺装中材料除满足路用性能之外，更需考虑沥青混合料功能要求及可能面临的风险，隧道内若发生交通事故或燃料燃烧，沥青路面也会在高温条件下发生燃烧现象，因此采用阻燃沥青混合料，可抑制沥青路面产生燃烧，降低道路燃烧的几率。

上海长江隧道工程采用APFR环保高效型阻燃剂，其在沥青中的掺量为5%。

10.4.1.3 沥青混合料设计

上海长江隧道工程的道路路面采用SMA沥青混合料铺装，该混合料兼顾高强、高韧、耐水、耐候、抗蚀、安全、绿色等性能。其配合比设计采用目标、生产及试验验证三个阶段，目标配合比设计采用旋转压实成型方法，生产配合比设计及在线控制采用马歇尔双面击实方法。

10.4.2 沥青混合料生产

温拌沥青混合料相对于热拌沥青混合料，除了生产施工温度不同外，其他基本相同。在沥青混合料生产过程中，直接向拌缸添加温拌浓缩液。浓缩液在常温态可以泵送，浓缩液泵送装置和计量需与拌和楼控制系统建立信号联络，控制在热沥青添加的同时注入拌和锅。拌和时间与同一型号的热拌混合料基本相同，拌和工艺亦与热拌混合料相同。阻燃沥青混合料生产同热拌沥青混合料。

生产前对设备进行全面检查、调整，确保其处于良好状态，特别是拌和楼的计量设备，如电子秤装置等必须进行计量标定的调校。拌和楼热料筛网确认安装正确、紧密。各种矿料必须分类堆放，不同集料分别放置在硬化场地的堆放场，防止被其他颗粒材料污染。矿料级配与生产设计标准级配的允许误差为：≤ 0.075mm 的粒径，± 2%；≤ 2.36mm 的粒径，± 5%；≥ 4.75mm 的粒径，± 6%。

温拌沥青混合料通过专门的添加设备添加温拌添加剂，拌和时间以混合料拌和均匀、纤维均匀分散和所有矿料颗粒全部裹覆沥青为准。拌和楼控制室逐盘打印沥青及各种矿料的用量和拌和温度，温拌沥青混合料施工温度为经相关研究给出的推荐值，阻燃沥青混合料施工温度同热拌混合料。拌合时目测检查混合料搅拌的均匀性，及时分析异常现象，拌和结束后，拌和楼打印各料数量，进行总量控制。

10.4.3 沥青混合料施工

在试验段隧道内，进行沥青路面的试验施工。通过试验段解决如下问题：（1）根据与各种机械的施工能力相匹配的原则，确定适宜的施工机械，按生产能力确定机械数量与组合方式。（2）通过试拌确定拌和机的操作方式，如上料速度、加料程序、矿粉的加料方式、拌和数量与拌和时间、拌和温度等；验证沥青混合料的配合比设计和沥青混合料的技术性质，确定正式生产用的矿料配合比和油石比；对于温拌 SMA 面层还要确定木质素纤维和温拌剂的添加方式和计量方式。（3）通过试铺确定摊铺机的操作方式，如摊铺方法、摊铺温度、摊铺速度、初步振捣夯实的方法和强度、自动找平方式等；确定碾压顺序、碾压温度、碾压速度、静压与振压最佳遍数、压路机类型组合、压路机型号与吨位、压路机振幅、频率与行走速度的组合等；施工缝处理方法；确定沥青面层的松铺系数。

为确保沥青路面的施工质量，对施工过程的各环节进行控制是非常必要的。尤其温拌沥青混合料由于其较低的拌和温度，其施工工艺有别于常规的热拌沥青混合料，因此应控制好关键工序。阻燃沥青混合料施工工艺同热拌沥青混合料一致。

10.4.3.1 温拌沥青混合料的运输

运输温拌沥青混合料的自卸车宜采用小型运输车，且满足沥青混合料的运量要求。运料车向拌和机放料时，注意减少粗集料分离的产生。运料车采取篷布覆盖设施，减小混合料运输过程中温度损失。检测沥青混合料的出厂温度和运到现场的温度。

10.4.3.2 温拌沥青混合料的摊铺

隧道温拌改性 SMA 沥青混合料的摊铺采用两台履带式摊铺机进行联合施工，摊铺温度≥ 125℃。施工前安装好自动找平仪装置，调整夯锤、熨平板的振动频率，做好熨平板的预热工作（不低于 100℃），以确保沥青混合料起步后平整密实。

摊铺起步速度一般控制在 1 ~ 2m/min，待正常后以 2 ~ 3m/min 速度向前均匀连续不断摊铺，如图 10-21 所示。

摊铺过程中，温拌 SMA 混合料的摊铺速度调整到与供料速度平衡，在摊铺机行进过程中，注意与料车的配合掌握好进料的速度，摊铺过程中不得随意变换速度或中途停顿；由于温拌 SMA 生产影响拌和机生产率，摊铺机的摊铺速度放慢，通常的摊铺速度控制在 2 ~ 3m/min，容许放慢到 1 ~ 2m/min；在摊铺过程中必须进行各项技术指标的检测，以便随时校正，使施工质量处于正常状态；两台摊铺机联合作业实施摊铺时，前摊铺机过后，摊铺层纵向接缝呈斜坡，后面的摊铺机跨缝 10 ~ 20cm 摊铺，两台摊铺机前后间距保持 10m 左右，保证纵向接缝为热接缝，同时在铺筑好的面层未碾压之前，严禁任何人随意走动，以避免留有脚印，影响质量；在摊铺过程中，设专人对来料进行严格控制，对料温过高、偏低或其他质量不合格的沥青混合料予以废弃。

图 10-21　温拌沥青摊铺

10.4.3.3　温拌沥青混合料的碾压

温拌 SMA 沥青混合料的碾压与一般的 SMA 混合料碾压不同，为达到良好的压实效果，使用双钢轮振动压路机和大吨位的轮胎压路机。轮胎的揉搓更利于温拌混合料各组分的排列，尽早进行搓揉和振动是温拌碾压成功的关键。对于长江隧道工程来说，由于不宜进行高幅振动，因此，轮胎的搓揉作用对隧道温拌 SMA 的压实至关重要。温拌沥青碾压如图 10-22 所示。

图 10-22　温拌沥青碾压

长江隧道工程温拌 SMA 沥青混合料碾压方案：初压，两台 13t 双钢轮压路机静压一遍，振动两遍，初压温度≥ 120℃；复压，两台 26t 轮胎压路机碾压三遍；终压，一台 12t 双钢轮压路机静压两遍至无轮迹，碾压最终的表面温度≥ 70℃。

在温拌 SMA 混合料摊铺后，在不产生严重推移和裂缝的前提下，压路机紧跟摊铺机在尽可能高的温度状态下开始碾压。压路机碾压时根据沥青混合料的特性，严格控制碾压温度并设专人指挥。振动压路机碾压 SMA 遵循“紧跟、慢压、高频、低幅”的原则，碾压速度均匀缓慢，在碾压过程中按先边后中的顺序，相邻碾压带重叠 1/3 轮宽，如有拼幅段处则在纵缝位置先行碾压处理。

10.4.3.4 温拌沥青混合料接缝处理

在上海长江隧道工程中道路沥青面层施工中，采用了两台摊铺机成并列梯队联合施工方式进行摊铺作业，使纵向接缝为热接缝。施工时相邻两台摊铺机相距宜为 10m 左右，在前部已摊铺的混合料部分留下 10 ~ 20cm 宽不碾压，作为后部摊铺机的高程基准面，并有 10 ~ 20cm 的摊铺层重叠，然后做跨缝碾压以消除缝迹。上下层纵向接缝错开 15cm 以上（热接缝）。

温拌 SMA 沥青混合料横向施工缝宜采用平接缝。采用 3m 直尺沿纵向位置，在摊铺段端部的直尺呈悬臂状，以摊铺层与直尺脱离接触处定出接缝位置，用锯缝机割齐后铲除，然后涂刷少量黏层油，即可接下去铺新的混合料。碾压时，压路机先对接缝进行横向压实，从先铺路面跨缝逐渐移向新铺面层，然后再纵向碾压为一体。相邻两幅及上下层的横向接缝均错位 1m 以上。

温拌 SMA 混合料面层与混凝土缘石、逃生盖板接缝施工前在混凝土缘石、逃生盖板等与沥青混合料的接触面涂刷黏层油。在所有的接缝施工过程中，都必须用 3m 直尺对平整度进行检查，防止接头不好影响全路的平整度。

11.1 总体方案

考虑隧道防灾需要，秉承工程建设以人为本的理念，为实现紧急情况下人员向无烟的安全隧道疏散撤离，救援人员亦可通过无烟隧道迅速进入事故现场，隧道内必须设置疏散通道。综合平衡疏散救援的便捷可靠性、防灾资源的共享性、隧道长期运营的风险和连接通道的施工风险，上海长江隧道的隧道体上共设置了八条连接通道作为横向人行通道，其间距约为 830m。

根据水文地质详勘、各连接通道位置进行的补勘和设计提供的各个连接通道的中心线深度高程，各连接通道施工范围内的土层主要有⑤$_1$、⑤$_2$、⑤$_3$、⑤$_{3t}$层，见表 11–1。

连接通道土层地质信息　　表 11–1

项目名称	通道中心高程（m）（吴淞高程）	通道掘进过程中所遇到的土层	通道底板距离下伏承压含水层的距离（m）	覆土厚（m）
连接通道一	–32.985	⑤$_2$	0.0	20.3
连接通道二	–39.246	⑤$_2$、⑤$_3$	0.0~14.1	18.2
连接通道三	–38.355	⑤$_3$	8.7~10.7	24.0
连接通道四	–35.343	⑤$_3$	17.2~17.9	22.3
连接通道五	–32.332	⑤$_3$	16.5~20.5	20.0
连接通道六	–29.404	⑤$_1$、⑤$_3$、⑤$_{3t}$	12.8~23.4	18.0
连接通道七	–34.351	⑤$_3$、⑤$_{3t}$	5.5~17.1	24.4
连接通道八	–35.820	⑤$_1$、⑤$_3$、⑤$_{3t}$	17.3~18.8	19.2

注：⑤$_1$灰色黏土；⑤$_2$灰色黏质粉土；⑤$_3$灰色粉质黏土；⑤$_{3t}$灰色黏质粉土（含透镜体）

在类似高承压水、软土地层的环境下连接通道施工一般采用冻结法，结构形式为直墙拱并与泵房合建，历来是重大风险源。为降低风险，上海长江隧道连接通道进行了如下设计施工优化：

（1）利用 ϕ15m 的隧道空间，将泵房设置于隧道内，使其与连接通道分离，可有效降低叠加风险。

（2）连接通道改为圆形断面结构形式，受力性能好，减少了冻结范围。

（3）采用水平双排孔冻结法加固，钻孔数量少、冻结效果好。

经设计施工优化后，连接通道处隧道中心间距约为 30.2m，设置 4 环钢管片，采用水平双排孔冻结法加固土层（冻土帷幕有效厚度为 2.7m，平均温度为 –13℃），以矿山法开挖。连接通道为圆形结构，由与隧道钢管片相连的喇叭口和水平通道构成，内径 2.74m，外径 3.94m，喇叭口处外径 4.54m，如图 11–1 所示。

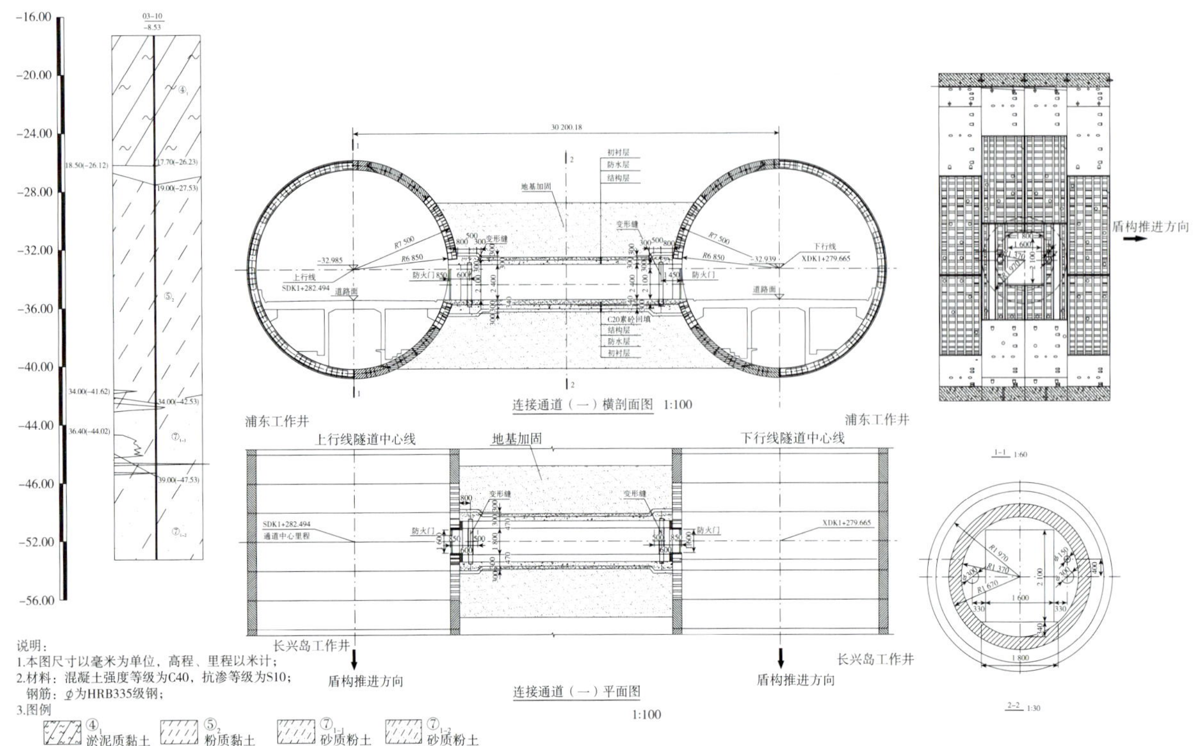

图 11-1　连接通道最终方案示意图

11.2　含盐土层冻结特性研究

工程地处长江入海口，受海水倒灌影响，江水含盐量高，河床土层可能具有较高的含盐量，而在含盐土层冻结中会出现结冰温度降低，冻土强度降低、冻土帷幕交圈时间延长等问题。在各连接通道附近选取适当的位置进行现场钻孔土样，通过试验测定河床各土层的含盐量，结果见表 11-2。

土层含盐量试验结果汇总　　表 11-2

土　层	土层含水率（%）	盐度（%）
④	50	1.837 0
$⑤_1$	37.5	1.739 2
$⑤_2$	33.3	1.322 8
$⑤_3$	35.1	0.803 9
$⑦_{1-1}$	30.1	1.474 4

由表 11-2 可知，长江入海口地区河床土层孔隙水的盐度已远高于淡水的盐度范围，必须通过含盐土层冻结效果的试验研究，获得不同含盐量土层的冻土物理力学、热学等性质的变化规律，确保设计施工安全。

为模拟实际情况下的水分迁移，采用有压补水的开放冻结系统，即在冻结过程中采用补水装置对试样补水，并提供土层埋深的水压，来模拟实际条件下土层冻结过程中的水分迁移。模拟的埋深参考相关连接通道埋深选定。具体试验内容见表 11-3。

试验内容　　表 11-3

土性	土状	基本土工参数								物理力学参数									热力学参数		
		含盐量	氯根含量	密度	含水率	渗透系数	孔隙比	液限	塑限	冻土未冻水含量	无侧限抗压强度	抗剪强度	抗拉强度	弹性模量	泊松比	压缩模量	冻胀率	融沉率	热导率	冻结温度	土骨架比热容
原状土	未冻土	√	√	√	√	√	√	√	√							√			√	√	√
	冻土				√					√	√	√	√	√	√		√	√	√		
重塑无盐土	未冻土	√	√	√	√	√	√	√	√							√			√	√	√
	冻土				√					√	√	√	√	√	√		√	√	√		
含盐土A	未冻土	√	√	√	√	√	√	√	√							√			√	√	√
	冻土				√					√	√	√	√	√	√		√	√	√		
含盐土B	未冻土	√	√	√	√	√	√	√	√							√			√	√	√
	冻土				√					√	√	√	√	√	√		√	√	√		

注：①试验温度水平：-8℃、-15℃、-20℃和 -25℃。

②试验按有压（模拟实际埋深）开放（模拟水分迁移）条件进行。

③原状土试验土层：④、⑤$_1$、⑤$_2$、⑤$_3$ 和⑦$_{1-1}$5 组。

详细试验结果如下：

1）冻土单轴抗压强度

各土层冻土的单轴抗压强度试验结果见表 11-4。结果表明：冻土的单轴抗压强度与温度呈线性关系，随着冻土冻结温度的降低，冻土强度增大。

补水条件下单轴抗压强度试验结果　　表 11-4

土　层	抗压强度（MPa）			
	-8℃	-15℃	-20℃	-25℃
④	3.14	4.07	5.29	5.94
⑤$_1$	3.19	4.82	5.47	6.58
⑤$_2$	4.18	5.26	6.17	7.07
⑤$_3$	3.07	3.95	5.16	6.60
⑦$_{1-1}$	4.29	5.44	6.55	7.61

2）冻土的弹性模量与泊松比

各土层冻土的弹性模量试验结果见表 11-5，各土层冻土的泊松比试验结果见表 11-6。结果表明：冻土的弹性模量总体上随冻结温度的降低而增大，冻土的泊松比随温度的降低而减小，温度的变化对冻土泊松比大小的影响较小。

补水条件下弹性模量试验结果　　表 11-5

土　层	弹性模量（MPa）			
	-8℃	-15℃	-20℃	-25℃
④	53.1	78.7	146.5	246.8
⑤$_1$	58.2	97.9	165.2	269.0
⑤$_2$	50.7	82.4	155.7	273.5
⑤$_3$	57.1	93.2	161.1	306.1
⑦$_{1-1}$	79.2	155.7	238.1	401.0

补水条件下泊松比试验结果　　表 11-6

土　层	泊松比			
	-8℃	-15℃	-20℃	-25℃
④	0.281	0.263	0.230	0.214
$⑤_1$	0.277	0.251	0.229	0.204
$⑤_2$	0.298	0.269	0.248	0.221
$⑤_3$	0.259	0.242	0.217	0.206
$⑦_{1-1}$	0.266	0.244	0.218	0.180

3）冻土的抗拉强度

各土层冻土的抗拉强度试验结果见表 11-7。

抗拉强度试验结果　　表 11-7

土　层	抗拉强度（MPa）			
	-8℃	-15℃	-20℃	-25℃
④	0.92	1.32	1.79	2.24
$⑤_1$	1.06	1.49	1.93	2.53
$⑤_2$	1.30	1.62	2.10	2.64
$⑤_3$	1.04	1.22	1.65	2.18
$⑦_{1-1}$	1.33	1.64	1.99	2.35

4）冻土的抗剪强度

各土层冻土的抗剪强度试验结果见表 11-8。

抗剪强度试验结果　　表 11-8

土　层	抗剪强度（MPa）			
	-8℃	-15℃	-20℃	-25℃
④	2.36	3.39	4.40	5.11
$⑤_1$	2.65	4.08	4.70	5.58
$⑤_2$	3.31	4.41	5.11	6.02
$⑤_3$	2.58	3.31	4.28	5.53
$⑦_{1-1}$	3.56	4.54	5.53	6.51

5）土层冻胀率、冻土融沉率、冻结温度、热导率及比热容试验

土在冻结过程中，土中的水分（包括土中原孔隙水和外界向冰冻锋面迁移、补给的水）冻结成冰，并生成许多冰夹层、冰镜体，从而引起土颗粒的相对位移，产生土体膨胀，称为冻胀。冻胀的外观现象是土层的均匀或不均匀隆起、鼓包、开裂等；融化后地面发生明显的下沉，对结构物产生较大的破坏。各土层补水后的最大冻胀力和最大冻胀率试验结果见表 11-9。

补水后最大冻胀力和最大冻胀率试验结果　　表 11-9

土　层	最大冻胀力（MPa）	最大冻胀率（%）
④	0.66	7.93
$⑤_1$	0.78	6.84
$⑤_2$	0.84	7.26
$⑤_3$	0.71	6.35
$⑦_{1-1}$	0.69	6.48

各土层冻土融沉率、冻结温度、热导率及比热容试验结果见表 11-10。

融沉率、冻结温度、热导率及比热容试验结果 表 11-10

土　层	融沉率（%）	冻结温度（℃）	热导率［W/（m·K）］		比热容［J/（g·K）］
			未冻土	冻土	
④	6.83	-2.5	1.39	1.62	1.56
$⑤_1$	7.09	-2.3	1.43	1.75	1.62
$⑤_2$	7.76	-1.7	1.47	1.68	1.69
$⑤_3$	7.25	-2.1	1.42	1.74	1.65
$⑦_{1-1}$	6.05	-1.7	1.54	1.81	1.51

6）未冻含水率

土冻结后土体的物理力学性质发生了很大的变化，与岩石等固体材料相比，在物理、力学性质方面最大的区别就是冻土中存在着与温度变化密切相关的未冻水。土冻结后并非土中所有的液态水全部能转变成固态的冰，由于土颗粒表面能的作用，在负温下，颗粒周围始终保持一定数量的液态水（称作未冻水）。未冻水是冻土中液态水迁移的源泉，也是影响土颗粒被冰胶结程度的主要因素，它极大地影响着冻土的各种物理力学性质，因此对冻土未冻水含量的研究具有重要意义。试验采用徐学祖教授提出的冻结温度法进行，通过测定 0‰、5‰、20‰三种盐度土层在塑限含水率和液限含水率时的冻结温度，计算未冻水含量与温度的关系。试验结果表明，未冻水含量随盐度的增加而增加；冻土中的未冻水含量与温度之间保持着动态平衡关系，即温度降低，未冻水含量减少，温度升高，未冻水含量增加，试验结果见图 11-2。

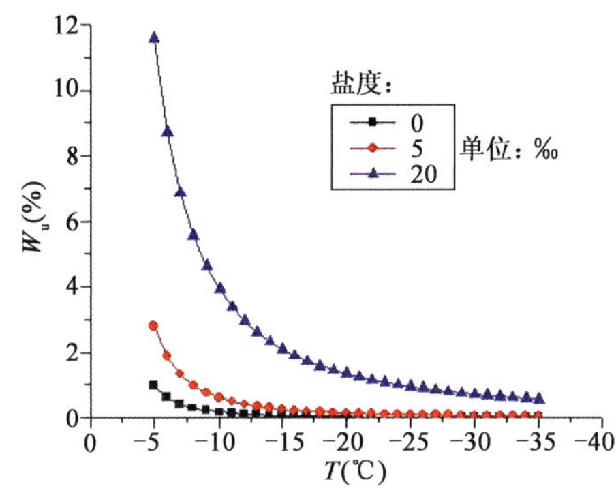

图 11-2　未冻水含率与温度变化曲线

对连接通道现场原状土各土层的试验，可总结为：各土层的盐度在 0.803 9%~1.837 0% 之间；单轴抗压强度与温度呈线性关系，回归相关系数均大于 0.96；冻土弹性模量随冻结温度的下降而增大，在 50~401MPa 之间；冻土泊松比总体上随冻结温度的降低而减小，在 0.18~0.30 之间；冻土的抗拉强度在 0.92~2.64MPa 之间；冻土的冻胀力在 0.66~0.84MPa 之间，冻胀率在 6.35% ~7.93%之间，属于强冻胀性土层；冻土的融沉率在 6.05% ~7.76%之间；土层的冻结温度在 -1.7~-2.5℃之间；土层热导率在 1.39~1.54W/（m·K）（未冻土）和 1.62~1.81W/（m·K）（冻土）之间，热导率偏小，土层较难冻结；冻土的比热容在 1.51~1.69 J/（g·K）之间。

11.3　冻结方案设计

根据含盐土层冻结特性研究，上海长江隧道连接通道冻结指标设计参数为：冻土的抗压强度、抗拉强度和抗剪强度分别为 4.95MPa、1.5MPa 和 2.4MPa，冻土的弹性模量和泊松比分别为 73.3MPa 和 0.28；有限元计算得到的冻土设计要求为：冻土帷幕设计有效厚度为 2.7m，喇叭口处冻土帷幕有效厚度为 2.4m。设计积极冻结时间为 40d，开挖区外围冻结孔冻土帷幕与隧道管片交界处平均温度不高于 -8℃，其他部位为 -13℃。

11.3.1 冻结孔布孔设计与冻结温度场计算

冻土帷幕在开挖时用来封闭外围承压水、抵挡外围水土压力，采用双排冻结孔两侧对打的方式进行施工。该方式有如下优点：打孔数量少，可减少打孔过程中风险；可减少管片附加变形；冻土帷幕发展快，缩短积极冻结时间。

1 号连接通道内侧布置 22 个冻结孔，外侧布置 18 个冻结孔，如图 11-3 所示。根据冻结孔布置情况，对冻结发展效果进行预估。1 号连接通道冻结 40d 温度云图如图 11-4 所示。

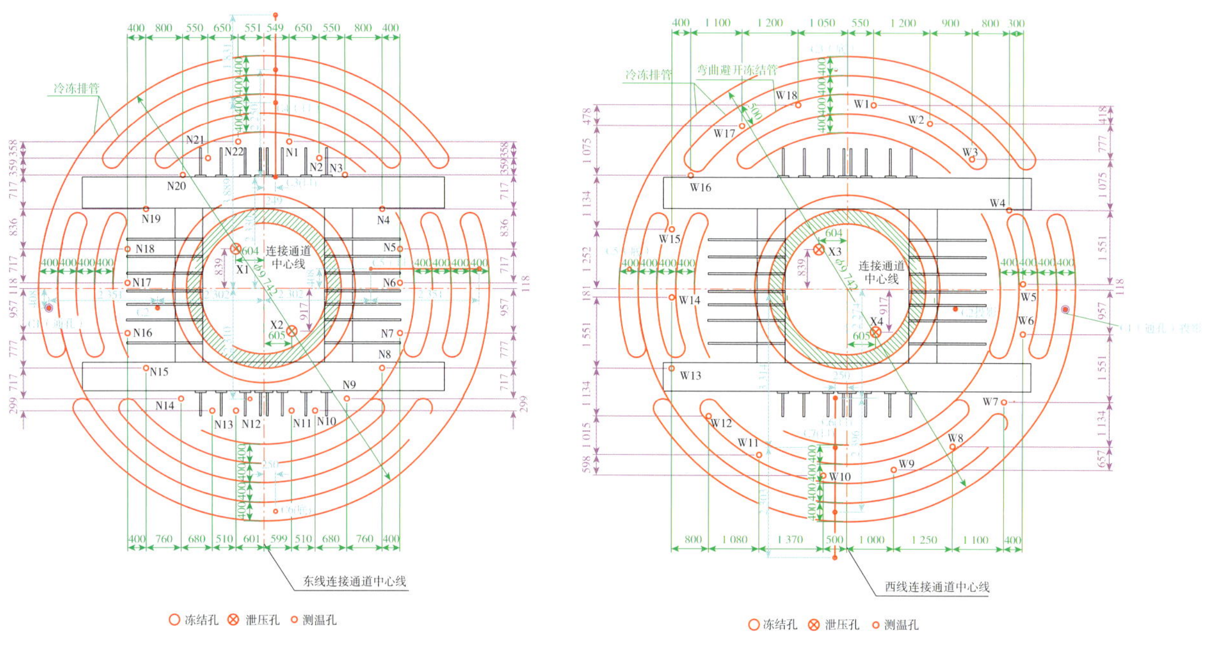

图 11-3　1 号连接通道冻结孔布孔方式（尺寸单位：mm）

a）内排冻结孔开孔位置；b）外排冻结孔开孔位置

通过有限元计算，中间截面冻土帷幕交圈时间为 11~18d，积极冻结 40d 后，喇叭口位置冻土帷幕有效厚度（开挖后）达到 2.53m，中间截面冻土帷幕有效厚度达到 2.84m，中间截面冻土帷幕有效厚度范围内平均温度为 -16.8℃，喇叭口处冻土帷幕有效厚度范围内平均温度为 -17.5℃。

1）有限元计算

1 号连接通道冻结计算模型如图 11-5 所示，计算结果如图 11-6、表 11-11 所示。

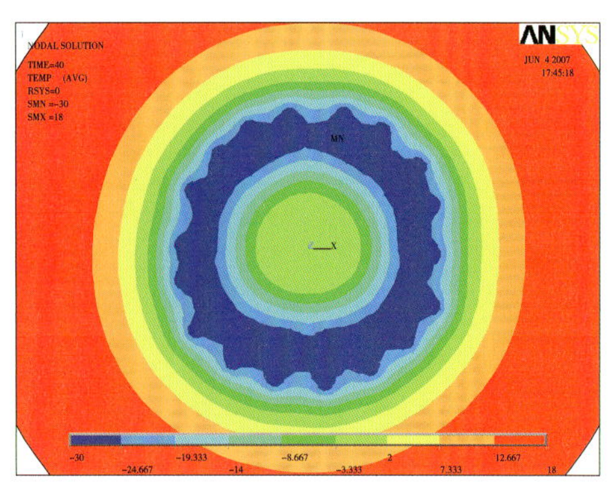

图 11-4　1 号连接通道冻结 40d 温度云图

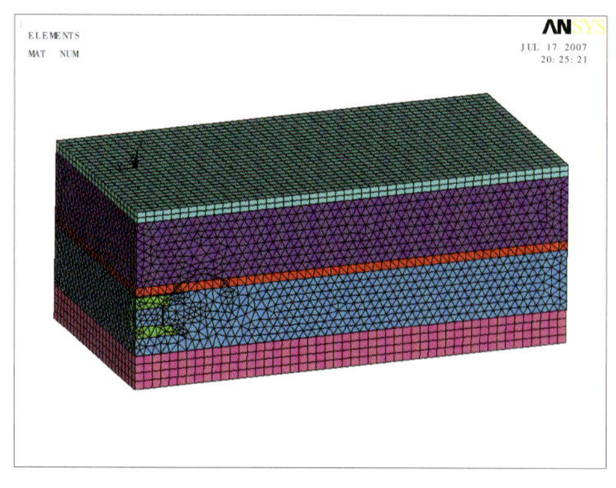

图 11-5　1 号连接通道冻结 1/4 计算模型

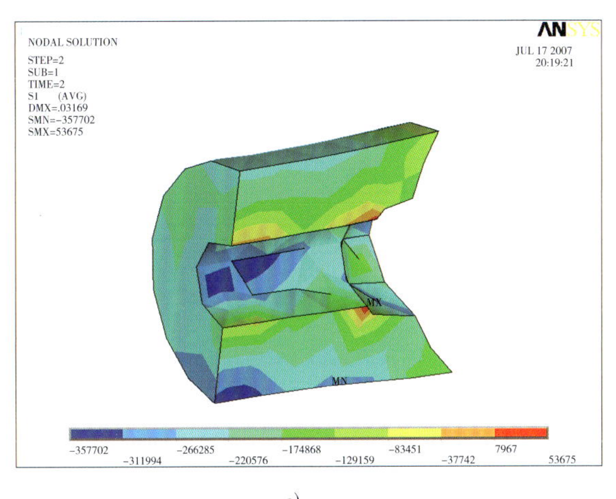

a)

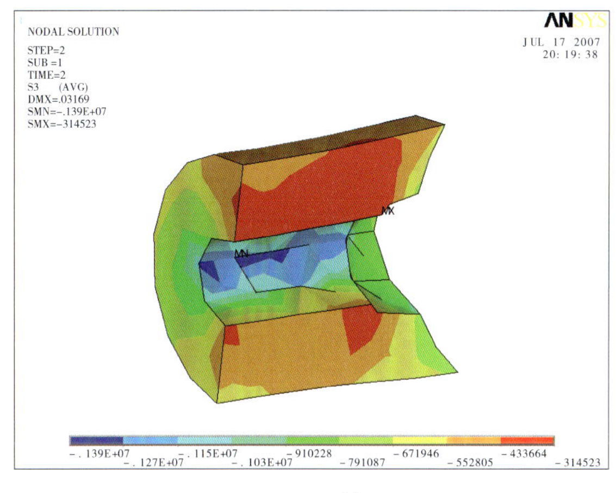

b)

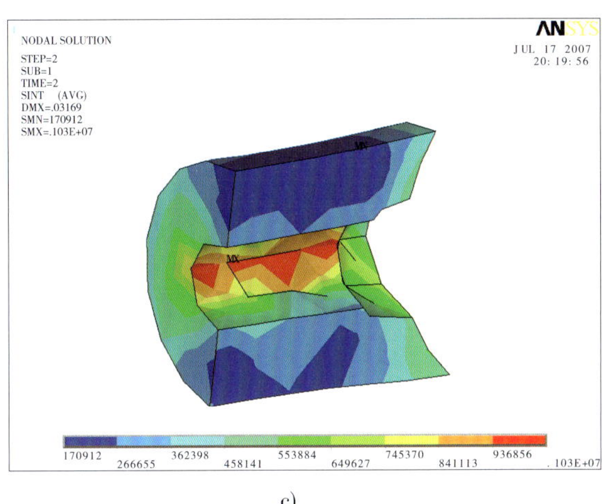

c)

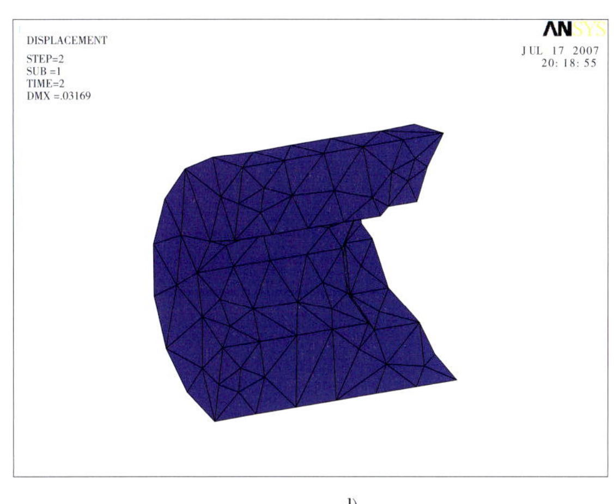

d)

图 11-6　1 号连接通道冻结计算结果

a）冻土帷幕 σ_1 分布（MPa）；b）冻土帷幕 σ_3 分布（MPa）；c）应力强度分布（MPa）；d）开挖位移分布（mm）

通道冻土帷幕应力、位移计算值及安全系数　　　表 11-11

	项目	压 / 弯拉应力（MPa）		剪应力（MPa）	位移（mm）
水平通道		σ_1	σ_3	τ_{max}	S_{max}
	计算值	0.054	1.39	0.52	31.7
	强度指标	1.5	4.95	2.4	
	安全系数	27.78	3.56	4.62	
	位置	冻土帷幕变截面位置下侧	冻土帷幕内侧两腰处	变截面位置冻土帷幕内侧两腰处	中间截面底板处
	项目	压 / 弯拉应力（MPa）		剪应力（MPa）	位移（mm）
喇叭口位置		σ_1	σ_3	τ_{max}	S_{max}
	计算值	无拉应力	0.96	0.35	24.2
	强度指标	1.5	4.95	2.4	
	安全系数	—	5.16	6.86	
	位置	—	冻土帷幕变截面位置内侧两腰处	变截面位置冻土帷幕内侧两腰处	底板处

2）结构力学计算

计算模型：取冻土帷幕厚度为 2.5m（小于 2.7m，计算结果偏于安全），沿轴向取 1m，根据对称性，建立 1/2 计算模型，1 号连接通道冻结结构力学计算结果如图 11–7 所示。

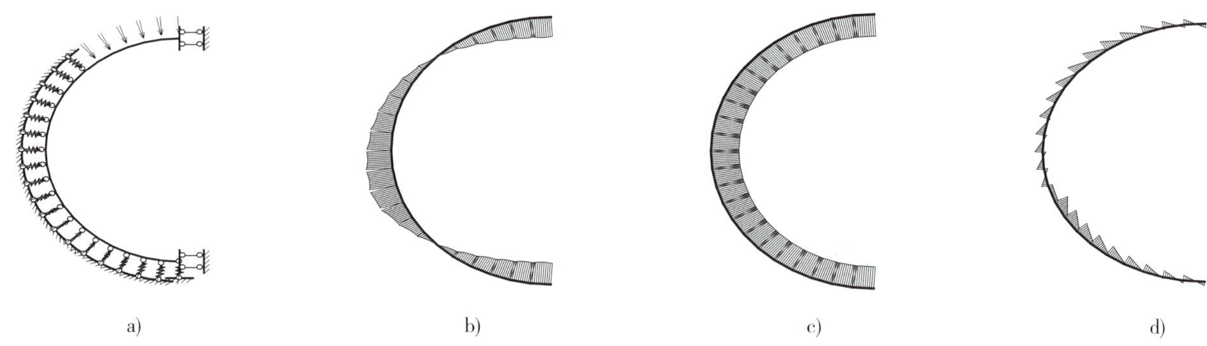

图 11–7　1 号连接通道冻结结构力学计算

a）1/2 计算模型；b）M 图（弯矩单位：N・m）；c）N 图（轴力单位：N）；d）Q 图（剪力单位：N）

计算得下部最大弯矩 0.237×10^6N・m，轴力为 1.434×10^6N，冻土帷幕两腰处最大弯矩 0.253×10^6N・m，轴力为 1.575×10^6N，冻土帷幕上部最大弯矩 0.217×10^6N・m，轴力为 1.439×10^6N，最大剪力位于腰部和底板之间，为 0.262×10^6N。根据冻土帷幕应力计算公式 $\sigma=M/W+N/A$，$\sigma_{压\max}$=0.873MPa < 4.95MPa，实际安全系数 K=5.67；$\sigma_{拉\max}$=0MPa < 2.7MPa，冻土帷幕内无拉应力；τ=0.105MPa < 2.4MPa，实际安全系数 K=22.9。

11.3.2　制冷系统设计

1）冻结时间确定

冻土帷幕交圈时间为 11~18d，积极冻结时间为 40d，维护冻结时间为 25d，冻结运转总时间为 65d。

2）冻结需冷量计算

内排孔侧冷冻站需冷量为：$Q_{内}=1.2K\pi dH_q=6.4\times10^4$W。

外排孔侧冷冻站需冷量为：$Q_{内}=1.2K\pi dH_q=4.8\times10^4$W。

3）制冷设备选择

根据计算的冻结需冷量，每侧各设置一个冻结站。每个冻结站配备 W–YSLGF300 Ⅱ型螺杆制冷机组两台，积极冻结期两台同时运转，维护冻结期一台运转，一台备用。单台机组设计制冷量为 8.75×10^4kcal/h，电功率为 110kW，满足各个连接通道的制冷需求。

4）盐水系统

选用 $CaCl_2$ 溶液为冷媒剂，溶液密度为 1.26kg/m³，溶液的凝固点为 –38.6℃。为了确保盐水循环系统正常工作，每侧配备型号为 IS150–125–315 的盐水循环泵一台，流量为 200m³/h，电机功率为 30kW。供液管选用 15in（1in=0.025 4m）钢管，焊接连接，盐水干管和集配液管选用 ϕ159mm×6mm 的无缝钢管，冷冻排管选用 ϕ32mm×3.5mm 无缝钢管。

5）冷却水系统

根据安装制冷机和制冷量要求，每侧配备型号为 IS150–125–315 的冷却水泵一台，流量为 200m³/h，电机功率为 30kW。每侧配备型号为 KST–80 的冷却塔两台，新鲜水补充量为 15m³/h。冷却水管选用 ϕ133mm×4.5mm 无缝钢管。

6）管路连接、保温与测试仪表

管路用法兰连接，隧道内的盐水管用管架敷设在隧道管片斜坡上，以免影响隧道通行。在盐水管路上要设置伸缩接头、阀门、测温仪、压力表等测试元件。盐水管路经试漏、清洗后用聚苯乙烯泡沫塑料保温，保温厚度为 50mm，保温层的外面用塑料薄膜包扎。集配液管与冻结管的连接用高压胶管，每组冻结管的进出口各安装阀门一个，以便控制流量。

7）冻结系统试运转与积极冻结

设备安装完毕后进行调试和试运转。在试运转时，要随时调节压力、温度等各状态参数，使机组在符合有关工艺规程和设备要求的技术参数条件下运行。在冻结过程中，定时检测盐水温度、测温孔温度和推测冻土帷幕扩展情况，必要时调整冻结系统运行参数。冻结系统运转正常后进入积极冻结期。

11.3.3 连接通道结构与防水设计

1）结构设计

连接通道结构分临时支护结构和永久结构两种，在土体开挖阶段设置临时支护结构，最后现浇完成为永久结构。临时支护采用 HW250 × 250 焊接型钢，支架间距 600mm，通道开挖结束，支架架设完成后一次喷射 C20 混凝土，经计算，型钢支架可以承担 70% 的水土压力，能保证冻土变形在允许范围；永久结构采用抗渗等级 S10 的圆形现浇 C40 钢筋混凝土结构，内径为 2.74m，厚 30cm，喇叭口段厚 60cm，考虑到两条隧道高程不一、地质差异、施工先后等因素可能产生不同程度的沉降和变位，在连接通道与隧道相邻处各设一条变形缝。

为便于连接通道施工时局部拆除连接通道区段的部分隧道管片，在连接通道部位设置 4 环特殊混合衬砌环，每环衬砌环由 2 块钢管片和 8 块钢筋混凝土管片混合组成。为保证特殊衬砌环开口施工的安全，在特殊衬砌环开口部位设置临时口字形钢支撑；作为连接通道开挖过程中突发涌水冒砂的应急考虑，在特殊开口部位设置应急防护门，如图 11–8 所示。

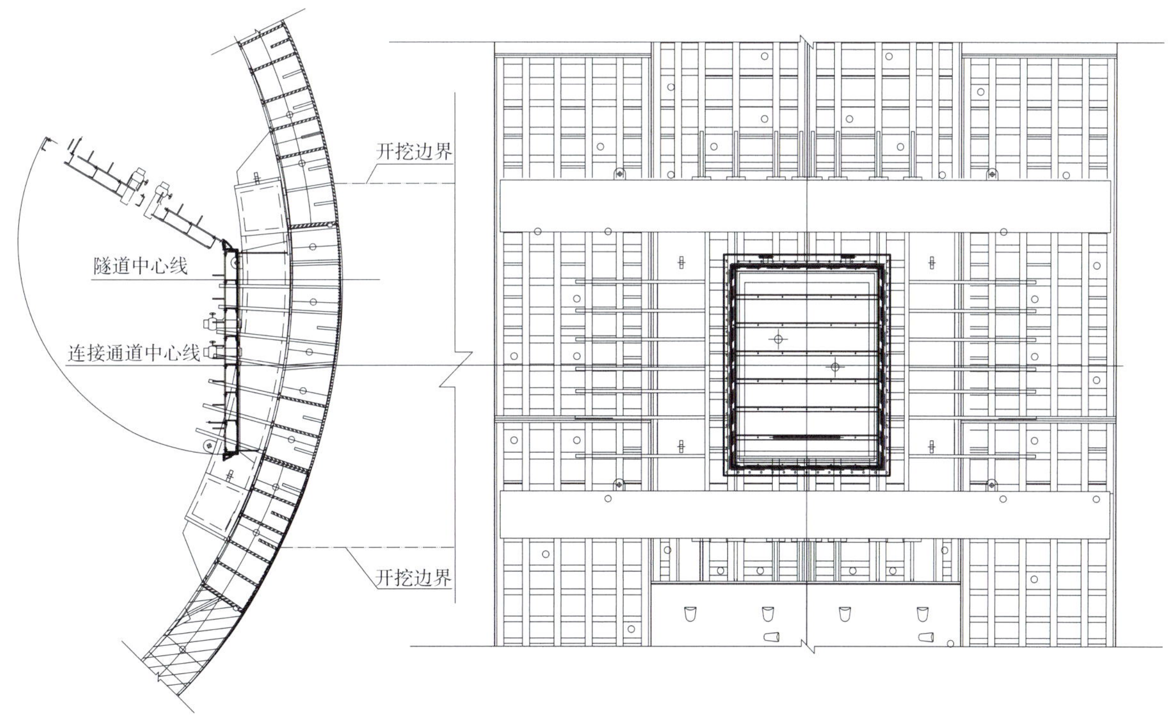

图 11–8　口字形钢支撑与应急防护门

2）现浇混凝土结构自防水设计

连接通道混凝土的设计抗渗等级为 S10，采用混凝土自防水设计，混凝土的强度等级要求为 C40。由于连接通道的顶板与土体紧密接触，混凝土施工时无法振捣，且混凝土与土体接触面温度约为 -5℃，因此连接通道中除拱底 120° 范围采用普通混凝土外，其余部位皆采用防冻的自密实混凝土。

3）接缝防水设计

通道接缝防水主要指通道与隧道的接缝防水以及通道变形缝的防水，如图 11-9 所示。

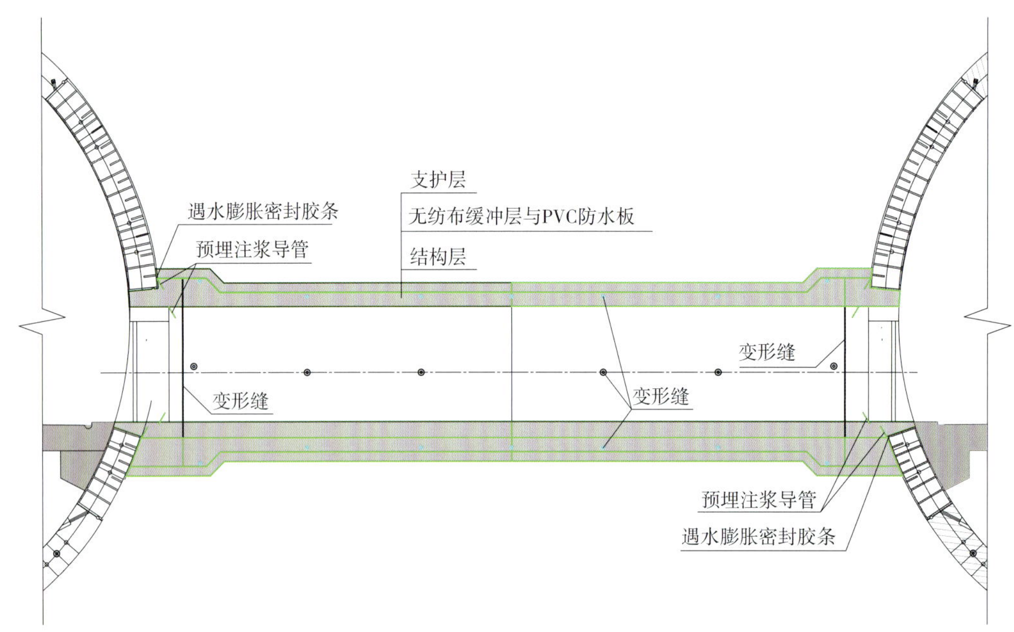

图 11-9　接缝防水及变形缝防水

通道与隧道的接缝主要采用设置遇水膨胀橡胶条和预埋式注浆管的方式构成两道封闭防水线。

通道本体变形缝主要通过设置兜绕成环的外贴式止水带、中埋式止水带、内装可卸式止水带形成密闭的防水线，其中外贴式止水带采用了与防水板相同材质的材料，以焊接方式预先铺设在防水板上，以保证夹层防水与变形缝防水的连贯性和密闭性；中埋式止水带的材质为嵌钢边橡胶止水带；内装可卸式止水带的材质为在工厂整环加工完成的中间有帆布夹层的“Ω”形橡胶止水带。与内装可卸式止水带配套的装置为整圆安装的全封闭装置，采用杠杆式压件，克服了止水带与圆环角钢的压紧技术难点，止水带的金属压件系统均进行防腐处理。

4）夹层防水设计

由于连接通道采用冻结法开挖施工，通道施工完毕后，需进行抗融沉注浆，注浆管必须穿越 PVC 防水板，且数量较多，因此，注浆管与防水板之间的接头应注意防水问题。在注浆管与 PVC 防水板接头处兜绕未硫化丁基橡胶薄片，然后采用热隔方式将另一 PVC 防水板与先前铺设的 PVC 防水板连为一体，并于防水板沿管壁上翻处设置两道钢箍，以保证防水板、未硫化丁基橡胶薄片与注浆管紧密相贴，该接头抗水压能力为 0.9MPa。

防水板端头收口处设计采用钢条紧固封边的方法进行防水处理，经试验，效果良好。但采用此封边方式，螺栓穿透了 PVC 防水板与上下钢压条，此处仍然是防水的薄弱环节。因此，在 PVC 防水板与上下钢压条接缝之间的螺栓孔空隙处填充单组分聚氨酯膨胀密封胶，以增强系统的水密性，该封边抗水压能力为 0.9MPa。

11.4 双排孔冻结连接通道施工

11.4.1 连接通道施工工艺

在上海长江隧道中共设置了八条连接通道，其总体施工流程为：在施工准备就绪后首先进行水平钻孔，同时安装冻结系统，钻孔完毕后进行土体冻结，冻结指标达到设计要求后进行土体开挖、安装临时支撑，并随之喷射混凝土、铺设防水层，然后绑扎钢筋和搭设模板支架浇筑混凝土，待混凝土强度达到要求后拆除模板支架，最后进行强制解冻和融沉注浆，如图 11-10 所示。

图 11-10 连接通道施工

a）口字形钢支撑；b）应急防护门；c）冻结系统；d）土体开挖；e）临时支撑；f）防水层；g）钢筋绑扎；h）施工完成

1）施工准备

在连接通道上下行线隧道连接处各设置一个口字形钢支撑和一个应急防护门。口字形钢支撑应在连接通道开挖预留钢管片拉出前安装完成，应急防护门在连接通道积极冻结前安装完成。

2）水平钻孔

经测量定位后安装钻机进行钻孔作业，钻孔作业过程中及时进行测斜和纠偏，钻孔深度达到要求后进行测斜和检漏。钻孔布置为双面孔，上行线为内排孔，下行线为外排孔，采用内、外排双面钻孔方式同时施工，孔深以接触对面管片为准，共布置 40 个冻结孔、7 个测温孔和 4 个卸压孔。钻孔设备采用 SW-6 型钻机和 HTG-100 小型钻机，冻结管采用 ϕ108mm 无缝钢管。

冻结孔开孔前安装好孔口密封、防喷装置，安装完毕确认无误后，再进行开孔钻进。对穿透孔在对侧管片采取如下措施：在钻具和单向阀后 600mm 处加一个长 200mm、外径 115~108mm、内径和钻杆相同的锥塞管，封堵管片与钻杆之间的间隙；穿透孔施工结束后，用特制的夹板将麻丝等密封物强行压入冻结管与钻孔环形的间隙，立即用瞬凝水泥封堵孔口，确保孔口位置不发生水、砂泄漏事故。

考虑到钢管片上开设较多冻结孔后，对结构耐久性不利，采用如下措施进行加强：路面板牛腿以上部位，冻结管分布在钢管片隔腔内，在该位置隔腔内填充混凝土进行封堵，并在隔腔上焊接钢板进行加固；路面以下部位，以联络通道中心线为基准，前后各 3 环管片（总长 12m），牛腿以下部位沿环向植筋浇筑厚200mm的C40混凝土，用于路面下部冻结孔加固密封；透孔外围以挤出式遇水膨胀胶绕孔一圈，端头以8个16mm厚锚栓将挤出式遇水膨胀胶固定在混凝土管片上，同时透孔所在混凝土管片表面涂结晶式防水涂料，用防水砂浆抹平。

3）冻结系统安装与调试

将冻结站设置在隧道内，靠近连接通道位置。站内设备主要包括冷冻机组、盐水箱、盐水泵、清水泵、冷却塔及配电控制柜等。

管道用法兰连接，隧道内的盐水管用管架敷设在隧道管片上，以免影响隧道内通行。在盐水管路和冷却水循环管道上要设置阀门和测温仪、压力表等测试组件。盐水管道经试漏、清洗后用保温板或棉絮保温，保温厚度不小于30mm，保温层的外面用塑料薄膜包扎。集配液圈与冻结管的连接用高压胶管，每组冻结管的进出口各装阀门一个，以便控制流量。

冷冻机组的蒸发器及低温管道用棉絮保温，盐水箱和盐水干管用50mm厚的保温板或棉絮保温。

连接通道两侧管片的保温：由于混凝土和钢管片相对于土层要容易散热得多，为加强冻结帷幕与管片之间的胶结能力，连接通道两侧管片表面采取保温措施，保温范围至设计冻结壁边界外2m。

设备安装完毕后进行调试和试运转。在试运转时，通过调节压力、温度等各参数，使机组在有关工艺规程和设备要求的技术参数条件下运行。冻结系统运行正常后进入积极冻结。

4）土体冻结

土体冻结过程分为积极冻结和维护冻结两个阶段。

积极冻结期盐水温度为–28℃~–30℃，冻结孔单孔流量不小于3m³/h，积极冻结7d盐水温度降至–18℃以下，积极冻结15d盐水温度降至–24℃以下，去回路温差不大于2℃；开挖时盐水温度降至–28℃以下。开挖区外围冻结孔布置圈上冻结壁与隧道管片交界面处平均温度不高于–8℃，其他部位设计冻结壁平均温度不高于–13℃。

维护冻结期盐水温度为–20℃~–25℃，冻结孔单孔流量不小于3m³/h，贯穿连接通道开挖和主体结构施工始终。施工中，加强冻结过程检测，在冻土帷幕内布置测温孔和卸压孔，以便释放冻胀压力、准确测定冻土帷幕厚度和判断冻土帷幕是否交圈。

5）土体开挖

由于土体采用冻结法加固，冻土强度较高，冻土帷幕承载能力大，因而开挖时（上部通道除喇叭口处侧墙和拱顶外）可以采用全断面一次开挖，开挖步距为0.6~0.8m。两端喇叭口处断面较大，为减少开挖对隧道变形的影响，开挖步距控制为0.6m。

土体开挖过程中，对暴露段的土体及时设置临时支护，它对冻土帷幕起到保温和隔热的作用，同时能承受冻土压力和控制冻土帷幕的变形。

6）防水层与钢筋绑扎施工

根据工程的特点和基于开挖构筑安全的考虑，混凝土喷射完成后在其表面铺设防水层，防水层采用无纺布缓冲层和PVC防水板，并为后续融沉注浆工序合理布设抗融沉预埋式注浆管。

7）绑扎钢筋和立设模板支架

由于采用自密实混凝土，流动性混凝土在模板上会产生流体压力，因而需根据自密实混凝土初凝时间控制浇筑速度，避免在模板上产生过大压力，并在模板、支架设计时充分考虑该项荷载，合理布置支撑体系。模板封头板上合理设置浇筑孔和泄压孔，以控制浇筑质量。

8）现浇高强自密实负温混凝土

隧道连接通道的顶板与土体紧密接触，混凝土施工时无法振捣，要求混凝土具有良好的流动性、填充性和自密实性才能完成施工浇筑任务。此外，由于连接通道采用冻结法施工，本工程混凝土接触面温度约为–5℃，待现浇混凝土强度达到要求后方进行拆模和解冻，要求60d内混凝土在负温环境条件下强度发达到 C40。由于冷冻液持续不断的在土体间循环，这样与土体直接或间接接触的混凝土自浇筑入模后即处于负温环境条件，混凝土的强度发展也一直处在一个恒负温的环境中。负温环境对混凝土的强度发展有巨大的不利影响，混凝土一直处于负温的条件下，水化程度和水化速度都会逐渐降低，甚至会停止或被破坏，必须考虑自密实混凝土的抗冻技术措施。同时，长江隧道工程按照 100 年的使用寿命进行设计，因此连接通道所使用的自密实混凝土在满足抗冻要求的同时，还必须对负温条件下混凝土的耐久性进行科学的判断，以保证混凝土工程质量。

①基本配合比设计

根据我公司的工程实践经验，在低水胶比自密实混凝土配方设计中，胶凝材料组成、砂浆体积与混凝土外加剂用量是影响新拌混凝土高流动性、高填充性和高自密实性的重要参数。为使新拌混凝土的塑性黏度与抗剪屈服值接近最佳平衡点，本工程通过正交试验，对三个重要参数进行研究，综合分析 ΔU 与扩展度测定结果，确定混凝土基本配合比。

②抗冻技术措施

根据物理化学原理，水结冰的本质是水分子从无序的液态转变为有序的固态过程，防止水—冰的相变途径通常使用的方法是加入电解质类或有机物，干扰水分子的有序排列。水分子是极性分子，可以被准有序地吸附在细毛细管内壁和各种水化产物内部，随着温度降低，准有序的范围扩大，形成了所谓的抗冻临界结构。因此本工程在采用低水胶比的同时采用高效复合防冻剂，促进混凝土内部尽快形成抗冻临界结构。

根据有关文献，低温时毛细管中的水和凝胶水依然是以液态形式存在，故水泥水化过程可以继续进行，只是强度增长缓慢而已。我们通过测定 $D \leqslant 500\text{A}$（50nm）的孔（毛细孔、凝胶孔）的体积百分比，观测基准配合比与掺加高效复合防冻剂配方的孔结构，从内部结构变化来分析防冻剂的作用。试件经低温（-5℃）养护 14d 后，进入标养环境，直至 60d，试件的测定结果如图 11-11 所示。

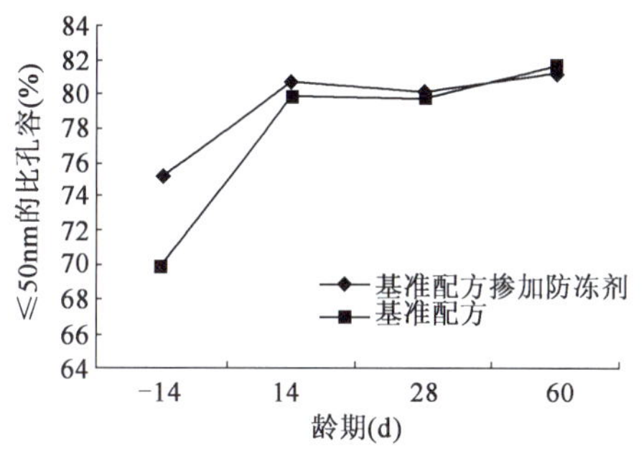

图 11-11　低温养护条件下比孔容测定结果

注：单位质量多孔固体所具有的细孔容积，称为孔容或比孔容。

③混凝土浇筑与养护

现浇高强负温自密实混凝土具有高流动性和高黏度的特点，在浇筑过程中不能有较长时间的浇筑间隔，否则易形成泵管内的混凝土沉降，混凝土的生产、运输和泵送需具有很强的连贯性。混凝土浇筑后，需严格做好养护工作，除正常留置混凝土试块外，增设同条件养护试块，以了解混凝土强度增长情况，确保冷冻机在结构安全状态下关闭。

11.4.2　强制解冻及融沉控制

11.4.2.1　强制解冻融沉控制理论与技术研究

作为融沉控制手段，工程中采用的主要是跟踪注浆的被动控制方法，通过监测地面沉降和结构变形来确定注浆量多少。但这种被动式的控制融沉方法并不能很好的控制长期沉降，工程效果不理想。

强制解冻是一种主动控制融沉的办法，使冻土在短时间内融化并及时注浆，这样可以克服因自然解冻时间长而无法保证连续跟踪注浆的缺点。人工冻土强制解冻的方法是利用原有的冻结管循环高温盐水使冻结管周围冻土的温度逐渐上升，达到更快解冻土体的目的。强制解冻系统如图

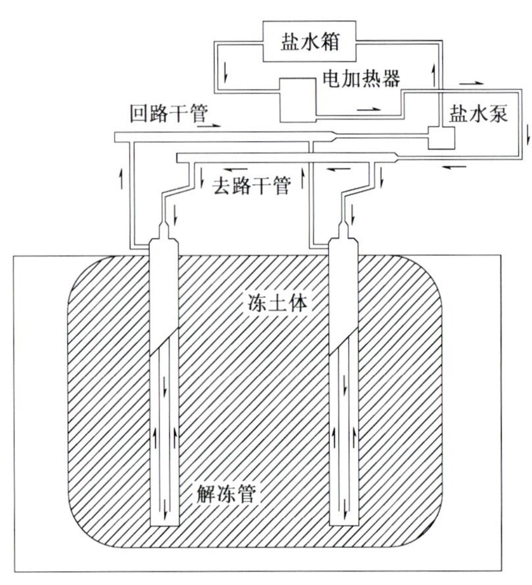

图 11–12 强制解冻系统示意图

11–12 所示。

人工冻结停止后，冻土帷幕表面开始温度回升并逐渐开始解冻。冻结管周围冻土温度最早开始回升，当温度达到解冻温度时冻土开始融化。可见，强制解冻始终伴随着冻土帷幕表面的自然解冻。自然解冻由外向内解冻，强制解冻由内向外解冻，当内外两个解冻面相遇时整体冻土帷幕彻底解冻。自然解冻速度缓慢，强制解冻速度较快。

上海长江隧道连接通道施工在自然解冻、单管强制解冻、单排管强制解冻三者的基础上对双排管冻结形成的冻土帷幕的强制解冻过程进行了理论分析和数值计算。

双排管解冻分两个阶段：解冻区交圈前，计算模型如图 11–13 所示；解冻区交圈后，可等效为具有初始厚度为 0.79 倍初始厚度的冻结土体朝两侧解冻，计算简化为如图 11–14 所示模型。在第二阶段，排与排冻结管之间间距较小，一般在 1.5~2m 之间，排内冻土温度可看成均匀分布，只考虑解冻区内冻土从初始温度上升至解冻温度所需的热量，以及相变所需的热量，不考虑受解冻影响的冻土区温度上升所需的热量。

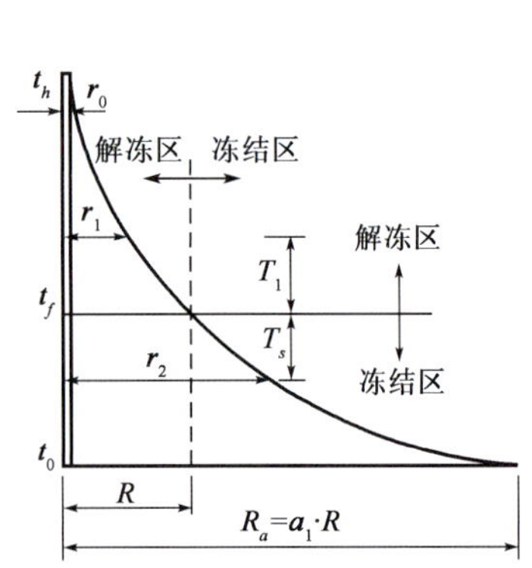

图 11–13 解冻区交圈前双排管解冻解冻区和冻结区温度分布示意图

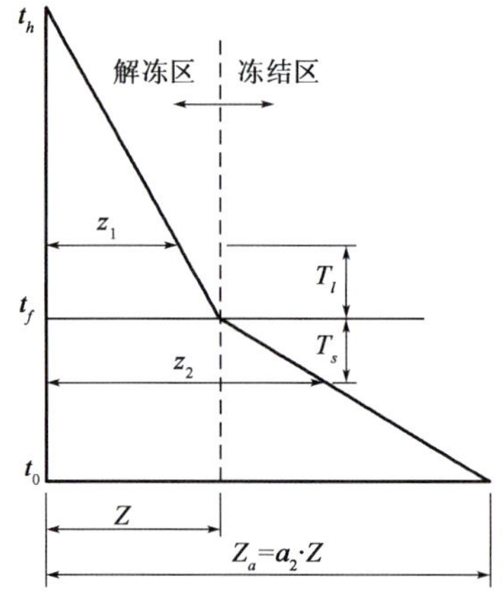

图 11–14 解冻区交圈后双排管解冻解冻区和冻结区温度分布示意图

对双排管强制解冻时间、总需热量及其热流量进行计算。计算中取值分别为：a_1=3，a_2=5，土体热物理性质参数取值如表 11–12，解冻管盐水温度取 80℃，双排冻结孔内冻土看成均匀温度场分布，其平均温度为 –12℃，解冻温度为 –1.7℃。

土体热物理参数 表 11–12

含水率 w（%）	密度 ρ（kg/m³）		热导率［W/（m·K）］		比热容［J/（kg·K）］		相变潜热 L（MJ/m³）
	未冻土	冻土	未冻土 k_u	冻土 k_f	未冻土 C_u	冻土 C_f	
29.96	1 800	1 789	1.47	1.68	1 690	1 122	108.7

第一阶段计算结果见表 11–13，第二阶段计算结果见表 11–14。从表 11–14 中可以看出，解冻单侧 0.6m 的冻土墙需要 7.03d，解冻单侧厚度 0.75m，解冻时间为 10.12d，单侧厚度为 0.6m 时，平均解冻速度为 85mm/d，单侧厚度为 0.75m 时，平均解冻速度为 74mm/d。

单排管第一阶段所需的解冻时间、需热量及热流量　　表 11–13

解冻半径 R（m）	解冻天数 t_1（d）	需热量 Q_1（MJ/m）	热流量 P_1（W/m）
0.2	0.19	39.15	583.2
0.3	1.13	80.22	424.4
0.4	2.79	136.60	355.8
0.5	3.91	353.42	334.1

双排管解冻第二阶段所需的解冻时间、需热量、热流量及总解冻时间　　表 11–14

冻土墙单侧厚度（m）	第二阶段解冻天数 t_2（d）	总解冻时间 t_{total}（d）	需冷量 Q_2（MJ/m）	热流量 P_2（W/m）
0.395	–	3.91	–	–
0.5	1.44	5.35	264.45	400.75
0.6	3.12	7.03	317.35	333.96
0.75	6.21	10.12	396.68	267.17

11.4.2.2　强制解冻原则

主体结构混凝土的强度达到 75% 以上后方可进行强制解冻。强制解冻热盐水在冻结孔内循环，分区强制解冻冻土，根据信息化监测系统监测土体温度、沉降变化，利用浅部注浆管和深部注浆管进行压密注浆。解冻总体原则是先解冻下部冻土，再解冻中部冻土，最后解冻上部冻土。在解冻下部冻土时，由于中部和上部冻土还维持在较低的温度，冻土帷幕、浇筑好的旁通道结构层和隧道管片共同承受上覆水土压力。

11.4.2.3　解冻分区

共分四个强制解冻分区，如图 11–15 所示，热盐水温度去路不低于 70℃，根据以往工程强制解冻经验，每个分区解冻需要 10d 左右。依分区顺序解冻，在前一个分区解冻时，后面分区维持冻结，目的是旁通道结构和隧道能够依靠空间整体作用，以免土体在分区未注浆情况下产生沉降。

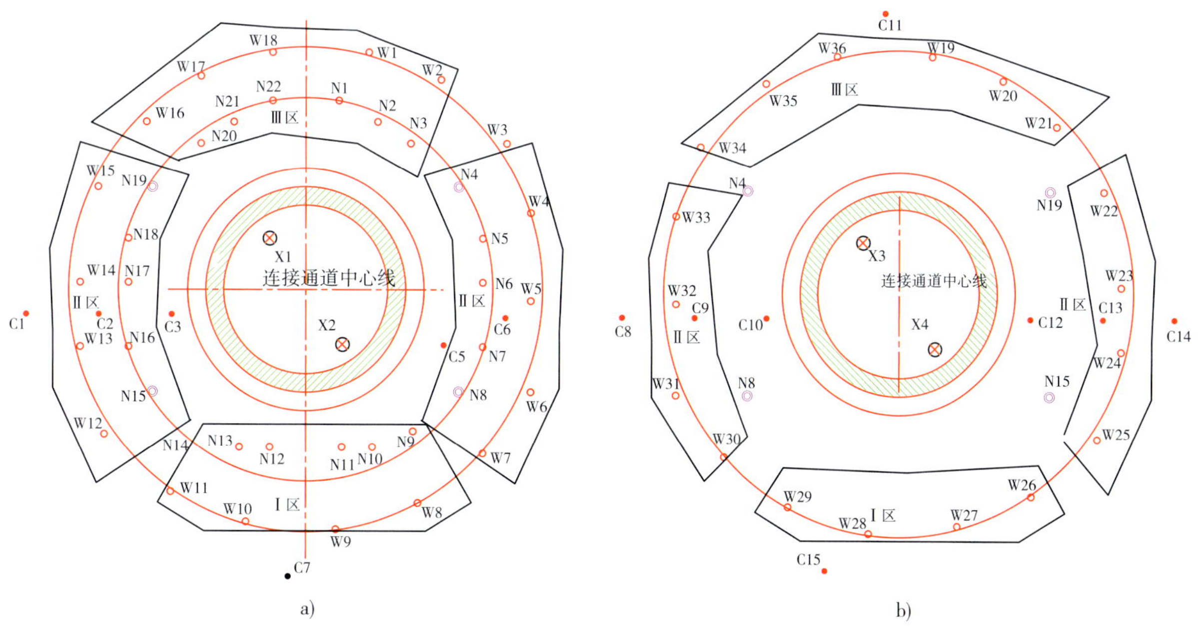

图 11–15　解冻区域分布图

a) 冻结站侧隧道解冻区域图；b）冻结站对侧隧道解冻区域图

11.4.2.4 注浆管的布置

强制解冻的同时，根据信息化监测系统监测土体温度、沉降变化，利用浅部注浆管和深部注浆管进行压密注浆，控制沉降变形。注浆管的布置遵循以下原则：

①利用通道附近区域隧道管片压浆孔，必要时再利用钻机在管片开孔布设注浆孔。

②注浆孔均按 1.5m 断面间距布设，两端喇叭口各布置一个注浆断面，如图 11-16 所示。

③预埋管结构选用直径为 2in（1in=0.025 4m）的注浆管，顶端接带螺纹的管箍，并用丝堵封闭。

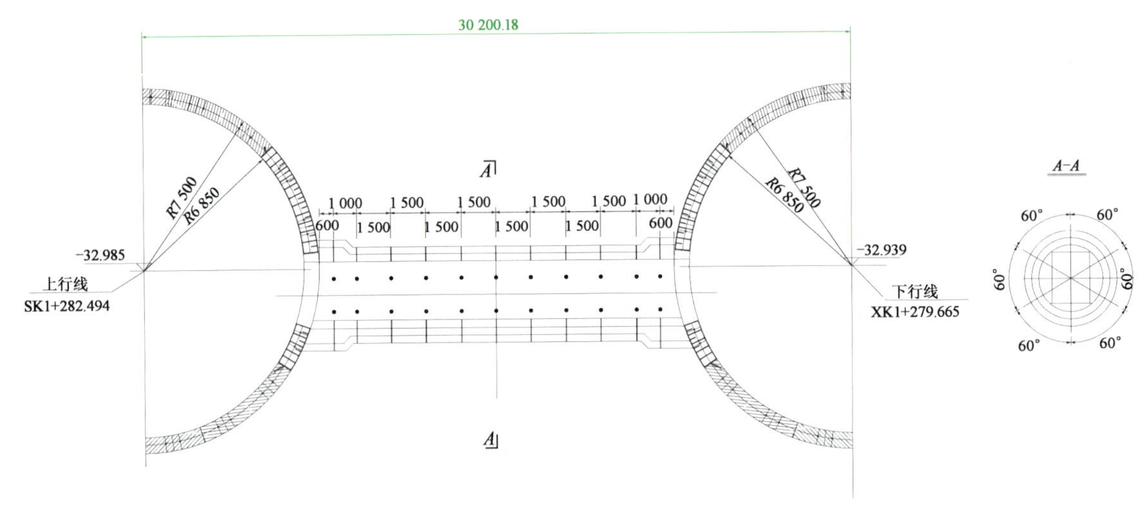

图 11-16 连接通道注浆孔布置图（单位：mm）

11.4.2.5 注浆工艺

1）充填注浆

充填注浆要在主体结构混凝土强度达到设计强度的 60% 以后进行；充填注浆通过结构施工预埋的注浆管进行注浆，充填注浆材料采用单液水泥浆，浆液配比为 0.8~1，注浆压力不大于静水压力。

2）融沉注浆

当连接通道一天沉降大于 0.5mm，或累计沉降大于 1.0mm 时，应进行融沉补偿注浆；当连接通道隆起达到 2.0mm 时应暂停注浆；融沉注浆结束是以隧道变形稳定为依据。当 95% 以上的测温点达到 0℃以上时视为解冻结束，解冻结束后实测数据趋于稳定，即可停止融沉补偿注浆。

融沉注浆通过预埋的注浆管进行，采用常温清水冲孔方式延长注浆管至冻结壁外侧；融沉注浆应配合强制解冻进行，注浆顺序和解冻顺序一致，即通道底板—通道两侧—通道顶板；融沉注浆材料以水泥 - 水玻璃双液浆为主，单液浆为铺，其水泥和水玻璃的溶液体积比为 1 ∶ 1，水泥浆液中水灰比为 1 ∶ 1，水玻璃溶液采用 B35~40 加 1~2 倍体积的水稀释；注浆压力不超过 0.5MPa，具体要根据隧道变形监测情况做适当调整。

11.4.3 连接通道施工监测

为及时给连接通道施工反馈信息，消除危险隐患，监测冻结的薄弱环节，保证施工的安全和建成后的稳定性，进而为优化施工方案、改进信息化施工方法提供依据，为理论发展积累区域性设计、施工、监测的经验，提供基础数据，需要对整个施工过程进行监测。监测内容包括冻结参数监测、周边管片监测和连接通道稳定性监测，采用隧道连接通道冻结法信息化施工监控系统。

隧道连接通道冻结法监测系统由硬件系统、软件系统、数据库组成。其中，硬件系统主要由五部分组成，如图 11–17 所示；软件系统主要由记录类模块、控件类模块和显示类模块构成，其中最重要的是记录类模块和显示类模块；数据库采用 Access 数据库，由数据表和数据视图（查询）组成。通过该系统可以实现冻结温度场的实时监控和 2D、3D 视图显示，2D、3D 视图效果分别如图 11–18、图 11–19 所示。

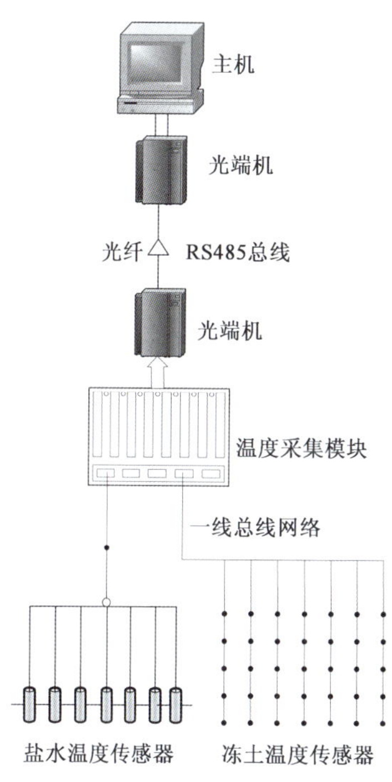

图 11–17　硬件结构图

11.4.3.1　冻结参数监测

1 号连接通道冻结参数监测内容包括盐水温度监测和冻土帷幕温度监测。其中，盐水供应系统分为上行线和下行线两条去回路，每条去回路在去路和回路的干管上各设一个测温点，在每组回路的冻结管上设一个测温点。上行线回路冻结管上共设有 11 个测点，下行线回路冻结管上共设有 9 个测点。

冻土帷幕区共布设 7 个测温孔，其中上行线隧道 2 个测温孔 C6、C7，下行线隧道 5 个测温孔 C1、C2、C3、C4、C5，见图 11–20，共有 104 个测温点。测温孔 C1 和 C2 分别布置在冻土帷幕设计外边界和内边界上，用于判断冻土帷幕发展的基本测孔；其他测孔布置成斜孔，用于辅助分析；此外考虑了冻土帷幕强制解冻时的测温要求。

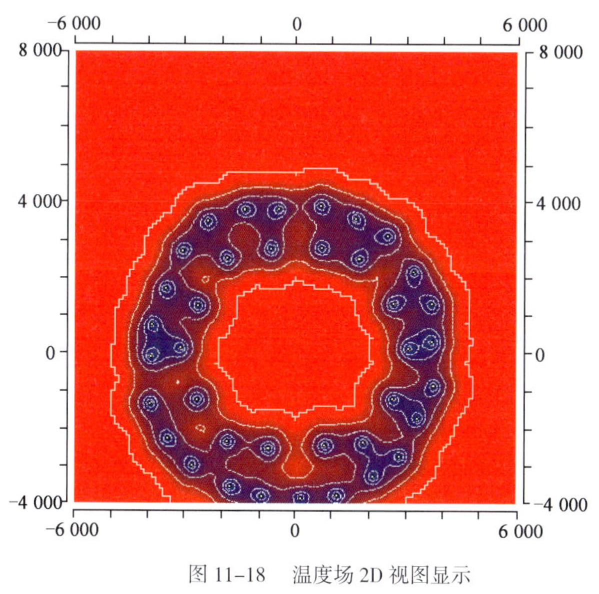

图 11–18　温度场 2D 视图显示

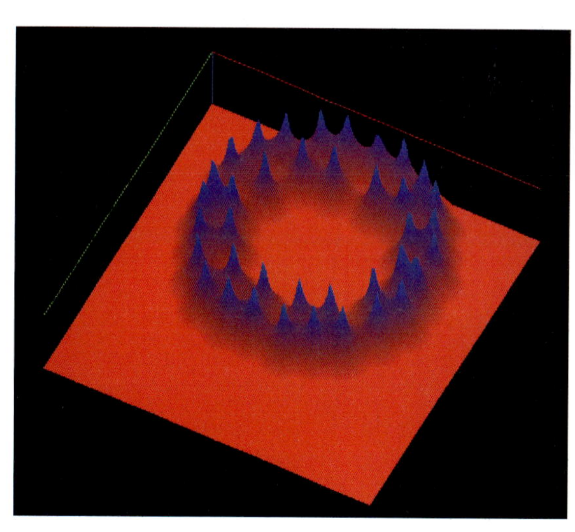
图 11–19　温度场 3D 视图显示

1）盐水温度监测

1 号联络通道上行线盐水去回路温度从 2007 年 11 月 8 日开始监测，下行线盐水去回路温度从 2007 年 11 月 13 日开始监测，其中上行线盐水去回路温度变化情况如图 11–21 所示。

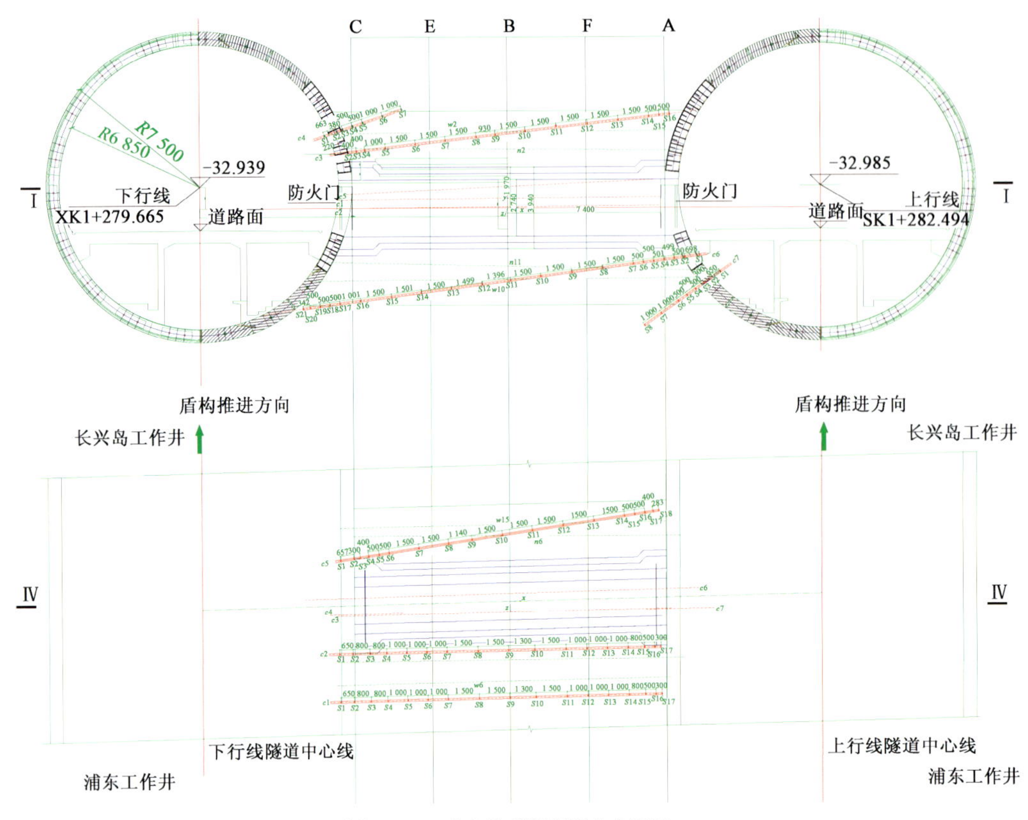

图 11-20　冻土帷幕温度测点布置图

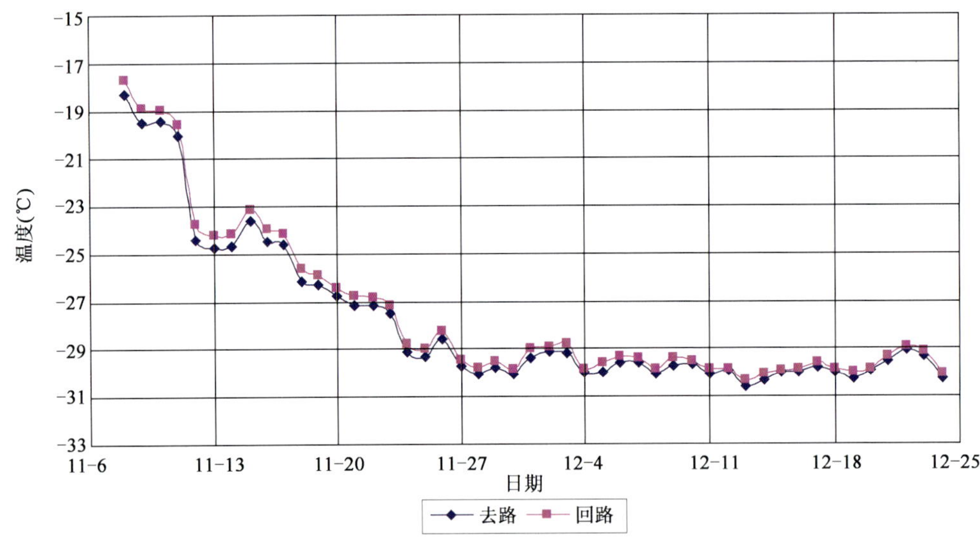

图 11-21　盐水去回路温度随时间变化曲线

本段时间处于积极冻结期。从图 11-21 中可以看出，前期盐水温度迅速下降，3d 内降至 -18℃以下，提前实现设计要求的“积极冻结 7d 盐水温度降至 -18℃以下”目标，去路盐水的温度维持在 -28~-30℃，达到设计要求。两个去回路干管温度的温差一直较小，都维持在 1.0℃以内，说明冷冻站制冷量充沛，冻结系统运行正常。

2）冻土帷幕温度监测

数据监测点布置见图 11-20，其中 C1 测温孔各测温点的温度随时间变化曲线见图 11-22，各测点温度空间分布曲线见图 11-23。

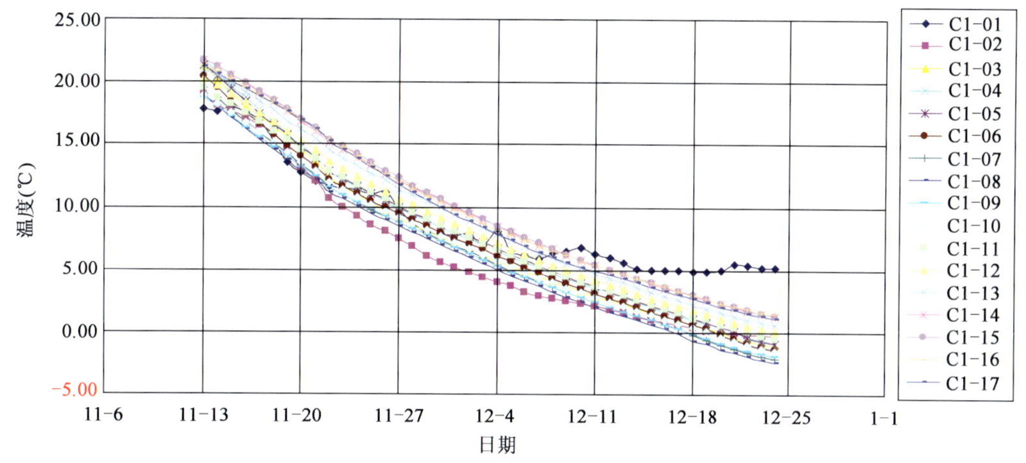

图 11-22　C1 测温孔各测点温度时间变化

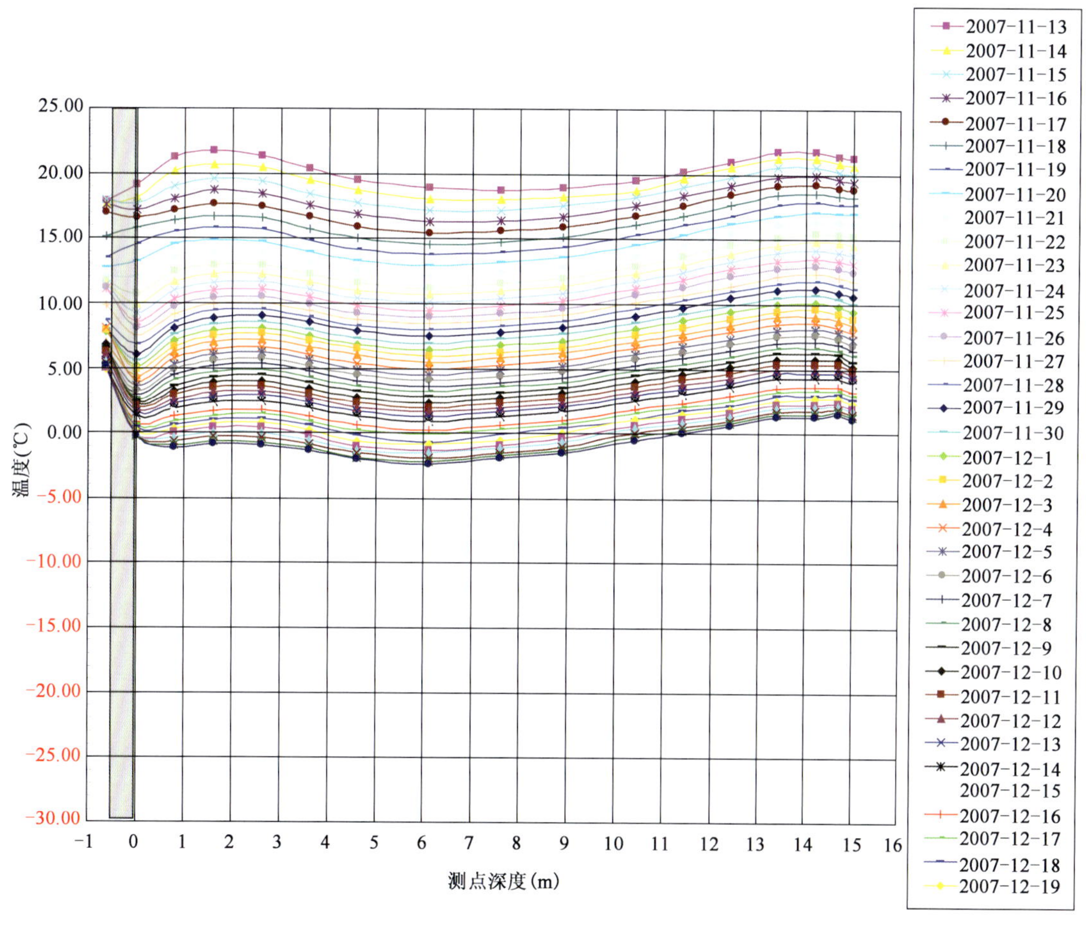

图 11-23　C1 测温孔各测点温度空间分布变化

11.4.3.2　周边管片监测

连接通道周边管片监测包括隧道管径监测和隧道垂直位移及水平位移监测，每个连接通道的施工区域内上下行 32m 内布设测点，开挖施工区域内上下行 6m 内每 2m 布设一环，其余区域每 4m 布设一环，共布设 10 环，编号为 SL01~SL10、XL01~XL10，每环测其横径及竖径；每个连接通道施工区域内上下行 32m 内布设测点，每 2m 布设一点，共布设 32 点，编号为 SJ01~SJ16、XJ01~XJ16，如图 11-24 所示。

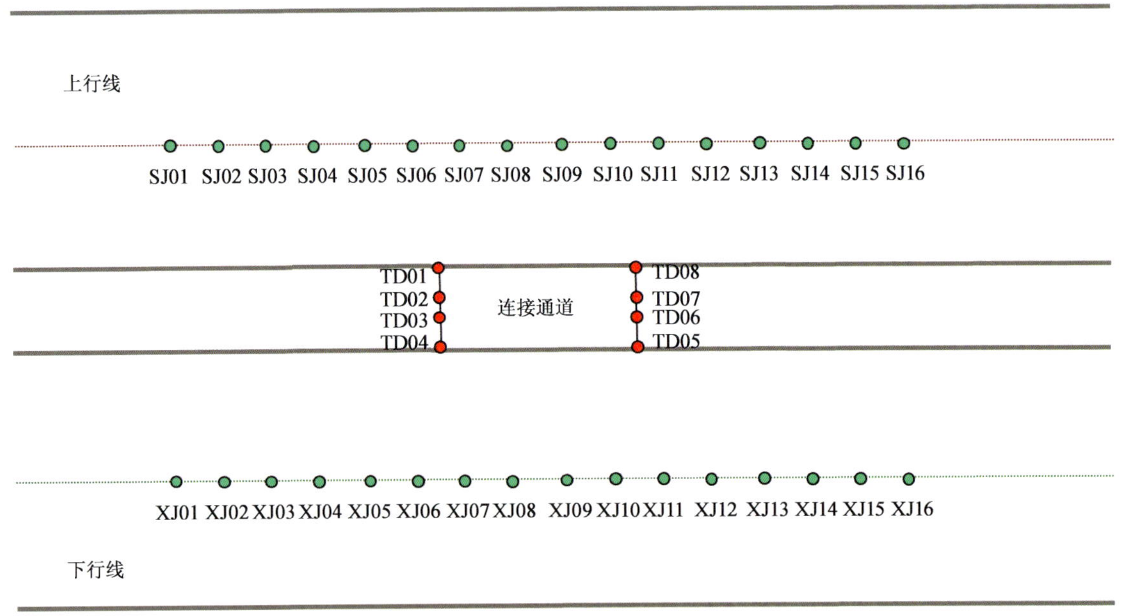

图 11-24 连接通道周边隧道管片监测及连接通道稳定监测测点布置示意图

1 号连接通道施工隧道管径监测数据显示，隧道横径变化范围为：+10~-9mm；竖径变化范围为：+8~-8mm。测点 XJ11 沉降变化曲线如图 11-25 所示。可以看出，隧道垂直位移监测点变化范围为：+3.6~-8.6mm；水平位移变化范围为：+5~-3mm。隧道监测点垂直和水平位移变化规律与连接通道相对位置关系有关，与施工工况、施工进度密切相关，隧道变形量最大点均处于离连接通道较近的施工区域。在整个监测过程中 1 号连接通道隧道监测点未出现报警情况。

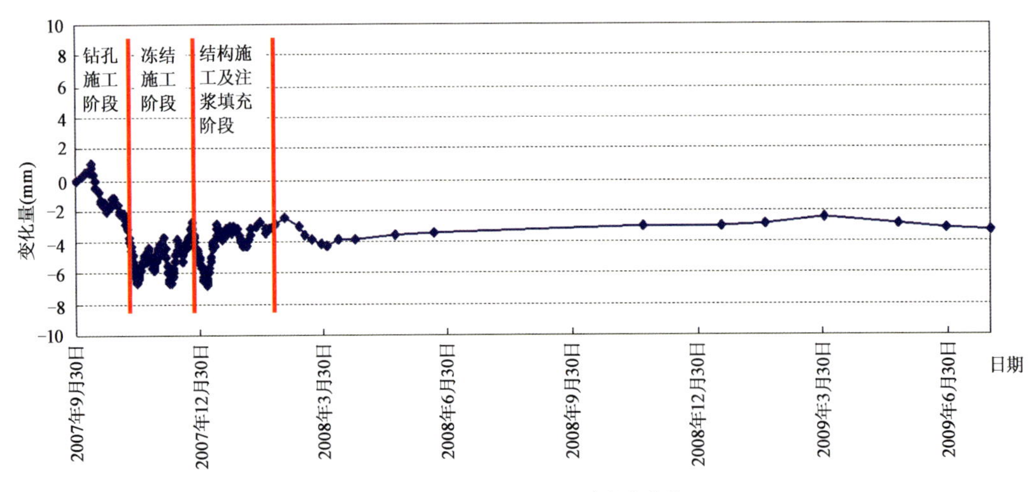

图 11-25 下行线 XJ11 沉降变化曲线

11.4.3.3 连接通道稳定监测

1 号连接通道施工完成后连接通道垂直位移监测数据中，测点 TD01 的位移变化曲线如图 11-26 所示，各监测点位移的累计变化量最大值、最小值及最终值变化量如表 11-15 所示。从表 11-15 中可以看出，连接通道垂直位移监测点变化一般以下沉为主。在整个监测过程中 1 号连接通道未出现报警情况，连接通道垂直位移变化范围为：-0.4~-6.8mm。

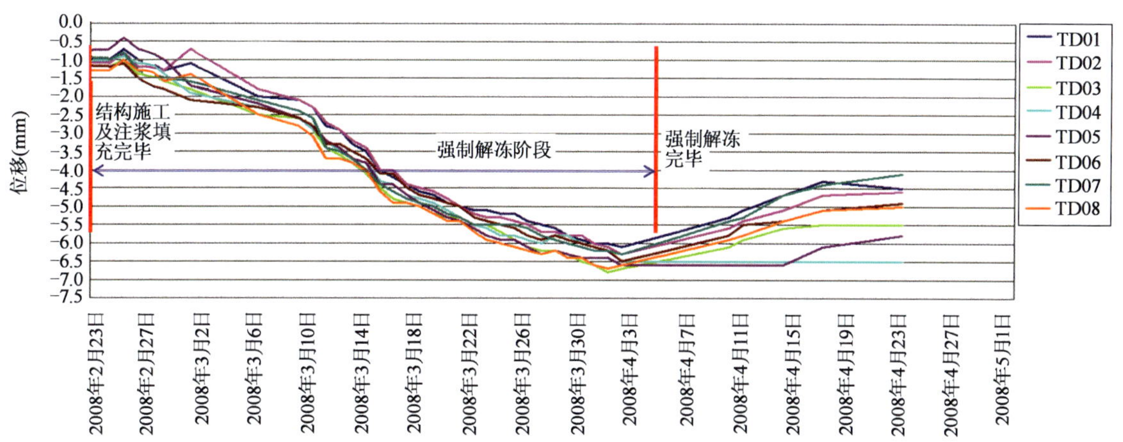

图 11-26　1 号连接通道垂直位移监测点 TD01 位移变化曲线

1 号连接通道垂直位移监测点参数一览表　　表 11-15

点号	最大值（mm）	最小值（mm）	融沉完成累变量（mm）	最终值（mm）	融沉完成后变化速率（mm/月）
TD01	-0.2	-6.1	-1.0	-3.3	-0.14
TD02	-0.1	-6.3	-1.2	-4.4	-0.19
TD03	-0.3	-6.8	-1.4	-4.8	-0.20
TD04	-0.2	-6.5	-1.1	-6.5	-0.32
TD05	-0.3	-6.6	-0.7	-6.0	-0.31
TD06	-0.1	-6.5	-1.5	-4.4	-0.17
TD07	-0.4	-6.3	-1.3	-4.5	-0.19
TD08	-0.2	-6.7	-1.3	-4.7	-0.20

第12章　盾构推进施工测量

DUNGOU TUIJIN SHIGONG CELIANG

本工程盾构机一次掘进距离长达 7.5km，传统盾构法隧道测量技术和超长距离隧道测量技术（如钻爆法、沉管法等）已无法满足本工程施工要求，特别体现在隧道轴线精确控制和精准进洞两大方面。

12.1 概述

12.1.1 盾构法隧道施工测量特点

与其他工程测量相比，盾构法隧道测量具有以下特点：

（1）隧道施工面黑暗潮湿，环境较差，点位布设一般在隧道顶部，有时需点位对中，导线边长较短，测量精度难以提高。

（2）盾构法隧道往往采用单向掘进，双线之间互不相通，不便组织校核，出现错误不能及时发现。随着掘进距离的增长，点位误差的累积越来越大。

（3）隧道施工面狭窄，并且隧道内往往只能前后通视，造成控制测量形式比较单一，仅适合布设支导线。

（4）测量工作随着盾构的连续掘进，不间断的进行。一般先以低等级导线指导施工，而后布设高级导线进行检核。

（5）由于隧道施工的限制，往往采用一些特殊或特定的测量方法（如为保证地下和地面采用统一的坐标系统，需进行联系测量）和仪器（陀螺经纬仪等）。

（6）在隧道内导线的基础上，必须通过布设在盾构机内的测量标志，根据相应关系换算出盾构机的位置。

12.1.2 盾构法隧道施工测量内容

隧道工程的测量环节包括：建立地面控制网、地面和地下的联系测量、地下隧道中的控制、施工及竣工测量。对测量的要求如下：

（1）应严格按照先控制后碎部、高级控制低级、对测量成果逐项检核，测量精度必须满足规范要求等。

（2）在隧道工程中，两个相向开挖的工作面的施工中线往往因测量误差产生贯通误差（分为纵向、横向和高程贯通误差）。对于隧道而言，纵向误差不会影响隧道的贯通质量，而横向误差和高程误差将影响隧道的贯通质量。因此应采取措施严格控制横向误差和高程误差，以保证工程质量。

（3）为保证隧道工程的施工质量，在工程施工前，应进行工程测量误差预计。预计时应将容许的竣工误差加以适当分配。一般来说，地面上的测量条件比地下好，故对地面控制测量的精度应要求高一些，而对地下测量的精度要求适当降低。

（4）在隧道工程中应尽量采用先进的测量设备和技术。地面控制测量应采用 GPS 测量技术进行。平面联系测量应尽量采用陀螺定向。隧道内的导线测量应尽量增加导线边长，减少导线点数，并保证边长均匀分布且需采用高精度全站仪进行施工测量。为限制测角误差的传递，当导线前进一定距离后应使用高精度陀螺经纬仪加测陀螺定向边。

12.1.3 本工程测量难点

根据相关隧道规范，通常将单座隧道长度小于 500m 的，称之为短隧道；长度在 500~3 000m 之间的，称之为中长隧道；长度在 3 000~10 000m 之间的，称之为长隧道；而 10 000m 以上的，称之为特长隧道。铁路上通常把单座隧道两端洞门之间长度在 5 000 m 以上者称之为长大隧道。

在线路中线方向上的投影称为纵向贯通误差，在垂直于中线方向的投影长度称为横向贯通误差，在高程方向上的投影称为高程贯通误差。一般取两倍中误差作为各项贯通误差的限差。若山岭隧道多为硬岩隧道，采用双向对挖，或者是将一条长隧道分隔为多个工作区间然后分别施工。单个区间的贯通限差要求小于 250mm，采用传统隧道测量手段一般都能确保隧道贯通。表 12–1 为我国铁路和公路贯通误差控制规范。

我国铁路和公路贯通误差控制规范 表 12–1

铁路隧道贯通误差的限差规范					
两开挖洞口之间的长度（km）	<4	4~8	8~10	10~13	13~17
横向贯通限差（mm）	100	150	200	300	400
高程贯通限差（mm）	50				
公路隧道贯通误差的限差规范					
两开挖洞口之间的长度（km）	<3	3~6	>6		
横向贯通限差（mm）	100	200	300		
高程贯通限差（mm）	75				

由于盾构法隧道施工的特殊性，它是一次性连续施工，盾构机出发后最终要进入接收井的预留洞门，因此贯通误差必须比铁路隧道小得多。本工程双线隧道盾构掘进长度约 7.5km，设计要求贯通限差小于 150mm，采用传统的施工测量手段很难使隧道贯通误差满足设计要求。

因此，在总结国内其他特大越江隧道（上海市上中路隧道）、特长铁路隧道（秦岭隧道）测量经验的基础上，采用一系列的先进测量手段，顺利解决了测量难题。

12.2 控制测量

隧道控制测量包括地面和隧道内两部分，每一部分又分平面控制测量和高程控制测量。地面平面控制测量常采用三角网、电磁波测距导线、GPS 网。遂道内平面控制测量主要采用导线控制网实施，对于长距离隧道可在部分导线边加测陀螺方位角。地面和隧道内的高程控制，一般都采用水准测量的方法，按国家二等水准要求施测。隧道控制测量的主要作用是保证隧道准确贯通，其精度要求主要取决于隧道贯通精度、隧道长度与形状、开挖面的数量以及施工方法等。

12.2.1 地面控制测量

12.2.1.1 地面平面控制测量

本工程的始发井和接收井之间是近 7km 的长江江面，控制点之间不能通视，采用传统的控制测量手段已经不能奏效。因此，采用了全球定位系统 GPS（Global Positioning System）测量。

GPS 是 21 世纪 70 年代美国国防部批准，陆海空三军联合研制的新一代空间卫星导航定位系统。其主要特点是全球覆盖、全天候连续测量、实时三维导航和精密定位。

本工程利用 6 个平面控制点，采用 GPS 大地测量 B 级网标准进行测量。控制点分布如图 12–1 所示。

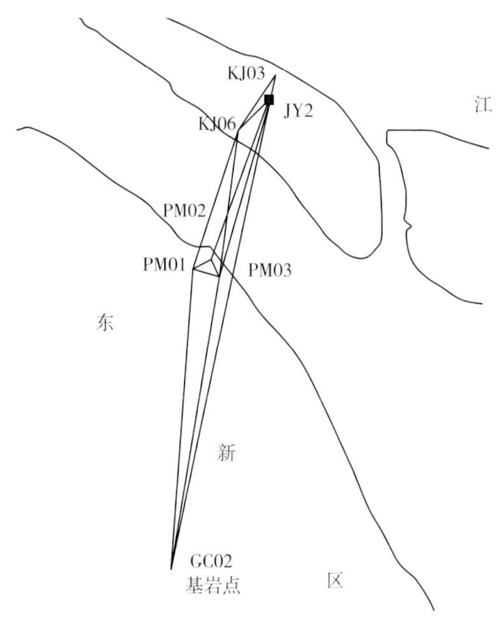

图 12–1 工程导线控制点示意图

本工程平面采用的是上海城市坐标系。GPS 数据处理的目的就是将 WGS–84 的空间坐标转换为当地参考系的平面坐标。在这个处理过程中，要完成平差、转换、投影三个环节。若有 N 台仪器同步观测，可解得（N–1）N/2 条边，其中只有 N–1 条基线是相互独立的，平差计算时应选择相互独立的基线并使得相互间构成一定的网形，使得每一条基线都能得到一定的检核。由此构成的 GPS 网在实用上一般均需与地面数据联系起来，而地面数据包含两个方面：一个是起算数据，如已知点坐标、已知空间边长、大地高、大地方位角等；另一方面是地面观测值，如空间边长、椭球面上的方向观测值、水准高差、天顶距等，平差的结果应与给定的已知数据基准相同，因此不仅需要把 GPS 基线向量与常规观测值联合处理，而且在平差时应顾及基线向量与已知数据所处坐标系的转换关系，最后算得与已知数据坐标系统相同的待定点坐标。对于多障碍物的复杂测区 GPS 控制网，在平差前应对各基线进行小波处理，在最大程度上消减多路径效应和噪声的影响。

12.2.1.2 地面高程控制测量

为满足本工程在勘测、施工期的施工放样，保证浦东至长兴两岸施工在高程方面顺利衔接，需布设高程控制网。跨江高程传递是本工程中的重点，专为跨江测距三角高程测量建造 4 个观测墩，墩高约 10m；水准路线从浦东的基岩点 J20–1、J23–1 出发，通过一等水准路线及跨江测距三角高程测量将高程传递到长兴岛的基岩点 JY2，从而使两岸高程控制网布设成为一个统一的、整体的专用高程控制网，控制网如图 12–2 所示。

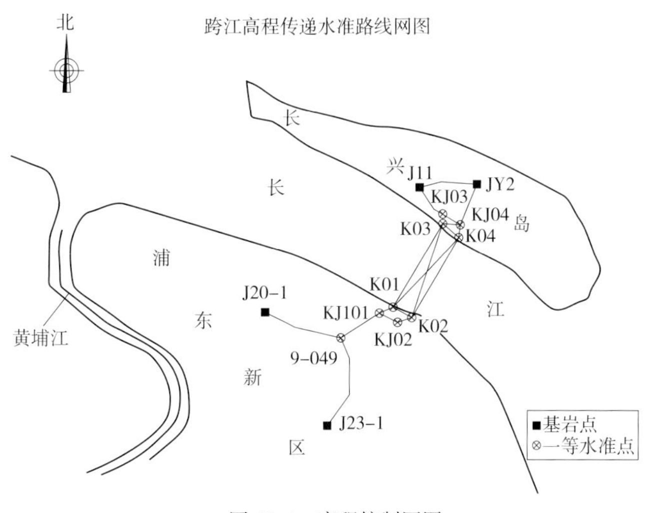

图 12–2 高程控制网图

12.2.2 隧道内控制测量

隧道内控制测量包括隧道内平面控制测量和隧道内高程控制测量。隧道内平面控制测量由于受隧道内工程条件的限制，测量方法较为单一，只能敷设导线。隧道内高程控制测量方法有水准测量、三角高程测量。

12.2.2.1 隧道内平面控制测量

由于本工程为特长距离隧道，常用的几何定向法，即联系三角形定向，已经不能满足贯通需要。因此采用直接传递法，利用浦东侧完成的岸边段结构（长度 600m），直接将地面控制坐标传递到井下，分别采用两条起算边。如图 12–3 所示。

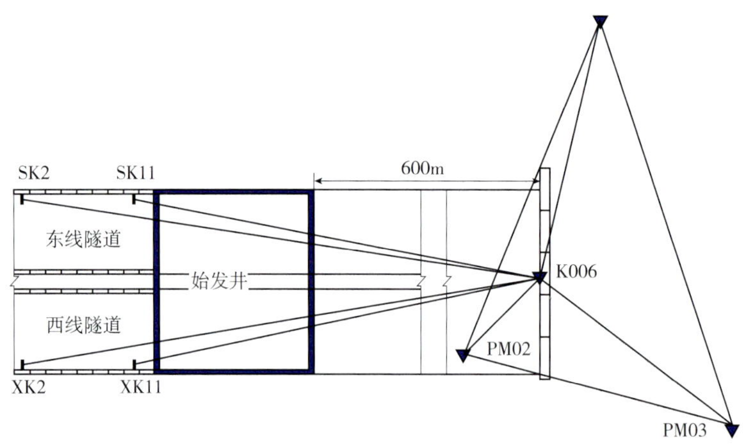

图 12–3 平面联系测量示意图

由于起算边（K006–SK11、K006–SK2、K006–XK11、K006–XK2）都在 660~900m 范围内，并且是采用测角精度为 0.5″ 级的 TCA2003 全站仪进行直接传递，因此对于地下平面控制测量而言，起算精度得到了很大的提高，大大减少了贯通误差。

1）平行导线布设

井下控制测量的基础是由联系测量所得到的地下导线起始点坐标、方位和高程组成。一般地铁隧道施工支导线采用普通支导线即可，主要用于控制日常盾构推进。表 12–2 为几种常用导线布设方法比较。

几种主要导线布设方法比较 表 12–2

<table>
<tr><th>方 法</th><th>工 序</th><th>优缺点</th><th>精度分析</th><th>精度分析公式</th></tr>
<tr><td>单导线法</td><td>通过测量单点到单点的单一导线来建立隧道内部控制网</td><td>布设工作方便，适合短距离隧道，精度不高</td><td>贯通误差 = ± 64mm</td><td rowspan="3">m^2（隧道内）=（$m\beta \times L/\rho$）^{2} ×（n+3）/12；
m（隧道内）— 隧道内中误差；
$m\beta$ —测角中误差；L—隧道内导线全长；
ρ —弧度等于 206 265″；n—测站数；
按照 $m\beta$ =0.7″，L=7.5km，ρ =206 265″，n=18 计算，得出 m（隧道内）= ± 64mm；
单导线 = m（隧道内）= ± 64mm；
平行导线 = 1/ $\sqrt{3}$ × m（隧道内）= ± 37mm；
三角网 = 1/ $\sqrt{2}$ × m（隧道内）= ± 45mm</td></tr>
<tr><td>平行导线法</td><td>布设两条相互平行的导线共同建立隧道内部控制网</td><td>精度是单导线的 $\sqrt{2}$ 倍，提高控制网的稳定性</td><td>贯通误差 = ± 37mm</td></tr>
<tr><td>三角网</td><td>一种老式的布设类似三角形的测量控制网</td><td>方法比较严谨，但不适合隧道内部</td><td>贯通误差 = ± 45mm</td></tr>
</table>

经过多种比较，采用井下平面测量布设两级支导线：施工支导线和控制平行导线，由于盾构直径大，通视情况良好，所以控制平行导线可以设置到600~900m。以平面联系测量的起始边为地下导线的起始点，布设2条平行直伸导线，导线点均采用强制对中。因为点与点之间距离长，导线采用左右角12测回观测，圆周角闭合差不得大于2″，重复测定测角总和不得大于$2'' \times n/2$（n为测站数）。平行导线布设如图12–4所示。

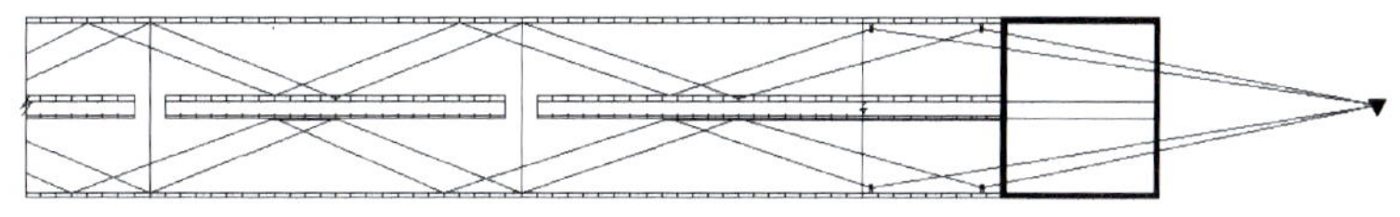

图12–4　平行导线控制网示意图

2）同站双测

由于隧道环境和施工条件隧道内双导线布设困难，为了保证特长隧道导线布设的整体性及精度稳定，应用了“同站双测”的理念，即同一测量站，两台仪器，不同人员，分别进行测量，模拟实现平行导线的作用，如图12–5所示。

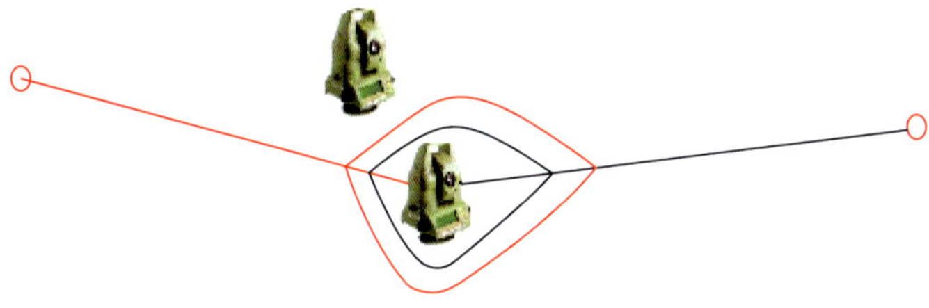

图12–5　同站双测技术

3）数据平差

隧道测量导线点的布设采用平行导线，若采用一般的导线平差方法解算，近似坐标的推算和法方程的求逆往往会出现错误。本工程减小了这些情况的影响，在确定了边长观测值及方向观测值的误差方程和权等平差模型的基础上采用拟稳平差模式，提高了结果的可靠性与精度。对已知点坐标加$\delta x^{\mathrm{T}}\delta x=\min$条件：

$$L=\delta x^{\mathrm{T}}\delta x=\sum_{i=1}^{n}\left[(X_i^{\,k}-X_i^{\,0}-\delta x_i)^2+(Y_i^{\,k}-Y_i^{\,0}-\delta y_i)^2\right]=\min$$

式中：$(X_i^{\,k},\ Y_i^{\,k})$——已知点的坐标；

$(X_i^{\,0},\ Y_i^{\,0})$——已知点的迭代过程中的近似坐标。

线性化为：

$$\sum_{i=1}^{n}\delta x_i+\sum_{i=1}^{n}\delta y_i=\sum_{i=1}^{n}(X_i^{\,k}-X_i^{\,0})+\sum_{i=1}^{n}(Y_i^{\,k}-Y_i^{\,0})$$

拟稳平差时加上上式作为条件，另外在已知点对角元上加数值。

12.2.2.2　隧道内高程控制测量

井下埋设的固定水准点间距为80m，一等水准测量使用DINI12精密水准测量设备；水准网平差采用严密平差的方法进行高程控制网数据处理。高精度测量仪器和严密的数据处理软件，为取得高质量、高精度的测量成果提供了可靠的技术保障。

12.3　盾构推进姿态连续测量

盾构法隧道施工区别于一般的土木工程，它对施工的精度要求非常高，管片的制造精度接近于机械制造的精度。施工时对设计的掘进断面不能随意调整，对隧道轴线的偏离、管片成型拼装的精度都有很高的要求。掘进过程中的盾构姿态控制除了与隧道贯通有直接关系外，还与隧道设计、施工的质量要求以及土层的扰动、地层的沉降有关。因此，精确的盾构姿态控制，是平稳推进，保证施工质量与安全，减少对周围环境影响的关键。

12.3.1 盾构姿态控制测量

12.3.1.1 盾构人工测量

盾构出发之前，必须精确建立盾构切口、盾尾中心与盾构内部测量棱镜的相互关系，这样才能根据测量盾构内部目标棱镜的城市坐标反算出盾构在推进过程中的切口、盾尾的城市坐标。

通过两种测量方法（支导线法和后方交会法），三种解算手段（吊垂线法、切边丝法、小棱镜法）精确求得盾构切口、盾尾中心的平面位置和横向尺寸。同时，根据竖井高程传递，通过普通水准测量和三角高程测量两种手段精确求得盾构切口盾尾中心的 Z 向数据和竖直径，并以切口为原点，盾构中轴线为 X 轴，横断面方向为 Y 轴，垂直与 XY 平面为 Z 轴，建立了一个盾构相对坐标系统，解算出目标棱镜在相对坐标系内的局部坐标。

盾构姿态测量平面图如图 12–6 所示，在盾构内沿盾构中心线方向布置 3 个小棱镜，在盾构内的左右部各安装 1 块坡度板，测量盾构的转角和坡度。

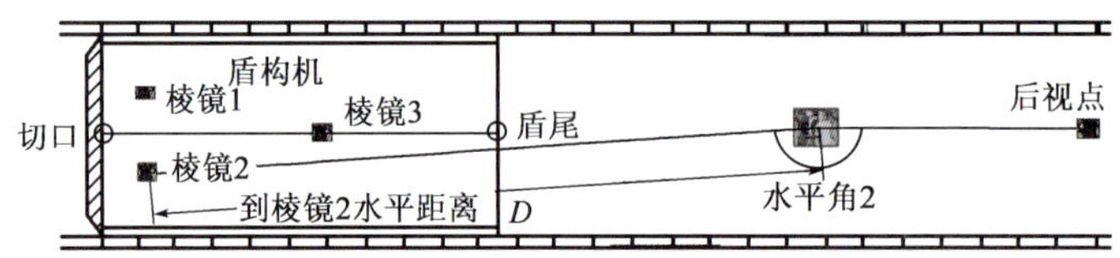

图 12–6 盾构测量平面图

根据测量的数据，用专业盾构测量软件计算出盾构切口和盾尾的三维坐标，与隧道设计中心线进行比较，即可得出盾构机的姿态，如图 12–7 所示。

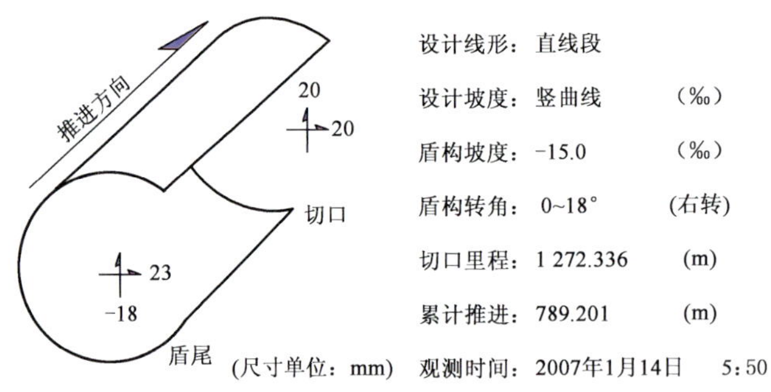

图 12–7 推进过程中盾构姿态

12.3.1.2 盾构姿态严密计算数学模型

在施工导线点上，测量棱镜坐标 $(x_i, y_i, h_i)^T$ (i=1，2，3)，该坐标表示在工程坐标系中。它与关系测量时得到的棱镜初始坐标 $(xx_i, yy_i, hh_i)^T$ (i=1，2，3) 之间的转换关系如下：

$$\begin{pmatrix} xx \\ yy \\ hh \end{pmatrix} = \begin{pmatrix} x_0 \\ y_0 \\ h_0 \end{pmatrix} + R_1(\alpha)R_2(\beta)R_3(\gamma)\begin{pmatrix} x \\ y \\ h \end{pmatrix} \tag{12-1}$$

式中：$(x_0, y_0, h_0)^T$——平移量参数；

α，β，γ——旋转角参数。

对 3 个或 3 个以上棱镜，可分别列出误差方程，并取近似值对误差方程进行线性化：

$$\begin{pmatrix} v_{xi} \\ v_{yi} \\ v_{hi} \end{pmatrix} = \frac{\partial'' v_i}{\partial(x_0, y_0, h_0)^{\mathrm{T}}} \begin{pmatrix} \delta x_0 \\ \delta y_0 \\ \delta h_0 \end{pmatrix} + \left(\frac{\partial v_i}{\partial \alpha}, \frac{\partial v_i}{\partial \beta}, \frac{\partial v_i}{\partial \gamma} \right) \begin{pmatrix} \delta \alpha \\ \delta \beta \\ \delta \gamma \end{pmatrix} - l_i \tag{12-2}$$

将所有观测棱镜点的误差方程（12–2）组成法方程，通过求解，迭代至收敛，便解出（12–1）式中的平移量和旋转角。将关系测量时得到的盾构特征点 O、FO、R 的坐标 $(xx_i, yy_i, hh_i)^{\mathrm{T}}$ $(i=O, FO, R)$，利用式（12–1），求得其在当前位置的实测坐标 $(x_i, y_i, h_i)^{\mathrm{T}}$，比较实测坐标和设计坐标，可得到盾构当前前后偏离设计线的值，由 O、R 点的实测坐标，可以得到当前盾构沿中轴线旋转的角度。

12.3.2 自动导向系统

隧道掘进自动导向系统是盾构机重要控制系统之一，可极大地提高盾构施工的效率。该系统利用先进的测量手段、自动控制技术、电子传感器和计算机技术，可以实时计算出盾构机在土体中的实际位置、相关姿态和掘进趋势等信息，从而指导盾构机沿着设计轴线准确的前进，最终到达目的地。目前常用的盾构自动导向系统有激光法和棱镜法，棱镜法又有三棱镜模式和二棱镜加传感器模式。本工程采用的是基于激光法开发的一套先进的盾构自动导向系统，其硬件和软件结构如图 12–8 所示。

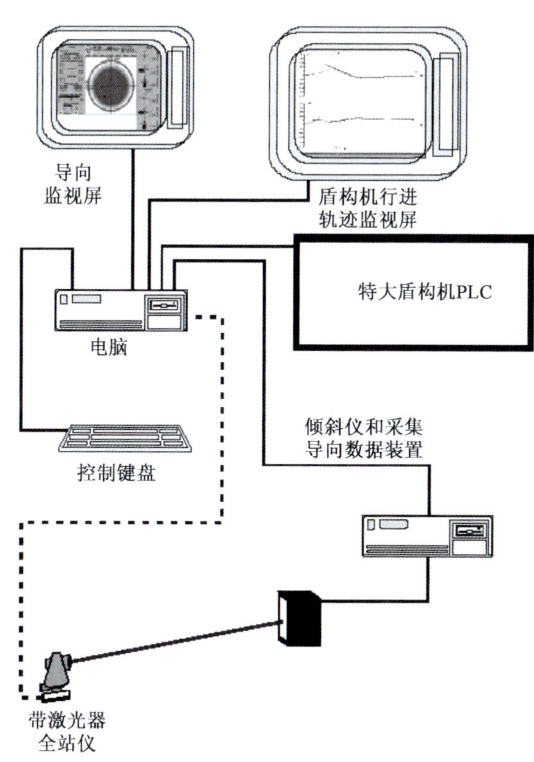

图 12–8　自动导向系统结构图

系统工作原理：通过安装在盾构机内部的电子倾斜仪自动得出盾构的转角和坡度，同时根据安装在蔡司全站仪上的激光发射器发射在激光靶上的激光入射角，得出盾构的方位角，然后根据公式（12–3）计算出盾构的切口和盾尾坐标（x，y，z，1）。

$$(x,\ y,\ z,\ 1)=(A,\ B,\ C,\ 1)\times\begin{bmatrix}1&0&0&0\\0&\cos\phi&-\sin\phi&0\\0&\sin\phi&\cos\phi&0\\0&0&0&1\end{bmatrix}\times\begin{bmatrix}\cos\beta&0&-\sin\beta&0\\0&1&0&0\\\sin\beta&0&\cos\beta&0\\0&0&0&1\end{bmatrix}\times\begin{bmatrix}\cos\gamma&-\sin\gamma&0&0\\\sin\gamma&\cos\gamma&0&0\\0&0&1&0\\0&0&0&1\end{bmatrix}\times\begin{bmatrix}1&0&0&0\\0&1&0&0\\0&0&1&0\\a&b&c&1\end{bmatrix}\tag{12-3}$$

式中：$(A,\ B,\ C,\ 1)$——激光靶在盾构坐标系中的齐次坐标；

β——盾构的坡度；

γ——方位角；

ϕ——转角。

将得到的坐标与设计轴线比较，盾构姿态就在屏幕上直观地显示出来。自动导向系统除了操作便捷、测量速度快、精度高之外，还能进行管片选型、显示千斤顶行程、连续偏差显示等。激光靶同盾构关系如图 12-9 所示。

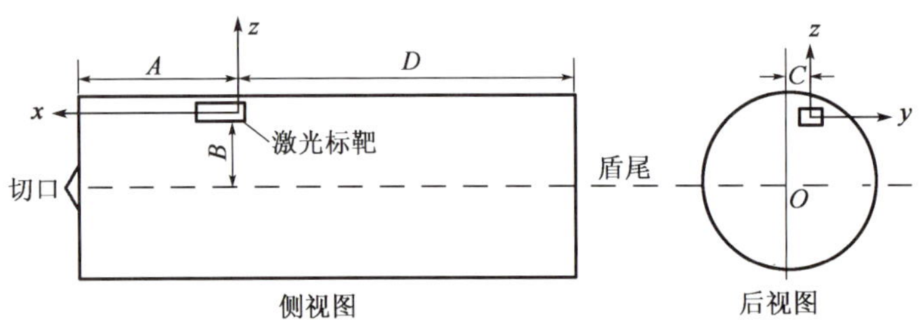

图 12-9　激光靶位置示意图

12.3.3　自动导向系统校核

自动测量系统大大提高了测量效率，但必须定期对其进行校核，否则也可能出现重大错误。每天应进行一次自动测量系统的校核工作，经过长时间的比较，根据测量误差的随机性，利用计算机的伪随机函数 RND 来模拟盾构偏离轴线的情况。用人工盾构姿态控制来检查自动导向系统的准确性，实测数据如表 12-3 所示。

实测数据比较　　表 12-3

环号	切口平面偏差（mm）			盾尾平面偏差（mm）			切口高程偏差（mm）			盾尾高程偏差（mm）		
	自动	人工	误差	自动	人工	误差	自动	人工	误差	自动	人工	误差
100	2	6	4	-13	-11	2	-26	-20	6	-42	-41	1
105	4	4	0	-15	-15	0	-36	-35	1	-45	-32	13
110	0	0	0	-16	-11	5	-38	-38	0	-35	-28	7
115	-4	-1	3	-15	-9	6	-41	-42	-1	-27	-18	9
120	-5	-9	-4	-14	-14	0	-42	-46	-4	-30	-30	0
125	-3	-10	-7	-10	-3	7	-41	-48	-7	-24	-19	5
130	-3	-9	-6	-13	-15	-2	-38	-42	-4	-19	-11	8
135	0	3	3	-15	-18	-3	-36	-32	4	-23	-29	-6
140	-2	0	2	-17	-19	-2	-26	-20	6	-25	-35	-10
145	1	6	5	-20	-18	2	-29	-19	10	-26	-32	-6
150	-1	3	4	-8	-5	3	-31	-21	10	-25	-25	0
155	-2	-6	-4	-9	-1	8	-17	-18	-1	-29	-20	9

通过比较，采用自动导向系统与人工测量两种方法所得出的测量结果非常接近，其平面和高程的偏差基本呈正态分布，平面差值和高程差值频率图如图 12–10 所示。

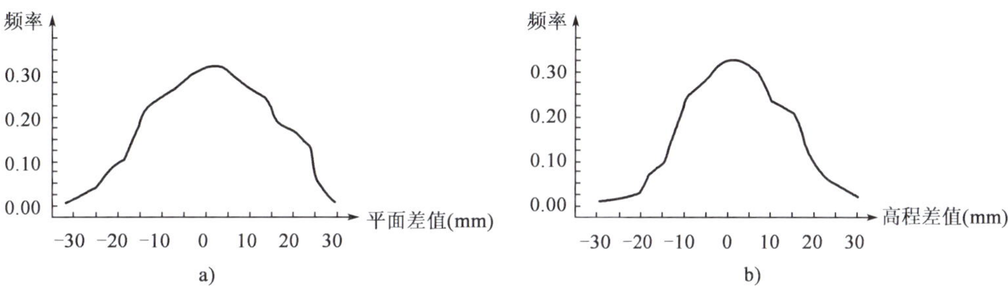

图 12–10 频率图

a）平面差值频率图；b）高程差值频率图

通过上面的比较，可以发现自动导向系统的精度不但能够很好的指导盾构推进，而且能极大地提高测量效率、减轻劳动强度，同时提供盾构实时定位与姿态监测，对指导盾构掘进、隧道贯通、减少地面沉降等起到了关键作用。

12.4 长距离隧道贯通测量

12.4.1 贯通测量概述

所谓贯通测量，就是隧道施工采用一个或多个相向或同向掘进的工作面时，使其按照设计要求在预定地点正确贯通而进行的测量工作。主要有三种方式：

（1）两个工作面相向掘进的叫相向贯通。

（2）从一头出发抵达另一端的指定地点，叫单向贯通。

（3）两个工作面同向掘进，叫同向贯通或追随贯通。

上海长江隧道采用单向贯通的测量方式。

12.4.1.1 贯通测量内容

为保证隧道后阶段盾构推进贯通，应在贯通前进行专门的贯通测量。其内容应包括：地面控制网复测、接收井门洞中心位置测定、竖井联系测量、井下导线测量和垂直顶升测量。

12.4.1.2 贯通误差预计

1）横向误差分配及精度分析

隧道内横向中误差精度公式：

$$m^2(\text{隧道内})=(m\beta\times L/\rho)^2\times(n+3)/12$$

式中：m（隧道内）——隧道内中误差；

$m\beta$——测角中误差；

L——隧道内导线全长；

ρ ——1 弧度等于 206 265″；

n——测站数。

把 $m\beta$ =0.7″，L=7.5km，ρ =206265″，n=18 代入上式，计算得出：

$$m（隧道内）= \pm 34\text{mm}$$

由于隧道内是布设两条平行导线，同时在旁通道将两条隧道的四条单导线相连接，则根据误差传播理论双平行导线比单导线在精度上至少提高了 $\sqrt{3}$ 倍，即 m（内）= m（隧道内）/ $\sqrt{3}$= ± 19mm。预计地面 GPS 控制网点对横向贯通影响的中误差为：m（外）= ±40mm，则根据下式：

$$m^2（总）= m^2（内）+ m^2（外）\quad 得：m（总）= \pm 44\text{mm}$$

取双倍中误差 ±88mm 为贯通限差，可满足《公路勘测规范》（JTG C10—2007）中贯通误差小于 150mm 的要求。

2）高程控制测量在贯通面上的误差预计

根据误差公式 $m\Delta h= \pm m\Delta\sqrt{L}$，其中 L 取 7.5km，m= ± 1mm。则 $m\Delta h$（隧道内）= ± 2.74mm，而地面高程控制测量中误差根据《上海长江隧桥工程控制测量技术设计方案》，预计 $m\Delta h$（地面）= ± 5mm。则在贯通面上高程总中误差为：

$$m\Delta h（总）^2= m\Delta h（隧道内）^2+ m\Delta h（地面）^2$$

即 $m\Delta h$（总）= ± 5.70mm，取双倍中误差为限差 ±11.4mm，远小于规范要求。

12.4.2　井下导线加测陀螺边

针对特长隧道横向偏差难以控制的特点，在引测地下导线过程中采用高精度陀螺经纬仪加测导线边的陀螺方位角以提高传递方位角的精度，测量陀螺方位角的导线边在井下的第 n 条边，采用跟踪逆转点法连续测量八组逆转点，各组中值限定在 ±5″ 内，然后取平均值。平差采用严密平差计算各角的改正数，在隧道两侧布置控制点构成闭合导线环，增加多余观测，然后进行平差，以提高观测成果精度和观测成果的可靠性。

1）陀螺仪应用原理与算法

寻北有多种方法，目前常用的主要有四种：磁北法、天文观测法、陀螺仪和加速度计寻北法。陀螺经纬仪高精度的测量是通过无机械位移的陀螺达到的。在重力的作用下，陀螺旋转轴处于水平状态，陀螺高度旋转时，若陀螺旋转轴偏离北方向，因地球自转使其水平状态发生改变，重心降低并产生重力矩，通过主辅控制功能，陀螺经纬仪将向北绕转，测量完成后便可确定出北方向。全站仪零方向与北方向的偏差通过高精度测定后显示在屏幕上。

如图 12-11 为陀螺仪原理示意图；γ 为子午线收敛角；β 为仪器常数，R 为目标点读数平均值；Z 为全站仪零方向与仪器寻北的角度；仪器常数即仪器校准值，是指陀螺仪的自转轴与全站仪度盘零点间的角度差值，该差值产生是由于机械重量及其老化等原因引起仪器自身的微小变化，为保证仪器的高精度，应定期将仪器在基准线上进行检定，测出其值。

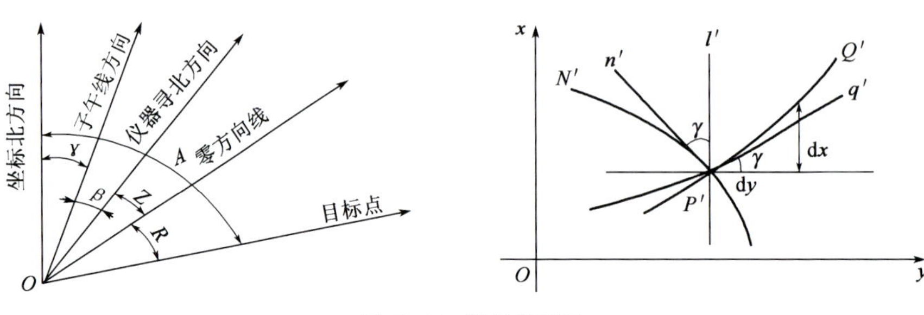

图 12-11　陀螺仪原理

计算公式为：$A=\gamma+\beta+Z+R$，其中 γ 可以精确计算，β 和 Z 为仪器常数，可以通过检定精确得到，因此仪器测量结果的主要误差来源于陀螺经纬仪和目标点的观测误差。为提高结果的精度应该尽量减小目标点的测量误差，实际测量时可以按照方向测量的误差为陀螺经纬仪寻北误差的三分之一来考虑，如果采用 GYROMAX-2000 型陀螺经纬仪其寻北的标定误差为 ±3"，则目标点方向观测的误差应该限制为 ±1"，如果采用 TC 1800 全站仪观测，考虑到外界因素的影响可采用 4 测回进行观测。

2）陀螺仪定向实施

所用仪器包括 GYROMAT-2000 型陀螺仪，其寻北的中误差为 ±3"，上面配置了瑞士 leica 公司生产的 TCA1800 全站仪一台，用于测定连接角。将 TCA1800 强制对中后和陀螺仪进行对瞄，测量陀螺仪和测线之间的夹角 δ。用经纬仪将陀螺仪的寻北结果转至测线上，获得测线与真北之间的夹角。通过分别测量在隧道内和隧道口处两条测线的方位角与测线在上海坐标系中的方位角进行比对。

12.4.3 垂直顶升测量

为了保证隧道准确贯通，在隧道推进到 7km 时，从隧道的顶部顶升两根相距为 16m 的 ϕ600mm 的管子到地面上，然后通过竖井联系测量方法将地面控制网的坐标传递到隧道内部。本方法优点是将 7.5km 的隧道测量风险转化为只有 0.5km，大大提高了测量精度。

应用竖井联系测量示意图如图 12-12 所示，在施工过程中当两个垂直顶升管都顶垂直后，则具备了现场做竖井联系测量的条件。我们按照竖井联系测量方法将地面控制网的坐标传递到隧道内部。

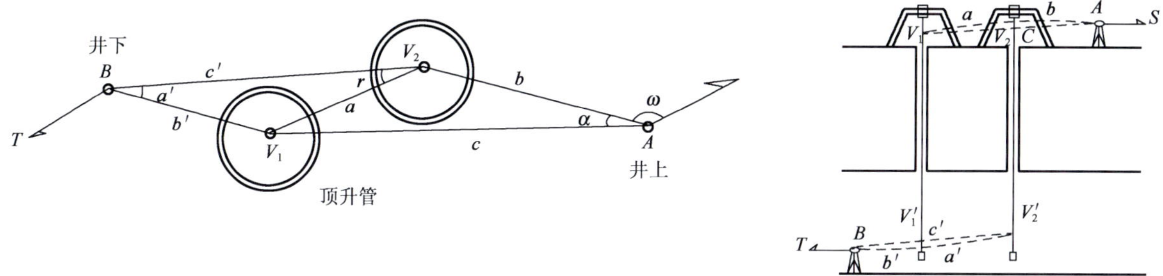

图 12-12 应用竖井联系测量示意图

12.4.4 洞门测量

一般盾构接收井洞门圈采用弦长取中法进行洞门中心的测量，即通过测量隧道底部的一根弦的两端，取弦的中心替代洞门中心，该法简单易于操作。

为了提高洞门测量的精度，且施工洞门是一个离心率很小的椭圆，可以利用拟合椭圆的方法测量洞门的形状，以利于盾构机更精准的进洞。目前拟合椭圆问题的方法主要有代数距离法、几何距离法和加权梯度最小二乘法，多用于求解方法的数学特性和应用于计算机视觉特性。

本工程基于稳健估计的直接最小二乘椭圆拟合算法，给出了较合适的稳健估计的权函数，且上工程实测洞门数据验证了算法的可靠性和适用性。

隧道断面设计为一个标准的圆面，在受到外力作用时一般可以认为是一个离心率很小的椭圆，用平面二次曲线的一般方程可以表示为：

$$F(m, n)=\boldsymbol{m}\cdot\boldsymbol{n}_i=ax^2+bxy+cy^2+dx+ey+f=0 \qquad (12\text{-}4)$$

其中：$\boldsymbol{m}=[a, b, c, d, e, f]^{T}$；$\boldsymbol{n}_i=[x_i^2, x_iy_i, y_i^2, x_i, y_i, 1]$。$F(m, n_i)$ 称之为平面上点（x_i，y_i）到曲线 $F(m, n)=0$ 的代数距离，即可通过求解所有点的最小代数距离平方和的方法求解出相应的二次曲线。对于 N 点的观测数据，数学准则为：

$$D_{\min}=\sum_{i=1}^{N}F(\boldsymbol{m}, \boldsymbol{n}_i)^2 \tag{12-5}$$

按照上述数学准则，若所有测定点均处在二次曲线上，则对于任意点均应满足二次曲线的一般方程。对不满足方程的量作最小二乘拟合，列出各点的误差方程为：

$$v_i=x_i^2\delta a+x_iy_i\delta b+y_i^2\delta c+x_i\delta d+y_i\delta e-l_i \tag{12-6}$$

$$l_i=-ax_i^2-bx_iy_i-cy_i^2-dx_i-ey_i-f \tag{12-7}$$

组成法方程求解，迭代至收敛即可得到系数 $\boldsymbol{m}=[a, b, c, d, e, f]^{T}$，求得上述系数后，按照解析几何中的方法求得椭圆的中心点坐标（x_0，y_0），长半轴 a，短半轴 b 和旋转角 θ。由于粗差的存在会使拟合的精度降低，甚至偏离拟合结果为椭圆的初衷。并且（12-4）式中必须限定 $b^2-4ac<0$ 才能保证拟合的结果为椭圆，否则拟合结果有可能是抛物线或者双曲线的某一支。假定各点观测值独立，引入权函数 $\boldsymbol{P}=\boldsymbol{\Lambda}^2$（$\boldsymbol{P}$ 为对角阵），引入新的椭圆拟合准则为：

$$E_{\min}=\|\boldsymbol{\Lambda B}\mathrm{m}\|^2 \tag{12-8}$$

$$b^2-4ac<0 \tag{12-9}$$

其中 $\boldsymbol{B}=[\boldsymbol{n}_1^{T}\ \boldsymbol{n}_2^{T}\cdots\boldsymbol{n}_i^{T}]^{T}$。

当未引入权函数 $\boldsymbol{P}$ 且噪声水平相当时，直接拟合的结果稳定，精度高。这一优良特性非常有利于稳健估计函数定权，也不需要迭代计算二次曲线系数，通过合理的定权实现快速、准确剔出粗差，提高拟合精度的效果。权函数也能适应多种图形条件和粗差分布情况下定权的需要，算法的稳健性良好。

在实际洞门测量过程中，共测有 41 个点，测点示意图 12-13 所示，利用上述算法拟合后 $m_0'=0.004\,9$，各点残差改正数 v_i' 见表 12-4。

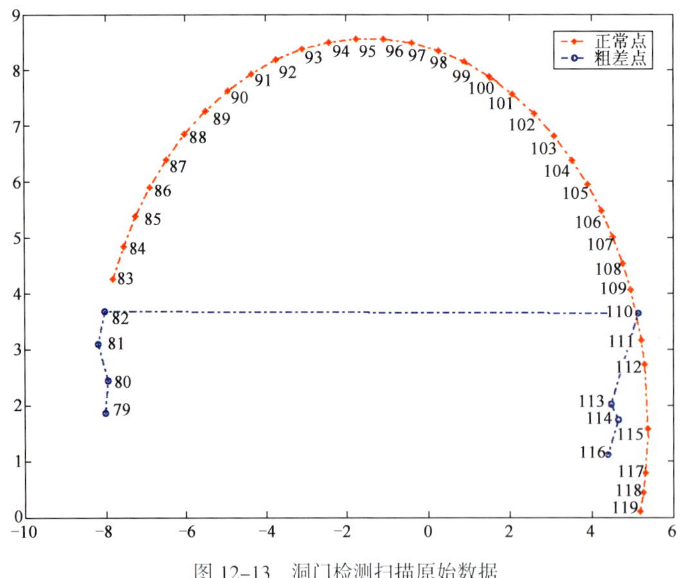

图 12-13　洞门检测扫描原始数据

限于篇幅，仅列出 16 个点的残差改正数。该组数据拟合后 18 个点的残差改正数在 1 倍中误差以内，33 个点的标准残差改正数在 3 倍中误差以内，正常点的残差改正数均值为 1.0e^{-5}。迭代计算求得长半轴 a=6.849 3m，短半轴 b=6.841 4m，椭圆中心点坐标（−1.450 2，1.715 0）。

粗差点与正常点的标准残差改正数　　表 12-4

粗差点点号	残差改正数（m）	正常点点号	残差改正数（m）
79	0.293 1	84	−0.005 9
80	0.310 3	88	−0.006 2
81	−0.027 8	92	−0.005 1
82	−0.024 5	96	−0.000 2
110	−0.039 4	100	0.006 3
113	0.905 0	104	0.007 4
114	0.728 6	108	0.004 8
116	0.960 8	112	0.003 0

12.5 整体精度评价

上海长江隧道采用的世界最大直径泥水平衡盾构施工，其测量控制的难度及要求的精度均高于一般地铁盾构隧道。通过上述的测量手段，成功地为盾构穿越长江提供了施工保障，竣工后的隧道无论是偏离轴线情况还是整圆度情况完全符合设计要求。表 12-5 为竣工资料统计表实例。经测量结果显示，上海长江隧道偏离轴线情况小于 12cm，符合设计要求，合格率为 100%，最终的贯通误差 <30mm。

竣工资料统计表实例　　表 12-5

上海长江隧道竣工资料表（ 上行线：1–100 环 ）						
环 号	里　　程	隧道中心（单位：m）				
		X	Y	Z	平面偏差	高程偏差
1	SK0+481.127	8 709.777	20 278.847	−13.352	−0.064	0.000
5	SK0+489.138	8 716.979	20 282.355	−13.528	−0.079	0.056
10	SK0+499.154	8 725.962	20 286.786	−13.782	−0.028	0.092
15	SK0+509.176	8 734.974	20 291.170	−14.070	−0.008	0.095
20	SK0+519.195	8 744.002	20 295.513	−14.385	−0.010	0.071
25	SK0+529.200	8 753.030	20 299.824	−14.701	−0.017	0.045
30	SK0+539.211	8 762.068	20 304.129	−15.005	−0.012	0.031
35	SK0+549.213	8 771.102	20 308.422	−15.293	0.006	0.033
40	SK0+559.244	8 780.187	20 312.674	−15.557	−0.011	0.060
45	SK0+569.258	8 789.262	20 316.907	−15.848	−0.019	0.059
50	SK0+579.268	8 798.342	20 321.119	−16.135	−0.025	0.063
55	SK0+589.289	8 807.443	20 325.313	−16.422	−0.034	0.066
60	SK0+599.310	8 816.547	20 329.501	−16.722	−0.026	0.057
65	SK0+609.323	8 825.648	20 333.675	−17.003	−0.008	0.066
70	SK0+619.333	8 834.764	20 337.808	−17.306	−0.010	0.054

续上表

上海长江隧道竣工资料表（ 上行线：1–100 环 ）						
环 号	里　　程	隧道中心（单位：m）				
		X	*Y*	*Z*	平面偏差	高程偏差
75	SK0+629.334	8 843.881	20 341.919	−17.611	−0.010	0.039
80	SK0+639.340	8 853.008	20 346.019	−17.906	−0.002	0.034
85	SK0+649.345	8 862.150	20 350.085	−18.193	−0.008	0.037
90	SK0+659.350	8 871.296	20 354.140	−18.487	−0.003	0.033
95	SK0+669.335	8 880.437	20 358.157	−18.765	−0.008	0.045
100	SK0+679.352	8 889.612	20 362.176	−19.039	−0.003	0.061

第13章　工程应用及技术前瞻

GONGCHENG YINGYONG JI JISHU QIANZHAN

13.1 长江隧道的工程实践

13.1.1 概述

建设上海国际金融中心和航运中心，是党中央、国务院的重大战略决策。作为21世纪上海可持续发展的重要战略空间，崇明三岛的开发肩负着服务长三角地区、服务长江流域、服务全国的历史使命。目前世界上最大的隧桥结合工程——上海长江桥隧工程，它是开发崇明三岛，发挥浦东优势、启动长三角苏北及杭州湾地区发展的一把钥匙，突破长江口两岸南北天堑的瓶颈，为实现我国沿海、沿江大通道发展战略提供了交通保障，并引领和带动中西部地区发展。

上海长江隧道是目前世界建成的最大直径盾构隧道，也是一项公轨一体、投资过数十亿、设计寿命逾百年的特大型工程，是上海在改革开放以来，继南浦大桥、地铁1号线和东海大桥之后的又一座具有里程碑意义的工程项目，它是上海人民的自豪，也是中华民族的骄傲！

长期以来，由于长江口的阻隔，交通不便，崇明及长兴、横沙三岛一直是整个上海发展中的一块“短板”，这既不利于崇明作为生态岛屿的建设发展，也不利于上海产业结构的调整和布局的完善，同时也影响上海与江苏北部沿海地区的经济交流。

上海长江隧道工程是交通运输部确定的国家重点公路建设规划中上海至西安高速公路重要组成部分，隧道外径15m，内径13.7m，上层采用双向六车道高速公路标准设计，并在下层设置预留轨道交通空间。工程包括浦东岸边段、江中段和长兴岛岸边段三部分，全长约8 955.258m，其中江中段长7 470m，设计使用年限为100年，建设工期为5年。

上海长江隧道长8.95km，西起上海浦东区五号沟郊区环线立交，穿越西南港水域，在长兴岛新开河处登陆，接长兴潘园公路立交。其中穿越水域部分达7.5km。隧道盾构直径为15.2m，是目前世界上最大直径的盾构隧道。已经获得中国世界纪录协会世界最大直径的盾构隧道项目候选世界纪录。隧道整体断面设计为上下行的双管隧道，两单管间净距约为16m，沿其纵向每隔800m设一条横向人行联络通道。隧道衬砌环外径为15m，内径为13.7m，内设三车道（3×3.75m），设计车速为80km/h。隧道在浦东侧及长兴岛侧均设有敞开段矩形暗埋段及$22\text{m}\times48\text{m}$深约25m的工作井。两台$\phi$15.43m泥水加压平衡盾构，从浦东侧工作井由西向东一次掘进至长兴岛侧工作井实现隧道贯通。隧道工程共用混凝土819 100m^3，使用钢筋152 214t。

这条目前世界第一的越江隧道，是“以人为本”的人性化工程的典范，从通信信号覆盖率，不伤眼照明，防疲劳内饰，到完善的安全疏散设施，全都是依据人性化要求设计的。

宽敞的三车道、柔和的6 000盏80W LED照明灯，让驾驶员的行车环境更为舒适。80km/h的时速让你还没来得及仔细欣赏浦东段的蓝色腰线和长兴岛段的绿色腰线时，就已经到达长江的彼岸。

上海长江隧道的应急与服务可谓“以人为本，人与环境和谐”的典范。

若遇到交通拥堵，隧道内也不会再因为隧道内闷热的空气而使人感到焦躁不安。隧道的车行道上的156台射流风机、上方烟道板上4台排烟风机和8台轴流换风风机时刻保证隧道内空气流通。

在隧道的江中段，还会发现隧道内壁用搪瓷板拼成了抽象的上海地图，寓意长江隧道将浦东与长兴岛紧密相连。

上海长江隧道不仅为驾驶员提供了舒适的行车环境，还为他们的行程安全提供了可靠的保障。

上、下行线圆隧道之间，设置有8条连接通道。隧道上、下层之间，设置有逃生通道。万一某处发生事故，可通过它们安全迅速逃生。

在长兴岛与浦东段隧道两侧每隔1km处，还设置了降温系统，用于自动检测隧道内外温差。当温差较高时，降温系统将自动开启隧道内高压细水雾喷头进行降温，提高人体舒适度。

13.1.2　工程实践的特点及技术难点

上海长江隧道工程穿越的南港水域是长江的主航道。该水域具有以下几大特点：(1)通航要求高，修建隧道是最优的选择；(2)水域宽阔，江面宽度约7.5km，国内外均无15m级盾构机一次掘进超过7.5km的先例；(3)江中浅滩底层土极不稳定，在江中修筑人工岛的成本高、难度大；(4)地质条件复杂，该水域地层具有液化性、流塑性和高水压等特点，极易发生流沙、管涌、震陷。同时，作为工程创建集约型社会的重要环节，在隧道下层空间预留轨道交通。为此，造就了上海长江隧道工程的四大特点：直径最大；15m超级大直径盾构机一次性掘进距离及通风区段均为最长；公轨结合和地处软土复杂地质条件。

工程的技术难点表现为：(1)作为当时世界上最大直径隧道，需要面对超大直径衬砌结构、管片高精度制作与拼装、超大断面盾构隧道的抗浮、超大断面开挖面稳定的难题；(2)15m超级大直径盾构一次性掘进距离最长，需要创造性地解决纵向稳定性、特长隧道通风模式、长距离公轨共用隧道火灾控制与救援疏散、高水压大直径盾构机一次性掘进中的盾尾钢丝刷、刀具和轴承等关键部件更换、长距离泥水输送以及多工序隧道同步施工的难题；(3)软土复杂地质条件，需要解决震陷、抗震、防水、耐久性、长期沉降及泥水分离处理等难题。此外，面对世界上最大直径、最长距离的盾构隧道，还需要迫切解决盾构机的选型、风险及管理等难题。

13.1.3　工程实践的关键技术和成果

结合工程特点及技术难点，上海长江隧道围绕设计、施工与防灾等三方面关键技术问题，综合运用理论研究、试验研究、数值模拟、现场验证等研究手段，对15项核心技术进行了重点攻关，解决了44项关键问题，为构建我国超大特长复杂软土盾构隧道建设的技术体系奠定了坚实的基础。

13.1.3.1　超大直径泥水盾构隧道关键技术

1）超大直径泥水盾构隧道抗浮技术

在饱和软土地层中的盾构隧道施工中，对于刚脱出盾尾的衬砌环，经常会出现局部或整体上浮，超大直径隧道由于断面大更易上浮，尤其在穿越浅覆土时，管片环间摩擦力小而使其抵抗上浮能力差，将表现为管片错台、裂缝、破损、螺栓被剪断乃至轴线偏位，直接影响到隧道的稳定和施工质量等。传统抗浮设计对隧道所受浮力进行假设并利用简单公式校核，未能考虑实际隧道处于时变特性浆液而使浮力动态变化，据此提出的抗浮施工措施也存在较大缺陷，现行相关设计规范也没有对隧道抗浮设计和施工措施做出明确的规定，抗浮技术将成为制约超大直径软土地层中盾构隧道断面发展的瓶颈。

上海长江隧道原创性研发了高重度、高稠度、高抗剪性和抗液化的新型单液浆，首次基于大比例模型试验建立了超大直径盾构隧道施工期动态浮力计算方法，揭示了隧道上浮机理，破解了单液浆控制指标对隧道抗浮影响的难题。首次开展“隧道上浮”全比例整环结构试验，创新了超大直径隧道考虑上浮的结构设计理念，开创了控制隧道上浮的同步注浆施工方法，提出了控制施工速度、提高接头抗剪强度、控制注浆压力等经过实践检验切实有效的抗浮技术，成功解决了超大直径泥水盾构隧道抗浮难题，实现了超大直径隧道向特大直径隧道发展的突破。为保证抗浮性能良好浆液的填充性，首次开发了探测盾构隧道壁后注浆检测与可视化技术。基于试验的动态浮力计算方法与抗浮结构设计，应用于工程并经过实践检验的抗浮施工工艺，形成了超大直径隧道抗浮成套技术体系，填补了该领域空白。

2）超大直径泥水盾构开挖面稳定控制技术

超大直径盾构由于开挖面尺寸的增加，其自稳性能随之下降，且上海长江隧道盾构是在灵敏度较高的软土与易发生流沙的砂土复合地层中掘进，因此，开挖面的稳定性问题一直是超大直径盾构施工中的关键问题，而施工参数的匹配则又是技术难点，要直接关系到施工质量与进度。

上海长江隧道在选择盾构机型及配置时，根据工程所处的水文地质条件，并且依据盾构机的选型原则和方法来选定，保证了盾构掘进机对地层的适应性。创新性地改进了原土压平衡模型盾构试验平台，首次开展大型泥水盾构相似模型试验和真三轴-ESEM耦合试验，揭示了超大直径泥水盾构推进与复杂地层和高水压条件下开挖面稳定性机理，保证了开挖面稳定，并解决了掘进施工参数不易匹配的难题，保证了高水压复杂地层条件下超大直径泥水盾构安全与快速掘进，大大地缩短了隧道建设的施工工期，对超大直径越江盾构隧道施工技术起到了引领性的推动作用。

13.1.3.2　长距离泥水盾构隧道关键技术

1）长距离推进盾构机盾尾密封装置等核心部件检测、检修及更换技术

上海长江隧道盾构机一次掘进距离超过7.5km，在进行长距离掘进时，盾构机盾尾密封更换、带压换刀具技术等都是技术难题。如盾尾密封钢丝刷由于长距离的和管片之间摩擦，在盾构纠偏与管片拼装过程中难免会有部分管片碰碎形成碎渣，这种碎渣与盾尾钢丝刷之间的摩擦随着推行距离加大而加剧，严重的会致使盾尾钢丝刷损坏，加上位于高水压下，将导致严重的漏水事故而危害整条隧道的安全。目前国内越江盾构隧道施工还没有在江底下检修盾构核心部件的工程经验，上海长江隧道首次进行了在高水压下采用冻结加固方法更换盾尾钢丝刷的大型模型试验，创新性地形成了长距离、高水压和大断面条件下盾构机核心部件（含切削系统、盾尾密封系统、驱动系统、电气系统、监控系统等）检测、检修及更换技术，提出了一套越江隧道工程检修环境施工风险应急预案，不仅解决了长江隧道工程建设中盾构机核心部件检修问题，还为我国今后的过江、跨海隧道工程建设提供了技术储备和宝贵经验。

2）长距离泥水盾构隧道通风与降温技术

由于长江隧道属于长距离隧道，发生火灾时被困的车辆较多，火灾蔓延的速度快，波及的范围广，持续的时间长，有毒烟雾的发生量大。通风系统应及时有效地控制烟气流动、排除烟气、减少烟气在隧道内影响的范围，为逗留在隧道内的人员提供一定的新风量，以利于安全疏散和灭火扑救。因此，优选适当的通风方式将直接关系到隧道火灾时人员安全的问题。长距离隧道进口与出口处温差近20℃，若不能有效降温，将对隧道内人员造成伤害，也会引起隧道内设备的自燃。研究喷雾降温在道路隧道中的适用性，一方面为上海长江隧道工程提供强有力的降温技术支撑和保障，另一方面在促进了我国超大断面、长距离隧道降温技术的持续进步。

上海长江隧道优选采用纵向通风+重点排烟的智能型通风技术，降低隧道运营交通事故发生率，采用CFD模拟和试验研究相结合的方法，研究了在临界风速和设计排烟量共同作用下的温度、烟雾蔓延规律，获得上海长江隧道有效的火灾烟雾控制模式，为长大隧道应急通风系统设计提供了依据，并能用于实际工程。依托上海长江隧道全比例实体试验隧道，研究了细水雾降温在道路隧道中的适

用性，分析了降温幅度与水量、喷雾粒径、空气参数以及风量、能见度之间的关系，制定了上海长江隧道的降温方案。

3）长距离泥水盾构隧道三维轴线控制技术

长距离越江盾构隧道对三维轴线控制、管片姿态控制等都是极大挑战。如隧道始发井和接收井之间隔着近 7km 的长江江面，控制点之间不能通视，传统的地面控制与竖井联系测量已经不能满足工程需要与精度要求，而轴线精度则直接影响着隧道施工的质量与用途。

上海长江隧道采用顶管顶出钢管作为测量点测量手段，形成了特长盾构推进轴线三维动态控制技术、盾构姿态检测技术、盾构圆心偏差自检技术和盾构管片变形分析技术的成套系统。该系统确保了隧道单向一次掘进贯通偏差小于 6cm 要求，达到 2cm 的国际领先水平，成功解决了特长隧道测量与轴线控制难题，保证了隧道施工质量，加快了隧道建设速度。

4）特长泥水盾构隧道结构纵向稳定及结构整体化设计技术

由于整条长江隧道长度达 8.95km，加之沿线地质条件十分复杂（潮汐、承压水等等），易引起纵向不均匀沉降，从而引发隧道的渗水漏泥、隧道结构局部破坏或者隧道内部结构发生纵向扭曲变形，而纵向沉降又会引起横向附加应力，且该类纵向不均匀沉降发展具有影响因素复杂、持续时间长的特点。如何控制特长复杂软土地层隧道纵向不均匀沉降的结构设计方法与施工技术措施是本工程的一项关键技术。

上海长江隧道通过模型试验研究，总结了土层不均匀、隧道渗漏、地下水位变化对特长隧道纵向长期沉降和受力的影响规律。创新性地建立了能够预测隧道长期沉降的计算方法，并对上海长江隧道的长期沉降及其稳定时间进行了预测，提出了上海长江隧道长期沉降控制措施。形成了考虑特长隧道接头特性的隧道整体化设计（考虑纵向不均匀沉降）计算方法与设置环间剪力键和变形缝的措施，解决了特长复杂软土隧道纵向不均匀沉降和时效性的难题。

13.1.3.3 穿越江底复杂软土地层盾构隧道的关键技术

1）穿越江底复杂软土盾构隧道结构的耐久性和可靠性控制技术

上海长江隧道可归为近海或海洋环境工程，由于隧道工程处于地下复杂的软土中，且管片结构同时与地下水和地下空气接触，为干湿且咸淡交替水环境下状态，该类环境对隧道结构侵蚀机理尚不明确。鉴于上海长江隧道的重要地位和意义，如何保证其 100 年的设计使用年限便成了亟待解决的问题。目前针对越江盾构隧道的耐久性研究主要集中于材料层面和耐久性实时监测方面，未能突出其结构所处的环境、受力以及结构构造特征，且尚未针对越江盾构隧道结构耐久性研究建立系统的研究方法及理论体系。

上海长江隧道首次提出了高水压、咸淡交替水环境下越江超大、长距离隧道结构的侵蚀特性和劣化过程，建立了预测结构服役状态的耐久性设计方法，突破了传统盾构隧道的耐久性研究集中于材料层面和耐久性实时监测手段这一现象，将结构所处的环境、受力以及结构构造特征相结合起来研究，以建立统一、完整的越江盾构隧道结构耐久性研究理论体系，明确越江盾构隧道结构的耐久性演化机理和服役寿命预测方法，预测隧道管片衬砌结构抗氯离子侵蚀的使用寿命要在 100 年以上。

2）穿越高水压江底复杂的软土层盾构隧道结构防水技术

大直径隧道易引起大体积混凝土在早期水化热作用下表面产生裂缝问题。高水压作用下，会增加管片混凝土及接缝防水的难度，隧道及其附属设施接头防水要求高，对工程造价影响大，而隧道渗漏会影响内部结构及附属设施，降低使用寿命，甚至危害到盾构隧道的运营安全。

上海长江隧道研发了大掺量复合矿物掺和料的高性能混凝土以降低混凝土内氯离子渗透性，采用减少用水量以提高蒸养热处理的正效应，利用综合措施来限制蒸养热处理产生负效应的管片混凝土先进养护技术，确保了管片结构具有很好的自防水性，管片止水、耐久性得到了保证。同时优化了接缝密封垫断面形式，使其可承受百米水头压力，满足百年防水要求；还确定了连接通道的最佳防水措施，得到盾构进出洞圈接缝的优选防水措施。

3）江底复杂软土盾构隧道连接通道技术

上海长江隧道位于长江入海口复杂软土中，海水倒灌现象严重，江水含盐量高，河床土层具有一定的含盐量。在含盐土层冻结中会出现结冰温度降低，冻土强度降低、冻土帷幕交圈时间延长等问题，实践表明，传统被动式的控制融沉的方法并不能很好地控制长期沉降，为了使长江隧道有关冻结工程顺利完成，上海长江隧道通过开展室内试验和理论分析，建立了含盐复杂软土地层人工冻结温度场理论和计算方法，提出了人工冻土帷幕自然解冻和强制解冻计算模型，能较真实地反映了自然解冻和强制解冻的基本规律。通过试验，证明了地层改良控制冻胀来实现融沉控制的可行性。根据冻结法施工工艺和过程特点，开发出具有自主知识产权的自动监测、冻土帷幕温度场和强度场可视化、冻土帷幕安全状态判断和报警功能的实时远距离监控系统，从而可对冻结施工过程进行全面检测，做到了科学施工。

13.1.3.4 超大断面、长距离盾构掘进复杂软土地层的综合技术

1）江底复杂软土盾构隧道风险控制、数字化管理技术

超大断面、长距离盾构隧道工程建设风险复杂多样，如隧道截面大，施工中盾构的操控风险大；隧道埋深变化多，需穿越长江水底复杂软土，一次性长距离掘进，对盾构技术性能要求高，施工风险大。因此，事故发生可能性不容忽视，其引起的潜在损失大，风险随着施工进展呈动态变化趋势。

上海长江隧道建立了超大、长距离江底复杂软土地层盾构隧道动态风险管理模式和预警预案系统，研发了我国第一个软土盾构隧道动态施工风险管理软件，编制了我国首部超大特长盾构隧道建设风险管理与控制指南。实践证明，风险管理使上海长江隧道灾害得到有效控制；以人为本的风险管理来指导隧道的设计与施工，在有效控制风险和灾害发生率的情况下，确保了工程的施工质量和进度；为了实现工程全生命周期信息集中、高效及可视化的管理，首创了集勘察、设计、施工、运营和监测等全生命周期信息的数字化隧道管理系统，实现了超大特长盾构隧道工程的可视化和信息化智能管理。

2）超大直径泥水加压平衡盾构环保型模块化泥水处理技术

超大直径隧道开挖面面积大，使得掘削下来的颗粒成分复杂，且支护泥水需求量大，若采用传统泥水处理系统，颗粒分离难，占地面积大，废弃泥水排放量多，使用效率低。

上海长江隧道在引进国外先进设备和技术的基础上，通过消化、吸收和再创新，首次开发了具有自主知识产权的高效环保型模块化泥水处理系统，与国内同类产品相比，该系统占地面积小，成功解决了黏土地层超细颗粒分离难题，使泥水回收利用率超过 80%，达到了国际先进水平，而且对实现超大直径盾构模块化泥水处理系统国产化也具有重大意义。

3）超大直径盾构隧道结构技术经济优化及计算技术

隧道直径大可满足更多的使用要求，但管片的分块也随之增多，导致一般采用的修正惯用法是否适用有待研究，施工过程中各种施工荷载也变得较为复杂。若采用保守的设计计算将导致隧道造价大幅增大，为实现隧道结构设计的安全性、适用性与经济性，上海长江隧道建立了超大直径盾构隧道断面优化模型和结构优化模型，并应用到实际工程中；采用有限元法分析了隧道开挖效应和空间效应，进行隧道双线施工过程与考虑内部结构及运营荷载的有限元动态模拟，指导隧道结构优化设计。

13.2　技术发展的方向

盾构技术自 1827 年投入使用以来，以其安全可靠、地层适应性强等鲜明特点在隧道掘进施工中得到广泛应用。根据现阶段盾构技术所取得的成果与隧道施工特点，未来的盾构技术应向着几何尺寸更大，地质条件更复杂，穿越距离更近，环境效益更高等方向发展。

13.2.1　大深度、长距离、大直径盾构技术

13.2.1.1　大深度盾构技术

为解决城市规模的不断扩大而产生的空间拥挤问题，自上世纪开始城市地下空间开发迅速发展。目前，世界各大城市，如巴黎、东京、上海等浅埋地下空间已经或即将开发殆尽，而城市空间拥挤问题却并未得到解决，地下空间开发逐步向深度发展。另一方面，自古作为天然屏障的山脉与海峡曾护佑着一方水土免遭战争威胁，和平年代的今天却成为人类高效出行、地域交流的障碍。为促进地域间的经济联动，方便人们出行，各项穿越山脉或海峡的工程已提上议程。穿越山脉或海峡的隧道工程以埋深大为主要特点。为适应现有工程的特点，大深度盾构技术已成为盾构技术研究的热点之一。

大深度给盾构技术带来的新课题主要表现在管片结构设计、防水结构设计以及开挖面稳定性三个方面。

1）管片结构设计

我国地下结构设计主要有经验类比法、荷载结构法、地层结构法以及收敛限制法。为便于设计计算，盾构管片设计主要采用荷载结构法，假定管片周围土层以荷载形式作用其上，即地层压力计算是其设计的基础，埋深对作用于隧道上的地层压力具有决定作用。我国盾构管片荷载采用经验法计算，竖向荷载 σ_v 为全部覆土重量，水平荷载 $\sigma_h=\lambda\sigma_v$，其中 λ 取经验值。理论与实践均表明随着隧道的埋深不同，地层压力的分布规律和数值大小亦有不同，主要表现在两个方面：一是深埋盾构隧道需考虑周围土体对隧道顶面以上土柱的摩擦力以及土体承载拱效应，从而减少了竖向土压力；二是埋深的增加会使侧向土压力数值与竖向土压力数值趋向一致。为此，奥地利盾构管片竖向荷载 σ_v 浅埋时采用全部覆土重，深埋则采用太沙基松弛土压公式。诸多研究表明，由于承载拱的存在，采用太沙基松弛土压公式计算所得竖向土压力往往比实测数据大，但承载拱对管片上土层压力的减小程度究竟多大，至今仍无定论。同时随着埋深的增加，横向荷载计算系数 λ 变化规律如何仍需进一步研究。

另一方面，对于海峡跨海工程而言，埋深大则意味着高水压。以拟建琼州海峡为例，隧道最大埋深处水压高达 1.6MPa。水压的增大将引起盾构后背注浆压力和盾尾油脂压注力的增大，因此管片结构设计时，考虑的施工荷载除盾构千斤顶顶力、后背注浆压力、拼装器的操作荷载外，还需考虑盾尾油脂压注力。

2）防水构造设计

埋深大的跨海海峡盾构隧道往往面临着高水压带来防水困难等难题，主要包括盾尾防水和管片防水两方面。盾构推进过程中管片与盾尾间一般设有三道钢丝刷，辅以油脂密封。在高水压作用下，

盾尾注浆压力和油脂压注力增大，若压力大于极限值，则油脂极可能被冲脱而击穿盾尾密封装置，造成水体侵入。如何确保在高水压下，盾尾密封装置不被击穿，仍是大深埋海峡跨海盾构防水设计一项重要研究内容。同样，对于盾构管片防水结构而言，也有在高水压下失效的可能，管片防水的薄弱环节主要在接缝部位，目前接缝处可粘贴 EPDM 弹性止水条，该止水条经试验研究证明在接缝仅 2mm 时可承受 6MPa，即 600m 水头压力，然接缝扩至 9mm 时，可承受水压下降至 0.8MPa，接缝宽度敏感性较高，因而隧道运营期间，在车辆震动荷载和高水压共同作用下，随着接缝的扩展将造成防水材料失效，隧道漏水的问题，且该防水材料在海水环境及高水压情况下的耐久性还需进一步检验。

13.2.1.2　长距离盾构技术

穿越山脉和海峡的盾构隧道除具有埋深大的特点外，一般还有着长距离的特征。长距离给盾构技术带来的新课题主要有以下几项。

1）刀具磨损与更换刀具问题

盾构切削刀具是盾构机的重要组成部分，承担着破岩削土的主要任务，其好坏直接影响着工程进度。盾构刀具采用硬质合金钢作为主要材料，在盾构掘进过程中难免会有磨损，尤其在砂卵石等围岩级别较好的地层中，刀具的磨损是盾构施工中的一大难题，而随着盾构掘进距离的加长，这一问题变得更加突出；另一方面，盾构刀具单价昂贵，刀具的磨损无疑将较大幅度的增加隧道造价。因而，在长距离盾构施工中，应着力于研究刀盘刀具的磨损规律与影响因素，针对工程地层特点，优化设计刀具，选择合理的施工参数，减小刀头磨损。

在某些特殊地层（如砂卵石），采用各种措施降低磨损，但长距离作业刀具磨损严重，为了工程的继续进行必须将已损刀具换下。目前盾构常用的换刀技术主要为在气压下换刀，然而气压下施工对人体危害较大，高压环境将导致氮气等气体溶解在身体血液里，然后进入组织，产生压缩空气疾病。刀具置换完毕后，当施工人员回到正常压力环境中，降压太快会导致体液和组织产生气泡（汽水瓶效应）而引起气栓病等。为减小高压作业对人体的伤害，某些工程实践中采用开挖面加固的办法（如冻结法）以确保更换刀具过程中开挖面的稳定，然该法将影响工程进度。因而，如何实现高效更换刀具，且无害人体是长距离盾构施工中需要研究的问题之一。

2）通风问题

通风问题是盾构长距离施工中最为常见而突出的问题。盾构施工中，空气的流通主要是由隧道外的风机通过风管将新鲜空气输送到台车尾部，而后再由盾构机内的风机再送入盾构机内部，形成二次通风，从而经过空气对流、热量交换，达到送风降温的效果。但当掘进超过 1 600 m 时，风量将大幅度地减少，导致盾构机内部热量散发慢，引起温度升高，影响作业人员的身心健康。为解决这一问题，常用的做法是采用中间竖井缩短送风距离，保证送入盾构机台车尾部的风量，从而降低了盾构机台车里面的温度，但对于越江跨海长距离盾构隧道而言，中间竖井的施工将带来水体侵入、隧道淹没等风险，且中间竖井处江河海水之中，受水流冲刷、波浪荷载作用，施工难度大，结构要求高。因而，对于长距离盾构隧道，特别是越江跨海盾构隧道，如何实现高效通风还需进一步研究。

3）轴线控制问题

长距离盾构隧道施工过程中，由于受到距离、视线、水汽和控制等因素的影响，很难确保隧道的轴线精度，而轴线精度将直接影响隧道施工质量以及用途。为确保盾构隧道轴线偏差在设计要求范围内，目前主要借助地面控制测量、竖井联系测量和井下控制测量三种测量技术，其中竖井联系测量是地面和地下控制网的纽带，该测量技术通过竖井将两者联系到一个统一的坐标系中。对于越江跨海工程而言，竖井的建设存在较大难度，且水域广阔，地面控制点不易设定，为此，长距离盾构隧道的轴线控制问题仍有待进一步研究。

4）对接技术

对于越江跨海长距离的盾构隧道，由于中间竖井施工风险大，如传统盾构隧道分段开挖困难，因此导致盾构单次掘进长度过长，施工进度缓慢。为解决这一问题，可采用隧道两边分头掘进至隧道中间对接的技术。然采用何种对接技术确保盾构对接时隧道施工安全尚需研究，同时如何实现精确对接，将两头隧道轴线误差控制在允许范围内，也是盾构对接技术中亟待解决的问题。

13.2.1.3 大直径盾构技术

随着我国城市化进程的发展，交通需求量的增加必然导致路面不断扩宽，盾构隧道直径不断变大，大直径隧道已然成为隧道发展的方向之一，国内大型盾构隧道工程如表 13-1 所示。这些发展给盾构法施工带来了新的课题与挑战，主要有以下几个方面：

国内大型盾构隧道工程（不完全统计）　　表 13-1

隧道名称	盾构直径（m）	隧道总长（km）	备　注
上海长江隧道	15.43	8.9	贯通，2009 年
长江西路隧道	15.43	2.5	在建
杭州钱江隧道	15.43	4.5	在建
南京长江隧道	14.93	3.8	贯通，2010 年
上海上中路隧道	14.87	2.8	贯通，2004 年
上海军工路隧道	14.87	2.6	贯通，2011 年
上海大连路隧道	11.22	2.5	贯通，2003 年
上海市复兴路隧道	11.22	2.8	贯通，2004 年

1）复合地层盾构施工技术

传统的盾构法主要应用于较均匀的软土地层中，但随着盾构直径的不断扩大，盾构穿越的地层不再单一，遭遇复合地层的可能性的增加。所谓复合地层是由两种或两种以上不同地层组成，且这些地层的岩土力学、工程地质和水文地质等特征相差悬殊。体现在复合地层中盾构法施工方面的难题有以下几个方面：

（1）盾构选型困难。盾构作为一种地下掘进设备，根据施工环境主要分为软土盾构机、硬岩盾构机（TBM）。软土盾构机适用于未固结成岩的软土、某些半固结成岩以及全风化和强风化围岩条件下，一般仅安装刮刀，无需滚刀；硬岩盾构机适用于硬岩且围岩岩层较致密完整的地质条件，只安装滚刀，无需刮刀，两者均仅适用于均一地层。对大直径盾构施工断面而言，最常遭遇的复合地层为上软下硬地层，即上部为松软土层，下部为坚硬的岩石地层，或上部为软岩层，下部为硬岩层，无论采用软土盾构还是硬岩盾构都无法满足施工要求，从而造成盾构选型上的两难。

为解决这一问题，近年来开发出混合盾构机，该种机型同时具有软土盾构机和硬岩盾构机两者的功能，既能采用土压平衡又能进行泥水加压，既可开胸式掘进又能闭胸式开挖，旋转刀盘刀具既有开挖软土用的刮刀也有凿岩所需滚刀。根据所遇地层的不同，可采用不同的施工模式，在软土地层或以软土地层为主的上软下硬地层中，一般采用闭胸模式；在相对自稳的残积土层中，可采用半开胸式；在岩石地层中，特别是较完整的岩石地层中施工时，可采用开胸式；在以富水砂层或以富水砂层为主的上软下硬地层采用土压平衡式模式施工时，可能需要通过加注膨润土泥浆等工艺转化为泥水平衡模式，但该种机型造价较高。如何根据施工地层特点，个性化定制盾构机型及降低机具造价还需进一步研究。

（2）开挖面稳定困难。盾构穿越复合地层开挖面失稳事故时有发生，其中大部分与上软下硬地层中上部软地层失稳有关。为维护盾构开挖面稳定性，需给予开挖面合理的支护力，而目前国内外盾构开挖面稳定性分析理论大部分建立在均一地层基础上，研究所得破坏模式、稳定条件以及最小支护压力已不能适用于复合地层，针对复合地层的盾构开挖面稳定性问题仍需进一步研究。

（3）盾构机姿态控制困难。盾构机在软硬不均的复合地层中掘进，盾构刀盘工作条件恶化，由于上下地层强度的不同，造成刀盘受力不均，上下掘进速度不均衡，盾构机姿态控制难度增大。复合地层中掘进，在盾构机垂直方向上易产生蛇形位移，造成管片选型变化大，甚至造成过小的盾尾间隙，管片不能顺利脱出盾尾，严重时造成管片错台及开裂。针对复合地层的特点，根据广州地区的施工经验，除时刻观察测量系统提供的盾构机姿态值（水平偏差值、高程偏差值、滚动角度），还需结合推进千斤顶和铰接千斤顶的形成差值，通过不断调整各分区千斤顶的推力及总推力，以保持盾构机姿态的平稳。

2）开挖面稳定性研究

对于盾构隧道施工技术，施工中地层土体的稳定性及隧道开挖面支护压力的控制是两大较为突出的难题。对于前者，由于开挖面土体失稳导致周围地层位移甚至地表发生较大沉降的例子不乏出现，如上海大连路隧道，复兴东路越江隧道都曾因开挖面失稳造成地表塌陷，影响工期，造成了严重经济损失。开挖面支护压力的合理选择亦与盾构施工引发的周围地层变形息息相关：支护压力过小会导致开挖面前方土体大量进入泥水舱，引起地层发生过大沉降，甚至导致地表地层土坍塌；而支护压力过大，则易引起地表隆起，甚至冒浆。若在江底（海底），开挖面失稳有可能产生联结隧道与江水（海水）的水流通道，造成江水回灌、淹没隧道；同时泥水舱内施加支护压力的泥水性质受到地层影响而使支护压力不断波动，进一步恶化，使开挖面失稳而造成更大的影响。随着隧道直径的增大，开挖面的面积也将增大，大直径的开挖面稳定问题较传统盾构更为突出，其分析理论也较中小直径也有本质的区别，主要原因有：

（1）盾构开挖面支撑力梯形分布。在已有的局部稳定分析模型中，一个基本的假设就是支撑力是在整个开挖面上均匀分布的支撑力。在盾构直径较小的情况下，该假设尚可接受，但随着盾构直径的增大，该假设就变得不合理。例如在泥水平衡盾构中，假设泥水堆容度 F=12kN/m³，当盾构直径 D=6m 时，盾构拱顶处和拱底处泥浆压力的差值为 72kPa；当盾构直径为 D=15m 时，盾构拱顶和拱底处泥浆压力的差值就达到 180kPa；在土压平衡盾构中，该压力差值更大。如此大的压力差值对盾构一般设定的支撑压力值来说，已经是不可忽视的一个数量级。为此，大直径盾构开挖面局部稳定性分析，支撑力应按梯形分布考虑。

（2）盾构开挖面顶部及底部泥浆压力与水土压力差值不可忽略。由于泥浆堆容度的设定范围一般都在 10~12kN/m³，因此泥浆的支撑压力不会正好等于开挖面上的水土压力。在工程上，泥浆压力是按照开挖面上总支撑力等于前方水土压力之和，或者泥浆压力在合力作用点处与前方水土压力相等的原则来设定。不管采用怎样的泥浆压力设定方法，在开挖面的某些地方，泥浆压力总是小于或者大于前方水土压力。在较小直径的泥水平衡盾构中，由于开挖面积不大，这种局部泥浆压力与前方水土压力的差别是很小的，且在整个开挖面上泥水压力可视为均匀分布，对计算影响也不太大，如直径为 6m 的盾构，盾构顶部和底部的泥浆压力差约为 60~72kPa，如果泥浆压力简化为均匀分布，盾构顶部与底部忽略的压力差约为 30~36kPa，但在大直径或者超大直径的泥水平衡盾构隧道中，这种在开挖面上局部的泥浆压力与舱外水土压力的不平衡随着盾构直径的增大而增大，可能导致开挖面的部分区域的破坏。同济大学李昀博士以上海崇明隧道工程为背景，采用多楔形模型证实了大直径盾构开挖面区域性破坏的可能性。

（3）开挖断面地层的不均匀性。现阶段的盾构直径级别往往超过某一个地层的厚度，开挖断面地层为非均一地层，而无论是 Davis 等人建立的三维球缺形隧道头等局部破坏模型，还是 Horn 提出的三维楔形体模型等整体稳定性分析模型，均建立在均一地层的假设前提下，因而由上述模型得到的开挖面支护力也不再适用于大直径盾构隧道。

综上所述，可知大直径盾构隧道的破坏模式与中小直径盾构有着明显的不同。为确保大直径盾构隧道开挖面稳定性，需从理论、试验等各个角度综合研究大直径对盾构隧道开挖面稳定性的影响，在此基础上确立合理的开挖面破坏模式，建立合理稳定条件及支护力的计算公式，以用于指导大直径盾构隧道的施工与实践。

3）盾构结构抗浮技术

前已述及，随着盾构直径的增大，隧道开挖面面积呈平方倍增长，在开挖长度相同的情况下，盾构开挖土方量自然呈平方倍增加，从而，在大直径盾构推进过程中，盾构隧道结构下卧土层大幅度卸载，盾构结构有上浮趋势，需采用一定措施防止盾构隧道结构的上浮。

13.2.2　特殊地质条件下的盾构技术

随着盾构应用范围的日渐广泛，施工地层条件趋于多样，包括富含沼气地层、含孤石积水砂砾层等特殊地质条件。

富含沼气地层是盾构施工危害最大的地质条件之一。沼气囊随着土体的开挖，会在高压作用下破裂，气体冲出地层，除导致爆炸外，更危险的由于地层中气体的释放，很可能造成土层失陷，引起地面构（建）筑物沉降或使已建隧道结构产生位移、断裂等灾害。因此，施工时一方面钻孔释放沼气，另一方面需加强其释放过程的地面沉降、隧道位移、收敛的监测，针对监测情况及时采取隧道内二次注浆、地表插管注浆等地层加固措施，并根据监测数据反馈，适当调整注浆参数。

对于含孤石砂砾层，盾构掘进中的突出问题是孤石对盾构切削刀头和面板的磨耗与破损，从而降低盾构掘进性能，影响施工进度，且破碎的砾石和孤石排出时，易引起螺旋输送机堵塞。针对上述问题，采取的措施为改进盾构刀盘，增设圆盘式切削器、破碎砾石块刀头，将盾构机前方孤石予以充分破碎。

除上述特殊地质条件外，盾构掘进中还将碰到其他问题地层，为确保特殊地质条件下的盾构掘进安全，关键问题是探明该特殊地质的工程特性，有的放矢地采取相应措施。

13.2.3　盾构近距离穿越技术

随着城市地下空间的进一步开发，地下管线、隧道及其他地下构筑物的日益密集，使用盾构工法新建地下管线或隧道时，盾构穿越已建地下结构物的概率越来越大，盾构近距离或超近距离穿越已建地下结构的保护问题不可避免。特别在上海、天津等具有滨海相软弱土层的城市中，由于存在诸多不确定地质因素，如何确保邻近已建地下结构物的正常使用成为现阶段及将来盾构法隧道工程中亟待解决的难题之一。

盾构掘进通过扰动周围土体，改变地层位移场、应力场，对已建隧道产生影响，涉及盾构、土体、已建地下结构三者的共同作用，因而为确保邻近已建地下结构的正常使用须从盾构施工扰动入手展开研究。盾构施工扰动的研究包含三个层次的内容：

（1）盾构掘进引起土体变形的预测与控制。

（2）盾构施工对土体的扰动，或者说盾构施工造成土体损伤的判断及减少扰动或损伤的对策的研究。

（3）盾构施工与已建隧道、周边构筑物和土工环境的相互影响的研究及保护措施。

13.2.4 绿色盾构技术

鉴于全球环境趋于劣化，环保要求已贯穿人类各项活动之中，盾构机掘进技术亦不例外。盾构机掘进技术作为一项暗挖施工技术，在上覆土变形控制较好的前提下，对穿越地区的环境影响主要表现在三个方面，即工作井施工、泥浆以及壁后注浆对环境的影响，绿色盾构技术的发展将围绕上述三个方面展开。

1）急速下穿法（URUP）

以往盾构隧道掘进伊始或结束，需修筑工作井用于盾构机的始发或接收。工作井的施工往往带来噪声和马路扬尘，同时导致路面拥堵，增大汽车尾气排放，严重影响城市环境。与以往开发低噪声施工工法和施工机具，采用实时洒水措施相比，免去工作井盾构掘进技术不失为一种一劳永逸的解决思路。在该思路指导下，日本最新提出急速下穿法（URUP，Ultra Rapid Under Pass），并应用于东京中央环线大井区隧道工程。

急速下穿法（URUP）是目前世界上第一种在地表始发与到达的盾构隧道施工方法，在这个方法中，盾构机从地表始发，然后在浅覆土条件下开挖（避免了因工作井占用地表面积），最后在目标地点从地表到达，如图 13-1 所示。与传统工法相比，采用急速下穿法（URUP）主要有如下优势：（1）较小的明挖施工场地。急速下穿法（URUP）施工需要比较少的开挖区域，与常规明挖法施工相比，开挖区域减小约为 82%。（2）降低对环境的影响。急速下穿法（URUP）并不仅仅免去了竖井的施工，同时减少了大型机械设备的使用。因此，由施工产生的噪声与震动也相应减少。因此，急速下穿法（URUP）在减小土体开挖方量的同时也减小了对环境的影响，能有效规避市区施工风险，有着广阔的发展前景，在穿越繁忙市区的交叉路口、密集型区域等，均可广泛应用。

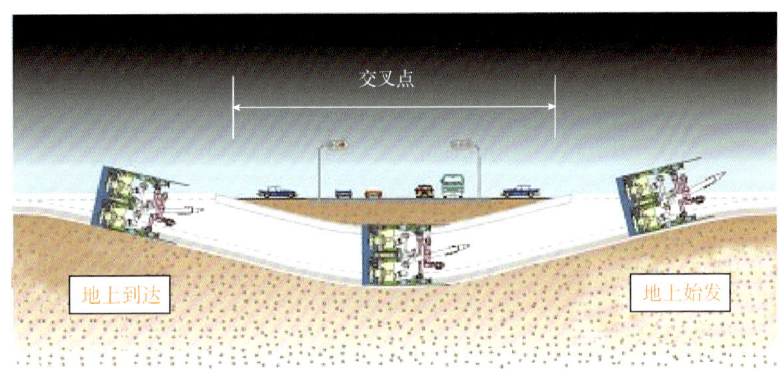

图 13-1　急速下穿法（URUP）示意图

2）绿色泥浆

泥水盾构施工中为保持开挖面的稳定，泥浆的采用是不可或缺的重要部分，而泥水盾构工法的广泛采用也使开挖出的大量泥浆（土）处理困难，不当的排放对环境构成了严重威胁。传统的泥浆配制仅考虑工程的适用性，添加剂中多采用化合物和聚合物，导致废弃泥浆（土）量大且降解难度大，易造成严重的水土环境的污染。

随着环保法规的完善和人们环保意识的不断提高，在石油钻井以及固体矿产钻探生产中，淀粉类泥浆处理剂以其来源广泛、价格低廉、降失水效果好、抗盐能力强、对环境无污染等优点得到了广泛研制和使用。早在 1993 年，Amanullah 等人就建议在石油钻孔泥浆的研制中应考虑技术和环保两大因素，此外，针对海洋钻井开采中使用对环境、生态系统没有危害的泥浆这一原则，Amanullah 应用双螺杆反应挤出技术经胶凝作用研制出在温度达 150° 的深井中作为防失水添加剂使用新的淀粉产品；在国内，淀粉类泥浆处理剂也已得到广泛的研究与应用，其中马素德等为克服CMC类降失水剂的缺陷，研究了合成醚化、接枝热交联淀粉工艺，并将这两种产物单独及复配后用作钻井液降失水剂，依据API标准其降失水率可达50%，表明合成工艺简单，而且产物不污染环境。由此可知，淀粉类泥浆助剂在耐盐增黏、防塌保水方面具有无法比拟的优越性，更重要的是该类产品原材料源广价廉，均为可再生天然资源，且降解充分、无“三废”污染。

面临21世纪可持续发展的目标，针对城市中泥水盾构每年都要开挖出大量泥土，对环保型“绿色”泥浆的研制、开发与应用很有必要。目前泥水盾构工程领域有关淀粉类泥浆的报道较少，基于石油钻井泥浆与泥水盾构泥浆功能的相似性，可借鉴上述研究成果，进行泥水盾构“绿色”泥浆的研究，减小水土污染。

3）绿色壁后注浆

盾构施工中，管片壁后回填注浆是一道关键工艺，对控制地面沉降、约束管片变位和增强隧道的防水性能等方面均具有重要意义。1975年5月，日本福冈县发生了下水道工程注入丙烯酰胺污染附近水井的事故后，于当年7月日本政府颁发了“建设工程中注浆施工的暂行准则”，准则中规定，以后的注浆材料只限使用不含剧毒物质和氟化物的水玻璃类浆液。日本的这一规定，对国际注浆行业产生了很大的影响。为此，目前壁后回填注浆材料主要由砂、粉煤灰、膨润土、水泥、石灰、水玻璃等组成，其中普通水泥和砂为惰性材料，对地下水不会造成污染，但实际工程中，尤其在穿越地下水体时，为提高浆液的分散性和抗稀释性而加入的添加剂会对盾构穿越水体造成一定程度的污染。随着人民生活水平和环保要求的不断提高，研究无污染的盾构壁后注浆将成为绿色盾构技术的另一项重要内容。

此外，盾构机具设施作为耗能大户，其每掘进1km所用电量相当于1.8万人口的小镇一年的耗电量，因此研究低能耗盾构机具设施也将是盾构未来发展过程中一项重要研究内容。

参 考 文 献

[1] JIANG L M, LIN H. Integrated analysis of SAR interferometric and geological data for investigating long-term reclamation settlement of Chek Lap Kok Ariport, Hong Kong [J]. Engineering Geology, 2010, 110 : 77-92.

[2] Ahmadreza Hedayat, et al. Analytical solution for the excavation of circular tunnels in a visco-elastic Burger's material under hydrostatic stress field [J]. Tunnelling and Underground Space Technology, 2010, 25 : 297-304.

[3] 袁大军，尹凡，王华伟，等. 超大直径泥水盾构掘进对土体的扰动研究 [J]. 岩石力学与工程学报，2009，28（10）: 2074-2080.

[4] Marco Barla. Numerical simulation of the swelling behaviour around tunnels based on special triaxial tests. Tunnelling and Underground Space Technology, Sep., 2008, Vol.23（5）: 508-521.

[5] 李昀，张子新. 泥浆渗透对盾构开挖面稳定性的影响研究. 地下空间与工程学报，2007，Vol.3（4）: 720-725.

[6] 韦良文. 泥水盾构隧道施工土体稳定性分析与试验研究: [D]. 上海：同济大学土木工程学院，2007.

[7] Exadaktylos G., Tsouvala S., Liolios P., Barakos G. A three-dimensional model of an underground excavation and comparison with in situ measurements. International Journal for Numerical and Analytical Methods in Geomechanics, 2007（31）: 411-433.

[8] Kasper T., Meschke G. A numerical study of the effect of soil and grout material properties and cover depth in shield tunnelling. Computers and Geotechnics, 2006（33）: 234-247.

[9] SHALABI F I. FE analysis of time-dependent behavior of tunneling in squeezing ground using two different creep models [J]. Tunnelling and Underground Space Technology, 2005, 20（3）: 271-279.

[10] 朱伟，秦建设，卢廷浩. 砂土中盾构开挖面变形与破坏数值模拟研究. 岩土工程学报，2005，08 : 897-902.

[11] 张海波，殷宗泽，朱俊高. 隧道盾构法施工地面沉降影响因素分析. 岩土工程界，2005，02 : 77-80.

[12] 张海波，殷宗泽，朱俊高. 地铁隧道盾构法施工过程中地层变位的三维有限元模拟，岩石力学与工程学报，2005，05 : 755-760.

[13] 周文波，杨国祥，傅德明. 中国越江隧道工程的建设和大直径盾构掘进技术的应用 // 大直径隧道与城市轨道交通工程技术: 2005 上海国际隧道工程研讨会文集. 上海 : 同济大学出版社 ,2005

[14] George M.Filz, Tiffany Adams, Richard R.Davidson. Stability of Long Trenches in Sand Supported by Bentonite-water Slurry. Journal of Geotechnical and Geoenvironmental engineering. 2004, Vol.9 : 915-921

[15] Jancsecz S., Steiner W. Face support for a large mix-shield in heterogeneous ground conditions. In Tunneling '94, Institution of Mining and Metallurgy. London, 1994

[16] 林志 . 双线盾构隧道施工过程相互影响三维弹塑性固结耦合研究 [J]. 上海：同济大学土木工程学院，2004，05.

[17] 徐永福，陈建山，傅德明 . 盾构掘进对周围土体力学性质的影响 [J]. 岩石力学与工程学报，2003，22（7）：1174–1179.

[18] Bloodworth A.G. Three–Dimensional Analysis of Tunnelling Effects on Structures to Develop Design Methods. Thesis of University of Oxford, 2002.

[19] P.Fritz，R.Hermanns Stengele，A.Heinz. Modified bentonite slurry for slurry shields in highly permeable soils. 4th International Symposium Geotechnical Aspect of Underground Construction in Soft Ground，Toulouse，France，2002.

[20] Broere W. Tunnel Face Stability & New CPT Applications. PhD thesis，Delft University of Technology，Delft, 2001.

[21] 孙德安，姚仰平，殷宗泽. 基于 SMP 准则的双屈服面弹塑性模型的三维化. 岩土工程学报，1999，21（5）：631–634.

[22] 张庆贺，朱忠龙，杨俊龙，等 . 盾构推进引起土体扰动理论分析及试验研究 [J]. 岩石力学与工程学报，1999，18（6）：699–703.

[23] Buhan P. D., Cuvillier A., Dormieux L., Maghous S. Face Stability of Shallow Circular Tunnels Driven under the Water Table: A Numerical Analysis. International Journal for Numerical and Analytical Methods in Geomechanics，1999，23：79–95.

[24] MAIR R J，TAYLOR R N. Theme lecture：bored tunneling in the urban environment [C] Proceedings of the Fourteenth International Conference on Soil Mechanics and Foundation Engineering. [S.l.]：[s. n.]，1997：2353–2385.

[25] Pellet F., Descoeudres F., and Egger P. The Effect of Water Seepage Forces on the Face Stability of an Experimental Microtunnel. Canadian Geotechnical Journal, 1993，30：363–369.

[26] Anagnostou G.，Kovari K.. The Face Stability of Slurry–Shield–Driven Tunnels. Tunnelling and Underground Space Technology，1994，Vol.9（2）：165–174.

[27] Mohkam M., Wond Y.W. Three dimensional stability analysis of the tunnel face under fluid pressure. In G. Swoboda, editor, Numerical Methods in Geomechanics, Rotterdam, Balkema，1989：2271–2278.

[28] Davis E.H., Gunn M.J., Mair R.J., and Seneriratna H.N.. The stability of shallow tunnels and underground openings in cohesive material. Geotechnique, 1980，30（4）：397–416.

[29] Atkinson J.H., Potts D.M. Stability of shallow circular tunnel in cohensionless soil. Geotechnique, 1977，27（2）：203–215.

[30] Atkinson J.H., Orr T.L.L., Potts D.M. Research studies into the behaviour of tunnels and tunnel linings in soft ground. Technical Report 176 UC, Transport and Road Research Laboratory，1975.

[31] Z.X. Zhang, X.Y. Hu, Kieffer D.Scott, 2011. A discrete numerical approach for modeling face stability in slurry shield tunnelling in soft soils. Computers and Geotechnics 38，94–104.

[32] Li, Y., Emeriault, F., Kastner, R., Zhang, Z.X., 2008. Stability analysis of large slurry shield–driven tunnel in soft clay. Tunnelling and Underground Space Technology 24（4），472–481.

[33] Xinyu Hu, Zixin Zhang , Li Teng. An analytical method for internal forces in DOT shield–driven tunnel. Tunnelling and Underground Space Technology 24（2009）675–688.